仰望星空
脚踏实地

——"基础学科拔尖学生培养计划"
十周年回顾

本书编写组

高等教育出版社·北京

图书在版编目(CIP)数据

仰望星空 脚踏实地:"基础学科拔尖学生培养计划"十周年回顾/《仰望星空 脚踏实地:"基础学科拔尖学生培养计划"十周年回顾》编写组编. ——北京:高等教育出版社,2020.12

ISBN 978-7-04-054916-4

Ⅰ.①仰… Ⅱ.①仰… Ⅲ.①高等学校-基础学科-人才培养-研究-中国 Ⅳ.①G649.2

中国版本图书馆CIP数据核字(2020)第153777号

| 策划编辑 | 张 龙 | 责任编辑 | 饶卉萍 李 慧 | 封面设计 | 李卫青 | 版式设计 | 马 云 |
| 插图绘制 | 于 博 | 责任校对 | 张 薇 | 责任印制 | 朱 琦 | | |

出版发行	高等教育出版社	网 址	http://www.hep.edu.cn
社 址	北京市西城区德外大街4号		http://www.hep.com.cn
邮政编码	100120	网上订购	http://www.hepmall.com.cn
印 刷	涿州市京南印刷厂		http://www.hepmall.com
开 本	787mm×1092mm 1/16		http://www.hepmall.cn
印 张	34.25		
字 数	820千字	版 次	2020年12月第1版
购书热线	010-58581118	印 次	2020年12月第1次印刷
咨询电话	400-810-0598	定 价	98.00元

本书如有缺页、倒页、脱页等质量问题,请到所购图书销售部门联系调换
版权所有 侵权必究
物 料 号 54916-00

序　言

基础学科是国家创新发展的源泉、先导和后盾，基础学科拔尖人才是仰望星空、探究自然界奥秘的"领跑者"，培养基础学科拔尖人才是高等教育强国建设的重大战略任务。

为加快基础学科拔尖人才的基础性培养和战略性开发，教育部与中共中央组织部、财政部于2009年共同启动实施"基础学科拔尖学生培养试验计划"[①]，在清华大学、北京大学等20所高水平研究型大学的数学、物理学、化学、生物科学、计算机科学等领域建设了一批国家青年英才培养基地，吸引最优秀的学生投身基础科学研究，努力使受计划支持的学生成长为相关领域的领军人才，并逐步跻身国际一流科学家队伍。

十年来，"拔尖计划"成为创新"试验田"，探索了拔尖人才培养的有效路径。 各试点高校大胆改革、努力创新，在选拔和培养拔尖学生方面形成了一套新机制。"拔尖计划"以"领跑者"理念建立拔尖人才培养试验区，让"拔尖计划"为高校人才培养改革领跑，让拔尖学生为全体学生领跑，促进高校整体人才培养质量的提高。在体制机制上，各学校分别组建了元培学院、清华学堂、致远学院、钱学森学院等专门学院及华罗庚数学班、伯苓班等专门试验班。在政策导向上，以人才培养为中心，在教师激励、教学管理等方面推进全方位制度创新。在资源配置上，加强多方保障，由校长牵头管理拔尖人才培养工作，设立专项经费，加大支持力度。"拔尖计划"以"选鉴结合"探索拔尖学生选拔方式，遴选有志于攀登世界科学高峰的优秀学生参与计划；在选拔标准上，从学生的兴趣志向、学科潜力、综合能力、心理素质等方面进行全面考察；在选拔方式上，通过自主招生、二次选拔、与高中衔接等多渠道选拔；在选拔过程上，实行多阶段动态进出，对进入计划的学生进行综合考查、科学分流。"拔尖计划"以"一制三化"探索因材施教模式，通过导师制、小班化、个性化、国际化培养，探索全面发展与个性发展相结合的培养机制，最大限度开发拔尖学生的优势潜能。实施"拔尖计划"的高校实行导师制，设立学业导师、科研导师和生活导师，在课程学习、科学研究、生涯规划等方面对学生给予指导；注重小班化培养，采用启发式、讨论式、探究式等教学方法，促进学生研究性学习；注重个性化培养，根据学生学习兴趣和发展潜力量身定制培养方案，探索实施荣誉学位项目，为学生提供自主选择和发展空间；注重国际化培养，精选

[①] 2018年9月，教育部等六部门发布《关于实施基础学科拔尖学生培养计划2.0的意见》(教高〔2018〕8号)。本书中，"基础学科拔尖学生培养试验计划"和"基础学科拔尖学生培养计划"两种说法含义一致，均可简称为"拔尖计划"。

I

国外高端资源,将学生送到国外一流大学学习,引进国际优秀教学资源,吸引世界知名教授参与,拓宽学生国际视野。

十年来,"拔尖计划"成为后备人才库,促进了青年英才脱颖而出。 目前,"拔尖计划"共培养6届毕业生5 500名,支持本科生总数累计9 800名。毕业生展现了对基础学科研究的坚定志趣。98%的毕业生继续攻读研究生,在基础学科和相关领域继续深造的比例达97%,初步实现了成才率、成大才率高的阶段性目标。毕业生成为一流大学(或学科)竞争的优秀种苗。48%的毕业生进入软科世界大学学术排名前50名的学科继续深造,16%的毕业生进入前10名的高校(或学科领域)读研。特别是进入世界排名第一学科领域或世界公认的"诺贝尔奖摇篮"学科所在机构深造的学生,占深造人数的2.7%。毕业生呈现出未来科学领军人才的潜质。拔尖学生普遍展现出既有远大理想又脚踏实地的精神风貌,在批判性思维能力、知识整合能力、团队协作能力等方面表现突出,部分学生已在学术领域崭露头角,在世界顶尖学术期刊上发表论文,在国际大赛上表现优异。计划参与学生累计在SCI期刊上发表论文2 029篇,获得各类奖项5 788项。首批500名"拔尖计划"的学生中已有70%以上完成博士阶段学习,部分学生已获得世界一流大学的教职。

十年来,"拔尖计划"成为改革"领跑者",带动了本科教育质量整体提升。 "拔尖计划"依托高水平研究型大学的优势基础学科开展了卓有成效的教育教学改革探索,树立了本科教育质量的学习样板。"拔尖计划"吸引了一批有热情、有创新潜质的优秀学生以崇尚科学、追求学术为人生理想,形成了积极向上、自主开放的优良学风,汇聚了一批热爱教育事业、学术造诣深厚、教学经验丰富、具有国际视野的杰出学者参与培养,激发了高校教师培养创新人才的积极性和责任感;带动了高校各学科专业在人才培养观念、教师评聘制度、招生选拔机制、人才培养模式、学生管理办法等方面的全方位改革,促进了人才培养水平的不断提升。

为深入贯彻习近平新时代中国特色社会主义思想和党的十九大精神,全面落实全国教育大会精神和新时代全国高等学校本科教育工作会议精神,教育部于2019年启动实施"基础学科拔尖学生培养计划"2.0。我们将在前期探索的基础上,明确新定位、新目标、新思路,以体制机制创新和教育教学改革为重点,强化使命驱动,注重大师引领,创新学习方式,提升综合素养,促进学科交叉、科教融合,深化国际合作,科学选才鉴才,进一步拓围、增量、提质、创新,完善中国的基础学科拔尖学生培养体系,以"浸、养、熏、育"为一体,古、今、中、外大集成,促进通才、全才、怪才、偏才、奇才、鬼才异彩纷呈,造就更多有家国情怀、人文关怀、世界胸怀的杰出自然科学家、社会科学家和医学科学家,提升国家硬实力、全民健康力和文化软实力,为把我国建设成为世界主要科学中心和思想高地奠定坚实的人才基础!

"拔尖计划"是仰望星空的计划，
"拔尖计划"是培养未来领跑者的计划，
"拔尖计划"是新时代高等教育最动人的冲锋号！

今天我们在做一项小众的基础性的育人工作，
明天她将成为中华民族伟大复兴的战略力量，
后天她将成为推动人类文明进步的伟大计划！

我们正在种下希望、创造奇迹，
我们正在见证历史、创造历史！

吴 岩

2020 年 1 月

目 录

十年回眸:"拔尖计划"评估总结报告 ··· 1

    北京大学自评报告 ··· 3
    清华大学自评报告 ··· 9
    南开大学自评报告 ··· 18
    吉林大学自评报告 ··· 31
    复旦大学自评报告 ··· 49
    上海交通大学自评报告 ··· 57
    南京大学自评报告 ··· 66
    浙江大学自评报告 ··· 73
    中国科学技术大学自评报告 ·· 91
    四川大学自评报告 ··· 104
    西安交通大学自评报告 ··· 113
    北京师范大学自评报告 ··· 131
    山东大学自评报告 ··· 141
    中山大学自评报告 ··· 152
    武汉大学自评报告 ··· 160
    厦门大学自评报告 ··· 172
    兰州大学自评报告 ··· 182
    北京航空航天大学自评报告 ·· 191
    哈尔滨工业大学自评报告 ·· 204
    中国科学院大学自评报告 ·· 211

前沿研究:"拔尖计划"研究成果汇编 ··· 223

    清华大学钱学森力学班本科荣誉学位项目的探索 ································· 225
    创新型化学本科拔尖人才培养模式探索 ·· 231
    生物伯苓班开设科研训练课程的思考与实践 ······································ 237
    "拔尖学生积极心理品质提升研究"成果报告 ····································· 243

生物学拔尖学生自主科研创新能力的培养 …………………………………………… 248
华罗庚数学科技英才班代数系列课程改革和教材建设 ………………………………… 252
拔尖学生本科阶段交叉学科领域科研兴趣和科研能力培养研究 ……………………… 254
素质和能力培养导向的"探究式—小班化"教学改革成果总结报告 …………………… 260
创新支持是否改变了在校大学生的创新行为？ …………………………………………… 265
目标定向、多样性经历对个体创新行为的影响——基于陕西省8所高校的
　　实证研究 ……………………………………………………………………………… 275
大学生多样性经历与批判性思维倾向的关系研究 ……………………………………… 285
基础学科拔尖学生培养模式对其创造性的影响——基于北京师范大学拔尖
　　学生的调查 …………………………………………………………………………… 295
"拔尖计划"学生科研兴趣培养研究 ……………………………………………………… 307
化学拔尖人才科研能力培养研究 ………………………………………………………… 314
生物学拔尖创新人才培养模式改革研究与实践 ………………………………………… 318
"化学学科拔尖学生培养试验计划"强化实验课程平台建设与实施研究进展报告 …… 327
"书院模式的拔尖人才培养体系的探索"成果报告 ……………………………………… 336
化学学科拔尖学生培养试验计划——"学生科研能力培养探索"进展报告 …………… 343

典制集："拔尖计划"规章制度建设 ……………………………………………………… 365

"拔尖计划"培养方案 ……………………………………………………………………… 367
学务管理制度 ……………………………………………………………………………… 437
教务管理制度 ……………………………………………………………………………… 477
学生海外交流制度 ………………………………………………………………………… 505
教育教学改革方案 ………………………………………………………………………… 528
"拔尖计划"大事记 ………………………………………………………………………… 534

十年回眸:"拔尖计划"评估总结报告

北京大学自评报告

一、北京大学"拔尖计划"的目标定位

2009年,北京大学作为第一批启动试点院校开始实施"基础学科拔尖学生培养试验计划"(以下简称"拔尖计划")。根据教育部"拔尖计划"相关文件精神,结合北京大学人才培养实际情况,确定了"拔尖计划"的总体目标,即进一步深化北京大学教育与教学改革,大力开展基础学科优秀专业人才创新培养的探索与实践,努力使受"拔尖计划"支持的学生能够成长为相关科学领域的领军人物,并使其逐步跻身国际一流科学家及人文与社会科学家队伍,最终成长为能够引领未来发展、为人类做出重大思想贡献的高水平人才;探索出一条适应国情、适应校情、面向世界、面向未来、面向现代化的基础学科专业创新人才培养的新途径与新模式,进而带动全校各学科优秀学术人才的培养与教学质量的全面提高。

为实现上述目标,北京大学制定了科学的工作方案,并确定:用10年时间,在教育部确定的学科(数学、物理、化学、生物、计算机、环境)以及北京大学自主选择的若干学科(力学、地质学、古典语文学)开展优秀学术人才培养的实验与实践,要通过5、6届完整的本科基础学科优秀学术人才培养的实践与探索逐步形成北京大学基础学科优秀学术人才成长的培养模式与方案、课程体系、实验与实践教学体系、科学研究与国际化培养平台以及管理机制等。各个学科按照以上精神,也都分别确定了各学科的拔尖人才培养目标和具体方案。

为保障项目顺利实施,学校成立了北京大学"基础学科拔尖学生培养试验计划"领导小组、专家委员会和工作委员会,分别负责"拔尖计划"的总体设计与领导、学术规划与把关、组织实施与协调等工作;相关院系成立领导小组与学术指导委员会,负责各个"拔尖计划"项目的具体执行。

二、北京大学"拔尖计划"实施过程和特色

在10年的"拔尖计划"开展过程中,北京大学持续深化改革了基础学科优秀学术人才成长的培养模式、课程体系、实验与实践教学体系、科学研究与国际化培养平台以及管理机制,在贯彻教育部实施方案和"一制三化"的培养路径的基础上,形成了一定的特色。

(1) 传承北京大学"思想自由、兼容并包"的学术传统和"民主科学"的办学精神,坚持多样性与相对开放的培养模式,实现培养模式的多样化、覆盖扩大化、学科自主化和育人全

面化。在培养模式方面,各学科根据专业特色和专业人才培养规律,分别开展了大实验班、小实验班、动态实验班等模式的探索。在覆盖范围方面,根据北京大学生源整体情况优秀、学科综合实力强劲的特点,适当扩大了学科和人员受益范围,更好地促进学生动态进出。在学科特色方面,充分尊重各学科的人才培养规律,鼓励学科在专家委员会的指导下开展自主培养,经费支持也重点落实到学科专业。在育人模式上,不仅注重学生的课堂学习,更注重通过"第二课堂"等多种途径实行全方位育人,让拔尖学生在学术共同体中全面发展,自由成长。

(2)落实通识教育与专业教育相结合的人才培养理念,将学生培养成为专业过硬、价值引领的高素质专业人才。一方面,加强拔尖学生的通识教育,发挥北京大学校园文化的传统优势与特色,积极营造活跃、宽松、自由的学术氛围与环境,注重培养基础宽厚、热爱祖国、勤奋努力、追求真理、献身科学的基础学科高水平人才,培养和树立他们的人生目标与奋斗精神。另一方面,将培养过程下沉到专业院系,给予专家委员会充分的培养自主权,充分调动专业院系的积极性,充分挖掘专业院系的师资、条件及各项办学资源,按照专业人才的培养规律开展拔尖人才的培养。同时,北京大学灵活多样的培养方案也给了各专业充分的培养自由度。

(3)充分发挥研究型大学的培养优势,通过名师上讲台、高水平前沿讨论班、本科生科研训练等方式,营造师生共同探索科学未知前沿领域的学习氛围,切实将科学研究优势转化为人才培养优势。学校针对拔尖项目对课程建设和队伍建设两项工作的特殊要求,在配套政策和激励机制方面予以专门支持,对为拔尖项目学生开设课程和担任导师的教师给予津贴鼓励。实施"北京大学海外名家讲学计划"和"北京大学'大学堂'顶尖学者讲学计划",对于聘请国际一流师资讲学的经费给予专门支持。在开展实践教学、科学研究、国际交流、学生工作等方面,均比照学校相关部门政策执行,对于个别拔尖学生需要特殊处理的,由相关院系和单位在校方工作委员会协调下协商解决。

具体来说,在以下几个方面进行了探索。

第一,建立科学的人才遴选机制和开放的动态进出机制,选拔最适合的学生进入培养计划。例如城市与环境学院实施"动态筛选"制度:一年级学生可在第一学期报名进入预选阶段,名额不限,一年级下学期期末之前可自由变更指导教师;二年级下学期进行第一次年度考核和筛选,通过考核的学生进入本计划的第一阶段;三年级下学期进行第二次年度考核和筛选,通过考核的学生进入本计划的第二阶段;一年级未报名学生也可直接参加任何一次考核,通过竞争进入本计划的第一或第二阶段。"动态筛选"制度的实施,有效激励了有学术热情的学生,也发现了一批优秀学术新秀。

第二,创新培养模式,探索培养方案改革,对拔尖学生开展个性化、分层次、高水平、促交叉的培养。北京大学"3232"培养方案(30%全校公共基础课+20%专业核心课+30%专业和学部限选课+20%全校任选课)和全校范围内的自由选课制度为学生自由组合课程,形成个性化培养方案提供了灵活的机制。例如,化学学院通过核心课程小班课改革,对所有专业核心课开设不同层次和要求的小班课教学,如中文班、英文班、阅读班、前沿讨论班等,对不同需求的学生进行分层次教学,为学生提供多元的选择,使每个学生可以根据自己的学业基础、课业负担,以及自己未来的学业规划来选择适合自己的核心课程进行学习,确保每个学生在课程学习之后都有提高。此外,在"拔尖计划"开展的过程中,我们发现研讨型小班讨论课能够为拔尖学生的学习提供更加有效的支持,各个项目都积极开展了研讨型小班课程建设的探索,包括低年级基础课的"大班授课、(分层次)小班讨论",高年级专业课的学科前沿讨论班和大师讨论班等。

第三，改革教学管理，全面建立拔尖学生导师制，加强对学生的指导与服务，改革学生学业评价体系。据不完全统计，10年来，各"拔尖计划"项目累计有248位教师担任"拔尖计划"学生导师。也有一些学院在管理机制上进行了新探索，例如，环境科学与工程学院开展"3+3导师制"特色师生制度，建立包含环境科学、环境工程、环境管理三个方向的老中青教师导师组，以"三对三"的分组形式实施对三名学生的联合执导，解决学生学习生活中的困惑，并引导学生发现自己的学术兴趣，最终确定科研导师。这种机制有效解决了新生导师和学生需求不能有效匹配的问题。又如，生命科学学院的 Track 导师咨询制度，每位拔尖学生都有一位教授作为其导师，同时学院设计十几个教学 Track，拔尖学生可以在导师指导下、基本教学要求的框架内，选择自己感兴趣的专业方向 Track，力求能迅速找到方向，紧跟导师融入科研体系。

第四，配备一流教师，将科研优势转化为人才培养优势。通过名师上讲台、高水平前沿讨论班、本科生科研训练、北京大学"海外名家讲学计划"、北京大学"大学堂顶尖学者讲学计划"等方式，不仅将校内的院士、国家杰出青年科学基金获得者等吸纳到拔尖学生培养的队伍中来，还注重邀请国内外顶尖的学者为拔尖学生讲课、讲座、指导科研等。据统计[①]，北京大学有来自校内外、国内外的近千名教师投入到了拔尖学生培养，其中正高级职称占比超过70%，很多知名学者、院士，都亲自为拔尖学生开课或指导拔尖学生开展科学研究。在为拔尖学生授课和担任科研导师的队伍中，既有唐孝炎、陶澍这样的资深院士言传身教、悉心指点，也有田刚、龚旗煌等学术巨擘向学生展示科学研究的宏大视野，还有许晨阳、黄岩谊等活跃在学术最前沿的中青年学者和学生携手开展国际前沿领域的高水平探索。不仅院系的高水平师资充分投入到拔尖人才培养中，一些高水平研究机构的研究力量也通过前沿讨论班、科研导师等形式投入到拔尖人才的培养中，他们高水平的学术研究有效带动学生在学术的最前沿开展探索。例如，北京国际数学研究中心、科维里天体物理研究所、前沿交叉学科研究院的很多高水平研究员都积极投入到拔尖学生的培养中。北京国际数学研究中心的刘若川研究员还担任基础数学拔尖班的班主任。

第五，为学生参与实验实践、科研训练和创新活动提供师资、硬件、软件等多方面支持。学校各院系从实验实践教学的体系改革入手，整体提升实验实践教学质量。如物理学院改变对实验课程的定位，使之由"验证物理规律、培养动手能力"的课程转变为"以实验为手段进行物理研究"的课程，建立了"科研引领实验教学"的理念，实施了"科研模式"的实验教学方法，同时积极加强仪器设备研制和开发，及时将科研成果转化为实验教学的设备和内容。与此同时，学校各类重点实验室和其他科研实验条件向拔尖学生全面开放，积极鼓励学生参与国际顶尖实验室和科研机构的研究活动。例如，学校和芝加哥大学、多伦多大学、密歇根大学等多所著名高校签订生物类项目的协议，从2010年以来共计支持生物学"拔尖计划"学生赴国外大学进行暑期科研实践100人次，呈逐年上升趋势（2011年3人次，2012年13人次，2013年12人次，2014年22人次，2015年19人次，2016年12人次，2017年19人次）。学生完成暑期科研实践后，需要将研究报告、导师评语等材料提交给学院，由学院组织的答辩委员会进行成果审核，对学生在外进行科学研究的情况进行全面负责的考量。

---

① 如无特殊注明，本书所述相关数据的统计时间截至2018年8月。

第六,"请进来"与"走出去"两手抓,坚持开展高水平的国际化培养,让学生接触国际前沿研究,拓展学术视野。"拔尖计划"各项目都聘请了国内外著名学者来授课或讲座,例如,计算机项目聘请了卡耐基·梅隆大学计算机系的张晖教授,加州大学洛杉矶分校的丛京生教授、康奈尔大学的 Daniel Freedman 博士、加州大学圣地亚哥分校 Afksendios Orailoglu 教授、加州大学伯克利分校 Christos Harilao Papadimitrou 教授、伊利诺伊大学香槟分校(UIUC)Tao Xie 教授等来北京大学开设研究型学习研讨班。同时各项目还积极送学生参加国际交流,例如,环境科学与工程学院每年暑期开展"北京—哥本哈根城市挑战计划"暑期学校项目,8~10 名本科生参与该项目,开展环境学科学术交流,该项目已经成功举办了3届;另外每年还遴选约20名本科生赴美国佐治亚理工学院、墨尔本大学等学校开展暑期科研训练与学术交流。据不完全统计,10 年来"拔尖计划"共资助学生1 245 人次参与各种形式的国际交流活动。

第七,及时总结经验,开展拔尖人才培养的方式方法研究与交流。参加拔尖项目的各学院都针对"拔尖计划"的毕业生开展了跟踪调查和研究,已毕业学生的发展状况和深度反思成为各学科继续实行"基础学科拔尖学生培养试验计划"和制订拔尖学生培养方案的重要依据,对进一步优化和完善拔尖人才培养模式提供良性建议,并将他们成长过程中的有益经验进一步作用于学科人才培养与建设中,对学科的发展与建设提供重要建议。环境学科针对导师制的专题研究也非常有特色,有效地指导了学科拔尖人才培养实践。物理学院针对培养机制的整体研究也形成了一些非常具有显示性的成果,特别是其中关于"研讨型小班教学""本科生科研"等教学环节在拔尖人才培养过程中的应用与效果研究,对于全校拔尖人才培养工作的开展都有重要启发。

三、北京大学"拔尖计划"的实施成效

(1)形成了一支由院士、国家杰出青年科学基金获得者等高水平专家学者引领的高水平教师队伍。这支队伍面向科学研究的最前沿,潜心育人的老中青科研工作者结合,不仅向学生展示了当前国际科学研究的高峰,更与学生共同携手走过了探索科学未知领域的道路。在他们的带领下,拔尖学生的科学研究活动日益活跃,据不完全统计,拔尖院系学生本科期间以第一作者身份发表国际核心期刊的比例呈逐年上升趋势,2017 年已经比 2010 年增长 150% 以上,拔尖院系学生论文发表数占到全校本科生论文发表总数的 78%。

(2)构建了以公共基础课、专业核心课、通选课、通识核心课为主体的多层次、个性化、高质量的本科课程体系。为学生提供了宽口径、厚基础、分层次、多方向的培养。加强专业核心课的建设,改进教学方法,为拔尖学生提供英文班、前沿班、阅读班等深度小班研讨。同时鼓励学生根据研究和个人发展需要跨院系选修专业核心课替代专业选修课程,例如,物理学院的平衡态统计物理、热力学与统计物理、量子力学、高等量子力学和生命科学学院的普通生物学、遗传学、细胞生物学、分子生物学,以及相应的实验课程也出现在化学学院学生的课表中,为他们未来开展物理化学或生物化学方面的研究与探索打下了坚实基础。

(3)与一些国际一流大学建立了较为稳定的交流合作关系。以计算机科学项目为例,

从顶层设计上建立了计算机学科"拔尖计划"海外指导委员会,负责北京大学计算机学科"拔尖计划"的培养计划、方案、实施过程中的咨询以及对计算机学科教学大纲改革和科研方向的指导。委员会设组长 1～2 名,组员 8～10 名。在委员会的建议和帮助下,北京大学与加州大学洛杉矶分校、康奈尔大学和卡耐基·梅隆大学、爱丁堡大学等签订合作协议,学生在国际交流中获益颇多。

(4) 培养了一批具有优秀科研潜质、高远科学志向的毕业生。2009—2018 年,北京大学"拔尖计划"共培养正式毕业生 560 人,除 4 人选择进入科研类企业、研究所工作外,均选择继续在国内外高水平大学进行深造。这些学生普遍表现出对科学探索的浓厚兴趣和对科学问题的敏锐思维,他们的良好研究素养和学科基础,颇受国际一流大学和著名学者的认可和称赞。很多毕业生认为,"拔尖计划"的培养和训练对他们的学术发展发挥了非常重要的影响。物理学院 2013 届毕业生史寒朵同学在斯坦福大学攻读生物工程博士学位时,专注研究显微镜技术,尤其是针对细菌的单细胞显微技术,提出并发展了一项高通量的显微技术,使得在一天内筛选上千种菌株样品并进行分析成为可能。此项技术成果已经被 Nature Protocols 接收(本人第一作者,期刊影响因子 9.67),并成为实验室目前①的关键技术手段之一。她在回顾自己的学术之路时表示,"我很感激本科时学院的支持,让我能尽早进入真实的科研环境,熟悉基本的实验技术和方法,并坚定了自己走学术道路的信心。同时,学院给本科生的选课自由度很大,也使得我能根据自己的兴趣和科研方向,选择了很多与生物相关的课程,并拿到了生物辅修学位。这些在本科时奠定的基础,使我在博士期间受益匪浅。"北京大学"拔尖计划"毕业生中已有一批学生在学术领域取得了骄人的成果,一些人在国际一流大学获得教职,也有一批人选择回国为"双一流"建设贡献力量。例如,化学学院宫勇吉同学在美国斯坦福大学开展博士后研究并在高分子材料科学领域取得突出成就后毅然选择回国,现为北京航空航天大学材料科学与工程学院教授、博士生导师,入选 2017 年福布斯中国 30 位 30 岁以下精英榜。

(5) 发挥引领示范作用,带动了全校本科人才培养质量的全面提升。"拔尖计划"在高水平学术人才培养路径上的探索不仅带动提升了项目所在院系的本科教学质量,营造了浓郁的学术氛围和进取精神,也给全校整体的教学改革起到了引领示范作用,目前在全校范围内推行的小班课教学改革、导师制改革、灵活的培养方案、全校范围内自由选课制度、荣誉学位等,都源起于"拔尖计划"项目的积极探索。北京大学拔尖项目开展的一些特色活动,如数学国际暑期学校、化学全国暑期学校、物理 CUPT 学术科研竞赛等,也在全国范围内的相应学科中产生了积极而深远的影响。

四、北京大学"拔尖计划"的持续改进机制

1. 建立持续改进的"拔尖计划"人才培养质量监控机制和跟踪计划

第一,完善质量监控队伍建设,依托教师教学发展中心,成立一支规模适度、高效运行

---

① 本书成稿时间为 2018 年秋季,"目前"一般为 2018 年秋季左右。

的专家队伍,全面推进"拔尖计划"质量监控工作,形成老教授调研组、教师教学发展专家、教学管理人员、院系工作人员、学生调查员构成的多样化的质量监控队伍。同时强化院系质量监控体系的建立和完善,引入外部专家定期进行监控和评价,设立专项经费支持"拔尖计划"质量监控工作。

第二,加强教学评价体系建设。学校完善课程评估机制,加强教学过程中评价,建立科学合理的评价体系,形成日常反馈、期末评价、教学调查、专家领导评价、教师自评构成的教师教学评价体系;加强教师教学检查、监督工作,对教师教学环节、教学资料、教学评价、教学过程进行针对性的抽查;进一步发挥院系教学管理者和教学指导委员会的作用,强化对教学工作过程的监控和改进。

第三,建立动态教学质量监控数据系统和毕业生跟踪调查机制。全校各个部门和单位配合,形成动态教学质量监控系统,对学校教学质量状态、院系教学质量状态、专业教学质量状态、教师教学状态和学生学习状态进行系统反应,能够适应不同层次的需要。对"拔尖计划"毕业生开展定期追踪计划,建立有效的追踪机制和全面科学的追踪测评体系。

2. 北京大学"拔尖计划"2.0实施新举措

第一,面向人类未来发展、思想文化创新、世界科技前沿和国家战略需求,进一步拓展学科覆盖范围,明确学科人才培养定位,全面推动基础学科优秀学术人才培养。例如,结合脑成像技术、心理物理学和计算模型等多学科知识体系的脑科学拔尖人才培养探索。

第二,坚持立德树人,建立通识教育与专业教育相结合的人才培养体系,探索有中国特色的拔尖人才培养路径,将进入计划的学生培养成为"爱国、励志、求真、力行"的德、智、体、美全面发展的社会主义合格建设者和接班人。

第三,以学生成长为中心改革教育教学,建立教师—学生双主体的新型教学模式,促进学生实现更加有效的、自主性的学习,营造人人追求卓越、勇攀科学高峰的学术人才培养氛围。

第四,促进学科交叉、科教融合,与"双一流"建设有机结合,建立拔尖人才贯通培养体系。坚持"请进来"与"走出去"结合的方针,加强与国际高水平高校与研究机构的合作,打造双向国际交流合作平台。

撰稿人:曹宇、陈虎、裴坚

清华大学自评报告

根据党和国家的人才总体战略以及清华大学的发展定位，为深入贯彻落实科学发展观和党中央关于提高高等教育质量的要求，努力满足国家和社会发展对拔尖创新人才的迫切需要，2009年，清华大学推出了"清华学堂人才培养计划"（以下简称"学堂计划"）。2010年，清华大学被批准开展国家教育体制改革试点项目"基础学科拔尖学生培养试验计划"（以下简称"拔尖计划"）。在中共中央组织部和教育部的指导和支持下，清华大学认真研究总结拔尖创新人才培养的历史经验，以"学堂计划"为载体，创立并实践"领跑者"理念，分别建立数学班、物理班、化学班、生命科学班、计算机科学实验班、钱学森力学班和世界文学与文化实验班，努力探索拔尖创新人才培养模式。

一、"学堂计划"实施的目标定位

"学堂计划"的目标是遵循基础学科拔尖人才的成长规律，构筑人才培养特区，激励最优秀的学生投身基础学科研究，努力使受计划支持的学生成长为相关基础科学领域的领军人物并逐步跻身国际一流科学家队伍，为国家培养一批学术思想活跃、国际视野开阔、发展潜力巨大的基础学科领域未来学术领军人才。学校在已有人才培养模式实验班的办学经验基础上，在数学、物理、化学、生命科学、计算机科学、力学和基础文科等基础学科领域，每年动态选拔有志于攀登世界科学高峰的优秀本科生，配备一流的师资，提供一流的学习条件，创造一流的学术环境与氛围，开展教育教学改革和人才培养模式改革，创新管理制度与运行机制，使拔尖创新人才能够脱颖而出。同时，学校要借鉴"学堂计划"拔尖创新人才培养的经验，推动学校人才培养的深层次改革和体制机制创新，促进整体人才培养质量的进一步提高。

"领跑者"是"学堂计划"核心理念，即"让优秀的学生领跑，让所有的学生优秀"。学校把进入"学堂计划"的学生定位为"领跑者"，希望他们努力践行"自强不息、厚德载物"的校训，既要在"跑"中体现出自强不息的精神与追求，又要在"领"中表现出厚德载物的使命和责任；并告诫他们关于"领跑者"的5个"不是"和5个"是"："不是光环，是使命；不是荣誉，是责任；不是娇宠，是磨炼；不是圈养，是放飞；不是孤傲，是引领。"清华大学基于百年育人实践和对未来教育目标的高度凝练，提出"培养肩负使命、追求卓越的人"的人才培养目标。学生们始终要以"领跑者"的标准践行"肩负使命、追求卓越"的育人目标，更加认识到自己担负的历史使命和责任感，追求在学术上的卓越发展。"领跑者"理念已被大家广泛认可，也成为国家"拔尖计划"的基本理念。

二、实施"学堂计划",领跑拔尖创新人才培养

(一)开展综合教育改革,推动计划顺利实施

学校为"学堂计划"提供专门的物理空间,将清华大学历史最为悠久的建筑——清华学堂作为特色人才培养基地。每年动态选拔有志于攀登世界科学高峰的优秀本科生,配备一流的师资,提供一流的学习条件,创造一流的学术环境与氛围,开展教育教学改革和人才培养模式改革,创新管理制度与运行机制,促进拔尖创新人才脱颖而出。

1. 营造育人氛围,提供制度保障

学校为计划实施营造有利环境,提供政策保障和支持,成立了由学校主要领导牵头、各项目首席教授、教务处负责人参加的清华"学堂计划"指导委员会,研究拔尖创新人才培养的战略,并负责项目决策,指导项目实施。学校提供全方位政策支持,建立人才培养特区;设立专项经费,充分利用国家经费支持,同时积极争取社会资金参与;配备最好的设备和条件,国家重点实验室、开放实验室、国家实验教学示范中心等要向参与计划的学生开放,并为学生创新活动提供专门支持。

2. 建立科学的学生遴选机制

学校探索学生综合评价体系,注重考察学生的综合能力、学术志趣和发展潜质,实行开放式动态进出机制和自由选择机制,将有志于攀登世界科学高峰的最优秀学生选入"学堂计划"。

3. 以拔尖人才培养未来的拔尖人才

学校为参与"学堂计划"的不同学科分别设立"清华学堂首席教授"和"清华学堂项目主任"岗位;聘请著名数学家、菲尔兹奖和沃尔夫奖获得者丘成桐,中国科学院院士朱邦芬,中国科学院院士张希,中国科学院院士施一公,中国科学院院士姚期智,中国科学院院士郑泉水,著名文科领域学者颜海平教授等一流学者担任各班首席教授;实行首席教授负责制,首席教授全面负责学生培养和项目管理工作。学校还邀请知名学者、优秀教师和社会杰出人士担任学生导师,聘请相关领域具有国际影响的著名科学家对计划实施进行指导。

4. 改革培养模式和培养方案

学校因材施教,针对学生的特长和发展方向制订和实施个性化培养方案,为学生的充分发展提供多样选择,鼓励学生表现特长、发展潜质、追求卓越。各学科设置核心课程体系,聘请国内外优秀授课教师,力求小班化和多样化,创新教学方式方法,开展研究型教学与研究性学习。近10年来,有400余位国内外相关领域专家参与学堂班课程讲授或学术讲座,其中不乏诺贝尔奖获得者、美国科学院院士、中国科学院院士等资深学者;开设120余门特色课程,其中既有提升挑战度的基础课程,例如,高等微积分、大学化学等,也有为培养复合型学术人才打造的交叉课程,例如,信息物理、计算生物学等,还有提升科研能力的实践创新课程,例如开放创新挑战研究等。

5. 注重通识教育,关注家国情怀培养

学校注重学堂班学生的全面发展,牵头开设由首席教授们主讲的通识课程"学术之道",通过首席教授讲授自身学术成长历程、生活和科研工作感悟等,激发学生的责任感、使命感和追求科学、追求真理的志趣和理想;邀请人文学院科学史系张卜天老师和外文系郭茜老师分别为学堂班学生开设科学革命名著选读和本科生英语论文写作与发表两门课程,提升学生在人文科学和英文写作方面的素养。在开班典礼、奖学金颁奖仪式、集体实践活动、"学堂计划"荣誉证书颁发仪式等环节,融入思想政治教育,引导学生树立家国天下的远大志向。以"清华学堂"这一具有历史意义的建筑作为学堂班的专用教学空间,时刻提醒大家"不忘国耻,科学救国",以振兴中国的基础科学为己任。

6. 提升国际交流与合作水平

学校发挥国内国外两种资源优势,聘请具有国际影响力的著名科学家给予指导、来校授课,参与前沿讲座、论文指导等教学活动。通过开展联合培养、交换生项目、实验室研究等方式,学校有计划、有目的地将学生选派到国外一流大学进行学习和交流,开阔国际视野,增强学术自信,激励挑战精神。截至2018年7月,学校共资助学堂班学生出国交流约1 400人次,化学班、生命科学班、计算机科学实验班的学生海外研修覆盖率达到100%。

(二) 尊重学科特点和师生个性,鼓励多样化探索和实践

"学堂计划"鼓励多样化实践,充分尊重学科特点、人才培养模式之间的差异,调动了院系和教师人才培养的积极性和主动性,鼓励院系多样化的措施和选择,参与计划的6个学科呈现出模式各异、百花齐放的态势。

数学班在首席教授丘成桐先生主持下,遵循"领跑者、国际化、重基础、尊个性"的培养模式,积极开展工作。在丘先生主持下,数学班邀请了一批国际著名学者来清华大学开设讲座,讲授数学基础和专业课程。数学班注重对学生的个性化培养,对高年级学生根据专业兴趣、学习特点和特长协助其联系活跃在科研前沿的国内外学者作为指导教师,指导其专业课程的学习、毕业论文工作以及选择本科毕业后继续攻读研究生的学术方向。如与巴黎高等师范学院建立了常态联系,每年派出三位高年级学生赴巴黎高等师范学院学习,并在导师指导下进行科研训练。

物理班旨在培养具有国际一流水平的物理学家,并带动全校基础学科人才以及其他拔尖创新人才培养质量的进一步提高。物理班继承和发展了基科班的成功经验,在帮助学生树立学术理想、自主学习研究、开展国际交流等方面显著超越了以往局限,执着于物理学术研究、自主举办"叶企孙学术沙龙",自主选择研究方向、自主选择学术导师在物理班已蔚然成风。首席教授朱邦芬院士提出,一流顶尖人才主要不是在课堂上教出来的,关键要为这些人的脱颖而出提供充分的发展空间和非常好的环境,营造很好的氛围,使得一流人才"冒出来"。学校开设费曼物理学、物理原理与实验等基础课程,开设海外杰出学者课程;建设冷原子物理、量子输运、量子计算、功能薄膜、角分辨光电子谱、电子动量谱等6个"清华学堂物理班科研实践基地",为学生提供自主科研探索的实验平台,选派经验丰富的教师指导、协助学生开展科研实践探索活动。学生从大学二年级(大二)起陆续在清华大学物理系、生物医学工程系、高等研究院以及中国科学院、北京大学等校内外研究机构自主选择导师参加

科研训练，根据高年级学生的发展兴趣，为其制定个性化培养计划。

化学班旨在培养对化学研究有着浓厚兴趣、基础理论扎实、富有科研创新能力、具有批判思维和国际视野并立志为化学事业奉献毕生的高层次人才。首席教授张希院士带领团队成员，精心设计开设加强前沿、交叉学科的超分子化学等系列课程，全部由获得国家杰出青年科学基金的高水平教授授课。学校设立"创新研究计划"，建设高分子化学、化学生物学、计算化学等实验室，开设探索性实验课程。每周三晚，首席教授张希院士主持学堂班会，内容涉及选课指导、专题报告、实验点评、海外学习情况汇报。首席教授、专家学者、学生都可以成为主角，激发了学生的科研兴趣，提高了他们的表达与交流能力。

生命科学班为对生命科学具有强烈兴趣并立志在生命科学研究领域有所成就的学生提供一个独特的学习平台，通过灵活的课程设置、富有挑战性的科研实践、优秀科学家的指导及多种渠道的国际化交流等举措，力争使其成长为未来生命科学领域的杰出研究人才。首席教授施一公院士开设"生命科学研究中的逻辑"课程，以生命科学领域一些里程碑式的发现为重要素材，启发学生的逻辑与思维，让学生感受、领会到生命科学研究的方法论。学生进入大学三年级（大三）之后可依托生命学院和医学院的实验室，独立开展课题研究，用英文撰写研究计划（research proposal）并进行英文口头答辩。在毕业前夕的学术年会上，毕业班学生用英文展示自己的科研成果并提交英文学术论文。

计算机科学实验班由首席教授姚期智先生于2005年创办，其目标是为中国培养与世界顶尖大学的本科生具有同等甚至更高竞争力的创新型学术人才。计算机科学实验班的三个主要创新点是，创建了强化基础、探索前沿的知识体系；创新了深耕精耕、启迪思维的育人模式；开拓了大师引领、自我超越的成才途径。姚期智院士等一大批名师躬亲教学一线，邀请讲席教授、兼职教授、访问学者讲授课程，开展形式丰富的学术互动。计算机科学实验班建立起因材施教、个性化培养的特色人才培养模式，建立"厚基础、深实践、广交叉、探前沿"的课程体系，开设"图灵讲座""素质教育讲座"等品牌讲座系列，设立课题项目等激励机制，激发学生创新思维；建立多层次、立体化的高端国际联合培养基地，包括大三赴香港或澳大利亚冬令营、大学四年级（大四）全年科研实践、预研计划交流选拔、顶级国际会议参会资助等；依托与美国麻省理工学院、美国密歇根大学等建立的联合中心平台以及和加州大学伯克利分校共建的Simons研究院，为学生国际化培养、接触科研领域前沿、参与科研实践创造条件，鼓励学生在本科期间就收获学术成果。

钱学森力学班定位于工科基础，旨在为力学和与力学密切相关的诸多工程学科培养拔尖创新人才，并于2016年秋季学期开始在校内试点开设荣誉学位，调整课程体系，引导学生进行挑战性学习、"做中学"和研究性学习，最终达到深植基础、融会贯通的目的。大学一年级（大一）开设"力学与现代工程概论"课程，大三开设"现代力学与工程前沿"课程，设立"与科技大师面对面"和"科学与技术的战略性挑战"互动讲座系列。钱学森力学班将学生科研训练确定为贯穿整个本科期间的五大层次的体系：初识科研（大一）——研究学徒（大二；SRT）——开放自主创新研究（大三；ORIC）——高年级学生研究员计划（大三暑期＋大四秋季学期；SURF）——毕业论文（大四春季学期）；5个层次的科研训练均为钱学森力学班必修培养环节。利用全校以及周边科研院所资源，通过合作共建方式，由一流师资为学生设计研究型实验课程，并提供长期的设备、技术支持与学术指导，从而建立本科生科研训练体系。邀请国际知名学者作为国际导师，支持学生到国际导师的学校或研究机构参与科研工作。

世界文化与文学实验班旨在培养基础文科领域拔尖人才。该班综合了人文学院、苏世民书院等相关院系的教学资源,在课程设置与培养方案上,突破了语言专业以语言技能为主的课程设置,借鉴中国大学人文学科的经典课程与欧美大学英文系的经典课程,使得学生们一入学就接受双语教育和跨文化教育。

(三)开展拔尖人才培养研究

早在"学堂计划"发展之初,学校即委托教育研究院史静寰教授团队,从教育学角度对钱学森力学班和"学堂计划"课程建设和学生培养持续开展了近四年的教育教学跟踪研究。研究报告充分显示了"学堂计划"的教育教学改革举措使学生的思考力、意志力、自主性都得到了充分的发展。

自教育部设立"拔尖计划"以来,清华大学就积极鼓励"学堂计划"参与院系及拔尖创新人才培养相关领域教师申请"拔尖计划"课题,并通过"学堂计划"专项经费进行资助。到目前为止,13项课题获批,其中重点课题8项,涉及拔尖学生培养模式、教学方法、本科学生科研兴趣培养研究、中外拔尖学生培养模式研究、参与"拔尖计划"学生的跟踪与评价机制研究等诸多研究领域。这些研究成果对于"学堂计划"以至"拔尖计划"的实施具有重要的指导意义。

三、"拔尖计划"实施成效

(一)"学堂计划"的培养成效

学堂班的学生确立了学术志向,坚定了学术信念,学会了批判性思维,展现了追求学术理想、勇攀科学高峰的良好风貌。本科期间有11位学堂班学生获得清华大学"本科生特等奖学金"(清华大学本科生的最高荣誉,每年评选人数不超过10人),从2016年开始,学堂班每年有3位学生获得本科生特等奖学金。学堂班近5年共发表论文约350篇,授权或申请专利40项,学生获得各级各类奖项1 400余项。数学班学生每年均能获得"丘成桐大学生数学竞赛"的各类奖项的金奖,并于2016年获得团体金牌;在过去5年中,以生命科学实验班学生为主力的团队共3次获得国际遗传工程机器大赛金牌;钱学森力学班参加第45届日内瓦国际发明展并获银奖;计算机科学实验班毕业生在校期间发表论文171篇,4人获清华大学本科生特等奖学金。

在"学堂计划"稳步实施的10年中,始终围绕计划设立的"初心",即绝大部分学生继续投身于基础学科学术研究中,并持续绽放硕果。截至2018年7月,"学堂计划"已有900余名毕业生,平均90%以上毕业生选择在国内外一流大学和研究机构继续攻读基础科学领域的博士学位(表1),其中不乏哈佛大学、麻省理工学院、斯坦福大学等国际一流名校。通过对2012—2017年6届相同学科学堂班和非学堂班的毕业生去向进行比较分析,学堂班毕业生选择继续深造的比例显著高于非学堂毕业生(图1)。

表1 2012—2018届"学堂计划"毕业生去向统计表

毕业年份	毕业人数(人)	读研人数(人)	读研比例	境外读研人数(人)	境内读研人数(人)
2012	95	79	83%	49	30
2013	96	91	95%	49	42
2014	130	115	88%	65	50
2015	147	139	95%	88	51
2016	149	136	91%	77	59
2017	164	157	96%	107	50
2018	149	145	97%	84	61

注:数据截至2018年7月。

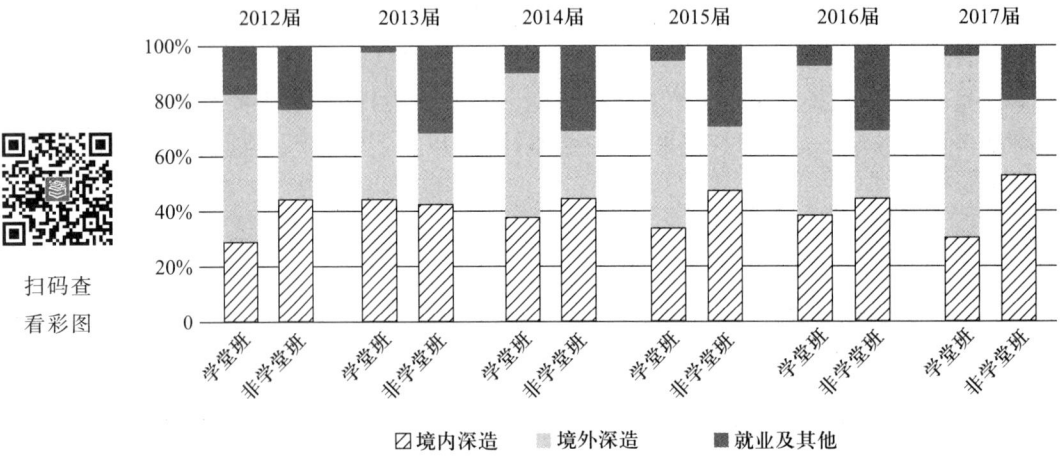

图1 相同学科学堂班和非学堂班毕业生深造情况对比图

注:数据截至2017年9月。

随着"学堂计划"的深入推进,一部分"学堂计划"优秀毕业生已经在各自领域崭露头角。2008级数学班朱艺航同学在抵达哈佛大学的第一周内通过了数学系博士资格考试的全部6门科目;2017年,2008级物理班李俊儒在国际上首次成功进行了超固体实验,受到物理学界的极大重视。2013级计算机科学实验班陈立杰同学获得中国大学生程序设计竞赛总决赛冠军,并以第一作者身份发表8篇论文,独自解决了著名量子信息学者John Watrous教授在2002年提出的开放问题。2011级钱学森力学班的薛楠同学以第一作者身份在国际著名学术刊物 Langmuir 发表文章,并作为具有重大科学意义的论文,刊登在ACS网站的主页。2014级计算机科学实验班乔明达同学在ACM国际大学生程序设计竞赛世界总决赛中获得金牌,创清华大学近6年最佳成绩;在算法设计和机器学习研究领域已经获得了出色的成果,作为主要贡献者在相关学科领域的顶级会议上发表了6篇论文,达到了世界范围内同年级本科生的最高水准。

（二）"学堂计划"毕业生的发展跟踪

人才培养具有长期性的特点，本科阶段是学术人才成长的起点，我们持续关注毕业生的成长，建立毕业生跟踪机制。各学堂班不定期邀请毕业生利用假期回国之际，与在校生进行交流。教务处借助各学堂班的联系网络，发布毕业生调查问卷，及时了解"学堂计划"毕业生的学术发展情况。2017年7月针对毕业生的问卷调查主要就学生在读期间的感受和毕业后个人发展展开调查，其中在读期间的感受包括学术志趣、学堂班吸引学生的因素、学生对于培养的感受以及学生学术成就4方面。结果显示，81%的学生认为学堂班的科研训练对于自己未来的学术发展"很有意义"和"比较有意义"；77%的学生认为"学堂计划"对于明确自己的学术目标作用"非常大"和"比较大"。整体来看，"学堂计划"对学生各方面能力都产生了积极的影响，其中批判性思维能力、科研创新能力、自主学习能力和学术视野等方面的积极影响更为明显。

"学堂计划"毕业生中已有一小部分完成了博士阶段的研究学习，某些学科的博士毕业生在国外一流高校获得了教职。2008级数学班吕琼石目前在美国威斯康星大学麦迪逊分校任助理教授。2008级计算机科学实验班马腾宇，2017年毕业于普林斯顿大学并获得博士学位，至今已在国际顶级会议和期刊上发表高质量论文近20篇，美国麻省理工学院、哈佛大学、斯坦福大学、卡耐基·梅隆大学、加州理工学院等顶尖高校有意聘请其担任助理教授，即将前往斯坦福大学担任助理教授。2008级计算机科学实验班陈丹琦，2018年毕业于斯坦福大学并获得博士学位，随后前往普林斯顿大学担任助理教授，至今已在国际顶级会议和期刊上发表高质量论文近15篇。

（三）"学堂计划"的引领示范作用

"学堂计划"通过高水平师长的濡染示范、优秀人才和同辈学生的从游效应，不仅吸引更多有潜质的优秀学生加入"学堂计划"，并以崇尚科学、追求学术为人生理想，更是带动了所在院系形成优良的学习风气。"学堂计划"积极推进面向国内外的开放和交流，所建设的课程、研究基地、学术讲座等都面向所有学生，发挥了重要的辐射和引领作用。同时，"学堂计划"也推动了全校范围内拔尖人才培养的探索。2011年以来，学校先后启动能源实验班、环境工程国际班、法学国际班等复合型国际化领军人才培养项目，2017年，基础文科领域的世界文学与文化实验班被列入"学堂计划"。

"学堂计划"实施以来所取得的成效获得了教育界的肯定，"学堂计划"教学成果获得2017年北京市教学成果奖一等奖。计算机科学实验班在2010年8月计算机学科的国际评估中，被国际评估专家评价为"拥有最优秀的本科生和最优秀的本科教育"。2017年11月，教育部组织专家对清华大学本科教学进行审核评估，专家组给予"学堂计划"高度赞赏，一致认为"这是一流的本科项目"，希望"学堂计划"的成功做法和经验能够为更多教育教学项目提供参考。

（四）拔尖人才培养面临的挑战

1. 持续关注和加强价值塑造

2018年5月2日，习近平总书记在北京大学考察时，对青年一代寄予殷切期望，他希望广大青年要把自己的理想同祖国的前途、把自己的人生同民族的命运紧密联系在一起，扎根人民，奉献国家。拔尖创新人才将是未来引领我国科技创新发展的重要力量，其正确的价值观对于未来投身我国基础学科建设具有积极的作用。清华大学也提出了"价值塑造、能力培养、知识传授"三位一体的人才培养模式，虽然学校一直注重对学堂班学生价值观的塑造，但需要在人才培养过程中更好地培养学生报效国家的使命感、责任感，树立勇闯科学高峰的精神。

2. 进一步提高国际交流质量

国际化是培养拔尖人才的重要途径。在国家的支持下，参与"拔尖计划"的每个学生都有机会到国外交换学习。清华大学参加国际交流的学生比例已经超过90%，各学堂班在国际师资的匹配、外文课程的建设方面也做了很多工作。学校在支持学生走出去的同时，注重通过加强全英文课程建设、签订交换协议等方式吸引更多的国际上的优秀学生。学堂生命科学班专业核心课程、计算机科学实验班的所有专业课程已经实现了全英文教学。学校将进一步努力，争取吸引更多出类拔萃的国际学生，提升国际交流的质量。

四、持续改进"学堂计划"

（一）质量监控机制建设

在学校综合改革的统一布局下，清华大学从2014年起进一步深化人才培养体制机制改革，针对本科教育提出"落实以学生学习与发展成效为核心的教育质量观，健全教育质量保障体系"的发展新要求。"学堂计划"作为清华大学人才培养的特色项目之一，其培养方案、课堂教学、师资质量、实践教学、学生管理等都被纳入全校的教学质量保障体系中。学校成立教学质量保障专职机构、本科生课程咨询委员会、院系人才培养顾问委员会，从学校、学生、社会不同维度，加强教学质量保障体系建设。学校重视教学环节的质量监控，定期围绕人才培养工作开展自我评估。

（二）"学堂计划"实施新举措

为继续秉承"领跑者"理念，借鉴"学堂计划"拔尖创新人才培养的经验，推动学校人才培养的深层次改革和体制机制创新，促进整体人才培养质量的进一步提高，清华大学针对新形势下拔尖人才培养的要求，推出了"学堂计划"新举措。

（1）进一步强化价值塑造。价值塑造的出发点是立德，落脚点是树人。通过加强师德建设,不断提升教师的思想境界,进而通过教师的言传身教,实现潜移默化地影响学生的价值观。通过加强价值塑造同能力培养、知识传授的融合,在不同课堂、不同类型课程中有机融入价值塑造的要素,对学生的人格养成和价值倾向产生积极的影响。

(2)进一步拓宽基础学科拔尖人才培养领域。"学堂计划"的实施覆盖了基础理科和工科,其积累的人才培养经验对于其他基础学科领域拔尖人才培养具有重要的参考价值。2017年,世界文学与文化实验班(简称世文班)正式加入"学堂计划",成为清华大学探索基础文科拔尖人才培养的重要开端。

(3)在"学堂计划"经验的基础上,全校试点推行本科荣誉学位制度。通过建立高挑战度课程体系,开展卓有成效的科研训练,培养学生的学术志趣和学术信心。2016年,学校教学委员会通过了钱学森力学班提出的本科荣誉学位方案,面向机械学院、土水学院、航天航空学院等院系开放。学校也将进一步在其他院系中开设该项目。

撰稿人:苏芃、王小芳

南开大学自评报告

2009年10月,南开大学在数学、物理学、化学、生物科学4个专业分别组建伯苓班,开展"拔尖计划"。2010年1月成立伯苓学院,统筹协调"拔尖计划"的实施。

一、"拔尖计划"实施的目标定位

(一)计划实施的目标定位

南开大学"拔尖计划"的目标定位是:抓住培养社会主义建设者和接班人这个根本,依托南开大学优势基础学科,建设国家青年英才培养基地,吸引最优秀的学生投身基础科学研究,努力使受计划支持的学生成长为相关基础学科领域的领军人才,并逐步跻身国际一流科学家队伍。

具体而言,就是要培养具有执着的信念、优良的品德、丰富的知识、过硬的本领,要爱国、励志、求真、力行,以"立公增能"为纲,在学习中历练"公能日新"修为的人才。

(1)爱祖国,爱人民。有民族自豪感和文化自信心,把理想同祖国的前途、人生同民族的命运紧密联系在一起,扎根人民,奉献国家。

(2)立鸿鹄志,做奋斗者。做到理想坚定,信念执着,不怕困难,勇于开拓,顽强拼搏,永不气馁,做新时代的奋斗者。

(3)求真学问,练真本领。求真理、悟道理、明事理,掌握事物发展规律,通晓天下道理,丰富学识,增长见识,在不断学习实践中充分发掘潜力。

(4)知行合一,做实干家。以知促行、以行求知,面向实际、深入实践,严谨务实、脚踏实地,努力成为有理想、有学问、有才干的实干家。

(二)"拔尖计划"毕业生的要求

南开大学对"拔尖计划"毕业生的要求凝练为德、智、体、美、群,亦可概括为"立公增能"四个字。

(1)习得立志修身。毕业生要以南开人的为公之志,能在艰难条件下坚持勤奋创新。在新时代笃定强国大志,承担时代重任。立振兴中华的为公之志,是毕业要求之首。而且,学生要从仪容举止做起,外修于行,内修于心,滋养不骄不躁、庄敬自强的精神气色。

（2）习得理论实践。毕业生应爱读书、多读书，厚植学术根基，穷究学理，触类旁通，躬行实践以达于"真知"和创造"新知"；养成科学和人文精神，通过"学会"达到"会学"而且"能做"，成为知行合一的南开人。

（3）习得强健身心。毕业生要坚持锻炼身体，学会调适心态，不惧怕竞争压力和挫折失败，能吃苦耐劳，能战胜自我之懒惰、怠懈和放任，以坚强的毅力和平和的心态面对人生中的挑战，为人民健康服务50年。

（4）习得审美创美。毕业生应以求真向善为美，追求仪态美、行为美、心灵美。不仅能发现美、感受美、鉴赏美，而且为人民创造美；不仅各美其美，而且美人之美。

（5）习得交流合作。毕业生应养成表达说服和倾听接纳的能力，养成识人之长和知己之短的能力，养成放下小我的大公胸怀；在尊重差异、包容多样中求共识，做高情商、善合作的南开人。

二、"拔尖计划"具体实施过程

（一）政策和组织保障

2009年以来，学校出台并落实一系列政策措施，切实推进"拔尖计划"的实施和"试验区"建设。

（1）2009年10月，组建数学、物理学、化学、生物科学4个伯苓班，正式启动"拔尖计划"。

（2）2010年1月，伯苓学院成立，统筹协调"拔尖计划"的实施。

（3）2011年1月，发布《南开大学素质教育实施纲要（2011—2015年）》，明确素质教育方向。

（4）2011年8月，成立南开大学国家教育体制改革试点工作领导小组及办公室。

（5）2012年6月，发布《南开大学关于基础学科拔尖学生培养试验计划专项经费使用的管理规定（试行）》。

（6）2013年4月，发布《南开大学实施基础学科拔尖学生培养试验计划的暂行规定》。

（7）2013年5月，发布《关于伯苓班进出学生公共必修课程学分认定的处理意见》。

（8）2014年11月，发布《伯苓学院工作职责》。

（9）2015年3月，发布《南开大学国家"基础学科拔尖学生培养试验计划"境外交流资助办法》。

（10）2016年3月，发布《南开大学伯苓学院奖学金评选办法》。

（11）2016年8月，发布《南开大学"十三五"事业发展规划纲要（2016—2020年）》，对"拔尖计划"实施做出新规划。

（12）2017年11月，发布《南开大学"十三五"素质教育实施纲要》，对"拔尖计划"实施提出新要求。

以上政策和制度的出台，明确了改革发展方向，打通了难点痛点，保障了"拔尖计划"的实施。

探索形成了有效的平台化运作模式,即不组建实体化办学机构,而是依托相关专业学院组建伯苓班(管理构架见图1),单列培养方案,推行以"一制三化"(导师制、小班化、个性化、国际化)为核心的因材施教。

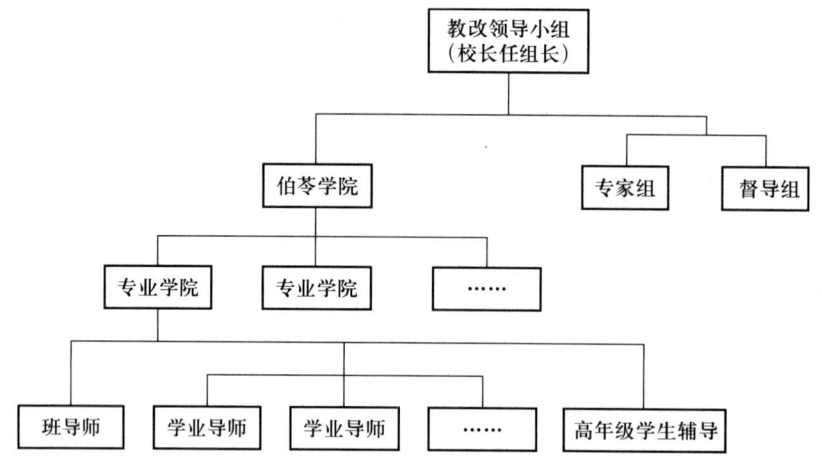

图1 伯苓学院管理树形图

平台化模式不仅避免了"孤岛效应",而且形成了"外溢效应"。在运作中贯彻"尖"主要是冒出来的,而不是"拔"出来的理念,在高原上起高峰。在平台化运作模式下,拔尖学生发挥了示范和引领作用,教师在教学相长中提高了人才培养能力并辐射到普通班级。

(二)选拔优秀学生

(1)多年来形成并完善了从全体大一新生中选拔优秀人才的机制,以"愿意"和"能够"接受严格训练两个维度作为基本衡量标准。

学生对基础学科有浓厚的兴趣爱好并立志献身学术,是入门的首要条件。坚持开放、共享、包容的理念,不拘泥于学生已被哪个专业录取。在每年进入伯苓班的学生中,近30%来自其他专业,这些新生(占新生总数的近1.5%)在入学之初即获得了重新定位的机会,来自全校23个学院中的20个左右。

在"专业+英语"的笔试环节,强调学生应具备扎实的基础知识和对基础知识的灵活运用能力。学校高度重视试题的命制,保证题目难度、效度、区分度等测量指标的高水准;同时,严格保密制度,保证考试公平。

专家面试环节则注重4个方面的素质能力测评,即对观察之敏锐、思想之深刻、逻辑之严谨和表达之顺畅的测评。面试题目由资深专家精心设计,开放性和延展性特征鲜明。通过学生抽题作答和考官讨论式追问,发掘学生的优势潜能。

很多学生反映,即使没有入选伯苓班,参加了其两轮测试都有很多收获,对自己来说是一次难得的提升机会。

(2)把选鉴结合落到实处,建立两阶段的动态进出机制。在第一和第二学年末,学校会根据学生的意愿和学习状况,经所在学院专家组综合考核,确定转入和转出"拔尖计划"的学生。2010—2017年,共有65人进入、241人退出伯苓班学习。对于转出的学生,通过制定规范的课程免修、学分置换等办法,使其在本专业普通班级继续修读并完成学业。动态进出机制的激励效果非常明显,伯苓班的氛围更加蓬勃向上,学生普遍表现出更高的学习积极性、主动性和自觉性。

(三)创新培养模式

在扎实落实好"一制三化"的基础上,探索形成了"课堂知识传授—社会调查实践—创新能力训练"三位一体(图2)、价值观培育贯穿其中的南开特色的拔尖人才培养模式。这一模式紧紧围绕"培养什么样的人、如何培养人以及为谁培养人"这个根本问题,正确处理"人—人才—领军人才"三者之间的关系,坚持立德树人根本任务,着力锻造好钢材,而不是量产螺钉螺母,切实做到既指方向又搭梯子。

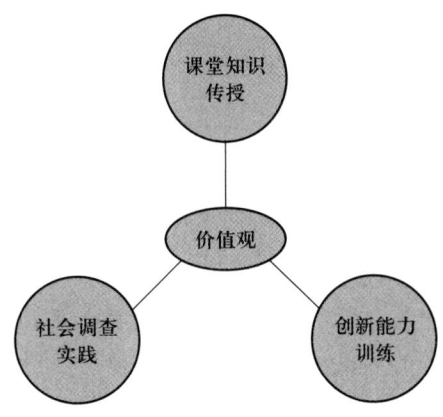

图2 南开特色人才培养模式

(1)培育和弘扬社会主义核心价值观,引导拔尖学生做社会主义核心价值观的坚定信仰者、积极传播者、模范践行者。

学校每年开展"重上井冈山""重走长征路""回望红色摇篮""寻梦西南联大"等主题实践活动,教育引导学生树立为共产主义远大理想和中国特色社会主义共同理想而奋斗的信念和信心,全面客观认识当代中国、看待外部世界,勇做走在时代前列的奋进者、开拓者,把远大抱负落实到实际行动中。

"允公允能,日新月异"的南开校训,"知中国,服务中国"的南开志愿,作为社会主义核心价值观的"南开表达",在教育实践中深植于学生内心,使其外化为不竭的学习动力。

(2)因材施教,启发式、探究式、讨论式、参与式教学成为主导。

学校注重为学生自主发展创造条件,关注学生不同特点和个性差异,发展学生的优势潜能,激发学生的好奇心,培养学生的兴趣爱好,营造独立思考、自由探索、勇于创新的良好环境;强调"点燃一把火"而不是"灌一桶水",强调"会学""能做"而不仅是"学会",从而取得"知之不如好之,好之不如乐之"的效果。

单设方案、单列计划、单独开班、单选教材、小班教学、名师主讲、翻转课堂、导师引导、学长辅助等一系列机制,保证了伯苓班的高起点、高标准、高要求、高效率。同时,学校注重互动授课,注重理论与实验实践同步,注重实操训练;搭建了国内首家基于现代技术的主动学习(TEAL)教室。在 TEAL 教室,通过师生互动、同伴讨论、随堂实验和网上学习等环节,强化了学生的主动参与。

(3)"通识+专业"的模块化课程体系,对拔尖学生合理"增负"。

南开拔尖人才培养模式既强调必须打牢基础,又兼顾学生自主选择发展方向;注重学科交叉,提升学生的学业挑战度,激发学习动力和专业志趣,改变轻轻松松就能毕业的情况,真正把内涵建设、质量提升体现在每一个学生的学习成果上。

学校自主开发了语言文学与文化导论、史学通识与前沿、哲学系列讲座、经济生活与经济学和政治学核心问题 5 门人文社科类通识课程,邀请资深专家授课,提升了拔尖学生的人文素养,丰富了精神世界。

(4)为学生营造浓郁的学术氛围。

学校通过举办多种形式的高水平学术讲座和报告,为学生提供多种渠道了解国内外学术动态;组织学生课题研究组,每年面向所有学生介绍相应领域的前沿动态和研究进展;开展学术讨论,学生自由选择方向,在导师的引领下阅读文献,定期讨论交流;全面开展暑期交流活动,组织学生参与"拔尖计划"的学生交流,支持学生参加国内外的科研训练和学习交流。

(四)改革教学管理

实行"双导师制"——每班配班导师、每人配学业导师。学业导师在学生学业设计、思想认知、科学研究和综合素养等方面给予指导,定期与学生进行面对面沟通。班导师主要负责班级管理,解决学生生活中的问题,使学生身心愉快地投入到学习中。

为保障进出机制的顺利实施,学校对公共必修课程的选修、免修和学分置换等做出明确规定,制定院级必修课、专业必修课和专业选修课的选修、免修和学分置换方案。

学校设立伯苓奖学金,对拔尖学生实施"柔性评估"与"奖励优秀"相结合的考核机制,考核侧重过程性和个性化,强调学生在自主学习和实践研究过程中的创新性和发展潜力,鼓励考核形式多元化。

(五)配备一流教师

学校邀请几何学家、加州大学伯克利分校教授 Manfred Hartl、项武义、乔治亚理工学院教授曾崇纯等,为数学伯苓班授课;邀请卢布雅那大学教授 Irena Drevensek Olenik 讲授物理研讨 3、光子学技术课程;伦敦城市大学教授何杨辉讲授现代数学方法在理论物理上的应用(Modern Math Methods in Theoretical Physics)课程。

化学伯苓班多次邀请厦门大学郑兰荪院士、国家级教学名师宋天佑教授,为大一学生讲授无机化学部分课程。

生物伯苓班定期邀请国外知名生物学家举办讲座,如美国科学院院士 Goerge Stark、爱丁堡皇家学会成员、中国科学院生物物理所国际顾问组成员 Neil William,中国科学院院士刘新垣、邓子新教授等。

所有伯苓班均实行学业导师和班导师"双导师制"。物理伯苓班的班导师制拔尖人才培养体系特色鲜明,在历年"拔尖计划"物理学科研讨会上,均被邀请作"南开模式"拔尖人才培养的报告(图3)。

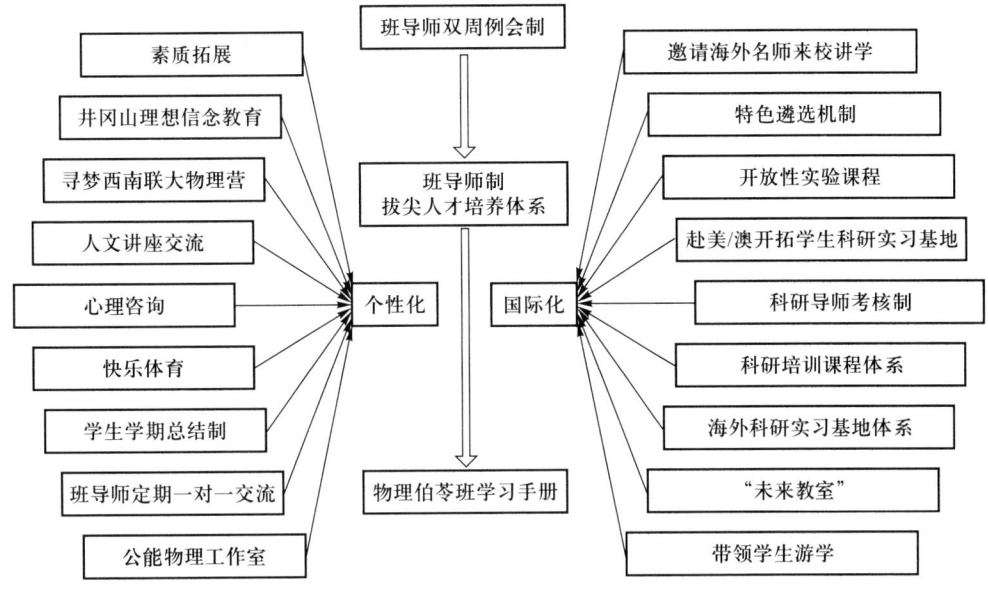

图3 物理伯苓班学生培养模式

《南开大学教学激励性补贴标准》的制定施行,有效调动了教师从事本科教学的积极性,激励教师把更多精力投入到个性化育人之中。

(六)科研训练条件

学校对拔尖学生开放所有实验室,包括国家重点实验室、教育部重点实验室、开放实验室、国家实验教学示范中心等,并配备专人进行指导。学校所有资料室、数据库等均对拔尖学生开放。

学生在大一上学期参加实验室体验计划,并在大一暑期进行为期一个月的科研训练;大二下学期主持承担"国创""市创"或南开大学"百项工程"项目;大二结束后选择科研导师,按照研究生模式进入实验室进行科研训练和课题研究,每人获资助2万~3万元。学生在每个学期结束时提交中期考核报告,一学年结束时,提交年度考核报告并参加答辩。

2009—2017年期间,参加"拔尖计划"的学生平均每年主持和参与的"国创""市创"或南开大学"百项工程"等大学生创新科研项目共计35~40项,平均每年获得40万~50万元的资助。

(七)国际化培养

学校将"走出去"与"请进来"相结合、暑期交流与整学期课程学习相结合,鼓励学生到海外学习、参加国际会议和世界大赛,邀请国际一流学者、专家授课、作报告,促进中外学生互访。

数学伯苓班学生到加州大学伯克利分校、密歇根州立大学等大学进行一学期交流学习,已有26名学生赴加州大学伯克利分校,11名学生赴密歇根州立大学;与威斯康星大学麦迪逊分校开展"3+1+1"联合培养项目;与德州农工大学数学系、伊利诺伊大学香槟分校数学系签订交流协议。

物理学伯苓班的境外交流包括5~7天的短期访学、8~12周的科研访学和整学期的课程学习。海外实习基地已有哈佛大学、麻省理工学院和帝国理工学院等30所学校,这些学校主要为排名前100位的世界名校。物理学伯苓班还在不同年级之间传帮带,并在每年举办海外实习学术汇报和生活汇报两场交流会。

化学伯苓班支持学生到国际一流大学课题组进行3个月以上的科研训练。2012级、2013级和2014级分别有42人、60人和56人加入。其中,2014级39人进入世界排名前20位的大学或研究机构。诺贝尔奖获得者Stoddart教授在为肖奎写的推荐信中提到:"肖奎同学将带着来自我的最高评价和推荐回到他的母校南开大学,他对科研工作的奉献和实践都能称得上是真正的典范,我坚信肖奎同学将成为一名杰出的科学家、导师和教师。"

生物伯苓班与北海道大学、都柏林大学签署交换生项目,选派学生赴耶鲁大学、南洋理工大学等进行科研训练,共计派出70余人次。学生团队连续参加三届由麻省理工学院举办的国际基因工程机器大赛(iGEM),并于2015年获得铜奖、2016年获得金奖。

(八)拔尖人才培养的方式方法研究

学校重视对拔尖人才培养规律的研究,拨专项经费资助相关课题。目前,承担"拔尖计划"重点课题4项,一般课题17项。这些课题涵盖人才培养模式的探索、课程体系改革、教学方法与手段的改革、小班化教学研究、导师制的作用、国际化培养探索等。

部分课题已取得阶段性成果,在《中国大学教学》《大学物理》《大学化学》《高等生物学教学研究》《化学教育》《实验室技术与管理》等期刊发表。

学校将研究成果应用于教学实践。例如,物理学伯苓班的"'大学物理基础'公共必修课TEAL教学模式探索"项目,借鉴麻省理工学院的基于现代技术的主动学习思路,在国内建成首家TEAL互动教室,用于拔尖人才培养。

三、计划实施成效

(一)毕业生去向和特色

2013—2017届毕业生共200人。其中,读研深造197人(中国大陆学校或机构76人,港澳台学校或机构7人,国外学校或机构114人),占毕业生总数的98.5%,专业符合率为97.35%。在197名读研学生中,进入世界前100名校120人,占60.9%,进入世界前10名校10人,占5.1%。

毕业生继续读研的比重和专业符合率高,进入世界前100名校的人数占比较高,进入世界前10名校的人数占比较低,进一步提高"成大才率"是主要努力方向。

（二）毕业生成长情况

数学伯苓班学生去向如表 1 所示,物理伯苓班学生去向如表 2 所示,化学伯苓班学生去向如表 3 所示,生物伯苓班学生去向如表 4 所示。

表 1 数学伯苓班学生去向

年级(级)	姓名	读研学校	读研专业
2009	米戎校	密歇根大学	数学
	刘文	加州大学戴维斯分校	数学
	任民	普渡大学	统计
	刘洋	伦斯勒理工学院	计算机
	王洪岩	塔夫大学	数学
2010	伊泽霖	宾夕法尼亚州立大学	数学
	赵泽华	约翰斯·霍普金斯大学	数学
	李想	布朗大学	数学
	李师旋	伊利诺伊大学香槟分校	数学
	陈近云	普林斯顿大学	数学
2011	欧阳力亚	明尼苏达大学双城分校	基础数学
	伏迎嘉	加利福尼亚大学圣地亚哥分校	基础数学
	黄文祥	巴西国立纯数学与应用数学研究所	基础数学
	刘心悦	滑铁卢大学	电子与计算机工程
	梅蒙	俄勒冈州立大学	统计学
2012	常雨龙	威斯康星大学麦迪逊分校	数学
	李韫	威斯康星大学麦迪逊分校	数学
	侯嘉懿	哥伦比亚大学	统计
	丁朋勇	宾夕法尼亚州立大学	数学
	汪宇博	普渡大学	数学
2013	尹玉浩	加利福尼亚大学洛杉矶分校	统计
	曹石炜	威斯康星大学麦迪逊分校	统计
	殷唯	加州大学圣地亚哥分校	基础数学
	颜俊榕	加州大学圣塔巴巴拉分校	基础数学
	陈可	南特中央理工大学	流体力学

表 2 物理伯苓班学生去向

年级（级）	姓名	读研学校	读研专业
2009	暴鹏程	加州大学洛杉矶分校	化学
	王渴	中国科学院半导体所	电路与系统
	许铮	北京大学	物理
	马崇怀	耶鲁大学	光子学
2011	李鑫	圣安德鲁斯大学	光学
	冯若白	密歇根大学	光学
	姚江	加州大学欧文分校	凝聚态
	陈思宇	加州大学欧文分校	凝聚态
2012	金雷	加州大学伯克利分校	应用科学与技术
	张宇豪	苏黎世联邦理工学院	物理
	苗惊鸿	纽约大学	电子电气工程
	张如月	东京大学	化学
2013	蔡飚杨	亚利桑那大学	理论物理
	刘译靖	乔治城大学	物理学
	张成行	马里兰大学帕克分校	生物物理
	梁启忠	多伦多大学	物理学
	王钰培	帝国理工学院	物理学

表 3 化学伯苓班学生去向

年级（级）	姓名	读研学校	读研专业
2009	金佳路	剑桥大学	化学
	张越巘	亚利桑那大学	化学
2010	赵博晟	得克萨斯州农工大学	化学
	张伟	华盛顿大学	化学
	刘山夫	西北大学	无机化学
2011	王玉珏	圣路易斯华盛顿大学	化学
	郎小琦	杜克大学	化学
	宫君宇	美国西南医学中心	化学
	倪伟焱	洛桑联邦理工学院	化学

续表

年级（级）	姓名	读研学校	读研专业
2012	邸正傲	剑桥大学	植物学
	李浏博	加州大学洛杉矶分校	化学
	李任和	芝加哥大学	有机化学
	李哲夫	芝加哥大学	理论与计算化学
	刘洛言	斯克利普斯研究所	有机化学
2013	王怿冉	西北大学	化学
	秦修轶	伊利诺伊大学香槟分校	化学
	孙明康	卡耐基·梅隆大学	化学
	何鹏	圣母大学	化工
	刘畅	宾夕法尼亚州立大学	化学

表4 生物伯苓班学生去向

年级（级）	姓名	读研学校	读研专业
2009	冯青洲	宾夕法尼亚州立大学	细胞与发育生物学
	冯成业	宾夕法尼亚州立大学	细胞与发育生物学
	李曦	莱斯大学	计算和理论生物工程
	李治宇	普渡大学	生物材料
2010	乔季璇	纽约大学	生物科学
	管婧雯	得克萨斯州农工大学	植物分子与环境科学
	王曦	史蒂文斯理工学院	医药制造
	刘开政	伦敦大学学院	生物材料和组织工程
	方天成	加州大学洛杉矶分校	分子药理学和医学
2011	丁愚	宾夕法尼亚大学	生物技术
	鲍鹤林	约翰斯·霍普金斯大学	公共卫生流行病学
	洪阳	纽约大学	细胞生物学
2012	马菲阳	加州大学洛杉矶分校	分子生物学
	弘笑	加州大学河滨分校	生物化学和分子生物学
2013	张远	牛津大学	生物无机化学
	韦怡冰	波士顿大学	病理学
	张可嘉	罗切斯特大学	生物学
	刘霄	约翰斯·霍普金斯大学	化学与分子生物工程
	马昕玮	宾尼法尼亚州立大学帕克分校	生物科学

（三）经验与不足

南开大学伯苓学院以"领跑者"的理念建立拔尖人才培养试验区，以"选""鉴"结合探索拔尖学生选拔方式，以"一制三化"探索因材施教模式，形成了一套有效机制，实现了以"拔尖计划"带动本科教育教学质量提升，实现了成才率高的目标。可复制推广的经验总结如下。

1. 基本实现了教育观念的"三个根本性转变"

（1）从"学科为本"转变为"育人为本"。学校坚持把立德树人作为中心环节，回归"育人"的大学使命。学科是集教学、科研、师资队伍等于一体的育人综合平台，学科建设要为育人服务。

（2）从侧重"传授知识"转变为重在"发展素质"。学校超越知识教育，重视落实德、智、体、美有机融合的素质教育。知识是提升素质的必要内涵和重要载体，既要传授系统的专业知识，更要注重提升学生的素质和能力。

（3）从"以教为主"转变为"以学为主、教学相长"。学校倡导启发式、探究式、讨论式、参与式教学，帮助学生学会学习；激发学生的好奇心，培养学生的兴趣爱好，营造独立思考、自由探索、勇于创新的良好环境。

2. 实现了以"拔尖计划"带动本科教育教学质量的全面提升

平台化运作模式形成了"外溢效应"，以"拔尖计划"为引领，南开大学本科人才培养形成了"雁形"结构（图4）。伯苓学院作为学校本科教育教学改革的先行区和试验田，让"拔尖计划"为学校人才培养改革领跑，让拔尖学生为全体学生领跑，带动各学科专业人才培养模式的创新，促进人才培养质量整体提升。

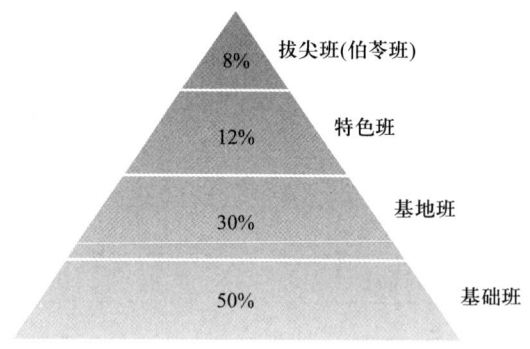

图4 南开大学人才培养"雁形"结构

3. 探索形成了有效的拔尖人才培养体系和机制

促进学生自主发展和全面发展，是拔尖人才培养的出发点和落脚点。

促进学生自主发展的关键在于为学生自主选择和实现发展目标创造条件和营造环境，为此就要关注学生不同特点和个性差异，发展学生的优势潜能，促进学生生动活泼发展，主动适应社会，开创美好未来。

促进学生全面发展的关键则在于德、智、体、美有机融合、教与学结合、教与研结合、理论与实践结合、课内与课外结合等。学生的思想道德素质、科学文化素质和健康素质明显提高,服务国家、服务人民和参与国际竞争能力也就显著增强。

4. 将"拔尖计划"从自然科学专业延展到人文社会科学专业

2016年,在数学、物理学、化学、生物科学4个伯苓班成功经验的基础上,试办经济、人文和社科伯苓班,实现了"拔尖计划"向人文社会科学领域的延伸,为拓展"拔尖计划"做了有益探索、积累了经验。

不足之处主要有:① 德育的时代感、针对性、吸引力和亲和力有待进一步加强,需要因事而化、因时而进、因势而新,始终贴近学生,润物无声,满足学生成长发展需求和期待;② 对教与学两个方面的过程管理与评价有待进一步完善;③ 学生国际交流的深度有待进一步深化;④ 常态化的教学结合和师生互动长效机制有待进一步健全。

四、持续改进

(一)质量监控机制

学校制订教学测量体系,对授课教师、师生互动、练习强度、考试广度深度和总体教学效果的观测评价体系基本形成,把教学作为教师考核的首要内容;完善5年内毕业生岗位性评价、毕业年级学生回顾性评价和当年听课学生感受性评价"三位一体"的教育质量评价体系;建立学生档案,追踪学生的成长动态;定期召开拔尖人才培养研讨会,分析评价结果,查找问题和原因,提出改进方向和措施。

(二)未来发展规划

南开大学的新举措可以概括为1个核心点、2个主攻方向和6项重要改革,以全面深化教改、促进全面提高人才培养能力为目标。

(1)牢牢抓住全面提高人才培养能力这个核心点,带动教学改革和教育质量提升,切实助力"双一流"建设。

(2)在"创造条件、营造环境"和"结合、融合"两个主攻方向上积极探索,实现具有中国特色的内涵式发展。实现在有效指导下的全面和自主发展,突出各育人要素和环节的结合与融合,力避板块式拼接和模块化叠加。

(3)重点推进如下6项教育教学改革。

① 更新教育观念。学校进一步推进"三个根本性转变",即从"学科为本"转变为"育人为本",从侧重"传授知识"转变为重在"发展素质",从"以教为主"转变为"以学为主、教学相长"。

② 改革人才培养模式。学校加强德育,为学生的成长奠定科学的思想基础。调整优化课程体系,把"宽口径、厚基础、强能力、重创新"落到实处,为学生自主规划个人发展路径创造条件;"讲一练二考三"(精讲、多练、考试为优秀生留空间)取得新突破,启发式、探究式、讨论式、参与式教学主导课堂;将"互联网+"引入教学过程,线上与线下逐步融合,推进在

线学习;建立常态化的教学结合和师生互动长效机制;将国际化培养引向深入。

③ 改革教育管理体制。学校加快推进以学分制为重点的教学管理制度改革,把"教学优先"落到实处,整合本科生教育管理和服务资源。

④ 改革教育质量评价和保障体系。学校完善教学测量体系、观测评价体系和"三位一体"的教育质量评价体系;加强实验室建设,促进平台共享与开放。加大研究型实验比重,鼓励学生面向问题自主设计和开展实验;探索"先习后学、边习边学"等理论与实践相结合的不同形式,形成"学习—实践—再学习—再实践"的良性循环;探索建立校校、校所、校企、校地以及国际合作的协同育人实习实践基地,吸引更多的社会资源和国外优质教育资源投入人才培养。

⑤ 改革人才评价制度。学校统筹建立学生荣誉体系,不以课程分数为主要评价标准,提高科研创新、实践服务、志愿公益等所占比重;进一步完善评优评奖、推免保研制度和"立公增能"辅学体系,突出素质和能力导向。

⑥ 改革考试招生制度。学校完善多频次、多形式、多维度的过程评价,杜绝一次考试定成绩,成绩评定方式逐步由百分制向等级制转化,并积极探索与"中学生英才计划"对接。

(4) 提升国际教育教学交流水平。学校积极组织和参与国际教育教学研讨会,发出中国声音,讲好中国故事,更加自信地在世界舞台、国际坐标和全球格局中去谋划发展,参与竞争和治理,传播中国理念、中国标准、中国方法和中国模式。

撰搞人:程鹏、段文斌、高翔、丁龙云、孔勇发、张东升、陈凌懿

吉林大学自评报告

为培养富有创新精神和实践能力、宽厚的学科基础、宽广的国际视野和长远发展潜力的理科大师级学科后备人才，教育部启动实施"基础学科拔尖学生培养试验计划"（简称"拔尖计划"）。2009年，吉林大学首批进入"拔尖计划"，学校按照"加强基础、学科交叉、因材施教、特殊培养"的培养方针，成立了以著名化学家、吉林大学前校长唐敖庆教授命名的唐敖庆班。计划实施以来，吉林大学积极发挥学科优势，树立"以学生发展为本"的培养理念，通过培养模式创新、培养过程和环节创新、体制机制创新进一步明确了拔尖学生培养的思路，逐步形成了具有吉林大学特色的拔尖学生培养体系。

一、"拔尖计划"实施的目标定位

1. 总体目标

吉林大学"拔尖计划"的总体目标是：围绕"以学生发展为本"的培养理念，充分利用吉林大学的学科综合环境、创新环境、开放环境优势，建立具有吉林大学特色的基础学科拔尖人才培养模式；学校以人才成长客观规律为遵循，着力解决制约基础学科学生成长的关键性问题；通过不断完善培养体制机制、培养模式、制度和条件保障体系建设，努力使受计划支持的学生成长为相关基础学科领域的领军人才，并逐步跻身国际一流科学家队伍。

2. 阶段目标

吉林大学"拔尖计划"的阶段目标是：以10年为周期，基本建成吉林大学本科拔尖学生培养模式综合改革试验区；以数学、化学为基础，逐步扩展至物理、生物、计算机等基础学科，实施以课程、专业、教师队伍、制度体系、条件保障、运行机制为着力点的校院师生一体化改革，形成良好的示范和带动作用，引领学校人才培养模式改革；努力发现并培养一批潜质突出、志向远大、德才兼备的基础学科优秀后备人才。

3. 定位依据

（1）学校坚持以人才培养为根本任务，将本科教育作为立校之本，并据此确定人才培养定位目标：努力培养德智体美全面和谐发展，富有良知和社会责任感，具有创新精神、实践能力和国际视野的高级专门人才，致力于培养造就经济社会各个领域的领军人物和业界精英。

（2）学校历来重视基础学科的本科教育，形成了优秀的育人传统（1977年恢复高考后培养的两院院士等著名学者均名列全国前5位）。

（3）2011年，学校明确提出构建拔尖创新人才培养体系，确立了"志高远、敢担当、基厚、能力强、会创新、适应广"的育人理念。在优先发展的"五种类型"拔尖创新人才培养体系中,学校将"学术型"创新人才培养列为首位。

4. 毕业要求

学校基于基础学科拔尖学生的培养目标定位,确立了"小规模、高规格、精英教育"的培养理念,明确了知识结构、能力体系和毕业标准等三个维度的毕业要求,具体如下。

(1)知识结构:拥有宽厚扎实的自然科学知识,宽泛的人文科学知识素养和完整全面的专业知识。

(2)能力体系(综合能力):拥有扎实的学科知识基础和技能,具有追求真理的科学精神和研究能力;具有强烈的创新意识和能力以及广阔的国际视野,能够在某一学术方向进行自主钻研和探索。考察点包括研究能力、创新能力、终身学习能力、国际视野、组织管理能力等。

(3)毕业标准:具有良好的思想和身体素质,符合学校规定的德育和体育标准;完成培养方案规定的学分要求;达到学校设定的拔尖人才培养要求。

二、"拔尖计划"具体实施过程

1. 全面建设吉林大学拔尖学生培养模式改革试验区

(1)明确试验区定位与目标,推进拔尖创新人才培养综合改革和全面创新。获批进入"拔尖计划"之后,学校成立了以唐敖庆班为基础的"拔尖学生培养模式综合改革试验区",同时将匡亚明文史试验班、李四光地学试验班、白求恩医学试验班等作为改革试验区的"中试基地",开展覆盖面更广、更加系统化的培养体制机制改革。

(2)完善试验区管理体制,明确试验区组织机构及工作职责。学校成立了以校长为组长、主管教学副校长为副组长,教务处、研究生院、财务处、科技处等职能部门为成员的试验区领导小组,成立以院士、国家级教学名师为团队的专家小组,加强对试验区内各项目的分类指导、监督;组建了以"拔尖人才培养办公室"为标志的试验区项目工作机构,唐敖庆班所属各学院设置专人负责试验区改革政策的落实,从校院两级保障试点项目运行。

(3)全面推进试验区办学体制和培养机制改革。学校贯彻"高水平、严要求、厚基础"的基本要求,打破条条框框的束缚,努力激发教师和学生的创新思维,解放人才培养的"生产力"。按照试验区建设规划,学校以人才成长客观规律为原则,层层推进人才培养各项改革措施执行到位。在体制改革上,强化制度制定和修订过程,以专家咨询+师生反馈的方式,完善制度体系建设,陆续出台《吉林大学关于实施"基础学科拔尖学生培养计划"的指导意见》《吉林大学"基础学科拔尖学生培养计划"学籍管理规定》《吉林大学拔尖学生质量提升计划》等一系列制度文件。在机制改革上,适当减少各类制度的"刚性"约束,以协作和激励为主要手段,增加"柔性"的管理和培养方式,吸引广大师生员工关注改革,主动为拔尖人才培养改革出谋划策。

(4)建立特殊的试验区政策保障机制。学校给予"试验区"充分的办学自主权。以教务处作为牵头单位,人社处、科技处、学工系统、国际处、财务处等多部门共同协作,保障试验区体制机制改革的创新性、协同性和独立性,确保"试验区"与学校相关部门、相关学院各项工作的协调和衔接(图1)。

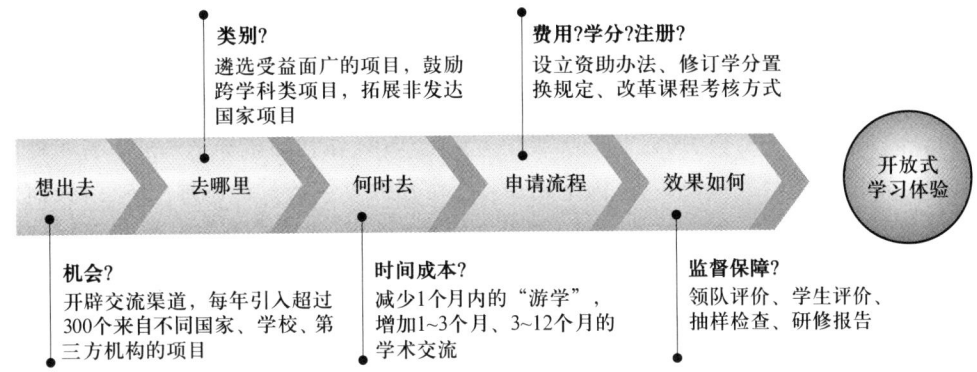

图1 唐敖庆班学生出国交流项目设计流程图

2. 创新拔尖学生选拔机制

学校以尊重学生自主选择为前提,以全面评估学生学术潜质为核心,建立高考选拔、校内选拔、学年选拔和阶段分流等多角度、多层次的选拔和分流机制。在校内选拔阶段,按照"选材不拘一格"的理念,科学制定选拔办法和标准,综合运用笔试、面试、心理评测等手段,多元评价学生学术潜质和综合表现。2017年,经审慎研究决策,选拔领导小组破例为一名听力残障学生设立单独面试通道,该生以优异成绩顺利通过笔试、面试等各环节,最终加入唐敖庆班。

为完善选拔机制,学校先后于2013年和2015年两次修订《吉林大学"基础学科拔尖学生培养试验计划"学生学籍管理的有关规定》,在强调学业基础的同时,更加注重多元评价方式,适度降低学生对考试"分数"的过分追求,引入科研实践奖励等方法,鼓励学生全面成长。学校单独制定了《吉林大学优秀学生转入"拔尖计划"试验班实施办法》,明确了学生可以在导师的指导下,按照个人的兴趣和专长,自由选择相应的学科专业领域。文件同时明确了具体的掉队学生分流和优秀学生转入机制。

经过不断的改革与发展,唐敖庆班的生源质量稳步上升,同时吸引了更多优秀学生参与基础学科的学习与科研(图2)。

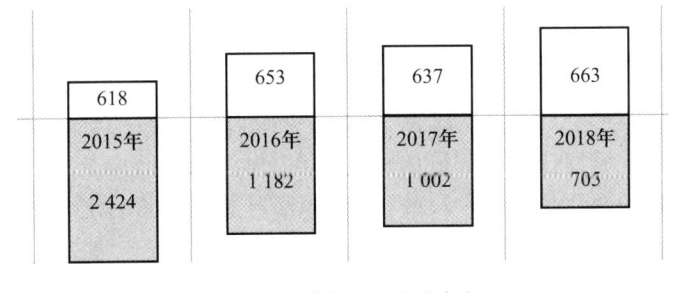

图2 唐敖庆班2015—2018年高考录取情况(吉林省)

扫码查看彩图

3. 创新拔尖学生培养模式

(1) 个性化的培养方案。在唐敖庆班培养方案设计上,学校强调"高水准、严要求、个性化"的总体原则,一方面,汇集国内外著名专家学者,反复研讨,科学制订培养方案整体框架，如化学学院聘请牛津大学、中科院应用化学研究所等专家多次召开培养方案研讨会，计算机学院邀请海内外杰出校友对培养方案的修订提出意见等；另一方面，学校根据师生和专家反馈意见，每年动态调整培养方案的结构和内容，实现知识更新和能力培养的协调一致。

为增进学生对培养方案的理解，2013 年开始，学校采取每年发布"微课题"的方式，鼓励学生以培养方案为研究对象，通过高低年级学生搭配组队，在教师指导下开展有针对性的系统研究（图 3）。微课题项目的实施，为学生深入了解培养方案的设计流程和内容，提前实现大学生活的规划和设计奠定了重要基础，也为下一步师生围绕培养方案开展系统深入的研讨，建立反馈机制起到重要作用。

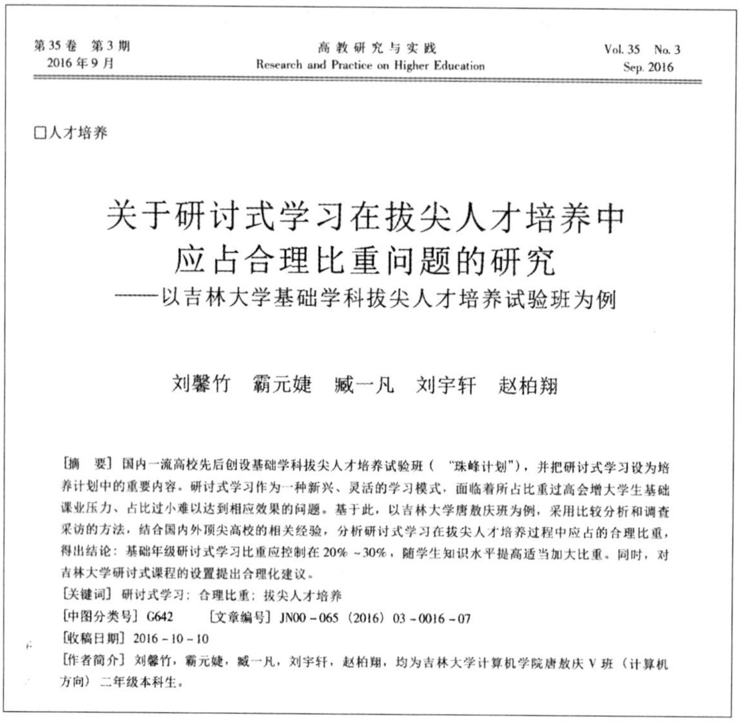
第 35 卷 第 3 期　2016 年 9 月　高教研究与实践 Research and Practice on Higher Education　Vol. 35 No. 3　Sep. 2016

□人才培养

关于研讨式学习在拔尖人才培养中应占合理比重问题的研究
——以吉林大学基础学科拔尖人才培养试验班为例

刘馨竹　霸元婕　臧一凡　刘宇轩　赵柏翔

［摘　要］国内一流高校先后创设基础学科拔尖人才培养试验班（"珠峰计划"），并把研讨式学习设为培养计划中的重要内容。研讨式学习作为一种新兴、灵活的学习模式，面临着所占比重过高会增大学生基础课业压力、占比过小难以达到相应效果的问题。基于此，以吉林大学唐敖庆班为例，采用比较分析和调查采访的方法，结合国内外顶尖高校的相关经验，分析研讨式学习在拔尖人才培养过程中应占的合理比重，得出结论：基础年级研讨式学习比重应控制在 20%～30%，随学生知识水平提高适当加大比重。同时，对吉林大学研讨式课程的设置提出合理化建议。

［关键词］研讨式学习；合理比重；拔尖人才培养

［中图分类号］G642　［文章编号］JN00－065（2016）03－0016－07

［收稿日期］2016－10－10

［作者简介］刘馨竹，霸元婕，臧一凡，刘宇轩，赵柏翔，均为吉林大学计算机学院唐敖庆 V 班（计算机方向）二年级本科生。

图 3　唐敖庆班（计算机方向）学生刘馨竹等公开发表的微课题论文

（2）开放的课程体系。学校在"拔尖计划"实施之初，即明确提出压缩必修学分，增加学科前沿课程、导论课程、研讨课程和跨学科课程等的总体要求。物理、化学、生物等各相关学院陆续实施了"小课程计划""新生研讨课""跨学科研讨课"等各类开放课程建设计划，建成了 40 余门特色课程，通过在唐敖庆班的成功试点，现已陆续面向全校学生开放。2014 年，随着慕课、直播课程等现代化教育手段的出现，学校与学院协同制定了推进网络课程和混合式教学的规定，一方面主动尝试将国内外高水平慕课纳入教学拓展体系，鼓励唐敖庆班学生选修课程（图 4），另一方面积极搭建自身的在线教育平台，建设国内外直播课程，进一步扩充课程资源。2016 年，学校启动"荣誉课程建设计划"，选取高等数学、空间解析几何等数学基础类课程为试点，开展多轨道的课程体系设计。通过试点课程建设的经验，2018 年学校面向全校学生推出"荣誉培养体系"，鼓励学生主动选择具有高挑战性、个性化学习方式的荣誉培养轨道。

（3）促进全面发展的素质教育平台。学校按照素质教育的总体规划，将唐敖庆班作为

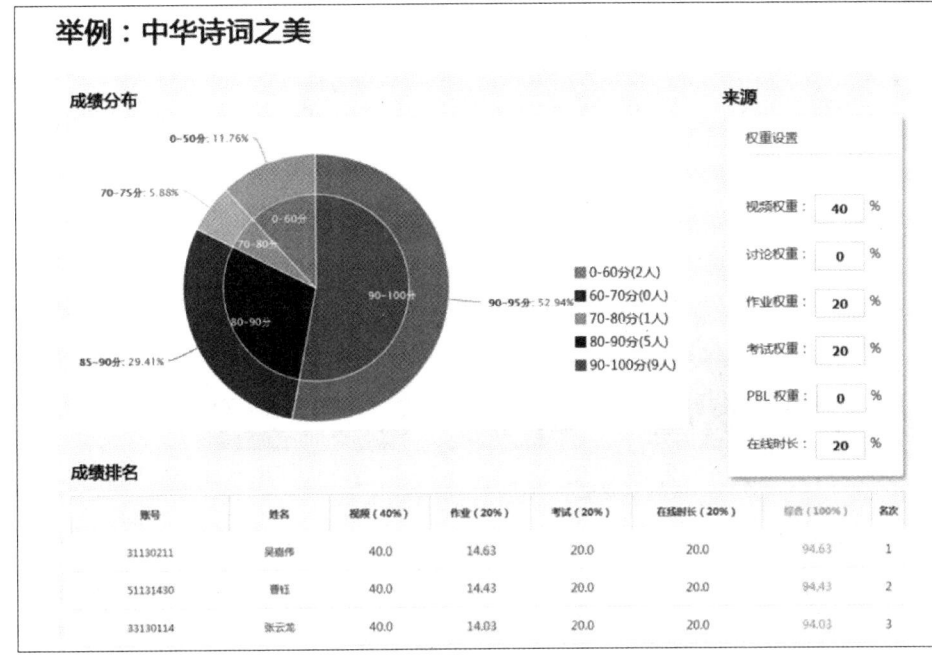

扫码查
看彩图

图4　2014级唐敖庆班学生修读慕课情况统计

素质教育改革的试点,开展了以促进学生全面发展为核心,以特色课程和各类实践活动为载体的素质教育平台设计,陆续推出"思政专题报告""积极心理品质课程""军事理论实践(定向越野)""故乡社会调查"等系列课程和实践环节,从德、智、体、美等多个角度,塑造学生的核心价值观。在思政课堂上,改变单纯"听、讲"模式,将现实问题代入课堂进行深入研讨;在心理品质教育上,建立积极心理引导—临床心理咨询—团队心理实践—野外素质拓展的完整心理教育链条;在体育教育上,创新性地将军事理论和体育课结合,把军事地形学等内容以"定向越野训练"方式呈现,获得学生一致好评;在社会实践层面,以家乡变化等为主题,引导学生从小处着手,感受社会主义建设和发展的成就,关注部分社会焦点问题并提出解决方案,增加学生的社会责任感和担当意识。

（4）系统化的教师（导师）培训计划。随着"拔尖计划"实施的不断深入,唐敖庆班授课教师中,个别科研型教师教学能力不足,教学方法单一等问题也逐渐显露。为此,学校并未采取重新遴选教师的方式,而是通过制定教师课程旁听制度和系统的教师教学能力培训计划等,更新教师的教育教学理念,提升其教育教学水平。此外,学校每学期邀请国内外高层次教育教学专家,围绕拔尖人才成长路径、教学理念变革、现代化教育手段等不同主题开展教学工作坊(图5)和研讨会,及时将先进的教育理念和方式方法传递给教师群体。

4. 深化教学管理体制机制改革

（1）创新班主任制度和导师制度。作为学生学术生涯指导的重要支撑,学校通过创新班主任制度和导师制度,不断强化对唐敖庆班学生的指导和帮扶。各学院根据自身情况,分别设置多种类型的指导帮扶团队。如数学学院设立了"名师班主任"制度,物理学院设立了"朋辈班主任"制度,计算机学院设立了"科研导师""学业导师"和"生活导师"的三导师制,生命科学院设立了"青年导师制"等。通过各种类型多样的导师指导体系,形成了促进学生

图 5　试验班专属新生研讨课教学工作坊

健康成长的方法和制度。例如,朋辈班主任以高年级学长/学姐为目标群体,减少学生之间的交流代沟,提升了沟通效率;青年导师制则避免了"名师"因科研工作繁忙而导致的指导不充分问题,同时为青年学者提供了深度参与教育教学的机会,实现了"师生共同成长"的制度设计初衷。通过导师制和班主任制度的深入实施,涌现出了 2013 级计算机方向邵帅、"全球高被引科学家"杨英威教授等一批优秀的学生、导师代表。

(2)创新教学管理制度和方法。为提升学生自主学习能力,鼓励学生充分利用各类学习资源,学校教务处配合各相关学院开展跨年级、跨学科的课程选修制度。在唐敖庆班建设初期,即开展了化学+生物、数学+物理的交叉选课制度,在不断发展和改革进程中,对此机制不断进行完善,充分给予了学生跨学院、跨专业的选课自主权。此外,为避免课程内容和结构的过分专业化,学校还在唐敖庆班试点开展了"跨学科教师"开课计划,鼓励跨界的教师开设跨界的选修课程,涌现出地球科学学院贾继伟的"数据科学"、生命学院田圃的"计算思维"等一批优秀教师和优秀课程。

为鼓励和引导学生"理论+实践"的学习方式转换,学校在校、院两级分别为唐敖庆班学生设置了灵活的学分置换办法:除传统的免修和免考制度外,将学生综合科研训练、海外研修经历、国外在线课程、独立科研项目纳入学分置换体系,对在上述活动中取得突出成绩的学生,经学院教学委员会讨论通过后,可灵活为其置换为选修课程或课外学分,以减轻学生的课业学习压力,引导学生参与科研实践活动。以此为经验,学校 2017 年修订了《本科生学分制管理办法》,面向全校学生设置了"课外 8 学分"计划,鼓励学生全面成长。

(3)推进教学管理、学工管理、学生自管等育人一体化建设。为保障学生全面发展,学校不断加强与学生接触最为密切的教学管理和学生工作队伍建设,一方面选派优秀教学管理人员和学生辅导员专职负责唐敖庆班学生的日常管理和指导帮扶,另一方面通过多种渠道强化学生参与自我管理的意识。2014 年开始,随着唐敖庆班专用讨论教室的开放使用,学生自发成立了"管理委员会""吉大听你说社团""To Science 学术促进者社团""TEDxJLU Club"等多个自我管理的组织和社团,各个组织在学术导师指导下独立开展各类活动,并获得学校学工部和校团委的试点计划支持。多年来,唐敖庆班学生组织的各类活动逐渐拓展到全校师生,成功吸引了一批优秀师生加入基础学科的教学和科研工作中。

5. 打造高层次师资队伍

学校为试验班学生集中配备基础学科的一流师资，成立了由院士、国家杰出青年科学基金获得者、国家级教学名师及部分教授等高水平教师组成的教学团队。如唐敖庆班的化学基础课程和大部分生物科学专业主干课程实现小班授课，配备一流的主讲教师，冯守华院士、宋天佑、滕利荣等国家级教学名师，孔维、于湘晖、蔡勇等知名教授担任基础课的主讲教师，使试验班学生保持与名师名家的零距离接触。学校积极聘请国外著名专家为试验班学生授课或开设讲座、报告会等活动，如2016年诺贝尔化学奖获得者司徒塔特教授、1988年诺贝尔化学奖获得者哈特穆特·米歇尔教授、菲尔兹奖获得者清华大学丘成桐教授等。据统计，10年来共有来自国内外453位专家和学者为唐敖庆班开设了课程、讲座和学术报告。目前已构建起较稳定的兼职教师和学术导师队伍。这些知名专家学者的讲座和报告对学生的学习和成长起到了引领作用，深受学生们的欢迎。

为加强专业教师队伍建设，2010年起，学校针对"基础学科拔尖学生培养试验计划"制定了优秀教师选聘机制，各学院通过推荐上岗和竞争上岗相结合的方式，选聘优秀教师参与唐敖庆班教学。同时，以特色课程为依托，吸引高水平教师在唐敖庆班开设试点专属课程，并给予相应激励。为鼓励青年教师参与基础学科教学改革，2013年，学校制定了《吉林大学特别推荐渠道聘任青年骨干教师为教授职务办法》，将试验班教学纳入考察指标，先后有8位中青年教师通过在试验班的教学改革，被评聘为教授职务。在贯彻"小班化、个性化"教学改革过程中，学校教务处还专门制定了相关方案，对承担拔尖学生培养过程中授课的教师予以更高的课时酬金。

6. 建设高水平科研实践平台

学校实施"拔尖计划"的指导意见中明确要求，对国家重点实验室、省部级重点实验室等各类教学科研设施均向唐敖庆班学生无条件开放，鼓励学生在开放的学术环境下自主成长。例如，为确保学生科研实践的便利性，滕利荣教授在生物学国家级实验教学示范中心设立了24小时开放制度，允许学生不间断在实验室中开展探索。化学国家级实验教学示范中心设立"创新性实验项目"，首批面向唐敖庆班学生试点开设，由实验指导教师和学生联合设计创新性实验项目，目前已推广至全校，先后吸引4 000余名学生参与"吉林大学创新实验项目"。此外，学校制定政策要求唐敖庆班学生100%参与大学生创新创业训练计划，鼓励学生参与"互联网＋"和"挑战杯"等各类创新实践项目，根据其表现通过学分置换制度给予等级评定并纳入培养计划。

除常规性的创新科研训练以外，学校还鼓励唐敖庆班学生积极参与各级各类学科竞赛项目，重点鼓励学生参与跨学科竞赛项目，学生参与学科竞赛的热情也被点燃。2013级唐敖庆班（化学方向）学生王琪菲等通过网络了解到美国哈佛大学组织的分子生物学国际大赛（BIOMOD）后，主动开始组织团队并寻找指导教师，于2015年成功参赛并获银奖。2016年11月30日和31日，以唐敖庆班学生为主体的两支团队分别在美国东西海岸获得了由麻省理工学院主办的国际基因工程机器大赛（iGEM）和哈佛大学主办的BIOMOD大赛金奖，为祖国和母校争得了荣誉。

为鼓励学生的科研实践热情，学校还创新性地设立了唐敖庆班科研实践奖学金，制订并完善了《唐敖庆班科研实践奖学金管理办法》。作为探索，《唐敖庆班科研实践奖学金管理办法》首次设立了师生共同评审、申请者开放答辩的制度，给予师生平等的评审资格，获得全体学生的一致认同。

截至2018年6月,唐敖庆班学生累计参与各类科研实践活动获奖542人次,发表科研论文114篇。

7. 建设高层次的国际合作育人平台

制订培养方案之初,学校即把"拥有开放的国际化视野"作为"拔尖计划"学生培养的基本目标之一。学校通过开展聘请国外学术大师做报告、派遣学生出国研修、强化与国外学生交流等方式为唐敖庆班学生提供高层次的国际化平台,使学生在与国外先进科技和经验的交流中汲取知识和养料。

(1) 1.0时代的国际化培养策略及实施。2013年以前,学校以整建制派遣唐敖庆班学生赴国外高校研修为主要方式,并确立美国罗格斯大学、佐治亚理工学院、瑞典斯德哥尔摩大学作为主要研修目的地,以课堂教学+科研训练的方式,集中开展海外培养计划;同时资助个别学生自主联系海外高校,学校以专项资助的方式,满足学生国际化学习的需求。同期,强化引进海外大师力度,聘请包括1987年诺贝尔化学奖得主让·雷恩教授等一批海外大师来校讲座授课。

(2) 2.0时代的国际化培养模式改革。基于前期海外培养计划的成功经验和部分问题,2013年开始,学校积极探索新型的国际化培养模式。第一,邀请海外高层次学生与国际专家一同来校或在线参与唐敖庆班的课程与科研训练,营造中外拔尖学生联合培养的开放氛围。第二,拓展唐敖庆班海外研修基地范围,学校/学院陆续与牛津大学、曼彻斯特大学、加州大学洛杉矶分校、密歇根大学、阿尔伯塔大学等签署协议,开展多种形式的交流项目。第三,通过设立"洄游计划",吸引在海外研修的唐敖庆班毕业生群体开展返校交流活动,增进毕业生和在校生的显性和隐性联系,截至目前已成功吸引来自美国、英国11所高校的20余名毕业生返校交流。令人意外的是,"洄游"的毕业生甚至将海外导师引入国内,来到吉林大学工作。2018年暑期,欧阳瑞文等同学将日本名古屋大学的Shinya Matsuzaki教授全职引进吉林大学,李超同学将美国佐治亚理工学院的顶尖教授Uzer Turgay引进吉林大学并聘为讲座教授。最后,通过多方筹措资金,加大个性化海外交流的资助力度,鼓励学生自主开展海外研修计划,目前已成功获批国家留学基金委、学校"双一流"经费支持2 000余万元。

截至2018年,唐敖庆班累计派遣学生赴海外研修483人次,聘请海外高水平专家学者211人次来校参与学生培养,邀请海外拔尖学生44人次,建立海外研修基地14个,学校累计用于资助学生出境和聘请海外师资费用超过3 000万元。

8. 扎实开展拔尖学生培养的研究工作

为提升师生对于拔尖人才培养的关注和投入,学校自2013年开始,每两年开展"拔尖计划"校内教学改革项目评审,先后批准了59项教学改革项目立项。累计投入100余万元资金用于支持教师、管理人员等围绕"拔尖计划"开展校本和国家层面的研究,部分研究成果已通过不同渠道进行了发表。与此同时,学校和各学院及时组织各类学术交流活动对研究过程和成果进行研讨和推广,从而不断修正"拔尖计划"培养体系的改革方向,加快了改革进程。

此外,针对学生尤其是大一新生对于"拔尖计划"及学校培养体系缺乏了解的状况,同时为引导学生开展系统化的教育教学训练,2015年开始,学校针对大一学生每年设立"微课题"研究项目。以唐敖庆班培养方案为研究对象,通过系统的比较分析和定性定量分析,并以团队形式完成学术论文的方式,提升学生对待自身成长和学校培养体系的关注,从而使学校管理团队、学院管理团队、教师队伍、学生群体等 4 个群体对于教育教学改革的持续推进形成闭环。表 1～表 3 为吉林大学 2013 年、2015 年、2017 年拔尖学生培养研究专项立项情况。

表 1　吉林大学 2013 年度拔尖学生培养研究专项立项表

序号	项目名称	负责人	推荐单位	级别	备注
1	文学院课程中心资源建设与应用整体推进项目	孔朝蓬	文学院	重点	课程中心建设学院整体推进项目
2	化学学院课程中心资源建设与应用整体推进项目	徐家宁	化学学院	重点	课程中心建设学院整体推进项目
3	计算机科学与技术学院课程中心资源建设与应用整体推进项目	黄岚	计算机科学与技术学院	重点	课程中心建设学院整体推进项目
4	计算机公共课程中心资源建设与应用整体推进项目	秦贵和	公共计算机教学中心	重点	课程中心建设学院整体推进项目
5	地球探测科学与技术学院课程中心资源建设与应用整体推进项目	陆继龙	地球探测科学与技术学院	重点	课程中心建设学院整体推进项目
6	国际化环境下的拔尖学生培养模式改革与实践	王瑞	教务处	重点	基础学科拔尖人才培养改革项目
7	"马克思主义基本原理概论"专题教学内容体系研究	王为全	马克思主义学院	重点	基础学科拔尖人才培养改革项目
8	"毛泽东思想和中国特色社会主义理论体系概论"课程专题教学设计研究	王颖	马克思主义学院	重点	基础学科拔尖人才培养改革项目
9	大学外语教学中中外教师合作模式的研究与实践	潘海英	公共外语教育学院	重点	基础学科拔尖人才培养改革项目
10	研究型大学学生英语自主学习能力培养的探索与实践	付艳梅	公共外语教育学院	重点	基础学科拔尖人才培养改革项目
11	基于语言磨蚀理论及教育学反思的大学英语教学改革探索与实践	王青华	公共外语教育学院	重点	基础学科拔尖人才培养改革项目
12	协同创新背景下化学基础实验教学体系建设与改革	郭玉鹏	化学学院	重点	基础学科拔尖人才培养改革项目
13	无机化学理论课与实验课教师团队的融合	张萍	化学学院	重点	基础学科拔尖人才培养改革项目

续表

序号	项目名称	负责人	推荐单位	级别	备注
14	物理化学实验教学体系建设与实践	朱万春	化学学院		基础学科拔尖人才培养改革项目
15	化学、生物学专业唐敖庆班结构化学课程建设与内容整合	赵旭	化学学院		基础学科拔尖人才培养改革项目
16	加强教学管理改革，构建多层次创新人才培养平台	田少萍	化学学院		基础学科拔尖人才培养改革项目
17	搭建学科交叉平台，探索专业人才培养新模式	滕利荣	生命科学学院	重点	基础学科拔尖人才培养改革项目
18	产学研合作构建创新创业型人才培养模式的研究与实践	赵国安	生命科学学院		基础学科拔尖人才培养改革项目
19	生物学野外综合实习科研训练体系的构建与研究	许月	生命科学学院		基础学科拔尖人才培养改革项目
20	数学拔尖人才培养模式探索	邹永魁	数学学院	重点	基础学科拔尖人才培养改革项目
21	数学建模在创新性人才培养中的应用	曹春玲	数学学院		基础学科拔尖人才培养改革项目
22	物理学基本原理导论课程建设	张汉壮	物理学院		基础学科拔尖人才培养改革项目
23	加强科研训练，培养创新人才——近代物理实验Ⅱ科研平台建设	韩炜	物理学院	重点	基础学科拔尖人才培养改革项目

表2 吉林大学2015年度拔尖学生培养研究专项立项表

分类	项目名称	负责人	所在单位
重点项目	无机与分析化学课程建设与教学改革	徐家宁	化学学院
	网络环境下"生物学实验"混合式教学的改革研究	滕利荣	生命科学学院
	跨学科实践教学创新团队建设的研究与实践	孟庆繁	生命科学学院
	数学拔尖人才培养模式探索	邹永魁	数学学院
	物理学拔尖人才培养体系的构建及实施	王文全	物理学院
一般项目	化学学科创新型人才培养体系的改革建设	郭玉鹏	化学学院
	化学基础实验课程内容的整合及课程体系的创新型构建	宋志光	化学学院
	唐敖庆化学试验班结构化学混合式教学模式初探	刘艳华	化学学院

续表

分类	项目名称	负责人	所在单位
一般项目	在唐敖庆班开设量子化学计算应用实验课的研究	夏宝辉	化学学院
	构建开放环境下合作培养机制,提升生物科学"拔尖创新人才"培养质量	赵国安	生命科学学院
	基于国际高水平学术竞赛构建拔尖学生自主创新性培养模式的研究与探索	刘成柏	生命科学学院
	数学学科拔尖人才培养机制的再创新	周航	数学学院
	近代物理实验课程建设与内容方法体系改革	杜晓波	物理学院
	基于物理演示实习实验全校公选课的教学实践与研究	孙敬姝	物理学院
	构建大学物理实验低年级本科生研究与创新实践能力培育平台	林晓珑	物理中心
	以"学生和科研项目为案例驱动"的多媒体技术课程内容和教学方法的改革	张振花	计算机科学与技术学院
	分布式软件开发模式的教学方法研究	郭德贵	计算机科学与技术学院
	计算机科学中数理逻辑基础的研究型教学研究	冯莎莎	计算机科学与技术学院
	大数据背景下本科教学移动互联学习平台的研究与实践	刘威	公共计算机教学与研究中心
	基于云技术的C语言课程教学模式改革与探索	王晓光	公共计算机教学与研究中心
	拔尖创新人才"校—院—师—生"一体化管理与运行机制的改革与探索	王瑞	教务处
	"基础学科拔尖学生培养试验计划"学生成长过程评价与研究	迟晶	教务处
	基础学科拔尖学生心理韧性提升研究——以吉林大学"唐敖庆班"为例	左振鹏	学生心理健康指导中心

注:名单顺序不分先后。

表3 吉林大学2017年度拔尖学生培养研究专项立项表

序号	课题名称	负责人/项目组成员	项目类别	所在单位	立项等级
1	拔尖创新学生选拔机制的研究与实践	王瑞/迟晶等	五种类型拔尖创新型人才培养改革试点	教务处	重点
2	综合性大学人才培养国际化战略及实施途径的研究与实践	张广翠/刘莹等	五种类型拔尖创新型人才培养改革试点	国际处	重点

续表

序号	课题名称	负责人/项目组成员	项目类别	所在单位	立项等级
3	国家拔尖人才培养计划数学分析荣誉课程设计与实践	李辉来/张然等	五种类型拔尖创新型人才培养改革试点	数学中心	重点
4	化学拔尖人才基础与专业实验课程体系的综合设计	郭玉鹏/范勇等	五种类型拔尖创新型人才培养改革试点	化学学院	重点
5	基于知识图谱的智慧课堂构建与应用研究	徐昊/邹密等	五种类型拔尖创新型人才培养改革试点	计算机中心	重点
6	中英文双语教学课程体系改革与实践	胡鑫/刘成柏等	五种类型拔尖创新型人才培养改革试点	生命科学学院	重点
7	基于项目驱动和移动学习的唐班软件综合开发实践课程教学模式及方法研究	张浩/韩霄松等	五种类型拔尖创新型人才培养改革试点	计算机学院	一般A类
8	"拔尖计划"经验总结及人才培养模式的推广与实施	陈妍/刘成柏等	五种类型拔尖创新型人才培养改革试点	生命科学学院	一般A类
9	"拔尖创新人才"国际化培养模式再研究	刘成柏/关树文等	五种类型拔尖创新型人才培养改革试点	生命科学学院	一般A类
10	国家拔尖人才培养计划空间解析几何荣誉课程的设计与实践	周倩/张然等	五种类型拔尖创新型人才培养改革试点	数学中心	一般A类
11	思想政治教育在促进高校拔尖创新人才培养中的有效路径研究	王成/王勇等	五种类型拔尖创新型人才培养改革试点	马克思学院	一般A类
12	"拔尖创新人才"试验班本科阶段学术英语写作中创新意识及批判性思维能力的培养	杨梅/王丹丹等	五种类型拔尖创新型人才培养改革试点	公共外语学院	一般B类
13	以创新型化学人才培养为目标的唐敖庆班有机化学基础实验教学体系的改革	宋志光/郭玉鹏等	五种类型尖创新型人才培养改革试点	化学学院	一般B类

三、"拔尖计划"实施成效

1. 毕业生情况及学校"拔尖计划"实施特色

（1）毕业生情况分析。截至 2018 年 7 月，吉林大学陆续培养了 4 届共计 339 名毕业生，除 12 人选择就业，2 人（2018 届毕业生）正在申请国外高校外，其余学生全部进入研究生阶段继续深造。继续深造的学生中，236 人进入世界排名前 100 的高校或学科，46 人进入世界排名前 20 的高校或学科，25 人进入世界排名前 10 的高校或学科（表4）。

表4　唐敖庆班毕业生进入世界前 10 高校学科一览表

姓名	学号	专业	国别	院校
周两全	10091007	数学	美国	哥伦比亚大学
范运霞	10100729	物理	美国	芝加哥大学
张宇白	12111016	化学	英国	帝国理工学院
王海慧	10110814	数学	英国	剑桥大学
金无维	10110901	物理	英国	帝国理工学院
关博文	10110902	物理	英国	帝国理工学院
弓琛	11120913	物理	英国	牛津大学
宋洋	13120605	化学	美国	芝加哥大学
薛杨	13120606	化学	美国	加州大学洛杉矶分校
郎帅	13120607	生物	瑞典	卡罗林斯卡医学院
孟令媛	12130905	化学	美国	芝加哥大学
沈珺	12130917	化学	美国	加州大学洛杉矶分校
吴雨桐	12130911	化学	美国	加州大学洛杉矶分校
邵源	21131607	计算机	美国	加州大学洛杉矶分校
李俊儒	13130706	生物	美国	哥伦比亚大学
王曼	13130711	生物	瑞士	苏黎世联邦理工学院
王裕	10130714	数学	瑞士	苏黎世联邦理工学院
邓诗雨	16130219	物理	瑞士	苏黎世联邦理工学院
乔升	10130713	数学	美国	宾夕法尼亚大学
王子芃	21131616	计算机	美国	卡耐基·梅隆大学
徐恒	12140907	化学	美国	杜克大学
邓心禹	12140910	化学	英国	帝国理工学院
任宇琦	10140833	数学	美国	哥伦比亚大学
窦心雨	12140909	化学	美国	加州大学伯克利分校
王逸	11140908	物理	美国	西北大学

对比学校非"拔尖计划"学生深造情况,进入唐敖庆班的学生普遍表现出更高的学术预期、更好的学术潜质、更强的学术能力。以2018届毕业生去向为例,比较唐敖庆班毕业生和非唐敖庆班毕业生情况,如图6所示。

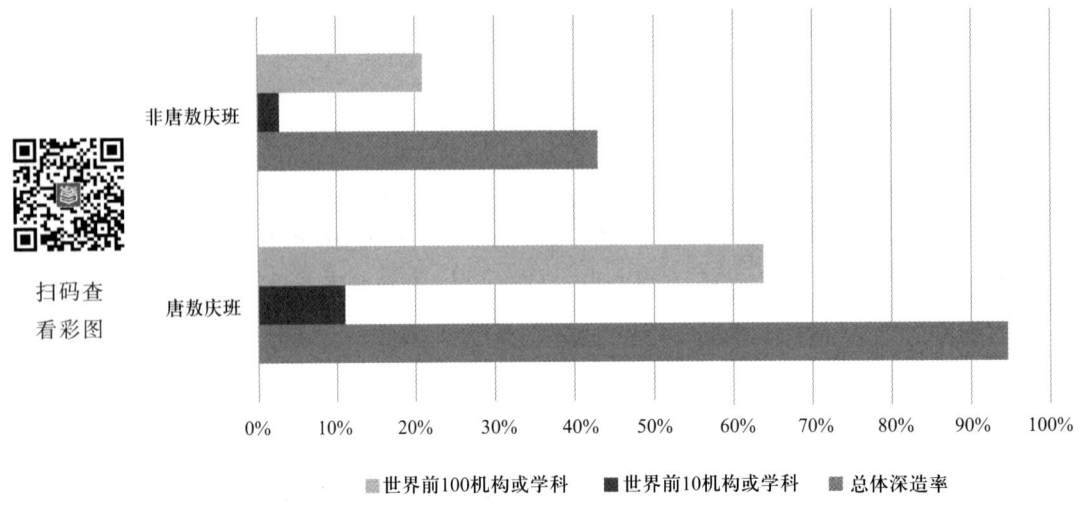

图6 唐敖庆班毕业生与非唐敖庆班毕业生对比

根据2018年兰州大学李硕豪教授进行的基于2013—2017届"拔尖计划"毕业生情况的分析显示,吉林大学拔尖人才培养实施情况总体评价位列全国第5。

(2)通过对比培养过程成效,学校"拔尖计划"的培养改革呈现以下特色。

首先,及时总结经验教训,不断推进深层次改革。2013年教育部组织的"拔尖计划"自评工作中,专家给予吉林大学的意见是实施成效一般,应努力提升学生创新意识和批判精神。基于此问题,学校痛定思痛,认真组织校内外专家开展专项研讨,从拔尖学生培养理念上重新进行梳理,凝练出了以融合"学生个性化成长和全面发展"为核心的育人思想,将实现学生"自由全面发展"作为培养体系改革的根本目标。2013年,学校据此制订了《吉林大学拔尖学生质量提升计划》,全面落实推进"学生自由全面发展"的教学改革。质量提升计划实施以来,唐敖庆班师生呈现良好的精神面貌,各项措施得到了有效落实,改革成效显著。2014年以来,吉林大学"拔尖计划"的改革工作获教育部及兄弟院校的肯定和支持,学校多次在全国"拔尖计划"年度交流会议上受邀做大会发言,教育部相关领导及上海交通大学、武汉大学等多所兄弟院校代表也来到吉林大学进行指导和交流。

其次,协调各方力量,不断创新拔尖学生培养机制。在学校层面,校长李元元院士亲自带队赴美访问,签署唐敖庆班学生交流协议;亲自为毕业生赴外攻读筹措经费,创新性开展"优秀本科生预留校"制度;定期开展"校长有约"活动(图7),听取唐敖庆班学生当面汇报,及时调整工作安排。在学院及教师层面,参与"拔尖计划"的教职员工主动开展教学创新活动,陆续开展了"小课程计划""开放性创新实验计划""国际竞赛资助计划"等多种育人模式探索,最大限度地挖掘优质教育资源,为学生成长成才服务。在学生层面,随着唐敖庆班学生自主意识的觉醒,以学术为导向的学生社团活动和自助管理体系不断发展,如以2012级唐敖庆班(物理方向)朱垣晔同学为代表的一批优秀学生主动走上讲台,组织开展讨论班、分享报告会,吸引了唐敖庆班及非唐敖庆班的数百名学生参与。受此影响,唐敖庆班学生学术表现日趋活跃,何崇崇、王志伟等一批优秀学生在国际顶尖期刊上陆续发表第一作者兼通讯作者的高水平学术论文。

图7 "校长有约"活动

第三,汇集多种优质资源,打造全面开放的育人体系。基于吉林大学良好的本科教育传统,学校在强化学生基础教育的同时,主动打造全面开放的育人体系。一是通过建设"教学改革试验区",建立开放的制度体系,如灵活的修课制度、师生评价制度和交流学习制度,以期从根本上解放教师教学和学生学习的体制机制约束:从10人的小课堂到100人的在线互动教学,无论是翻转课堂还是课后研讨,师生均能自由选择最适合的教与学方式。同时,学校、学院积极制定交流政策,鼓励学生走出校门,在世界范围内寻找更优质的教育资源,并对学生的交流计划给予专项经费支持。二是激发学生内生动力,引导学生自发开展探索性学习和科研。学校鼓励唐敖庆班学生从大一开始进入导师课题组,将"学与做"无缝衔接。如化学学院积极鼓励新生进入教师课题组,杨柏教授在新生研讨课上与学生讨论实验设计问题并将其收入研究团队。三是学校、学院、教师、学生能够协调一致,各类教学管理和教辅人员均能主动出击,为开放式的培养体系提供有力保障。唐敖庆班学生曾提出"进唐班,不仅是选择吉大"的宣传口号,获得师生一致赞同(图8)。

2. 毕业生成长及跟踪情况

为加强毕业生与学校跟踪交流机制,学校一方面通过各类网络工具(微信群、QQ群)建立毕业生联络平台,另一方面主动通过社交软件为不同国家和地区的毕业生校友建立广泛的毕业生社交网络,并通过定期发布国家"拔尖计划"改革动态和学校教学改革举措等方式,凝聚毕业生对国家、学校教育教学改革的向心力。目前,学校已围绕毕业生群体建立了各类线上交流群组12个(4届毕业生),基本覆盖唐敖庆班的历届毕业生。此外,针对美国东北、东南、西部,英国,欧洲大陆等毕业生分布较为集中的区域,学校还会利用校内代表团组赴外访问的机会,看望在外研修的毕业生,并吸引其加入海内外校友组织。

在建立常态化联络机制基础上,学校、学院、教师还会经常发布国内各类科研进展情况,增加毕业生对国内科研状态的了解,并拓展学校与海外高校、科研机构学术交流与合作的机会。

3. 经验与不足

"拔尖计划"是列入国家教育体制改革试点、体现国家意志的人才培养战略计划,也是

图 8　唐敖庆班学生自主设计的海报和徽标

一项极具挑战性的人才培养改革举措。由于这项改革是具有探索性质的创新性改革计划，对于基础学科拔尖学生培养的内在规律和实现途径等问题还需要深入研究和长期实践。同时，学校在实施试验计划的过程中仍然面临着优质资源不足的问题，如何充分利用国内外、校内外的优质教学资源，并引导高水平教师参与拔尖学生培养是评价"拔尖计划"成功与否的关键。此外，"拔尖计划"运行十周年以来，其经验仍未形成足以引领世界本科教育的重大原创性成果，今后仍有改进和提升的空间。最后，由于人才培养，尤其是拔尖人才培养周期长、评价标准多元等因素的影响，在计划施行过程中，还应注意被社会舆论和功利心理影响的问题。"拔尖计划"的组织实施还需要进一步沉淀，站稳脚跟，植根基础。此外，针对吉林大学"拔尖计划"实施情况，还有以下建议和问题需要进一步解决。

（1）希望教育部进一步加强对学校"拔尖计划"的办学过程和质量监督，发挥教育部"拔尖计划"领导小组和专家组的作用，进一步明确培养目标，探索制定专业质量标准。

（2）目前，吉林大学"拔尖计划"的开展仍然局限于数学、物理、化学、生物、计算机 5 个学科，希望借助国家启动"拔尖计划"2.0 的契机，研究拓展文、史、哲、基础医学、地质科学等不同领域基础学科开展"拔尖计划"的可能性，并组织开展高层次的专题研究，系统地学习和借鉴发达国家拔尖学生培养的成功经验，为我所用。

（3）如何解决厚基础、宽口径的培养策略与学生学业压力大的矛盾问题，有待进一步研究。学校将继续开展"拔尖计划"相关课题研究，汇聚师生智慧，开展务实的调研与交流研讨工作，以期为学生发展提供更为充分的空间和肥沃的土壤。

（4）吉林大学尽管已经为学生开辟了广泛的国内外交流渠道，但尚不能满足学生赴外研修的多样化需求，学校仍然需要针对拔尖学生培养，进一步开拓与国内国外高水平大学和科研机构的合作与交流。

四、持续改进

1. 建立质量监控与持续改进长效机制

（1）强化质量监控体系建设。学校基于唐敖庆班的教学状态数据库，通过阶段性教学检查、专项教学检查和不定期教学抽查相结合，对唐敖庆班的课堂教学、实验、实习、社会实践、毕业论文等教学环节，就教师的教学效果和学生的学习成果，进行全方面、全过程的质量监控与评价，保障教学质量。此外，学校建立了系统化的学院教学工作考核制度、教师教学效果评价制度、优秀毕业论文（设计）评优制度等，促进"拔尖计划"教学质量的持续提升。

（2）完善质量反馈与持续改进机制。学校通过围绕"拔尖计划""校院师生"一体化的改革体系，逐步形成了校院师生相互监督、相互促进的良好机制（表5）。基于"拔尖计划"教学组织的特殊性，学校教务处、学院教学委员会选派专人，长期与各年级学生和教师进行交流访谈，随时调整教学管理环节的各种问题，并定期发布调整情况。

（3）积极组织自我评估。按照学校"拔尖计划"质量提升计划的要求，学校制定了月度简报制度，自2010年开始，每月组织各学院上报当月工作开展情况，并及时面向相关学院师生发布，提高计划实施透明度。此外，校院两级管理部门利用发布年度教学质量报告的契机，每年梳理唐敖庆班教学状态数据和培养成效，并面向校内相关学院发布质量报告。

2. 未来发展规划

（1）深入贯彻国家"拔尖计划"2.0的相关文件精神，以"立德树人"根本任务为目标，有重点地推进吉林大学人才培养模式改革试验区建设，以思政教育为着力点，强化拔尖学生培养的使命驱动。

（2）以"拔尖计划"2.0的实施为契机，探索设立文、史、哲、地球科学、基础医学、工程基础等"拔尖计划"试验班，继续开展相关基础学科的拔尖学生培养试点工作，探索建立文理多学科交叉融合的拔尖人才成长机制。

（3）继续推进"拔尖计划"人才培养模式改革。继续发挥"一制三化"的有效经验，以吸引更多的大师，汇集更开放的资源，提供更个性化的指导，开展更精准化的培养为指导，进一步打造"一制三化"2.0版。

（4）继续营造宽松、自由的学术氛围。围绕学生自由全面发展的根本目标，进一步为学生发展创造良好的学术环境。倡导建设擅于质疑、提问、讨论的学术氛围，引导学生养成批判性思维方式，摒弃"拔尖计划"试验班学生天然优越感，形成勤奋刻苦的学习风气。

（5）继续开展拔尖学生选拔机制研究与实践。学校结合"中学生英才计划"和吉林大学招生改革推进计划，认真研究拔尖学生成长规律，及时总结前期选拔经验和问题，探索拔尖学生选拔方式和培养机制的衔接等问题，积极开展改革实践活动。

表5 学生针对学校"拔尖计划"实施情况的网络评价

学院	非常不满意	2	3	4	5	6	7	8	9	非常满意	（空）	小计	平均分
化学学院	0 (0%)	0 (0%)	1 (2.27%)	1 (2.27%)	2 (4.55%)	1 (2.27%)	7 (15.91%)	11 (25%)	13 (29.55%)	8 (18.18%)	0 (0%)	44	8.11
生命科学学院	0 (0%)	0 (0%)	0 (0%)	1 (2.94%)	1 (2.94%)	1 (2.94%)	5 (14.71%)	7 (20.59%)	8 (23.53%)	11 (32.35%)	0 (0%)	34	8.47
数学学院	2 (3.77%)	0 (0%)	3 (5.66%)	1 (1.89%)	5 (9.43%)	6 (11.32%)	7 (13.21%)	12 (22.64%)	6 (11.32%)	11 (20.75%)	0 (0%)	53	7.26
物理学院	1 (3.45%)	0 (0%)	0 (0%)	0 (0%)	1 (3.45%)	3 (10.34%)	3 (10.34%)	10 (34.48%)	3 (10.34%)	8 (27.59%)	0 (0%)	29	8
计算机学院	1 (1.89%)	0 (0%)	1 (1.89%)	0 (0%)	3 (5.66%)	6 (11.32%)	6 (11.32%)	7 (13.21%)	14 (26.42%)	15 (28.3%)	0 (0%)	53	8.09

撰稿人：王瑞、迟昭

复旦大学自评报告

经教育部批准,复旦大学于2009年下半年起在数学、物理学、化学、生物学4个基础学科中开始试点实施"基础学科拔尖学生培养试验计划"(以下简称"拔尖计划"),2012年将高分子科学专业纳入化学基础学科拔尖人才培养计划。经过10年实践,不仅拔尖学生在"拔尖计划"培养下茁壮成长,各学科未参加"拔尖计划"的学生也从中受益,而且促使其他学科不同程度地自发开展教学改革。"拔尖计划"在校内产生了相当广泛的示范辐射效应,已成为复旦大学全面推动本科教学改革的原动力和重要推手。

一、"拔尖计划"实施的目标定位

人才培养是高等教育的本质要求和根本使命,国家创新驱动发展战略对高校的人才培养提出了更高要求,复旦大学始终将为国家培养高素质创新人才作为使命,总体目标是培养具有人文情怀、科学精神、专业素养、国际视野的领袖人才和各行业的栋梁。10年来,复旦大学通过"拔尖计划"的实施,系统而深入地开展拔尖创新人才培养的探索和实践,目标是培养既掌握广博扎实的基础知识,又具备深厚前沿的专业研究能力,兼备家国情怀和国际视野的学术型人才,并由此逐步带动本科教学的深入改革。2016年复旦大学推出"拔尖计划"的升级版——"本科荣誉项目",其目标是进一步汇聚能力卓越、志存高远的优秀本科生,将他们培养成既具备深厚的专业基础,又具有前沿学术视野和持久学术竞争力的学术领军人才,以"本科荣誉项目"继续推进拔尖优秀人才的培养,深化并推动本科教学的全面改革。

二、"拔尖计划"具体实施过程

1. 拔尖优秀人才培养的探索历程

1998年,复旦大学在李政道博士支持下启动"䇹政项目",资助本科生参与学术研究,开始拔尖优秀人才培养模式的探索。经过20多年实践,已经建立起体系完整、特色鲜明、运行模式独树一帜的面向全体本科生的平台——"复旦大学本科生学术研究资助计划"(Fudan's Undergraduate Research Opportunities Program,简称FDUROP)。2009年,教育部开始实施"基础学科拔尖学生培养试验计划",复旦大学的数学、物理学、化学、生物学4个基础学科获批参加。

在"拔尖计划"实施之初,学校鼓励并支持试点院系搭建基础课平行班、研讨式课程、国内外知名教授前沿讲座及专业课授课、学生专题研讨、借助 FDUROP 开展大学生学术研究、国际交流等 6 个基础性培养平台——六轮驱动模式,并基于开放性的培养理念,通过科学的动态遴选方式,使真正对基础学科学术研究有兴趣的学生,能够自由地参与到这些平台中来,并在导师的指导下得到个性化培养,最终使学生在具备深厚的理论知识的同时,充分接触前沿研究成果并参与前沿研究。在搭建 6 个平台的过程中,复旦大学有意识地将探究性的学习理念与大师一对一指导等创新人才培养的要素植入本科培养过程,逐步构建起开放式研讨型课程与前沿科研实践相结合的拔尖人才培养体系。

2016 年,为鼓励优秀本科生学习上更自主,勇于挑战自我,复旦大学开始"本科荣誉项目"的试点,旨在培养具备深厚专业基础、前沿学术视野和持久学术竞争力的各学科优秀拔尖人才。"本科荣誉项目"基于同样的高开放度培养理念,以高挑战度的荣誉课程和高标准的科研实践为核心,加强研讨性、实践性环节的设计,鼓励全体学生挑战自我,勇攀高峰,让拔尖人才脱颖而出。学生修满 24 个荣誉课程学分并完成一项有质量的学术研究项目,就可以申请"荣誉证书"。在学科点上,也从原来的数学、物理学、化学、生物学 4 个基础学科逐步推广到文科、工科等院系。截至目前,复旦大学"本科荣誉项目"试点院系已涵盖了包括数学、物理、化学、生命、高分子、计算机、软件工程、信息、中文、历史和哲学在内的共计 11 个院系。实施"本科荣誉项目"的目的是全面深入推动本科教学改革,从而在全校范围内建立人心向学、追求卓越的氛围。

为了进一步鼓励跨学科人才的培养,复旦大学又于 2017 年适时推出了"本科学程项目",引导学生有系统地修读某些特定主题或非本专业的课程。随后建设的"数理逻辑"学程项目,挑选了哲学学院、数学科学学院与计算机科学技术学院 3 个院系的相关课程,并开展国际顶尖专家参与的"逻辑周"活动和暑期教学研讨活动,使得学生对数理逻辑的基本内容、思想和方法有了初步的了解,并能在一定程度上学会使用数理逻辑的工具,应用于数学、计算机和哲学等领域中。"本科学程项目"的建设不仅仅为跨学科人才培养提供了保障,也促进了相关院系教学与科研的跨学科合作。

2. 拔尖优秀人才培养的组织保障

为开展优秀拔尖人才的培养,学校配备了坚实的组织保障。"拔尖计划"开展之初,学校就成立了领导小组、专家委员会以及工作小组三个层面的议事决策与咨询机构。2016 年学校启动"本科荣誉项目"后,本着高开放度的培养理念,不设门槛,动态管理,鼓励学生自主选择、挑战自我,主要体现在以下方面。

(1) 管理制度开放:学校着力于制度设计,参与与否由院系决定。

(2) 内容设计开放:项目具体的实施方案由各个院系自主制定。

(3) 实施对象开放:学生参加与否由学生自主选择,不设门槛。

(4) 课程建设开放:教师团队可以"请进来",也可以"走出去"。

学校成立"荣誉项目"建设专家组,召开工作会议,讨论评估和审核项目具体的进展情况;教务处成立工作组,依托于"拔尖计划"管理办公室,负责"本科荣誉项目"的组织、实施和推进,并协调各院系、学校各部处等有关本项目的事宜。

成立专家组和工作组以后,首先明确了"本科荣誉项目"的建设目标;其次搭建了组织框架,确定责任主体和各自的职责范围,在此共识的基础上制订了《复旦大学"本科荣誉项目"实施总则(试行)》(2016年9月20日制订)。总则阐明"本科荣誉项目"的宗旨、组织架构、责任主体、院系实施方案的基本内容、获得荣誉证书的标准、颁发荣誉证书的流程等。实施总则明确指出,项目以具有一定深度、难度或广度的荣誉课程建设作为支撑。经专家组的充分讨论和酝酿,制订了《复旦大学关于荣誉课程的指导性意见(试行)》(2016年12月6日修订),明确荣誉课程为加强专业深度、拓宽专业广度的课程。荣誉课程的设立依托于"荣誉项目"实施方案,必须具有详细的大纲,配备稳定的优秀教师队伍及相应的优质教学资源。荣誉课程具有灵活的退出机制,学生修读荣誉课程原则上不设门槛,动态管理。院系是"荣誉项目"建设的主体,院系设立工作组,在院系本科教学指导委员会指导下,结合专业特点和实际情况制订本院系"荣誉项目"实施方案,受理并审核本院系学生申请荣誉证书等事宜。

在"本科荣誉项目"的建设过程中,对项目经费的使用范围及相应标准给出了指导性意见,并把每年的3月第3周、6月第4周和10月第3周作为工作周,相关院系可以根据经费使用情况对年度预算及时作出调整;"本科荣誉项目"中的学生科研实践项目纳入本科生学术研究资助计划(FDUROP)中的"曦源项目"统一管理。

3. 拔尖优秀人才培养体系的特征

从"箦政项目"的本科生科研训练到基础学科的"拔尖计划",再到"本科荣誉项目",复旦大学的人才培养理念始终如一,就是为优秀的人才脱颖而出培育好的土壤、营造好的氛围。复旦大学坚信,优秀导师和优秀学生的深度互动是培养造就拔尖人才的关键。为此,复旦大学的拔尖优秀人才培养始终坚持两大特征:首先是坚持开放式培养理念,强调充分发挥学生在学习研究中的主动性,"拔尖计划"不圈定学生,实施动态进出,避免用"班"的形式(俗称"散养计划"),"本科荣誉项目"则进一步推进开放性的培养理念,实施对象从部分优秀学生扩大到全体学生,鼓励优秀学生学习上更自主,勇于挑战自我;其次是坚持学业的高挑战性,从早年高标准的本科生科研训练项目,到业已成熟的开放式研讨课、讨论班,再到目前正在建设的具有相当难度、广度与深度的荣誉课程,复旦大学坚持以高难度的学业标准激发学生挑战自我的原动力,让学生在挑战中不断超越自我,脱颖而出。

经过20余年探索,复旦大学已形成以高开放度与高挑战度为特色的拔尖创新人才培养体系。高开放度指的是,复旦大学设立明确的标准,清晰地告诉学生最终的目标和能获得什么,不设门槛,学生只要有意愿都可以参加,而且做到完全的全过程动态流动。高开放度对教学管理会带来巨大的考验,最终每个人的毕业审核都可能是不同的,但在个性化培养的大环境下,复旦大学尝试着这样做。高挑战度指的是,荣誉学生不是评出来的,而是自己闯出来的,每个荣誉项目要求24个学分的高挑战度荣誉课程,以及高标准的课外科创项目要求,最终闯过所有关的学生,可以获得荣誉证书。

4. 试点学科拔尖人才培养特色

各试点院系开展"拔尖计划",建设高质量的课程,转变教学方式,更新教学内容,推动国际交流,有效提升了拔尖人才培养的质量。4个试点学科所在院系经过10年的发展,均结合学科特色和院系实际情况,探索出适合自身的、行之有效的培养模式,在课堂教学、科研训练、国际交流等方面各有侧重。

（1）数学：无学分讨论班覆盖分支学科，营建浓郁学习氛围。

数学学院的拔尖人才培养以无学分课程讨论班为核心，贯穿本科4年。学院系统性地增加拓展课程（无学分）：设立分析、代数、几何三个系列的常规深度课程，内容由浅入深，确保学生打好数学基础；另开设一系列专题研讨班，组织灵活，由教师或学生自行提出讨论班的主题后加以开设。常规讨论班和专题讨论班兼顾了基础与高级、经典与前沿，满足了处于不同阶段的学生的多层次学习需求，既为学生夯实基础，又迅速引领学生到达国际数学发展的前沿。

讨论班要求学生轮流上台讲解，其他参与者可随时提问，学生在讲解中接受教师和同学从不同角度提出的质疑和挑战，从而迅速提高逻辑思维能力和表达能力及分析、研究问题的能力。这种让学生以"参与教学"的方式来"学习"的教学方式极具挑战性，生师之间互动及时、深入、专业、个性化，大大提高了学习效率，提升了教学效果。

学院专门为拔尖优秀学生在办公楼与学生宿舍各开辟一间讲习室，精心配置门类齐全的各领域的经典书目，由学生自主管理，供学生自习、讨论交流以及邀请教师座谈。平时不定期地邀请国内外知名专家来访，以短课程、学术报告、交流会等形式与学生交流，增加了学生与第一流学者近距离接触的机会，其中包括两位世界顶尖的数学家——菲尔兹奖获得者迈克尔·阿蒂亚教授和艾伦·柯纳斯教授，还有13位中国科学院院士、11位国外专家。

（2）物理学：一流名师主讲基础课，为拔尖优秀人才夯实研究基础。

物理学系的"拔尖计划"和"荣誉项目"方案体现了为有志于科研的学生夯实基础的指向。课堂教学永远是创新能力培养的源头与灵魂，物理学系坚持名教授上基础课的传统，为优秀拔尖人才的课堂教学投入了一流师资。课程为拔尖优秀学生增设了深度的课堂研讨和高难度的开放思考等环节，帮助拔尖优秀学生深化基础知识，让学生不仅"知其然"，还要"知其所以然"。学生进入高年级后，则在课程中实施模拟科研式的启发式教学，例如，"电动力学"课程教学中，在每个章节融入最新的国际研究前沿成果，让学生见识到经典理论的全新魅力，教师要求优秀拔尖学生必须针对这些前沿知识完成一项课题并做现场报告，由教师现场点评。这种实战过程让学生锻炼了独立思考、文献调研、实验操作、口头报告、讨论等科研工作的基本技能，感受到了科研的艰辛与乐趣。

一流名师不仅全身心地投入课堂教学，还在生活中春风化雨，孕育人才。物理学系坚持实行四年一贯的"寝室导师"制，让一流名师以自己的学识素养和人格魅力对学生的人生发展起引导作用，潜移默化地影响优秀拔尖学生，鼓励他们逐步确立以学术研究为志业的人生目标。

（3）化学：国际知名实验室交流助力拔尖优秀人才科研训练。

化学是典型的实验学科，重视对学生科研能力的培养，尤为重视学术规范培养和创新思维的训练。化学系邀请了多名校内外教授为拔尖班学生做学术系列讲座，定制"学术报告"，开展专业课程的第二课堂教学，介绍化学研究前沿，传递化学文化，扩大专业教学的内涵和外延，营造浓厚的学术研究氛围。化学系将拔尖学生科研能力培养与学校的FDUROP本科生学术研究资助平台结合起来（箐政、望道、曦源等项目），通过学术立项激励学生参与学术研究活动。拔尖学生需要撰写立项申请书，口头汇报项目中期进展，以书面报告的形式结题，以上每个环节均由专家书面或现场评审。

拔尖优秀学生的科研训练并不限于化学系的实验室，他们积极开拓渠道，与世界知名大学的顶尖实验室建立合作关系,派遣优秀学生前往开展为期三个月的科研训练。合作的学校有加州大学伯克利分校、麻省理工学院等。学生在世界一流实验室得到了深度的熏陶与严格的训练,有的学生甚至是在诺贝尔奖得主的亲自指导下开展研究,从而逐步确立了以科学研究为志业的人生目标。学生回校后必须在化学系举办的本科生学术论坛上报告研究进展或成果,学院根据学生的学业表现确定资助额度。10年来,化学系派遣出国的学生人次数逐年攀升,近3年保持在每年50~60名。国际知名实验室交流项目已成为化学系拔尖优秀人才科研训练的有机组成部分。

（4）生物学:建构国际化的教学内容,营建国际化的教学氛围。

生命科学学院的拔尖优秀人才培养同样体现了国际化视野。10年来,他们积极引进国际一流水平的大师为本科生开设课程,分享世界最前沿的思想与智慧,引入并构建世界一流大学的教学模式和内容,让学生接受高水平的课堂教学,并以此提升学院的本科教育教学水平。学院连续3年聘请瑞典乌普萨拉大学马丁·拉斯科教授主讲"群体遗传学";连续5年聘请宾夕法尼亚州立大学汉纳·罗斯教授主讲"生物学科学研究培训专题";连续4年聘请美国明尼苏达大学杰斯汀·菲多斯博士主持"生物学实验暑期训练营"。以"训练营"为例,该课程主要面对大一结束即将进入大二的学生,以集中授课的方式,赋予学生自主设计和开展实验的条件,允许多次重复和试错;由青年研究员辅导开展实验并传授科学数据处理的技能,促使学生动手设计与实施,把想法和理论变成现实,培养不断尝试、反思和纠正的创新能力。调研结果表明,"训练营"提升了学生参与实验室科研、开始自主研究的信心和能力,相关营员在后续实验课程中表现优异,相比同龄人更早开始各类的自主科研。这些课程的连续开展对于更新传统生物学课程的内容,改变教学方式,建设有深度的荣誉课程等都起到了正向激励作用。

生命科学学院还努力在学院内营建国际化的学习环境。除举办大师学术讲座外,由2014级"拔尖计划"学生提议并实施的"炉边夜话"活动颇具特色,即利用国际大师访问复旦大学之际,邀请大师与学生们开展一次关于科研与人生的深入交流。该项目活动推出以来,共邀请了20余位世界知名的科学家,其中有2/3是美国科学院院士(含2位诺贝尔奖获得者)。这些大师由学生自主邀请,谈话也由学生自主安排,体现了拔尖优秀学生主动追求学术、向往科学人生的意愿。

学院还两度组织"大学生物学教学技能和教学方法研讨研修班",邀请以宾夕法尼亚州立大学生化与分子生物学系副系主任汉纳·罗斯教授为首的教学团队,现场展示互动教学、组织课堂研讨等教学实战技能,授课对象是"拔尖计划"生物学试点院系的教师们。研修班对于提升国内生物学师资的教学水平、培养具有国际化视野和现代教学理念的教师发挥了重要作用。

三、"拔尖计划"实施成效

在"拔尖计划"与"荣誉项目"的引领下,学生的学术兴趣被有效激发,创新意识和研究能力显著提升,主要表现为以下几方面。

1. 创新能力不断提升

每年均有"拔尖计划"学生在国际重要期刊中发表研究成果。生命科学学院首届"拔尖计划"学生丁琦亮在本科期间发表过 2 篇 SCI 论文,化学系任东、达佩玫、赵婷婷等均发表过学术论文。据不完全统计,自 2011 年起,参加"拔尖计划"和"荣誉项目"学生发表的学术论文共计 175 篇,比较有代表性的是,生命科学学院 2013 级学生项耶子在国际进化生物学顶级期刊《分子生物与进化》(Molecular Biology and Evolution)上发表封面文章;2014 级物理学系谢品臣至今已在《欧洲物理快报》(Europhysics Letters)等学术刊物上发表了 6 篇论文。2015—2017 年试点院系本科生发表论文篇数统计见表 1。2013 级生命科学学院的江熹霖同学于 2016 年底获得罗德奖学金。

表 1　近 3 年试点院系本科生发表论文篇数统计表

院系	2015 年	2016 年	2017 年
数学学院	1	0	5
物理学系	13	15	20
化学系(含高分子学院)	4	14	31
生命学院	6	21	19
总数	24	50	75

2. 学科竞赛取得新突破

数学学院在近 4 年的丘成桐大学生数学竞赛中不断刷新成绩,2017 年获得 2 金、2 银、3 铜,创复旦大学在这项赛事中的最好成绩(见表 2);物理学系在第八届中国大学生物理学术竞赛中斩获亚军;生命科学学院学生在 2017 年的国际基因工程机器大赛(iGEM)中获金奖和最佳治疗项目单项奖,在第二届全国大学生生命科学创新创业大赛中荣获 2 项一等奖。

表 2　2012—2017 年参加丘成桐大学生数学竞赛获奖情况汇总表

年份(年)	年级(级)	个人赛	团体赛	总计
2017	2014	2 金 1 银 2 铜	1 银 1 铜	2 金 2 银 3 铜
2016	2013	1 金 1 银 2 铜	2 铜	1 金 1 银 4 铜
2015	2012	1 铜	1 银 1 铜	1 银 2 铜
2014	2011	5 银 3 铜	1 铜	5 银 4 铜
2013	2010	3 铜	2 铜	5 铜
2012	2009	2 铜		2 铜

注:每届设金牌 6 项。

3. 学生投身科研蔚然成风

截至 2018 届已毕业的"拔尖计划"荣誉学生共计 440 名,其中选择继续深造的学生有 428 名,在毕业当年的深造比例为 97.3%(各学科历届分布详见表 3),而同期全校的平均水平不到 70%。以数学学院为例,完整参与"拔尖计划"的 4 届(2014—2017 届)毕业生,共计 81 名,几乎全部进入知名高校深造,毕业生在基础数学领域深造的比例显著提高,改变了以往大部分优秀学生都去统计或金融领域的局面。历年来,化学系荣膺"荣誉学生"称号的"拔尖计划"毕业生也几乎全部就读化学专业的研究生,显示出学生从事化学研究的坚定意愿。物理、生命科学、高分子等院系"拔尖计划"学生中选择继续深造的也达到90%以上。

表3 "拔尖计划"荣誉学生毕业后求学深造人数统计表

院系	2013届		2014届		2015届		2016届		2017届		2018届	
	深造生	荣誉生	深造生	荣誉生	深造生	荣誉生	深造生	荣誉生	深造生	荣誉生	深造生	荣誉生
数学学院	10	10	20	20	20	20	18	18	22	23	23	23
物理学系	9	10	19	20	13	15	18	18	15	17	20	20
化学系	10	10	20	20	20	20	18	18	17	17	18	19
高分子学院							9	9	6	7	5	5
生命科学学院	10	10	20	20	24	25	17	17	15	16	12	13
总计	39	40	79	80	77	80	80	80	75	80	78	80
荣誉生中深造生比例	97.50%		98.75%		96.25%		100.00%		93.75%		97.50%	

四、持续改进

2016年,复旦大学逐步推出了"拔尖计划"升级版——"本科荣誉项目",开始探索更加深入的本科教学改革。在教育部2018年发布的拔尖"六卓越一拔尖2.0版"精神的指引下,复旦大学将进一步深化改革并采取了如下新的举措。

1. 强化使命驱动

2020年前后毕业的荣誉学生,到21世纪中叶将真正担当起中华民族伟大复兴的时代重任,站在世界舞台的中央。复旦大学坚持课堂内育人与课外的"德育生活化"育人并重,依托书院制,使德育生活化,让学生更富有使命感。

2. 逐步扩大学科覆盖面

"拔尖计划"实施10年来,不仅让各试点学科学生从中受益,而且在校内产生了广泛的示范辐射作用,促使其他院系不同程度地自发地开展局部的教学改革。始于2016年的"本科荣誉项目"建设,以数学、物理学、化学、生物学4个拔尖试点学科为基础,采用先试点再逐步推广的办法,成熟一个推广一个,目前已将部分文科类、工科类院系纳入试点。按照复旦大学的"十三五"规划,到2020年,"本科荣誉项目"最终会覆盖到全校所有院系,目标是全面带动本科教学的深入改革,从而在全校范围内营造人心向学、追求卓越的学习氛围。

3. 建立全链条的培养

拔尖人才培养不能光靠本科教育,应该上下游联动。首先,向高中阶段延伸——复旦大学积极响应上海市的要求,把大学的培养理念延伸到中学。复旦大学与复旦大学附属中学联合设计的系列微课已经启动,有30位老师参与,每人上6次微课,覆盖复旦大学附属中学的所有学生,然后挑选1/3的学生,参加暑期在大学实验室的科研见习项目,让拔尖学生更早、更系统地接受适合精英人才的培养模式。同时,复旦大学承担了高中第三期课改数学、物理、化学的项目和高中学业考理、化、生、政、史、地的能力素质分析项目。其次,加强与研究生阶段的联动,在校内,学校已经向"拔尖计划"的专业优先开放推免名额,吸引更多拔尖学生在复旦大学继续研究生阶段的学习。

4. 设立"拔尖计划"导师工作室

学校力图给予导师更高的荣誉感,吸引热爱教育、造诣深厚、德才兼备的国内外学术大师深度参与拔尖人才培养。

撰稿人:徐雷、陈力奋、张力群

上海交通大学自评报告

一、"拔尖计划"实施的目标定位

1. 计划实施的目标定位

上海交通大学"基础学科拔尖学生培养试验计划"以致远学院为依托,致力于培养具有家国情怀、批判性思维能力、知识整合能力、沟通协作能力、多元文化理解和全球化视野的创新型领袖人才。毕业生达到国际一流大学前5%学生的水准;毕业后5~10年内,能够在国际一流大学任教或在顶级研究机构从事科学研究;毕业后10~20年内,若干人成为国际学术大师。

2. 拔尖学生的毕业要求

致远学院5个学科方向的人才培养,以共同的目标定位为指引,分别制订符合学科特色的培养方案,拔尖学生修读足够学分,达到毕业要求,方可授予学士学位(表1),其中佼佼者可获得荣誉学士学位。

表1 上海交通大学"拔尖计划"各学科总学分要求

课程分类		数学	物理学	生命科学	计算机科学	化学
通识教育(包含思政课程)		27	27	27	25	27
课程类	专业基础课	35	30	36	37	28
	专业核心课	35	28	30	17	33
	专业选修课	18	18	12	15	25
实践类	实验课程	3	13	22	3	15
	科研实践	0	8	0	14	4
	专业综合训练	6	6	6	22	9
	军事技能训练	3	3	3	3	3
个性化教育课程		10	10	10	9	10
总学分		137	143	146	145	154

各方向毕业生均需具备:① 远大理想、科学精神、全球化视野、学术敏感性;② 敏锐地发现、思辨地提出、缜密地分析、系统地解决问题的能力;③ 扎实的数理基础、宽广的相关学科知识、多元化的专业实践;④ 敢于面对挑战、不断探索、努力创造、追求卓越;⑤ 良好的人

文素质、沟通能力、协作精神、职业道德。

二、"拔尖计划"具体实施过程

1. 政策和组织保障

人才培养是致远学院的中心工作,学院不断加强顶层设计和科学化管理。为保障人才培养工作的有序高效开展,建立了一套完整的拔尖人才培养管理制度,涵盖教学管理、学生管理、财务管理、国际交流等方方面面。学院还在体制机制上进行了特殊设计与安排。2010年学校正式成立致远学院,坚持实施"院长由校领导兼任制",学院初创时期一直由时任校长张杰院士兼任致远学院院长,充分保证了致远学院能在全校范围内调动资源,学院办学得到学校各部、处、兄弟学院的大力支持。学院实施"项目主任负责制",选拔、聘请一批国家杰出青年科学基金获得者等领衔的教授担任各方向的项目主任,专门负责人才培养方案修订与执行、任课教师的评聘,人才培养质量的评估与监控以及学生管理与评价,并且每两周举行一次项目主任会议,与学院党政班子、管理团队等共同商讨人才培养工作,及时解决问题。学院还通过组建致远荣誉计划学术委员会、致远荣誉计划荣誉课程建设委员会及分委员会、致远创新研究中心学术委员会等专家委员会,指导并推动学院的重要教学建设与改革工作,确保专家治院、专家治学。

2. 科学的人才遴选机制

滚动选拔一直是致远人才遴选机制的特色之一。学院采用多渠道、多元化、滚动选拔的招生方式,充分利用国家奥赛、学校自主招生、学生自主调整专业等拔尖学生集聚的平台,通过学科专家面试、思政专家与学生及家长面谈、抗压测试、体能测试等环节,全面考查学生综合能力,全年选拔热爱科学并具有创新潜质的学生。学院还非常注重加强与中学的合作,通过举办致远科学营和AP夏令营,考查学生的学科志趣和大学适应性。为确保人才培养质量,学院实行滚动选拔机制,在第二和第四学期结束时,在全校学生中补充选拔部分学生进入致远学院;同时由教授考评委员会根据每位学生的学业情况,建议少数无法适应学院学习要求的学生调整出致远学院,或由学生自愿提出转专业申请,原则上转入相近专业继续学习。学院还通过科学制定荣誉学位评授标准等方式,在学生中形成良好的竞争环境,鼓励学生坚定科学梦想、追求学术卓越。

3. 创新培养模式

作为一个"特区",致远学院在人才培养方面进行了一系列的改革创新。学院面向全校前10%的理工科学生实施好奇心驱动的"致远荣誉计划",施行"致远荣誉博士培养计划",打造"本科—研究生贯通"的拔尖创新人才培养链。积极引入国际整合科学(integrated science)的课程设计理念,统一设计各方向的培养方案并有效整合课程,充分体现上海交通大学"重基础、促交叉"等育人特色。通过注重数理基础、加强基础学科与导论课程建设的创新培养方案,开设高水平致远沙龙讲座和"科学思想背后的'小'故事"系列课程,培养学生的学科交叉能力;通过先进教育技术的应用和致远系列教学大纲与教材建设实现优质教育资源共享,建立高水平的课程体系与质量保证体系;通过小班研讨、学生与导师的密切接触实现个性化培养;学院整合各方优质资源,加强通识教育和社会实践改革,促进价值引领、人格养成和专业育人的深度融合;通过创设一流的讨论空间,开展研讨式教学,与自然科学研究院密切合作邀请大量国际来访学者前来上课与讲座,让不同学科的师生之间经常性地自由讨论与交流,营造出国际一流的学术氛围与学科交叉环境。

4. 改革教学管理

为了给学生提供良好的学术引导和自主发展的机会,学院采用灵活的教学管理机制。学生具有双重身份,学籍在专业所在学院,日常教学及学生事务由致远学院统一管理,学生享有双学院的各项政策与待遇。学院除了通过"项目主任负责制",还依托相关学院强大的导师阵容实施"导师制"来引导和陪伴学生走上科研之旅,学生也可以参与学籍所在学院的学术交流等活动。学院针对拔尖学生培养的特点,实施兴趣导向的选课模式,学生可以根据自己的专业发展需求,不受模块限制选择个性化课程。学校提供充足的推免直升名额,致远学院应届毕业生只要符合基本要求,均可享有推免直升的资格。学院构建了多元化、多样化的综合学生评价体系,除了引导本科生的科研能力和创新能力,还强调综合评价个人交际、组织、协调、管理等方面的能力。学院还建立了完整的学生指导体系,学院专兼职辅导员关注学生学习、生活、心理、思想动态,主动提供帮助,解决学生在校遇到的各类难题,学院还面向新生开展素质拓展活动和新生生涯工作坊,通过学业分享中心帮助学生提高自我调适和学习能力,营造"学在致远"的氛围。

5. 配备一流教师

学院坚持按照国际标准,在全球范围内聘请拥有共同梦想、热衷人才培养的优秀教师。致远学院没有组建专属自己的全职师资队伍,而是通过建立专门的评聘体系并制定配套的酬金制度,与相关学院协同办学,吸引包括两院院士、国家杰出青年科学基金获得者等一批教授积极投身学院人才培养工作。学院协同相关院系"双聘"杰出学者和优秀青年学者,合同中明确了应承担的致远学院教学任务;学院还积极支持相关院系成立世界顶级研究中心,例如,致远学院协同约翰·霍普克罗夫特计算机科学中心从全球选聘15名杰出学者。学院还通过邀请国际大师来致远开设专业核心课程或暑期研讨课,汇聚了一批包括诺贝尔奖和图灵奖得主在内的国际学术大师和世界知名学者,并通过为学术大师等杰出学者选配校内青年教师担任助教等方式加强校内教师的培养。学院同时开展致远荣誉课程建设以加强校内教师的挖掘和培养,荣誉课程任课教师作为教学要件纳入长聘教职评聘指标,保证师资水平的稳定性和持续性。

6. 科研训练条件

致远学院各专业方向均设有实验室实习制度,学生可以在全校所有的实验室开展科研见习或者科研实习,包括8个国家重点实验室、15个教育部重点实验室、31个上海市重点实验室。部分致远学子跟随导师在区域光纤通信网与新型光通信系统国家重点实验室、微生物代谢国家重点实验室等,接受系统性的科研训练。学院为"拔尖计划"的学生安排了一年的毕业论文教学计划,开设专门毕业论文讨论班。鼓励学生到世界一流大学或国际顶尖实验室开展科研实习,让学生跟随全球顶尖科学家从事最前沿的科学研究,培养扎实的科研创新能力。学校以"双一流"建设为契机,大力支持致远学院学生创新实践平台建设,拿出近千平方米专门场地,拨付双创专项建设经费2 000万元及社会捐赠价值近400万元实验设备,着力打造致远创新研究中心,目前已初具雏形。以量子通信与计算平台、能源材料平台、生物分子探测平台、数据科学与技术平台为核心,汇集12个卫星实验室,共同构建公共交叉平台。中心实验室将于2018年秋季学期落成,届时将开设"自由探索实验课""高级模拟项目实验",与已实施了几年的"致远学者项目"共同构建三个阶段循序渐进的自主实验课程体系,为学生提供一个自由选择的实验平台,鼓励他们了解科研前沿进展,探讨世界科研与工程领域的难题。

7. 国际化培养

自建院以来,学院一直积极拓展与国际一流大学的合作,在人才培养国际化方面采取了一系列积极有效的措施,成立由海内外教授组成的教学指导委员会负责人才培养方案;邀请一批国际杰出学者为致远学院开设专业课或暑期研讨课;增加学院学生与国际杰出学者的交流机会,营造转身遇到大师的国际化学术环境。为了进一步增强学院人才培养的国际化水平,学院依据国际化办学规划,不断探索合作新模式,数量上增加合作院校数量;层次上努力构建稳定的实质性"康奈尔模式"国际合作伙伴关系。至今,致远学院已与全球多所顶尖院校、科研机构建立了深度科研与教学交流合作。学院鼓励学生在有一定科学研究基础的前提下,赴境外一流大学或者科研机构从事至少1个月的科研实习或开展毕业设计。为了进一步扩大致远学子境外访学比例,提升学生境外访学的层次,学院还设立专门境外研修奖学金,用以补贴学生们的生活费和旅费。2014年之前学生境外研修及短期交流人数总计88人次,2015年起每年均超过100人次。

8. 加强拔尖人才培养的方式方法研究

截至2018年底,学院共申请教育部"拔尖计划"课题8项(2016年度5项、2018年度3项),从师生互动模式、中美拔尖人才培养模式比较分析、小班教学方法的理论与实践、自主交叉创新项目对拔尖学生科研能力的培养等多个方面探索拔尖人才培养的可复制模式。已有2项课题成功结题,其中课题"探索境外学习项目的影响力及有效模式"的研究成果已在《中国大学教学》等重要期刊发表。

三、"拔尖计划"实施成效

1. 毕业生去向和特色

(1) 毕业生去向总体分析(百分比统计以总毕业生数为基准)。

上海交通大学"拔尖计划"已培养出7届共478名毕业生。462名学生继续深造(97%):其中292人(61%)被境外高校录取,170人(36%)在境内高校深造;有358人(75%)的学生直接攻读博士学位;16人选择就业(3%)。(图1)

赴境外深造的毕业生最主要的目的地为美国(254人,53%)、新加坡、英国、日本、加拿大、澳大利亚、德国、法国等科技、文化和高等教育发展程度高的国家和地区。境内深造毕业生绝大多数留在上海交通大学(150人),其他学生进入国内知名高校或科研院所,如清华大学(8人)、北京大学(3人)、中国科学院大学(3人)、中国科学院(3人)、中国社会科学研究院(1人)等。

根据2017年世界大学学术排名(ARWU)的数据,选择继续深造的毕业生中有253名

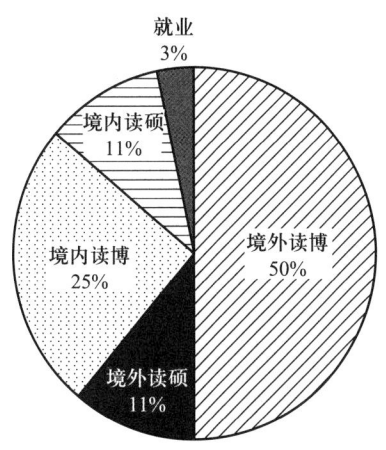

图 1 致远学院 2012—2018 届毕业生总体去向分布

(53%)进入世界排名前 100 的大学;其中 96 人(20%)进入世界排名前 20 的大学;50 人(10%)进入世界排名前 10 的大学。

(2)"拔尖计划"毕业生与非"拔尖计划"毕业生去向对比。

表 2 所示为致远学院 2015—2017 届毕业生分别与上海交通大学数学科学学院、物理与天文学院、生命科学技术学院、化学化工学院、电子信息与电气工程学院计算机系毕业生的去向对比情况。"拔尖计划"内的学生整体深造率和读博率均明显高于对应专业非"拔尖计划"学生。

表 2 2015—2017 届拔尖毕业生与非拔尖毕业生去向对比

学科方向		整体深造率	读博率	境内读博	境内读硕	境外读博	境外读硕
数学	拔尖	96.5%	61.4%	24.6%	14.0%	36.8%	21.1%
	非拔尖	75.0%	3.4%	1.9%	40.2%	1.5%	31.4%
物理学	拔尖	97.9%	82.3%	39.2%	7.8%	43.1%	7.8%
	非拔尖	57.1%	28.0%	14.3%	11.4%	13.7%	17.7%
生命科学	拔尖	97.5%	62.5%	25.0%	20.0%	37.5%	15.0%
	非拔尖	62.0%	19.5%	9.2%	19.5%	10.3%	23.0%
化学	拔尖	100.0%	57.9%	0.0%	15.8%	57.9%	26.3%
	非拔尖	63.7%	14.1%	8.8%	29.2%	5.3%	20.4%
计算机科学	拔尖	94.4%	76.1%	11.3%	0.0%	64.8%	18.3%
	非拔尖	67.2%	8.4%	1.0%	35.8%	7.4%	23.0%

2. 毕业生成长情况

致远学院近年来持续跟踪毕业生的发展去向和学术表现,大部分学生坚持走学术道路。首届毕业生为 2009 年进入交大理科班的 29 名 2008 级学生,毕业时 100%选择继续深造,并且在《自然材料》(Nature Materials)、《美国科学院院报》(PNAS)和《物理评论快报》(PRL)

等国际顶尖期刊发表高水平成果。已有1人进入高校科研院所从事科学事业,邰骋同学现为北京大学前沿交叉学科研究院助理研究员、北京大数据研究院研究员。9人(31%)在密歇根大学安娜堡分校、西北大学、纽约大学、上海交通大学等国内外名校攻读博士学位;12人(41%)已进入博士后阶段。2009级也有部分学生于2018年夏天完成博士阶段的学习,其中,杨笛一同学赴佐治亚理工学院任助理教授,黄金紫、汤迎、归斌、魏传豪等同学前往加州大学圣地亚哥分校、罗格斯大学、纽约州立大学石溪分校等世界名校攻读博士后。

3. 经验与不足

经过近10年的摸索与实践,致远学院在营造一流师资和拔尖学生交流的创新环境,实施"好奇心驱动"的拔尖人才培养模式,鼓励拔尖学生主动参与科研实践与创新活动,开展"以大师培养未来大师"的国际合作形式,并逐渐总结出了一些经验。

2014年,致远学院人才培养模式荣获国家级教学成果奖一等奖。2016年,学院申报的"好奇心驱动的主动性学习"项目获得由宾夕法尼亚大学沃顿商学院与国际教育评级组织QS联合主办的第三届全球"Reimagine Education 2016"教育创新大会的"Cultivating Curiosity Award"(培养好奇心奖)和学科类别的"Natural Sciences Award"(自然科学学科奖)。评委会对致远学院项目的评价是:"致远学院的使命是将'好奇心驱动的学习'的教育理念融入'如何促使学生的好奇心转变为有学习追求和自主创新活动'的教育教学实践中,在有效地激发学生好奇心的同时,将这种好奇心转变为学生自我发展过程中的学习动力与激励手段。致远学院营造了一个培养学生创造性思维和创新能力的良好环境。"

学院目前的发展存在如下一些问题及困难。

第一,教学资源可持续发展。随着学生规模的逐渐扩大,教学资源,尤其是教师资源的可持续发展存在困难。导师制、office hour、研讨课、荣誉课程建设的实施未能达到预期效果。

第二,学术氛围营造。学生规模逐年扩大,而学院办学使用面积仅800平方米左右,很大程度上限制了学院进一步营造跨学科交叉融合的学术氛围。

四、持续改进

1. 质量监控机制

致远学院将进一步建立全员、全过程和全方位参与的教学质量管理体系,实施人才培养例会制度(如每月一次的院系协调会、每两周一次的项目主任会议)、师生座谈会制度、听课制度等,及时掌握和反馈学生学习和教师教学的信息,确保教学工作的高质量展开;推进"致远荣誉课程"建设,成立荣誉课程建设委员会,成员来自校内相关院系及耶鲁大学、马里兰大学、加州理工学院等海外顶尖大学;制定并实施各方向荣誉课程五年建设评估规划和荣誉课程跟踪评价体系,与学校教学发展中心联动开展课程评估工作,及时总结荣誉课程预评估的问题,推动荣誉课程评估工作的深入开展;加快荣誉教师队伍建设,评选致远荣誉课程教师,进一步发挥"拔尖人才"培养工作对全校本科教育的示范引领作用。

2. "拔尖计划"2.0新举措

"拔尖计划"吹响了新时代高等教育最动人的冲锋号,在"拔尖计划"2.0的指引下,学院将继续深化探索"好奇心驱动"的拔尖学生培养模式,让学生"不出国门就能享受世界一流的高等教育"。重点推进以下工作。

第一,建设融教学、住宿、学生活动等多功能一体的致远书院。落实全员育人、环境育人和全人教育理念,实施多层次、全方位的导师制,构建"交叉、融合、开放、创新"的师生学习共同体。

第二,进一步完善"整合式"培养方案。一方面打通数理基础课程,促进理工科之间的交叉融合,另一方面依托上海交通大学工科优势,探索实施"强化基础、通专融合、自主选择、交叉创新"新工科培养模式。

第三,加快引进和建立致远专门的"教师团队"和"导师团队",为学生提供多维度的成长指导,为书院建设、人才培养方案改革奠定基础。

第四,构建贯通古今中外、涵盖文理多学科领域知识的通识教育体系,拓展学生学习的深度和广度,培养学生的历史使命感、社会责任感和多元文化认同感。

第五,继续搭建基于自由探索的创新实践教学体系。依托致远创新研究中心和海内外顶尖高校的科研实习机会,以激发学生的科研兴趣和学术自信为导向,引导学生自主探究和学习,培养学生的科研能力和成为科学家的身份认同感。

第六,开展国际双向合作与交流。在支持拔尖学生赴境外学习交流的同时,吸引和聘请海外学者来上海交通大学指导学生学习和科研,鼓励更多学生留在祖国大地深造学习。

附录:上海交通大学"拔尖计划"分学科具体情况

1. 数学方向

学院先后招收了2008级、2009级和2010级三届注重数理兼修的"理科班",这些学生在数学和物理学中选择一个作为第一专业,另一个作为第二专业。随着致远学院专业的增加和条件的不断成熟,从2011年起,数学方向单独招生,但依旧鼓励学生在物理、生物、计算机、化学等方向中选择一个作为第二专业。

数学方向培养方案按照"宽厚扎实的数学基础,切实有效的学科交叉,问题驱动的知识探究"的原则制定,具体体现在以下方面。

(1)一、二学年的"数学分析"和"线性代数"等基础课程特别注意现代数学思想的渗透。"数学分析"共安排3学期课程(5+5+4学分),"线性代数"安排2学期课程(5+3学分)。扎实的基础对后期学生发展起到重要作用。

(2)在第一学年对数学专业学生开设"物理学引论""计算机科学导论""生物学导论"和"化学原理"课程,其中"物理学引论"为必选课,其他三门课至少选一门课。从一开始就植入学科交叉引导和环境。从后期学生的学术发展看,这些课程安排对启发学生学术兴趣,引导学生用数学研究其他学科科学问题起到积极作用。

(3)从第二学年开始,连续五学期设有"专业研讨课",由资深教授和学术上特别活跃的青年学者就相关的专题进行授课和讨论,引导学生在自己感兴趣的领域深入学习和研究。在最后一学年,高标准地要求学生积极参加相关课题研究,加大对毕业论文过程的指导和督促,通过问题驱动的知识探究,提高学生从事科学研究的兴趣和热情。

2. 物理学方向

2008年学院开始招收"理科班"。这些学生在数学和物理学两个专业中选择一个作为第一专业,另一个作为第二专业。从2011年开始,物理学方向单独招生,但鼓励学生在数学、生物、计算机、化学等方向中选择一个作为辅修专业。

物理学方向的培养方案体现"致远"培养模式的特点:通过一流的课堂教学和良好的学术环境,把最具创新思维的教师和最具创新潜质的学生聚集在一起;鼓励学生进入物理与天文学院和自然科学研究院的研究实验室,通过由前沿科学家指导的科研实践,激发学生的好奇心与创造力。课程设置和教学大纲按以下三个原则制订并实施。

(1) 鼓励和培养学生学习交叉科学知识的兴趣。一方面强化数学基础课程,如"数学分析"(5+5学分)、"线性代数"(5学分)等,另一方面要求大一学生必修"计算机科学导论""生物学导论"和"化学原理"(三选一)。

(2) 对于大学基础课"物理学引论"(涵盖力、热、光、电和量子物理)和专业基础课"四大力学",通过致远荣誉课程计划的实施,在适度提高课程理论难度的基础上,特别强调对物理图像和相关重要实验的讲授,使学生能更好地理解科学发现和科学应用的思维方法和过程。

(3) 强调物理学实验课程的学习,设置了"物理学实验"系列课程,鼓励学生主动参与创新型自主实验。

物理学方向鼓励学生发现和发展自己的科学研究兴趣,在引导和实践两个环节对培养方案做了如下加强和充实。

(1) 第二学期开设"物理研究导论"课程(2学分),通过教师指导学生阅读物理学前沿研究论文,介绍物理学前沿最新研究进展的方式,激发学生对物理学研究前沿的好奇心,引导学生逐步认识物理学的思维方式和研究过程。

(2) 第三到第六学期开设"物理研究实践"课程(1×4学分),引导学生主动进入物理与天文学院及自然科学研究院的研究实验室。学生可以进入几个不同方向和类型的研究实验室,促使他们主动地找到自己的研究兴趣所在。学期结束时要求学生提交科研实践书面报告并做口头报告。

(3) 第七、第八学期用来完成毕业论文。大多数学生的毕业论文都取得了有创新的成果。

3. 生命科学方向

从2010年开始,学院正式招收生命科学方向学生。随着生命科学的迅猛发展,除了已经出现的与化学、物理学的交叉,也与数学及信息科学产生更多的交叉融合,生命科学将进入定量研究的阶段。这一趋势,除了要求生命科学家与数学、物理、信息科学方面的科学家进行合作外,也要求其具备较为坚实的数理和信息科学基础。致远学院在数学、物理学和计算机科学方向的优势为生命科学方向学生的培养提供了非常好的学科交叉的条件。

生命科学方向的课程旨在反映三个重要方面。

(1) 在数学、物理和化学领域建立潜在多学科交互的基础,要求学生同数学、物理学、化学专业的学生一起学习数理化基础课程。

(2) 建立生物学的坚实基础,通过4门必修课程进行实施。第一年,学生将参加一年的涵盖生物学所有领域的导论课程(第一学期微观生物学,第二学期宏观生物学),课程涵盖面广,强调生物学中所有领域的尖端进展。从第二年起,学生们将学习生物化学、遗传学、细胞生物学以及当代生物学的重要基础课程和神经生物学、发育生物学与再生生物学和免疫学等专业选修课(均为4学分理论课+2学分讨论课)。耶鲁大学钟伟民教授等一批生命科学领域杰出海外学者热衷于生命科学人才培养改革,他们与何士刚教授等校内教师合作组建了若干门生命科学核心课程的教学团队。同时,学校鼓励学生选修生命科学技术学院、生物医学工程学院、药学院、农业与生物学院和医学院的专业课程。

(3) 通过讨论课和鼓励学生及早进入实验室,培养学生批判性思维的能力。大多数有兴趣从事科学研究的学生都会在第二年中期参与实验室研究工作,学院支持他们利用夏季假期赴海外实习,并在海外顶尖实验室开展本科毕业论文工作。

4. 计算机科学方向

计算机科学方向起源于2002年创办的旨在培养计算机科学家的ACM班,崇尚"先做人、后做学问,在做学问中学做人"的教育理念,将人文素质、科学精神、专业知识相结合,使学生追求卓越、持"志"以恒;实施"校内实习—课堂学习—社会实践"递进式的科研训练机制,培养学生"主动学习、独立研究"的创新能力,逐步引领学生走进学术前沿。自2011年开始,ACM班纳入上海交通大学"拔尖计划"体系。

计算机科学方向的主要特色如下。

(1) 夯实基础:重视数理基础,加强计算思维,奠定坚实的基本功。必修课程包括数学分析、物理学引论、计算机科学导论、线性代数、概率论等,选修课程包括科学计算、代数结构、图论与组合等。

(2) 强化专业:深化专业与彰显个性相结合,经典内容与学科前沿相结合。必修课程包括"程序设计""数据结构""算法分析与设计""计算机系统""数据库系统"等,选修课程包括"近似算法""概率与计算""计算复杂性""机器学习""深度学习技术及其应用""自然语言处理""编程语言及逻辑""信息时代的计算机科学理论""时空数据分析""分布式系统"等。

(3) 突显实践:强化技能训练,"建造"计算机"内部世界",渐进式"步入"科学研究。课程包括"编程综合实践""计算机系统课程设计""实验室实践"等。

(4) 着力拓展:新视角、多层次、全方位的知识与能力的拓展,"半年"世界一流大学或世界知名研究院的科研实践、"四次"学子讲坛的Show Time、"一次"教学助教的经历。课程包括专业研讨课、科学研究实践、学子讲坛、教学实践等。

5. 化学方向

化学方向从2013年开始正式招生,培养的特色体现在以下方面。

(1) 强化数学和物理基础的训练:对数理训练的强度要求比传统的化学专业学生高出约30%。同时强调基础化学课程,尤其是"有机化学"和"物理化学"的教学,重新设计整理了"无机化学"和"分析化学"。在课程内容上强调理论课程和实验课程之间的关联。

(2) 重新设计了选修课程:学生在完成了主要的必修课程以后有自由选修上海交通大学任何学院的课程。同时,学校还重组了选修课程,其中许多新开设的课程由活跃在科研一线的教授主讲。

(3) 均衡学生课内外负担:明确每个学分对应于每个学生平均每周三个小时的工作量,从而更好地把握教学质量。

(4) 为了鼓励和激发学生从事科研的兴趣:要求并帮助学生从大二开始进入实验室,允许每位学生在大二通过轮转三个实验室选择最佳匹配,然后持续进行科研训练直至毕业论文撰写阶段。到毕业时,100%学生都拥有至少三年的科研经历,许多学生还有论文发表。

(5) 组织国际导师团(IAG):邀请世界各地著名科学家任课或做报告。学校已连续组织三届对外国学生开放的暑期学校,招收密歇根大学的学生和致远学院的学生一同上课;同时与加州大学伯克利分校、密歇根大学化学院和加州理工学院的化学化工方向建立了正式的合作关系。

撰稿人:夏伟梁、洪梅

南京大学自评报告

一、"拔尖计划"实施的目标定位

南京大学根据"通识教育与个性化培养融通、拓宽基础与强化实践融通、学科建设与人才培养融通、学会学习与学会做人融通"的本科人才培养理念,结合南京大学在基础学科方面的优势、经验和"三三制"教学改革思路,积极创新基础学科拔尖人才培养模式,敢于突破陈规,解放思想,改革创新,深化教育教学体制改革,构筑基础学科拔尖人才培养的绿色通道,争取在未来一个合理的人才培养周期内,在基础学科相关领域培养一批国际一流水平的未来领军人物和拔尖创新人才。

随着国家"双一流"建设战略工程启动,学校将一流本科教育纳入"双一流"建设方案中,"拔尖计划"作为本科教学改革工作中的"试验田",力争探索出一套有利于拔尖创新人才个性化成长的培养机制。

二、"拔尖计划"具体实施过程

1. 改革人才选拔机制,"动态进出"与"柔性评估"相结合

为避免以单一考试形式选拔人才的弊端,南京大学"拔尖计划"相关学科通过自主招生和校内二次招生两条主要途径从每年度入校新生中选拔具有创新潜质的学术型人才:一是在自主招生考试中为"拔尖计划"专门设立考试计划和考试科目;二是面向新生组织校内二次招生,笔试与面试相结合,但以面试选拔为主。同时,为促进大学与中学在拔尖创新人才培养上的衔接,2012年南京大学启动中学与大学协同育人计划,并依托"中学生英才计划"开始与中学合作,深度介入中学培养阶段,设计相关培养方案,鼓励优秀学生进入"拔尖计划"。

专家组以学生的学科志向、创新潜质为主要依据对报名学生开展考核。例如,计算机学科主要考查学生在"计算思维"潜质、主动探索精神、团队合作方法和英文阅读能力4个方面的表现,笔试试卷是一段描述某个适合计算机求解的经典问题的英文材料,要求学生完成阅读、简译缩写、解出阅读材料中提出的问题;面试题目是若干个适合计算机求解的经典问题,候选者随机组成3~4人团队,围绕随机给定的某个问题开展讨论、求解。面试专家根据学生的解题思路、表达能力、合作能力、领导能力,最终筛选出入选名单。

在培养过程中,学校实行学生"动态进出"机制。通过每学年末实施的阶段性考核,将真正对基础学科研究感兴趣、有潜力的学生吸引到计划中,将不适应计划的学生调整出计划,保证"拔尖计划"持续开展的活力。各学科在考核中实行"柔性评估",评估指标体系侧重过程性、个性化,充分强调学生在学习、研究过程中体现出来的创新性和发展潜力,高度重视学生发现问题和解决问题的能力。

在选拔过程中,设计一个科学合理的学生评价体系极至关重要。为此,学校对进入计划的学生以调查问卷、访谈等方式进行跟踪研究,初步形成了关于学生创造力等方面的本土化的测量量表,并及时把调研情况反馈给院系,为院系后续的选拔与培养提供参考,从而形成了持续性、常态化的动态反馈机制。

2. 配备一流师资,全面落实导师制

南京大学在"拔尖计划"中努力建立以课程为主导的高水平师资引进模式,积极参与学校的"百位名师邀约计划",各学科根据课程体系建设的需要在国内外招聘知名学者主讲课程,确保师资队伍的前沿化和国际化。例如,已连续多年邀请东京大学教养学部7名教授开设"文化表象"通识核心课;中国科学院南京地质古生物研究所以院士、国家杰出青年科学基金获得者组成的顶尖团队开设的"生物进化与环境"通识课,为拔尖创新人才培养打下科学素养、科学思维的基础,促进全面成才。生命科学学院已与澳大利亚乐卓博大学和沃尔特和伊丽莎·霍尔医学研究所建立了良好的相互合作校际关系,共同开设国际化课程"生命与信息",除此之外,乐卓博大学分子科学研究所每年为南京大学生命科学学院学生提供奖学金,促进学生的交流、学习,至今南京大学已有10名学生保送LIMS攻读硕士博士学位。天文学院邀请海外教授直接参与本科生授课,开设日震学、恒星、星系与宇宙学、磁流体力学波与振荡、行星形成与系外行星、天体物理中的输运过程、黑洞天体物理、科技英语的撰写和天体物理中的磁流体力学波等课程,极大地丰富了整个天文学的课程体系,部分课程已经整理完成了影像制作,可作为永久教学资源使用。

同时,按照全面发展的原则,南京大学建立"拔尖计划"的"双导师制",包括学术导师和生涯导师。学术导师按照师生比不低于1∶5进行分配,包括院士、国家杰出青年科学基金获得者等在内的学术导师对学生的学术入门与规范及学术研究与发展担负指导责任。生涯导师由具有丰富管理经验的辅导员担任,按照师生1∶30比例进行配套,负责培养学生生涯发展、社会交往和语言表达等方面的能力。目前,通过学校招募及各学科遴选,南京大学已组建了由206位教师组成的"拔尖计划"学术导师团队。

各学科根据自身特点,进一步丰富导师制的形式与内容。例如,数学系成立了由田刚院士任主任、多名院士任委员的战略咨询委员会,对拟引进的师资人才进行评价;聘请法国南特大学王雪平教授和新加坡国立大学徐兴旺教授为拔尖学生开设分析类和方程类课程,同时,徐兴旺教授还为拔尖学生开了一个偏微分方程方面的讨论班,梅加强副教授主持的数学分析教学团队于2018年被评为江苏高校青蓝工程优秀教学团队。生命科学学院在"拔尖人才"学术导师的基础上,成立相应的导师指导委员会,更好地进行拔尖人才"个性化"培养的管理、监控与评估。

3. 实行"通识教育"+"专业培养"人才培养模式,不断优化课程体系

借鉴匡亚明学院在大理科人才培养方面多年积累的"拓宽基础、鼓励交叉、多次选择、逐步到位"的经验,学校在"拔尖计划"内实施了"通识教育"+"专业培养"的人才培养模

式。匡亚明学院主要负责计划前两年的教学安排和集体学术活动;后两年则依托各相关院系实施专业培养。学生在导师指导下可以自主选修课程、跨年级修读课程、申请免修课程,利用灵活的课余时间制定符合自己兴趣与特长的学习计划。

学校鼓励相关院系按学科发展特点重构知识框架和课程体系。例如,匡亚明学院修订了课程体系,完善"大理科班"学生的培养方案,在调研国内外相关学科本科课程体系的基础上,对原有教学体系进行了较大程度的调整和优化,重点加强了交叉学科方向的课程体系设计,促使课程结构和课程设置更加合理。生命科学学院在大理科平台的基础上,积极推行以"系统性整合"为特征的生命科学课程4个层次教学体系,有效激发了学生的学习潜能;计算机学科实施"问题求解导向"的课程改革,内容上以"问题线索"重组核心课程知识体系,形式上以问题求解为驱动,以教师引领方式进行深度学习,以学生自学方式扩展知识体系,有力推动了新学习模式的形成。物理学院将本科生与研究生的课程打通,建立了"力学—理论力学—量子力学—固体物理学"等学科课程群。

4. 推广研究性教学方法,多方位加强学生科研训练

课堂内,学校着力推动小班化教学,推广互动式、研讨式的研究性教学理念和形式,激发和培养学生的问题意识及批判性思维能力。学校建设了"三层次批判性思维训练课程体系",包括新生研讨课、通识教育课和学科前沿课等三种新型课程,各类课程优先向拔尖学生开放。通过新生研讨课,帮助新生树立学术旨趣、学会质疑、学会发现,完成适应性转换和学术性转换;通过通识教育课,开阔学生学术视野,培养文化通感和科学精神,促进其形成独立的人格和价值观;通过学科前沿课,带领学生认识学术新领域、新发现、新方法,能够自主提出问题、分析问题和解决问题。目前,南京大学已经建设新生研讨课194门,通识教育课139门,学科前沿课118门。学校以新型课程为引领,带动研究性教学在其他课程中的广泛应用,推行研讨式、互动式教学。例如,计算机拔尖班制定了面向问题求解的教学体系。通过将知识体系构造为"提出问题、分析问题和解决问题"的过程,将获取知识与提升能力结合起来。在课程设置上,学校强化"数学与逻辑基础""算法线"和"平台线"三个方面的基础理论课程,强化专业基础知识;教学手段上,以"自我探索、深度引导、理论严密、训练充分"的教学理念为指导,以小班化教学为基础,从传统课堂授课转变为讲课、自学、研讨和报告等多种形式,培养自主学习能力;在课程内容上,增强了开放式的研讨课题与系统实现类项目,在分析和解决问题的过程中,引导学生探求未知领域。

在课外,学校实施创新实验室提升计划,为提升学生创新实践动手能力,构建立体化、多层次、开放创新的实践教学体系,推进实验教学课程体系完善、实验教学规划教材建设,启动拔尖创新人才培养"实验教学改革和实验室建设"专项项目,为"拔尖计划"科研训练提供多样的实验环境。例如,天文学科购置数据存储服务器,存储和管理"FAST"(500m口径球面射电望远镜)观测数据,给予学生第一手的科研数据,开展早期科研训练。学校各级各类实验室面向"拔尖计划"学生全开放,实施实验室轮转制度,探索导师团组培养等科研训练制度,鼓励学生在科研训练中逐步确立研究方向。在大学生创新创业计划中,学校设立创新训练项目、创业训练项目、创意项目,其中创新训练项目面向"拔尖计划"学生设立专项,由"拔尖计划"学生主持,在导师带领下完成研究工作,并发表论文。学校鼓励学生参与ACM国际大学生程序设计大赛、国际基因工程机器大赛(iGEM)等国际高水平学科竞赛,同时化学化工学院还承办第十届全国大学生化学实验邀请赛,通过实践提升学生科研能力。

5. 加强学生学习动力机制建设,拓展人才培养模式

为了给拔尖学生营造良好的课外学术氛围,学校各类高端学术平台主动介入本科人才培养,已开展三期零学分的"本科生学术交叉研修计划",并优先向"拔尖计划"学生开放。南京大学人文社会科学高级研究院以驻院"导师+小组"的形式开展"本科生驻院研修项目",面向入选学生开放研究院各类学术活动资源,并开设短期境外研修,培养本科生科研创新能力和跨学科视野,促进学生个性化发展。国家首批"2011 计划"中国南海研究协同创新中心以"导师+小组""导师+社团""导师+助理"的模式开展"本科生南海问题学术体验项目",针对入选学生邀请名家开设各类高水平讲座,鼓励其参与高端学术会议,给予本科生立体化、国际化的学术体验。同时,学校深入推进"南京大学悦读经典计划",设"研读""导读""悦读"三个模块,紧扣"经典"和"悦读"这两个关键词,进行多方面、多层次的校园读书文化的建设与探索。在研读模块,学校延揽名师团队建设涵盖六大单元的"经典研读课",进行小班研讨式授课,与精品通识课程群建设相衔接。在导读模块,学校采取名师导读与学长导读相结合,聘请 60 位各学科领域的优秀中青年教师担任悦读导师,围绕 60 本经典书目,开设线上、线下相结合的导读读书班。拔尖学科教师发挥学科优势,积极参与导读班建设,如物理学科沈瑞教授开设《时间简史》导读班、化学学科王欢教授开设《漫游诺贝尔奖创造的世界——化学之旅》导读班等,带领学生阅读经典,提升全校学生的科学素养、科学思维,促进全面成才。同时,学校成立"悦读书社"学生社团,充分发挥学生的主体作用和创造力,开展丰富的研读讲座、读书沙龙、文化参访等系列活动,吸引全校师生广泛关注和参与。在悦读模块,第一课堂与第二课堂联动,在"读书节"的基础上,多部门合作组织了悦读角、悦读演讲比赛、悦读辩论赛、悦读书目互换等学生喜闻乐见的读书活动,共同营造"书香校园"读书文化。经过几年摸索,南京大学初步形成了"60 部经典、2 册读本、3 个模块、6 个单元团队、60 个虚拟课堂、60 位导读教师、2 个悦读通识学分"的教学模式。

学校为拔尖学生定期组织顶级学术座谈与高层次学术研讨,与著名学者进行面对面交流。例如,生命科学学院每年邀约 20 余位国际、国内顶级专家来院里做讲座,和拔尖学生面对面交流,其中不乏诺贝尔奖得主、国内外知名院士,如诺贝尔奖获得者 Oliver Smithies 教授、美国科学院院士 Daniel Hartl 教授、许智宏院士、陈晓亚院士等。

各院系学生还自发开展各种学习活动。例如,数学系学生自发组织形成了"自主学习联盟",以"读书会"等形式,学生共同探讨、研究感兴趣的科研话题,学校为他们提供各种学习资源,提高他们的自主学习能力。生命科学学院由学生组织,每月举行一场学术沙龙,每次一个专业主题,相关专家参与点评,并且以学生为主体创办了学术刊物《大学生自然科学》,激发了学生对科学研究的浓厚兴趣。

6. 建立完善配套管理体系,为"拔尖计划"的实施提供制度与条件保障

为顺利推进计划的实施,学校建立了由校党政领导一把手及首席科学家牵头,管理团队体系和学术团队体系并行的工作机制。其中,管理团队体系包含学校领导小组、各学科工作组和"拔尖计划"管理办公室三层次组织梯队:学校领导小组负责规划拔尖班培养目标与总体思路,统筹并监督拔尖班的培养与管理全过程;各学科工作组负责执行本学科拔尖班学生选拔、学生管理、教师配备及各项教学活动的开展;"拔尖计划"管理办公室负责制订拔尖班的各项管理制度,协调、分配各项相关教学资源与该项目专项经费。学术团队体系则由"拔尖计划"项目的首席科学家、学校专家小组、"拔尖计划"导师委员会等构成:首席科学家为陈懿院士;专家小组由来自相关院系的优秀教授组成,负责为拔尖班的培养与管理提供咨询服务,协助领导小组为拔尖班的各项工作提供指导性意见;"拔尖计划"导师委员会负责组织"拔尖计划"教学改革与教学工作的研究与推进。

学校先后制定了《南京大学基础学科拔尖学生培养试验计划实施细则》《南京大学基础学科拔尖学生培养试验计划管理办法》《南京大学基础学科拔尖学生培养试验计划经费管理办法》《南京大学基础学科拔尖学生培养试验计划本科生海外研修项目资助办法》《南京大学基础学科拔尖学生培养试验计划专项奖学金评定办法》等一系列管理文件,为计划提供制度和条件保障。学校还专门建立了"拔尖计划"网站,为"拔尖计划"的师生构建学术交流与研讨的网络家园。

7. 开展国际专项合作,逐步拓展国际化点对点联合培养渠道

学校发挥学科优势对本科人才培养的支撑作用,拓展"拔尖计划"国际合作项目,探索构建适合拔尖创新人才成长的国际合作培养机制。校院两级依托各类国际化资源,将名师"请进来",让学生"走出去"。

学校加强人才培养国际化。邀请斯坦福大学、杜克大学、丹麦奥胡斯大学等世界知名大学的教授为学生开设国际化课程、暑期学校、讲座等,帮助学生接触学科前沿。例如,匡亚明学院邀请美国俄克拉荷马州立大学微生物和分子基因学院的 Wouter Hoff 教授等人开设"生物学中的跨学科主题"(Interdisciplinary Topics in Biology)课程;物理学科邀请劳里埃大学的吴宗森教授开设完整的"计算光子学"课程,并配备教师助教团队,完成该门课程本土化的建设工作。

学校还着力提升海外研修项目内涵,瞄准世界一流高校,拓宽"拔尖计划"国际合作项目,深化学生海外研修项目内涵,鼓励学生在海外高校进行长期交换并参与科研训练项目,提升科研水平。例如,天文学科将学生送到威斯康星大学麦迪逊分校、德国麻普射电所、法国欧洲南方天文台等国外高校、科研院所开展暑期实习和早期科研训练项目,并组织早期科研报告会。"拔尖计划"学生扎实的学科基础得到国外教师的好评。

学校持续推进跨院系多学科国际化联合实习,重点实施"大地学"阿尔卑斯联合实习、中俄阿尔泰考古实习等项目,优先面向"拔尖计划"学生开放,鼓励其与不同学科背景的本科生在中外高水平教师的联合指导下,以多学科交叉点为主题开展综合性、跨学科、研究性实习活动。同时,学校还结合"中学生英才计划"的实施,面向全国遴选 20 名左右的优秀中学生与"拔尖计划"学生一起完成国际化实习项目全过程。

三、"拔尖计划"实施成效

经过不断努力和尝试,目前学校已初步开发出一个"动态"与"柔性"相结合的学生选拔机制,一个注重激发学生个性、拓展学科视野的"2+2"培养模式,一套强化批判性思维训练的课程体系,一支有针对性的高水平导师队伍,一条扩展性的国际化合作培养路径,一个活跃的第二课堂学术阵地以及一套较为完整有序的管理体系。2012 年,国家教育体制改革试点专家组对项目执行情况进行检查,总体评价是"政策措施稳妥有力,工作成效比较突出,

实现了改革阶段性目标"。

（1）学生在各类竞赛中屡获佳绩。近年来，化学拔尖班的学生取得了"挑战杯"全国大学生课外学术科技作品大赛特等奖 1 项、"创青春"全国大学生创业计划大赛银奖 1 项、"互联网＋"大学生创新创业大赛全国金奖（季军）1 项，并在全国大学生化学实验邀请赛、上海市大学生化学实验竞赛、江苏省化学化工实验竞赛等各级各类学科竞赛斩获佳绩。数学系学生周正一在 2011 年全美数学建模大赛中赢得 Meritorious Award 荣誉，2012 年获得丘成桐大学生数学竞赛铜奖。

（2）学生多篇论文发表在国内外期刊。据不完全统计，拔尖学生已发表 400 余篇学术论文。例如，化学拔尖班 2016 届程宇豪同学首次提出了自供氧光动力疗法，有望用于癌症治疗，并在《自然通讯》（Nature Communications）发表第一作者论文；匡亚明学院眭以宁、顾克骅等同学在《大学物理》《实验室研究与探索》等期刊发表了论文；天文学科以校本科学生作为主要作者发表 SCI 论文 23 篇，其中不乏 APJS、APJ、MNRAS、PRD 等国际一流期刊，并且一些本科生在低年级已凸显出极强的求知欲和创造力。

（3）历届毕业生广受欢迎。每届均有 95% 以上的学生进入国内外高校继续深造。生命科学学院学生科研潜力足，最终取得世界顶级大学 offer 的学生几乎都出自"拔尖计划"，例如，2012 届去往哈佛大学医学院的汤沁、2012 届发表国际高水平论文的刘昊轩、2013 届去往剑桥大学的马晓妍、2016 届去往耶鲁大学的肖舒克等；大理科宗麟奇同学被媒体称为"名校收割机"，毕业前收到哈佛大学、斯坦福大学、耶鲁大学等 12 所世界名校的 offer。

（4）学生反响良好。物理拔尖班刘前程认为："拔尖班中人才济济，在略感压力的同时也充满了努力学习的动力。此外，与众不同的教学模式与深入浅出的教学内容也令人耳目一新。在这一方天地，亦有机会接触到更多名家风采，与学术牛人们面对面地交流，启发自己的思维。"化学拔尖班邱天认为："在化学拔尖班的一年中，专业课比重有所下降，取而代之的是更多的数理方面的训练，而这样的训练正是我们所需要的。随着科学的发展，基础学科不断地交叉，不同的方法逐渐交汇在一起，从而形成新的发展。只有接受数理化的全面训练，吸取各方思想，在面对专业问题时方可独辟蹊径。"

（5）相关学科的拔尖人才培养模式改革也获得了外界关注。例如，计算机拔尖班的研究型教学模式得到了国内计算机教育界的广泛认可，起到了一定的示范作用。《计算机教育》杂志编辑部特意调整了原先计划好的论文刊出计划，在《计算机教育》中专门为南京大学计算机拔尖班教学改革组织一次专辑，系统性地发表了南京大学的 5 篇教改论文。陈道蓄教授荣获中国计算机学会首届"计算机杰出教育奖"，中国计算机学会在颁奖词中指出："他在计算机专业基础课教学方面进行的深度改革取得了令人钦佩的成果。"新闻媒体也开始日益关注南京大学"拔尖计划"取得的成果。化学化工学院总结拔尖学生培养中的一系列具体措施，以"实施多元创新措施，培养化学拔尖人才"为题受邀发表在《中国大学教学》，受到国内同行的好评。

四、持续改进

1. 加强"拔尖计划"研究生阶段的培养

以学校正在推进的大类招生培养改革为依托,衔接学校的"二三三"硕士研究生培养改革、"四三三"博士研究生培养改革,"拔尖计划"院系先行总结和凝练国外一流大学相关专业本科人才培养方案的共性特点、先进经验,进行本硕博贯通培养、学科交叉培养等人才培养机制改革探索,促进学生自主构建知识体系的实现。

2. 加大拔尖学生本科阶段的对外交流力度

一是加大校级层面学生交流项目的工作力度,瞄准世界一流高校,努力开拓学生国际交流项目的数量,提升合作高校的层次。

二是进一步挖掘各学科的潜力,动员各学科发挥主动性和能动性,通过各种方式,寻求与本学科的国际一流实验室或院系进行合作培养。

3. 加强教学研究,总结不同学科的拔尖人才培养规律和特殊性,进一步解放思想,改革培养模式

结合南京大学"拔尖计划"阶段性推进情况,从学生发展和教师投入两个角度来衡量目前学校拔尖创新人才培养的质量和效果,总结适合于不同学科拔尖学生发展的培养举措和实践经验,在政策制度、管理机制、资源配置等方面进一步突破陈规,解决阻碍拔尖创新人才培养的主要障碍和瓶颈。

撰稿人:邵进、蔡颖蔚、吕筠

浙江大学自评报告

一、"拔尖计划"实施的目标定位

（一）学校总体目标定位

浙江大学（以下简称"浙大"）"拔尖人才培养计划"即"求是科学班"项目，是学校根据教育部"拔尖计划"精神设立的，以学生的科学素养、志向为基础，以"培养未来的科学家、世界一流的学科引领者"为目标，选拔对数学、物理、化学、生物、计算机科学5个基础学科中某一学科有浓厚学习兴趣、具有较强培养潜力并有志于深入学习的优秀学生进行培养。

求是科学班由相关学科依托"教学改革的试验田"——竺可桢学院办班。竺可桢学院作为对拔尖人才实施"特别培养"的荣誉学院，以培养"公忠坚毅，能担当大任，主持风气，转移国运的领导人才"为己任。因此，浙江大学"拔尖计划"的目标定位是，以培养品格高尚、人文气息浓郁，在学科领域处于世界级领军地位，同时具有高度社会影响力和认可度的"学术大师"为宗旨；积极探索培养"知识、能力、素质、人格俱佳的国际水平拔尖创新人才"的"浙大模式"；通过示范、引领和辐射实现拔尖人才培养成效在浙大、在中国乃至世界范围内的溢出。

（二）各学科人才培养目标和毕业要求

1. 数学求是科学班，毕业专业：数学与应用数学

培养目标：以"培养数学学科领域领军人物"为宗旨，培养基础扎实、心理健康、学习自主，富有创新精神和创新能力、优秀综合素质的数学研究人才和未来数学领军人物。

毕业要求：要求学生具有深厚的数学基础，掌握扎实的数学研究基本方法；具备良好的数学思维能力；具备基本的数学建模能力，计算机应用与软件编程、开发能力和正确的收集数据、处理数据的能力；较强的自学能力，对数学知识自我更新的能力，具有创新意识和开阔的国际视野；了解数学与应用数学的理论前沿、应用前景和最新发展动态，掌握数学专业资料、文献的查询、检索方法，以及能运用现代信息技术撰写科研论文，为其继续深造成为数学研究后备人才打下扎实基础。

2. 物理求是科学班，毕业专业：物理学

培养目标：以"培养物理学科领域领军人物"为宗旨，以培养基础宽厚，知识、能力、素质俱佳的高水平拔尖创新人才为导向，以造就在物理学领域具有国际一流水平的人才和未来

科学家为目标,实施以科学思想、科学能力训练为内容的本科全程培养的卓越教育计划。

毕业要求:要求学生通过学习物质运动的基本规律,掌握物理学科的基础理论、基本知识和基本实验技能;具有使用英语进行交流的能力;利用现代信息技术获取所需资讯的能力;接受运用物理知识和方法进行科学研究和技术开发的训练,使其具有良好的科学素养和一定的科学研究与应用开发能力;对理论物理、凝聚态物理、光学、等离子体物理、无线电物理等二级学科的现代发展有深入而广泛的了解,或者对当代高科技相关领域的发展有广泛而深入的了解。

3. 化学求是科学班,毕业专业:化学

培养目标:以"培养具有家国情怀、全球视野,学贯中西、志存高远,勇攀科学高峰、推动人类文明进步的化学领域未来领军人才和学术大师"为宗旨,实施本科全程培养的卓越教育计划。

毕业要求:要求学生掌握化学学科的基础理论知识,具有扎实的实验技能,能从分子视角认知世界,谙熟分子结构和性质相互关系,理解分子行为和功能;同时有着宽广的知识面,掌握数学、物理、生物、计算机和化工等相关学科的基础知识;能熟练利用英语进行学术交流;能通过计算机获取和处理科学信息,拥有自主获取知识、自主学习的能力;具有优秀的科研工作能力。

4. 生物求是科学班,毕业专业:生物科学

培养目标:以"培养生物学科领域领军人物"为宗旨,借鉴世界一流大学的先进培养模式,结合国内外优质资源,培养具有扎实的生物科学专业知识和研究技能,并具有广阔的国际视野,身心健康和思维敏捷的拔尖创新人才,进而有潜力成为生物科学未来的领军人物和世界一流生物学家。

毕业要求:要求学生掌握扎实的生物学基础理论、专业知识和实验技能;掌握必要的数学、物理、化学、计算机等学科的基础知识;具备较强的提出、分析科学问题和独立开展科学研究的能力;具备良好的国际交流能力;具有创新精神和敢于质疑和分析批判的精神;具有成为国际一流科学家的远大志向和优秀素质。

5. 计算机求是科学班,毕业专业:计算机科学与技术

培养目标:以"培养计算机学科领域领军人物"为宗旨,培养厚基础、高素养、深钻研、宽视野,在计算机科学与技术及其相关领域具有国际竞争力的创新型研究人才。

毕业要求:学生毕业时应具有扎实的数理基础和计算机领域基本理论知识,具备良好的人文素养和一流的英语/外语综合应用能力;具有较强的科学研究和工程实践能力,优秀的知识创新能力,出众的学术判断能力;熟悉计算机学科的前沿,了解计算机相关领域的发展趋势,对新知识与新技术具有较强的接受和学习能力。

二、"拔尖计划"具体实施过程

浙江大学严格按照《基础学科拔尖学生培养试验计划实施办法》的要求,以提高人才培养质量为核心,以丰富人才培养内涵为主线,通过各学科在浙江大学开展荣誉教育的竺可桢

学院开办培养学科拔尖人才的"求是科学班"来深入推进"拔尖计划"工作。

(一)政策组织保障:加强顶层设计,注重思教融合

1. 顶层规划,思教融合,构建组织保障

为加强对基础学科拔尖学生培养试验计划的组织与领导,确保各项工作的顺利实施,学校成立了由校长担任主任,分管教学工作副校长与分管思政工作副书记为副主任的求是科学班培养委员会,并设工作组,组成情况详见图1。求是科学班培养委员会决定各项政策并协调教学资源,竺可桢学院负责具体学籍管理及教学质量监督,相关院系通过成立学科工作委员会具体实施。育人为本,德育先行,为更好地做好拔尖学生的思想政治教育工作,建立竺可桢学院辅导员、专业院系班主任和导师组成的"思教融合"拔尖学生培养思政体系(见图2)。浙江大学的组织构架保证了计划实施过程的高效性和可控性。

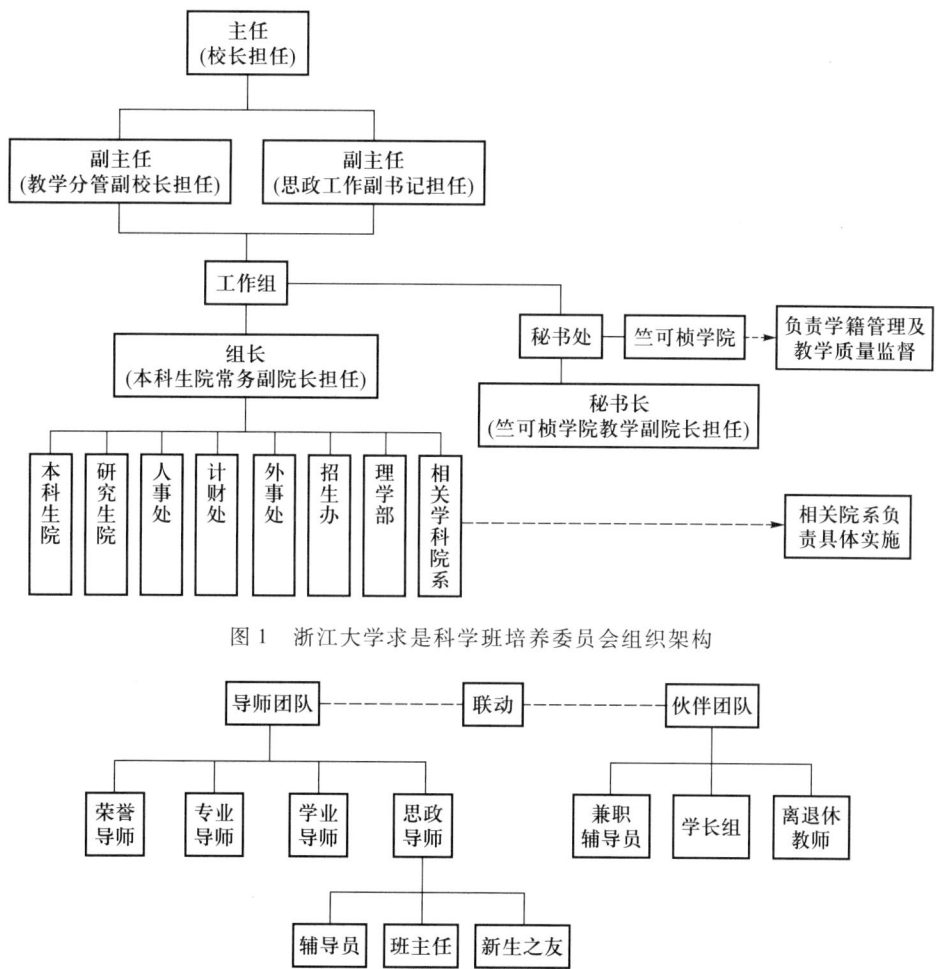

图1 浙江大学求是科学班培养委员会组织架构

图2 "思教融合"的拔尖学生培养体系

各学科相关院系都分别成立了本学科的求是科学班工作委员会,全面负责本学科求是科学班的管理工作。委员会主任一般由学院院长担任,副主任由主管教学工作的副院长和

一位资深教授(院长助理)担任,委员包含核心课程责任教授、党委副书记等,以促进教学思政的核心力量集中投入,实现拔尖人才的"三全育人"模式。值得一提的是,各求是科学班特别注重"高配"班主任,如国家级、省级教学名师等高层次人才。目的就是让拔尖班的学生在名师的言传身教下,耳濡目染地受教育,自然而然地产生对科学的好奇心和探索欲。

2. 制度先行,校院二级,完善政策保障

(1)校级政策保障:2009年11月,学校印发了《浙江大学培养基础学科拔尖创新学生原则意见》,12月制定了浙江大学"求是科学班"实施方案草案;2012年教育部下拨"拔尖计划"专项经费后,学校组织制订了《浙江大学基础学科拔尖学生培养试验计划专项经费管理办法》,以兼顾现行的国家财务制度和学生培养过程中的实际需求,特别规范了学生出国(境)交流开支;制订了《浙江大学基础学科拔尖学生奖学金评定办法》,激励和引导拔尖学生兼顾学业成绩、科研训练及人文素养全面发展。竺可桢学院作为求是科学班培养委员会工作组秘书处,履行教学过程监督职责,联合本科生院、人事处、计财处等学校相关职能部门制定了《基础学科拔尖学生培养试验计划专项经费——劳务酬金开支实施细则》,对拔尖人才培养中课程激励、专家评审等方面的酬金开支进行了规范。

(2)院级政策保障:相关专业学院充分发挥学科人才培养的主体作用,通过求是科学班各学科的工作委员会制订《求是科学班工作委员会章程》,规范工作委员会的工作职责,包括制定培养目标、培养方案、优秀学生选拔方案、国际化方案,以及经费的管理与使用等各项政策,并协调教学资源,负责组建优秀教师队伍开展教学、指导学生以及推进国际交流等。此外,求是科学班还实行项目负责人制,通过制定《求是科学班项目负责人职责》明确负责人的权利与义务,通过"人盯人"战术确保拔尖人才的特殊培养责任落实到人,执行到位。

(二)选拔优秀学生:立足天赋特长,多维滚动遴选

浙江大学"拔尖计划"的优秀学生选拔按时间轴先后有三次:高考前(冬令营),高考后竺考(新生选拔),入学一年后(二次选拔)。

1. 冬令营选拔:关注天赋特长提前锁定优质生源

求是科学班的第一部分优质生源是通过各学科竞赛获奖的保送生和自主生,这一部分学生通过学科竞赛展现了学科特长和初步的天赋。通过支持英才计划,选派高水平教授进中学,通过举办"求是科学夏令营"等方式提升求是科学班影响力,同时也充分利用竺可桢学院在全国各地10多个家长委员会宣传求是科学班,最终提高签约学生录取率,签约后加强与考生和其家长的联系,采取关键节点推送最新招生信息等举措确保第一批优质生源。

2. 新生选拔阶段:多维选拔模式跳出"高分低能"陷阱

求是科学班的第二部分生源通过竺可桢学院新生选拔获得。本阶段的新生选拔充分围绕拔尖创新人才培养目标、成长规律和学科特征,发展并实践了多视角、多维度的"矩阵式"拔尖创新人才选拔方式,并在国内率先提出"体能测试"环节且坚持至今。通过从智力(深度和广度)、表达(书面和口头)和体能等多个视角,现在与未来、综合与特长、适应与发展等多维度全面考查学生。选拔环节包括学生自我陈述、综合能力测试、专家面试和体能测试等:自我陈述重点考查学生的理想抱负和未来规划;综合能力测试考查学生知识综合运用能力、逻辑分析能力、精神高度集中力和瞬间记忆力等;专家面试着重考查学生潜在特质、压力

应对能力、领导沟通能力、反应能力、独立精神和主动担当等；体能测试考察学生意志力和团队合作精神等。各求是科学班在选拔的具体过程中可根据本学科拔尖人才培养的特质，由各学科设定不同视角与维度的权重，结合专家面试环节考察并甄别学生与相关学科的匹配度。

多维选拔模式得到了媒体关注和高度评价，包括中央人民广播电台中国之声，电视媒体，网络媒体，如新华网、人民网、光明网、中广网、新浪网、网易新闻中心、腾讯网、浙江在线、杭州网、河北新闻网、浙江新闻网、浙江在线教育、钱报网等。记者李志娟指出："浙大测试神题看似稀奇，实则是在探索拔尖人才的科学选拔模式，但愿这种'浙大模式'能够引领中国高校选拔创新人才模式的改革。"

3. 二次选拔阶段：分流滚动机制确保生源长效优质

第三部分生源来自二次选拔。根据各专业制定的求是科学班学生遴选进出机制，开展校内"二次"选拔工作，选拔全校优秀学生进入求是科学班学习。

同时为了保证培养质量，浙江大学拔尖人才培养计划及时分流不适合的学生，即通过对学生学业成绩评价，在与专业教学负责人、任课教师、班主任、辅导员、责任教授和导师等开展师生交流、座谈，在对学生的专业认识、科学素养和发展潜力综合素质等多个环节评估的基础上，对专业思想不稳定或不适合在求是科学班学习的学生，进行适时分流重定位。同时本着"以生为本"的理念，对重定向学生在专业选择上尽可能尊重学生意愿。

浙大2010—2017级进入"拔尖计划"的学生总数为745人，被分流学生总数185人，占比24.8%，二次选拔进入153人，占比20.5%，进出学生比例基本均衡，且滚动比例基本符合"二八原则"，基本达到保障优质生源的效果。各学科滚动情况见表1。

表1 浙江大学"拔尖计划"各学科录取分流选拔人数汇总表（2010—2017级）

学科	数学	物理	化学	生物	计算机	合计
录取人数	159	136	158	140	152	745
分流人数	62	27	45	27	24	185
分流比例	38.9%	19.9%	28.5%	19.3%	15.8%	24.8%
二次选拔人数	33	35	39	28	18	153
滚动比例	20.8%	25.7%	24.7%	20%	11.8%	20.5%

（三）创新培养模式：落实一制三化，融创 SGIR 模式

浙江大学"拔尖计划"创新人才培养模式在教育教学改革试验田——竺可桢学院进行了深入探索和尝试。各学科根据教育部"拔尖计划"提出的"导师制、个性化、小班化、国际化"创新培养模式要求，充分利用竺可桢学院建设的基于全人教育的荣誉课程体系构建通识课程体系，对标培养诺贝尔奖、菲尔兹奖、图灵奖获得者最多及目前学科排名前10的国际一流大学"目标学科"制定求是科学班专属的培养方案，结合本校求是班的实际情况构建了"SGIR"即"专业+通识+个性+研究"、符合基础学科拔尖学生特征的课程体系。该体系实现了专业课程有厚度，通才教育有温度，个性培养有深度，研究训练有强度的拔尖人才特别教育的因材施教理念。

（1）"专业（special）课程"：求是科学班始终坚持专业引领，即为本专业独立开设最重要的基础课程，如数学求是班的"数学分析"、物理求是班的四大力学，为今后的专业发展奠定坚实的基础。为求是科学班专门建设的这一批单独代号的专业课程要求小班授课，班额20人，确保了师生、生生在课堂上深入互动和研讨。"小班化"升级了课程标准，促成了"课堂革命"，直接提升了教学质量。

（2）"通识（general）教育"：在培养方案里选用竺可桢学院特别建设的荣誉通识课程（采用校级小班化标准，班额60人），加强使命教育和人文素养；同时，各学科还为别的求是班开设大类基础课，如"大学物理""普通化学"，在教学中有意识地促进不同专业学生交叉学习，融会贯通。

（3）"个性（individual）培养"：在此阶段，充分发挥导师制作用，根据学生兴趣特长，实行导师指导下的个性化选课。同时，在个性化课程体系中大量引入全英文课程，给予学生触及学科学术前沿领域并探索自己未来学术兴趣方向的机会。

（4）"研究（research）训练"：是指通过科研训练和学科竞赛替代部分课程学习并获取学分。同时，近年来特别开展赴世界名校科研实习项目，通过海外科研训练，为学生进一步拓展国际视野，深入了解学科的国际前沿，更早进入国际学术圈创造了条件。

物理求是科学班积极开展国际专业论证，通过进一步优化培养方案，前沿课程平台、系统科研平台建设两手抓，形成了课堂理论与探究性实验相结合，"科研项目训练—浙江大学物理学术竞赛—全国大学生物理学术竞赛"三位一体的科研训练模式。相关实践成果得到媒体争相报道宣传，在社会上广泛宣传了"拔尖计划"在人才培养中的显著成效。

数学求是科学班邀请李大潜院士、励建书院士、林芳华院士、龙以明院士、田刚院士、张伟平院士等作为数学求是科学班的顾问，对标哈佛大学数学与应用数学专业培养方案，对求是科学班的培养方案提出意见和建议，坚持"以本为本，回归课程"的理念，将主要精力投入系列核心课程建设，取得了较好成效。

计算机求是科学班大力推进课程体系改革，对新培养方案涉及的70多门专业课程的大纲重新编写和完善；为适应新的培养方案和课程体系，重新调整组合课程组，并且梳理好课程组内各课程间的内容衔接关系以及课程组间的输入输出关系。在求是科学班项目建设过程中，建成9门精品课程（其中6门已成功升级为国家级精品资源共享课）、2门国家级双语示范课程。

（四）改革教学管理：坚持学科引领，全面协同育人

由于在"拔尖计划"选拔阶段特别注重学科特长，求是科学班中60%学生为学科竞赛保送生，这一选拔标准也会带来一定的"短腿"或缺陷。浙江大学拔尖人才培养的教学管理模式改革的最大特色，就是充分融合了竺可桢学院"宽厚"基础特色与拔尖计划专业"精尖"要求，通过多年的创新实践与磨合，在"专业引领、使命唤醒、人文美育、天赋激发"的培养理念下创建了竺可桢学院与求是科学班，求是科学班之间全面协同育人的"2+2教学管理模式"。

（1）"角色互补，院院协同"：在求是科学班学生的培养过程中，竺可桢学院是母亲，负责前2年的学养教育；专业学院是父亲，重点负责后2年的专业训练。"2+2"虽然进行了学籍责任的时间划分，但"协同育人"的过程却从入口到出口做到一以贯之：新生选拔协同

开展,分流滚动协同完成,国际交流协同支持,荣誉证书协同颁发。

(2)"因材施教,学科协同":5个求是科学班之间同样紧密合作,除了互相为彼此特别开设高质量、小班教学的大类基础课;针对求是科学班中60%学生为学科竞赛保送生的特殊情况,特别开设小班辅导班,个性化地弥补学科"短腿"问题;启动"卓越助教计划",满足个性化培养对教师质量和数量的巨大需求。

(3)"突破壁垒,专业自主":浙江大学"拔尖计划"大胆突破学科壁垒,特别支持学生选择最适合自己的专业。5个求是科学班可实现相互转专业,不设障碍,目前有10%左右学生通过跨平台转专业。

各学科教学管理模式改革案例如下。

数学求是科学班在课程建设方面取得了很多成效,如"a+x"教学模式的推广、多次课堂练习与讨论的实施,提高平时成绩在最终考核中的占比(40%)等,这些改革在校内外都产生了较好的推广示范作用。

生物求是科学班自2013级起调整了研究型课程与科研训练类课程培养计划,规定学生参加国外一流高校6周及以上科研训练,完成科研总结报告,可获3学分;学生以第一作者发表SCI论文(影响因子 IF≥3.0)一篇可计6学分。这项教学管理改革措施有效地解决了国际交流与校内课程学习的冲突,同时强化了以科学研究为导向的培养模式。

计算机求是科学班设立"精研课程"教改项目,推进精品研究型教学方法改革,实行小班化研讨式教学,相关课程改革实践项目获国家级教学成果奖二等奖2项。

(五)配备一流教师:全程高配师资,大师领航成长

在研究杰出人才的成长规律过程中,我们发现这些学术大师的养成,无不与他们青年时期就有与同时代的"大师"相遇并建立起某种密切联系的机缘有关。浙江大学"拔尖计划"就是要培养拥有独特人格魅力和深远影响力的真正的"学术大师"。这样的大师养成计划就要求我们必须在拔尖人才培养的各个环节均注重教师的高端配置。

各求是科学班纷纷通过高薪引进、评选奖教金、给予教改经费及聘岗优化系数等举措支持高层次教师参与求是科学班的教学管理及相应课程改革工作,但真正激发这些高层次人才持续投入的是他们对基础学科拔尖人才培养的强烈使命感和与"拔尖计划"培养对象之间的"教学相长"带来的精神愉悦。

1. 院士领衔,高配顾问委员会

数学求是科学班邀请李大潜院士、励建书院士、林芳华院士、龙以明院士、田刚院士、张伟平院士等作为数学求是科学班的顾问,把脉培养方案及培养环节。担任第一届数学求是科学班工作委员会主任的是美国艺术科学院院士、纽约大学讲座教授林芳华(浙江大学竺可桢学院讲座教授)。

2. 院长负责,高配项目管理人

各求是科学班项目负责人均由分管教学工作的副院长或副系主任担任,直接负责求是科学班的教学资源协调以及在管理过程中的沟通联系。化学求是科学班利用优质教师资源负责班级的教学与管理工作,采取项目负责人(自2014级起由系教学主任直接担任)制。物理求是科学班把每个年级作为一个项目进行运作,选派一位国家杰出青年科学基金获得

者级别的教师作为"年级负责人"。

3. 大师开课,高配课堂教学

各求是科学班均高度重视大师开课。2010—2017年,累计邀请来自世界顶尖大学范围的国内外专家学者授课328人次,其中特别重视引进院士、国家杰出青年科学基金获得者等开设重要的核心课程,打通学科基础知识与前沿进展的关联。2014年9月至2017年底,为物理求是科学班授课的外聘师资达108人,总课时601个,年均约150课时,授课课程包括力学、计算物理、热力学统计物理、电磁学、固体物理等基础课程以及前沿讲座等。俄亥俄州立大学教授郑方阳亲自为数学求是科学班学生开设基础课"几何学""微分流形"和"黎曼几何"课程。化学求是科学班聘请入选2000—2010年全球顶尖100化学家名人堂榜单第8位的彭笑刚教授主讲"物理化学"课程,唐睿康教授主讲"无机化学"课程,国家杰出青年科学基金获得者方群教授主讲"分析化学"。外籍特聘研究员Daniel Spector担任"高等代数"的助教。数学求是科学班的一二年级基础课均由数学科学学院资深教授授课。生命科学学院为生物求是科学班专门开设总共11门专业核心课程,包括生命科学概论Ⅰ、生命科学概论Ⅱ、生物化学、生物化学实验、细胞生物学、遗传学、发育生物学、神经生物学、分子生物学、生态学、Biology SeminarⅠ和Biology SeminarⅡ;其中生命科学概论Ⅱ、生物化学、细胞生物学、遗传学、发育生物学、神经生物学、分子生物学、生态学均采用最新版的优秀外文原版教材,全英文或双语授课,采用小班授课模式,加强课堂互动,促进学生进行探究性学习,培养学生主动思考、创新思维的能力,取得了优异的教学效果。

4. 学术领航,高配专业导师

数学、物理和化学求是科学班都采用了"学业导师"和"科研导师"相结合的模式。每位学生在不同的学习阶段,选择学业导师与科研导师,学生在导师的指导下,根据自己的兴趣和特长,制定相应的培养计划、课程学习计划和科研训练计划。学业导师每周都要和指导的学生见面,对学生在学业上的具体问题(如选课、系专业介绍等)提供帮助和指导。数学求是科学班专门组织教授为学生举办"求是数学导论系列讲座",主讲专家除了校内知名教授外,还包括北京大学张继平教授,这一方面提高学生对数学研究的认识和兴趣,同时帮助学生了解导师的研究方向从而科学选择导师。生物求是科学班坚持以学术优秀为导向,实行实验室轮转基础上的专业导师制。

5. 人格养成,高配青年班主任

青年人需要人生导师,青年高层次人才能给予年龄相近者的理解和宽容。求是生物班通常配备一位青年骨干教师或其他年轻教师作为"班主任",辐射学生的生活、思想、学业和科研全过程。求是计算机班为每个年级配备了科研团队带头人作为班主任,包括国家"百千万人才工程"、国家杰出青年科学基金获得者鲍虎军教授,浙江大学CAD&CG国家重点实验室主任、国家杰出青年科学基金获得者周昆教授,中青年科技创新领军人才、计算机学院院长陈刚教授,计算机学院副院长、国家杰出青年科学基金获得者吴飞教授,国家优秀青年科学基金获得者、国家重点基础研究发展计划("973计划")青年科学家专题获得者蔡登教授,国家优秀青年科学基金获得者高云君教授等。

6. 开阔视野,全球名师面对面

各求是科学班均高度重视大师引领,邀请国内外大师通过讲座、沙龙、面对面交流等形式,言传身教,激发学生对学科研究的热情。2010年至2017年,5个求是科学班累计聘请包括来自世界顶尖大学范围的国内外专家学者开展学术讲座528人次。以数学求是科学班为例：从2014年开始聘请国际数学大师来校开设"求是数学高端学科系列讲座"，聘请国内外优秀学者开设"求是数学杰出学者系列讲座"，邀请了美国科学院院士、普林斯顿大学教授Alice Chang，中科院院士周向宇教授，美国艺术科学院院士、纽约大学教授林芳华，新加坡国立大学教授徐兴旺，美国韦恩州立大学教授陆国震等39人次开设讲座，与数学大师面对面交流，在数学求是科学班已成常态。数学求是科学班至今共举办各种演讲20余次，其中包括著名数学家张益唐教授介绍解决孪生素数猜想过程的心路历程；席南华院士"代数的世界"，以宏大的视野解析国际上代数发展的一些激动人心的时刻以及中国数学家在现代代数学这门学科发展中所发挥的作用；龙以明院士以自己的切身体会介绍了在研究数学时激发兴趣的重要性。这些演讲和讲坛对提高学生学习数学兴趣、普及数学文化起到了极大的推动作用。

（六）优化科研训练条件

1. 开放实验重探究

各专业的国家重点实验室和国家实验教学示范中心等不仅无条件向参与计划的学生开放，也向全校参与科研训练的学生开放，创造开放性实验环境，学生自主设计实验内容、自主完成实验，发现问题和解决问题能力得到进一步提高。数学求是科学班每年在数学图书馆建设方面投入20万元以上用于购置图书。物理求是科学班依托现有学科系所资源，构建了适合于本科生探究性实验需要的三个研究训练平台（科研基础训练平台、科研能力训练平台、特色专业训练平台）以及与之相应的5个模块（实验技能训练项目、物理学前沿研究课题、交叉学科研究课题、等离子体理论与实验研究课题、量子信息与量子计算课题），为学生营造不同的发展空间。

2. 科研训练出成果

进一步推进学生创新、科研能力培养，推出了一系列学生课外科技创新活动，如大学生科技论文报告会、大学生科研训练计划等学术活动。科研训练与实验室轮转和导师制有机结合是求是科学班将科研优势转化为育人优势，培养创新学生的一条重要途径。物理求是科学班自2014年开始启动科研创新项目，截至2018年5月，共立项63项，结题47项，在研16项。化学求是班自2013年开始首次设立"学生自主研究项目"，并在化学实验、基础化学实验、中级化学实验和综合化学实验等课程开设探究性实验，80%以上为教材中没有的新实验，需要学生查阅资料、自行设计实验方案；另20%为教材中现有实验内容的深入拓展与延伸。在浓郁的科研氛围中，化学求是科学班学生共发表科研论文64篇，申请专利4项（截至2017年12月）。生物求是科学班学生创新项目立项88项，累积资助经费143.46万元，已有19篇论文发表在《当代生物学》（*Current Biology*）等SCI期刊上。计算机求是科学班学生累计发表论文22篇。通过"纵横二维科研训练"，数学求是科学班学生完成多篇高质量的学术论文，以浙江大学为单位正式发表3篇。

3. 学科竞赛练胆魄

通过学科竞赛增加科研训练的强度，培养学生的竞争意识。2010级李时璋等同学在国内重大赛事丘成桐数学竞赛取得佳绩，显示出很强的解决问题的能力和坚实的数学基础，得到了国际著名科学家、菲尔茨奖获得者丘成桐先生的高度评价。以生物求是班徐辰羚为主要成员的iGEM浙江大学队,2011年获得国际基因工程机械大赛亚洲赛区总冠军,随后参加在美国麻省理工学院(MIT)主办的iGEM世界总决赛(65支世界名校队伍参赛)荣获第三名,同时获Best New Application奖。计算机求是科学班学生更愿意积极参加各类竞赛:2014年陈宇森和张酉夫参加了清华大学组建的"蓝莲花"战队并获得国际顶级黑客大赛DEFCONCTF全球第5名;巩炳辰、王宇舟、刑畅、范天泷、曹舒翔还获得了ASC14世界大学生超级计算机竞赛总决赛一等奖,吴金宁、邹洵等凭借作品《分布式停车位智能监控系统》获得第一届全国大学生物联网设计竞赛(TI杯)全国总决赛一等奖;卢轶、林希、钱彦良、龚源、周雨晨、陈泽闽等获得2014年国际大学生程序设计竞赛亚洲赛区金牌3块、银牌5块、铜牌4块;2015年,计算机求是科学班学生在国际大学生程序设计竞赛中获得亚洲赛区金牌3块、银牌5块、铜牌3块,在中国大学生程序设计竞赛中获得金牌2项,在全国并行应用挑战赛中获得全国赛铜奖、亚洲赛区一等奖,在世界大学生超级计算机竞赛中获得一等奖的好成绩,在第六届西安电子科大信息安全大赛中获得第3名,在绿盟科技网络攻防赛中取得了第3名;计算机求是科学班学生在2016年世界大学生超级计算机竞赛总决赛中打破最高计算性能世界纪录,获高性能计算冠军奖及总决赛一等奖。在2017年ACM/ICPC国际大学生程序设计竞赛亚洲区比赛中获得冠军,并率先获得2018年世界总决赛资格。

4. 学术交流出真知

生物求是科学班的CeLL学习平台为求是科学班学生提供了一个在课余时间学习交流的开放空间,培养了学生的自主精神,增强了学生的凝聚力。整个房间的布置设计、装修图纸,包括家具配置及图书选购都由学生们自主完成。利用CeLL学习平台,求是科学班学生自行组织了Journal Club。这是一项跨年级、跨学院的长期学术活动,旨在鼓励学生以一种更加自由开放的态度进行学术讨论,并增加不同学科背景学生之间的相互交流。该活动以生物求是科学班学生为主并吸收了求是医学班和求是化学班学生参与,目前固定报告人有15人,登记在册的参与人员有40多人,并仍有学生不断加入其中。Journal Club至今已成功举办17期,主题涵盖生物科学各前沿领域,并通过邀请教授和优秀博士后(博士生)加入专题讨论以进一步增加学术活动的深度与厚度。

(七)推进国际化培养

1. 学生到国外一流大学和科研院所学习和交流情况

浙江大学拔尖计划截至目前累计交流人次数达644人次,2010—2013级毕业生总数333人,毕业前人均交流次数高达1.93次,基本符合国际视野的拔尖人才培养规律:能获得世界顶级名校博士学位的学生通常本科在读期间至少出国交流2次以上,其中较长时间科研训练或毕业实习1次。

数学求是科学班通过多种渠道开拓国外、境外交流与实践基地,与哈佛大学、麻省理工学院、新加坡国立大学等11所国际顶尖高校建立了合作关系,包括交换生项目、短期交流项目和长期科研实习项目等。物理求是班在拔尖创新人才培养过程中,以"分层次""广受众"为理念,"走出去""引进来"为方式,拓宽国际交流合作途径,2010年9月至2018年5月,学生国际交流比例达100%,其中2个月内短期访问交流92人次、科研训练48人次、毕业设计

16人次、国际会议4人次、国际暑期学校7人次、课程修读3人次。化学求是科学班已与美国北卡罗来纳州立大学、法国里昂高等师范学院、新加坡国立大学、英国女王大学、香港大学5所院校建立了稳定的合作教学关系,设立了境外研修基地,签署了正式合作协议,至今累计交流160人次。生物求是科学班择优选派学生参与国际交流活动,包括短期和长期的科研训练、野外实习,由教师带领优秀学生参加国际会议等。截至目前,已有145人次赴国外参加各种交流活动。计算机求是科学班目前有20多个国际交流项目,涉及北美、欧洲、亚洲、澳洲等10多个国家,提出了一系列措施积极鼓励学生参与各种国际交流活动,包括全额资助在顶级学术会议发表了论文的学生出国参加会议并做报告;每年暑假资助一个年级的全体学生赴世界各地旁听顶级学术会议;每年资助大四学生出国交流1～8个月,进入导师的国际合作伙伴单位进行学习和科研实践。

2. 邀请国外一流科学家到学校授课、进行学术交流的情况

与哈佛大学、耶鲁大学、哥伦比亚大学、加州理工学院等多所世界一流大学开展专项国际交流与合作,采用"请进来"的方式邀请849人次海内外知名教授开设课程和讲座,其中海外教授开课235人次,讲座343人次。生物求是科学班专业核心课程采取"校内名师＋海内外名师"的教师团队模式:由本校高水平教授担任课程负责人,同时聘请了一批国内外大师和著名学者参与课程教学。如生命科学概论课程聘请了耶鲁大学、哈佛大学等世界著名大学共29位教授前来授课,极大地激发了学生对生命科学的研究热情,坚定了学生今后全身心投入生命科学基础研究的信念。计算机求是科学班聘请国际知名学者授课,争取做成双向交流,即国外教授带国外学生来浙江大学一起上课。

3. 学生师从一流科学家、进入学科前沿、从事高水平研究

通过对中外教学、科研的比较,学生切身体会到科研的强大不仅在于他们实验设备的完善,更在于完善的科研体制,对创新的追求。

曹云龙同学在哈佛大学交流期间参与了超分辨率生物荧光成像技术研究,新算法可以很好地处理密度在4.5～6的原始图像,定位精度在20～40 nm,从而在理论上提高了50～70倍的时间分辨率。研究成果已在《光学快讯》(*Optics Express*)发表。

2013年1月美国科学院院士、哈佛大学系统生物学教授Dr. Erin到浙江大学做学术演讲时,2010级生物求是科学班伍楚冬和任翔宇对其即将在《科学》(*Science*)上发表论文提出了高水平问题,即与审稿人对该论文的评审意见基本一致。Dr. Erin在演讲后座谈时获悉他们是在读大学生时,深表惊讶和赞赏,当场邀请伍楚冬在2013年暑期到她的实验室做两个月的科研访问。

2011级化学求是科学班张玲同学于2013年7—9月在美国加州大学圣地亚哥分校进行交流,其间,她的工作得到了对方导师的高度评价:"或许她对我的实验室的最大贡献是她对作为MALOI－TOF测量基片的n型多孔硅颗粒的改进。"张玲同学获得了该校直博资格。

(八)加强拔尖人才培养研究

1. 总结了浙江大学自恢复高考以来基础学科拔尖人才的成长规律

求是科学班所在专业院系全面总结了本专业自恢复高考以来拔尖人才的成长规律。对求是科学班的培养目标、培养过程有了直观的了解。

数学求是科学班从林芳华、汪徐家、励建书、邵启满和周定轩等杰出校友得出的基础学科拔尖人才成长规律带有普遍意义：① 选材打破常规，特别是在纯粹数学理论研究做出重大贡献的学者，基本上不是很全面的人才，往往偏科。如励建书本科前二年学建筑，后来被破格录取到数学专业；② 本科阶段学习成绩不一定是最好的，但在第一梯队；③ 基础扎实，国际交流频繁，经常与国际著名学者合作；④ 选择正确的研究方向和正确的合作者；⑤ 博士学位从国内或国外获得，但都有国外的博士后或访问学者的经历。

计算机作为一个非常年轻而富有朝气的新兴学科，需要有激情、有理想的年轻人投身其中。在人才培养过程中，教学的引导、科研的提升、国际化视野的养成缺一不可，比如：① 潘云鹤院士对多学科交叉培养特别重视；② 陈纯教授提倡在教学中为天才学生提供最大的自由度和包容，鼓励、至少不过分限制他们与众不同；③ 吴朝晖教授和庄越挺教授对人才的国际化培养均十分重视，强调应为拔尖人才提供最好的国际化条件；④ 周昆教授则认为严格要求学生，加强其基本功训练，培养学生刻苦、专注的精神很重要。

2. 拔尖课题相关情况

浙江大学共有教育部级拔尖立项课题 4 项，校级支持立项孵化 1 项（表 2）。陈文智课题在实施过程中充分探索了课程改革及实践，总结了人才培养经验，先后出版教材 10 本，获得了国家级教学成果二等奖 2 项。求是物理班项目负责人赵道木在研项目已发表论文 4 篇。

表 2　浙江大学"拔尖计划"相关课题汇总表

序号	项目名称	负责人	结题时间	备注
1	拔尖学生科研兴趣和能力培养研究	陈文智	2017 年 12 月	教育部级立项
2	基于三位一体科研平台的物理学拔尖人才科研创新能力培养的探索与实践	赵道木	2019 年 12 月	教育部级立项
3	基础学科拔尖学生思想政治教育理念探析及实践	陈君芳	2019 年 3 月	教育部级立项
4	拔尖学生培养教学质量评价机制研究	唐晓武	2019 年 12 月	教育部级立项
5	注重兴趣和能力培养的小班教学模式	方群	2021 年 12 月	学校级立项

三、"拔尖计划"实施成效

（一）毕业生去向

经统计，求是科学班 2010—2013 级毕业生共 333 人。最新的调查数据（部分毕业生确定去向晚于教育部每年的数据上报时间）显示，共 305 人毕业后选择继续深造，占比 91.59%，远高于普通班 59.33% 的升学率；求是科学班升学的毕业生中选择境外深造的为 184 人，占深造总人数的 60.33%，其余选择境内深造（表 3）。5 个学科的求是科学班相互比较可以发现，数学学科深造率最高，达到 98.44%，计算机学科深造率最低，为 81.43%，这与浙江大学相关学科自身特点有关。比较境外深造情况可见,生物求是科学班的境外深造率最高,达到81.67%,化学求是科学班的境外深造率最低,为42.19%。境外深造的184位学生中进入世界前20高校深造的有93人,达到出境深造总人数的50.54%(表4)。

表3 浙江大学"拔尖计划"相关学科求是班与普通班毕业生去向汇总

(统计2010—2013级)

专业	年级	毕业生人数	境内深造	境外深造	就业/创业	总深造比例	境外深造比例
数学	求是科学班	64	20	43	1	98.44%	68.25%
	普通班	238	60	114	42	73.11%	65.52%
物理	求是科学班	64	32	29	3	95.31%	47.54%
	普通班	316	117	66	68	57.91%	36.07%
化学	求是科学班	70	37	27	6	91.43%	42.19%
	普通班	282	97	53	89	53.19%	35.33%
生物	求是科学班	65	11	49	5	92.31%	81.67%
	普通班	107	48	35	21	77.57%	42.17%
计算机	求是科学班	70	21	36	13	81.43%	63.16%
	普通班	628	157	185	234	54.46%	54.09%
合计	求是科学班	333	121	184	28	91.59%	60.33%
	普通班	1 571	479	453	454	59.33%	48.62%

表4 浙江大学"拔尖计划"毕业生境外深造学校层次(2010—2013级)

学科	境外深造人数	前20高校*深造人数	前20高校深造比例
数学	43	20	46.51%
物理	29	16	55.17%
化学	27	11	40.74%
生物	49	27	55.10%
计算机	36	19	52.77%
合计	184	93	50.54%

注:* 含QS、U.S. News、泰晤士和软科4个排行榜。

求是科学班学生并未盲目选择出国,原因有三方面,一是在求是科学班期间与导师关系较为密切,希望研究生阶段继续深入研究;二是有部分学生在导师的支持下选择本校保研后再联合培养;三是本科期间在外交流让求是科学班学生了解了国内相关学科在世界学术领域所处的位置,认为有的方向国内导师已触及世界前沿,愿意在国内继续深造。

（二）优秀拔尖学生个案举例

数学求是科学班2014届毕业生王六权，于2014年9月—2017年7月在新加坡国立大学攻读博士学位，提前2年毕业（导师：Chan Heng Huat教授）；2017年8月—2017年11月在南洋理工大学做博士后研究；现在武汉大学任特聘副研究员，已正式发表14篇SCI论文，还有2篇论文被国际顶级杂志《高等数学》（Advance Math）录用。

化学求是科学班2015届毕业生张玲同学在加州大学圣地亚哥分校攻读博士学位，于2018年5月以第一作者身份在《自然》（Nature）上发表文章。

计算机求是科学班2010级谢亚南同学本科期间就发表3篇论文并获1项国家发明专利授权。他加入计算机学院CCNT实验室，跟随吴朝辉教授、吴健副教授，参与服务计算与数据挖掘研究。由他作为主力开发的Web Service搜索引擎"Titan"首次实现基于结构信息和语义信息聚类的服务发现，成为课题组的重要研究平台。该生大三时就在PAKDD Workshop发表论文"FTCRank: Ranking Components for Building Highly Reliable Cloud Applications"，提出了一种结合组件错误率和依赖结构信息的类PageRank算法，提高了有限容错资源情况下的云应用容错率。提出了利用gSpan算法高效地利用服务组合历史数据来优化服务组合。其个人发明"一种AJAX实现动态图像增量传输与显示的方法"获得了国家发明专利授权（专利号：200910043056）。

物理求是科学班叶鑫同学利用LabVIEW软件独立编写了芯片测试时必要的计算机程序，并负责对实验设备的远程控制，调节多个波导环谐振波长相等，参与了对芯片光学性质电学性质的测试，并证实了利用阵列进行逻辑运算的可能性。其研究成果已在国际权威刊物《光学快报》（Optics Letters）[Vol. 37(19), 2012] 上发表。

（三）毕业生跟踪及满意度调查

竺可桢学院有近30年的办学历史，已经在纽约、旧金山、波士顿、伦敦、东京、悉尼、新加坡和香港设立了竺可桢学院院友分会和联络处，可为求是科学班的深造和跟踪提供平台。

数学求是科学班所在数学学院于2016年5月28日成立数学科学学院校友分会，构筑了广大校友和全院师生共谋学院发展，共享发展成果的重要平台。校友分会致力于搭建校友和学院、校友和校友之间信息互通、共赢合作的平台，成立了数学科学学院班级联络员群，运营了校友微信公众号，开通了官方头条号、企鹅号，宣扬优秀校友事迹，发布学院活动信息。校友分会通过服务校友，加强沟通联络，也对已经毕业的学生建立追踪调查机制，更新毕业生数据，建立毕业生通讯录。求是数学班对已经毕业的2010—2013级学生开展了满意度调查，64位毕业生中共有56位数学求是科学班毕业生反馈，满意率为100%。

（四）经验及不足

1. 经验

通过"教学理念+政策制度+管理模式+培养环节"的全方位改革探索，真正找到了一种适合浙江大学"拔尖人才"培养的创新模式。除了实实在在地培养了一批拔尖学生之外，改革过程中的观念转变、制度完善、协同管理、课堂改革、国际化等都充分实现了示范和溢出效应。

（1）全人教育理念全面深入人心：培养学科领军人才不等于培养偏才怪才，学科专长的拔尖必须有远大理想、完善人格和坚毅品质的支持。多维选拔模型探索了基于 KAQ 2.0 教育理念的优质生源选拔方式，从源头树立全人教育理念，其中的体能测试也成为国内众多高校感兴趣的选拔环节。

（2）协同育人观念全方位支撑系统改革：在全人教育理念的影响下，协同育人的观念深入人心并体现在方方面面。"2＋2"协同育人探索构建了一种院院协同的教育教学管理模式，为浙江大学的大类培养改革提供了解决思路和参考示范。求是科学班个性化课程大量引入研究生前沿课、研究生助教实践制度等打破了本科教育和研究生教育的界限，SGIR 培养模式体现了浙江大学海纳百川、学科融通的拔尖人才培养特点，解决了上一阶段评估中提到的"怪才、偏才"全面素质养成问题。

（3）"求是"校训全过程鞭策举措落地：求是科学班的办班理念特别"创新"，落地特别"求是"。"回归初心"扎实推进的课堂改革，不仅使求是科学班的拔尖学生获益，在校内的本科课堂教学改革中起到示范引领作用，"A＋x"等教学模式改革也被其他高校吸收借鉴，并在国际认证中得到高度好评，让世界一流大学的教育教学专家看到了中国本科教育的领先水平。"以本为本"建设优质课程，依托求是科学班的优质资源和教学相长优势，推进了系列核心课程和精品视频课程建设工作，使得优质课程产生辐射效应，惠及校内外更多学生。国际化语境下的"课题研究＋学科竞赛＋学术交流"全方位科研创新能力训练，使得求是科学班学生的学术能力和素养得到国内外专家学者的认可。

2. 不足之处

精于前期培养疏于后期跟踪。求是科学班各学科均对培养环节高度投入，狠抓细节注重落实，但在学生毕业后的沟通交流和跟踪服务方面有所欠缺。目前，除求是数学班已开始系统开展毕业生工作，其他学科还处于"等消息"状态，主动关怀、帮助发展意识不够，方法不多。

酒香也怕巷子深。浙江大学"拔尖计划"的 10 年探索做了很多有益且大胆的尝试，无论是人才培养模式还是基础的课堂教学改革，都积累了很好的经验。但在执行过程中仍存在总结凝练不够、申报拔尖课题少、宣传欠主动等问题，需要通过提升意识、主动谋划、加强力量来解决。同时在宣传工作中也要有国际视野，如在欧洲、北美荣誉教育峰会等场合宣传介绍"拔尖计划"等。

深化改革还要啃硬骨头。改革进入深水区，剩下的都是硬骨头。求是科学班的亮点工作都已取得较好成效，剩下的都是体制机制中学生学籍数据的管理衔接、培养环节衔接、质量保障和监控体系的闭环、经费预算使用科学管理等与组织架构、制度设计相关的细节问题。细节决定成败，"拔尖计划"2.0 需要的不是打补丁和粉饰太平，而是在新理念、新方法的指导下勇于从结构上动手术。

四、持续改进

（一）"拔尖计划"质量监控机制（学校及学科层面）

1. 学校主要教学环节质量标准或要求及进行常态监控的文件及规定

质量标准或要求及相关文件如表5所示。

表5 主要教学环节质量标准或要求及相关文件

教学环节名称	质量标准或要求的要点	质量监控方法、周期	监控机构和责任人	相关的规定或文件名称
培养方案制定	① 培养目标符合学校办学目标与定位，反映社会需求；② 培养目标针对性强，表述清晰；③ 能力要求覆盖通用标准，体现专业特色，并与培养目标匹配；④ 课程设置符合通用标准，符合学校规定，体现专业特色；⑤ 培养方案体现对学生综合素质和实践能力的培养	方法：由学院教学委员会审核批准 考核周期：每4年修订一次，每2年微调一次	学院教学委员会、专业负责人、教学副院长、校外专家、学校教务处、主管教学副校长	《浙江大学××专业培养方案》《浙江大学关于做好本科专业培养方案制订工作的通知》《××求是科学班工作委员会章程》
课程教学大纲	① 课程代码、名称等各项信息完整，符合学校规范要求；② 课程教学内容和方法能够支撑相关毕业要求的达成；③ 考核方法合理可行	方法：由学院教学委员会审核批准 考核周期：每年	课程负责人、学院教学委员会	《浙江大学本科教学管理工作规范》《浙江大学学分制管理暂行规定》
课程考核	考核内容与方式多元化，注重对学生发展能力的考核。试题难易适中，试卷批阅规范准确无误	方法：督导组监督 考核周期：每学期末	课程负责人、学院教学委员会	《浙江大学本科课程成绩评定与管理办法》《浙江大学本科课程考核管理办法》
课堂教学	① 任课教师严格按课程教学大纲和教学计划进度进行教学；② 任课教师须充分备课，教学资料齐全；③ 任课教师能够合理组织教学模式，保证充分的师生交流互动	方法：督导组专家、课程组负责人、学院领导随堂听课 考核周期：每学期	督导组专家、课程组负责人、学院领导	《浙江大学本科课程课堂教学质量评价实施办法》《浙江大学本科教学管理工作规范》

续表

教学环节名称	质量标准或要求的要点	质量监控方法、周期	监控机构和责任人	相关的规定或文件名称
毕业实习	① 明确告知实习、实践的要求和实施途径； ② 按学校要求填写实习、实践工作计划，有效组织和管控实习、实践过程； ③ 合理评价实习、实践过程和结果	方法：督导组监督 考核周期：每学期	生产实习工作小组、课外实践指导教师、企业指导教师、教学副院长	《浙江大学本科教学管理工作规范》
毕业论文（设计）	① 毕业设计命题符合专业培养要求； ② 毕业设计各环节严格按照规定的时间节点进行； ③ 学生开题、英文翻译、中期检查、论文、答辩等满足毕业设计规范要求； ④ 确保论文水平达到专业要求	方法：督导组监督 考核周期：每学期	毕业设计工作小组、指导教师、教学院长	《浙江大学本科生毕业论文实施细则》

2. 学科层面的教学质量监控体系

浙江大学求是科学班培养委员会根据教育部统一部署，对求是科学班办班情况和质量进行评估和检查，发现问题反馈至相关学院责任院长，督促相应人员进行改进。竺可桢学院对荣誉课程、求是科学班课程进行课程质量把控，每学年公布《竺可桢学院荣誉课程质量报告》。各学科根据所在专业学院教学督导工作细则，对课堂教学质量、教学材料规范性、教学管理过程等进行监督检查，发现问题反馈至求是科学班教学工作委员会，督促相应教师、管理人员进行改进。

（二）"拔尖计划"2.0实施新举措（结合学校自身发展特点）

（1）坚持使命引领。以学园2.0建设计划为切入点，通过学生自主建设学科发展陈列墙，创建学术讨论室，融入西部实践、真人图书馆、大师面对面等富有学科特色的文化活动和育人环节，促使学生形成更高更强的使命感和责任感，将立德树人、思想引领的工作做到"润物细无声"。

（2）拓宽学科领域：在原有5个学科的基础上，按照"拔尖计划"2.0的学科范畴进一步拓宽，将心理学、地球科学及文、史、哲等学科纳入"拔尖计划"。

（3）立足出口导向：以学生毕业出口为导向，通过进一步细致和规范化导师制工作，探索打通"本硕博""拔尖计划"2.0模式；开展拔尖人才培养综合改革，力争在2020年继续深造率达到100%，其中50%毕业生在世界前20学校深造或联合培养。

（4）强化国际交流：全面拓展形式多样、内容丰富的国际交流项目，包括一年级的短期文化交流项目、二年级的暑期课程类项目、三年级学生参加国际学术会议或国际竞赛、四年级学生赴世界名校毕业实习。实现拔尖学生在读期间至少交流2次以上。

（5）建设英文课程：夯实专业课，聘请4~5位优秀的外籍教师承担主干课程的教学工作，比如，数学求是科学班计划邀请菲尔兹奖获得者承担数学课程的教学。此外，加强两类全英文课程建设。一类是全英文工具课，即学术报告、学术写作英文课程，要求外教全英文授课，并强化小组互改和教师一对一修改指导等实践训练，切实提升英文的专业学术表达能力；第二类是全英文学科概论类课程，通过引入国际顶级大师，开设围绕学科发展脉络，讲学科历史、方法论的演变、伦理相关及探讨未来方向的概论类课程。

（6）国内外双导师制：充分依托一流大学名师汇聚计划及一流学科伙伴计划，积极探索"国内导师+国外导师"的"1+1"导师组模式，为拔尖学生出国毕业实习打通最后一公里，同时也为博士阶段联合培养项目等做好铺垫。

（7）重视课题研究：充分发挥改革试验田的作用，引导开展拔尖课题的立项和研究，进一步探索拔尖人才成长规律，总结分析培养计划实施经验和成效。

撰稿人：葛坚、张帆、章志英、叶景佳、蒋一正

中国科学技术大学自评报告

一、"拔尖计划"实施的目标定位

1. 目标定位

中国科学技术大学(以下简称"中国科大")实施"基础学科拔尖学生培养试验计划"(以下简称"拔尖计划")的目标是坚持"育人为本,创新报国"的核心价值观,为国家和社会培养具有创新精神、实践能力、国际视野和家国情怀的国际一流科学家、研究工程师和其他领域的杰出人才。

2. 毕业要求

经过严格的本科阶段学习和训练后,中国科大培养的"拔尖计划"学生应该具备坚实的数理基础、扎实的专业知识和科研训练、终身学习的能力和热情;具有优秀的判断力、逻辑思维能力、定量分析能力和理性批判、探索与创新精神;具备自信、坚强、诚实、广博、优雅等美好品质,具有强烈的责任感和使命感,崇尚科学、追求真理,拥有身心全面发展的健康人格。

二、"拔尖计划"具体实施过程

经过近10年的实践,中国科大围绕"拔尖计划"培养目标,逐步在制度建设、学生遴选机制、培养模式、课程体系、管理机制、科研实践和国际化培养等方面取得了显著进展。具体措施如下。

1. 政策、制度和组织保障

(1)组织保障。中国科大积极探索适应科技英才培养的管理新机制,努力实现全校各项优质资源优先服务于拔尖学生培养。针对"拔尖计划",学校联合中科院有关部门成立了以校长为首的改革试点领导小组,全面组织指导试点工作。各"拔尖计划"英才班的建设采用项目管理形式,由所在学院和中国科学院(以下简称"中科院")共建院所携手组建联合领导小组负责双方联合办学事务,共建各方选派著名教授和研究员组成专家组,设立项目负责人、项目助理、班主任、项目秘书以及首席科学家、教学委员会、国际交流委员会及学业导师小组来负责英才班的教学、培养和管理等各项工作。

(2)配套政策和规章制度。为了保障"拔尖计划"各项工作的顺利开展和有效推进,中国科大先后出台一系列配套政策。

2012年3月,印发《中国科学技术大学华罗庚科技英才班项目管理办法(总则)》,英才班各项工作逐步规范。

2012年3月,实施《关于聘请国际知名大学教授担任"基础学科拔尖学生培养试验计划"英才班课程教授的管理办法(试行)》,进一步落实"拔尖计划"国际化培养环节。

2012年5月,出台《本科生国际交流经费使用原则和资助办法(试行)》,进一步推动"拔尖计划"国际化培养。

2012年6月,出台《"基础学科拔尖学生培养试验计划"经费使用办法》,进一步规范英才班专项经费的使用和管理。

2012年10月,组建了学生学业指导中心,其中一个主要功能是为英才班学生提供个性化学业指导。

2012年11月,实施《中国科学技术大学优秀本科学生荣誉等级评选暂行方案》,授予优秀本科毕业生"荣誉等级"称号,其中绝大部分为"拔尖计划"毕业生。学校专门为获得荣誉等级证书的毕业生举行颁奖典礼,极大增强了拔尖学生的荣誉感。

2013年4月,出台《"基础学科拔尖学生培养试验计划"学生资助办法(试行)》,对参与"拔尖计划"项目的本科生发放一定的经费资助,以帮助学生部分支付因参加"拔尖计划"而额外支出的学习及生活费用,更好地吸引优秀本科生参与"拔尖计划"项目。

各"拔尖计划"英才班还根据自身学科和学生特点,相继制定了本学科英才班的培养方案和管理办法,因材施教,个性化培养。各英才班也采用不同方式激发拔尖学生的荣誉感和进取心。比如,数学学院和中科院数学与系统科学院共同为华罗庚数学科技英才班学生设立了特别的华罗庚奖学金以及中英双语版荣誉证书,顺利完成华罗庚数学科技英才班培养计划的学生均可获得此证书,有效调动了学生的积极性。

(3)办学研讨。为总结科技英才班的办学经验,促进各英才班之间的有效交流,进一步推进科技英才的培养工作,2015年5月和2017年12月,中国科大举办了科技英才班研讨会。各英才班、科学院联合办学单位相关负责教师参加了会议。教务处和各英才班负责人从培养模式、课程体系、人才培养成果、存在问题及建议等方面汇报了近年来英才班工作开展情况。与会人员围绕联合办学的更有效合作方式、华罗庚科技英才班课程设置、暑期实习和科研实践、国际化培养、办学经费支持等方面展开了充分的研讨与交流。

2. 学生选拔和调整

中国科大遵循高等教育规律,借鉴国际一流大学人才培养的先进理念和模式,建立科学化、人性化、多阶段的动态进出机制,将那些具有浓厚科学兴趣和发展潜质的优秀学生纳入"拔尖计划"。学校联合中科院相关研究院所共同确定学生选拔方式,共同完成学生选拔工作。各英才班分别与中科院共建院所共同制定了滚动调整机制实施细则,实行多次滚动调整,形成了有效的多元选拔机制。

(1)学生初选机制。一年级英才班可通过高考直接选拔和新生入学选拔两种方式进行招生。第一种方式是高考招生选拔,是在自主招生和普通招生中将英才班作为招生类型纳入招生计划,通过对学生高考成绩、综合素质和未来发展志向等方面的考察,直接录取优秀学生进入英才班。第二种方式是通过新生入学选拔,具体选拔条件由各英才班根据学科要求自行制定,结合新生入学考试成绩和专家面试等环节综合考察、择优录取。例如,在华罗庚数学科技英才班录取的2017级39名新生中,24名通过高考直接选拔,而另外15名通过入学后选拔进入。

（2）动态调整机制。一方面,通过课程内容的模块化设计,实现英才班与普通班之间课程的衔接对应,方便学生滚动调整。另一方面,各英才班根据学生个人意愿和学习情况实施滚动,支持学术兴趣发生转移或不适应"拔尖计划"培养模式的学生分流到普通班。普通班学生中特别优秀者可自行申请或导师推荐,经过联合专家组考察进入"拔尖计划"。目前中国科大进一步加强对拔尖学生的最低成绩要求,进入的学业成绩（GPA）门槛至少为3.5,GPA低于3.2的学生必须退出,从而有效保障英才班的整体培养水平和模范引领作用。部分英才班制定了更高的滚动调整标准。

3. 创新培养模式

（1）创新拔尖人才培养新模式。中国科大注重因材施教和个性化培养,努力突破"流水线式"人才培养的局限,全面施行"两段式、三结合、长周期、个性化、国际化"的人才培养新模式（图1）。"两段式"是指第一阶段在中国科大学习基础课,接受通识教育,第二阶段在中国科大、中科院研究所、国外名校参与科研实践,进行联合培养。"三结合"包括科教结合,即促进科研与教育相结合,把科学技术的最新发展及时融入教学内容,给学生接触科学研究前沿的机会;理实结合,即实现理论与实践的有机结合,提升学生的原始创新能力;所系结合,即利用中国科大与中科院研究所密切合作、资源共享、优势互补的办学模式和优良传统,优化学生全过程的成长条件。"长周期"是指中国科大的英才教育是以学生获得硕士博士学位为目标来开展的,实行长周期培养。中国科大本科生可在全校范围内自由选择专业,实施因材施教。在国际交流方面,全面满足英才班学生的交流需求。

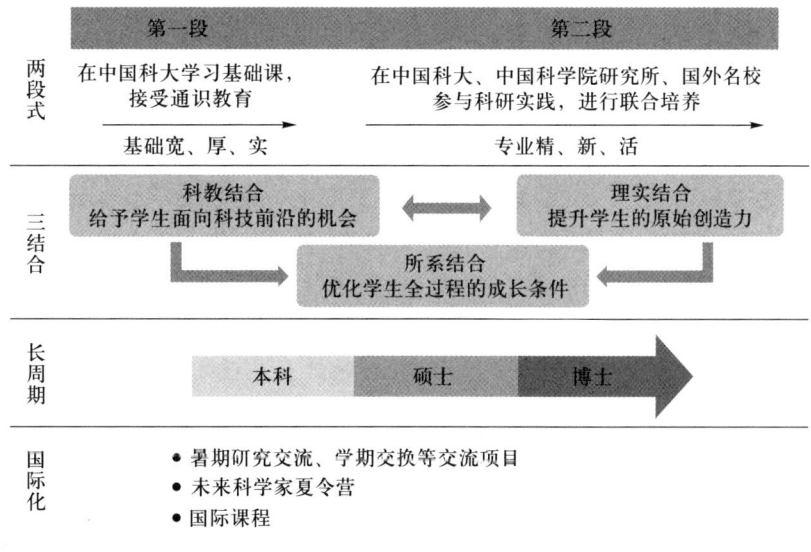

图1　中国科大的人才培养新模式

（2）调研借鉴国际知名大学经验,改革课程体系。2009年至2012年,中国科大组织各学院通过调研国内外著名大学的课程设置,在坚持"基础宽、厚、实"和"专业精、新、活"的基础上,全面修订本科培养方案。按照知识结构分层重构课程体系,将所有本科课程分为通修课、学科群基础课、专业核心课和专业方向课等4个层次。在此基础上,英才班分别借鉴剑桥大学、斯坦福大学、麻省理工学院等国际一流名校的课程体系,并结合中国科大"注重基础、强化交叉、突出前沿"的培养特色,进一步构建适合拔尖创新人才成长的课程体系。

华罗庚数学英才班按照几何、代数、分析三条数学核心脉络,优化数学核心课程体系,强化数学基础训练;卢嘉锡化学科技英才班课程采用模块化设计、循环提高的模式,对五大化学基础课程教学内容切块、重组,组成新的基础化学教学体系;贝时璋生物英才班完成了生物学类核心课程的梯度化设计,特别注重本硕贯通,为有潜力的学生提供足够多的个性化发展空间。

参照国外一流大学荣誉课程和荣誉学位的经验,一些英才班开设了独有的荣誉(H)课程体系,比普通班级课程更具难度和深度。比如,华罗庚数学科技英才班开设了8门荣誉课程(实分析、复分析、近世代数、概率论、微分几何、泛函分析、拓扑和微分方程Ⅱ),计算机英才班开设了操作系统原理与设计(H)。此外各英才班还开设英文课程并使用原版教程。这些改革进一步实现了课程的国际接轨程序和向一流水平看齐的目标。根据统计,各"拔尖计划"英才班共计开设了18门特色课程。

(3)教材建设。积极推动优秀教学名师著书立说,把与"拔尖计划"人才培养相关的优秀教学成果以教材的形式留存下来。比如,基于华罗庚数学科技英才班数学课程进行了系统的教材建设,和高等教育出版社签订了中国科大数学丛书的出版协议,多部教材正在试用和修改过程中,将陆续在高等教育出版社出版。其中《代数学Ⅰ:代数学基础》(欧阳毅、申伊塄编,2016年)和《代数学Ⅱ:近世代数》(欧阳毅、叶郁、陈洪佳编,2017年)已经出版。

(4)教学方法改革。首先,各英才班都已实现主要课程的小班化教学。其次,推进与新课程体系相适应的教学方法改革,倡导启发式教学和研究性学习,突破单一的课堂讲解模式,探索多元化的教学模式。在严济慈物理科技英才班的基础课(如电磁学、力学、光学等课程)教学活动中,不单是教师授课,还让学生开展自主式学习,让学生结合所学的知识和现代科技进展写小论文,学生的思维很活跃,积极性很高,培养了学生的创新意识。

(5)营造学术氛围,引导拔尖学生崇尚科学。邀请校内外各方面专家和"拔尖计划"学生对话交流,树立学生崇尚科学、立志向上的精神面貌。例如,严济慈物理科技英才班和卢嘉锡化学科技英才班实行"午餐会"制度,邀请著名学术大师或学业导师与学生共进午餐,在轻松的氛围下面对面交流。比如,2017年卢嘉锡化学科技英才班邀请了李灿院士、杨学明院士和丁奎岭院士利用午餐时间与学生们座谈,结合自身经历,就学习动力、科研兴趣、专业选择、出国深造和个人修养等方面给予建议和指导。

(6)推进综合素质教育,培养拔尖学生的家国情怀。通过大学生文化素质教育基地建设、人文素质类课程开设、"科学与社会"新生研讨课以及"复兴论坛""中华文化大学堂"等第二课堂活动,培养拔尖学生的人文素养。严济慈物理科技英才班通过征集班徽和班歌,发放印有班徽的文化衫,形象识别系统和文化理念的建立提高了班级学生的凝聚力和自豪感。一些拔尖班级组建了班级篮球队、足球队等,并给队员购置了队服、购买足球、篮球、乒乓球、羽毛球等各种体育用品。严济慈物理科技英才班将马拉松确定为班级主打体育项目,并于2016年年底举行了10公里"迷你"马拉松长跑活动,激励学生们在学习之余,重视体育锻炼,增强身体素质,养成良好的健身习惯。

通过各种实践活动,培养学生爱国、坚持、诚信、奉献等优良品质。贝时璋生物科技英才班在上海生科院实习期间,专门向学生介绍了人工牛胰岛素的合成、单细胞生殖等重要科研成就、老一辈科学家的风采及高尚品质,对学生进行爱国主义和科学献身精神的教育。

4. 教学管理改革

（1）英才班管理构架。为了适应"拔尖计划"的培养需要，各英才班共建方共同成立了专门机构，制定联合管理制度。设立项目负责人、项目助理、班主任、项目秘书以及首席科学家、教学委员会、国际交流委员会及学业导师小组来分别负责英才班的各项工作。例如，严济慈物理科技英才班为每个年级配备教授级班主任，管理严济慈物理科技英才班的具体事务。目前聘请张榕京、刘建北、朱文光和程光磊分别担任2014级、2015级、2016级和2017级班主任。

（2）学业导师制。各英才班全面实行学业导师制。聘请校内、中科院相关研究院所的院士、国家杰出青年科学基金获得者、知名学者以及国外一流大学的教授担任学业导师。低年级阶段聘请校内相关学科的教授作为学生学业导师，高年级阶段则结合学生赴中科院相关研究院所从事科研实践，配备双导师，共同指导学生的学习和科学研究。

（3）课程修读和学业评价制度进一步完善。近几年来，中国科大相继出台了《本科生学籍管理条例（试行）》《本科生课程修读管理规定》等教学管理文件，对课程修读（包括选修、免修和缓修）、课程考核等各个环节的管理提出了明确规定。改革课程考核模式，采用多元学业评价机制，如课程论文、读书报告、文献综述、实验操作、口头测试、在线考试等，切实提高学生获取知识、运用知识、分析和解决问题的实际能力。

（4）个性化的学生学业指导中心。2012年中国科大成立学生学业指导中心，旨在为学业规划和学业选择等方面存在困惑的学生提供专家指导，做到因材施教、个性化培养。中国科大学生学业指导中心在拔尖人才培养的过程中发挥着重要作用，实现了对学生因材施教的"私人定制"。

5. 一流师资配置

（1）大师引领。为了确保拔尖学生培养质量，把科学技术的最新发展及时融入教学内容，中国科大优先为各英才班课程安排最优秀的师资力量，其中两院院士、国家杰出青年科学基金获得者、国家级教学名师等高层次人才占授课教师总数的30%。这些老师在人才培养和科学研究方面都取得了突出的成绩，既有深厚科研积累又有丰富教学经验。其授课内容反映了相关领域的最新前沿和学科发展动态，更贯穿了授课老师的科学思维、研究方法和近期成果。比如，贝时璋生物科技英才班的重要基础课程全部由教授承担，其全部课程的教授承担比例达75%。华罗庚数学科技英才班授课教师包括国家教学名师史济怀和陈发来，安徽省教学名师宋光天、陈卿、任广斌、李思敏，国家杰出青年科学基金获得者麻希南、黄文和张希。

（2）中科院联合办学。充分利用与中科院"所系结合"的联合办学优势，邀请中科院相关院所的杰出学者来校或在研究所授课和开讲座。中科院数学与系统研究院为去北京学习的华罗庚数学科技英才班学生配备了由席南华院士和马志明院士亲自领头的由院士和国家杰出青年科学基金获得者组成的强大导师队伍。自2009年以来，中科院生物物理所和上海生命科学院选派了包括中科院院士、国家杰出青年科学基金获得者等在内的专家到校为贝时璋生物科技英才班上课和讲学；原生物物理所所长徐涛院士、生物物理所所长许瑞明研究员、原上海生科院副院长吴家睿研究员、上海生化细胞所所长刘小龙研究员等多年一直到校为学生上课。

（3）国内外顶尖学者助力"拔尖计划"。除了中科院专家，中国科大还邀请其他国内外杰出科研人员为拔尖学生做报告。比如,开设了专门的华罗庚讨论班特邀报告,邀请国内外著名数学家给华罗庚数学科技英才班学生做报告,让学生开阔眼界,提高学生对于数学研究的兴趣。目前已经有张寿武、张益唐、冯克勤、田野等著名专家做特邀报告,学生反响强烈。国外专家参与"拔尖计划"人才培养详见"国际化培养"部分。

根据统计,参与"拔尖计划"英才班授课和讲座的教师共330人,其中包括两院院士17人,校外专家(内地)144人,海外专家67人。

6. 科研创新实践

在加强基础课和专业课教学的同时,发挥中国科大"科教结合、协同育人"的培养特色和优势,让拔尖学生深入科研第一线,与科学前沿零距离接触,将教学活动与科研创新紧密结合,开展研究性和个性化学习,主动建构知识体系,打牢学术基础,提升科学素养和创新实践能力。

(1)强大科研平台推动科研训练。中国科大拥有国家级、省部级以上的实验室和科研基地71个。与"拔尖计划"人才培养密切相关的包括国家同步辐射实验室、合肥微尺度物质科学国家研究中心、量子信息与量子科技前沿协同创新中心、核探测与核电子学国家重点实验室、类脑智能技术与应用国家工程实验室、语音及语言信息处理国家工程实验室、国家高性能计算中心(合肥)等科研平台以及物理、化学、生命科学、信息与计算机等4个国家级实验教学示范中心。这些平台都对拔尖学生开放。此外,学校发挥"所系结合"优势,充分利用中科院联合办学单位和其他科研机构/高科技企业的科研平台,每年暑假都组织拔尖学生去相关单位开展为期数周的科研实践活动。计算机科技英才班每年组织学生赴腾讯公司、英特尔公司、谷歌公司及微软亚洲研究院参观。

中国科大鼓励和引导拔尖学生利用上述科研平台积极参与创新实践项目(包括"大学生研究计划""国家大学生创新创业计划"),尽早进入实验室开展科研活动。目前,高年级拔尖学生全部进入科研实验室(部分四年级学生在国外高水平实验室),在导师的指导下完成具体的科研项目。

(2)科研成果。系统的科研实践训练开阔了拔尖学生的学术视野,锻炼了其科研能力,全面培养和提高了他们的创新能力和团队精神。得益于这些科研实践,中国科大的拔尖学生在本科阶段就有相当数量和质量的科研产出,详细统计见图2。根据统计,中国科大的拔尖学生在本科阶段就在国际期刊发表了173篇论文,其中包括1篇发表于《自然》、1篇发表于《自然方法》、1篇发表于《物理评论快报》、4篇发表于《美国化学会志》(其中第一作者1篇)、2篇发表于《先进材料》(其中第一作者1篇)。

(3)学术竞赛。学校还积极组织拔尖学生参加全国大学生数学竞赛、丘成桐大学生数学竞赛、全国大学生物理学术竞赛、大学物理创新研究性实验论文竞赛、"挑战杯"全国大学生系列科技学术竞赛、国际基因工程机器大赛(iGEM)、ACM国际大学生程序设计竞赛、国际大学生超算竞赛等国内外竞赛活动。通过这些赛事,拔尖学生的创新能力、独立研究能力和团队协作能力都得到了提升,而且增强了与国内外大学生的交流。

中国科大拔尖学生在国内外学术竞赛中共获得334个奖项(图3)。2011年以来,华罗庚数学科技英才班学生在面向全球华人大学生的丘成桐大学生数学竞赛中共荣获4金11银26铜,包括2014年团体金牌,2014年代数和数论方向金牌(杨若涛),2015年几何和拓扑方向金牌(翟曦雨),2017年几何与拓扑方向金牌(马骁);2010年以来在全国大学生数学竞

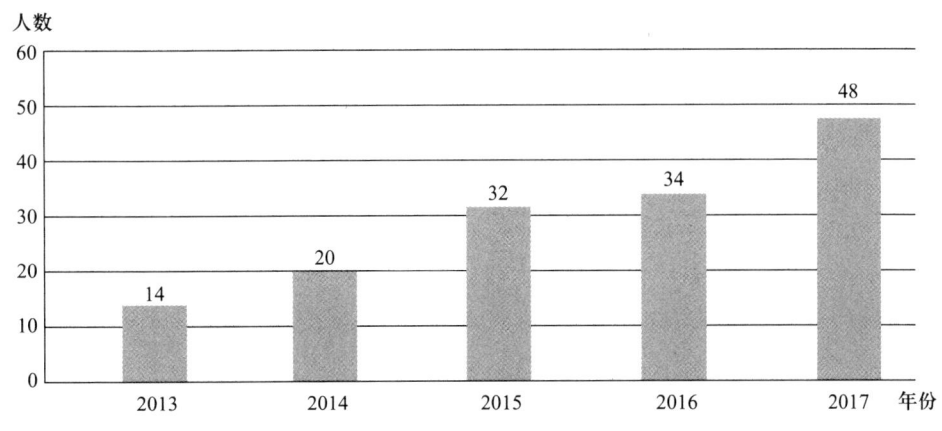

图 2　2013—2017 年拔尖学生发表论文人数统计

赛专业组共获 14 个一等奖,14 个二等奖,2 个三等奖,包括 2018 年全国第 2 名的刘浩浩。iGEM 是一项国际上合成生物学领域的顶级大学生科技赛事,每年学校都积极组队参与该项竞赛。2010—2017 年,中国科大共斩获 12 枚金牌、2 枚银牌和 1 枚铜牌,并两次获得最佳软件项目奖。其中贝时璋班 31 名学生获金奖,19 名学生获银奖。计算机科技英才班学生也在各类竞赛中屡获佳绩,比如,在 2016 年第十届大学生超级计算机竞赛(Student Cluster Competition,SCC)中,包揽了总分和最高 LINPACK 性能两项冠军,成为大学生超级计算机竞赛自 2007 年举办以来的首个双料冠军队。

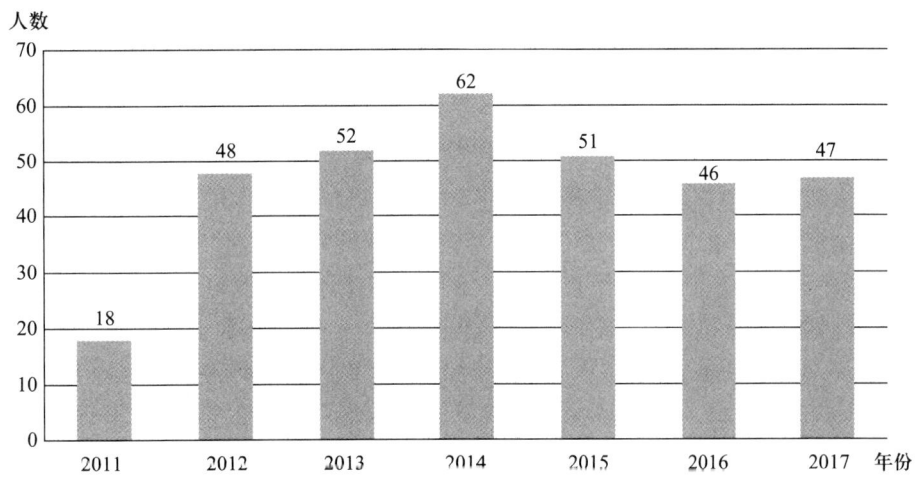

图 3　2011—2017 年拔尖学生竞赛获奖人数统计

7. 国际化培养

国际化办学有助于汇聚全球优质教育科研资源,提高拔尖学生的学术视野和国际学术交流能力以及进入国际顶尖研究组的机会,从而进一步提升"拔尖计划"人才培养的质量。

(1) 走出去。积极推进实施拔尖学生的境外暑期研修计划、学期交流和海外毕业设计等项目,提高学生培养的国际化程度,使学生熟悉和适应国外一流大学的培养模式,为今后进入一流大学、师从一流导师、抢占国际学科前沿奠定基础。近年来,学校重点推进英才班海外暑期研修计划,通过利用校际合作协议以及教授们的海外联系,在三年级暑假有计划地派遣拔尖学生到国际一流大学实验室进行为期8～10周的科研实践,了解国际学术前沿动态,充分展现科研潜质,为未来学术深造打下基础。2012年以来,中国科大共派出474名拔尖学生分赴哈佛大学、牛津大学、耶鲁大学等国际一流高校开展暑期研修计划(图4)。学生返校后,通过提交研究报告和心得体会,参加暑期研修报告会等形式汇报自己的交流经历和研究结果。部分学生之后继续在国外高校完成一年的毕业论文工作。比如,2018年暑期,21名严济慈物理科技英才班学生赴哈佛大学、普林斯顿大学、耶鲁大学、哥伦比亚大学、康奈尔大学、加州大学伯克利分校、剑桥大学、牛津大学、密歇根大学、普渡大学和马里兰大学等世界一流名校进行暑期交流。

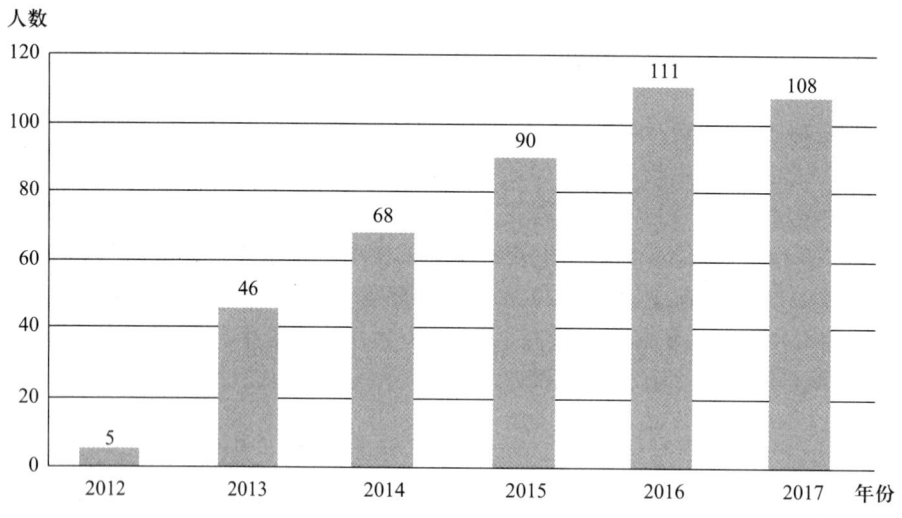

图4 2012—2017年拔尖计划英才班境外交流人数统计

海外研修活动推进了拔尖学生的国际化培养,强化了科研训练。比如,2009级严济慈物理科技英才班的李彦彬同学于2012年被选拔去斯坦福大学参加暑期交流项目。在为期10周的交流项目中,他成功制备出了大面积超薄单晶硅,并且参与了一系列对其性质的研究,因此被邀请在Materials Research Society上进行报告。这些活动也显著提升了中国科大"拔尖计划"在海外的影响力。比如,得益于近几年学生赴境外交流活动的顺利开展,严济慈物理科技英才班已经在海外一流大学形成了一个品牌。

(2)请进来。在选派学生赴境外参加学术交流的同时,中国科大重视吸引国外一流大学优秀学生来校交流,打造学术共同体。例如,2013年以来,物理学院每年举办"未来物理学家国际暑期夏令营"活动,吸引来自哈佛大学、麻省理工学院、牛津大学等国际顶尖学府以及国内一流高校的物理专业学生来校与严济慈物理科技英才班的学生交流物理学习和科研经验,建立未来物理学家之间的学术友谊。在充分总结"未来物理学家夏令营"成功经验的基础上,2015年起,学校统筹举办"未来科学家国际夏令营",联合物理学院、化学与材料科学学院与生命科学学院分别主办"未来物理学家夏令营""未来化学家/生物学家夏令营"的分营活动。"未来科学家夏令营"历时两周。第一周,营员们聆听学术前沿讲座,参观重点实验室,学习中国传统文化。第二周,每个营员自主选择研究课题,进入实验室,与导师和课题组成员完成小论文。经过几年来的探索和推进，"未来科学家夏令营"已逐渐成为中国科大学生国际交流活动的重要品牌之一。

中国科大通过聘请海外学者到校讲学，进一步提升"拔尖计划"国际化办学程度。比如严济慈物理科技英才班邀请哈佛大学尹希教授为严济慈班开设了"超弦微扰理论"暑期课程。贝时璋生物科技英才班暑期课程"生命科学大讲堂"每年聘请 5~6 名某一学科领域的国际专家到校授课，目前已先后邀请了英国皇家科学院院士 Steve Gamblin 教授，法国科学院院士 Felix A. Rey 教授，美国科学院院士、斯坦福大学骆利群教授，哈佛大学庄小威教授，加拿大皇家科学院院士、英伦哥伦比亚大学王玉田教授，加州大学伯克利分校丹杨教授和耶鲁大学钟伟民教授等一大批知名学者。

8. "拔尖计划"理论研究

中国科大不断加强对拔尖人才培养模式的教学研究和成果总结。2017 年，中国科大"拔尖学生本科阶段交叉学科领域科研兴趣和科研能力培养研究"等 5 项课题获批"拔尖计划"研究课题，其中重点项目 4 项，一般项目 1 项，获批项目数名列入选高校第二。2018 年，"华罗庚数学科技英才班培养模式与评价"等 3 项课题获批"拔尖计划"研究课题，其中重点项目 1 项，一般项目 2 项。这些研究项目的开展将为培养学术思想活跃、国际视野开阔、发展潜力巨大的基础学科领域未来学术领军人才提供理论依据和参考。基于在拔尖人才培养实践方面取得的成绩，2017 年，中国科大"科教结合英才班——物理创新研究型人才培养模式探索和实践"等 3 项教学成果荣获中国科学院教育教学成果奖，其中一等奖 2 项，二等奖 1 项。

三、"拔尖计划"实施成效

1. 毕业生去向和特色

（1）毕业去向。毕业生的质量和出路是衡量办学成功与否的重要指标。经过近 10 年的探索和实践，中国科大"拔尖计划"人才培养已初见成效。截至 2018 年 7 月，全校"拔尖计划"共培养学生 1 381 人，其中已毕业 958 人，在读 423 人。"拔尖计划"毕业生去向以及去部分顶尖学府深造的统计见表 1 和表 2。毕业的"拔尖计划"英才班学生中，923 名学生选择在国内外一流名校深造，深造率为 96.3%，其中国外深造率为 59.6%。而与此相对比，基础学科非"拔尖计划"培养的学生的平均深造率为 73.8%，其中国外深造率为 28.0%。详细对比见表 3。兰州大学高等教育研究所所长李硕豪教授撰写的《"拔尖计划"五届毕业生去向情况分析报告》根据 19 所"拔尖计划"高校 2013－2017 届拔尖学生本科专业、毕业去向、读研学校、读研专业等信息分析，对各高校进行综合评价比较和排序，中国科大位列第三。

表1 2012—2018届"拔尖计划"英才班学生毕业去向统计表

英才班名称	国外读研	国内读研		其他	英才班总人数	深造率	国外深造率
		大陆	港澳台				
华罗庚数学科技英才班	93	50	4	3	150	98.0%	62.0%
严济慈物理科技英才班	222	55	3	6	286	97.9%	77.6%
卢嘉锡化学科技英才班	129	64	4	9	206	95.6%	62.6%
贝时璋生命科技英才班	61	79	15	6	161	96.3%	37.9%
计算机科技英才班	66	63	15	11	155	92.9%	42.6%
总计	571	311	41	35	958	96.3%	59.6%

表2 2012—2018届"拔尖计划"英才班学生赴部分国际顶级学府深造情况统计表

序号	学校	人数
1	哈佛大学	5
2	麻省理工学院	7
3	普林斯顿大学	19
4	斯坦福大学	13
5	加州理工学院	14
6	加州大学伯克利分校	13
7	哥伦比亚大学	11
8	牛津大学	6
9	巴黎高等师范学院	5
	总计	93

表3 2012—2018届基础学科专业拔尖班与非拔尖班学生深造情况统计表

专业	非拔尖班		拔尖班	
	国外深造率	深造率	国外深造率	深造率
数学	32.5%	73.5%	62.0%	98.0%
物理	32.1%	78.1%	77.6%	97.9%
化学	28.1%	74.6%	62.6%	95.6%
生物	11.6%	72.6%	37.9%	96.3%
计算机	13.2%	55.3%	42.6%	92.9%
总计	28.0%	73.8%	59.6%	96.3%

以严济慈物理科技英才班为例,已经毕业的286名学生中,55人在中科院相关研究所和国内著名院校保送读研,225人境外深造,1人就业,5人准备出国,深造比例高于97.9%甚至可达99.6%。据不完全统计,境外留学生大多是去普林斯顿大学(11)、加州理工学院

(9)、斯坦福大学(9)、麻省理工学院(4)、加州大学伯克利分校(3)、哈佛大学(1)、芝加哥大学(3)、耶鲁大学(11)、伊利诺伊大学香槟分校(5)、牛津大学(5)、哥伦比亚大学(5)、康奈尔大学(6)、宾夕法尼亚大学(2)、德克萨斯大学奥斯汀分校(5)等物理顶尖名校,且均获得全额奖学金资助。值得一提的是,严济慈物理科技英才班已毕业的6个年级共有30名学生获得中国科大本科生最高奖——郭沫若奖。获奖比例高达11%,与学校平均比例(1.3%)相比高了一个数量级。

这些数据表明中国科大"拔尖计划"英才班的办学是成功的,体现了"拔尖计划"英才班的创办理念。培养的毕业生受到国内外一流大学的高度认可,有效践行了教育部"拔尖计划"的办学方针。

(2)培养特色。从各方面反馈来看,中国科大毕业的拔尖学生普遍具有坚实的数理基础、扎实的专业知识基础和科研训练以及强大的探索与创新精神。这些是中国科大拔尖毕业生的共同特性。

2. 毕业生成长情况

中国科大绝大部分拔尖学生毕业后到国内外高水平大学和研究所攻读博士学位,并逐渐展示了他们在科学研究方面的创造力。2016年教务处开展的一项毕业生跟踪调查结果显示,受访的33人中,已发表论文的学生为20人,占比60.6%;发表论文共计53篇,人均2.65篇,其中第一作者12篇。从发表论文的期刊来看,质量也较为突出,总计在《科学》《自然通讯》《物理评论快报》《美国化学会志》《美国科学院院报》《德国应用化学》等顶尖学术期刊发表论文约10篇。另外据不完全统计,贝时璋生物科技英才班的前三届50名毕业生,已在《科学》、《自然》系列子刊、《美国科学院院报》等国际高水平学术杂志发表论文70余篇。

中国科大"拔尖计划"毕业生中已经涌现出一批在国际学术界崭露头角的科技新星,2010级严济慈物理科技英才班曹原同学是其中的典型代表。他在本科阶段进行了扎实的基础训练,以第一作者在国际重要学术期刊《物理评论B》和《磁学和磁性材料杂志》发表了2篇论文。他在大二和大三学年分别去英国牛津大学和美国密歇根大学进行暑期研究,暑期交流归来后还写了一篇《安娜堡的回忆》,总结在密歇根大学的交流经历和研究收获。2018年3月5日,作为麻省理工学院四年级博士生,21岁的他在同一期《自然》杂志上发表了两篇第一作者论文,报导在魔角扭曲的双层石墨烯中发现新电子态,实现绝缘到超导的转变,打开了非常规超导体研究的大门。这项研究为高温超导研究提供了新思路,也为全新的电子器件探索提供新的研究平台,引起了全世界学界、媒体和社会的广泛关注和赞誉。

3. 经验与不足

(1)经验与体会。"拔尖计划"实施以来,中国科大陆续在培养模式、学生选拔、课程体系设计、师资配备、所系结合、国际化培养等各方面出台了相关支持政策,采取了诸多有效的举措,也取得了阶段性成效,得到了上级主管部门以及社会各界的关注和肯定。在这一过程中,最大的体会是,开展"科教结合、协同育人"是中国科大顺利实施、有序推进"拔尖计划"的根本保证。同时,要遵循高等教育规律,借鉴国际一流大学人才培养的先进理念和模式,打破常规,采用多元化学生选拔与吸引方式,实行动态管理,将那些特别优秀、具有发展潜质、热爱科学的学生纳入"拔尖计划"。另外,实施"拔尖计划"必须有一系列不拘常规、相对完善的制度设计和管理服务作为保障和支撑。

一些行之有效的措施也逐步推广到全校范围的学生培养上。比如,个性化学习推广到全校本科生可以自由选择专业;学业导师制推广到针对所有本科生的学生学业指导中心;国际化培养也已经推广到非"拔尖计划"英才班学生的国际化培养。

(2)不足之处。在"拔尖计划"各项工作有序推进的同时,学校也正视存在的问题与挑战,一些不足之处及解决问题的对策列举如下。

① 部分拔尖学生动力不足。部分学生存在"英才班课业负担重,竞争激烈,影响 GPA"的顾虑,有些英才班学生退出情况比较严重。

相应对策:完善英才班初选和动态管理制度,使甄选和评价标准多元化,不唯 GPA 是论,重点考察学生的学术志趣、创新能力和发展潜质。培养在读拔尖学生的学习和研究兴趣,增强其荣誉意识,树立品牌意识。

② 缺少教师激励机制。目前学校参与"拔尖计划"人才培养的教师基本还是义务工作,没有相应的评价机制和激励机制。

相应对策:在国家和学校政策允许条件下,探索建立有效的"拔尖计划"人才培养激励制度,吸引更多优秀教师参与"拔尖计划"的学生培养和教学改革。

③ 毕业生追踪系统不完善。目前对已毕业拔尖学生的信息追踪没有做到全覆盖。

相应对策:进一步完善"拔尖计划"学生学习档案和毕业追踪信息平台,收集毕业生数据和反馈并进行数据分析,总结"拔尖计划"办学经验与得失。

四、持续改进

1. 质量监控机制

中国科大根据办学定位和本科人才培养目标,制定了本科专业、课程建设、教学环节、教学过程管理的质量标准,构建了全方位、全过程、全环节的本科教学质量监控体系,质量监控和自我评估成效明显。此外加强质量信息统计和跟踪分析,包括学生评教数据统计与分析和毕业生问卷调查数据统计及分析。为了将评估结果、相关的质量信息切实转化为教学改革持续提高的动力,学校还建立了相应的反馈和发布机制。

2. 未来发展规划

中国科大将进一步发展、改革和完善"拔尖计划"英才班的培养体系和管理模式,坚持"立德树人、育人为本",全面提升学生的科研素养和综合素质,服务于国家战略和科技发展。在"拔尖计划"2.0框架下,推动以下几个方面的建设。

(1)拓展"拔尖计划"实施学科范围。学校在数学、物理、化学、生物、计算机5个学科基础上,增加力学、天文学、地学等学科进入"拔尖计划",推进这些学科的拔尖人才培养;与此同时,推动不同学科的交叉融合,培养未来科技发展所需的交叉学科科技英才。

(2)进一步推动科研实践。学校以必修学分的要求推动"拔尖计划"英才班学生尽早进入实验室开展科研活动,充分利用中国科大和相关合作单位的强大科研平台,拓展拔尖学生科研实践通道,让学生在探索性的科研实践中获取知识,感受科研的乐趣;设立"拔尖计划"学术论坛,以此为平台鼓励不同学科之间的交流合作和思想碰撞。鼓励拔尖学生参与国际重要学术会议,熟悉国际前沿研究,感受顶尖科学家的学术风采。

(3) 深入推进国际交流与合作。学校重点聘请国际顶尖大学和研究机构的知名专家,包括中国科大校友,成立中国科大"拔尖计划"国际专家委员会,推动赴海外顶尖大学和研究机构的暑期科研实习和学期交流,推动国际专家委员会成员对"拔尖计划"英才班培养的全方位咨询和直接参与,营造国际化的育人环境;争取与若干国际顶尖大学签订合作协议,努力实现拔尖学生在本科期间到国际一流大学和研究机构学习和交流的全面覆盖。

(4) 改革和完善拔尖计划管理体制和机制。根据新的形势,中国科大修改和完善"拔尖计划"的配套政策,在国家和学校政策允许的条件下,探索建立有效的"拔尖计划"人才培养激励制度,吸引更多优秀教师参与"拔尖计划"的学生培养和教学改革;加强对拔尖毕业生的跟踪,收集这些毕业生数据和反馈并进行数据分析,总结学校在实施"拔尖计划"过程中的办学经验与得失;在全校甚至更大范围内推广和拓展卓有成效的拔尖人才培养模式和经验。

撰稿人:周丛照、曾长淦、韦巍巍、李思敏、王冠中、胡水明、臧建业、
许胤龙、欧阳毅、袁军华、汪文栋、白永胜、张昱、林晓立

四川大学自评报告

四川大学"基础学科拔尖学生培养试验计划"(以下简称"拔尖计划")启动于2009年，2010年设立了数学、物理、化学和生物科学4个试验班，2013年，新增计算机科学试验班。学校根据教育部的要求和学校实际，积极探索、大胆创新，培植基础学科拔尖人才成长的沃土，促进基础学科拔尖创新人才脱颖而出，并以此为引领，带动全校教育教学改革创新，扎实推动整个人才培养水平提升。

一、"拔尖计划"实施的目标定位

四川大学坚持服务国家战略需要和"立德树人"的根本任务，在学科专业优势突出、教学质量好的相关学科，通过创新培养方式，配备一流师资，提供一流学习条件，营造一流学术环境与氛围，吸引优秀的学生投身基础科学研究，努力培养能服务于国家战略、具备全球视野的基础学科领域领军人才。

四川大学要求"拔尖计划"试验班学生应具有正确的人生观、价值观和深厚的文化底蕴；热爱基础学科，通过基本理论、基本方法的学习和严格的思维、科研训练，能扎实掌握数理基础知识、专业知识和科研思维及技能，熟悉国内外相关领域的理论前沿、应用前景和最新发展动态；具有科学精神和创新意识，有较强的英语表达能力和从事科学研究的能力；具有攀登科研高峰的毅力和成长为基础学科领域领军人物的长远志向。

二、"拔尖计划"具体实施过程

（一）政策组织保障

1. 成立高水平、国际化的"拔尖计划"领导小组、专家小组和工作小组

学校成立了由校长任组长，分管本科教学工作的副校长、分管学生工作的副书记、分管外事工作的副校长和分管人事工作的副校长任副组长的领导小组；成立了由8位两院院士和两名外籍知名教授（其中1名为美国科学院院士）组成的基础学科人才培养专家小组，加强对"拔尖计划"实施的指导；成立了由教务处牵头，教务处、人事处、学生工作部、国际交流

与合作处、财务处、招生就业处、研究生院以及相关学院等单位组成的工作小组,统一组织、协调全校优质教学资源。5个实施学院构建了"拔尖计划"工作领导小组、专家组,专门负责计划实施过程中各类管理制度的制订、审议和计划实施各环节的质量监控。

2. 制订和完善制度措施,提供有力政策保障

学校制订了包括《四川大学基础学科拔尖学生培养试验班实施方案(试行)》《四川大学"基础学科拔尖学生培养试验计划"经费使用管理办法(试行)》《四川大学"基础学科拔尖学生培养试验计划"学生出国(境)学习项目资助办法》《四川大学"基础学科拔尖学生培养试验计划"教师聘请经费实施细则(试行)》等系列管理办法,保障计划顺利实施。各实施学院根据学科特点制定了相应管理办法和实施细则。

3. 提供配套的激励措施和支持服务

学校专门设立了"基础学科拔尖学生培养试验计划"先进单位和"拔尖创新人才培养优秀指导老师奖",在每年本科教学工作会上对成绩突出的实施单位和优秀导师给予表彰;设立了"拔尖计划"学生出国交流资助专项奖学金;实施英语运用能力提升奖励计划,激励学生不断提升英语水平;放宽学生选课限制,支持和鼓励学生修读高难度课程;试验班学生享受博士生图书借阅待遇;按照《"科学、哲学与人生"课程与论坛实施办法》为学生提供跨学科学习、合作机会;提供专用研讨室,建设专用图书室、实验室等保障学生自主学习;设立"共餐制"促进师生深度交流等。

(二)选拔优秀学生

学校积极探索建立多样化的人才遴选机制,通过自主招生、新生进校后的二次选拔等方式广泛选才;同时,主要以国家理科人才培养基地、专业所属学科大类等为基础,在不同年级、不同阶段动态选拔立志献身基础学科、具备专业发展潜质的好苗子。各学科成立了专家选拔小组,制订选拔程序,设计笔试试题,进行一对一的面试选拔,选拔时,重点考察学生的科学素质、学术兴趣、悟性和发展潜质。针对动态进出原则,相关学科制订了专门的操作办法和工作流程,如《四川大学基础学科"生物学拔尖人才培养试验班"动态管理运行试行办法》《四川大学化学学院试验班、基地班、化学大类班进退机制管理办法》等。

(三)创新培养模式

1. 因材施教,制定个性化培养方案

学校为每个试验班单独设置了更加开放、灵活的培养方案,其课程体系设置更加重视扎实专业基础,拓展交叉学科知识,培养国际交流能力、科研思维和能力。物理学院分年级、分阶段进行科学研究训练和科学精神培养,在低年级,开设物理学导读、创新能力实践等课程;在高年级,由学生根据科研兴趣自主选择在高水平科研导师指导下开展科研创新活动。化学学院在培养方案中加大课程的层次与梯度,强化基础、精炼专业、增强实践,对学有余力的学生开设深度递进课程,如中级有机化学、中级无机化学和量子化学等,同时将生物化学、高分子科学导论和绿色化学等交叉课程列为必修课,扩展学生的跨学科知识,启发创新思维。生命科学学院全面推行研究性教学,重点发展学生的批判性思维,开设综合性、设计性、探究

性实验,加强实践创新能力培养。计算机学院强调夯实基础知识,减少了面向职业化教育的必修和选修课程,强化学生编程能力训练,并对数学课程修读提出了更高的要求。

2. 创新课程设置,开展课堂教学改革

学校坚持对试验班学生单独组班,安排学术水平高、教学效果好的教师实施"探究式—小班化"教学,每个班15～25人,通过启发式讲授、互动式交流、探究式讨论、全过程学业评价、非标准答案考试,培养学生的独立思考和创新创造能力。试验班的思想政治理论课程以专题形式开展,进行小班化、研讨式教学,更加注重教学实效,力争实现思政课程入脑入心。学校引入了复旦大学开设的思想道德修养与法律基础、国防大学开设的军事理论等高水平慕课供试验班修读。英语课程采用ESP(English for Specific Purposes)模式,将专业英语教学与大学英语教学相融合,通过专业知识的学习来获得语言技能,帮助学生学会用英语获取更多、更尖端的专业资料和信息,培养学生研读英文专业文献的能力。各学科设置了专题讨论课、论文研讨课等,积极推进教师科研成果进课堂、前沿学科动态进课堂、社会热点问题进课堂,丰富课堂教学内容,拓展学生专业视野。

3. 加强素质和品德养成教育

新生研讨课将"拔尖计划"实施的目的和意义、学生肩负的历史使命和担当融入了课程。学校定期组织素质拓展训练活动,增强学生的团队归属感和团队协作能力,培养学生坚韧不拔的精神。各试验班均选拔思想政治过硬、学术水平较高的中共党员担任试验班班主任、辅导员,引导并鼓励学生深入了解世情、国情,客观认识祖国的发展,鼓励他们将个人价值与国家前途命运紧密联系在一起,培养学生的爱国情怀和感恩之心,让他们真正成为"出得去、回得来"的优秀人才。生物科学"试验班"坚持向社区和中小学生进行生命科学教育以强化自身的社会责任感。

4. 营造浓厚学术氛围,保持学生浓厚科研兴趣和自信

定期邀请国内外专家学者来校做专题学术报告,组织学科论坛、暑期学校等学术交流活动,营造浓厚的学术氛围,近5年来共邀请包括诺贝尔奖得主、中国科学院院士等在内的国内外专家学者为试验班学生开设各类讲座和学术报告近1 000场。自2014年起,学校组织开展了"科学、哲学与人生"研讨课,以"大班授课、小班研讨"的方式,让学生与学者对话、与不同学科的学生展开讨论,目前已邀请了包括2009年诺贝尔生理学或医学奖得主邵斯达克教授在内的29位学者担任课程主讲人;"科学、哲学与人生"学生论坛则允许学生跨年级自由组队,目前已有90余位学生组建的26个跨学科团队分享了他们对科学、哲学与人生的研究和思考成果。各试验班建立了如"学长计划""Journal Club""珠峰论坛"、暑期学校等特色学术活动。数学学院与北京大学、南京大学、厦门大学一起倡议并发起的联合暑期学校,面向全国数学拔尖学生,至今已连续开办了8届,参加的国内著名高校已达到10所。暑期学校有效汇聚了各"拔尖计划"参与学校的优势资源,为拔尖学生的校际交流开辟了新渠道,营造了浓厚的学术交流氛围。

(四)改革教学管理

1. "双导师"制全程护航学生学业成长

学校教务处依托吴玉章学院(荣誉学院)和"拔尖计划"特设管理岗协调各学科通识教育课程和公共基础课程的教学安排。学院实行"学业导师+科研导师""国内导师+国外导

师"的双导师制,全程落实教学管理和学业指导。数学学院由院领导直接担任试验班班主任,配合导师、辅导员,实现全方位、多层次的学生管理;化学学院制订了《四川大学化学学院化学试验班科研班主任遴选办法(试行)》,面向全院遴选优秀青年教师担任试验班科研班主任,还特别邀请了学校党委书记王建国担任2016级化学拔尖班名誉班主任。

2. 改革学生学业评价方式、提升学业挑战度

学校制定了《关于"基础学科拔尖学生培养试验计划"学生特殊选课的有关办法》,支持并鼓励试验班学生修读高难度课程。试验班推行全过程考核、非标准答案考试,原则上期末成绩权重不超过50%,平时考核不少于6次,考核方式多样化,将课堂讨论、作业均计入总成绩,课程论文、书面综合报告、口头答辩纳入考核。化学学院设置科研学分,学生在学期间所发表的论文、发明、专利、比赛获奖等科研成果均可折算成学分。生命科学学院制定了《实践教学环节学分替代试行办法》,鼓励试验班学生积极参与到科研导师的课题组开展研究性学习,学生可以各类科研训练项目获得的阶段性成果和发表的论文、申请的专利以及省级以上学科竞赛二等奖以上奖项等替代专业综合实验课程的学分。

3. 多途径强化学生指导和服务

除了为试验班配备导师、班主任、名誉班主任,实施"学长计划"等,学校和学院还利用信息化手段,如QQ群、微信平台等贴近青年学子的、多样化的方式,关爱"拔尖"学子,引导他们充分利用学校提供的优质教育教学资源和优良学习条件,潜心于基础学科学习和研究。

(五)配备一流师资

"拔尖计划"实行"学业导师+科研导师""国内导师+国外导师"的双导师制。学校为每位低年级阶段学生配备科研与教学经验丰富的学业导师,指导规划学生学业,为每位高年级阶段学生配备专业指导导师,着重培养学生判断、分析和解决问题的能力、创新能力和自主学习研究的能力。在配备国内导师的同时,国内导师再邀请一位与之有稳定且长期合作的国外知名大学专家担任学生的国外导师。目前,四川大学由院士8人,国家杰出青年科学基金获得者11人,IEEE Fellow 1人,以及15位外籍知名学者组成的一流师资队伍,负责学生选拔、课程教学,担任专业指导教师等,担负学生的培养工作。同时,各学科积极加强与兄弟院校的交流合作,拓展名师授课渠道,共享彼此优质师资,邀请相关专家学者来校开展学术专题讲座、短期课程。学校平均每年为试验班开设高水平学术讲座150余次,邀请国际知名学者为试验班开设短期课程40余门次。每年学校均在本科教学工作会上表彰热心参加"拔尖计划"、具有高度责任心与奉献精神、育人成绩突出的国内外导师,有效地激励了更多导师积极投入"拔尖计划"。近三年,已有50余位试验班导师、班主任荣获四川大学"卓越教学奖""星火校友奖教金""五粮春青年教师优秀教学奖""拔尖创新人才培养优秀指导教师"称号。

(六)优化科研训练条件

"拔尖计划"依托国家理科人才培养基地、国家级和省级重点学科开展实践教学,各类重点实验室及"985工程"与"211工程"科技创新平台全部向学生开放。各学科还设置了"创新实验室",加强科研训练和实践教学,激发学生创新活力。计算机学院为试验班设立

专用实验室,配备专业仪器以供网络直播教学,让学生在校内就能与国外老师互动,接受国外导师的教学和指导;生命科学学院在生物科学国家级实验教学示范中心专门修建了创新实验室,为学生萌发的科研想法付诸实施提供了一个平台;化学学院构建了较为完整的课外实践教学链,引导学生在社会实践中学习,同时将学生参与科技实践活动、学术活动情况纳入学生综合考评。各学科设立了特色科研训练专项,如数学学院的"小火花"科研项目、计算机学院的"拔尖人才科研训练计划项目"。生物科学试验班学生的科研训练采取科研立项的形式开展,课题经过申报、答辩,开展过程中提交进展报告,结题时进行结题答辩。物理学院每年为试验班学生征集数十项科研训练课题,实现科研训练全覆盖。另外,试验班学生还可参与面向全校学生的"大学生创新创业训练计划"以及导师的科研项目。近年来,试验班学生平均每年参加60余项科研项目。

(七)推进国际化培养

学校鼓励并支持各学科与世界一流高校开展联合培养项目,鼓励并支持学生参加高水平国际学术会议,拓展国际视野、接触前沿科技、学习先进科研技术。近10年来,已经有近300人次的试验班学生参与了国际交流项目,这些项目不仅让学生在交流学习过程中受益匪浅,也有效地帮助学生确定了今后科研方向。2016年10月,化学学院选派9名学生到美国芝加哥大学、伊利诺伊大学香槟分校和西北大学学习交流,期间与2016年诺贝尔化学奖获得者、英国皇家科学院院士詹姆斯·弗雷泽·司徒塔特教授进行了面对面交流。2017年5月,詹姆斯·弗雷泽·司徒塔特教授专程对化学学院进行了回访,并接收2013级黎郭平在其实验室攻读博士学位。近年来,物理学院与牛津大学、伦敦大学等高校建立了长期的学生联合培养关系。从2016年起,每年暑假选派10余名试验班学生到牛津大学Hertford学院参加为期两周的暑期学校,牛津大学专门为四川大学学生开设了物理学、天文学类课程及学术交流活动。2013级物理学罗家特、2014级物理学魏英杰、生物科学路芳芳同学在参与了牛津大学交流学习项目后,均顺利进入牛津大学继续攻读博士学位。各学科积极邀请国外一流科学家到校进行学术交流,开设专业课程,让学生在校内就能接受国际化教育。近几年来,各学科邀请牛津大学、剑桥大学、哈佛大学、麻省理工学院等世界一流高校的知名外籍专家来四川大学开设了全英文短期课程共120余门次,开设高水平学术讲座330余次。同时,各试验班邀请了外籍知名学者开设专业基础课,如表1所示。

表1 外籍教师开设的专业基础课

外籍教师姓名	职称	所在单位	专业基础课程名称
Farkhod Eshmatov	博士	康奈尔大学	群表示基础
			同调代数初步
Martin Travis Dove	教授	剑桥大学	Physics and the modern world
Martin Travis Dove	教授	剑桥大学	The history of modern physics
William Gillin	教授	伦敦大学玛丽皇后学院	An introduction to organic optoelectronics for telecommunications

续表

外籍教师姓名	职称	所在单位	专业基础课程名称
William Gillin	教授	伦敦大学玛丽皇后学院	An introduction to Organic electronics (TBA)
Maureen Willis	副教授	四川大学物理学院	The Feynman's Lectures on Physics(Ⅰ)
Maureen Willis	副教授	四川大学物理学院	The Feynman's Lectures on Physics(Ⅱ)
Leander Schulz	教授	四川大学物理学院	The magnetic properties in condensed matter systems
Filippo Boi	教授	四川大学物理学院	The theory, synthesis and applications of novel carbon nano
Jason J. Chruma	教授	四川大学化学学院	有机化学
Timothy Moeermond	教授	威斯康星大学	保护生物学
Johann Bergholz	博士	波士顿医学院	生物化学
Richard Eckner	教授	新泽西医学与牙科大学	细胞生物学
Richard Eckner	教授	新泽西医学与牙科大学	分子生物学
Neil K. Brewster	博士	阿德莱德大学	微生物学
Filippo Fabrocini	教授	四川大学计算机学院	人工智能导论

（八）加强拔尖人才培养的理论和实践研究

学校充分利用校级教改项目,积极开展基础学科拔尖人才培养研究。《研究型大学开展创新教育和培养拔尖人才的研究和实践》《创新拔尖人才的心理特征与问题引导管理的模式研究与实践》《基础学科拔尖创新人才培养教学管理机制创新的研究与实践》《基础学科拔尖学生创新环境建设研究》《化学基础学科拔尖人才国际化培养的探索与实践》《四川大学基础学科实验班英语课程合作学习模式探索》等系列项目的开展,探讨了拔尖人才培养规律,有效地推进了教学改革。从2016年起,学校积极申报教育部"拔尖计划"课题,共获立项9项,目前已有3项完成了项目结题。课题有效地推进了四川大学"拔尖计划"的深入实施,项目组在课题进展过程中发现具体问题,研究制定相关举措,总结成效、亮点,让"拔尖计划"典型经验供学校教育教学改革和人才培养借鉴、参考,发挥"拔尖计划"的辐射引领作用。

三、"拔尖计划"实施成效

（一）学生培养的阶段性成效

1. 毕业生情况

四川大学"拔尖计划"2013—2017届共有214名毕业生,99.5%的学生在基础学科及相关学科继续深造。其中62名学生到包括牛津大学、哥伦比亚大学等国外一流大学攻读研究生。151名学生进入中国科学院、北京大学、清华大学和四川大学等国内一流大学或研究机构继续从事基础学科学习、研究。毕业生对基础学科形成了持久性的浓厚志趣,学生思考和探索问题的能力、创新思维、国际视野等各项能力得到了长足发展。

从图1和图2对比可以看出,进入"拔尖计划"的学生继续深造率远远高于非"拔尖计划"相同专业的毕业生,试验班学生对基础学科研究保有浓厚兴趣。同时,经过试验班的培养,学生思考和探索问题的能力得到了进一步的提高。据不完全统计,化学试验班学生在读期间参与发表SCI论文60篇,其中包括《德国应用化学》、《美国化学会志》等化学权威期刊,其中以第一作者发表论文7篇。生物科学试验班学生共计发表论文31篇,其中SCI论文第一作者8篇,参与各类学科竞赛共获得国际金奖1项、银奖2项、铜奖1项,全国特等奖1项、二等奖1项、三等奖3项,省级一等奖5项、三等奖1项。计算机试验班学生积极参加ACM国际大学生程序设计竞赛(ACM-ICPC)、美国大学生数学建模竞赛等学科竞赛,取得了不错的成绩。截至目前,共有3人次获得国家级一等奖(或金奖),12人次获得国家级二等奖(或银奖),21人次获得国家级三等奖(或铜奖)。

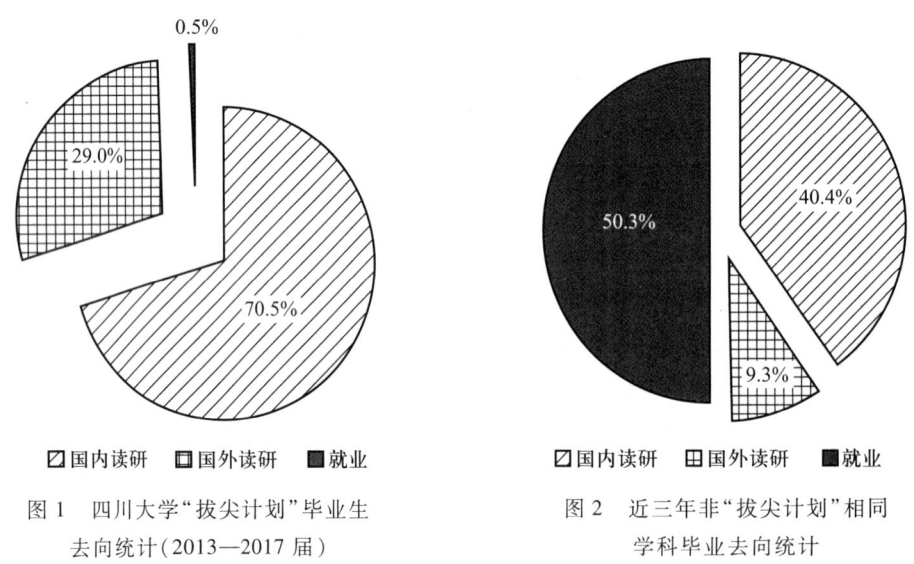

图1 四川大学"拔尖计划"毕业生去向统计(2013—2017届)

图2 近三年非"拔尖计划"相同学科毕业去向统计

2. 四川大学拔尖学生培养的特色

四川大学作为一所研究型综合大学,在"拔尖计划"的实施过程中突出基础性、个性化和国际化。基础性:本着"宽口径、厚基础、重创新"的培养宗旨,着眼于"品德修养"与"视野境界",强化通识教育;以研讨课、学术讲座、原典研读培养学生的人文精神和综合素质,奠定学生的宽基础、强能力。个性化:突出"专"和"精",培养学生的专业素养和科学精神,让每个学生的潜能得以充分挖掘,特长得以充分发挥,才智得以充分展现。国际化:定位世界先进水平,努力实现从教学计划制定、课程体系建设、师资队伍配备、科研训练、气氛营造到国内外联合培养的全过程国际化。

（二）建立毕业生跟踪机制，长效关注学生成长

四川大学"拔尖计划"建立了校院两级毕业生跟踪机制。包括校级基础学科拔尖人才培养信息平台、"拔尖计划"学生QQ群、微信公众平台、院级学生微信群、QQ群等增强与入选学生的联络与沟通，通过双向信息通道，收集毕业生相关信息。根据毕业生情况调查，不少学生在相关领域已经取得一定的科研成果。2014届化学试验班季鹏飞，目前在美国芝加哥大学攻读博士学位，以第一作者身份在《美国化学会志》发表文章6篇，共同第一作者发表文章4篇。2014届生物科学试验班朱文成，毕业后进入中国科学院上海生化与细胞所硕博连读，共发表8篇研究论文，其中共同第一作者4篇。2016届生物科学试验班的王南，毕业后进入北京生物物理所硕博连读，先后以第二作者身份在《科学》《自然微生物》《蛋白质与细胞》发表三篇高水平学术论文。

（三）可推广的经验、尚存在的不足之处

在"拔尖计划"实施的过程中，学校按照"一制三化"的实施理念，创新人才培养模式，通过师资队伍建设，双导师制，优化课程设置，开展"探究式—小班化"教学，国际化教育等举措引导学生的成长、成才。尤其是在以"启发式讲授、互动式交流、探究式讨论、全过程学业评价、非标准答案考试"为特色的"探究式—小班化"教学和贯穿人才培养全过程、全课程的社会主义核心价值观教育等方面形成了可推广、可示范的经验和做法，不仅推广到全校惠及所有学生，也在全国产生了积极影响。2018年6月21日，新时代全国高等学校本科教育工作会议在四川大学召开，四川大学以课堂教学革命为突破口的教学改革创新成为全国典型。

整个计划在实施过程中仍然存在一些不足与需要改进的地方，例如在如何确定学生对基础学科拥有恒定的兴趣和爱好，以利于尽早发现和稳定持续培养方面，有待于进一步进行研究和探索；在进一步完善激发导师积极性的考评和激励机制，促进导师深度、精细化参与学生成长和指导方面也需要继续探索；在毕业生的跟踪反馈机制方面也存在一定的不足。

四、持续改进

1. 完善"拔尖计划"质量监控机制建设

学校高度重视"拔尖计划"的推进与落实，成立了"拔尖计划"工作领导小组、专家小组和工作小组，专门负责计划实施各环节的质量监控。各学院也成立"拔尖计划"领导小组、工作小组，并依托各学科本科教学指导委员会、本科教学督导组等为"拔尖计划"人才培养提供坚实的保障。各级质量监控组织通过审议人才培养方案，督促、检查课程建设的进度与成效；提出学院师资队伍建设的意见和建议；对影响教学质量的问题进行专题研讨，提出改进意见和建议等方式指导计划顺利实施，保障计划的实施成效。

今后,学校将针对目前总结分析中所发现的问题,有针对性地采取措施、建立机制加以改进。一是认真贯彻落实新时代全国高等学校本科教育工作会议精神,务实推进"以本为本,四个回归",让更多高水平专家更深度地投入本科教学、投入拔尖学生培养,以便更密切地关注学生的发展,更及时地给予学生思想与行为的引导;二是基于现代信息技术和校友联络体系,进一步完善毕业生反馈机制,通过适时向毕业生传递学校发展状态、传送母校的关怀与温暖,与毕业生保持恒久的、双向互动的联系,随时掌握毕业生发展动态并获得他们对"拔尖计划"实施的意见和建议,以利"拔尖计划"在更高水平上的顺利实施。

2. 四川大学"拔尖计划"2.0实施新举措

"拔尖计划"应赋予学生更广阔的视野、更坚韧的求索的精神、更强烈的使命驱动意识。四川大学力争突破地处西南腹地的地域局限,充分发挥综合性研究大学平台优势,将"拔尖计划"当作一面精神旗帜,引领学生不断追求卓越,从而将"拔尖计划"演化成"拔尖效应",稳步提升四川大学基础学科拔尖人才的培养质量,进而带动全校和整个西南地区本科教育的发展。

(1)强化使命驱动,即立足国家战略,全面探索、实践基础学科拔尖学生价值观塑造的新路径新方法,强化使命驱动,将社会主义核心价值观、使命感、家国情怀、责任感教育融入基础学科拔尖学生培养的全课程、全过程。

(2)积极争取扩宽四川大学"拔尖计划"实施范围,即发挥已有改革探索经验,积极争取拓宽"拔尖计划"实施范围到文科、医科。

(3)进一步完善学生选拔、测评、考核指标,即总结前期经验,以更科学的学生选拔方式激励学生珍惜学习机会、努力奋斗,锻炼并提升学生的独立能力和进取精神。

(4)深化国际合作,即进一步加强与世界一流高校的联合培养关系;在引入国外优质资源的同时,更要把中国特色、川大成果和经验与世界分享,产生良好的中国影响。

(5)强化学科交叉培养,即促进多学科特别是基础学科间的交叉融合发展,为拔尖学生参与跨学科交叉学习和研究创造条件;鼓励并支持学生组建跨学科科研团队进行科研训练和学术研究。

(6)探索构建更具实效的学生跟踪机制。目前最大的问题是毕业生对反馈学习情况的积极性不够,下一阶段学校将着力建设双向交流体系,通过有效传递学校发展最新动态,提高毕业生对母校的自豪感和归属感,建立更具生命力的学生跟踪机制。

撰稿人:张红伟、兰利琼、张同修、黄燕

西安交通大学自评报告

西安交通大学根据《国家中长期人才发展规划纲要(2010—2020年)》《基础学科拔尖学生培养试验计划实施办法》等文件要求,积极探索基础学科拔尖创新人才培养的新模式。2009年,西安交通大学数学、物理两个学科首批入选"基础学科拔尖学生培养试验计划"(以下简称"拔尖计划")。学校秉承钱学森教育思想,以立德树人为中心,围绕拔尖学生"甄别选拔难、贯通培养难、身心双修难"等难题,建设并规范"拔尖创新人才培养标准、师资队伍建设标准"两套标准,创建"重基础知识、重科研创新、重个性发展、强调国际化、以立德树人为中心"的"三重一化一中心"拔尖人才培养模式,按照"品行养成、思维创新、能力培养、知识创新"四位一体教育理念,汇聚全校优势教学资源,建设人才培养特区,努力造就"爱国、励志、求真、力行"的高水平拔尖创新人才。

十年来,两类试验班累计招收441名学生,毕业310人,毕业生深造率100%,其中国外深造率47.3%,国内深造率52.7%。毕业学子在基础学科领域不断创新探索、硕果累累,拔尖创新人才培养改革不仅带动了全校教改创新实践,还得到教育界和社会的普遍认可。微微之光,可明远方,西安交通大学将在"拔尖计划"2.0的框架下,继续深化改革、努力探索,做中国拔尖创新人才改革的追梦者,做中国拔尖创新人才涌现的圆梦人。

一、目标定位

1. 计划实施的目标定位

学校专门开辟人才培养特区,遵循钱学森教育思想中"量智与性智相结合、科学与艺术相结合、逻辑思维与形象思维相结合、微观认识与宏观认识相结合"的精髓,按照"本硕博"整体考量的原则,针对拔尖创新人才"甄别选拔难、贯通培养难、身心双修难"等突出问题,科学设计、破格选拔、贯通培养、全程评价、注重创新,开展系列实践探索,以造就"志向远大、视野开阔、基础宽厚、勇于创新、爱国奉献、知行合一"的拔尖创新人才,使他们在未来成长为学科领域的领军人物,并逐步跻身国际一流科学家队伍(整体培养思路见图1)。

目前,在西安交通大学钱学森学院的统领下,"拔尖计划"改革已从2009年批准举办的数学、物理两个学科逐步拓展到化学生物、计算机、人工智能等不同学科领域,学校还不断梳理总结改革经验,探索创新钱学森班、侯宗濂医学班、少年班等多样化的教育教学改革,创新人才不断涌现,教育经验惠及校内外各类人才培养活动。

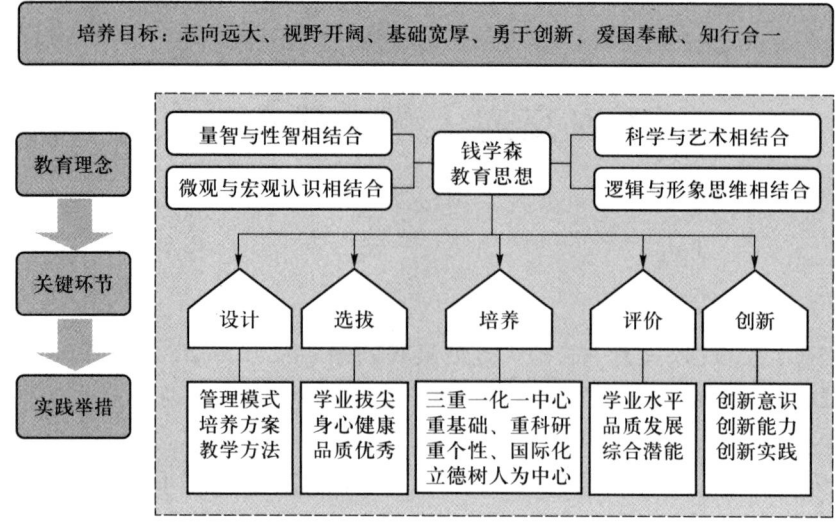

图 1　整体培养思路

2. 拔尖学生的毕业要求

依据培养目标,学校规范"拔尖创新人才培养标准",明确"拔尖计划"学生的毕业要求为:专业基础扎实、成绩优秀;具有较强科研意识和一定水平的研究能力;具有明确从事数学、物理及相关基础学科研究及理论应用的志向;具有国际交流经历、视野开阔,能进入国内外一流大学与科研院所继续深造。

二、实施过程

(一)政策和组织保障

西安交通大学在探索拔尖创新人才培养过程中,逐步健全和完善管理运行机制,为拔尖创新人才成长营建了良好的制度环境,形成了有理念、有担当,思路明晰、定位准确的工作状态。

1. 专设荣誉学院,统筹"拔尖计划"

自承担"拔尖计划"起,学校即成立了以校长挂帅的"拔尖计划"领导小组,整体把握试验班的教学思想、培养目标和培养模式,同时学校设立专家委员会负责审定试验班培养方案、教学计划等。

2016 年,为进一步加强拔尖创新人才培养改革力度,在学校本科生院改革和拔尖人才培养办公室的基础上,专门成立钱学森学院,聘任钱学森之子钱永刚教授任名誉院长,依托数学与统计学院、理学院等专业学院开展基础学科试验班、工科试验班、医学试验班、少年班等各类创新人才培养活动。钱学森学院的管理架构见图 2。

2. 细化日常管理,完善规章制度

学校按人才培养特区实施专门管理并围绕"组织机构保障、师资队伍建设、师生国际交

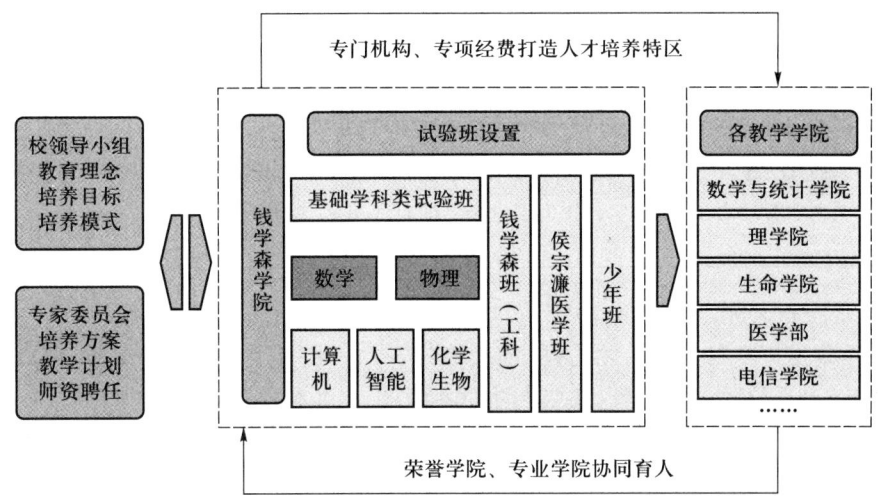

图 2 钱学森学院的管理架构

流、优化学生服务、专项经费管理"五大领域出台 18 份专项文件(表 1),为拔尖人才成长开辟绿色通道。管理文件经过学校领导小组审批通过,由钱学森学院和各专业学院负责具体实施。

表 1 主要管理文件

类型	文件名称	文号
组织机构保障	《关于成立"基础学科拔尖学生培养试验计划"领导小组的通知》	西交校〔2010〕48 号
	《关于成立"基础学科拔尖学生培养试验计划"工作委员会的通知》	西交教〔2011〕15 号
	《中共西安交通大学委员会常委会会议决定事项通知单》	交党会通〔2011〕17-2
	《钱学森学院办公及培养基地专题工作会议纪要》	西交校 2016 年第 26 号
	《关于公布本科生院下属机构的通知》	西交人〔2017〕5 号
	《钱学森学院教学委员会章程》	西交钱院〔2017〕8 号
师资队伍建设	《基础学科拔尖学生培养试验班外聘教师管理办法》	西交教〔2010〕88 号
	《西安交通大学"基础学科拔尖学生培养试验计划"师资队伍建设专题会议纪要》	西交教〔2011〕105 号
	《西安交通大学校内教师从事拔尖创新人才培养试(实)验班授课和管理工作的专项绩效津贴执行办法》	西交教〔2014〕19 号
	《西安交通大学外聘教师管理专题工作会议纪要》	西交钱院 2017 年第 3 号
	《钱学森学院教师(国内)进修选派与考核管理办法》	西交本〔2017〕7 号
	《西安交通大学关于实施本科生学业导师制的意见》	西交本〔2017〕6 号
师生国际交流	《基础学科拔尖学生培养试验班学生赴国(境)外学习暂行管理办法》	西交教〔2011〕39 号
	《西安交通大学基础学科拔尖学生培养试验班学生赴国(境)外学习管理办法》	西交教〔2016〕56 号

续表

类型	文件名称	文号
优化学生服务	《西安交通大学基础学科拔尖班学生管理规定》(暂行)	西交教〔2011〕64号
	《西安交通大学基础学科拔尖人才培养试验班学生专项管理规定》	西交钱院〔2017〕7号
专项经费管理	《西安交通大学"基础学科拔尖学生培养试验计划"专项经费管理办法》	西交财〔2013〕29号

3. 依托优势学科,落实创新举措

学校充分发挥学科专业资源优势,将入选"拔尖计划"的数学、物理试验班分别依托数学与统计学院、理学院单独编班,建立人才培养特区,多途径落实改革举措。

(1)学校成立了以数学与统计学院、理学院院长牵头的领导小组和工作实施小组,负责组织协调全院骨干教师投入拔尖人才培养,选拔综合素质高、业务能力强、热心教改的优秀教师承担试验班课程教学、学业指导、科研训练和研究实践等任务。

(2)学校单独设立试验班,建立专门管理体系。制订专门的培养方案和教学计划,采用动态进出的选拔机制,实施不同于普通班级的管理办法和学籍管理要求,鼓励学生自主发展,突出学生个性化培养。

(二)选拔优秀学生

1. 创新选拔模式,利用"两阶段四模块"机制甄选人才

学校建立"两阶段四模块"的科学人才遴选机制,每年招收数学、物理专业各40名学生,分别从高考生、少年班学生及各专业优秀生中选拔,通过笔试、面试两个阶段和特色笔试、数理思维、人文素养、创新潜能四个模块,重点考查学生的科研兴趣、学习天赋、创新潜质等素养。如图3所示。

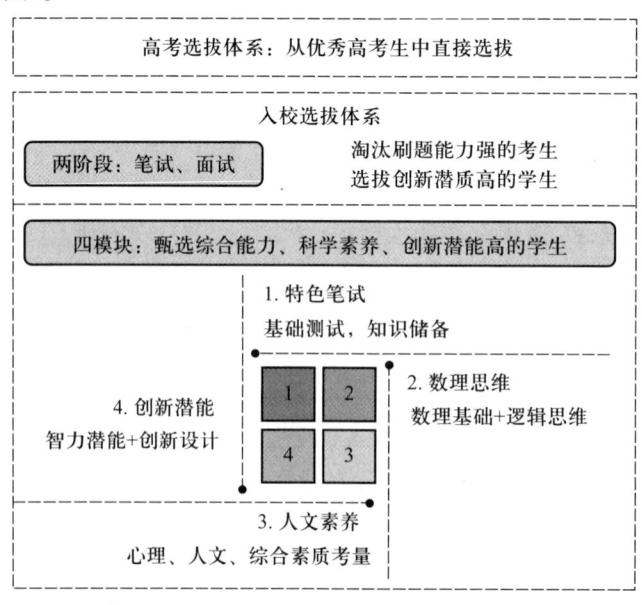

图3 西安交通大学"拔尖计划"学生选拔流程

2. 实施动态评估,建立差异化的进出机制

世界高等教育的经验表明,拔尖人才都是在激烈的竞争中脱颖而出的。学校采取动态、差异化的进出机制,对学生学业水平实施动态评估,难以胜任或兴趣转移的学生,可在每学期末申请转至普通专业班级,其中低年级学生可选择分流回原专业或普通物理、数学专业,高年级学生可留在试验班学习至毕业,不再纳入拔尖计划支持。

(三)创新培养模式:三重一化一中心

扎实的学科基础,敏锐的探索思维,独立的个性追求及宽广的国际视野是拔尖人才成长的必备要素。学校以夯实拔尖人才成长基础,筑牢创新能力发展平台为目标开展培养工作,形成了"重基础知识、重科研创新、重个性发展、强调国际化、以立德树人为中心"的"三重一化一中心"拔尖人才培养模式。

1. 融通培养,重基础知识通识教育

学校为"拔尖计划"学生专门构建"融通培养"的模块化课程体系,建立了从"基础"到"专业""创新"的阶梯化课程模块,具体包括通识基础模块(60学分)、技术科学模块(30学分)、专业学科模块(30学分)、创新实践模块(30学分),如图4所示,开设了一批基础与交叉学科方向融合的特色实践课程与专业实践课程,体现出"强理科、宽基础、重实践、国际化"的鲜明特色。例如,为加强基础知识学习,试验班邀请国家教学名师、北京大学丘维声教授长期担任高等代数与高等几何、近世代数等基础特色课程的教学任务。

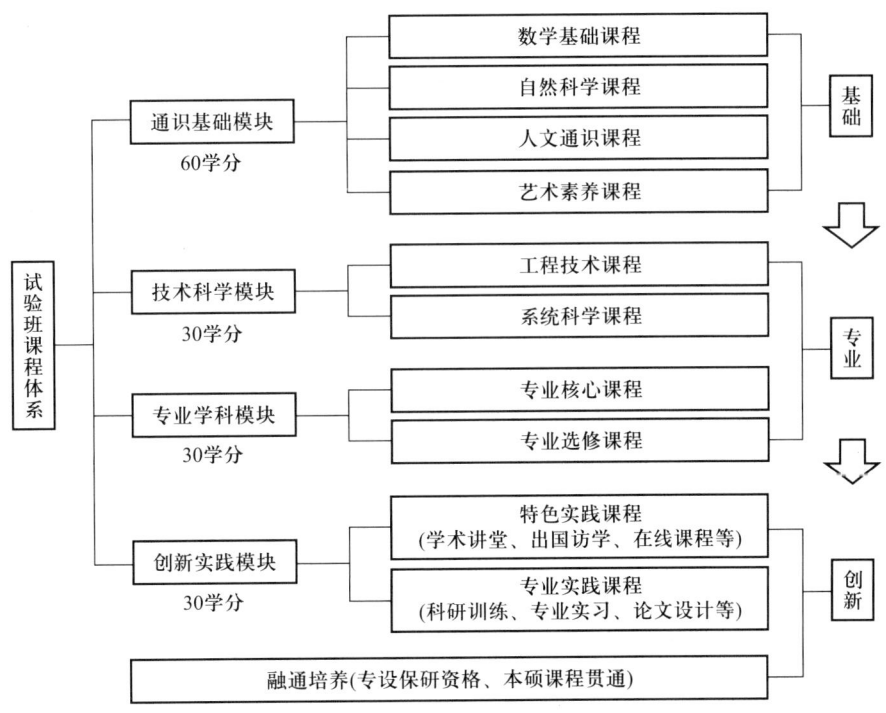

图4 "拔尖计划"培养方案

2. 学科交叉,重科研创新能力提升

学校"拔尖计划"与前沿院、国家重点实验室等优势学科、学院、机构加强合作,聘请中青年骨干教师,围绕重大基础科学问题,落实"分层、多样、递进"的科研创新实践环节(表2),实施本科生进实验室计划,通过一对一的指导,提升科研创新能力,并在此过程中不断完善科研训练指导要求和考核办法。例如,特聘徐宗本院士牵头为试验班学生开设"小课题研究""科研训练ABC三层次"科研创新特色课程。

表2 科研创新实践环节

类型	学年	科研创新实践主题	具体举措和内容
数学试验班	第一学年	科研预备期:开设3~4个专题讨论班,安排科学实验	以学生主讲、教师指导为主,拓展知识、激发兴趣,体验科研入门
	第二学年	初级训练期:开展数学建模、基础文献调研等学习实践	配备一对一导师,完成指定任务,鼓励参加竞赛,体验研究全过程
	第三学年	中级训练期:参加学科竞赛、自选课题、自备试验探索	在导师指导下对给定问题开展研究,撰写报告,完成科研考核与答辩
	第四学年	一线训练期:参与科研课题研究,完成毕业设计	结合兴趣方向选择导师,参与课题组探索,贯通毕业设计进行学习
物理试验班	第一学年	科研训练A课程:选修科研训练A课程,参加学科竞赛完成科研初步训练	完成科技文献的检索和综述工作,参加一个完整的学科竞赛
	第二学年	科研训练B课程:选修科研训练B课程,完成综合专题实验,熟练实验操作	进入科研实验室,掌握通用仪器设备操作,深入地了解研究方向
	第三学年	科研训练C课程:选修科研训练C课程,加入科研团队,进行课题研究	选配科研导师,逐步加入科研团队创新研究活动,开展课题研究
	第四学年	毕业课题研究:在前期基础上,开始毕设课题研究	延续科研训练A~C的课题,完成毕业设计

3. 因材施教,重学生个性化培养

学校专门制定培养方案和教学计划,灵活组织教学科研,构建模块化课程体系;设置"学分认证兑换制度",实施国内外学分互认,允许跨年级、跨专业选修课程;允许个别学生跨校选课和提前修读研究生课程(如批准学生赴麻省理工学院等国际名校进行课程学习并折减在校课程学分);鼓励学生涉猎不同兴趣方向,帮助他们快速成才(如2012级贾怡同学专注于中微子方向并于2016年赴美国麻省理工学院攻读博士,师从诺贝尔物理学奖得主丁肇中教授)。

4. 比学赶超,营建国际化学术氛围

学校按"本硕博"统筹考虑,形成了"大一、大二国内学习,大三国外提升,大四回国升华"的"三段式"国际化学习培养模式。研究生阶段注重与国外一流名校联合培养,获取联合博士或双博士学位。为更好地开展国际化科研实践,学校邀请国际名师授课,参加国(境)外名校暑期学校,实施并推广"三学期"改革,为拔尖学生参与科研训练、学科竞赛提供学制保障。例如,学校聘请高端外籍专家曼彻斯特大学 Klaus Muller – Dethlefs 教授长期开设"量子力学选讲"等特色课程。

5. 品行养成,以立德树人为中心

学校提出"品行养成、思维创新、能力培养、知识创新"的"四位一体"人才培养理念,开展"读百本经典、听百场讲座、识百位名师、参与百场活动"的"四个一百"育人行动,与中国航天科技集团、宇航员训练中心、战略支援部队等签署战略合作协议,建立7个爱国主义教育基地,通过系列实践活动,塑造学生的高尚品行,培养学生的社会责任感、家国情怀和爱国奉献精神。

(四)改革教学管理

1. 建立双院育人特区,实施小班化导师制

学校根据"拔尖计划"学生的实际情况,建立"教学特区",实施灵活的"双院制"管理。分别由钱学森学院制定专门政策,划拨专门经费,统筹通识教育和创新人才管理工作,由专业学院研讨制定人才培养计划并落实"小班化"教学及学业导师,两院各有侧重,实现协同育人。

2. 实行完全学分改革,促进学生自主发展

学校面向"拔尖计划"学生实施完全学分制改革,制订了灵活的课程免修、缓修及补修制度,与普通班学生的培养方案不同,拔尖计划学生免修了同学科普通班近20学分的课程,留出充分空间保障科研探索与自主创新训练。同时,在选修课方面,赋予"拔尖计划"学生更大自由度。在导师指导下,还可实现跨国、跨校、跨院、跨学科选修,对国内其他大学、国际交流期间的选修学分,均予以学分折抵或认可。

3. 引入学业评价体系,激励拔尖人才涌现

学校根据拔尖创新人才特点,改革传统评价方法,将学生的"综合学业水平、道德品质发展、综合潜能提升"等多方面纳入学业评价,建立起多元化的三级学业评价体系,从测试成绩、学业水平、道德认知、道德行为、创新潜能、心理健康等多方面关注学生成长(图5)。具体到课程领域,还通过广泛采用笔试+口试、期末+平时等综合评价手段,多元视角激励拔尖人才涌现。

4. 设立领先成长计划,完善学生服务措施

学校通过多种途径鼓励、帮助学生成长,设立"领先成长计划",重点解决低年级学生缺乏科研兴趣,高年级学生科研创新能力相对较弱等常见突出问题。采用"以老带新"的做法,由高年级学生参与指导低年级学生进行课题探索,邀请优秀毕业生回校与在读学生深入交流等方式,促使学生尽早接触、了解学科前沿,激发科研兴趣和热情,培养创新精神、实践动手能力、团队合作精神。

(五)配备一流教师

1. 延揽一流名师担纲拔尖人才培养

学校坚持延揽国内外一流名师扶助拔尖人才成长(表3和表4),选聘优秀辅导教师,加强启发式研讨,安排学生开展科研创新实践,关注创新思维训练和对创新方法的理解和应用。

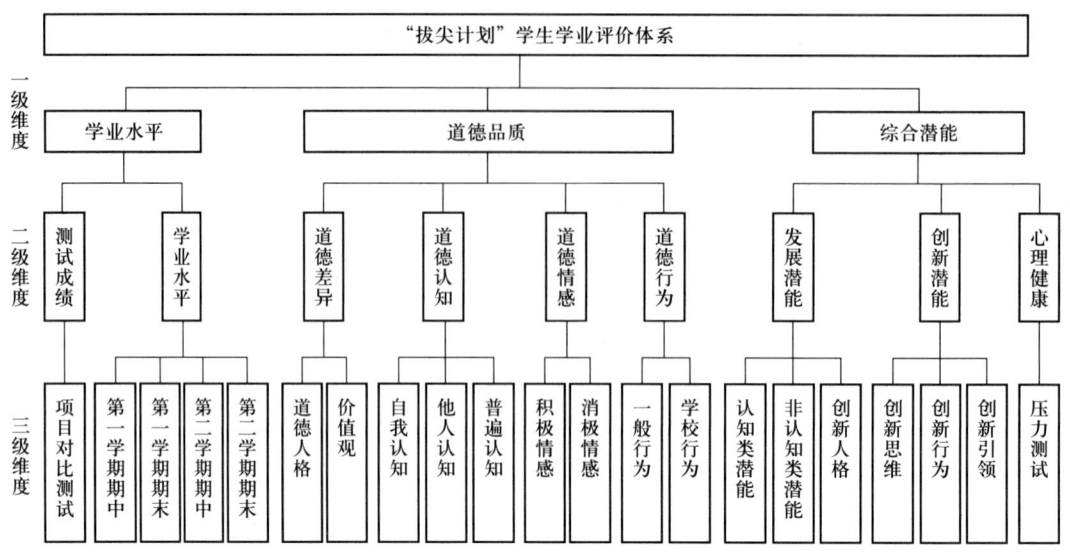

图 5　学业评价体系

表 3　部分师资情况——核心课程

教学内容	校内师资（部分）	校外师资（部分）
数学试验班核心课程	中国科学院院士徐宗本教授、国家教学名师马知恩教授、彭济根教授、易媛教授、肖燕妮教授、李东升教授、梅长林教授、周义仓教授、陈红斌教授、陈志平教授、张正策教授等	国家首届教学名师北京大学丘维声教授、首都师范大学石生明教授、北京大学李承治教授、北京大学刘嘉荃教授、南开大学定光桂教授
物理试验班核心课程	达姆斯塔特工业大学Hoffmann教授、省级教学名师王小力教授、李福利教授、张胜利教授、徐忠锋教授、张淳民教授、王延申教授、李广良教授、杨森教授、高宏教授等	麻省理工学院李巨教授，纽布朗大学王鼎益教授，国家级教学名师、兰州大学钱伯初教授(已故)，北京大学钟锡华教授、吴崇试教授、丁浩刚教授、程檀生教授，国家级教学名师、武汉大学姚端正教授等

表 4　部分师资情况——短期授课与科研指导

教学内容	主要师资情况
短期授课科研指导	西班牙皇家科学院院士Prof. Jaume Llibre,加拿大工程院院士Prof. Zhangxing John Chen,达姆斯塔特工业大学Dieter H. H. Hoffmann教授,佐治亚理工学院易英飞教授,华盛顿大学Prof. Yu Yuan,长江学者、德州农工大学Prof. Bao-An Li,耶鲁大学Prof. Joel Gelernter,加州大学伯克利分校Prof. Hsiang Wu-Yi,曼彻斯特大学Nikolaus Stolterfoht教授,巴黎第六大学Jean-Pierre Francoise教授,蒙特利尔大学Prof. Dana Schlomiuk,纽布朗大学王鼎益教授,密歇根州立大学Prof. Yang Wang、Prof. Jeanne Wald、Pawel Danielewicz教授,爱荷华大学Prof. Weimin Han,康涅狄格大学Prof. Jinbo Bi,蒂尔堡大学W. H. Haemers,格拉斯哥大学Miles Padgett教授,德州农工大学Carlos Bertulani教授、Anatoly A. Svidzinsky教授；英国数学博士Dr. Fraser,印第安纳大学Charles Horowize教授,德国亥姆霍兹柏林能源与材料研究院Nikolaus Stolterfoht教授,内布拉斯加大学林肯分校Batelaan Hermanus教授、John Charles Meakin教授,美国北得克萨斯州大学Yuri Rostovtsev教授等

2. 科研创新与人才成长双导师制度

结合"拔尖计划"教学设计和育人目标,学校不断加强教师直接参与,通过师生双向选择,落实"拔尖计划"的"师资队伍建设标准"和"双导师"育人制度。一方面,学校聘请教学经验丰富、具有国际视野的科学家担任学业导师,负责督促和帮助学生掌握科研规范与方法,引领学生开展科研创新探索;另一方面,聘请有能力、有责任的青年教师担任生活导师,主要关注学生的心理健康、道德发展,创造条件帮助学生提升表达能力、沟通能力,引导学生树立科学的人生观、价值观和世界观。

3. 培养引进青年教师构建优秀团队

学校选聘校内高水平名师担任钱学森学院教学任务,包括3名国家级教学名师、12名省级教学名师、4支国家教学团队、5支省级教学团队等;聘请国内外优秀教师来校交流,安排中青年教师跟随外聘专家听课、协助辅导、参加课程组讨论等;常年坚持选派中青年教师赴美国普林斯顿大学、美国密歇根州立大学、新加坡南洋理工大学、清华大学等国内外名校开展专业知识培训、教学方法进修。与此同时,学校出台激励政策,明确选聘、选派教师工作职责、岗位待遇。

(六)科研训练条件

1. 提供国内外高水平科研训练平台

为支持拔尖学生科研创新,西安交通大学国家工科物理实验示范中心、国家工科数学教学基地、金属材料强度国家重点实验室、机械结构强度与振动国家重点实验室等高水平科研平台面向拔尖计划学生开放。此外,试验班还有针对性地与一些科研院所建立了实践基地,如兰州近代物理研究所、中科院国家授时中心、中国科学院西安光机所、中国科学院物理所等,为学生在小学期和毕业设计期间开展科研实践训练提供良好平台。

2. 鼓励支持学生开展科研创新活动

学校注重培养学生的探究意识和创新能力。不同学科试验班的学生依据学科特色,开展多样化、多层次的科研训练。例如,物理试验班从一年级开始接受导师指导,完成文献检索与综述;大二时进入实验室,掌握通用仪器操作,深入了解各研究方向;大三时选择科研导师,参加具体项目训练,申报主持大学生创新基金,持续科研探索至毕业。又如,数学试验班一年级时开设数学实验专项训练;二年级时参加数学建模必修课及建模竞赛;三年级时与导师合作进行科研项目探索并为深造硕博学位、尝试科研创新做准备。

3. 踊跃参与创新实践成果成效显著

各学科拔尖学生科研创新已取得显著成果。据不完全统计,2013—2018年间,试验班学生发表高水平国际论文105篇,其中在《自然》《自然物理》《自然材料》《物理评论快报》《IEEE学报》等国际顶级学术期刊不断有成果涌现。数学、物理试验班学生积极参加丘成桐大学生数学竞赛、美国大学生数学建模竞赛、全国大学生数学竞赛、全国大学生数学建模竞赛、物理学术竞赛、中国大学生物理实验竞赛等国际、国内知名竞赛并获得优异成绩,其中累计72人次获得国际、国内特等、一、二、三等奖或单项奖。

（七）国际化培养

1. 培养"订单化"

学校采取"订单化"的国际人才培养方式,先后与麻省理工学院、加州大学伯克利分校等世界知名学府签订联合培养学生协议(表5),为学生提供更高效、便捷、可靠的培养平台,帮助学生在语言、思维、文化、能力、素养等方面快速提升,增强学校参与国际合作与交流的能力,提升教师的国际化水平。例如,与麻省理工学院签订协议,每年选派1~2名学生开展为期一学期以上的学分互认课程学习及科研合作交流。

表5 部分国际交流项目协议单位

序号	协议学校	U. S. News 排名	签署协议学科
1	麻省理工学院	2	物理
2	加州大学伯克利分校	4	物理、数学
3	哥伦比亚大学	8	数学
4	新加坡国立大学	43	数学、物理、化学生物
5	卡耐基·梅隆大学	58	数学、物理、生物
6	曼彻斯特大学	59	物理、数学等
7	莫纳什大学	68	物理、数学等
8	佐治亚理工学院	71	数学
9	莱顿大学	79	计算机科学、生物信息
10	密歇根州立大学	81	物理、数学

注:此外还有格拉斯哥大学、德州农工大学、阿尔伯塔大学、纽约州立大学石溪分校等。

2. 学者"请进来"

学校利用暑期小学期,积极联系和邀请国外知名教授前来交流。目前,已经邀请包含10名诺贝尔奖得主在内的数百人次国外知名院士、各学科领域的顶级科学家为试验班学生短期授课、讲座、合作指导开展科研(表6)。

表6 试验班邀请部分国内外学者情况

试验班	邀请人员层次	部分国外受邀者名单
数学试验班	诺贝尔奖得主4人,美国、加拿大、比利时等国家院士,耶鲁大学等校世界顶尖科学家	2004年诺贝尔物理学奖得主David J. Gross,2006年诺贝尔物理学奖得主Geroge Smoot,2010年诺贝尔物理学奖得主Kostya Novoselov,2010年诺贝尔化学奖得主铃木章,耶鲁大学Prof. Joel Gelernter,加州大学伯克利分校Prof. Hsiang Wu-Yi,比利时科学院院士Freddy Dumortier,加拿大工程院院士、卡尔加里大学Zhangxing John Chen教授,法国科学院院士、巴黎第六大学Philippe G. LeFloch教授,华盛顿大学Yu Yuan教授,西班牙皇家科学院院士Jaume Llibre教授,普林斯顿大学范剑青教授等

续表

试验班	邀请人员层次	部分国外受邀者名单
物理试验班	诺贝尔奖得主6人,美国等国家院士,麻省理工学院等校世界顶尖科学家等	1996年诺贝尔物理学奖得主Robert C. Richardson,2014年诺贝尔物理学奖得主中村修二,1997年诺贝尔物理学奖得主William Daniel Phillips,2011年诺贝尔化学奖得主Dan Shechtman,1997年诺贝尔化学奖得主John E. Walker,2007年诺贝尔物理学奖得主Albert Fert,达姆斯塔特工业大学Dieter H. H. Hoffmann教授,加州大学伯克利分校Zubairy、Carlos Bertulani教授,曼彻斯特大学Klaus Müller-Dethlefs,麻省理工学院李巨教授,普渡大学陈勇教授,马里兰大学史砚华教授等

3. 学生"走出去"

截至2018年7月,"拔尖计划"派出学生462人次,其中76%的学生完整参加了一个学期的国际交流,24%的学生参加了一个半月的短期交流,年均赴国外长期交流人数平均增幅达到36%,年均短期交流人数平均增幅达35%(图6)。在国际化学习频率更高的情况下,"拔尖计划"学生既参加课程学习,也积极参与国外导师的实验室研究。10年来,西安交通大学派出学生在课程学习、科研实践等方面均表现优异,收获普遍赞誉,国外合作者对钱学森荣誉学院及其他基础学科实施的"拔尖计划"高度认同。

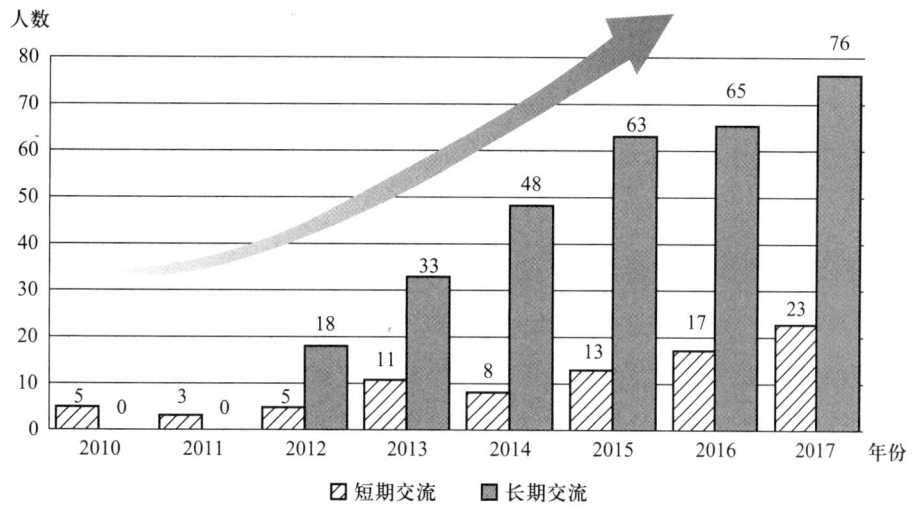

图6 在校学生出国交流情况

(八)拔尖人才培养的方式方法研究

1. 课题开展情况

围绕拔尖人才培养,学校开展了"管理改革、课程改革、交叉探索"三大类、累计54项研究项目,182人次的教学管理人员参与研究。

(1)管理改革类研究。依托基础学科拔尖计划研究、国家自然科学基金等开展创新人才改革探索,如"以层次递进、兴趣导向的科研训练平台培养拔尖学生的科研兴趣和能力"

"三段式中外合作数学拔尖人才培养机制的探索与实践"等。

（2）课程改革类研究。依托教育部、陕西省、学校教改项目进行课程改革探索。如"量子力学小班讨论课实施方案教改研究""面向MOOC的教学管理评估体系研究""科技创新人才培养模式研究"等。

（3）交叉探索类研究。学校积极组织学科交叉创新课题，鼓励学科交叉创新，例如，数学试验班设立22项科研训练项目，分别与信息科学、计算机学、经济金融、生命科学等学科交叉，融合现代科学技术与理论方法，探索交叉前沿问题。

2. 主要研究进展

2010年以来，围绕发达国家创新人才培养理念、高校创新人才教育目标设定、拔尖人才学习经历、个体创新行为、开放性的人才培育环境、学生批判性思维发展、三段式合作办学、小班授课、教学方式改革等各领域展开探索，发表教改论文25篇，CSSCI期刊收录23篇，成果对指导教学发挥积极作用。

三、实施成效

（一）毕业生去向和特色

1. 毕业生去向

截至2018年，试验班毕业学生6届共310人（按教育部分配指标，上报教育部毕业生信息系统226人），深造率为100%，其中179名学生被麻省理工学院、哈佛大学、普林斯顿大学等国际名校录取，其余学生均赴北京大学、清华大学等国内名校或研究院所攻读硕博学位，部分毕业生国际深造去向见表7。

表7 部分优秀毕业生赴国际名校、知名团队深造情况

学生	年级	深造学校	导师	专业方向
贾 怡	2012	麻省理工学院	丁肇中 （诺贝尔物理学奖得主）	高能物理
王 尧	2010	普林斯顿大学	John Forbes Nash, Jr. （诺贝尔经济学奖得主）	数学
杨金成	2013	得克萨斯州立大学 奥斯汀分校	Luis A. Caffarelli （沃尔夫奖获得者、美国科学院院士）	数学
吴又佳	2013	密歇根大学 安娜堡分校	Katherine Freese （暗物质早期研究的开创者之一）	宇宙中微子背景和 暗物质直接探测
霍卫光	2011	普林斯顿大学	James Sturm	Si/SiGe异质节CVD生长
郭 铎	2011	哥伦比亚大学	Robert Mawhinney	lattice QCD
郝泽宇	2013	哈佛大学	Philip Kim	石墨烯中的激子凝聚
李长昊	2013	麻省理工学院	Paola Cappellaro	量子信息和传感

在保持高深造率的同时,试验班毕业生进入世界排名前50、前100高校的学生比例逐年增加(图7),按上报教育部毕业生信息系统统计,赴世界前50名高校(QS排名)深造的毕业生占总数的46%,赴世界前100名高校(QS排名)深造的毕业生占总数的70%,赴世界排名前100的高校深造的学生增幅达到21%。例如,2013届安杨、2015届郭铎赴哥伦比亚大学攻读博士,2014届王尧、2015届霍卫光赴美国普林斯顿大学攻读博士,2016届贾怡、2017届付雨秋、李长昊赴美国麻省理工学院攻读博士,2017届郝泽宇赴哈佛大学深造。

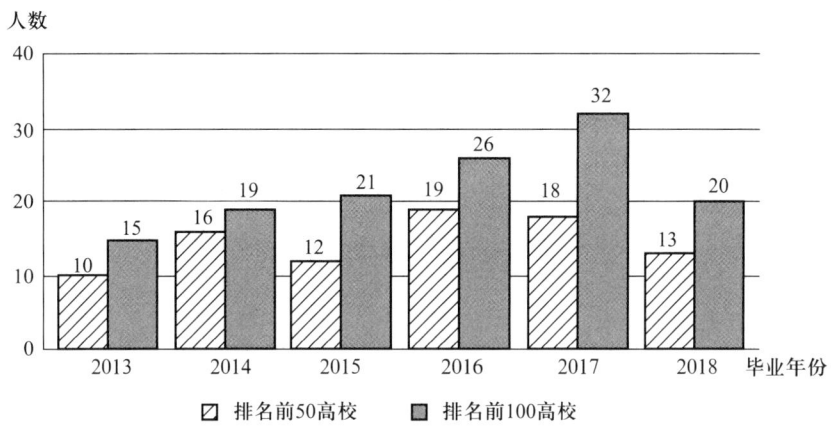

图7 试验班毕业生赴国外排名前100高校深造人数

2. 学生特色

与普通学生相比,"拔尖计划"试验班学生培养特色鲜明、成效显著。例如,《中国高教研究》《复旦教育论坛》等学术论文针对西安交通大学"拔尖计划"的研究表明,"学术动机、认知需求、多样性开放度"等体现培养过程的关键指标得分明显高于普通班学生(图8)。"批判性思维倾向、个体创新行为、社会责任领导力"等体现培养成效的关键指标也明显表现优异(图9)。

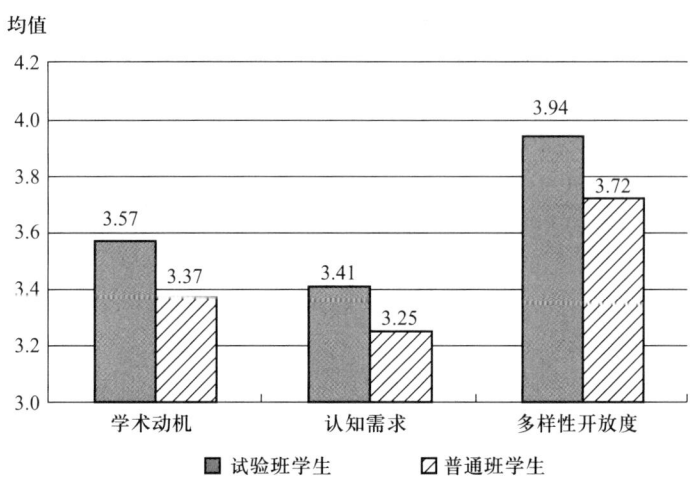

图8 试验班学生与普通班学生培养过程关键指标对比

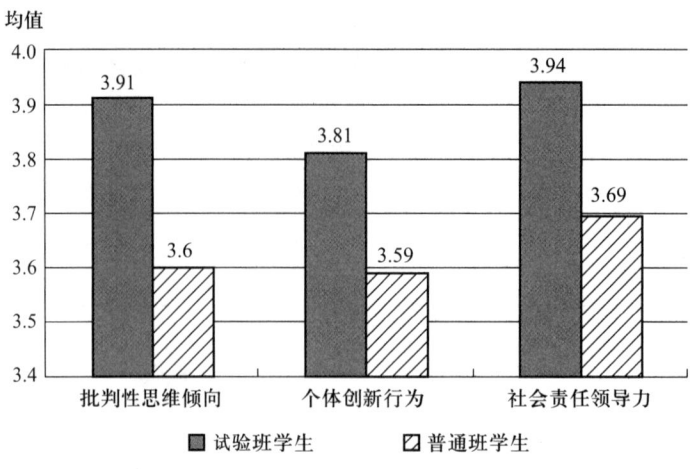

图9 试验班学生与普通班学生培养成效关键指标对比

(二)毕业生成长情况

1. 毕业生跟踪机制

钱学森学院建立追踪机制,通过QQ群、邮件联系等方式关注试验班毕业生成长。试验班学生发表论文105篇,其中在《自然》(Nature)发表论文1篇,在《自然纳米技术》《自然通讯》等子刊上发表论文4篇,在物理学科顶级期刊《物理评论快报》上发表论文4篇。这些学生在数学及数学应用领域知名期刊《IEEE学报》等发表论文9篇(表8)。

试验班毕业生离校后,继续师从世界顶级名师,不断收获各种荣誉。例如,数学试验班王尧赴普林斯顿大学纳什团队攻读数学博士学位;数学试验班杨金成毕业后被美国得克萨斯州立大学奥斯汀分校录取,现跟随沃尔夫奖得主 Luis A. Caffarelli 教授攻读博士学位并获 Frank Gerth Ⅲ GraaduateExcellence Award 荣誉;数学试验班2014级付雨秋,大学期间赴哈佛大学、加州大学伯克利分校交流,毕业后赴麻省理工学院攻读博士学位并获得 Presidential Fellowship 的荣誉。

表8 试验班学生发表论文代表作

序号	姓名	年级	学科	论文名称	刊物名称(发表年份)
1	刘松	2010	物理	Weak synchronization and large-scale collective oscillation in dense bacterial suspensions	Nature(2017)
2	康凯飞	2012	物理	Enhanced valley splitting in monolayer WSe2 due to magnetic exchange field	Nature Nanotech(2017)
3	周宇	2010	物理	Coherent control of a strongly driven silicon vacancy optical transition indiamond	Nature Commun(2017)
4	张柯南	2010	物理	Lorentz-violating type-Ⅱ Dirac fermions in transition metal dichalcogenide PtTe2	Nature Commun(2017)

续表

序号	姓名	年级	学科	论文名称	刊物名称(发表年份)
5	张柯南	2010	物理	Raman signatures of inversion symmetry breaking and structural phase transition in type-II Weyl semimetal MoTe2	Nature Commun(2017)
6	张英超	2012	物理	Critical behavior within 20 fs drives the out-of-equilibrium laser-induced magnetic phase transition in nickel	Science Advances(2018)
7	宋博	2010	物理	Observation of symmetry-protected topological band with ultracold fermions	Science Advances(2018)
8	贾怡	2012	物理	Observation of new properties of secondary cosmic rays lithium, beryllium, and boron by the alpha magnetic spectrometer on the international space station	Phys. Rev. Lett(2018)
9	贾怡	2012	物理	Observation of the identical rigidity dependence of He, C, and O cosmic rays at high rigidities by the alpha magnetic spectrometer on the international space station	Phys. Rev. Lett(2017)
10	龙俊伶	2010	物理	Electromagnetically induced transparency in circuit quantum electrodynamics with nested polariton states	Phys. Rev. Lett(2018)
11	李长昊	2013	物理	Single-shot readout of a nuclear spin weakly coupled to a nitrogen-vacancy center at room temperature	Phys. Rev. Lett(2017)
12	王瑜	2009	数学	On linear convergence of adaptively iterative thresholding algorithms for compressed sensing	IEEE Transactions(2014)
13	安杨	2009	数学	Canonical representatives for divisorclasses on tropical curves and matrix-tree theorem	Forum of Mathematics Sigma(2014)
14	岳天溦	2014	数学	Compressive sensing of hyperspectral images via joint tensor tucker decomposition and weighted total variation regularization	IEEE Geoscience and Remote Sensing(2017)
15	杨金成	2013	数学	Linear inviscid damping for couette flow in stratified fluid	Journal of Mathematics Fluid Mechanics(2018)
16	杨子申	2010	数学	Exact solutions for latency-bounded target set selection problem on some special families of graphs	Discrete Applied Mathematics(2016)
17	王尧	2010	数学	Optimal convergence rate of the universal estimation error	Research in the Mathematical Sciences(2017)

续表

序号	姓名	年级	学科	论文名称	刊物名称（发表年份）
18	王瑜	2009	数学	Fixation times in differentiation and evolution in the presence of bottlenecks, deserts, and oases	Journal of Theoretical Biology（2015）
19	杨鹏程	2013	数学	The role of the temporal pole in modulating primitive auditory memory	Neuroscience Letters（2016）
20	陈龙	2010	数学	Super-resolution dipole orientation mapping via polarization demodulation	Light: Science Application（2016）

2. 媒体关注报道

西安交通大学自实施"拔尖计划"以来，带动了学校全方位创新人才培养改革，发挥了良好示范辐射作用，引起了社会高度关注。中央电视台以"试验班的故事——沿着钱学森走过的路前进""中国梦 少年强"为题对西安交通大学拔尖人才培养工作进行了专题报道，中国教育报、新华网、光明网、央广网、凤凰网、中国新闻网等媒体原始报道22次，各类媒体大量转载（表9）。

表9 部分新闻媒体报道情况

序号	报道标题	媒体	报道时间
1	试验班的故事——沿着钱学森走过的路前进	中央电视台	2012年7月21日
2	中国梦 少年强	中央电视台	2015年12月18日
3	多措并举 试验班个性化本科培养答"钱学森之问"西交大集"大成智慧"育拔尖人才	中国教育报	2018年7月2日
4	西安交通大学钱学森学院多高才能捅破本科教育"天花板"	中国教育报	2017年6月12日
5	西安交大钱学森学院215名学生毕业	新华网	2018年6月17日
6	西安交大推人才培养重大改革 成立钱学森学院	光明网	2016年12月26日
7	西安交大着力打造拔尖人才成长专门通道理科物理试验班学生培养成效显著	凤凰网	2017年5月24日
8	西安交大2018届钱院学子毕业 校方寄语:饮水思源	中国新闻网	2018年6月16日
9	教育部在西安交大召开会议研讨基础学科拔尖计划	央广网	2017年11月29日
10	西安交大举办2018届"钱学森学院荣誉毕业生"证书授予仪式	中国青年网	2018年6月17日

注：此外《华商报》等其他媒体围绕优秀毕业生、国际期刊论文发表、创新人才培养研讨会等各类报道20余篇。

（三）经验与展望

为进一步提升拔尖创新人才培养，学校还将在以下方面继续完善。

（1）注重特色，发挥办学优势。每所大学都有自己的特色与理念，拔尖创新人才培养改革也应研判本校育人特色、学科特色，并在此基础上扩展"拔尖计划"人才培养的改革经验，适度地拓展学科专业，形成符合本校办学优势的拔尖人才培养模式。

（2）持续关注，完善追踪机制。西安交通大学未来还应健全拔尖学生毕业追踪机制，建立"学校—学院—专业"三级联动的毕业校友数据平台，持续对"拔尖计划"学生进行发展跟踪，提供必要的成长帮助，统计、分析、研究"拔尖计划"学生的成才特点。

四、持续改进

1. 质量监控机制

学校在10年办学中持续关注难点、重点问题，通过不断深化改革，确保拔尖创新人才培养质量持续提升。具体持续改进与质量监控举措如下。

（1）管理机构升规格：为理顺院校之间、院院之间的管理机制，有效调动办学资源，2016年，学校在拔尖人才培养办公室的基础上成立钱学森学院，有效解决了拔尖创新人才培养过程中政策难统筹、跨院管理难、学生归属感低等突出问题。

（2）出国交流升规模：为解决"拔尖计划"学生出国交流率偏低的问题，学校积极拓展国际交流渠道，持续加大资助力度，使学生出国交流比例由2010年的8.8%提升至2017年的77.3%，赴世界排名前50、前100名大学交流比例不断增加，为学生出国深造奠定了良好的基础。

（3）质量监控升标准：学校不断探索更高标准、更高水平的"拔尖计划"学生质量监控机制，已经构建包含"分类测评、多源分析、多维排序"三大环节的质量监控流程（图10），并逐渐辐射至全校学生的质量管理过程。

（4）立德树人升举措：为解决入选"拔尖计划"学生课程压力大、课业活动紧凑、导致学生过于关注成绩的问题，学校专门与中国宇航员训练中心等单位签署爱国主义教育基地协议，落实"爱国、励志、求真、力行"的人才标准。

2. 未来发展规划

依据《教育部等六部门关于实施基础学科拔尖学生培养计划2.0的意见》，学校将进一步拓展"拔尖计划"实施范围，加大人才培养数量，创新模式提升质量，未来重点规划包括以下几方面。

（1）拓围增量，有序推进"拔尖计划"覆盖范围。西安交通大学将在数学、物理学科试验班改革成绩基础上，结合学校其他各类人才改革计划的经验，遴选理工优势学科、人文社会学科优势学科，拓展"拔尖计划"涵盖范围，全面提升本科创新人才培养。

（2）提质创新，构建高等教育人才培养新高地。西安交通大学将尝试对标国际高等教

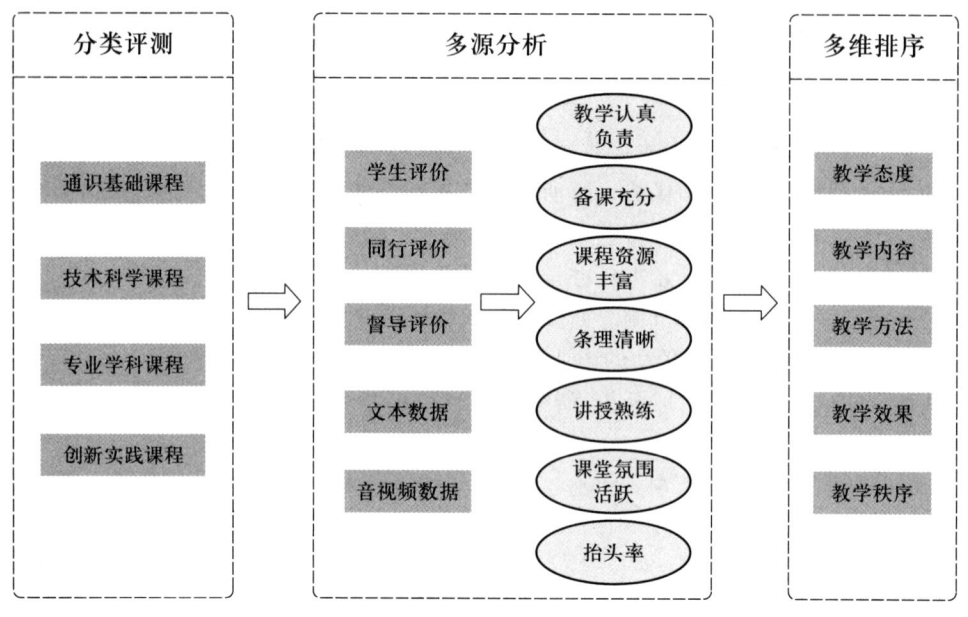

图 10 质量监控流程

育专业认证的人才培养水准,提升国内各学科创新人才培养质量,"运用新理念、依托新标准、采用新技术、尝试新方法、营建新文化",打造中国高等教育人才培养新高地。

(3)深化研究,全力支持有序部署荣誉教育。依托"拔尖计划"2.0 的推动实施,西安交通大学将继续深化创新人才成长规律研究,根据新的时代需求,不断完善管理架构,改进人才培养环节,丰富个性化、多样化的育人活动,推动中国荣誉教育发展。

撰稿人:杨森、王娟、李德成、王蓓

北京师范大学自评报告

北京师范大学是国家高素质创新型人才培养的重要基地,有国家理科基地 5 个、国家文科基地 2 个、国家级实验教学示范中心 4 个、国家级虚拟仿真实验教学中心 2 个。学校始终把人才培养和创建高水平学科专业紧密结合,科学研究与人才培养良性互动,充分发挥师资力量雄厚、学风求真务实等综合优势,扎实推进人才培养模式改革。北京师范大学在 2010 年进入"基础学科拔尖学生培养试验计划"(以下简称"拔尖计划"),截至 2018 年 7 月,励耘基础理科实验班有在籍学生 403 人。

一、"拔尖计划"实施的目标定位

学校坚持以学生全面发展为本,转变教育思想,更新教育观念,充分发挥北京师范大学文理基础学科和教育科学以及学科综合的优势特色,借鉴国内外一流大学拔尖创新人才培养的成功经验,创新人才培养与管理模式,着力培养基础学科拔尖学生。

1. 总体目标

北京师范大学实施"拔尖计划"的总体目标是:改革培养模式,实施导师指导下的"开放式、宽口径、厚基础、个性化"本研衔接的拔尖学生培养模式,构建基础学科拔尖人才培养新体系。在改革培养模式、创新管理模式的基础上,配备一流的师资,提供一流的学习条件,营造一流的学术氛围和开放的交流平台,努力把学生培养成为兴趣浓厚、志向远大、基础扎实、能力突出、德才兼备、勇于创新的拔尖学生,为他们成为相关基础学科领军人物、知名学者奠定坚实基础。同时,通过计划实施的示范和辐射作用,带动全校人才培养质量的全面提升。图 1 为北京师范大学励耘学院的培养目标及特色。

2. 毕业要求

北京师范大学实施"拔尖计划"对毕业生的要求是:毕业生 100% 实现继续深造,在世界排名前 10 的基础学科深造的比例逐步提升;10 ~ 20 年后有一批毕业生能够在世界一流大学任教或在顶级研究机构从事科学研究。

培养目标及特色

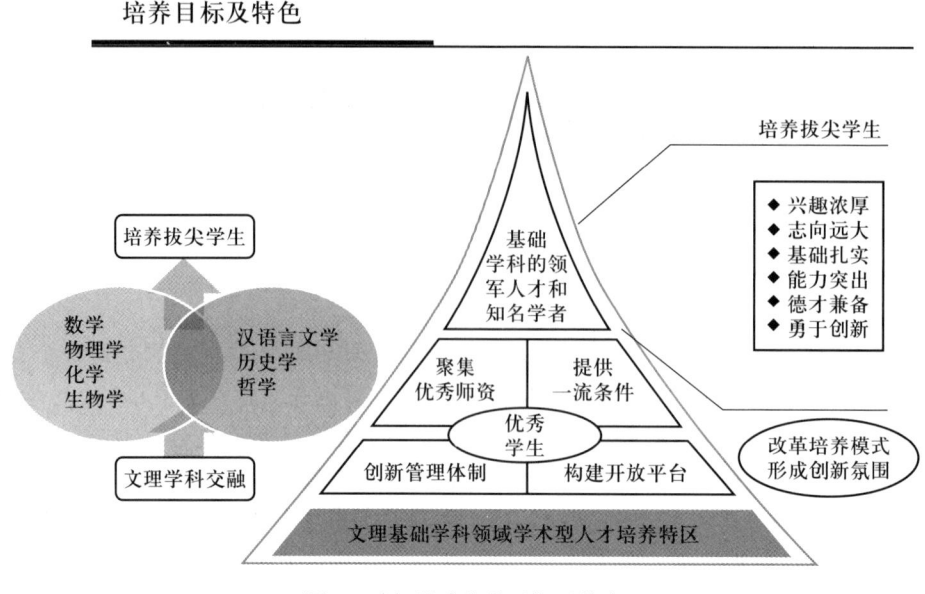

图 1 励耘学院培养目标及特色

二、"拔尖计划"具体实施过程

"励耘基础学科拔尖学生培养试验计划"经过近10年的改革实践,在突出优势、拓展领域、完善体系、补齐短板等方面形成了有效的做法和经验。

(一)完善机制:加强政策组织保障,推动人才培养制度创新

依托基础学科优势,学校组建跨学科的试点学院"励耘学院","励耘"取自老校长陈垣先生书屋的名字,寓意为励精图治、勤奋耕耘。励耘学院统筹协调实验班改革和培养工作,聘请资深教授顾明远先生担任院长;每年选拔120名基础理科学生,组建"基础理科拔尖学生培养实验班"(含数学、物理学、化学、生物学);同时,自筹经费设立人文学科实验班,每年选拔60名学生,培养文史哲拔尖学生。学校成立励耘基础学科拔尖学生培养试验计划领导小组,由校长任组长、主管本科教学工作的校长任副组长,负责计划的领导和协调;成立励耘学院专家委员会,负责计划的总体设计、培养方案的制订及实施指导;成立励耘学院管理委员会,由教学副院长、副书记组成,负责计划的具体实施。

励耘学院在教学和管理方面享有充分自主权,学校加强了政策制度保障,出台了校发文《北京师范大学励耘基础学科拔尖学生培养试验计划实施方案》,研制了励耘拔尖计划专项经费管理办法、学业导师聘任与考核管理办法、学生动态进出管理办法、学生国际交流管理办法等6份管理规定。

（二）科学选拔：动态进出，实现学生兴趣驱动和生源质量有机统一

学校通过高考直接将学生招收入校，再在相关专业二次遴选的方式，经学生自愿申请、专家面试（图2）、笔试测试等多元化考察选拔，将对基础学科兴趣浓厚的优秀学生选拔到培养计划中。其中，笔试测验考查学生的一般能力和学习潜力。除一般能力倾向测验（包括文字理解、逻辑推理、图形推理和资料分析四部分）外，还加入了WG推理测验、实践智力测验两部分作为辅助的录取参考标准。

(a) 面试现场1　　　　　　　　　(b) 面试现场2

图2　励耘学院专家委员会对申请转入励耘实验班学生进行选拔面试

励耘"拔尖计划"的实施有效地提高了学校基础理科的生源质量。理科实验班的第一专业志愿录取率由2013年的89.8%提升至2017年的98.3%。学校招办对生源质量做了赋值分析，2013—2015年励耘理科实验班的生源质量从全校第二位提升至稳居全校理工类第一位。

学校实施动态进出，专业分流。实验班分别在第二、四学期进行综合考核，学生有多次机会调整专业。部分不适应"拔尖计划"培养的学生将分流到相关专业继续学习；其他自觉愿意严格要求、刻苦学习并成绩优秀的学生有机会选拔进入实验班学习。以2014年为例，2013级励耘理科实验班中期考核退出16人：数学与应用数学9人、物理学3人、化学2人、生物科学2人；选拔进入11人：数学与应用数学5人、物理学4人、化学2人。

（三）创新模式：聚焦课程体系和教学方法，突出个性化培养

1. 注重学生个性化发展，不断完善"三自主"培养模式改革

依托一流学科，强化通识教育，突出了通识教育、分流培养、本研衔接的"三段一体式"。实验班压缩了毕业学分，理科145学分、文科135学分，均为全校文理科最低毕业学分要求，大大增加了学生个性化选择的空间和时间。实验班学生可根据兴趣和发展潜力，自主选择导师，自主选择课程，自主选择专业。例如，生物实验班的赵婧妤是从哲学专业被选入理科实验班的；程小桁等3名生物实验班学生选择了跟随化学学院贾宗超教授做科研训练。

理科实验班与人文学科实验班，文理并举、文理互渗，重视人文精神的塑造。例如，理科可修读文科实验班的"文化原典研读""推理与论辩"等9门通识课程，文科实验班必修"微积分初步"。

2. 注重课程体系的优化，促进学生深度学习

一是重视课程体系的优化，提高数理基础课程、生化基础课程以及新生研讨课和学科前沿课的难度和要求。化学、生物学实验班的数理基础课程是和数学、物理学实验班一起单独开课。

二是注重学科交叉。一方面促进数理化生学科交叉，化学实验班要修读不少于20学分的高等数学和统计类课程，生物实验班要修读15学分的化学类课程。另一方面促进学科内部交叉，例如，物理学实验班凝练出理论物理、凝聚态物理与计算模拟、光学理论与实验、非线性物理与交叉学科四大科研训练平台，24个研究方向，优化课程建设和资源配置，打破传统教学内部的界域开设相应课程。

三是重视具有挑战性的高年级本科课程建设。例如，生物实验班以生物学实验技术与方法为主线，重构了实验课程体系，设计了循序渐进的"生物学综合实验Ⅰ、Ⅱ、Ⅲ和Ⅳ"，充分保障学生在有限的学习时间内顺利进入科研训练。

3. 注重小班化研讨教学，促进学生探究性学习

以往的教改是学校提倡的多，院系教师真正动起来的少；而实验班有一批任课教师把主要精力投入到教学方法改革中，有效促进了学生探究性学习。

物理实验班在第一门专业课"力学"中进行了大班授课和小班讨论相结合的教学方式改革，学生的参与度非常高。在近3个月的讨论课中，先后有10位教师参与讨论班，36名学生参与课程5章内容共36个课题的讨论。通过这种方式，真正实现了师生互动，增加了学生学业的挑战度。不同的议题讨论激发了学生的学习兴趣，引导他们进行深入的思考，更好地增强了学习主动性。数学实验班专门开设了本科生讨论班和研讨课，由学生主讲，教师指导。化学实验班聘请若干名国外大学的优秀教师，讲授专业基础课，并组织本院教师观摩学习，以提高讨论课水平。生物实验班每年聘请3名国外大学的优秀教师在小学期开设专题讲座课，拓宽学生视野。

调查研究表明，励耘学院的教学模式有助于提升学生的学习能力和创造力，学生展现出良好的创新潜质。学校高教所长期坚持进行"大学生就读经验调查研究"。对比2013年、2016年的研究数据可以发现：励耘学生"每周课外学习时间在30小时以上"的比例由18.5%提高到26.76%，为全校所有院系最高。"愿意攻读更高一级学位"的比例由81.6%提高到94.20%，继续深造的意愿更强。励耘学院的学生在图书馆活动参与程度、写作活动程度方面均处在全校前列，在"学生对大学收获"所做的自我评估中，整体上高于全校平均水平。教学改革在提升"拔尖计划"学生自主学习能力方面取得了良好的成效。

（四）改革管理：管理与服务并重，实行多样化考核评价

一是实行班级管理、学院管理和导师管理三位一体。班级管理主要依托学籍所在单位，开展学生思想政治教育和日常学业指导。励耘学院管理主要拓展学生的学术交流、国际交流以及提供学业发展综合指导。导师管理主要由导师给予学生人生引导、学业规划及科研指导。学校高度重视实验班班主任的配备，例如，物理实验班配备的班主任涂展春教授和袁喆教授学术造诣高，对学生培养有热情、肯投入。

二是实施弹性学习制度。学生在导师指导下自主构建个性化培养方案，切实增加学生对专业、课程、教师、导师、修业年限等的选择权，实施更加灵活的课程免修和缓修制度。例

如,学生赴国境外大学学习交流3周(含)以上者(主要交流语言为英语),可申请免修2个学分的大学英语类课程。

三是对学生的考核突出能力和创新的目标,采取平时与期末、考试与考查、理论与实践、开卷与闭卷、过程性与终结性等多种考核方法并用的评价方式。

(五)名师滋养:配备有热情肯投入的名师,建立教师投入教学激励机制

坚持校内与校外并举、水平与责任并重的教师聘用原则,建设了一支相对稳定的,由本校教师和国内外教授组成的造诣深厚、肯投入教学的师资队伍。

聘请的校外名师包括北京大学、清华大学、中国科学院大学的教授和美国、英国、法国、俄罗斯、西班牙等国家的教授。承担课堂教学的本校教师有中国科学院院士1人、资深教授3人、国家级和北京市级教学名师19人以及一批中青年教师等,他们让学生感受真诚、学到真智,在滋养浸润中成长成才。如国家杰出青年科学基金获得者杨大春教授主讲"数学专题选讲",北京市级教学名师刘永平教授主讲"数学分析"研讨课等,都深受学生的喜爱。

建立激励教师投入本科教学的制度,学校自筹经费分配业绩津贴时,对于各专业院系单独开设的实验班课程给予1.5倍的测算系数;各专业选聘高水平师资为实验班授课,教师课时费按1.5倍发放;参与实验班管理的教师每年有专项业绩奖励。

(六)科研训练:激发学术志趣,培养实践和创新能力

集中优势资源,采取多种方式提升学生的科研能力。一是国家大学生创新性实验计划、北京市大学生科研与创业计划项目、校级本科生科研基金等名额分配上都向实验班适度倾斜,实现了学生在大一下学期就有机会进入实验室,大二以上学生全部参加科研训练。二是持续加大科研训练经费投入,鼓励学生参加各类学术竞赛。仅学校层面资助学生的科研项目有305项,参与项目的学生发表科研论文124篇。

自2014年起,学校连续4年组织学生参加由麻省理工学院主办的国际基因工程机器大赛(iGEM),获得了两金一银一铜的佳绩(图3)。由生物实验班学生领队的iGEM竞赛团队,通过宣传和招募生物、数学、物理、化学、计算机和心理学等专业的本科生参与团队,极大激发了学生的科研兴趣,提升了科研创新能力。

(a)   (b)

图3 2016年参加iGEM竞赛团队及金奖证书

（七）国际培养：请进来走出去，开拓学生学术视野

各专业实验班高度重视国际化培养，从多个层面进行布局和投入。一是广泛延聘国外大学优秀教授开设全英文课程，如数学专业近三年邀请18位国外一流大学教授开设246学时的小学期高级选修课程。二是提供多种国际交流学习机会，资助学生参加斯坦福大学、牛津大学的暑期学校，修读威廉玛丽大学、塔夫斯大学的夏季学期课程（图4），参加爱荷华州立大学、佐治亚州立大学、得克萨斯州立大学艾尔帕索分校等为期三个月的本科生科研训练项目等（图5）。三是开展基于慕课的混合式教学改革（图6），建立曼彻斯特大学慕课主持教师与学生的互动视频课堂（图7）。四是签署多项国际交流学习协议，如物理学与曼彻斯特大学实施2+2双学位项目、数学与美国罗格斯大学合作开展高年级课程学习项目。

图4　学生参加威廉玛丽大学
夏季学期课程项目

图5　学生参加得克萨斯州立大学
艾尔帕索分校科研训练项目

图6　学生在慕课互动讨论课上做小组汇报

图7　曼彻斯特大学慕课主持
教师与学生互动视频课堂

总之，不同学科对出国安排、国际交流有不同的设计，学校不过分强调出国比例等，而是要求各专业将国际交流与培养方案有机结合，合理设计出国环节，珍惜国家资源，防止走马观花流于形式。

（八）加强研究：以拔尖学生为对象，开展人才培养规律研究

学校连续3年申请获批教育部"基础学科拔尖学生培养试验计划"研究课题。2016年，重点课题《本科教育教学模式对创造性人才培养的影响研究——以"基础学科拔尖学生培养试验计划"为例》，以林崇德教授主持的教育部哲学社会科学重大攻关课题"创新人才与教育创新研究"和"拔尖创新人才成长规律与培养模式研究"的成果为理论依据，并采用国际上公认的创造性思维与人格等测评工具，从创新性思维、创新性人格、自信心、认知灵活性和内部动机5个方面，调查分析了2013级至2016级实验班学生和普通班学生。调查结果表明，相比普通班学生，实验班学生具有更高水平的创造性思维能力和创造性人格，也具有更高水平的自信心、认知灵活性和内部动机。48%的实验班学生开学以来遇到过对自己影响极大并且建立密切联系的导师，人数显著高于普通班学生的28%。不同类型小班课对拔尖学生的创造性思维产生显著影响，但是对于一般学生没有产生显著影响。

2017年，一般课题《基于论证的基础学科拔尖学生学术英语素养评价开发与验证》，主要开展拔尖学生英语素养特征及具体表现的研究。2018年，一般课题《生物科学拔尖学生科研能力培养"能动计划"研究》，注重发掘和培养生物科学拔尖学生的创新素养。

总之，励耘学院的教育理念与培养模式，为全校教学改革积累了宝贵经验，起到了重要的引领示范作用。2013年，学校制定了《北京师范大学本科人才培养质量提升计划》，将新生导师制、助教制和小班化等教学改革逐步推广至全校。2015年学校启动培养方案修订，进一步将鼓励学生自主构建个性化修读方案、多种方式增加学生境外学习体验机会等措施推广至全校。这些借鉴励耘学院培养模式的新举措，在其他专业取得良好效果。基于"拔尖计划"的"实践本科科研国际化模式促进创新型化学人才培养"获2018年北京市高等教育教学成果奖一等奖。

三、"拔尖计划"实施成效

（一）提高了基础学科深造质量，毕业生100%继续深造

2014年励耘学院第一届学生毕业。实验班历年深造率为100%，其中，国外读研率平均为36%，国内读研率平均为64%。学生普遍拥有开阔的学术视野、良好的规划能力和钻研创新精神。学生继续深造的大学包括斯坦福大学、耶鲁大学、哥伦比亚大学等，大部分在数理化生的基础学科深造。

对比2013届和2014届本科生，基础学科的数学与应用数学和生物科学专业的深造率都有大幅提高，其中，数学与应用数学专业学生的深造率由52.78%提升至61.40%，生物科学专业学生的深造率由70%提升至80%；化学专业学生的出国深造率有较大提高。详见表1。

根据统计分析，励耘学院的培养质量总体呈上升趋势。2014—2018届毕业生在世界排

名前50的大学就读的人数比例平均为52%。其中,在世界排名前20的大学和学科就读的人数比例最高的分别是2016届和2017届,在世界排名前50的大学和学科就读的人数比例最高的均是2018届。详见表2和表3。

表1 北京师范大学数理化生2013届和2014届本科毕业生深造率统计表

届数	去向	数学与应用数学		物理学		化学		生物科学	
		人数	比率	人数	比率	人数	比率	人数	比率
2013届	国外深造	5	13.89%	7	13.73%	7	11.67%	3	15.00%
	国内深造	14	38.89%	24	47.06%	30	50.00%	11	55.00%
	总数	36	52.78%	51	60.78%	60	61.67%	20	70.00%
2014届	国外深造	8	14.04%	7	11.10%	14	19.40%	4	10.00%
	国内深造	27	47.36%	31	50.80%	31	43.10%	28	70.00%
	总数	57	61.40%	74	61.90%	72	62.50%	40	80.00%

注:表中的2014届数据包括了数学、物理、化学、生物4个专业"拔尖计划"培养的学生和普通班的学生。

表2 2014—2018届毕业生在世界一流大学就读人数一览表

届数	2014届	2015届	2016届	2017届	2018届	总计
毕业总人数	40	40	40	40	40	200
在世界排名前20的大学的人数	3	1	5	3	3	15
占总人数的比例	7.50%	2.50%	12.50%	7.50%	7.50%	7.50%
在世界排名前50的大学的人数(含前20)	24	12	19	24	25	104
占总人数的比例	60.00%	30.00%	47.50%	60.00%	62.50%	52.00%

表3 2014—2018届毕业生在世界一流学科就读人数一览表

届数	2014届	2015届	2016届	2017届	2018届	总计
毕业总人数	40	40	40	40	40	200
在世界排名前20的学科的人数	6	5	7	11	8	37
占总人数的比例	15.00%	12.50%	17.50%	27.50%	20%	18.50%
在世界排名前50的学科的人数(含前20)	19	9	16	23	20	87
占总人数的比例	47.50%	22.50%	40.00%	57.50%	50.00%	43.50%

(二)建立了毕业生发展追踪机制,毕业生成长发展良好

学校建立了毕业生发展跟踪调查数据库,每年定期更新信息数据,多维度了解"拔尖计划"培养学生的发展情况,关注毕业生的科研成果。

2010级励耘化学实验班李腾飞同学,在第十三届"挑战杯"全国大学生竞赛中为学校争得首个能源化工类作品全国一等奖,2014年被英属哥伦比亚大学录取为博士生,并获全额奖学金。现已作为第一作者在《自然通讯》《德国应用化学》等顶级期刊发表学术论文6篇。导师Berlinguette教授把其优秀的综合素质归于在中国本科时期的教育结果,并且评价:"他优秀的教学能力、职业道德、创新精神、人际关系和领导能力很少有人能够相比""有望成为美国排名前5大学的知名教授"。

2010级励耘生物实验班陈朱媛同学,学习成绩名列年级第一,曾获得国家奖学金、美国大学生数学建模竞赛一等奖和全国大学生英语竞赛一等奖,曾赴加拿大多伦多大学生物医学实验室参加科研实习,后又在清华大学读博。

2011级励耘物理实验班吴益诚同学,被评为学校十佳大学生,2次获得国家奖学金,曾获全美数学建模竞赛Meritorious Winner,后在莱斯大学读博。

(三)经验与不足

1. 可推广的经验与体会

(1)建立拔尖学生成长跟踪与评价数据库。建议由教育部主管部门牵头,协调参与"拔尖计划"的各高校,建立拔尖学生成长跟踪与评价数据库,多维度监测拔尖学生的发展与成长,改变当前培养单位各自为战、碎片化的追踪调查模式。数据系统可以委托北京师范大学或其他高校建设与维护,这既有利于根据反馈信息及时调整完善培养计划,又为探索我国基础学科拔尖人才成长与发展规律累积了数据。

(2)重视拔尖学生心理素质的培养与提升。拔尖学生培养应高度重视学生心理素质的培养与提升。北京师范大学的调查发现,内部成就动机、自信心和灵活性等心理素质是拔尖学生创造性形成的重要中间环节与途径。更为重要的是,健康的心理与良好的心理素质,是创新人才实现自我价值的基础,更是适应未来社会需求与服务国家重大急需的根本保障。

(3)探索总结人文学科与基础理科不同的培养模式与评价机制。拔尖计划2.0的实施将进一步扩展学科。建议充分考虑人文学科与基础理科学生在创造性思维与人格等各方面的差异性,探索总结有针对性的培养模式与评价机制,而不是将现有的基础理科拔尖学生的培养模式简单地复制到文科中。

2. 面临的困难挑战与存在的不足

(1)以拔尖创新人才培养为中心的资源配置、人事聘用、考核评价的机制政策还需要进一步完善,从而引导激励广大教师潜心投入本科教学工作。

(2)大班教学和小班研讨结合的教学方式改革还需要进一步深化,并辐射和带动全校本科教学方式方法的转变。

(3)基础学科的精英人才培养事关科学技术的原始创新,是国家创新发展的源泉和先导。基础学科的国际化培养方式有待进一步深化,要从国际化逐步转化为以国内(校内)为主、国内外双向互动,以一流本科的本科教育支撑和引领我国的高等教育改革。

四、持续改进

（一）质量监控机制

一是建立和完善教学质量标准体系。将励耘"拔尖计划"纳入学校质量标准体系建设，从培养方案、课程建设、教材选用、课堂教学、课程考核、实习实践、毕业论文等方面，建立和完善各个环节的质量标准，构建系统的质量标准体系。

二是建立教学质量常态监控机制。实施课程设置论证审核制度、课程准入和退出制度、课程教学大纲制订审定和发布制度、学生评教制度、领导听课巡视制度、督导评价制度、学院同行听课评议制度、课程考核和论文管理检查制度等。各环节教学质量的审核都做到逐项反馈。

三是建立教学质量反馈与改进机制。通过专家组织定期教学检查与不定期教学走访、师生访谈和学生问卷调查相结合，发现的问题和调查研究的结论形成有效的反馈，敦促教学改进，提高教学质量。同时，在学校有关教师发展的重大事宜，如职称晋升、教学评奖、业绩津贴等方面均把质量评价作为重要的参考依据。

（二）未来发展规划

学校认真组织一级学科评估中的优势专业如心理学、地理学和文史哲申报"拔尖计划"2.0建设项目，建设受益面更大的国家青年英才培养基地。强化使命驱动，注重大师引领，创新学习方式，提升综合素养；实施面向未来的核心素养课程建设工程、智慧学习环境下的课程与教学变革工程、实证实践实验学习平台建设工程、本研一体人才培养模式改革工程，初步形成富有北京师范大学特色的基础学科拔尖人才培养体系，一批勇于攀登科学高峰、推动科学文化发展的优秀拔尖人才崭露头角。

撰稿人：郑国明、汪明、夏敏、符佳佳、薛庆营、高思杰、魏朔、李森

山东大学自评报告

山东大学肇基于1901年创办的山东大学堂,是中国近代高等教育的起源性大学。山东大学始终秉承"为天下储人才、为国家图富强"的办学宗旨,践行"学无止境,气有浩然"的校训,以立德树人为根本,以学生成长为中心,弘扬"基础扎实、学风朴实、做事踏实"的育人传统,致力于培养中国最优秀的本科生和最具创造力的研究生。

泰山学堂成立于2010年,是山东大学为实施"基础学科拔尖学生培养试验计划"(以下简称为"拔尖计划")而专门设立的教学单位,每年从全校新生中选拔数学、化学、物理学、生命科学、计算机科学各15名左右的学生进行精英化培养。截至目前,共培养6届368名毕业生。自创办以来,学堂从学生选拔到学生培养全过程进行了不懈探索,学生培养质量逐年提高。

一、山东大学泰山学堂的目标定位

1. 目标定位

作为探索基础学科拔尖学生培养的改革试验区,泰山学堂充分利用山东大学学科齐全、实力雄厚的特色和优势,借鉴世界一流大学的经验,整合校内外优质教育资源,在学生遴选、培养模式和制度创新等方面大胆探索和实践,旨在在数学、化学、物理学、生命科学和计算机等学科培养品德高尚、基础宽厚、创新能力强的未来领军人物,使其具有逐步跻身国际一流科学家队伍的素质和能力,并形成理学学科拔尖人才培养模式,辐射带动学校乃至整个国家的基础学科拔尖人才培养工作。

2. 毕业要求

泰山学堂的毕业生应具有科学精神、强烈的社会责任感和使命感,品德高尚,有家国情怀,积极践行社会主义核心价值观;具有宽口径的学科基础和扎实的专业知识,掌握必备的研究方法,了解本专业及相关领域的最新动态和发展趋势;具有批判性思维、创新能力、解决复杂问题的能力和国际视野;具有良好的团队合作能力和自主学习、自我管理、自我完善能力的优秀本科毕业生。培养目标达成对照情况参见表1。

表1 培养目标达成对照情况

培养方式	课程分类	课程及活动明细	目标达成											
			高尚品德培养	强烈的社会责任感	宽口径的学科基础	扎实的专业知识	浓厚的学科兴趣	科研素养与创新能力	国际视野	跨文化沟通与交流	实践能力	自主学习与自我完善	艺术修养与身体素质	团队合作精神
第一课堂	通识教育必修课	思政、体育、传统文学修养、科学哲学通论、名师报告、英语等	✓	✓	✓					✓		✓	✓	✓
	学科基础平台课	数学、物理、计算机	✓	✓	✓	✓	✓	✓			✓	✓		
	专业基础课	物理、数学、化学、生物、计算机等	✓	✓	✓	✓	✓	✓			✓	✓		
	专业必修课	见各专业培养方案	✓		✓	✓	✓	✓			✓	✓		
	专业选修课	见各专业培养方案	✓		✓	✓	✓	✓			✓	✓		
	实践环节	毕业论文	✓	✓			✓	✓			✓			✓
		军训	✓	✓									✓	✓
第二课堂	素质拓展培养	主题教育、文体活动等	✓	✓						✓		✓	✓	✓
特色化培养	国际化培养	学生的长短期海外交流及海外教授授课做报告		✓	✓	✓	✓	✓	✓	✓	✓	✓		✓
	科创与各种讨论班	科创立项与泰山科技秀			✓		✓	✓			✓	✓		
		讨论班	✓		✓	✓					✓	✓		✓
	学术讲座	泰山名家讲坛	✓	✓	✓		✓		✓					
		泰山学术论坛	✓	✓	✓		✓		✓					
	新生见面会、宣讲会	了解培养目标,激发大一新生的学习兴趣	✓	✓			✓					✓		✓

续表

培养方式	课程分类	课程及活动明细	目标达成										
			高尚品德培养	强烈的社会责任感	宽口径的学科基础	扎实的专业知识	浓厚的学科兴趣	科研素养与创新能力	国际视野	跨文化沟通与交流	实践能力	自主学习与自我完善	艺术修养与身体素质	团队合作精神
特色化培养	学术午餐会	提高科研能力,增强师生之间的交流	✓	✓	✓		✓	✓		✓	✓	✓		✓
	班主任与导师制		✓	✓	✓		✓	✓		✓	✓	✓		✓

二、"拔尖计划"实施情况

(一)组织严密,政策落实

为保证《山东大学"基础学科拔尖学生培养试验计划"实施方案》的顺利实施,学校成立了由校长任组长,副校长、副书记任副组长,相关部门主要负责人任成员的"基础学科拔尖学生培养试验计划"建设领导小组,支持泰山学堂的建设和发展。学校任命中国科学院院士、著名数学家彭实戈为学堂院长,成立了由泰山学堂院长、副院长、五学院的院长组成的工作协调小组,协调相关学院工作;成立5个方向的特聘教授小组,负责学堂的日常培养工作(图1)。

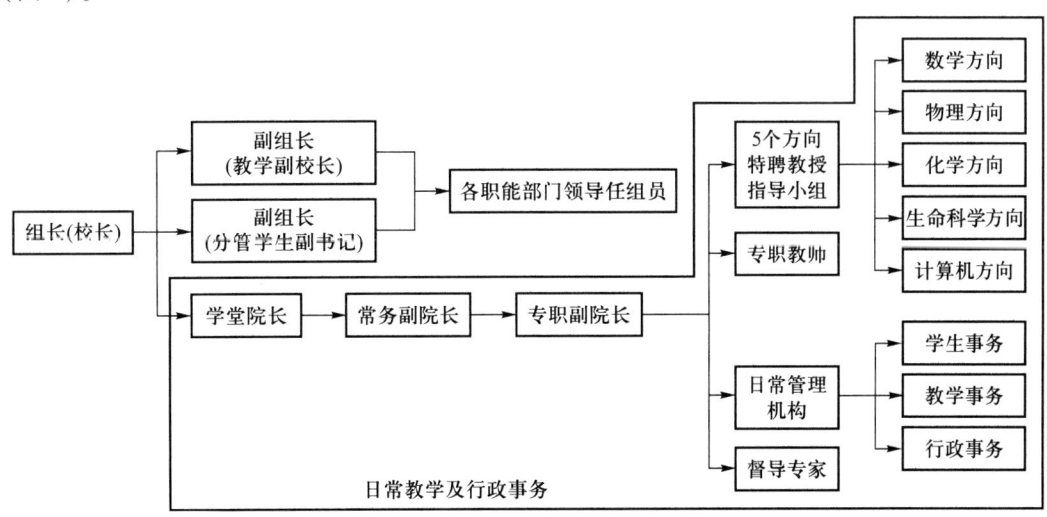

图1 泰山学堂组织架构

泰山学堂每学期初召开教学会议,与相关学院教学院长、各方向教授小组长一起研究学堂未来发展及面临的问题;平时由学堂副院长召集教授小组教师不定期召开会议,及时研讨教学中出现的问题,包括培养方案的修订、教师的选派、学生的流动、国际化培养问题等;聘任督导专家进行教学督导。

在学校或学院层面出台了《泰山学堂教师聘任管理办法》《山东大学泰山学堂教学劳务酬金支付暂行办法》《山东大学泰山学堂学生退出工作实施办法(试行)》《山东大学泰山学堂大学生科技创新基金管理办法(试行)》《山东大学泰山学堂学生综合素质测评办法》和《泰山学堂海外学习奖学金使用管理办法》等系列管理文件。

(二)采光剖璞,多元选拔

泰山学堂的学生选拔采用"多元、多种、多次"的选拔模式——高考提前批免笔试、自主招生、新生自愿报名考试、大一第二学期转专业及大二学生教授推荐考核录取等方式招生。通过几年来的不断探索,逐渐形成了相对稳定的招生选拔模式:笔试—学生面试官面试—综合组心理测试—专家面试。专家面试组由杰出学者、资深教师及思维活跃的青年教师组成,并广泛邀请海内外教授参加,使其成为一个专家化、专业化、系统化的学生选拔工作组。学生面试官由学堂高年级优秀学生组成并由彭院士亲自培训,学生从朋辈的视角,考察学生的综合素质。这种多方面综合评价的模式提高了评判的科学性和可靠性,有力地保证了生源质量。

泰山学堂建立了学生流动机制。泰山学堂选拔的新生,第一年作为预备生进入学堂,以后根据专家的综合考评,对于表现欠佳及兴趣发生改变,不适合继续在学堂学习的学生,流动到更适合学生发展的学院。学堂成立以来,共流动学生98名,占录取学生的15%。

(三)大胆探索,创新培养模式

1. 小班教学,个性化指导

泰山学堂采取小班授课制,包括5~6人的小班讨论课、15~18人的专业课和30人左右的平台课。小班制使得教师能够更充分地把握每个学生的思维和个性特点,开展针对性教学与个性化指导;课程结束,任课教师填写《泰山学堂学生成绩及评价表》,其中包含每位学生的学习情况及个性特点,作为后续学生个性化培养的参考。

泰山学堂领导、班主任、任课教师和教授小组组长通过定期与学生针对课程设计及教学内容、教学方式等开展见面会,听取学生的意见和建议进行相应调整。

泰山学堂对于大学一、二年级的学生,实行教授小组的集体导师制,由教授小组教师通过office hour和其他灵活多样的形式对学生进行学业和生活指导;对于特别优秀的学生,安排导师进行个性化指导或推荐到合适的讨论班学习。

2. 重构课程体系,培养科创能力

泰山学堂实行学科交叉的"宽口径、厚基础"培养模式。数学、物理、计算机共同设置学科平台课程;化学、生物学打通相关课程,使学生能够学到专业水平的基础课;强化英语教学,为学生单独开设"高级学术英语"课程,帮助学生熟悉各类学术情境,提升综合学术语言应用能力。

在专业课设置上各方向根据学科特点,为学生量身定制了各具特色的专业课程和培养方式,主要如下。

数学方向借鉴法国精英人才培养模式,将数学学科最为基础的代数、分析的内容进行综合命题,定期对学生进行口语测试;每年开设讨论班10余个,以完善学生的知识结构,培养学生的批判性思维。

物理方向调整教学计划,空出大三时间让学生更多地参与海外交流。

化学方向为学堂学生单独开设"Physical characterization techniques on solid mate""X – ray crystallography and X – ray diffraction technology"和"Heterogeneous catalysis"课程,使学生了解本专业的新知识、新方法,具备从事交叉学科创新研究的知识结构。

生命科学方向为学生单独开设"模式动物发育生物学实验"课程,并在实验课程的内容设计上增加了前沿性、探索性的实验部分,强化对学生实验创新能力和分析能力培养。

计算机方向开设"计算机热点前沿研究综述"课程,邀请16位一线专家学者,为学生普及不同领域的研究现状,引导学生进行科学研究。

3. 精选教材,进行探究式教学

泰山学堂注重教材选取,大部分专业课程选用较新版或经典的外文原版教材。

课堂上广泛采用翻转课堂、讨论式、参与式和探究式教学;运用自主学习法、任务驱动法,开展"头脑风暴式"的讨论等增加与学生的互动,使学生更多地参与教学过程。通过学习小组共同完成综合性的题目,课上进行小组报告,使学生更深入地理解课程内容,同时培养学生的学术表达能力与团队合作精神。

泰山学堂推行过程考核,基础平台主干课程和专业核心课程至少要有两次测验,且把设置平时的考核作为评选优秀教师的条件。

4. 丰富第二课堂,立德树人

为培养学生高尚的品格、团队合作精神及自主学习、自我管理、自我完善能力,除了第一课堂,泰山学堂还举办了包括开学第一课、主题征文、党史知识竞赛等多项主题教育活动,英语电影节、歌咏大赛、迎新晚会、音乐俱乐部等各种文化艺术类活动,足篮球赛、夜跑活动、新生爬泰山、趣味运动会等各类体育健康活动,培养学生的综合素质。

5. 十步芳草,营造学术氛围

泰山学堂通过泰山名家讲坛、各种研讨班、学术午餐会、泰山科技秀等营造浓厚的学术氛围。学堂先后邀请严加安、Mueller、Hoffmann等院士及国内外知名教授举办"泰山名家讲坛"70余场,各类学术报告百余场,使学生受到了良好的学术熏陶。

泰山学堂从2013年春季学期开始举办学术午餐会,至今已举办130余场。午餐会由学生汇报近来课题研究进展,每个报告均引起了师生间的热烈讨论,对于提高学生的科研素养,发挥了积极的作用。

泰山学堂的学生邀请入选英才计划的中学生参加每年一度的泰山科技秀。通过海报和PPT,泰山学堂学生将中学生感兴趣的前沿科技进展或最新科研训练成果亮相"科技秀",学生们在思维的碰撞中促进了交流,拓宽了视野,引发了大家的科研兴趣。

（四）以学生为本，深化教学管理改革

1. 践行三全育人，培养拔尖创新人才

经过 8 年的实践与探索，泰山学堂形成了包括理想信念、政治站位、道德规范、规则意识在内的"四位一体"思想政治教育模式；老生以"父母"的身份领养新生做自己的"孩子"的新生关爱模式以及六位一体的学生关注模式，包括学堂专职辅导员及时了解学生各方面情况，各年级学委负责学风建设，各方向负责人每周汇报本方向学生近况，各年级班委负责每晚点名，各宿舍长每两周汇报宿舍成员思想动态，任课教师追踪课堂学习动态，侧面了解学生情况，给予学生关爱和鼓励等。

对学生的个性化培养贯穿于学生的整个培养过程。教授小组为学堂每个班级选派一位班主任，通过个性化指导与定期召开会议相结合的方式助力学生成长。在学生申请海内外研究生时，各个取向提前召开会议，根据学生的情况及生涯规划为学生提供指导，帮助他们选择最适合的研究平台和导师；毕业论文的设计环节，根据学生兴趣推荐校内外最为合适的专业指导教师。

2. 选课自由，有机拓展

学生可以根据兴趣和需要跨专业、跨年级、跨学院选课，并以此为基础，使学生建立体现个人兴趣和特色的培养方案。学堂规定培养方案中确定的必修课四年内可不受学期限制，征得教授小组同意可延期修课。在课程选修上，全校的选修课向学堂学生开放；对参加海外交流的学生，可以根据海外研修课程的情况，置换校内相同或相近课程的学分。有些课程还允许学生自主选择口试或笔试等考试形式。以上措施赋予了学生更多学习自主权，实现了学生个人兴趣、发展需要的有机结合。

3. 综合考查，注重创新

对泰山学堂学生评价不是只看学习成绩而是采用综合测评。综合测评成绩＝学习成绩×80%＋基础性素质测评成绩×5%＋发展性素质测评成绩×15%。

学堂高度重视对学生创新能力及品质修养教育，综合评价总成绩的 15% 来源于对学生学术与创新、实践与服务等的评价，5% 是依据思想道德、身体素质、心理素质、日常行为规范等方面内容进行的评价。

（五）一流师资，荣誉激励

泰山学堂采用学院推荐和学堂聘任的方式，建立了一支师德高尚，学术水平高，教学能力强，具有国际视野的师资队伍，导师和任课教师海外研修经历达到 100%，5 个学院的院士、国家杰出青年科学基金获得者、海外特聘教授、教学名师等高层次师资 90% 以上为学堂授课或担任学生导师。

泰山学堂从大学三年级开始实行全面的科研导师制，鼓励学生根据兴趣主动选择导师。导师可从全校选择，也可从校外选择，一般每位导师指导 1～3 名学生。

为激励教师积极投身拔尖人才培养工作，泰山学堂一直在探索建立并完善教师荣誉体系。目前泰山学堂每学期组织评选优秀教师，每年组织评选优秀培养团队、卓越教师、毕业

生最喜爱的老师、最受触动的一堂课(实验)、最受触动的一场报告等,每5年评选一次功勋教授。具体见图2。

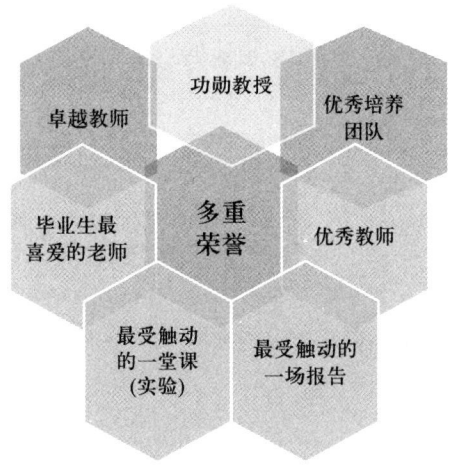

图 2　泰山学堂荣誉体系

学校出台政策,提高泰山学堂讲课费标准,通过制度引导,调动教师的工作积极性。泰山学堂支付给教师讲课费,本科生院还按照普通班计算工作量的方法,向开课学院划拨课时费,通过这些措施调动学院推荐优秀教师到泰山学堂授课的积极性,有力地保证了一流的师资。

(六)聚优质资源,支持科研能力培养

1. 依托五大学院,资源共享

山东大学的各类实验室全部向泰山学堂学生开放,学生借阅图书享受研究生待遇。学生可自由使用数学、物理学院的数学建模、信息安全、控制论、粒子物理等多个省部级实验室的各种仪器。化学、生命科学方向学生从第二年开始,在导师指导下,在晶体材料、微生物技术国家重点实验室、国家糖工程技术研究中心、胶体与界面化学、植物细胞工程与种质创新等教育部重点实验室和特种功能聚集体材料实验室等高端学术科研平台开始为期两年的开放创新实验,进行严格的科研训练和探索,为今后的科研工作打下坚实的基础。计算机学院除了学院的实验平台全部向学生开放外,还建设了专用实验室,配备了高配置服务器,鼓励学生大二开始进入实验室,提前熟悉科研环境,磨炼科研能力。

2. 设科研基金,深入研究

泰山学堂通过设立创新基金支持学生科技创新。各方向、各年级学生自由组合选择自己感兴趣的课题,主动联系导师。学生们在导师的指导下较系统地对某个前沿课题进行研究。经过一两年的研究,许多学生都得到了相当好的科研成果,并发表SCI论文或在有影响力的国际学术会议上进行交流。

（七）国际交流，广邀外教

泰山学堂积极推进学生国际化培养，8年来参与国际交流的学生达到200多人，近两年有海外经历的学生达66%，学生访问的学校包括麻省理工学院、牛津大学、剑桥大学等众多海外知名高校。多名毕业生到巴黎高等师范学院和牛津大学等高校深造，山东大学也是国内输送学生到巴黎综合理工学院人数最多的高校之一。

泰山学堂设立了海外拓展优秀奖，鼓励学院从海外选聘优秀教师到泰山学堂授课。泰山学堂8年共邀请20多位海外教授，为学生进行长短期授课28人次。

（八）不断探索，成果丰硕

泰山学堂通过组织召开教师培训会，使教师了解了学堂的人才培养的目标，也提高了教师的教学水平；还多次邀请牛津大学、麻省理工学院、杜克大学、法国埃里夫大学等多所大学的教授与泰山学堂教师一起研讨精英人才培养。

泰山学堂一直鼓励教师积极进行拔尖人才培养的探索。泰山学堂成立以来，获得教育部重点立项3项，一般立项7项；省级教改立项1项，校级重点立项1项，一般立项3项；院级立项6项；发表研究论文7篇；获得校教学成果奖一等奖一项。

三、"拔尖计划"实施成效

（一）毕业生深造率高，彰显"拔尖计划"培养目标

泰山学堂成立以来共培养了6届（2013—2018届）计368名毕业生，有344名学生考入麻省理工学院、巴黎高等师范学院、牛津大学、约翰斯·霍普金斯大学、清华大学、北京大学、中国科学院等国内外名校和研究机构继续深造，深造率93%，总深造率、出国深造率和国内深造率均高于相关学院的同级毕业生（图3）。

（二）特色

1. 学生志向高远，学科兴趣浓厚

经过在泰山学堂4年的熏陶和培养，学生的研究兴趣更加浓厚；绝大多数学生表示将把从事科学研究作为自己的终生追求。继续深造的学生95%以上选择从事基础学科研究。从2009级毕业的20名学生看，有16名学生继续攻读博士或博士后。

2. 学生科研能力突出

（1）良好的科研素养。在连续几年用清华大学系统所做的学情调查中，泰山学堂在校生的主动合作学习、分析能力、综合能力、口头表达能力、自主学习能力及深厚的专业知识及

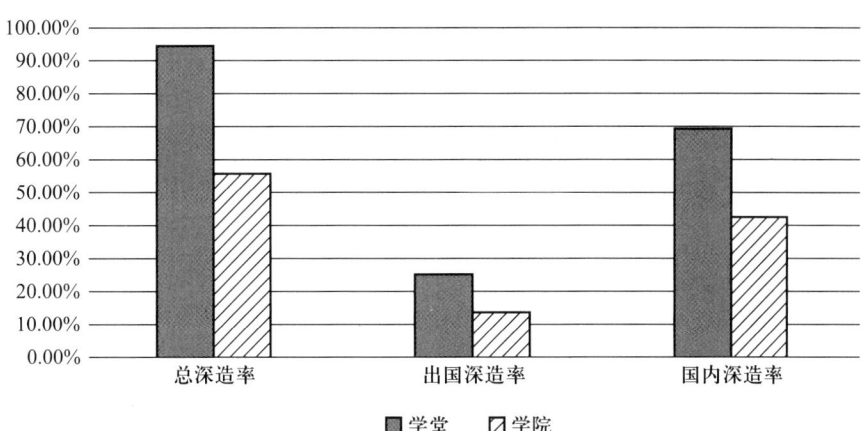

图 3　毕业生继续深造情况

技能方面的指标明显优于相应的理科普通班的学生。

（2）可喜的大赛荣誉。泰山学堂学生获得全国大学生数学竞赛一等奖 6 人次,美国大学生数学建模竞赛国际一等奖 5 人次,全国计算原子分子物理学术会议特别奖 3 人次,获得省"挑战杯"、生化大赛等学术竞赛特等奖 10 多人次。

（3）丰硕的科研成果。除了在各类竞赛和选拔中脱颖而出外,学生在科研方面也展现了很强的创新能力。邓永恺等一批泰山学堂学生在校期间发表 SCI 论文共计 26 篇;2012 级计算机方向学生张国晔设计的名为"Pronote"的自创应用程序,受邀出席在美国旧金山举办的 2016 年苹果全球开发者大会（WWDC）,并获得 WWDC2016 奖学金;2014 级计算机方向刘畅为第一作者的论文被 CIKM2017 会议收录。

（4）强劲的科研潜力。由于学生在本科期间打下了厚实的理论基础,进行了系统的科研训练,很多学生进入研究生阶段后很快就发表高水平研究论文。在 2016 年底对约 80 名毕业生的跟踪中获知,已毕业的学生发表高水平论文 35 篇;2011 级化学方向学生邓永恺 2016 年在多核金属簇合物组装机理的研究上取得重要进展,论文在线发表于化学权威期刊《美国化学会志》(J. Am. Chem. Soc,138,2016:1328 - 1334);2010 级数学方向赵成 2017 年在《中国科学:信息科学》上发表的学术论文阐明了 PID 控制稳定性的理论依据,一年内被引用次数达到 18 次。

（三）经验

经过 8 年的探索,实践证明:科学的组织设计、一流的师资配备、优秀的生源质量、强有力的政策保障、住宿学院制形成的不同学科学生间的天然融合、优秀学生聚集形成的浓厚的学习和研究氛围、以科研创新能力培养为目标的课程体系设计和各种教学方法的运用以及小班制的教学、系统的科研训练、国际化培养和学术氛围的营造是培养基础学科拔尖创新人才的有效途径。

（四）不足

根据清华大学的学情调查,在校生、毕业生的问卷调查以及各方向教授小组和任课教师反映的情况,认为目前还有以下方面需要加强。

（1）大四学生学习的挑战度不够。
（2）部分方向国际化培养的力度尚需加强。

四、持续改进

泰山学堂建立了完善的教学质量监督和提升体系。通过教师互评,学生、督导员评教的方式进行学院内部督导;通过学校评教、专业认证进行教学质量外部督导;通过清华大学学情调查进行第三方督导。质量监督提升体系见图4。

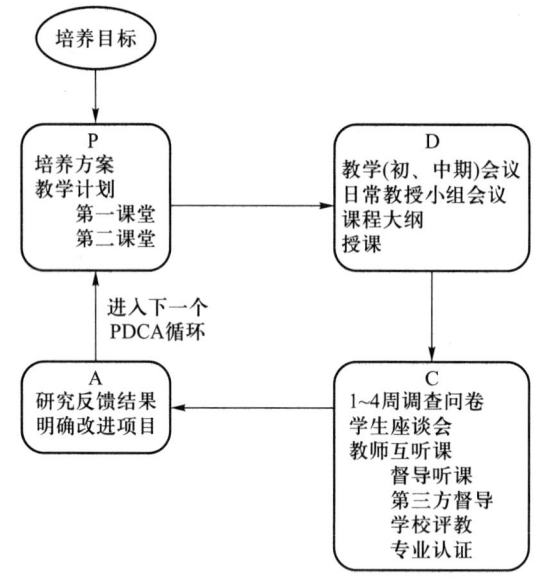

图4　泰山学堂质量监督提升体系

1. 改进措施

针对存在的问题,泰山学堂专门召开会议进行讨论,并找到了切实可行的措施。

（1）提高大学四年级学生的学习挑战度。针对保研后部分学生开始放松自己的现状,数学方向还要求学生必须参加一定数量的讨论班;其他方向要求必须进入教师的课题组继续课题研究,而且将毕业论文的质量与荣誉学院证书的获得挂钩。

（2）扩大国际化培养力度。2016年泰山学堂专门设立海外拓展优秀个人奖及优秀团队奖,起到了积极的推动作用。近两年,学堂在物理方向与巴伊兰大学、化学方向与杜克大学、计算机方向与华盛顿大学、数学方向与佐治亚理工学院陆续签署合作协议。

2. 山东大学"拔尖计划"2.0系统设想

（1）将"拔尖计划"由目前的5个基础学科进一步扩大到基础医学、哲学、经济学、中国语言文学、历史学等学科。

（2）根据学科特色和学校的实际情况，采取多种模式的拔尖创新人才培养模式，泰山学堂逐渐过渡到济南+青岛两校区，基础文科采用目前的尼山学堂培养模式，经济学和基础医学依托学院，采取目前的齐鲁医学堂培养模式。

撰稿人：刘振美、吴臻、刘传勇、邓杰

中山大学自评报告

基础科学研究是推动科学发展、技术进步的强大动力。基础科学研究的发展,关键是人才。培养造就一批具有国际水平的战略科技人才、服务国家创新体系建设是高校的一项长期任务。

秉承"博学、审问、慎思、明辨、笃行"的校训和中山先生毕业训词中的"学海汪洋,毓仁作圣;为社会福,为邦家光"的人才培养定位,中山大学成立逸仙学院,开展"基础学科拔尖学生培养试验计划"(以下简称"拔尖计划"),依托全校文、理、社等多学科交叉融合的强大优势,构筑由具有较强创新潜力的拔尖学生和具备创新思维的高水平教师所构成的学术共同体。这些年的实践,人才培养成果斐然。

一、"拔尖计划"实施的目标定位

中山大学"拔尖计划"以"给天才留空间"为指导思想,在选才、培养、育人和管理等方面进行卓越有成效的改革,为优秀学生个性的充分发挥、潜能的充分发掘提供良好的发展空间,营造成长成才的土壤,让有潜质的拔尖学生能更好地"冒"出来。

中山大学"拔尖计划"面向基础科学领域,目标是培养后劲足、学科交叉能力强、具有国际竞争力的战略科学家。为此,逸仙学院建立拔尖学生选拔机制,选拔出真正有潜质、热爱基础科学研究的资优学生;建立多学科联动培养机制,营造有利于学生成才的土壤环境;树立学生正确的价值观,引导他们把学术志向与服务国家战略需求结合在一起。

中山大学"拔尖计划"对毕业学生的要求是继续在基础科学领域进行深造,具备交叉学科知识结构、有较强的创新精神与创新潜能,具有家国情怀、全球视野,学贯中西、志存高远,未来能够成为相关领域领军人物的研究型人才。目前已有的三届毕业生全部选择继续深造,并在相关领域取得了一定成绩。

二、"拔尖计划"具体实施过程

中山大学逸仙学院在拔尖人才培养的探索实践中,逐渐形成了 5 个相结合的理科基础科学拔尖人才培养的中山大学模式,又称"逸仙模式",即科学选评与动态进出相结合、专业培养与学科交叉相结合、思想引领与学术成长相结合、个人发展与社会责任相结合、集中管理与分散管理相结合。

（一）政策和组织保障：成立逸仙学院

1. "基础学科拔尖学生培养试验区"建设情况

2012年，中山大学通过充分调研、反复论证，在总结前期理科基地班、逸仙班人才培养经验的基础上成立了逸仙学院，承接教育部"基础学科拔尖学生培养试验计划"，面向数学、物理、化学、生命科学学院4个学院选拔学生，又于2017年新增计算机学科。

逸仙学院作为中山大学基础学科拔尖学生培养试验区，既是独立建制学院，又有别于现有的专业院系，其主要职责为协调管理全校本科教育各类拔尖创新人才和卓越人才培养计划，推动深化本科教育教学改革。作为实体建制学院，逸仙学院强化了教学管理职能，组织和建设跨学科课程体系，并利用其跨院系的自由选课机制，实施灵活的、个性化的教学计划，为学生提供更丰富的选择和教育机会。

基于中山大学"基础学科拔尖学生培养试验区"的人才培养成效和教学改革成果，其相关工作获国家及省级教学改革研究项目资助9项；发表与本成果相关的教学研究论文17篇；获广东省教学成果奖一等奖5项，国家级教学成果奖二等奖1项。其中，《理科基础科学拔尖人才培养"逸仙模式"的探索与实践》已获得2017年广东省教学成果奖一等奖、2018年高等教育国家级教学成果奖二等奖。

2. "基础学科拔尖学生培养试验区"改革措施和政策保障

"基础学科拔尖学生培养试验区"从管理机制、课程设置和遴选方式等方面进行了改革，具体来讲就是管理方式从以教学总监和委员会为主的松散管理，转变为以逸仙学院统筹集中管理和各学院分散管理相结合的管理方式；课程结构从注重数学、物理、化学、生命科学、计算机交叉扩展到大文大理融合，从强调数理基础转变为数理基础与人文素养并重；遴选方式从以入学高考成绩为主，转变为一年后以学生学习能力及基础学科研究兴趣为主。

逸仙学院实行"双标签"制，既做加法又做减法。学生既分属数学、物理、化学、生命科学、数据科学与计算机5个学院，又同时归属于逸仙学院。主干课程依托原专业培养，个性化培养平台由逸仙学院提供（开设专属课程、打通跨学院选课"加法"，完善课程属性转换"减法"），在强化专业知识的同时，注重个性化培养，既强基础，又扬个性。"双标签"制的另一个特点是有利于进出机制的无缝连接，既尊重学生的选择，又确保学生发展的多样性和稳定性。

3. "基础学科拔尖学生培养试验区"组织保障

第一，成立逸仙学院，"院长（副校长）+执行院长（教授）"统筹全校资源。由主管教学工作的副校长领衔院长，由教授担任执行院长，协调校内高水平教学师资，同时逸仙学院设有专职人员。

第二，逸仙学院不设专任教师，而是依托校内高层次教学师资，开放融合，交叉共享，从数学学院、物理学院、化学学院、生命科学学院、数据科学与计算机学院5个学院、测试中心遴选高水平师资队伍，作为任课教师和学业导师。

第三，组建拔尖工作委员会，牵头组织教改计划与管理办法审议、导师遴选、课程建设、学生选拔考核以及决议教学运行过程所出现的各种问题,在"拔尖计划"的实施过程中,发挥专家教授的决策、指导和咨询作用。

(二)选拔优秀学生:多维度选拔考核

1. 建立科学的人才遴选机制

第一,一年级结束后进行选拔。一年级结束后,从数学、物理、化学、生命科学、计算机专业本科生中选拔学生组建"基础学科拔尖学生培养实验班",避免了以高考成绩作为唯一选拔标准,而是综合考虑学生的学习能力、兴趣志向、品德修养和创新潜能发展表现,通过专家组深度面试,品鉴苗子。

第二,科学制定遴选标准。逸仙学院梳理国内外拔尖人才遴选与评价方法,分析当代大学生特点,联合学校相关部门研制了包括价值导向、人格品质、心理素质、兴趣志向、自主学习能力、创新潜能、批判性思维、沟通与团队合作能力等8个维度的遴选标准,相关论文发表在《中国电力教育》等杂志。各学科采用专家组深度面试的方法,既有总的要求,又考虑各学科的差异性。

2. 建立动态进出机制

培养过程一年一评价,动态进出。学校在培养阶段实行二次选拔,对进入计划的学生进行综合考察、慎重分流,遵循拔尖创新人才成长的规律;结合学年考核机制,实行开放式动态进出机制和"自愿进出、双向选择"自由选择机制;逐年对拔尖学生的学习和科研情况进行综合考核,注重考察学习过程中的创新能力和发展潜力;将部分不适应培养要求的学生及时进行分流,同时吸收部分特别优秀的普通班学生进入"实验班",以保证实验班始终保持高水准的培养质量。

(三)创新培养模式:个性化培养

1. 因材施教、个性化培养的情况

逸仙学院设计"专业+专属"的个性化人才培养方案。课程结构由各专业的主干课程模块和逸仙学院的核心专属课程模块构成,在强调总学分不增加的原则下,核心专属课程的选修及原专业课程的调整,需在导师指导下完成。专业主干课程模块保证专业教育的完整性;多学科联合开发的核心专属模块提供学科交叉、文理融合的多样性。

2. 课程体系、教学内容和教学方法的改革措施

第一,依托全校优质资源,开设理论提升、前沿研修、大型仪器实验以及综合素质发展等4类专属课程,目前共135门,其中人文类48门,既包含强化学生数理逻辑能力的精深课程,也涉及介绍前沿学术成果开阔学生视野的前沿系列专题,同时也开设人文社科与社会实践类课程。课程采用启发式、讨论式、探究式等研究性教学方法,促进学生探究性学习。例如,"物质表征与仪器分析方法"分为理论讲授与仪器上机实操,该课程设9个系列专题,学生能直接面对科研大型仪器,从仪器原理、实验操作到后期数据分析,深入学习,夯实实验研究基础,提高专业实验技能。

第二,形成小班化教学两个"1/3"特色。核心专属课程采用小班化教学,选修人数不超

过15人,并实施两个"1/3"做法,即非互动教学时间不超过1/3,每门课程跨学科选修人数不低于1/3。2/3学时由教师与学生互动研讨,能够充分发挥学生主体作用,引导学生自主思考课程的基本问题和核心概念,培养学生专题调研、表述和学术讨论的能力;每门课程1/3选课学生为跨学科选修学生,能够鼓励本科生接触不同学科,形成实质性的学科交叉互动。

3. 素质教育的开展方式

第一,通过开班第一课、毕业典礼等活动,加强逸仙学子的仪式感和荣誉感;开办专题讲座,如"'立志做大事不做大官'——孙中山怀士堂演讲"等,鼓励逸仙学子建立文化自觉与文化自信,成就大国青年;开设"潜能提升"系列专题,聘请境内外的著名心理学专家,采用体验式教学引导及帮助学生认识、开发自身潜质,拓展学生综合能力,促进学生更好认识自我、全面发展。

第二,以思想引领和学术成长为导向,设计并培育了一批优秀的第二课堂项目,以此强化能力素质教育,丰富价值内涵,不断提升社会责任感和使命感。其中,"家电义务维修小组"获得教育部高校校园文化建设优秀成果二等奖。

4. 营造学术氛围的措施

逸仙学院于每年5月开展学术交流周,让参加过国内外高校课程学习、暑期学校、科研实习、竞赛、会议和社会实践的学生参照正式国际学术会议标准,以口头报告或海报的展示形式,开展经验的分享、知识的交流、智慧的碰撞,通过"分享"让更多的学生开拓视野,促进不同学科学生之间的交流,营造浓厚的学术氛围。

(四)改革教学管理:集中管理与分散管理相结合

1. 班级管理与导师制相结合的实施情况

逸仙学院实行全程导师制,引导学生学术发展。遴选102位资深教师,为学生一对一配备导师。通过进课题、进团队,尽早介入科研训练,引导学生投身基础科学研究;举办学术午餐会,师生齐聚一起畅谈学术理想。这支学术思想活跃、多学科交叉的高水平师资队伍为"拔尖计划"的教育教学改革实践提供了强而有力的支撑。

2. 课程选修、免修和缓修制度的改革措施

鉴于学生"双标签"的特质,逸仙学院于每周四下午集中开设小班核心专属课程,在统筹协调下,数学、物理、化学、生命科学、数据科学与计算机5个学院在周四下午统一不排课,以让拔尖计划学生在周四下午修读"拔尖计划"相关课程。

逸仙学院每个学期开设二十几门专选课程,同时开放给数学、物理、化学、生命科学、数据科学与计算机5个学院的"拔尖计划"学生选修,所修学分可以冲抵自己本专业的专选学分。在导师的指导下,经学科工作委员会同意,"拔尖计划"学生可以申请免修或者缓修本专业的课程。

"拔尖计划"学生也可通过逸仙学院申请跨学科选修专业课程,比如,物理学院学生可以申请修读数学学院开设的必修课。除此之外,逸仙学院也积极探索突破学科专业壁垒的教学组织管理模式,逸仙学院负责管理的除了理科"拔尖计划",还有人文社科的博雅教育计划、卓越法政培养计划,目前三个计划的学生已经打通学科界限,建立跨学科课程体系及跨院系的选课机制。

（五）配备一流教师：依托校内高层次教学资源

1. 支持国内外知名学者参与计划的具体措施和实施情况

逸仙学院课程由 5 个学院的名师主讲，吸引了院士、教学名师等在内的著名专家学者直接参加"拔尖计划"培养。据统计，6 年来共有 74 名教师给"拔尖计划"学生开设核心专属课程。

逸仙学院部分专属课程也聘请国外一流专家学者短期授课，拓宽学生的国际化视野；另外还开设"理论物理国际班"与"基础数学国际班"，引进法国巴黎高等师范学院的教育理念，实施大课程、大作业、大辅导、小班化的"三大一小"的教学模式，聘请相关领域顶尖科学家驻校授课；6 年来，逸仙学院聘请国际知名教授驻校授课共 68 人次。

2. 导师制的实施情况

逸仙学院也为每位学生配备一对一导师，学生可选择所在学院的导师，也可选择其他学院的导师，还可根据科研方向申请配备两名导师。导师针对学生个性化发展需求，制定专业学习计划，引导他们聚焦科学重大问题。

3. 教师的激励措施及效果

中山大学在强化制度约束力的同时也释放了质量建设的正向牵引力，颁布了《中山大学卓越教学奖励办法（试行）》，启动中山大学卓越教学奖的评选，表彰和奖励一批师德高尚、学术优秀、长期投身本科教学一线工作、教学成就卓越、得到师生公认的教师，并对入选者予以重奖。2018 年，逸仙学院"量子力学研修"的授课教师李志兵教授获得第一届卓越教学名师一等奖，导师童叶翔获得第一届卓越教学名师二等奖。

（六）科研训练条件：兴趣—志趣—志向—影响力

1. 国家重点实验室等向学生开放情况

逸仙学院向学生开放国家重点实验室、教育部重点实验室、开放实验室、国家实验教学示范中心，如光电材料与技术国家重点实验室、基因工程教育部重点实验室等，为学生的实验实践教学、科研训练和创新活动提供有力的支持。

逸仙学院依托测试中心开设"物质表征的仪器分析方法"课程，为学生讲解核磁共振波谱、电子显微学、X 射线衍射等专题，学生能在教师的指导下使用大型仪器设备。

2. 学生开展科研训练的支持措施

逸仙学院人才培养以"兴趣—志趣—志向—影响力"为导向，从低年级开始引入科学研究，让学生接触科技前沿；在课程设置中注重学科交叉，设置跨学科课程，将科研训练课程化，设立科研学分，利用"请进来、走出去"等多种途径提供国际化交流平台，激励最优秀的学生投身于基础学科研究，培养学生的科研志趣；通过科研项目与"一对一"或"多对一"导师制相结合的形式，从师生两方面进行有效激励和调动，使得优秀人才形成优化的梯队布局，高年级带动低年级，鼓励学生参与导师研究课题或申请国家科研项目，努力使学生树立科学研究志向。

3. 学生参与科研情况及成效

中山大学"拔尖计划"鼓励学生在导师的指导下进行科研技能训练,2017年共有58名学生参与课题研究,如2015级林莹同学参与导师国家级课题"新型BiOI复合纳米材料的合成及其光催化性能的研究"等。每年学术交流周,所有学生均提交海报,汇报学年科研训练情况。

(七)国际化培养:"请进来、走出去"

逸仙学院搭建多元化的国际学术交流平台。逸仙学院采用"请进来、走出去"的办法,加强交流能力,拓展国际视野。"走出去",逸仙学院分期分批将学生送到国外一流大学学习或实训,进入一流实验室接触科学前沿,如欧洲核子中心等科研机构,拓展学生学术视野;积极组织学生参与各类暑期学校,如非线性偏微分方程暑期讲习班、"粒子物理、核物理与天体物理""拔尖计划"暑期学校等;近6年,学生境内外交流达275人次。

(八)拔尖人才培养的方式方法研究

逸仙学院开展"拔尖计划"课题研究,形成可推广模式。2015年以来,逸仙学院共申请了5项教育部"拔尖计划"课题研究,包括科研兴趣培养、小班化教学、国际化培养模式等,这些课题总结了"拔尖计划"探索实践过程的经验,形成可推广、可供借鉴的模式,对深入开展"拔尖计划"具有强烈的指导意义。

三、"拔尖计划"实施成效

(一)毕业生去向和特色

第一,毕业深造率高,成绩优异。目前逸仙学院三届共138名毕业生的继续深造率为100%,其中25人选择中山大学继续深造,44人就读于境内其他高校,如北京大学、清华大学、中国科学院大学等,69人就读于境外高校,如耶鲁大学、加州大学伯克利分校、京都灵长类动物研究所、哥伦比亚大学、约翰斯·霍普金斯大学等世界名校。

第二,与非"拔尖计划"学生的数据对比。为了检验学生培养成效,逸仙学院选出与逸仙学院入选绩点相同的学生构成对照组,采用横向分层随机抽样和纵向追踪分析的办法,对比跟踪其成长过程,结果表明:① "逸仙模式"培养的毕业生均在国内外顶尖高校深造,深造率为100%,高出对照组的82%;② 毕业平均绩点为4.04,高出对照组的3.91;③ 学术竞赛获奖省部级以上281人次,高出对照组的191人次;④ 发表学术论文113篇,高出对照组的15篇;⑤ 新增党员比例高出对照组的10%。

第三,毕业生具有很强的社会责任感和担当精神。经过6年的实践,逸仙学院涌现了一批德才兼备,具有领袖气质、家国情怀的优秀人才。例如,2012级关博宸同学,在人文专属课程熏陶下,立志把学术理想与服务社会结合起来提升大众科学素养,在校期间热心投入科普活动,由此获得国际组织颁发的 Blake–Lilly 奖,目前正在威斯康星大学攻读博士,共发表了 5 篇学术论文。

在与巴黎高等师范学院合作培养中,狄拉克奖得主 Edouard Brézin 教授盛赞:"他们的才能给我留下了极深刻的印象,部分学生思维敏捷,且十分稳重。他们无疑达到了巴黎高等师范学院最优秀的学生的水平……我已经很久没见过这么勤奋、强烈地希望把一切弄明白并渴求知道更多的知识的学生了。"

(二)毕业生成长情况

逸仙学院建立学生事务管理系统,定期录入学生相关信息,每年也邀请毕业生回校做汇报,跟踪毕业学生成长情况。

2013 级罗程祎同学,在本科期间就开始从事冷原子物理、量子精密测量方向的理论研究,提出了一种利用自旋压缩态达到海森堡极限的 Sagnac 干涉方案,并发表于《物理评论 A》;博士就读于科罗拉多大学博尔德分校,继续同一方向的实验研究,后又参与 Squeezed Atom Interferometry 的搭建,目标是在实验上实现利用压缩态提高原子干涉仪的测量精度。

毕业生中也出现一批交叉学科人才。逸仙学院专业+专属的课程设置,使得部分毕业生研究方向呈现实质性的学科交叉,如几何物理、生物数学、生物地理等方向。数学方向的陈靖熙同学,得益于逸仙学院交叉培养的做法,激发起生物学的兴趣,在数学与生命科学双导师引导下进入相关研究,后在耶鲁大学攻读生物统计方向。

(三)经验与不足

逸仙学院在基础科学拔尖人才培养的探索与实践中,形成了"五个相结合"的逸仙模式,为我国高等教育拔尖人才培养提供了一种新的范式。

独立建制的逸仙学院统筹集中管理和各学院分散管理相结合的管理模式,综合了"圈养"和"散养"模式的优势,加上"专业+专属"的课程设置,并采用小班教学两个"1/3"的授课方式辅之以全程导师制,能切实落实个性化的培养,具有创新性。在个性化的培养过程中,逸仙学院做到了"四个一":一学生一培养方案、一学生一导师制、一学年一评价,一学生一国际交流的机会。大一结束以后进行遴选以及学生管理"双标签"的做法是中山大学"拔尖计划"的另外两个重要特征。

"逸仙模式"也存在一些尚待改进的地方。首先,要建立更好的机制,去激励教师投入到基础科学拔尖人才的培养中,让教师成为学生学术的启蒙者和引路人。其次,要鼓励学生开展交叉学科相关研究,学院要在课程体系、师资引进、科研训练等方面加大对学生的引导。最后,要更加激励学生树立远大的学术志向,把远大的理想抱负和所学所思落实到报效国家的实际行动中。

四、持续改进

（一）质量监控机制

中山大学全面实行巡课制度，采用"在线巡查+现场巡查"的方式实现巡查全覆盖；反馈做到教学事故（差错）一天一报，教学问题每周一报，对于形成良好教风起到关键作用，实现了对全校教学情况多维度、全方位的把控。中山大学依托国家高等教育数据平台，选取"生源质量""深造率""本科师生比""教授上课率""调停课率"作为评估的基本指标，将"教学成果"作为加分项，设计出中山大学本科教育专业排行评价指标体系。

逸仙学院目前运行的教学质量监控保障体系主要涵盖了师资队伍、课程教学、教材等环节，每个环节都形成了"顶层设计—动态监控—反馈改进"闭环，基于质量数据，相互作用、持续改进，构建了完整的质量监控保障循环系统。

（二）未来的发展规划

中山大学在10年来的"拔尖计划"实施过程中，在基于"逸仙模式"的成功经验同时，依托逸仙学院培育了社会科学领域的博雅教育计划，培养学术型、研究型法政人才的卓越法政人才教育培养计划；通过广东省中学生英才计划，拓展用于青少年科技创新后备人才培养。上述教改探索为下阶段实施"拔尖计划"2.0提出拓展范围、增加数量、提高质量、创新模式，为实现文理基础学科的全覆盖奠定了扎实基础。

2018年，中山大学"三校区五校园"的格局已基本形成，深圳校区将以医科组团和工科组团为主，文科组团和理科组团为辅，协同发展；珠海校区"天琴计划"已破土动工，海洋学科群也正在建设，随着大科研平台的建成，学校科研教学水平将快速提升。2018年也是"拔尖计划"承前启后的一年，站在新的起点上，逸仙学院将启动医科、工科和人文社科等拔尖人才培养计划，将小班教学和个性化人才培养推广至中山大学的新校区和新学院，培养造就一批具有家国情怀、全球视野、追求学术理想、永攀科学高峰的基础科学领域未来领军人才。

撰稿人：陈敏、王其如、李玉芝

武汉大学自评报告

在推进创新型国家建设中,从国家战略需求出发,培育拔尖人才是研究型高水平大学无可推卸的重大责任,也是新时期赋予的重大使命。20世纪90年代初以来,武汉大学在国家基础学科人才基地建设的支持下,先后开设了数学、物理、化学、生物4个自然科学基础基地班,人文科学、经济学、法学以及跨学科的数理经济与数理金融试验班。在拔尖创新人才培养方面进行了一些探索,在培养方案、课程体系、师资建设以及管理模式等方面积累了一些经验。

2009年教育部开始实施"基础学科拔尖学生培养试验计划"(以下简称"拔尖计划"),武汉大学于2010年参与该计划。在原有自然科学基地班和人文社会科学试验班基础上成立"弘毅学堂",作为"拔尖计划"具体实施单位,统一领导与组织在国家"拔尖计划"支持下的数学、物理、化学、生物、计算机等5个学科的拔尖人才培养工作。实施9年来,"弘毅学堂"边实践边改进,积极探索适应国家战略发展、适应国际高等教育发展趋势的、适应基础学科发展需求的,具有武汉大学特色的基础学科拔尖人才培养模式。具体工作总结如下。

一、"拔尖计划"实施的目标定位

1. 定位

弘毅学堂是武汉大学本科教育的荣誉学院,是学校遵循国家实施中华民族伟大复兴人才战略设立的本科生拔尖人才培养基地,按学科大类培养的试验区以及书院式学术社区建设的前哨站。

2. 目标

(1)建设目标。建设目标是努力探索并逐步建立起适应国家战略需求、符合学科发展规律和教育发展规律的拔尖创新人才培育体系,形成一支相应的高水平师资队伍。

(2)培养目标。培养目标是致力于培养具有坚定民族精神、开阔国际视野、强烈责任感与使命感、人格健全、知识宽厚、能力全面、意志坚定、富有探索精神和创新意识、能够参与国际竞争的研究型人才,为后续培养成为所从事研究领域的领军人才打下坚实的基础。

3. 毕业要求

毕业要求是:要求学生具有深厚文化底蕴、扎实专业基础、宽广科学知识、超强实践能力、强烈创新意识、敏锐洞察眼光。具体要求如下。

(1)系统掌握本专业基本理论知识、基本实验方法和技能,了解本专业发展前景与国际最新发展动态;学习与了解其他相关基础学科的基本原理和跨学科的知识。

(2)了解中国与世界文明发展的基本脉络。

(3)具有扎实的数学、物理等基础知识;具有基础的计算机和信息技术知识,至少掌握并能够应用一门计算机语言。

(4)较熟练掌握一门外语,能用外语阅读专业书刊、参与专业讨论、书面与口头交流学习与研究成果;掌握运用现代信息技术查询、检索文献的方法。

(5)全程参与1~2个相关学科的研究课题,受到必要的科研训练,感受科研过程,体验科研的环节,学习科研方法,撰写学术论文,参与学术交流。

二、"拔尖计划"具体实施过程

(一)组织与政策保障

1. 组织保障

为贯彻"拔尖计划"的实施,武汉大学组建"弘毅学堂",9年来,弘毅学堂经历了两个发展阶段。

第一阶段(2010—2015年):定位为拔尖人才的培养,基本模式是按学科分类培养,即人才培养的主体是学院,分别成立弘毅数学班、物理班、化学班、生物班以及计算机班。学校层面仅在本科生院下设拔尖人才培养办公室,负责统筹与协调相关工作。

第二阶段(2016年至今):2016年,学校总结了前6年拔尖人才培养的经验,吸收国际国内一流大学本科教育的成功模式,面对国家对杰出人才和学校"双一流"建设的新需求,从整体推进本科教育改革的需要出发,将原有的单一拔尖人才培养基地,进一步扩充为跨学科大类培养的试验区、书院式学术社区建设的前哨站。弘毅学堂基本模式由"分类"培养转化为"大类"培养,组建了挂靠武汉大学本科生院实体化运行的弘毅学堂,并逐步完善组织架构与建设,包括学校层面和学科层面的领导小组和专家组。

学校领导小组组长由校长担任,副组长由常务副校长和主管本科教学工作的副校长担任,成员包括本科生院、财务部、国际交流部、学生工作部、人事部、后勤保障部以及发展规划与学科建设办公室等单位主要负责人,负责指导、统筹、协调、保障弘毅学堂的各项工作,特别是与拔尖人才培养的各项改革举措的推进与实施。各学科的领导小组由各相关学院院长与相关领导组成。

学校专家组由学校学术委员会负责人、院士、资深教授、知名学者以及各学院院长、教学副院长,并邀请与学校有密切联系的海外知名专家组成,其主要职责是探索拔尖人才培养的有效途径,制定拔尖学生选拔原则和拔尖学生培养的质量保证体系,组织不同学科的学生相互交流,推进国际交流;各学院和学科专家分委员会的职责是制定各学科整体拔尖人才培养方案和学生个性化培养方案,负责学生的选拔和流动、教师的聘任以及组织和实施各项教学活动。

设立主持学堂日常工作的院长和负责教学、科研训练、国际交流的副院长和副书记岗位

（院长和业务副院长均无行政级别），下设教学综合管理办公室和学生工作办公室。

学堂设立首席责任教授和各学科项目主任（学科首席教授）负责学堂整体和各学科拔尖人才方案的贯彻实施。学堂从一年级开始为每20个学生配备一名学业导师，具体指导学生的专业选择、课程选择及职业规划等活动。学堂从二年级开始为每位学生配备一位学术导师，具体指导学生的科学研究训练。

2. 政策措施

为积极稳妥地推进与保障弘毅学堂拔尖人才各项工作进行，学校陆续制定颁布了相关政策和文件，包括《武汉大学"基础学科拔尖学生培养试验计划"实施方案》《武汉大学弘毅学堂管理办法》《武汉大学"基础学科拔尖学生培养试验计划"专项资金管理办法》《武汉大学弘毅学堂招生选拔办法》《武汉大学弘毅学堂荣誉计划学生流动管理办法》《武汉大学弘毅学堂学生出国（境）交流资助办法》《武汉大学弘毅学堂学生科研训练实施办法》《武汉大学弘毅学堂优秀奖学金评选办法》《武汉大学弘毅学堂学生推荐免试攻读研究生管理办法》《武汉大学弘毅学堂任课教师聘任办法》《武汉大学弘毅学堂学生导师聘任办法》等。

（二）优秀学生选拔

第一阶段（2010—2015年）：采取一年级新生进校后二次选拔的方式。具体面向全校新生分数学、物理、化学、生物和计算机5个学科单独命题、分别选拔。各学科选拔人数不超过20人；考核形式必须包括笔试和面试两个环节，物理、化学还包括实验动手环节。

第二阶段（2016—2018年）：采取按高考成绩一次招生和新生入学后二次招生两种选拔方式。二次选拔主要是尊重学生兴趣、按学科进行。近几年来，二次选拔人数逐步增加，并按学科实际情况分别设定比例。

弘毅学堂设立以来，坚持按教育部"拔尖计划"倡导的"流动制"原则。一是在学科内学生按综合成绩与表现，在第一学年末、第二学年末进行动态调整，进出比例一般控制在20%左右；二是支持学生根据学习兴趣和能力，在每学期末选择转入到其他专业方向学习。

（三）创新培养模式

弘毅学堂在培养模式的探索过程中，贯彻教育部"拔尖计划"的精神，一方面认真总结武汉大学在基础学科人才培养实践中的经验与不足，另一方面积极借鉴世界一流大学拔尖创新人才培养理念、模式和方法。在此基础上逐步形成了以下成果。

1. 两个基本纲领

（1）"学什么"，以"博雅教育"（liberal art education）为纲领。

（2）"如何学"，以"研究型学习"（research based learning）为纲领。

2. 一个整体的课程体系

9年来，不断完善课程体系，按照"国际化、少而精、开放式"的思路，腾出更多时间给学生自学，总学分从150学分减少到130学分左右。内容包括通识教育课程、大类基础课程、专业核心课程和专业选修课程四大类。具体举措如下。

（1）真正贯彻"宽口径、厚基础"的方针，大类基础课程（大学数学、大学物理、大学生物以及化学原理)为各学科共同的基础课程。

(2) 培养方案在保持学科知识科学规范学习的同时,尊重学生个性化发展,在学生结构和课程设置上力求为学生自主选择课程和专业发展提供可能,特别将每个学科专业必修课程设置为基本准出课程,一般为12门左右。

(3) 在通识必修课的改革中,将马克思主义基本原理、毛泽东思想概论等4门政治课合成一门贯通的马克思主义中国化的理论与实践(上、下)课程,并增加课外的实践活动;逐步将英语教学从语言学习转变到文化学习,设立西方文化名著选读和英语文本中的中国等课程。

(4) 坚持专业必修课20人左右小班化教学,专业选修课程扩大到所有5个基础学科的所有课程。

(5) 考虑到培养方案的实验探索性,对培养方案的开放性和可行性予以足够重视,为课程体系的完善留出空间;5个学科核心课程基本上都采用国际一流大学的通用英语教材。

3. 教学方法改革

相对课程内容的改革,更重要的是学生学习方式的转变,即从应试教育被动的 learn 到启迪教育主动的 study 模式的转变,在探索研究型、讨论开放式、交流国际化多方面进行尝试,引导学生从"知其然"向"知其所以然"转变。在倡导启迪式教学和快乐式学习的过程中,武汉大学做了以下探索和尝试。

(1) 引导学生阅读原著。对一个知识体系的学习有两种方式,一是按照当前知识的逻辑体系顺序,另一种则是从历史的认知过程。武汉大学尝试在一些主要核心课程,如力学、热学、量子力学以及狭义相对论、遗传学等课程的教学中,在保持原有教学结构不变的情况下,对关键内容尝试引导学生读大师们的原著,从中不仅学到知识,还可以感受到大师们的风采。这种方式有一定难度,但也有趣味性,用现在学生所熟悉的语言即为一种"穿越式的学习""梦回大唐,可听见拨动的心弦"。

(2) 中心问题引领。在各门核心课程中倡导以中心问题引领的讨论式学习,小的问题随堂讨论,重要问题安排每周五下午主题班会讨论。讨论题目如:"为什么牛顿第二定律关于时间是二次微商,而量子力学薛定谔方程、麦克斯韦电磁学方程关于时间均为一阶微商?"理论力学中的"相空间""拉格朗日函数与哈密顿函数的比较""量子力学中的'自旋'由来?",等等,通过讨论,明显深化学生对知识的理解,不仅知其然,而且知其所以然。

(3) 具体科学问题的解决。在课外给出大量的练习,以实际中常见的或科学史上著名的科学问题为内容,如"太阳系每一颗行星轨道的计算""从开普勒行星运动三定律推导出万有引力定律",等等,这类习题的完成,无形中增加了学生们的成就感。

(4) 自主原始探索实验课过程的开展。在实验课中,对每一个实验,去掉原来教师给出实验方案,学生依葫芦画瓢的方式,改由教师仅给出题目和相关仪器工具,学生自主制定方案、确定仪器和工具,自主掌控实验的全过程;实验结果需进行数据处理后分析讨论,并最后在班级用PPT报告,培育和锻炼学生自主实验的能力以及文字和口头表达能力。

4. 综合素养训练

(1) 课外阅读的延伸。为培养学生良好的阅读习惯,学校在学生宿舍设立读书吧、学生24小时自习室、学生学术讨论室、学生发展中心、心智健康室等,集体订阅《数学文化》《自然哲学》《科幻世界》《现代物理知识》、*Scientific American*、*New Scientists*、*Physics Today* 等杂志,为每个年级订购了如美国物理学会 Physics Today、美国科学促进会等杂志。

2017年学校图书馆统计各学院入馆比例排行,弘毅学堂学生以96.98%的比例高居全校榜首。弘毅学堂2016级物理方向孙东泽同学被评为"武汉大学2018十大借阅之星"。

(2)人文素养和文化欣赏力的提高。为了在班级内部营造研究型的学习氛围,促进学生的全面发展,学堂坚持组织各种特色活动,包括新年音乐会、东湖骑行、省博物馆参观、弘毅大联谊、学科嘉年华等。每周举行例行课程学习讨论会,让学生自主讨论与发言,促进自主学习氛围和学习能力的提高。

(3)大师的引领。每周固定时间邀请校内外专家学者,围绕国内外形势、立志故事、人文历史和学科前沿等内容,和学生们面对面交流。邀请到的专家包括国家"拔尖计划"专家组专家、清华大学朱邦芬院士、美国科学院院士、沃尔夫奖与菲尔兹奖双料得主、国际数学大师Smale教授和丘成桐院士、普林斯顿大学数学系教授、北京大学副校长田刚院士、北京大学元培学院院长鄂维南院士、武汉大学学术委员会主任李德仁院士、武汉大学原校长、国家GPS工程中心主任刘经南院士、武汉大学资深哲学史家郭齐勇教授、历史学家李工真教授等共计100多人。

(4)校内外访问交流。弘毅学堂组织新生先后到校内生物标本馆、纳米科学中心、电子显微镜中心、遥感信息工程国家重点实验室、中国科学院武汉物理所参观,组织低年级学生利用假期到北京地区中国科学院相关研究所、中国卫星研究院、北京大学、清华大学、小米公司、腾讯公司、百度公司及中国国家博物馆、长城、故宫参观与交流,组织高年级学生参加教育部"拔尖计划"在所有"双一流"高校的暑期课程扩展班学习,参加中国科学院有关研究所、北京大学、清华大学、香港科技大学、香港中文大学等名校的夏令营活动;组织学生结合形势与政策等课程赴井冈山、延安等革命圣地参观学习。

(5)学科竞赛活动。积极组织学生参加数学、物理、化学、生物、计算机等学科的校级、省级、国家级乃至国际性学术竞赛、实验技能竞赛等活动。

(四)改革教学管理

1. 管理改革

弘毅学堂定位为书院式的学术社区,负责课堂外的学术氛围营造和学生综合素养、人格养成的工作。具体工作如下。

(1)统一管理所有弘毅学生的学籍,制定学科完整培养方案和课程体系,落实学生专业课程的选择和专业间的主辅修制。

(2)学校将环境相对较好的梅园整体划归弘毅学堂,学生集中住宿与管理。便于不同学科、不同年级的学生间交流。

(3)为每20名学生配备一位具有3年以上教学科研经验、副教授职称以上教师作为学业导师,四年一贯制地指导学生学习过程中选修课程、选择专业、遴选导师、选择研究方向等有关学习与个人发展的疑难问题。

(4)从二年级开始,根据双向选择的原则,为每个学生配备一位指导科学研究训练的学术导师。

(5)与马克思主义学院合作,在弘毅学生宿舍配置党团活动室与思政教师值班室,坚持育人导向,突出价值引领。

2. 制度建立

针对拔尖人才培养小班制、流动制、个性化和国际化的培养模式要求,弘毅学堂制定了学生培养各个环节包括学籍、选课、科研、奖励、国内外交流、流动进出、保研与荣誉称号授予等系列文件,鼓励学生跨专业选修课程、到国内外一流大学进行访学交流与短课程学习,尝试开展五学年双学位课程学习等。

(五)配备一流师资

学校大力提倡并制定了相关配套文件,激励一流教师任教于一流学生课堂。每年奖励20位优秀任课教师、学术导师以及管理人员。经过9年的实践探索,弘毅学堂的师资队伍已逐步形成课程讲授和课外指导两套体系。

1. 课程讲授师资

(1)大类基础课程和专业必修核心课程师资。主要由学校各学科具有3年以上教学经验且有海外学习和工作经历的教授、副教授担任,其中两院院士、国家杰出青年科学基金获得者、国家级教学名师等国字号人才占教师人数的30%以上。如中国科学院院士、武汉大学校长窦贤康教授担任弘毅大理科班"热学"课程的主讲教师。

(2)学科前沿、交叉选修课程。每年邀请海内外、校内外专家教授担任主讲教师,为每个学科学生开设3~5门短期课程,如邀请诺贝尔化学奖获得者皮埃尔·索瓦日教授为化学与物理专业高年级学生讲授"分子机器"短期课程,世界著名材料化学家、麻省理工学院的Donald Sadoway讲授"Introduction of Solid State Chemistry"的公开示范课,国内代数名家时俭益教授为学生开设"近世代数"课程;聘请法国图卢兹第三大学的数学教授Jacques Sauloy为学生开设"微分伽罗瓦理论"课程等。学堂每年邀请知名专家学者做报告,如国际数学大师、美国科学院院士、沃尔夫奖与菲尔兹奖得主Stephen Smale教授"计算科学的一致影响力"的讲座,德国科学院JurgenJost院士"图论与网络分析"的讲座,鄂维南院士"数据科学与信息产业"的讲座,林群院士"从根号2到实数理论"的讲座,田刚院士"欧拉公式与计数几何"的讲座,张平文院士"计算与预测"的讲座,等等。

2. 课外师资指导教师

课外师资指导教师包括四年一贯制的学业导师和科研训练的学术导师,其中,学术导师中的两院院士、国家杰出青年科学基金获得者、国家级教学名师等国字号人才占比30%以上。

(六)加强科学训练

研究型综合性大学拔尖人才培养的重要环节是学生的科研训练,为此,弘毅学堂主要从以下方面入手。

1. 科研训练程式的建立

在整体拔尖人才培养方案中,推进四段式科研训练程式。第一阶段设立科学研究方法与学术道德问题专题讲座,主要讲授选题原则、文献查阅、大学生科研和创新项目申请、实验方案设计与完成的策略、实验室安全常识、论文写作、报告和科学道德问题等;第二阶段为实验项目设计,主要是学生与各课题指导教师探讨制定实验方案,科学研究训练实验室使用登记注册等;第三阶段为实验方案实施,各课题教师负责各项目中的特殊实验技能培训和实验进程关节点的把关;第四阶段为论文写作与答辩,组织进行论文审阅、预答辩;集中答辩,指导小组根据研究结果、论文报告及答辩表现综合评分。通过四段式科学研究训练,可以有效地加强对学生研究能力、创新能力和可持续发展能力的培养。

配合上述科研训练程式,制定出相应科研项目立项、科研成果奖励等政策文件,特别是将科研训练作为学生参与"拔尖计划"的必需过程和保送研究生的必要条件,保证了科研训练的全员参与。

2. 科研训练基地的建立

一是校内与基础学科相关的5个国家实验教学示范中心、3个国家重点实验室、一个国家工程中心、4个省部级重点实验室、学校纳米科研中心、电子显微镜中心可采取预约式,面向弘毅学生开放。另外与学校主要进行数理化生基础研究的高等研究院建立密切合作,高等研究院的所有高水平教师均不同时段参与弘毅学生科研训练的具体指导工作。经过10余年的建设,已建成神农架生物学野外综合实习的重要基地、江西鄱阳湖淡水湖泊生态与环境野外实践教育基地、庐山植物园植物学基地等。

二是主动与中国科学院相关研究所建立合作关系。近年来弘毅物理、化学和生物专业方向学生均去过所在方向的研究所参观学习,一半以上学生在研究所有过两周至半年的科研训练,甚至完成毕业论文。

三是积极推进弘毅学生赴海外一流大学进行科研实习,近年来人数逐年增加。这些学校包括麻省理工学院、加州理工学院、加州大学伯克利分校、加州大学圣芭芭拉分校、南加州大学、杜克大学、康奈尔大学以及伦敦国王学院等。目前弘毅学堂学生已将科研训练逐渐作为一种自觉行为与大学学习的一部分。通过对立项开题、项目实施、成果总结、论文报告等科研过程的训练与体验,许多学生找到了自己的科研兴趣,并通过不断努力也取得了一些初步的科研成果:如2013年弘毅生物班在iGEM中获得国际金奖;弘毅数学班学生在近5年的全国大学生数学竞赛决赛中总分排在前10名的有10余人次;弘毅生物班在全国大学生物学学术大赛中取得一等奖一次、二等奖两次;弘毅化学班学生在校期间发表学术论文数量大大超过化学非弘毅班学生;弘毅计算机班学生参与ACM比赛和信息安全大赛每届都有数十人获奖,2017年,还有2名学生撰写的论文被高水平会议(CCF推荐A类会议)录用。

(七)国际化培养

1. 学生海外交流情况

弘毅学堂坚持鼓励学生"走出去",积极参加国际交流。目前,已经形成了一批有特色的国际交流项目,与诸多国际一流大学形成了较为稳定的合作关系。交流项目包括学分课程学习、科研实习、海外访学多种交流形式以及留学基金委支持项目、学校交流项目和学生自主申请项目。合作学校包括杜克大学、康奈尔大学、哥伦比亚大学、加州大学伯克利分校、加州大学圣芭芭拉分校、加州大学洛杉矶分校、加州大学尔湾分校、威斯康星大学麦迪逊分校、特拉华大学、得克萨斯西南医学中心、密苏里州斯托瓦斯医学研究所、伦敦国王学院、图卢兹第三大学、弗朗什-孔泰大学、莫纳什大学、南洋理工大学等。2012—2014级学生在校期间出国交流比例分别为15%、20%、35%左右。经费主要由弘毅学堂海外交流奖学金支持,支持力度通常在60%~100%。

2. 海外专家讲学情况

经过多年的开拓与发展,目前每年邀请海外专家学者来5个基础学科讲座和授课的人数超过100人。交流的形式:一是交叉前沿短期课程(1~2周)的授课,每年每个基础学科一般有3~5门这样的海外教授的短期课程;二是学科发展前沿讲座。此两类相关典型案例已如前面一流师资授课部分所述。

3. 学生在海外一流大学交流、进入学科前沿发展情况

以下为三个典型事例。

(1) 2012级弘毅化学班余维来同学本科三年级下学期在哈佛大学化学系进行了为期半年的交流学习,立志从事能源化学前沿领域研究工作,在校期间以第一作者发表5篇SCI论文,总影响因子达到45.23。余维来在毕业时拿到加州理工学院、耶鲁大学、加州大学伯克利分校等6所顶级大学博士研究生offer。研究生选择加州理工学院化学系,获得Resnick Institute Fellow,进入《能源与环境科学》杂志创始主编Nathan Lewis教授课题组,继续从事半导体光电化学方向的研究工作。

(2) 2014级弘毅物理班王哲人同学大学三年级下学期在加州大学圣芭芭拉分校物理系进行学分课程学习期间,利用课余时间到近10个教授课题组观摩,最后在化学物理系Bernard Kirtman教授课题组找到自己感兴趣的课题,并学习了计算化学物理的方法,受到教授的赏识与邀请,四年级上学期继续在课题组从事课题研究,在访问期间被教授派往意大利米兰大学从事一个月的合作研究,2018年夏毕业时被教授推荐到加州大学伯克利分校材料系、美国科学院院士Gerbrand Ceder教授课题组攻读博士学位,从事高通量材料计算的工作。

(3) 弘毅物理班2011级学生廖珂大学四年级到英国国王学院物理系交流学习一年,在量子蒙托卡诺原代码主要写手Dr. George Booth课题组学习,喜欢上并立志去发展量子化学计算方法,为此拒绝美国著名大学读博offer,去了德国马普固体物理所"coupled cluster"源代码主要发明人Andreas Grüneis教授课题组读博,目前已在《物理评论X》和《化学物理杂志》杂志上发表了两篇相关论文。

(八) 拔尖人才培养方式方法研究

学校积极组织、开展拔尖人才培养方式方法研究,2016—2018年获批立项课题11项。课题涵盖数学、物理、化学、生物、计算机5个学科,研究内容涉及培养模式对比、教学方式方法、科研训练、跟踪评价、英语和政治课改革等。其中7项今年底结题,研究成果目前除了一批研究报告外,还在《中国大学教学》等杂志上发表论文10余篇,出版相关著作2部。相关成果已在弘毅学堂相关专业实施。

三、"拔尖计划"实施成效

武汉大学"拔尖计划"实施9年来,已有4届428名毕业生,毕业生深造比例保持在

95%左右,其中出国深造学生比例稳定在50%左右。学生在校期间发表论文100多篇,获省、部级及以上奖励近200项,申请专利两项。

1. 历届毕业生去向统计

弘毅学堂理科试验班历届毕业生去向统计如表1所示。

表1 弘毅学堂理科试验班历届毕业生去向统计表

届数	毕业人数	读研人数	读研学生比例	国内读研人数	国内读研学生比例	国外读研人数	国外读研学生比例
2014届	85	82	96.47%	55	67.07%	27	32.93%
2015届	77	77	100.00%	38	49.35%	39	50.65%
2016届	90	85	94.44%	44	51.76%	41	48.24%
2017届	85	77	90.59%	38	49.35%	39	50.65%
2018届	91	86	94.51%	47	51.65%	39	42.86%

2. 与相同学科"非拔尖计划"学生培养情况比较

(1)参与"拔尖计划"的5届毕业生(2014—2018届)全部正常毕业,并取得学士学位,而5个相应基础学科平均有5%~8%的"非拔尖计划"学生不能正常毕业。

(2)弘毅5个学科近5届毕业生读研深造比例(大于90%)高于相应非"拔尖计划"学生近25个百分点,"拔尖计划"学生到国外读研比例(约为50%)高于普通班学生近20个百分点,国内读研比例基本持平,即弘毅学堂出国深造的学生更多。

(3)与普通班相比,参与"拔尖计划"的弘毅学生读研所在的学校在国际和国内的影响力更大一些。

3. 毕业生成长情况

武汉大学"拔尖计划"首届本科生于2014年毕业,目前一般都是博士生第4年,尚无毕业博士生。毕业生追踪系统目前主要由各学科、各学年毕业生联络群,学校校友会组织等。目前学校正在筹备建立弘毅学堂毕业生跟踪系统,并分别建立微信和QQ群,在网页上新设校友联络与反馈专栏等。

毕业生发展情况除上面国际化培养中介绍的海外学生情况外,尚有一批在各自读研单位工作比较出色的实例。如弘毅物理班有两位女生分别在欧洲核子中心从事"上帝粒子"——Higgs粒子新奇物理性质的研究(2011级郑智),在中国科学院等离子体所从事惯性磁约束核聚变的研究(2010级胡文惠)。在国内读研的学生大多也有很好的发展,如清华大学薛启坤院士每年都选拔弘毅物理班学生进入其课题组读博,今年更是破格选拔录取了三位学生。

另一个典型例子是,国际纯粹与应用物理联合会磁学专业委员会委员、复旦大学金晓峰教授三年内连续7次到武汉大学给学生上力学、热学、电磁学、原子物理等系列短课程,还与2010级弘毅物理班岳迪同学建立了良好互动关系,岳迪毕业时放弃到海外深造,义无反顾地选择到金晓峰教授课题组读研,从事凝聚态物理前沿课题"自旋霍尔效应的微观机理"以及"自旋相关输运现象"的研究。其间,岳迪被国际著名磁学领域专家Chia-Ling Chien教授选中,邀请赴其所在美国约翰斯·霍普金斯大学物理与天文系课题组开展合作研究一年。

截至2018年7月,岳迪同学已发表五篇SCI论文,其中他为第一作者的《Bi薄膜和Bi/Ag双层膜中的纯自旋流传输现象》的论文已被国际物理学最高水平杂志美国《物理评论快报》接收即将发表,另外还应日本物理学会邀请以第一作者与金晓峰导师一起在《日本物理学会杂志》杂志上发表了《近年来铁磁金属薄膜中反常霍尔效应微观机理研究新进展》的综述论文。

4. 本校拔尖学生培养特色

武汉大学生源情况、本科学生总数、师资水平、师生比以及相应的学科基础、硬件条件,决定了武汉大学基础学科拔尖人才培养的模式不能与其他学校完全一致。具体做法包括以下几个方面。

(1) 汇集学校优势资源,集中拔尖学生,重点培养。基于整体生源和师资情况,在武汉大学集中一批优秀学生,汇集学校优势教学资源,采用小班形式,更利于采用国际化教材,全英文授课,增加师生互动和讨论课的时间。学生集中在弘毅学堂:学生按书院式学术社区管理,统一制定整个基础学科完整培养方案和课程体系;校内校外师资互补:一方面坚持基础核心课程由本校优秀教师主讲,另一方面积极邀请海外、校外专家到校讲授一些学科前沿和跨学科的1~2周短课程;课程体系的系统性与灵活性相结合:坚持系统性,即每个学科设立核心课程作为必修课程;考虑学生个性化发展和跨学科知识需求,将上述核心课程作为专业准出课程,放开专业选修课程,允许学生跨专业选修课程;探索研究型的学习方式:通过阅读原著和文献,探讨一些实际生活中的数学、物理、化学、生物的实例,深入解读基本原理内在逻辑,引导学生从中学学习的"知其然",上升到大学学习的"知其所以然";配备学业导师和学术导师:导师联合学生辅导员全方位指导学生学习生活等;优势资源共享:弘毅学堂学生除了在图书馆、资料室借阅方面有更大权限外,学校面向单个专业学生开放的实验教学示范中心、面向研究生开放的重点实验室、科研中心都对弘毅学堂学生开放。

(2) 将拔尖人才培养与学校大类培养探索、书院式学术社区建设有机结合。弘毅学堂实行"1+3"的大类培养模式,即让学生在第一年学习大理科的基础知识,增强学生的数理基础,一年后再根据兴趣能力自由选择在数学、物理、化学或生物方向学习专业知识。同时,丰富多彩的书院活动、书院学习资源使学生逐步在课余时间建立起一种积极、有趣味的学术社区生活。

(3) 探索多样化的人才选拔机制。近几年来,采取多种形式和多时段相结合的拔尖人才选拔方式,将拔尖人才培养与学校大类招生探索有机结合,通过高考直接录取一批高分学生,在新生进校面向全校学生再二次选拔一部分,一年级、二年级后还会择优录取一部分,尽可能将有志向、有能力、能坚持的优秀学生选拔进入"拔尖计划"。

5. 存在的不足

(1) 人才选拔、培养体系有待进一步完善。目前,部分通过高考录取进校的高分学生,对为什么选择弘毅学堂及自身学科兴趣、科研能力和未来职业发展方向,缺乏明确认知和定位。在大类培养过程中,数理基础课程与专业课程及不同学科专业课程之间,存在从内容到形式上的不统一。对科研训练活动作为拔尖人才培养的必要环节,部分教师和学生还存在认识上的不足。

(2) 高水平专家投入拔尖人才培养的机制有待进一步健全。目前,部分任课教师水平还有提升的空间,学业导师工作和科研训练、学术导师的工作投入热情还需在机制上不断健全,需真正从内在激发教师对工作的持续投入,引导学生保持对知识的好奇心。

(3) 国际交流渠道、资助机制有待进一步加强。一是学生出去交流人数相对其他高校总体数量还不多;二是邀请国际一流学者人数较少,真正让学生受益较大的1~2周的短课程数目有待增加。另外,学生出国交流资助的数额、资助方式还有待进一步加强。

四、持续改进

针对武汉大学拔尖人才培养过程的实践中存在的问题,为认真贯彻落实教育部"拔尖计划"的精神,弘毅学堂下一步计划主要做好以下几项工作。

1. 进一步完善拔尖人才培养体系

(1) 完善选才与鉴才机制。在现有选才方式基础上,增加自主招生、通过"英才计划"与中学衔接等多种选才模式,丰富考核内容,如心理与意志力测试等,对学生全面考察。

(2) 完善书院式学术社区建设。逐渐丰富书院的活动形式和活动内容。对书院宿舍、活动室、走廊以及室外、花园进行整体规划和设计,分时段、分批次、高标准进行建设。

(3) 扩充学科范围,促进学科交叉。第一步,将已有良好学科基础、创办了20余年的各个文科基地班和"人文科学试验班"整合成涵盖文学、历史、哲学三个学科新的"人文科学试验班",纳入"拔尖计划"范畴。第二步,在原有理科各专业中,探索推进交叉学科培养模式,如数学物理、生物化学、大数据科学等专业和相应的课程体系。第三步,推进基础医学和基础药学的人才培养水平提高,然后逐步考虑将其纳入"拔尖计划"的可能性。

(4) 进一步细化弘毅学堂与各学科学院之间的协调机制。针对各学科学院参与热情高,但工作落实不够等现象,进一步明确相应的权、责、利,共同做好拔尖人才培养工作。

2. 激励更多高水平专家投入拔尖人才培养中

一是对核心必修课程逐渐形成高水平的教学团队,二是着重推行与培育学业导师制,三是推进弘毅学堂任课教师、学术导师、学业导师等各类教师的责权利规范化进程,四是探索建立高水平专家投入拔尖人才培养的激励机制。

3. 进一步优化学生培养方案

(1) 完善课程体系建设。处理好"博"与"专"的关系,进一步完善大类基础平台课程与专业核心课程课时比例关系。注重通识课程的系统性与知识性,设立"中国文明与发展""世界文明与发展"两条主线,将思政课与英语课纳入这两个大的体系,使学生在历史长河与世界演化的大格局中树立正确的人生观与世界观;增加所有"拔尖计划"各专业学生必修的"写作与沟通"课程,以期提高学生的表达能力;下大力气提高课程质量,推行代表武汉大学本科教育水平的"荣誉课程"建设,分时段、分批次,希望5年左右使得所有大类基础平台课程和大类核心必修课程基本达到"荣誉课程"水平;探索"本硕博"贯通的课程体系。

(2) 强化科研训练,将其纳入奖学金和保研的必要条件,使其成为每一个学生的规范化的自觉行动;增加师生互动环节,提高学术导师的积极性;增加对学生科研项目选题、实验过程以及成果整理与分析的指导。

4. 海内外交流提质增量

通过深化完善现有合作平台,寻求与更高水平大学合作,推进学生互换、学分互认、学位互授等,积极促进学生进入国际和国内大型科学研究中心、研究基地、顶尖实验室学习;通过提高学生海外交流奖学金额度,逐步增加赴海外交流学生的比例,力争三年内达到80%。

关于拔尖人才培养各环节质量标准设置及持续改进机制,除了按照武汉大学"标准—执行—检查—评估—反馈—改进"流程,通过教学过程管理、院(系)评估、专业评估、专业认证、教学督导、干部教师听课、学生信息反馈、毕业生跟踪调查、教学责任事故认定与处理等各种质量管理工作的循环闭合、持续改进机制运行外,还通过定期组织学生午餐会、教授值班及学业导师和辅导员等渠道收集教师上课、学生学习生活等各方面的信息,及时与相关学院、教师等沟通解决。

近十年来,经过不断探索改进,武汉大学基本形成了完整的拔尖人才培养体系,也为学校大类招生大类培养、书院式学术社区建设等工作探索积累了许多可借鉴的宝贵经验。今后学校将参照世界教育发展趋势,遵循人才成长规律,依托学校和学科优势,回归常识、回归本分、回归初心、回归梦想,努力创立新时代有中国特色的高等本科人才培养的新模式。

撰稿人:石兢、董甲庆、方萍、吕晶、李宁、赵菊珊

厦门大学自评报告

一、"拔尖计划"实施的目标定位

厦门大学实施"拔尖计划"的目标定位是：遵循高等教育基本规律和拔尖人才成长规律，主动适应国家社会经济发展需要和建设中国特色世界一流大学的要求，坚持立德树人，以生为本、以学为中心，以培养模式创新为重点，以机制体制改革为突破，着力构建一个促进学生自主性、研究性、实践性学习，科教融合、学科交叉、本研贯通的拔尖人才培养新模式，培养造就一批具有家国情怀、全球视野、志存高远、勇攀科学高峰、推动人类文明进步的基础学科及相关学科科学研究领域的未来领军人才和学术大师。

厦门大学进入"拔尖计划"的学生毕业时应达到如下要求：

（1）热爱祖国，具有高度的社会责任感和使命感、良好的科学文化素养、深厚的人文历史情怀，人格健全、身心健康。

（2）扎实掌握本专业所需的基础知识、基本理论和实验技能，熟悉学科的发展历史、学科前沿和发展动态；了解交叉学科的基础知识。

（3）扎实掌握资料查询、文献检索方法，熟练处理和运用所获取的本学科及相关学科信息。

（4）扎实掌握科学研究的基本方法，具有综合运用本学科及相关学科的基本原理和方法，设计并实施研究方案，对实验结果进行分析和归纳，撰写学术论文的能力。

（5）具有较高的国际视野、跨文化交流能力和合作性沟通对话能力，能够与国内外同行就本学科及相关领域的问题进行良好的沟通和交流；能够在本学科及多学科团队中与其他成员进行有效的协调与合作。

（6）具有终身学习能力、创新意识和创新能力，具有敏锐地发现问题、思辨地提出问题、系统地解决问题的能力。

二、"拔尖计划"具体实施过程

1. 政策与组织保障

（1）政策保障。学校调整专任教师岗位绩效考核评价办法，优化招生制度、转专业制度、推免制度、本科生导师制度等制度，制定《厦门大学"基础学科拔尖学生培养试验计划"

管理办法》《厦门大学"基础学科拔尖学生培养试验计划"实施方案》等管理办法及项目实施细则21项,为计划实施提供保障。

(2)组织保障。按照"校院两级、学院主体、专家管理"原则,学校成立试点改革项目工作组,负责宏观管理;"拔尖计划"所在学院设立专家委员会和项目领导小组,负责项目具体实施与日常管理。化学学科形成了领导小组例会、专家委员会会议、导师会议、课程组组长教学研讨会等制度;生物学科成立博伊特勒书院,设院长、执行院长各一名,下设教学指导委员会、思政指导委员会、学生管理委员会等机构;数学学科建立了教学、学工、管理协同育人机制,定期召开教学研讨会、专题工作会。

(3)经费保障。学校将专项经费纳入年度预算,出台《厦门大学"基础学科拔尖学生培养试验计划"经费使用管理办法》,尊重项目经费管理自主权。

(4)资源保障。学校实施课程、实验室、实习基地等建设计划,推行实验室6S管理,建立资源共享机制,全校课程、各级各类科研教学平台、实习实训基地等向拔尖学生开放。生物学科设立创客空间,包括活动室、阅览室、研讨室活动区等;数学学科建立拔尖学生专属工作室、研讨室。

2. 选拔优秀学生

学校坚持"德才兼顾、严进严出"的原则,优化选拔程序、完善考核评价标准,建立"多条路径、多次选拔、动态进出"的管理机制。招生路径包括通过自主招生、学科夏令营等吸引优质生源、依托"英才计划"与中学联合发现和培养青少年科技创新人才、每学年面向全校择优录取学生、专家联名推荐优秀学生实时进入计划等。选拔程序包括申请、推荐、心理测试、面试、录取、分配和导师确认等环节,全面考核学生学科背景、知识积累、学习能力、思辨能力、发展潜质、表达能力、人文素养、心理素质等。培养过程实施动态管理,根据不同学科、年级特点制定考核评价标准,综合考评品德、志趣、发展潜质等指标,出台《厦门大学"基础学科拔尖学生培养试验计划"优秀学生奖学金管理办法》,建立学年报告制度、警示制度、奖学金制度、荣誉学员制度等,学生既有压力,也有动力。截至2018年7月,累计599人进入计划,其中116人退出,目前在校生188人(表1)。

表1 "拔尖计划"在校生数(2018年7月统计)

学科	2015级	2016级	2017级	总计
化学	27	32	21	80
生物	42	39	*	81
数学	10	7	10	27
总计	79	78	31	188

注:*表示尚未选拔。

3. 创新培养模式

(1)强化思想导航和价值引领。第一,坚持德育为先,构建素质教育"同心圆"。如开展思政课网络、课堂、实践"三位一体"教学模式改革,网络教学侧重知识传授,促进学生探索性和主动性学习;课堂教学以问题为导向,引导学生深入思考;实践教学引导学生扎根中国大地了解国情民情,践行社会主义核心价值观。第二,将通识教育理念贯穿人才培养全过程,以培养健全心智、健康人格、开放思维与广阔胸怀为宗旨,开设跨界·对话、人文经典导读、诺贝尔史话、科研素养与方法等通识教育课程,组织学生参与红色之旅、中国传统文化之旅、拓展训练等暑期项目。第三,传承以"四种精神"为代表的厦大文化,开设"化院故事"系列讲座、"景润"大学生素质教育系列活动,组织学生观看《哥德巴赫猜想》等。第四,通过Office Time、院长面对面、导师见面会、午餐会、科研实验室开放日等活动,让学生在耳濡目染中激发学术兴趣和创新潜力。

(2)创新课程体系和教学模式。学校支持学生跨学科、跨专业、跨层次、跨学校修读课程,在导师指导下自主设置个性化培养方案;同时重构课程体系,提升课程挑战性,实施名师授课、小班教学、翻转课堂等新型教学模式,强化学生批判性思维和科研创新能力培养。

化学学科将课程、国际交流、科研训练、本科后教育等纳入培养方案,培养学生会"想"、会"做"、会"表达"。化学学科还实行多元课程组织模式:专业基础课小班教学,院士、国家级教学名师等主讲,采用讲授、讨论、论文报告多种教学方式;开设6门讨论课,引导学生独立思考、启发开放性思维;聘请国内外名师开设学科研究进展、系列专题课程,拓展学生学术视野;独立开设实验,增设强化实验课,强化基础实验技能训练;增加大型科研仪器上机培训。

生物学科建立"四平台、四层次"培养体系,依托通识教育中心、人才培养基地、国家级实验教学示范中心、协同创新中心等平台,开展博雅、基础知识、实践动手能力、科研创新能力等四方面的教育,建立"普适→拔尖→精英"的进阶式成长路径;重构课程体系,如"5+4"门专业核心课程由海外引进教师开展小班双语教学,4门全英文专业课程由诺贝尔奖获得者Bruce Beutler教授等世界顶尖科学家开设。

数学学科建立"大锅+小灶"模式。专业核心课程拓展"宽度"和"深度",实行小班教学,开展小组专题研讨。每学期至少开设5门学科前沿课程、本研衔接课程等特色研讨课,学生至少选修1门。特色研讨课程引入"众筹"理念,3名及以上学生提出申请,项目即聘请教师开课。

(3)营造前沿化的学术氛围。学校出台《厦门大学"基础学科拔尖学生培养试验计划"学术活动资助管理办法》,鼓励学生参加学术活动;邀请海内外大师开设学术讲座,使学生近距离感受大师学术魅力。化学学科设立"学术报告"学分,要求低年级学生参加系列前沿讲座课程、"院士讲坛"等,高年级学生参加诺贝尔获奖者系列讲座、"南强"系列讲座、卢嘉锡系列讲座等学术活动;生物学科举办"科学与人生"系列讲座;数学学科举办"景润数学""魅力数学""博闻"三大系列讲座。据不完全统计,2010年至2018年,学校累计邀请千余位专家,开设讲座1 207场。学校还举办国际学术会议、国际暑期学校、国际比赛等学术活动,拓宽学生视野,领略前沿动态。化学学科2011年至2018年已举办各类国内外专家学者报告会1 014场,为学生开启一扇通向未来的"窗口";数学学科坚持每年举办四校暑期学校;生物学科长期与台湾清华大学等高校联合举办野外实习夏令营等。

4. 改革教学管理

(1)建立柔性教学管理机制。学校出台《厦门大学国家"基础学科拔尖学生培养试验计划"课程免修试行办法》《厦门大学本科生转专业工作管理规定》《厦门大学本科毕业论文(设计)工作管理办法》《厦门大学本科生派出交流学习学分转换办法》等管理办法,开辟绿色通道,保障优秀学生转入"拔尖计划"学习,支持拔尖学生自主安排学习计划。公共课程实施目标管理,达到标准者可申请免修;根据不同学科要求,专业课程可申请课程替代、免修或免听,支持拔尖学生采取灵活方式完成毕业论文(设计)。

(2)改革学业评价机制。学校优化课程考核机制,注重能力考核,强化过程考核,从期末、期中、平时测试、作业、课程论文、课堂表现等方面综合评价学生;根据课程难度适当调整特设课程成绩起点;建立学习过程监控机制,实施课程警示制度、科研警示制度、学年报告制度、毕业报告制度等,对拔尖学生在学习、科研、心理等方面进行实时跟踪和评估;提高"拔尖计划"推荐免试攻读硕士研究生的比例,扩大直博生招生专业和数量,提高直博生待遇,支持资质好、兴趣浓、志向坚的拔尖学生硕博连读。

(3)建立学生成长服务机制。学校加强学生日常管理,定期召开班会、师生见面会、学生座谈会,不定期约谈学生,就专业发展情况、课程设置、品德修养、个人发展规划、专业认知与选择、课程选择、学习方法、科研创新等进行讨论,鼓励学生"既要仰望星空又要脚踏实地";完善各类导师协同育人机制,在思想上、学业上、生活上关心学生,担当学生成长领航人、学业发展引领者。完善其他相关制度,加强对课程学习的辅导。

5. 配备一流教师

(1)建立名师授课制度。学校聘请诺贝尔奖得主、院士、国家杰出青年科学基金获得者等高层次人才参与拔尖计划的顶层设计、管理和拔尖学生培养。项目专业核心课程均由知名专家学者承担,一批学术大师及行业翘楚为"拔尖计划"授课或开设讲座,如郑兰荪院士、田中群院士、孙世刚院士、韩家淮院士、林圣彩(国家杰出青年科学基金获得者)、郭祥群(国家级教学名师)、林亚南(国家级教学名师)、Bruce Beutler(2011年诺贝尔生理学或医学奖得主、美国国家科学院院士)、Chris Goodnow(美国科学院、英国皇家科学院和澳大利亚科学院院士)、Eric Betzig(2014年诺贝尔化学奖得主)、Konstantin Novoselov(2010年诺贝尔物理学奖得主)、波尔多大学Claude-Michel Brauner(国家外国专家局高端外国专家)、俄亥俄州立大学关波、普渡大学沈捷、世界银行赵清华及陈少华夫妇(赵清华系世界银行高级数据学家,陈少华系世界银行发展研究局首席统计学家)等。据不完全统计,"拔尖计划"邀请海内外专家学者78人开设课程,1 087人开设讲座,其中,诺贝尔奖得主4人、院士78人(含美国科学院院士、英国皇家学会院士、澳大利亚科学院院士、加拿大工程院院士、法国科学院院士、欧洲科学院院士等)、国家杰出青年科学基金获得者87人等。

(2)建立全程导师制度。学校充分发挥导师育人作用,以大爱之心呵护学生成长。截至目前,已有院士6人,国家杰出青年科学基金获得者22人,国家级、省级教学名师5人,"973"首席科学家2人,特聘教授或讲座教授38人等担任导师。

化学学科建立"班级导师+育人导师+朋辈导师"体系。班级导师由院系领导、教学一线教师、国外留学背景年轻教师担任,重点关注学生思想动态、个人发展规划等;育人导师由院士、国家杰出青年科学基金获得者等一流专家学者担任,一般通过2~3个课题组轮转和双向选择后确认,重点指导学生制定学习计划、开展学术活动,为学生提供学术资源,定期进行学术考核等;朋辈导师由优秀高年级拔尖学生或优秀直博生担任,相互促进、共同成长。

生物学科为学生配备通识导师、专业导师、思政导师及朋辈导师,给学生全方位的指导。通识导师由人文、管理等方面知名教授、企业家、行业精英担任,着力提升学生综合素养,引领学生进行自由探索与思考;专业导师由有留学背景、科研一线专家学者担任,负责指导学生的学术活动;思政导师由辅导员担任,负责指导学生活动,并及时解决学生生活上的困惑与难题;朋辈导师由优秀高年级拔尖学生担任,同时邀请欧美优秀留学生担任英语朋辈导师。

数学学科建立导师组和导师学年调整制度。根据教师的学科背景、个人特点等因素由资深专家与青年骨干教师联合组成导师组,各尽其责、各施所长,共同指导学生。学校尊重学生科研意愿,支持学生志趣发生变化时调整导师。

(3)教师激励机制。学校为参与"拔尖计划"管理、授课、担任导师的教师发放津贴和课酬;设立延聘名师专项经费,对聘请海内外相关领域高水平专家授课而产生的费用予以资助;设立导师专项经费,支持导师开展学术沙龙等指导活动;设立教学研究专项经费,鼓励教师开展拔尖学生培养研究。各项目也结合学科特点设立专项,激励教师积极参与拔尖学生培养,如数学学科对指导学生发表高质量学术论文的教师予以相应奖励,生物学科对参与拔尖学生培养的课题组予以经费支持等。

6. 优化科研训练条件

学校建立循序渐进的科研训练机制,设立专项科研训练基金,优质科研教学资源向学生开放,引导学生科研兴趣,发现学生科研潜质,培育学生科研能力。截至目前,拔尖学生参加各类科研项目481项,其中国家级71项,省级8项,校院级402项。

化学学科以"启发创新意识、注重训练过程、提高综合素质"为原则,构建"初级—中级—高级"三层次循序渐进的科研训练平台,形成系统的科研训练方案,对学生科研素养、文献检索、项目申请、实验方案设计、科研能力、论文撰写、学术交流表达能力等进行全方位训练;建立包括育苗基金、"拔尖计划"创新基金、大学生创新创业训练计划项目、基础科研基金等在内的国家、省、校、院四级科研训练项目,模拟科研管理全过程,锻炼学生科研能力。

生物学科建立"阶梯式"科研训练体系,从引导→入门→强化→提高,逐步提升学生的科研创新能力。一年级时注重培养基础实验能力,涵养科研兴趣;二年级时强化野外实习,初步实践科研过程;三年级时依托科研平台设置科研训练课程,学生自主选择1~3个课题组轮训并参加科研答辩,在一线科研实践中得到综合训练;四年级时进入导师科研课题组,结合课题研究撰写论文,优秀学生有机会至德州大学西南医学中心、剑桥大学、耶鲁大学等世界知名高校进行科研实践训练和毕业设计,考核优秀的学生可推荐至一流高校继续深造。生物学科出台《关于拔尖学生创新研究的管理试行办法》,设立"探索·科研"基金等项目,并将获得科研训练学分作为获得推荐免试攻读硕士研究生资格的基本条件。

数学学科建立"以赛促学"机制,除要求每名学生必须参加一项大学生创新创业计划项目外,开设竞赛相关课程、讲座,鼓励拔尖学生参与国内外高水平的学术与科技竞赛。近几年来,学生坚持参加全国大学生数学竞赛、丘成桐大学生数学竞赛、全国大学生数学建模竞赛和美国大学生数学建模竞赛等比赛。

7. 推进国际化培养

(1)推动拔尖学生海外研修。学校按照"提高品质、扩大规模、创新模式"的原则,加强与世界知名高校、科研机构的实质性合作,打造学期交换、暑期研修等海外交流项目,支持学生参加课程学习、科研训练、毕业设计、学术会议、学业竞赛、短期访学等活动。2014年起,学校启动剑桥学术发展课程项目,至2018年6月共有8期,79名拔尖学生参加。截至2018年6月,拔尖学生赴境外交流260人次,其中,短期交流174人次,海外研修73人次,参加学术会议13人次等,目的地包括美国、英国、澳大利亚、法国、加拿大、日本、瑞典等国家的高校和科研机构,如美国乔治城大学、加州大学圣芭芭拉分校、印第安纳大学、埃尔伯塔大学等。14名学生赴海外交流期间发表研究论文,1名学生撰写了综述性书稿一章,生物学科2017届毕业生范靖雯在国外交流期间的出色表现助力她赴英国剑桥大学(获盖茨奖学金)攻读博士学位。

（2）努力打造国际化学习环境。各学科比较研究海内外至少5所相关学科一流高校的培养方案，建立与国际对接的课程体系和教学内容，引进国际一流教材，借鉴先进的教学模式，招募国际优秀师资授课。Bruce Beutler教授亲自设计生物"拔尖计划"培养方案，专业课程全部使用国际一流教材。学校积极邀请海内外一流科学家来校，通过短课程、学术讲座、学术会议、国际夏令营等形式，深入开展海内外教师、学生合作交流，使学生不出国门即感受国际化学术氛围。截至目前，邀请境外专家学者700多人为拔尖学生开设课程或讲座，举办各类国际学术会议。如化学学科承办了表面增强拉曼光谱国际会议、表面化学反应与催化动力学过程国际研讨会、可持续发展催化科学国际研讨会、第16届国际催化大会(ICC)卫星会议、国际分析化学前沿研讨会暨第三届中美分析化学合作研讨会等系列国际学术会议，生物学科连续8年承办以研究和探索生命科学前沿领域为主旨的厦门冬季国际学术会议，使学生近距离感受大师学术魅力、领略前沿动态。

8. 加强拔尖人才培养研究

学校依托高等教育研究优势，结合实践开展拔尖人才培养规律、培养模式、培养方法等研究，比较分析"拔尖计划"与其他学生、"拔尖计划"三个项目间在学习成绩、学习体验、对学校的满意度、学习投入和学习收获方面的异同，为"拔尖计划"进一步改进提供依据。学校开展"拔尖计划"课题研究，已立项13项，其中重点项目3项，一般项目10项，发表相关论文24篇。化学学科以课题研究为基础，为拔尖学生量身定制强化实验课程平台，形成了"基础→强化→综合"多层级的实验教学体系，自编实验讲义3本。

三、"拔尖计划"实施成效

1. 毕业生去向及特色

截至2018年，"拔尖计划"毕业生295人，284人继续升学，占96.3%，其中出国留学63人，占21.4%(表2)，深造学校包括剑桥大学、哥伦比亚大学、芝加哥大学、圣路易斯华盛顿大学、康奈尔大学、加州大学圣地亚哥分校、伦敦大学学院、宾夕法尼亚大学、约翰斯·霍普金斯大学、苏黎世联邦理工学院等，升学去向明显优于非"拔尖计划"学生(表3)。

表2 "拔尖计划"毕业生去向

学科	毕业人数	2014届	2015届	2016届	2017届	2018届	国内深造					国外深造	就业或其他
							总数	本校	港澳台高校	国内其他高校	研究机构		
化学	106	13	20	20	27	26	83	47	3	24	9	23	0
生物	130	23	8	22	32	45	103	59	0	33	11	16	11
数学	59	5	12	14	11	17	35	3	2	22	8	24	0
总计	295	41	40	56	70	88	221	109	5	79	28	63	11

表 3 "拔尖计划"与非"拔尖计划"毕业生升学去向比较

类别	升学人数及比例		世界排名前 10 名大学						世界排名前 50 名大学						世界排名前 100 名大学					
			软科		U.S. News		QS		软科		U.S. News		QS		软科		U.S. News		QS	
	人数	比例（%）	人数	比例（%）	人数	比例（%）	人数	比例（%）	人数	比例（%）	人数	比例（%）	人数	比例（%）	人数	比例（%）	人数	比例（%）	人数	比例（%）
"拔尖计划"毕业生	284	96.3	13	4.4	16	5.4	5	1.7	54	18.3	36	12.2	99	33.6	97	32.9	103	34.9	123	41.7
非"拔尖计划"毕业生	954	60.9	20	1.3	28	1.8	5	0.3	96	6.1	99	6.3	213	13.6	211	13.5	205	13.1	294	18.8

拔尖学生普遍表现出强烈求知欲望、创新思维活跃、社会责任感强、学术兴趣浓厚、学术潜质优秀。

拔尖学生发表或参与发表论文 120 篇（其中 EI、SCI、JCR 论文共计 101 篇，影响因子在 5.0 以上的 54 篇，第一作者的 27 篇），获得专利 6 项。例如，化学学科学生胡程奕以第一作者在《美国化学会志》（理工类 JCR 一区，2014 年第 136 期，影响因子 14.357）发表论文，倪开元独立撰写专业书稿一章（题为 Surface Functionalization of Magnetic Nanoparticles，《磁性纳米颗粒的表面功能化》，英国帝国理工学院出版社）；生物学科学生吴甜甜以第一作者在《细胞代谢》（生物类 JCR 一区，2014 年第 4 期，影响因子 17.56）发表论文等。

拔尖学生累计有 145 人次获省、部级及以上学业竞赛奖励。例如，化学学科拔尖学生所在团队 5 年内累计获得国际基因工程机器大赛（iGEM）4 金 1 银，5 名学生分别参加并获第九、十届全国大学生化学实验邀请赛一等奖 3 项，二等奖 2 项；数学学科学生吴璇、钟齐先、许灵达获全国大学生数学竞赛一等奖，王芹、傅予泽、谢恬获美国大学生数学建模竞赛国际一等奖等。

2. 毕业生成长情况

学校关注拔尖学生后续发展，及时登记学生基本信息、毕业去向；建立班级联系人制度，为每届毕业生班设定一名联系人，由其负责通知及收集最新动态，建立运作清晰、有条不紊的循环工作流；加强导师与学生的情感纽带，导师在毕业后仍与学生保持长期联系；每年开展毕业生学习经历调查，调查学生对拔尖计划的反馈和建议。通过在"拔尖计划"中的学习和训练，高水平教师独特人格魅力和科学精神的感染影响，为学生今后科研探索和发展打下了坚实的基础。

据不完全统计，化学学科拔尖学生毕业深造期间发表文章 43 篇，其中文章 JCR 一区 26 篇，第一作者 16 篇；生物学科拔尖学生以第一、共一或第二作者参与发表 IF（影响因子）> 5.0 论文 12 篇，其中 IF > 10.0 论文 10 篇。例如，化学学科毕业生胡程奕（厦门大学能源材料化学协同创新中心博士生）攻博期间发表论文 10 篇，其中 JCR 一区第一作者 3 篇（共同第一作者 2 篇）；彭新星（厦门大学能源材料化学协同创新中心博士生）攻博期间发表论文 6 篇，其中 JCR 一区第一作者 2 篇（共同第一作者 1 篇）；倪开元（芝加哥大学博士生）攻博期间发表论文 6 篇，JCR 一区第一作者论文 4 篇（共同第一作者 3 篇）；生物学科毕业生刘清许（厦门大学直博生）2017 年在《癌细胞》（IF = 27.407）发表了论文（共同第一作者）。

3. 经验与不足

（1）为学校教育教学改革开辟了一个实验区。以"拔尖计划"为契机，学校发挥学院主体作用，尊重学科差异和学科特色，支持相关学科开展多样化探索和实践，有效调动学院、教师、学生的积极性、主动性和创造性，建立了各具特色、切合学科特性及学生特征的拔尖人才培养体系，直接带动了相关学科的发展，也对其他学科起到领跑示范作用，为学校一流本科教育建设提供了经验，有力推动学校整体教育教学改革。在近两届高等教育教学成果奖评审中，依托"拔尖计划"，生物、化学、数学三个学科获得福建省高等教育教学成果奖特等奖 4 项，国家级教学成果奖二等奖 2 项。

（2）为学生个性发展、潜力激发培育了一片沃土。学校深入研究拔尖人才培养的规律，以创新人才培养模式为重点，以体制机制改革为突破，破解制约拔尖人才培养的藩篱，形成了包含德才兼顾的学生选拔管理机制、协同育人的全程导师制、因材施教的培养模式、突出创新的科研训练机制、国际化的学术交流模式、柔性化的教学管理机制、开放的资源共享机制等要素在内的拔尖创新人才培养模式,推动人才培养的"个性化、综合化、研究化、国际化",坚持兴趣导向和能力发展导向,支持学生自我管理、自主设计成长路径,为学生激发潜能、脱颖而出创造了良好宽松的环境,吸引了更多优秀学生投身基础学科研究。

(3)推动建立追求卓越的质量文化。"拔尖计划"吸引一大批热爱教育、造诣深厚、德才兼备的学术大师、高水平学术带头人、行业精英等投身本科教学一线,积极参与人才培养模式顶层设计、导师工作、课程教学、科研训练指导等,有力推动科研反哺教学,将科研资源转化为教学资源、科研优势转化为教学优势、科研成果转化为教学内容,在全校上下形成了"严肃教学、尊重教学、热爱教学、研究教学"的良好氛围,让追求卓越成为学校的文化自觉。

以上为学校在"拔尖计划"实施中的一些体会。在项目实施的过程中,仍存在一些不足和矛盾,如课程体系内涵建设有待推进,教与学的模式有待创新,拔尖人才培养的可持续发展机制有待健全等。当前,学校正在推进一流本科教育建设,"拔尖计划"作为试验田和领头羊,应当自觉承担起推动教育教学改革重担,深入开展研究,将工作重心转向制度保证下的内涵建设,促进学校整体人才培养质量提升。

四、持续改进

1. 质量监控机制

学校融入以学生为中心、基于成果导向和持续改进三大质量保障理念,参照国际内部质量保障原则标准重新优化内部质量保障体系,聚焦课堂教学、教师教学能力、教学质量文化建设三大重心,形成了以年度评估为抓手,涵盖4个质量保障环节(培养目标、培养模式、培养过程、培养结果)、优化5个维度评估指标(适应度、保障度、有效度、满意度、达成度)、动态挖掘六维数据(生源、学习经历、课程测评、教学运行状态、毕业生调查、用人单位调查)为核心的内部质量保障体系,实现了内部质量保障系统化、科学化、国际化、标准化,形成了具有世界标准、中国特色、厦大传统的质量监控模式。

2. 未来发展规划

(1)强化拔尖学生综合素质培养。学校将兴趣驱动和使命引领有机融合,完善学生遴选管理机制,强化思想导航和价值塑造,拓展学生国际视野,突出学术大师的精神感召、学术引领和人生指导,优化学生成长评价机制,选拔、培养具有深厚的人文素养、高尚的道德情操、独立思辨能力,创新意识强、胸怀家国、放眼世界的领军人才。

(2)推动拔尖人才课程体系建设。学校推动课程内涵建设,精简课程,理顺课程逻辑,精炼课程内容,加大课程难度,拓展课程深度,打造核心通识课程,凝练专业核心课程,强化专业基本素养和思维培养,开设前沿性课程、综合性课程、跨学科交叉课程、研究性课程、问题导向型课程,强化思辨能力和科研能力的培养,打造科学、灵活、开放的课程体系;创新教与学形态,推广混合式教学、翻转课堂等新型教学模式,提高学业挑战度。

(3)完善拔尖人才培养运行机制。学校推动拔尖人才培养在基础教育、本科教育、研究生教育三个阶段的贯通衔接,构建完整成长链;完善拔尖学生成长服务机制,建立全员、全方位、全过程的服务育人体系,助力学生学业发展,服务学生个性成长;完善拔尖学生培养质量监控机制和拔尖毕业生跟踪调查机制。

（4）启动新一轮培养方案修订。学校充分吸纳"拔尖计划"前期成果,按照"全面发展、差异培养、学科交叉、知行合一、学修结合、课程优化"的原则,启动新一轮培养方案修订,支持学生自主选择个性化的成长路径;在条件成熟的学院实施本科生荣誉课程项目。

撰稿人：计国君、黄艳萍、李艳勤

兰州大学自评报告

一、"拔尖计划"实施的目标定位

兰州大学发挥自身基础学科优势以及多年的"基地班""隆基班"等拔尖学生培养经验,成立萃英学院专门负责实施拔尖计划。萃英学院被定位为兰州大学探索本科生培养模式改革的荣誉学院和试点学院,是拔尖学生自主学习、个性发展和创新培养的重要基地,是学校深化教育教学改革的"试验区"和"示范区";以"领跑者"的理念建立拔尖学生培养试验区,让"拔尖计划"为人才培养改革领跑,让拔尖学生为全体学生领跑,带动各类创新人才培养。

(一)培养目标与定位

萃英学院全面贯彻党的教育方针,落实立德树人根本任务,加强社会主义核心价值观教育,注重养成学生国际视野与家国情怀,注重增强学生社会责任感、创新精神和实践能力,培养立志于投身基础学科研究的德、智、体、美、劳全面发展的拔尖创新人才,使其成长为相关学科领域或行业的领军人才。

(二)毕业要求

1. 培养要求

坚持立德树人,坚守"创一流大学、做西部文章"的办学理念,传承"自强不息,独树一帜"的校训精神,发扬"勤奋、求实、进取"的优良学风,始终把提高人才培养质量作为发展之源,培养具有优良的思想品德、健全的人格、扎实的专业理论知识,富有创新精神、社会责任感、实践能力,兼具宽广的国际视野与浓厚家国情怀的社会主义事业建设者和接班人。

2. 专业要求

萃英学院通过个性化培养,让学生有自由探索的时间和空间,鼓励学生自主学习,参加科学研究项目训练,培养具有扎实的学科基础、开阔的学术视野、浓厚的科研兴趣、较强的创新能力和思辨能力,毕业后能跻身于国际一流学科领域开展研究的专业人才。萃英学院实行弹性学制,一般为4年。专业总学分控制在120~140学分;学生在完成专业学分后可获得相应的学士学位,要获得萃英学院的荣誉学位,还需完成50学分(学时)的综合素质课程。

二、"拔尖计划"具体实施过程

(一)成立学院,完善制度,全力保障拔尖计划顺利实施

2010年8月,兰州大学成立萃英学院,除承担国家数学、物理学、化学、生物学"拔尖计划"任务以外,配套实施人文(文学、历史学、哲学)学科拔尖学生的培养,由校长兼任院长、主管教学工作的副校长兼任常务副院长,学术水平高且人才培养经验丰富的教授担任执行院长。同时,萃英学院成立党总支,下设党政办公室、教学管理办公室、学生事务办公室(团委)、国际教育合作办公室,构建了由萃英学院牵头、相关学院协同、职能部门支持配合的管理体制和运行机制。秉承教授治学的原则,学校成立"基础学科拔尖学生培养试验计划教学与科研训练"专家委员会,由德高望重、学识渊博的院士担任主任,并成立各学科培养小组。

学院遵循教育教学规律及拔尖人才成长规律,先后制定完善了一系列规章制度,包括教师聘任管理办法、学生选拔与管理办法、专项资金管理办法、学生成长档案建立及管理办法、学生创新基金管理办法、荣誉学生评选办法和学生退转规定等。这些制度覆盖拔尖学生培养的全过程,成为兰州大学具体落实"拔尖计划"要求、确保其健康发展的制度基础。

2013年3月,学校将新建的观云楼8楼用于萃英学院的独立办学空间,总面积达1 200平方米,设有教室、报告厅、讨论室、心理咨询室、师生休闲阅读区等,可供不同学科师生开展经常性的自由讨论与交流。2015年,学校投入近150万元,建设"萃英学院全球视频教学实验系统",供师生利用全球网络资源开展教学。截至目前,学校投入教学仪器设备、学院氛围建设351万元,实验与实践教学平台建设610.5万元,购置各类期刊70余种,藏书3 600余册。

(二)科学遴选苗子,完善选拔方式

萃英学院以"志向、兴趣、能力"为导向,在选拔标准上注重多方面考察,侧重考虑学生的兴趣志向、创新潜力、综合能力、心理及体能素质等因素,科学地看待"偏才""怪才";在选拔方式上采取多途径遴选,通过自主招生、二次选拔、与高中衔接等渠道,避免依靠应试,注重平常考察;对进入"拔尖计划"的学生实时跟踪、实行动态进出,对不适应的学生重新定位、慎重分流,设立"跟读—退出"机制。截至2018年6月,萃英学院共选拔595名学生,退转9名(1名跟读后重新进入计划)。

(三)创新培养模式,改革教学管理

1. 班级管理与导师制紧密结合

萃英学院建立科研导师、学业导师、专业教师与学院管理人员相互配合、形成合力的管理模式。每个班级选配1名思想积极上进、具有国际视野的优秀青年教师担任学业导师,承

担班主任职责。萃英学院制定科研导师和学业导师管理办法,明确导师职责,规范导师管理,要求导师每学期末对学生优缺点及成长给予评价并记入个人成长档案。通过师生联系卡建立学院领导、管理人员、授课教师与每个学生的直接联系通道,萃英学院建立学科一对一制度,做好学生服务和管理工作。

2. 完善兴趣为导向的课程选修制度

萃英学院鼓励学生按照自身的兴趣和发展目标,选修、免修和缓修课程。学生可在导师的指导下自主制定学习计划,允许在全校范围内跨学科、跨层次选修课程,包括研究生课程。学生通过自学已经掌握基础理论、基本知识和基本技能,并经任课教师考核合格者可以申请免修。海外插班学习实行学分互认,并允许缓修有关课程。

3. 构建关注学习过程的学业评价方式

萃英学院积极改革课程评价方式,更加关注学习过程。鼓励每门课程根据教学内容进行考试改革,考试方式灵活,如面试、小论文、演讲、研究报告等;增加考试频度,以周、月、中、末考等来掌握学生的"弱项和强项",并在教学过程中随时改进。除"核心课程"采取百分制外,其余均采取 A+、A、B、C、D 五档评级,避免学生分分计较。萃英学院建立学业评估与预警制度,每学年末,按学科组织不少于 11 人的专家小组,由学生逐一汇报,专家逐个点评来进行个性化评估和辅导。

4. 注重思辨能力和创新能力的教学方式

萃英学院按照"一制三化"要求,探索全面发展与个性发展相结合的培养机制,最大限度地发挥个人兴趣专长和开发优势潜能。萃英学院实行教学小班化,通过大量的启发式、讨论式、探究式等师生互动教学以及开设研讨课、跨学科交叉课、科学前沿课、创新性实验课,激发学生的思辨能力和创新思维。萃英学院注重个性化培养,根据学生学习兴趣和发展潜力,量身定做培养方案,学生可以自主选择导师、自主选择方向、自主选择课程。

5. 素质教育及学术氛围的营造

萃英学院将综合素质提升融入课程体系,开设"演讲与口才"等课程提升学生表达能力,组织开展"萃英杯"辩论赛、阳光体育活动月系列活动、趣味运动会、爬山比赛、素质拓展等;组织学生赴甘肃省博物馆担任志愿讲解员,担任发展中国家畜牧业可持续发展大会(SAADC)志愿者,担任微笑行动等社会公益志愿者,培养学生的社会责任感,涌现出全国博物馆讲解活动志愿者组十佳讲解员丁宁等一批优秀志愿者;组织学术沙龙、读书报告、兴趣讨论、科研小组及"青春创新奋进"学术论坛等,开展"相约周三教授午餐会",先后邀请 311 名国内外知名学者来访讲学 454 场(门)次,让学生在浓郁的学术文化氛围中受到熏陶。

(四)配备一流师资,完善教师队伍建设

萃英学院吸引一流师资授课讲学,让名师带高徒。汇聚了涂永强、王希隆等院士、国家级教学名师奖获得者等校内外名师以授课讲学方式参与人才培养,初步形成由拔尖创新人才培养未来拔尖创新人才的生动局面。学生二年级即根据自己的兴趣自主选择导师或导师小组,按照"导师小组+学生小组"模式或者"师带徒"模式,进入导师小组实验室,自由轮转。截至目前,参与"拔尖计划"的一流名师有 122 名,有 110 名担任科研导师,33 名担任学业导师。

（五）拓展科研训练条件

学校所有重点科研基地、国家实验教学示范中心等向"拔尖计划"学生全面开放。导师组织的读书会、研讨会均要求拔尖学生参加。学院设立"萃英学生创新基金"，鼓励不同学科的学生以团队形式申请创新基金，在导师指导下开展科研训练；联合建立"图书馆式"24小时开放实验室，如化学萃英班基础实验室。"本科生开放创新生物综合实验室"和"本科生开放创新物理综合实验室"正在建设中。

学生的批判性思维能力、知识整合能力、相互协作能力得到充分训练，部分学生已在学术领域崭露头角，320人次主持各类创新项目；公开发表论文111篇，其中发表在《自然》2篇，发表在《细胞》1篇，SCI论文88篇，以第一、第二作者发表SCI论文63篇；申请国家发明型专利4项；获得校级以上奖项524项，其中获得国家级奖学金48项，各类国家级学术竞赛三等奖以上奖项80项。如2014级化学萃英班史安也同学获得第十一届中国青少年科技创新奖，甘肃省挑战杯竞赛二等奖，以第一作者发表SCI论文3篇。

（六）注重国际化培养

学校精选国外优质资源，选派学生进入一流大学交流，进入一流实验室接触科学前沿。萃英学院与国际一流大学接轨，实施3学期制，设置暑假小学期。设立"萃英海外交流奖学金"，专门用于资助学生参加学术会议、参与科研实习、联合培养及名校暑期学校等，确保每位学生至少有一次国际交流经历。截至目前，共有438名学生参加国（境）外交流项目，聘请17名外籍教师承担全英文课程教学。如美国罗格斯大学、特聘专家郭锂教授讲授"交换代数"，芝加哥大学Scott A. Snyder教授讲授"有机化学"，日本北海道大学山崎健一教授讲授"基因工程"，加拿大皇家科学院院士、特聘专家李朝军教授讲授"绿色化学"，美籍教师Fiona Luke和Gary、加拿大籍教师Robert Lee、德籍教师Ulrich Forder等开设英语和德语课程等。

（七）总结研究拔尖人才培养规律

学校注重对"拔尖人才"培养工作的研究，先后承担教育部"顶尖科学家的成长轨迹分析"等"拔尖计划"重点、一般课题6项，"'个性化'与'素质化'培养模式的探索——以'萃英班'新修订培养方案为例"等校内重大、一般课题4项。与此同时，学校开展"拔尖人才"跟踪研究，如兰州大学高等教育研究院孙冬梅教授研究组采用"中国大学生学习与发展追踪研究"工具对萃英学院学生学习与发展的大数据研究，李雄鹰副教授研究组对萃英学院学生学习性投入、学习收获和学习心理的研究，形成了一批研究成果。

三、"拔尖计划"实施成效

(一)学生毕业去向

截至目前,在已毕业的396名学生中,继续深造的有381名(表1)。其中,赴境外深造的有108名(57名学生进入世界排名前50大学),在境内深造的有273名,就业的11名。深造的学生中有245名师从一流导师攻读博士学位,如2010级化学萃英班郭蕾师从加州大学伯克利分校 Omar M. Yaghi 教授;2012级化学萃英班殷方杰师从芝加哥大学 Scott A. Snyder 教授。

表1 "拔尖计划"学生毕业去向

届数	毕业生人数	读研比例	出境读研比例
2014届	81	97.53%	33.33%
2015届	78	94.87%	25.64%
2016届	78	93.59%	21.79%
2017届	74	98.65%	24.32%
2018届	85	96.47%	30.59%

(二)学生成长与跟踪

学院为每一名学生建立了成长档案,设有档案柜,采用"一人一夹"的收集学生档案模式。学院依托"校友会""院友会"、QQ群、微信群、电子邮件等方式与毕业生保持联系,及时更新档案,建立了成长跟踪机制及档案补充机制。

毕业后继续深造的学生普遍得到导师的肯定。中国科学院化学所所长张德清研究员评价其所指导的2012级姜文林同学:"姜文林同学很优秀,他基础好(谢谢你们的培养),动手能力强,而且在组会讨论积极,与实验室同学和老师相处融洽。目前,他的研究工作已经有很好的进展,我很满意。谢谢你们,特别希望今后推荐更多的兰大学生来我课题组做研究生。"

中国科学院大连化学物理研究所李灿院士评价他所指导的2011级化学萃英班谢慧晨同学:"谢谢萃英学院推荐谢慧晨同学来中国科学院大连化学物理研究所攻读博士研究生,我是他的博士导师。该同学思想品德优良,学习成绩优秀,对自己的研究课题很感兴趣,并能够全身心投入,表现出良好的科研素质,在研究团队中积极、活跃,乐于与大家交流合作,是一个阳光向上的学生。总体看,能反映出萃英学院的教育模式是成功的。"

清华大学化学系乔娟教授评价她所指导的2010级马福生同学:"马福生思想上追求上进,积极向党组织靠拢,已于2016年4月入党,2017年4月如期转正。专业上刻苦努力,勇于探索,读博士 4 年来发表了第一作者 SCI 论文 3 篇,包括 Chemical Science 1 篇入选 2017 年第一季度高被引论文,最近作为共同第一作者在 Advanced Materials 上发表一篇论文,并且申请了 3 项中国发明专利。该生综合素质优秀,科研成绩突出,2017 年获得了清华大学化学系综合优秀奖学金。"

中国科学院数学与系统科学研究院王益评价他所指导的 2011 级李林安同学:"李林安同学具有很扎实的数学专业基础,这得益于兰州大学的培养和教育,我想也和兰州大学数学系的优良传统息息相关。而且他很专注于科研,目前是博士一年级,已经和我一起完成了 2 篇高质量的科研论文,其中一篇已经发表在偏微分方程的 TOP 杂志 Archive for Rational Mechanics Analysis 上,另一篇也已经投稿,我们目前正在继续研究后续问题。总之,李林安同学对科研很感兴趣,能够潜心钻研数学问题,有较好的自主性,数学基础扎实,学习态度认真,为人谦虚谨慎,尊敬师长,有着很强的组织纪律性,相信李林安同学会成长为非常优秀的博士研究生和年轻科研人员。同时,也希望兰州大学继续推荐优秀的毕业生前来我院攻读研究生。"

大部分导师表达了希望萃英学院继续推荐学生到导师组深造的愿望。

(三)人才培养质量不断提升

孙冬梅教授研究组采用"中国大学生学习与发展追踪研究"(CCSS)工具,通过 6 年三阶段(2013 年—2015 年—2018 年)持续追踪萃英学院 CCSS 大数据显示,在"学业挑战度""主动合作学习水平""生师互动""教育经验的丰富程度""校园环境的支持度"五大指标比较中,萃英学院学生学习与发展成长得分总体显著高于兰州大学其他学院,呈现出最优水平。2016 年萃英学院深入开展提升"拔尖人才"品质系列教学改革,2018 年调查显示,学生在深度学习与创新能力方面明显优于 2015 年,其主要结论如下。

(1)从"课程要求与目标"来看,2018 年"课程要求""课程认知""课程学习""拓展学习"四个方面的表现均优于 2015 年,且"课程认知"和"课程要求"进步较明显。

(2)从教师的"有效教学实践"来看,萃英学院 2018 年在"课堂教学"与"激发学习志趣"指标上表现较优,高于"良好"等级。尤其是在课堂教学方面,2018 年与 2015 年相比,均值差值为 7.7 分,差异非常显著,进步十分明显。

(3)从学生的"学习策略"来看,萃英学院的学生学习方式多元,在探究式学习、反思性学习、整合性学习和合作性学习这四种学习策略上,2018 年均值得分分别高于 2015 年全国"985 工程高校"平均水平 16.4 分、5.0 分、7.0 分和 6.8 分,差异显著,优势明显。

(4)萃英学院学生"创新能力"的发展值得肯定。在"创新意识""创新思维""创新行为"和"创新成果"包含的 8 个题项上均值得分均高于 2015 年,尤其在"灵活应变能力"和"解决现实中的复杂问题"这两个题项上,进步非常显著。

(5)学生"自我报告的教育收获"增值明显,呈现出较优水平。在"自我报告的教育收获"的 15 个题项上,2018 年的均值得分均高于 2015 年,特别是在"与他人有效合作""解决现实中的复杂问题""灵活应变能力""数字和统计信息的分析能力"四个题项上,均值进步接近 10 分,进步速度最快。

可见,萃英学院在"基础学科拔尖学生培养试验计划"的实践中,不断探索总结经验教训,加大硬件、软件方面支持力度,变革传统教学组织形式,创新人才培养的体制机制,配备国内外优秀师资,真正实现了以学生为中心,因材施教,成功地引起、维持、提升了学生的学习和发展,真正实现了学生的教育增值。大数据追踪发展的调查研究结果证明,萃英学院的学生专业知识扎实、综合素质过硬,能以"未来主人翁"的精神积极迎接挑战,的确做到了"夫唯大雅,卓尔不群"。

(四) 可推广的经验与体会

萃英学院自成立以来,注重借鉴国际一流大学的办学经验,打破常规,在体制机制和教育教学上大胆改革、努力创新;围绕立德树人这一根本任务,从体制机制、师资选聘、学生选拔、培养模式、国际交流等方面进行了全新的探索与实践,取得明显成效。

2017年教育部本科教学审核评估专家组在评估报告中指出:"以萃英学院为代表的学校拔尖创新人才培养特色较鲜明,其'十化'(学术精神质疑化、学术氛围宽松化、学术环境国际化、授课教师高端化、学期课堂小型化、授课形式互动化、能力培养贯穿化、素质教育实践化、学习经历跨界化、学生管理动态化)人才培养理念颇有新意,初步构建了基于学校定位、特色与优势的基础学科拔尖人才培养模式,并有可借鉴性"。兰州大学主要有以下几个方面的经验和体会。

1. 探索培养理念,凝练"十化"和"七育"模式

兰州大学在初步探索和实践基础上,将人才培养模式概括为"十化"模式,同时,推行"七育"(德育、智育、体育、美育、群育、劳育与乐育)理念,促进学生全面发展。兰州大学设立"综合素质课程"(50学分),包括体育、美育、群育+劳育、乐育四个模块,提供88个学分的课程安排,建立了一套拔尖学生综合素质提升的完整体系。

2. 创新学习方式,带动全校人才培养模式改革

学校建立了由萃英学院组织,相关学科协同的专业教育、国际化培养、创新能力提升与个性化成长和通识教育4个平台;以课程体系为核心,加强主干课程夯实基础,强化通识课程和实践教学,浓缩精炼专业课程,提高选修课程比例,开设研讨课程,体现"厚基础、宽口径、重个性",对人才培养方案进行了新一轮修订,包括通识与公选课程模块、核心课程模块、实验实践与科研创新模块以及兴趣与选修课程模块4个部分。学校通过"拔尖计划"先行先试,带动了各学科专业人才培养改革。相关学科借鉴"萃英班"的成功经验,创新人才培养模式,改进学生管理办法,促进人才培养水平不断提高。例如,推行本科生导师制,2017年9月,学校出台《兰州大学关于实施本科生导师制的指导意见》,夏季小学期制也即将在全校实施。

3. 形成独特的学院文化,提升学生综合素质

萃英学院注重以文化人、以文育人。"我有世界,世界有我"的院训,寓意了国际化的人才培养理念,中西跨文化的培养模式。萃英学院独立的办学空间,扁平化的管理,师生朝夕相处、随时交流,特别是萃英学院将教师按学科分组,经常性地与学生一对一谈心谈话,学生按照学科混搭的方式住宿生活,形成了温馨和谐、教学相长、文理相融的管理与育人环境。萃英学院加强思想政治工作体系建设,并贯穿在人才培养体系全过程,形成全员全过程全方位育人格局;建设"会宁传统与传承""临夏民族与民俗""天祝生态与生活"三个不同主题

的思政实践教育基地,每年组织学生赴基地体验实践,在重要节庆日开展爱国主义教育、民族团结进步教育和时代精神教育等各类主题教育活动;加强理想信念教育、国情省情社情教育,培养学生的家国情怀。学生自主创办了体现学术探究和国际交流的期刊,如《头角》和 *NEWSLETTER*。自学校开展"十佳班级"评选活动以来,萃英学院连续三年获此殊荣。在两届"纸笺才情墨香兰大"好笔记好作业评选中,2015级数学萃英班吴明璇等20余名同学的笔记在全校展览。萃英学院还被评为校风学风建设优秀单位,形成了独特的"人心向学,追求卓越"的萃英文化,在全校起到了引领示范作用。

当然,与东部一流高校相比,兰州大学尚有不足之处,面临的挑战是生源质量、师资力量和地处欠发达地区办学等。为此,如何努力实施教育教学的改革与创新,将兰州大学综合性学科、前沿性科研、国际化教育、杰出的校友、美丽的校园和优良的传统优势转化为"拔尖计划"人才培养优势,进而提升学校整体人才培养质量是兰州大学一直坚持不懈探索和努力的方向。

四、持续改进

1. 完善教学质量监控体系,严格教学过程管理

萃英学院通过教务处评教系统、教学督导组等渠道获得教学评价信息,及时总结整改。通过座谈走访、问卷调查等不定期地了解学生的学习情况,开展教学质量监控工作;不定期召开教师座谈会、教学改革沙龙等,组织教师经常性地沟通教学信息、研讨教学改革,引导教师将更多精力投入拔尖人才培养,不断提升教学质量;严格实施全员和督导听课制度,聘请学校教学督导开展教学检查,实现督导听课全覆盖,学院每位院领导每学期听课不少于4次,以此了解教师授课和教学情况,督促教师重视课堂教学效果,提高课堂教学质量。

2. 围绕"一带一路",积极谋划兰州大学"拔尖计划"2.0

面对新时代高等教育强国建设的新要求,紧紧抓住"基础学科"和"拔尖"两个关键词,学校依托优势基础学科,坚持学校为主、特色发展,围绕"一带一路"倡议,在学校"双一流"建设中统筹安排好"拔尖计划",拟申报地理科学、大气科学、计算机科学、哲学、中国语言文学、历史学和经济学等专业。

3. 注重大师引领,吸引更多高水平师资投身"拔尖计划"

兰州大学将以本校优秀教师为重点,改进机制、提高待遇,吸引更多的国内外杰出名师参与拔尖学生培养;抓好专业基础核心课程教师队伍和高水平外籍教师队伍建设;积极建立与优秀校友、院友的联系,开展"院友返校周(月)"活动,聘请各学科国际一流大学的教授进行长短期授课、讲座;进一步完善教师考评和激励机制,努力造就一支高水平的教师队伍。

4. 拓展国际视野,提升国际交流水平和层次

兰州大学将建立国际名校的学期制交流及长短期科研项目、毕业设计项目等,开拓新的国际交流方式与渠道;强化学生为主体、导师为主导的实质性交流与合作;完善海外交流奖

学金制度,鼓励学生赴国际顶尖高校学习交流。

5. 推进"中学生英才计划",做好拔尖创新人才基础教育阶段的贯通衔接

兰州大学将持续吸引一批具有创新潜质的中学生走进大学,在学术大师指导下参与科研实践、激发科学兴趣,成为拔尖创新人才后备力量。

撰稿人:黄海峰、赵春晖、马树超、方艳、李昭君、杜艳霞

北京航空航天大学自评报告

2010年年底,北京航空航天大学作为工信部所属高校申请加入"基础学科拔尖学生培养试验计划"(以下简称"拔尖计划")。2011年3月,北京航空航天大学获得批准,以"高等工程学院[①]"(面向基础科学的工程技术领军人才培养)和华罗庚班(数学)为改革试验区被正式列入计划;2011年4月,计算机专业获准加入,至此,北京航空航天大学共有两个学科(涉及三个学院)进入"拔尖计划"。作为全国第一批实施"基础学科拔尖学生培养试验计划"的学校之一,8年来,北京航空航天大学不断推动拔尖创新人才的培养模式改革探索,取得了显著成效。

一、"拔尖计划"实施的目标定位

北京航空航天大学"拔尖计划"实施的目标定位,即通过在人才培养模式、课程体系、教学方法、学生选拔、师资队伍建设、国际交流合作、学术环境建设等方面进行深度实践探索和制度创新,为我国基础学科拔尖人才培养方面积累有益经验,为国家培养一批具有创新能力和潜质的基础学科科学研究领军领导人才。

北京航空航天大学实施"拔尖计划"的关键任务,在于探索工科优势明显的高校中实施基础学科拔尖创新人才培养的模式,发挥理工综合优势,培养学生在重大战略性工程项目中发现和研究基础科学问题的能力。

经过4年本科培养,参与"拔尖计划"的学生在毕业时应以优异的成绩通过各门课程,满足培养方案规定的准出标准外,还应具备8项核心能力:科学精神和科学素养,学科交叉和融合能力,专业精神和专业素养,知识获取和思辨能力,创新意识和创新能力,文化修养和人文情怀,国际视野和融入能力,合作能力和沟通技巧。

---

① 高等工程学院于2016年更名为"高等理工学院",为减少歧义,后面统一简称为"高工学院"。

二、"拔尖计划"具体实施过程

（一）整体情况

1. 政策组织保障

（1）"基础学科拔尖学生培养试验区"建设情况。北京航空航天大学"拔尖计划"的实施可分为两个阶段。

阶段一："三院分立，分头探索"（2011年4月—2015年8月）

2011年4月底，学校决定将高工学院、华罗庚班、计算机专业拔尖人才培养试验班作为三个"基础学科拔尖学生培养试验区"，从中选出最优秀的学生进入到国家"拔尖计划"项目中来，正式启动拔尖学生培养的初步探索。北京航空航天大学的"拔尖计划"由教务处进行统筹，两个专业（数学与计算机）依托三个学院（数学学院、计算机学院和高工学院）为载体，各学院根据自身的特点与优势分别实施。

阶段二："一院统筹，联盟共育"（2015年9月至今）

2015年9月，经过充分论证，学校将"拔尖计划"的三个承载单位整合，确定高工学院为唯一承载单位，与数学、计算机学院建立拔尖学生培养联盟，牵头推进计划实施，接受教务处管理，并明确了"拔尖计划"的荣誉教育属性。经过改革转型的高工学院正式确定为北京航空航天大学的荣誉学院，同时担负起了"拔尖计划"承载学院的使命。2016年9月，"高等工程学院"更名为"高等理工学院"，且冠名为"沈元荣誉学院"，推动北航"拔尖计划"建设进入新阶段。

（2）"试验区"改革措施和政策保障。在"拔尖计划"实施的第一阶段，为保证改革顺利起步，学校先后10余次召开综合或专题研讨会，紧密围绕拔尖创新人才培养以及本科人才培养模式改革中的各种问题进行深入讨论，统一改革思想、形成改革共识、推动改革进程、保障项目实施。于2011年4月底制定了"拔尖计划"的总体实施方案和各分专业实施方案，作为项目实施的指导性文件。各试验区在学生选拔、课程改革、教学方法改革、学生活动开展等方面不断改革创新，有效推进项目实施；教务处按照项目进度计划，督促、检查实施情况，同时协调校内各相关部处提供必要条件和保障。

2012年，学校发布了《人才行动计划白皮书》（2012—2016年），提出"长城行动计划（本科教育教学）"，承上启下，为北京航空航天大学进一步推进"拔尖计划"实施工作提供了新的政策保障。

在"拔尖计划"实施的第二阶段，根据新的建设思路，以高工学院牵头，制定了新一阶段学院改革转型的建设方案，重新修订了拔尖学生培养方案，改革人才培养模式和策略，并建立了具体实施的一系列措施和办法。

（3）"拔尖计划"组织保障。2010年7月，时任北京航空航天大学校长的怀进鹏院士在教育教学改革年启动会上明确提出，要提升学校本科教育的质量和水平，以"拔尖计划"的实施为契机，探索拔尖创新人才培养的新途径。

在"拔尖计划"实施的第一阶段,2011年5月,学校成立国家教育体制改革项目实施领导小组,建立完善的项目实施和管理体制,由校长亲任组长,其他相关校领导任副组长。在领导小组下设"拔尖计划"等项目实施工作组,按照校长直接领导、主管教学工作的副校长主抓、教务处协调管理、各学院具体实施、相关部门提供保障的模式科学有序推进。

在"拔尖计划"实施的第二阶段,为落实高工学院作为"荣誉学院"和"'拔尖计划'承载学院"的定位,学校成立了荣誉教育工作委员会,充分发挥统筹、协调、指导、监督作用,为其下辖的教学指导委员会、书院教育指导委员会及基础学科拔尖学生培养工作小组提供政策保障和业务指导。

2. 选拔优秀学生

学生选拔是成功实施"拔尖计划"的第一步。学校自2002年成立高工学院以来,就开始探索选拔拔尖学生的途径。以往的学生选拔基本上是笔试、面试相结合的形式,从2011年开始,学校结合"拔尖计划"的项目实施,在不同专业探索多样化的学生选拔方式。

(1) 完善笔试加面试的选拔方式。计算机专业参照高工学院传统笔试加面试的成功经验,在学生入学后选拔综合素质好的优秀学生。以2011级为例,计算机专业筹建"计算机学院创新试验班"选拔教授委员会,制定学生选拔方案,聘请数学专业、外语专业、心理咨询中心相关专家主持数学、英语和心理测试,由计算机学院教授和学生管理专家主持综合面试,最终根据综合成绩(数学30分+英语30分+综合面试40分),从136名报名参加测试的学生中选拔出20名优秀学生。

(2) 探索依托夏令营的全方位选拔方式。为了更好地发现具备良好发展潜力的本科新生,2011年暑假,高工学院和华罗庚班联合举办"卓越之旅"夏令营。学生经过笔试、面试和心理测试后,分成不同小组,在为期一周的时间里参加团队拓展训练、讲座报告、定向越野等活动,带队组长全程参与并记录学生表现。通过学生自评、组员互评、组长总评对学生的表现进行评价,形成日常成绩。夏令营结束时,将笔试、面试、日常考察、心理测试结果相结合,全面分析学生的能力和素质,综合衡量学生的发展潜力。通过本次夏令营选拔,高工学院和华罗庚班共录取了75名优秀学生。

(3) 落实试验班学生的动态调整机制。高工学院、华罗庚班和计算机专业拔尖人才试验班的学生,是作为学校拔尖创新人才试验班被选拔出来的。学校按照各个试验班学生占总数的比例,将国家级的拔尖创新人才名额分配到各专业,各专业再根据学生排名,按照规定名额,选择最优秀的学生进入到国家的拔尖计划中来。在每个学年初,各专业根据学业成绩,动态调整进入国家"拔尖计划"的学生。

3. 创新人才培养模式

有能力培养拔尖创新人才是世界一流大学的最本质特征之一,世界一流大学的建设过程必定是不断提升拔尖创新人才培养能力的过程。拔尖创新人才培养的精髓在于"以人为本",尊重人才的成长规律,尊重个体的个性化发展。拔尖创新人才应该是具有坚实知识基础、自主学习能力和跨文化交流能力,善于思考、敢于质疑、勇于实践、视野开阔、个性得到良好发展、社会责任感强的人才,因此要强化三个方面的改革:一是为学生打下牢固的知识基础,为可持续发展提供源动力;二是注重培养学生的科学思维习惯和思维方式,激发创新意识和创新能力;三是营造鼓励创新、多元开放的教育环境,为个性化发展提供广阔空间。

(1) 深入研究探索,凝练拔尖创新人才培养理念和规律。为培养基础学科拔尖学生,学校结合新形势,对2002年提出的16字本科人才培养方针——"强化基础、突出实践、重在素质、面向创新"进行了进一步的梳理和诠释。

强化基础:要在本科阶段接受最重要的基础教育和专业教育,形成分析、解决关键问题的能力以及学术创新的实力。

突出实践:要理论联系实际,重视解决实际问题,在试验与实践教学中逐步形成较强的动手能力、实践能力、科研创新意识和能力。

重在素质:要努力促进学生科学精神、人文素养和工程能力协调发展,智力因素与非智力因素相互支撑,使学生适应现代社会,充分发挥自身作用。

面向创新:要把创新意识和创新能力培养贯穿在本科人才培养的所有教育环节中,为学生未来发展提供潜力和后劲。

(2)不断创新方法,构建"四维"拔尖人才培养模式。为明确拔尖创新人才培养路线,学校在高工学院人才培养前期探索的基础上,提出"通识式基础教育、渐进式专业教育、开放式实践教育、自主式发展教育"的"四维"拔尖人才培养模式。

通识式基础教育:在本科低年级阶段打通学科专业限制,接受以强化数理知识基础为核心的通识教育,为未来的专业发展和学科交叉融合创造必要条件。

渐进式专业教育:在学生培养的过程中,逐步加强学生的专业认知,使其在对专业形成必要了解后,根据自身能力和兴趣自主选择专业,并在导师的指导下完成专业培养。

开放式实践教育:通过协调统筹校内外资源,为学生提供开放的实践平台和环境,使学生的实践能力得到充分锻炼,发展创新实践能力。

自主式发展教育:通过有效引导和合理规划,为学生开辟可自由选择的素质培养渠道,使学生真正从兴趣和需求出发获得能力提升。

"四维"拔尖人才培养模式的实施,为拔尖人才个性化培养提供了重要基础,促进了专业分化路径从原来的"2+2"模式向更为灵活的"1+3"模式转变。

(3)以个性化为目的,积极推行"一制三化"教学模式。针对拔尖人才培养的高远目标如何成功地落地、更好地促进学生自主发展、为其个性化发展提供条件的问题,北京航空航天大学于2011年推广了高工学院成功经验,提出"一制三化"教学模式,即"导师制、国际化、小班化和个性化"。导师制、国际化、小班化是手段,个性化则是实施这些教学方法和模式改革的根本目的。

导师制:通过充分利用北京航空航天大学优秀的教师资源,聘请院士、资深博导、二级岗以上教授担任学生导师,对学生进行个性化培养,依托导师的团队、平台等资源实现对学生的专业教育,利用导师言传身教完善对学生的人格教育。

国际化:将借鉴众多国际一流大学精英人才培养的成功经验与北京航空航天大学的航空航天特色和工科优势结合,在拓宽国际化办学渠道的同时,高度重视培养学生的国际化能力。

小班化:通过严格限定教学班规模,确保优势教育资源集中投放,实现师生良好互动,提升课堂教学质量,有效开展精英教育。

个性化:在人才培养中百花齐放,不拘一格,因材施教。支持学生根据个人志趣和能力选择专业,根据个人意愿在校内外双向选择导师,根据个人特点自主选择素质教育的形式和内容,通过学院、导师和学生三方协同制定个人培养计划,实现真正的个性化培养。

（4）实施全人教育，构建"汇融书院"育人环境。拔尖学生的培养强调智力因素和非智力因素并重，实施全人教育（素质教育）是必由之路。为此，北京航空航天大学于2012年秋季开始，以高工学院为基础建立了"汇融书院"，探索实施全人教育完善拔尖学生培养的新思路，通过以汇融书院为载体的素质教育模式改革，着力提升拔尖学生的人文素养和道德品质，培养学生的自我管理能力、独立思辨精神和创新思维能力，将课堂内外培养环节统筹设计，相互促进、互为补充。汇融书院秉持"志存高远、胸怀天下、严谨求实、自由开放"的精神，注重在潜移默化中加强学生个人修养和自我完善。通过推行"两制四化"（学业导师制和发展导师制，思想思辨自觉化、社会公益常态化、创新培养全程化、自我管理立体化）素质教育模式，为"拔尖计划"的顺利实施提供良好的人才成长环境。

（5）推广荣誉教育，确立"沈元荣誉学院"。基础学科拔尖学生培养符合荣誉教育特征，实施荣誉教育可以为推进"拔尖计划"提供载体。2015年，学校将高工学院确立为"荣誉学院"，次年冠名为"沈元荣誉学院"，按照"一入多出、资源汇聚、荣誉导向、国际融合、书院管理"的荣誉学院办学模式，通过为基础学科拔尖学生提供高水平荣誉教育、全方位成长支持和个性化发展服务，努力培养具有远大理想、高尚情怀、国际化视野和一流竞争力的创造型人才和学术领军人才，实质性提升拔尖人才培养能力。在荣誉教育体制下，建立了荣誉课程体系，建立了一系列高水平荣誉课程，荣誉培养方案、荣誉学生评价体系为拔尖学生成长成才提供了标准和依据。

（6）配合改革创新，优化建设优秀教育资源。经过不断努力，目前北京航空航天大学"拔尖计划"相关学院均已形成稳定的高水平教学团队。教师不仅以为入选"拔尖计划"学生授课为荣，而且积极承担教学改革项目，撰写教学论文，开展多种形式的教学研讨和教学尝试，取得了良好的教学效果。

课程建设是资源建设的重点。高工学院作为荣誉学院，建设"荣誉课程体系"，打造了"荣誉基础课程群"；数学学院与中国科学院合作，共同为华罗庚班制定核心课程体系，精心开设了18门核心课程；计算机学院通过课程整合，构建了少而精的新型课程体系，建设了一批大课重课；在教务处主导下，各专业积极引入了数以百计的国外优质课程资源，在暑期集中开设，供拔尖学生优先选择。

学校鼓励教师采取新的教学方法，提高教学效率，更好地实现课程教学和人才培养的理想目标。推动教学团队建设；通过将传统教学手段和现代教育技术相结合，改进教学模式；推动研讨课、MOOC、微课、翻转课堂教学，加强习题课与教学辅导，完善教学质量监督制度。

4. 改革教学管理

自"拔尖计划"实施以来，北京航空航天大学不断改革教学管理，提升人才培养能力。

（1）完善运行机制，建立基础学科拔尖学生培养联盟。北京航空航天大学"拔尖计划"实施进入第二阶段后，为提升"一院统筹"的承载能力，本着开放协调的原则，将高工学院、数学学院、计算机学院等相关单位紧密缔结人才培养共建关系，使各学院在教学管理中合理分工、各尽所长、互通有无、密切协作，实现育人共赢。

（2）实施完全学分制，提升学生学习自由度。为配合拔尖人才个性化培养，北京航空航天大学率先在"拔尖计划"承载单位实施完全学分制，学生准出标准不再拘泥于课程，而是考察能否满足各类课程的学分要求。学生能够跨年级、跨学科自由选课，个性化程度显著提升；而学校制定的关于课程选修、免修和缓修的相关政策，进一步保证了学生可以合理制定个性化的学习计划。

（3）制定综合量化评分办法，明确人才培养目标导向。高工学院根据对"拔尖计划"学生更高的培养目标和定位，制定了《学生综合量化评分办法》，将学生 GPA、荣誉课程算术平均分、总学分按比例进行归一化处理，辅以对学生竞赛成绩、获奖情况等综合表现的科学折算，形成对学生的全面评价，用于对学生评奖、评优、保研等排名，对学生成长起到重要的导向作用。

（4）建立学业指导中心，为学生提供成长服务。入选"拔尖计划"学生的培养在政策上、方法上、资源上、标准上都有别于常规培养，且往往处于教育改革创新的动态调整中，为保证"教学无间、师生同心"，需要在教学管理中搭建学院与学生之间良好的沟通桥梁，为此，北京航空航天大学"拔尖计划"依托书院育人环境建立"汇融书院学业指导中心"，将政策解读、学业支持、生涯规划、发展辅导、心理辅导等一系列服务融入其中，充分满足拔尖学生学业发展需要。

5. 配备一流教师

拔尖创新人才的培养关键还在教师。北京航空航天大学以工科见长，基础学科高水平师资有限。为此，北京航空航天大学在师资聘任工作中持续投入，通过多种途径和办法保证授课教师的水平和质量。

（1）聘请校外名师授课，锻炼校内师资队伍。高工学院的基础课程除了聘请本校教学名师授课外，还聘请了一批深具口碑和影响力的校外名师讲授，以最大可能满足学生的需求，确保教学质量和水平。同时从相关专业挑选年轻教师作为这些名师的助教，亲历课堂现场学习，有效提高我校师资队伍水平。

（2）充分利用我校和中科院数学所的优质教师资源。华罗庚班基于北京航空航天大学与中国科学院数学所的合作协议，根据课程选聘一流教师，为组建一流的数学专业师资队伍提供了重要保障。经过多年努力，目前这支共同打造的教师队伍已具有相当实力，包含了中国科学院院士、国家级教学名师、国家杰出青年科学基金获得者和世界一流大学的资深教授。

（3）制定政策引入国外优质师资。根据北京航空航天大学的人才政策和发展规划，数学学院、计算机学院积极引入国外高水平人才，补充本院的人才缺口，提升科研综合实力。大部分引进的国外人才都可成为高水平师资，他们当中既有诺贝尔奖获得者，也有荣誉加身的年轻学者，对提升北京航空航天大学的本科人才培养国际化水平发挥了很好的促进作用。

（4）全面发挥导师制作用。北京航空航天大学自 2004 年起即从高工学院开始实行本科生导师制。"拔尖计划"学生都可以选择院士、二级岗以上知名教授等作为导师。导师制的实施对拔尖学生培养发挥了十分重要的作用。主要包括引导、帮助学生树立正确的人生观和价值观；指导学生安排学习进程，包括按照教学计划指导学生个性化选择学习方向、选课等；引导学生确立正确的专业思想；培养学生刻苦学习的精神和严谨治学的态度；引导学生参加科学研究训练，进行个性化指导和培养。

6. 优化科研训练条件

（1）充分利用优势通用平台环境。北京航空航天大学作为具有工科传统优势的大学，在学生科研训练和科技实践方面向来支持力度大、范围广、层次高，成效显著。在北京航空航天大学沙河校区建有六大基础试验平台向全校本科生常年开放；工程训练中心为各年级本科生提供了工程训练课程资源和实训条件；而北京航空航天大学具有 20 余年传统的"冯如杯"科技竞赛与国家大学生创新支持计划相得益彰,互为补充,更是成为本科生展示优秀科技创意和成果的重要舞台,每年向全国大学生挑战杯科技竞赛输送大批高水平作品。

(2) 全面开放高水平专业实验室资源。由于导师制的实施,"拔尖计划"支持的学生在二年级即进入导师实验室接受专业指导和科研训练,很多学生很早就有机会参与国家重点实验室、教育部重点实验室的课题研究,在毕业时已有高水平论文发表。例如,北京航空航天大学数学、信息与行为教育部重点实验室,中国科学院数学与系统科学研究院实验室优先向华罗庚班学生开放,组织学生完成高水平数学竞赛、建模、冯如杯、毕业设计等科研训练,取得良好效果。

(3) 有效实施校所、校企产学研合作。高工学院与中国科学院空间应用工程与技术中心和北京锐安科技有限公司深化合作,为基础学科拔尖学生培养提供实践平台和发展空间。学校依托"太空应用科教创新基地"和"互联网信息处理技术校企联合创新中心",探索高等院校与科研院所及高新技术企业联合培养人才的新模式,颁发"锐安奖学金"和"太空机器人创新基金",开展优秀学生企业认识实习、太空动力学与控制暑期学校等多种形式的教育活动,实现了科教结合、校企联合的有效推进、合作共赢。

7. 推进国际化培养

(1) 国际化情况。北京航空航天大学深刻认识国际化对基础学科拔尖学生培养的重要意义和作用,广泛拓展国际合作项目,取得了丰硕成果:组织了英国剑桥学术夏令营,实施美国德州农工大学项目、密歇根州立大学项目、亚利桑那州立大学课程项目等;与哈佛大学、麻省理工学院、得克萨斯州立大学奥斯汀分校、加州大学圣迭戈分校、蒙特利尔大学等签署校学生科研实习协议;经常接待来自世界各地一流大学的教授学者来访;专门设立短期访学基金,用于支持学生出国交流。

从参与"拔尖计划"的学生来看,本科期间有出国交流学习经历的学生比例达到50%以上,毕业选择出国进入世界一流大学深造的学生比例超过35%;不少学生师从著名专家学者,在其团队中承担重要科研任务,屡出成果,获得赞誉。

(2) 推进措施。为系统化推进拔尖学生的国际化培养工作,学校依托高工学院全面推行"致远"(国际化支持)计划,细化落实"起点""风帆""基石""阶梯""灯塔"5个子计划,充分利用本科人才成长全生命周期,做好拔尖人才国际化培养工作。

起点子计划:在选拔阶段,通过优化机制,把住人才入口,强调志向导向,选好留学"种子",为不同人才提供差异性的培养路径。

风帆子计划:在入学适应阶段,通过培养远大理想,培育四爱精神,拓宽国际视野,明确发展路线。

基石子计划:在知识积累阶段,通过强化理科基础,提升专业素质,把握发展主动权,提高竞争硬实力。

阶梯子计划:在成果产出阶段,通过提供政策支持,建立激励机制,开展技能培训,开辟绿色通道。

灯塔子计划:在未来发展阶段,通过追踪校友成功道路,树立国际化成才典型,发挥留学校友反哺作用。

8. 加强拔尖人才培养研究

北京航空航天大学在"拔尖计划"实施过程中始终坚持理论研究与育人实践并重,积极探索拔尖人才成长规律,创新改进教育教学模式和方法,总结提炼人才培养理念和经验。主要包括三个方面。

第一,开展拔尖人才培养的思想研讨,形成全校共识,为计划实施提供政策依据和保障。北京航空航天大学先后召开研讨会40余次,如"本科人才培养工作研讨会""人才培养模式改革若干问题研讨会""博雅教育模式研讨会""全英文课程建设研讨会""一级专业本科研修课程建设研讨会""小班化教学研讨会""本科生导师制研讨会"等会议,明确学校意志,集中全校智慧,全方位探讨拔尖人才培养理念与思路。

第二,推进拔尖人才培养的方法研究,建立激励机制,提升计划实施的能力和水平。通过设立教改和教研项目的方式,引导各相关单位及授课教师不断加强和改进育人手段,科学建设优质教育资源,为拔尖人才培养提供有力支持。

第三,注重拔尖人才培养的成果推广,总结成功经验,为全校教育改革指引方向。学校将"拔尖计划"实施过程中形成的先进理念在全校辐射,积极推广拔尖人才培养的成功做法,共享优质教育资源,为北京航空航天大学教育改革提供服务。2012年以来,"一制三化"为北京航空航天大学本科教育提供了建设方向;2017年北京航空航天大学实施的大类招生、大类培养、本科生书院制均可溯源于此。

(二)分学科计划执行情况

1. 数学学科执行情况

2009年北京航空航天大学与中国科学院数学与系统科学研究院签署合作协议,成立华罗庚班,以培养数学和工程技术领域的复合型人才作为基本目标。华罗庚班挂靠数学学院,是北京航空航天大学"拔尖计划"数学专业的承载单位,2015年9月起由高工学院统筹管理。华罗庚班在学院组织保障、培养模式改革、国际化育人方面具有显著特色。

为保证项目顺利实施,数学学院以院长为组长成立工作小组,强化组织管理,组建专家小组,负责"基础学科拔尖学生培养试验计划"的具体实施和评价指导;与中国科学院开展对接交流,建立交流和合作平台,协调北京航空航天大学与中国科学院之间的合作事宜;统筹全院优质教育资源,制定合理的教师聘任政策;建立明确的成才激励机制,除国家和学校设置的奖学金外,还首次引入民间资本设立华罗庚班专项奖学金——华罗庚班华通奖学金,引进中国科学院奖学金,郑志明院士和杰出校友捐献设立奖学金。

华罗庚班人才培养模式具有特色。在学校拔尖人才培养"一制三化"模式的主体框架下,细化落实"三教二学"培养节点,凸显数学人才的培养特色。

教师:立足于北京航空航天大学—中国科学院科教协同,面向全国选聘优秀师资,聘请海外知名教授。

教材:核心课程必须选择国际一流教材,同时加强优质教材的建设与教辅材料的编写。

教法:重视教学研究,践行教学改革,凝练教学问题,撰写教改论文。

学生:实行择优选拔、动态进出的机制,强化激励措施。

学风:培养艰苦朴素、勤奋好学、全面发展、勇于创新的优良学风。

华罗庚班高度重视国际化育人。设立了"BUAA-TAMU数学专业本科生快车道"交换项目,每年输送一批优秀华罗庚班学生前往德州农工大学开展为期1年的学习,获得北京航空航天大学本科学位和德州农工大学官方学习认证。德州农工大学优先录取北京航空航天大学华罗庚班学子攻读研究生。不仅如此,华罗庚班还打造了"国际月"活动,从2014年起每年5月底至6月底共4周,邀请多位海外著名学者到华罗庚班做学术报告和短期授课,同时邀请多名国际学生来北京航空航天大学进行混班交流,给华罗庚班国际月活动营造了更好的国际化氛围。

北航—中科院华罗庚数学试验班在拔尖人才培养中通过采取创新措施,取得了丰富的成果,获2017年北京市高等教育教学成果奖特等奖,开创了科教协同、校院合作、强强联合的办学模式,成为国内"协同育人"的典范,入选多个国家级人才培养计划,成果丰硕,示范、辐射作用明显。

2. 计算机学科执行情况

计算机学院作为北京航空航天大学"拔尖计划"计算机专业的主要承载单位,科研实力雄厚,人才培养能力卓著。在"拔尖计划"实施中,其课程改革和课程体系建设具有显著特色。

计算机专业以加州大学伯克利分校等国际一流大学计算机专业课程体系为参照系,在试验班的专业课程建设上以"从知识传授到能力培养"为基本指导思想,在课程体系建设方面实施大力度的课程整合,力图构建更为合理的课程体系。

在系统能力培养方面,通过将传统的数字逻辑、计算机组成和汇编语言课程重构为一门计算机组成课程,形成了与国际一流大学的大课重课;在软件能力培养方面,将传统的高级语言程序设计与数据结构与算法等课程进行整合方案,形成数据结构与程序设计课程的大课重课。以试验班为试验田,计算机专业精心打造了系统能力和软件能力两大课程群,逐步形成在国内具有一定影响力的系统能力和软件能力教育教学改革模式。

在实践教学环节,为配合系统能力和软件能力2个专业核心能力培养,计算机专业以实验教学为研究对象,提出了向在线实验转型的变革思路,围绕师生随时随地开展在线实验的教与学的目标,建成了在线实验平台、在线实验体系、在线实验评价指标体系、在线实验过程控制的四位一体完整在线实验体系。

在线实验体系不仅具有提供 7×24 实验学习服务、丰富的学习资料与及时的教学指导等传统实验教学模式难以具备的优势,还使得教师能够对学生实验过程进行多维度量化评价,发现学生学习规律和存在问题,精细化实施实验过程控制,从而以可控方式达成实验教学目标。

为培养拔尖学生的科研能力,计算机专业以2个国家级重点实验室和5个省部级重点实验室为基地,建立了以重点实验室为依托的培养方式,在导师指导下,三年级本科生进入基地参与科研训练,四年级本科生在基地依托各类国家级科研课题和工程项目开展本科毕设论文工作。

计算机专业在全校范围内率先实施将本科生毕设从一个学期延长至一个学年的改革方法,并实施了优秀生本科毕设与研究生论文工作衔接的建设思路,优秀本科生毕设论文水平有了显著提升。

计算机专业对课程体系深入研究,实现优化重构,更加强调"少而精、知识面宽、试验综合"等特点,学生能力提升显著,教学效果良好。以从知识传授到能力培养理念、系统能力培养、软件能力培养、国际对标的大课重课、在线实验等为主的大量改革内容构成了2014年度国家级教学成果奖二等奖和2017年度北京市教学成果奖一等奖的核心支柱。

三、"拔尖计划"实施成效

(一)阶段性成效

"拔尖计划"的实施对北京航空航天大学基础学科拔尖学生培养发挥了重要作用,取得了显著成效,一批优秀学子脱颖而出,他们理想高远,学识一流,胸怀寰宇,致真唯实,向着既定的目标稳步前行。

从4届毕业生升学情况来看,北京航空航天大学三个承载试验区的毕业生总升学率达到95%,出国深造率超过35%;其中参与"拔尖计划"的学生升学率达到99%,出国深造率超过35%。很多学生被哈佛大学、斯坦福大学、哥伦比亚大学、加州大学伯克利分校、加州大学圣迭戈分校、康奈尔大学、南加州大学、卡耐基·梅隆大学、宾夕法尼亚大学、巴黎高等师范学院、法国国立高等工程技术学校等国外一流大学录取攻读博士或硕士学位,部分学生被北京大学、清华大学、复旦大学、浙江大学和北京航空航天大学等国内一流大学录取并攻读博士。从统计数据看,"拔尖计划"支持的学生在专业深造率方面具有显著优势。(北京航空航天大学非"拔尖计划"的计算机专业学生深造率近年来保持在50%~60%,出国深造率保持在20%左右;数学专业学生深造率保持在70%左右,出国深造率约为25%。)

从学生获奖情况看,三个承载试验区的毕业生获得各类高水平荣誉数以千计,其中典型的包括全国大学生数学建模大赛一等奖、美国大学生数学建模大赛一等奖、全国(部分地区)大学生物理(非物理类)竞赛一等奖、全国大学生英语竞赛一等奖、全国大学生数学竞赛一等奖、全国大学生周培源力学竞赛一等奖、丘成桐数学竞赛优胜奖等。而"拔尖计划"支持的学生都是参加各类竞赛的核心成员和获奖主力。

在学术成果方面,三个承载试验区的毕业生发表学术论文15篇,其中SCI检索9篇,EI检索5篇,获得发明专利2项。

(二)实施经验

1. 必须瞄准培养基础学科拔尖学生的总方向,明确育人使命责任

"拔尖计划"的实施是为满足国家人才战略需求服务的。通过追溯我国精英教育发展历史和演进过程可以看出,30余年的不断探索中,培养基础学科拔尖人才的总方向始终如一。为保证"拔尖计划"顺利实施,要全面理解"拔尖计划"承担的使命责任,从理论研究和实践探索双方向多层次开展工作。

2. 必须坚持科学的发展理念,提升人才培养效益

"拔尖计划"的顺利实施需要以丰富而优质的教育资源为支撑和保障,而资源建设离不开人财物的持续足量投入。为保证"拔尖计划"顺利实施,实现高质量人才培养的可持续性,必须充分贯彻创新、协调、绿色、开放、共享的发展理念,积极创新思路和方法,向内、向外双方向发掘培育资源,建立切实有效的资源共享机制,实现人才培养效益最大化。

3. 必须规划拔尖人才培养的道路，实施荣誉教育

为保证计划顺利实施，应坚持国家意志、学校意志、学院意志高度统一，对拔尖人才培养的道路进行科学规划。要认清"拔尖计划"的荣誉教育属性，明确荣誉教育路线，采用建立荣誉学院、推行荣誉教育制度、制定荣誉教育计划、建设荣誉教育资源等科学有效的机制和方法，全面实施荣誉教育，为拔尖人才成长提供必要保证。

4. 必须依托学校办学特色，发挥学科优势

各学校实施"拔尖计划"过程中，对于路线、方针等原则问题的把握差异不大，但在具体方法的选择上各有不同，这是由各个学校办学的特色决定的。坚持特色、发挥优势是培养好拔尖人才的重要条件。北京航空航天大学正是将显著的工科优势和空、天、信、医学科融合特色转化为人才培养的强大力量，为拔尖人才的培养提供有力支持。

（三）存在不足

1. 专业建设方面

由于北京航空航天大学先期只有数学和计算机两个专业列入"拔尖计划"，参与人数非常有限，影响力不足，无法形成必要的规模效应；其他未列入"拔尖计划"的基础学科专业虽然具备实力，但缺乏"拔尖计划"的政策保障和平台支持，仅靠自身挖潜效果毕竟有限；入选学科数量的不足也限制了多个学科间的交叉融合，一定程度上影响了拔尖人才培养成效。

2. 教育资源方面

课程资源不够平衡，专业课程资源丰富，基础课程资源少；普通课程数量众多，高水平课程有限，而专门建设的高水平基础课程尤其不足，制约了学生选课的自由度和灵活性。

高水平师资结构也有待优化：从来源看，基础课程教师以外聘为多，本校师资比例稍低；从年龄看，老一辈名师超龄退出，中青年名师不能及时补位，未形成合理的师资梯队；从国际化情况看，国内师资占绝大多数，国外师资比例有待提升。

3. 国际化培养方面

虽然对拔尖学生国际化培养给予了高度重视，开展了大量工作，但目前国际化程度和水平仍有较大提升空间，需要在国际化教育资源发掘、国际化平台建设、国际化技能培训等方面持续不断发力，提升国际化培养水平。

四、持续改进

（一）质量监控机制

根据拔尖创新人才成长规律，建立全过程质量监控机制，在入口人才选拔、过程动态调整、出口毕业反馈三个重要环节进行质量监控，既从个体发展及个性差异出发给予学生一定的发展空间，不过多地干预学生发展过程，又在入口、过程、出口三个重要环节建立质量监控机制，全面监控"拔尖计划"人才培养质量，建立覆盖全过程的闭环持续改进机制。具体做

法如下。

（1）入口人才选拔环节以学生的综合素质为核心评价标准，重在考察学生的发展潜力。通过笔试、各种测试、面试等环节，在入口人才选拔方面注重对学生综合素质进行测评，包括学生的基础学科如数学、物理、语言等知识掌握及运用，心理健康水平，创新能力和水平，团队合作能力等4个主要方面，力图对学生的综合素质进行评价，着重发现具有发展潜力和创造潜质的学生，并将他们纳入"拔尖计划"中进行培养。

（2）过程动态调整以学生年度学业成就为核心评价标准，建立滚动淘汰的动态调整机制。学校的每个专业在每个学年都会根据课程绩点、创新活动、综合表现等对学生进行排名，因此，"拔尖计划"在每学年初也会依据各专业的学生排名对进入到计划的学生进行动态调整，目的是建立滚动淘汰机制，激发学生的学习积极性。调整出计划的学生以后如果排名上升，仍有再次进入到计划的机会。通过这种动态调整机制，确保"拔尖计划"能够对表现最好、最有潜力和持续努力的学生进行支持和培养。

（3）将出口毕业反馈作为持续改进拔尖计划培养质量的抓手。质量监控机制的核心和最终目的是持续改进。北京航空航天大学将出口毕业反馈作为持续改进的抓手，努力构建覆盖全过程的闭环持续改进机制。通过对毕业生去向的跟踪调查以及对毕业生及其用人单位的问卷调查和访谈，分析北京航空航天大学拔尖创新人才培养的优势以及不足，并在培养过程中不断调整，以持续提升拔尖创新人才的培养质量。

（二）未来发展规划

1. 持续总结，深化落实，为未来发展打下坚实基础

在教育部指导下，学校归纳总结"拔尖计划"实施中获得的经验，坚持问题导向和目标导向相统一的原则，不断探索拔尖人才的成长规律，指导拔尖学生培养的未来方向；认清人才培养的长线特征，继续对"拔尖计划"支持学生的成长发展轨迹进行跟踪记录，从中寻找新规律，激发新认识，指导育人实践。

2. 增选学科，齐头并进，形成多学科协同育人的良好局面

北京航空航天大学第一批参与"拔尖计划"的学科仅有数学和计算机两个，学生人数少，无法形成必要的影响力和规模效应。而实际上近年来，随着北京航空航天大学双一流建设不断推进，各学科均取得了长足发展，尤其是基础学科的人才培养能力明显攀升，物理、生物、化学等学科已经逐步具备培养拔尖人才的能力和条件。

在"拔尖计划"2.0中，北京航空航天大学希望物理、生物、化学等相关学科能够增选入围，形成与北京航空航天大学人才培养水平相匹配的"拔尖计划"工作格局，通过多学科共享资源、互通有无，协力打造拔尖人才培养新的良好局面。

3. 明确重点，全面突破，提升拔尖人才培养境界

北京航空航天大学的"拔尖计划"2.0将按照以下8个方面实施。

（1）汇聚力量、统筹资源，巩固基础学科拔尖人才培养联盟。

（2）规范管理、助力发展，健全完善学院组织机构。

（3）优化规模、探索机制，继续优化招生选拔形式。

（4）明确路径、尊重志趣，不断改进人才培养方案。

（5）强化基础、分段设计,科学构建荣誉课程体系。

（6）引育结合、兼收并蓄,建设新型高水平师资队伍。

（7）强调责任、注重实效,深化落实导师制改革。

（8）拓展空间、营造环境,有效提升国际化教育水平。

撰稿人:马齐爽、漆毅、杨义川、韩钰、高小鹏

哈尔滨工业大学自评报告

哈尔滨工业大学于2011年3月被批准进入"基础学科拔尖学生培养试验计划"(以下简称"拔尖计划"),开始了"计算机学科"拔尖学生的培养工作,并于2014年9月在校内启动了"物理学"试验班项目,希望借助"拔尖计划"的实施,进一步促进理学基础学科的发展,提升拔尖学生培养质量。

一、目标定位

秉承哈尔滨工业大学"规格严格,功夫到家"的校训和"厚基础、强实践、严过程、求创新"的人才培养特色,坚持立德树人根本任务,坚持"以学生为中心,学习成效驱动"的教育理念,通过构建核心价值塑造、综合能力养成和多维知识探究"三位一体"的人才培养模式,以适应国家需要、服务国家建设为己任,结合哈尔滨工业大学航天名校、工科强校的特色以及计算机学科的特点,着力培养信念执着、品德优良、知识丰富、本领过硬、具有国际视野、能够引领未来发展的"拔尖创新领军人、国家建设栋梁材"。

为了推进拔尖创新人才培养模式改革,培养具有国际一流水平的基础学科领域拔尖人才,学校为进入计划的学生配备一流师资队伍,提供一流学习条件,创造一流学术氛围,力求培养在教育、研究、工业、社会服务等领域能够引领社会发展的创新型人才,毕业生应具有正确的世界观、人生观与价值观,熟悉本专业国内外现状和发展趋势,具有国际视野,具备计算思维能力,能够综合运用计算机硬件、软件及数学等方面知识,独立解决与计算相关的复杂工程技术问题,具有创新精神,具有较强计算相关的理论创新能力与工程创新能力,具有跨学科能力、团队合作能力和有效的交流领导能力。

二、实施过程

自承担"拔尖计划"项目以来,学校领导高度重视,将其视为发展理学基础学科、支撑工程应用学科的良机,认真组织研究实施方案,积极贯彻落实各项措施,以"导师制、小班化、国际化、个性化"为抓手,积极探索和实践拔尖学生的培养理念、培养模式、培养过程、方案措施以及质量控制等环节,建立拔尖人才培养的组织管理制度,制定拔尖学生培养方案,加强核心课程建设,配置优质师资,搭建综合素质提升平台,积极推动拔尖人才培养工作的深入开展。同时,非常注重和国内兄弟院校的经验交流,承办了2016年度的"拔尖计划"学生学术交流会、2016年度的物理学科"拔尖计划"研讨会和2017年度的计算机学科"拔尖计划"研讨会。

1. 政策组织保障

2011年学校成立了英才学院,专门负责"拔尖计划"的落实及日常管理和组织协调;成立了以主管教学工作的副校长为主任,本科生院等相关职能部门领导、院系领导、国家级教学名师为成员的"拔尖学生培养指导委员会",计算机学院和物理系成立了拔尖计划领导小组,由指导委员会就办学模式、运行机制、培养方案等重大问题进行协调、指导和决策,以确保拔尖学生培养的顺利进行;建立了院系协同育人的新机制,学生所在院系负责学生个性化培养方案的制定,专业课程优秀师资、导师的选配等工作。英才学院负责学生的资格审核、政策起草、资源调配、沟通联络、考评反馈等。

为加强"拔尖计划"专项资金的管理,确保"拔尖计划"工作顺利实施,学校印发了《哈尔滨工业大学关于印发"基础学科拔尖学生培养试验计划"专项资金管理办法》《哈尔滨工业大学英才学院拔尖学生培养总则》,制定了《哈尔滨工业大学"基础学科拔尖学生培养试验计划"实施方案》。

2. 选拔优秀学生

按照"拔尖计划"要求,学校制定了《哈尔滨工业大学"拔尖计划"试验班选拔办法》,建立了科学的学生遴选和动态进出机制;采取高考招生与二次选拔相结合的方式,面向全校学生,遵循公开、公平、公正的原则,"优中选优、宁缺毋滥",双向自由遴选对计算机科学、物理学具有浓厚兴趣、志向远大、德才兼备、勇于创新、基础扎实、能力突出、具有良好发展潜质的优秀学生。高考高分学生可以自动进入计算机、物理试验班,同时在大一入学、大一结束、大二结束三个时间节点采用初试与面试相结合的方法实行多次选拔,建立了重点考察学生的学习动机、综合能力、外语水平、研究潜质、创新意识、意志品质等方面的综合考评机制。

3. 创新人才培养模式

(1)注重吸收国际一流大学先进办学理念和培养模式,制定"通识教育 + 大类培养 + 专业教育"相结合的系统化、模块化的培养方案。通过培养方案的修订,重构拔尖学生的课程体系,贯通本研课程设置,高年级拔尖学生可选修研究生课程,帮助学生快速提升学术研究能力。

针对拔尖学生培养特点,计算机学科将24门专业课程进行了重新构建,实现多门课程的融合与知识贯通,优化并重构了面向拔尖学生的课程体系。例如,将汇编语言、接口技术、计算机体系机构、计算机组成原理、操作系统、编译原理等课程进行整合,重构并建设了计算机系统课程;将软件工程、Java程序设计、设计模式、软件测试等课程进行融合,建设了"软件构造"课程,使学生能够拓展知识领域,同时将多门紧密相关的课程内容打通,加强了系统能力培养。同时针对拔尖学生知识领会能力强、外语基础好的特点,部分课程实现纯英文讲授,提升教学内容,完善教学方法,改进实践环节和综合能力培养。

强化数理基础课程,如数理方程、复变函数与积分变换、数理逻辑博弈论、电路、代数与几何等。开设文化素质通识类课程、新生研讨类课程、创新研修类课程,培养学生兴趣,拓宽学生视野。例如,开设文学名篇名著赏析、世界文明史专题、国际交流英语、西方美术导论、领导力理论与实务等文化素质课程;开设机器听觉的奥秘、人工智能与自然语言理解、软件有生命吗、神秘的图灵测试等新生研讨课程;开设软件仓库挖掘、基于深度学习的自然语言处理技术、增强现实技术及应用、基于云计算平台的大数据挖掘算法研究与实践等创新研修课。

（2）改革课堂与实践教学内容,提升课程的实践性和创新性,增强学生的创新能力。注重教学方式更新和信息技术手段融合,采用小班研讨授课模式,引导教师从注重知识的讲解向学生产出和能力培养的转化,注重学生质疑精神、批判思维的养成,引导学生从注重考试结果到注重学习过程的转变,促进学生自主学习的积极性。

课程内容改革方面,学校以操作系统课程为例,通过分析现有课程实验与斯坦福大学相同课程,发现目前的课程实验只能够达到斯坦福大学课程实验的难度、工作量、创新性等的40%。针对这种情况,学校改进了原有实验,并开发了2个大型创新性实验,达到了斯坦福大学80%以上的水平。

课程考核方面,以数据库系统原理课程为例,该课程由学校全职聘任的在美国惠普公司从事技术开发工作几十年、技术开发和创新经验丰富的Dennis Park老师担任。原课程考核中,期末考试成绩占比70%,实验占比20%,课堂作业占比10%。通过课程改革,增加了自主项目,并且占期末总成绩的25%,期末考试成绩占50%,实验占15%,课堂活跃度占10%。自主项目考核以一对一的口头报告和现场验收的方式进行。课程实验灵活安排,学生无须在固定时间到实验室做实验,可以进行单独预约,实验验收由授课教师负责,采用答辩和现场演示方式,实验内容由任课教师根据教学内容对每个学生进行个性化设置。

对于实践性比较强的课程,强调从项目完成情况评价其学业学习情况;对于理论性比较强的课程,从学术论文写作角度加以评判。学校注重将最新的研究成果引入课堂,并鼓励学生通过实验发现问题,培养学生的创新思维。

（3）深入实施导师制,助力拔尖学生成长。在学校大一年级实施荣誉导师领航计划和博士生学长领航计划,在全校范围内聘请经验丰富、责任心强、水平高的教师和高年级博士生,从思想上引导学生确立成才目标,尽快适应大学生活;从学业上引导学生进行独立、探究式思考,参加科技创新实践活动。同时,学校选聘了一批既有学术造诣又有责任心的教师作为班主任,既能给学生学业指导,又能言传身教起到榜样引领作用。另外,学校全面实施学术导师（团队）制,将导师制作为"拔尖计划"的基本教学制度,打造拔尖学生培养的科技创新多维保障体系;聘任高水平教师担任科研导师,聘请高水平青年教师作为副导师,针对学生的个性差异,指导学生制定个性化学习计划,进行个性化的指导和培养,因材施教,提升拔尖学生实践创新能力;支持学生参加导师组织的活动及进入实验室开展研究,营造浓厚的学术氛围;尤其是选聘一批学术水平高、责任心强的青年教师和博士生学长参与到拔尖人才培养计划中来,他们有热情、有精力、肯投入,与拔尖学生更容易交流,对拔尖学生的影响更大,可以帮助知名教授做好拔尖学生的培养工作。

（4）以"拔尖计划"试验基地为依托,开展小班化教学,通过研讨式、探究式学习等形式,鼓励学生进行自主学习和研究性学习,举办基础学科拔尖学生计算机暑期学校,培养学生良好的科学品位、探索精神、合作意识。小班化教学可以提高教师对学生的关注程度,有利于因材施教;可以增强师生互动、生生互动,给予学生自我发展的空间与机会,使学生想学、愿学,最终达到学生积极自主学习的目的;提供启发式、讨论式、探究式等丰富多元的教学形式和教学内容,有利于提高学生的自主性,激发学生的学习兴趣和学习潜能,效果显著。目前,计算机学科针对拔尖学生开设特色小班课10门,例如,从国外聘请的Dennis教授开设了软件工程、数据库系统全英文课程,王宏志教授开设了算法设计与分析全英文课程,臧天仪教授开设了数据结构与算法课程等。

"名师小班行"活动给拔尖学生提供了与学术界、教育界、工程界的大师级人物进行面对面交流的机会,可以切身感受大师的学术气质和人文情怀。截至目前,"名师小班行"活动已经组织70余期,学术大师结合自身奋斗历程和育人经验,与学生们谈理想、谈人生、谈学业、谈创新,树立学术榜样,引导学生科学规划学业。原校党委书记、ACL终身成就奖李生教授讲述光熙精神,中国工程院院士方滨兴教授讲授国家网络主权,哈尔滨工业大学副校长、软件学院创始人徐晓飞教授讲述国家软件产业人才发展理念,国家973首席科学家李建中教授讲述中国计算机人的担当,院长王亚东教授讲述学科国际前沿与发展规划,人工智能领域专家刘挺教授讲述创新意识与创业实践等。

(5)持续推动拔尖学生培养国际化进程。哈尔滨工业大学启动"与国际名师共建课程计划",将课程质量建设进一步推向深入。为充分利用国内外优质教育资源,计算机学科积极引进国际师资,与国际知名大学或企业共建课程,在夏季学期邀请国外学者或者知名企业的研究员来访问讲学,使得学生能够领略到不同的授课方法和授课内容。对于开阔学生视野、推动课程国际化体系的建设有着重要的作用,近5年来学院持续共建的国际化课程15门。例如,澳大利亚阿德莱德大学David Suter教授不仅来校讲授人工智能课程,同时还带来6名学生一同来校,在校园内营造国际化课堂氛围。微软亚洲研究院的周明、林钦佑博士开设了计算思维与科学前沿课程,美国卡耐基·梅隆大学Asim Smailagic教授开设了快速原型系统设计课程等。

学校设立国际交流资金,支持学生参与相关国际交流项目,推进拔尖学生的联合培养与短期交流,提升学生国际化视野及国际交流能力。短期项目有剑桥大学、麻省理工学院等高校的学术发展课程、加州大学洛杉矶分校的CSST项目,长期项目有美国名校的访问学生项目和科学研究项目。计算机学科高琦琦、王勇、刘思凡、任翰祥、孙一钏、陈香莹、陈三元等,物理学科的刘家宁、尹俊等同学在国际交流基金资助下,在哥伦比亚大学、麻省理工学院、哈佛大学、加州大学洛杉矶分校等高校进行学习、科研工作。

(6)加强校企合作,引入优秀企业界人士参与拔尖人才培养。计算机学科通过建立企业创新创业导师库,选拔拔尖人才前往互联网一线企业,在企业导师指导下进行学习并完成毕业设计。学校邀请名企大咖、创业校友,举办"名企小班行"系列微课、"新时代 新使命 新征程——名企微课空中宣讲月"等活动,将企业资源融入拔尖人才培养环节。包括通用电气、华为、浪潮、中兴、腾讯、搜狗、金山、航天二院706所等名企已进入名企微课的课程建设。例如,华为人工智能首席架构师芮祥麟博士开设的华为终端的移动智能技术微课程、中兴通讯首席架构师罗圣美博士开设的数赢未来——大数据产业应用实践微课程、锐捷网络股份有限公司售前训练部经理蔺黎光开设的新时代数据通信解决方案的应用呈现微课程、达观数据联合创始人高翔开设的人工智能与文本挖掘的技术与发展微课程均受到了拔尖学生的广泛好评。

4. 优化科研训练条件

以创新学分为驱动,以导师制为依托,以科创项目、学科竞赛等多途径助推拔尖学生创新能力培养。拔尖学生可以通过选修创新研修课、创新实验课,参加年度创新计划项目、通过结题答辩验收,参加校级及以上科技竞赛并通过验收,参加 ACM 俱乐部活动至少一个学期,并至少参加一次校级及以上竞赛,在核心刊物或全国性学术会议发表论文以及申请专利等多种途径获取创新学分(总计 5.0 学分)。

(1) 借助知新讲坛、光熙论坛、学术俱乐部等平台,通过知名学者讲授、分享自身学术成长的历程、生活和科研工作的感悟等,坚定学生追求科学、追求真理的志趣和理想,培育其科研志趣,引导其创新意识。包括诺贝尔奖得主 David Cross 教授、丁肇中教授,清华大学学堂计划物理学科首席教授朱邦芬教授来校为学生作讲座。2017 年图灵奖得主 Edmund M. Clarke 来学校讲学。

(2) 一对一科研创新导师制。学校对进入"拔尖计划"的学生,根据双向选择的原则,为每一名学生配备导师。学生在导师的指导下进入实验室进行科学研究,开展科研训练。导师指定每学期学术论文研读计划,要求学生们对当前学科前沿学术论文进行研读与评阅,并将其作为最终成绩的一部分。

(3) 创新课程开设。相比计算机学科的其他学生,专业课程设置的主要不同:一是在计算机专业核心课程上,针对拔尖学生提高课程要求;二是在专业领域课程上进行深入引导,为拔尖学生未来的专业领域研究奠定基础,目前针对拔尖学生主要提供包括计算机理论、计算机体系结构、软件系统、人工智能在内的 4 个专业领域课程,并且鼓励选择两个领域的课程来拓宽视野、夯实基础;三是方向课程,支持学生按照兴趣选择课程;四是为培养学生的创新能力、国际竞争力、国际视野以及前沿交叉科学视野,聘请从事前沿科学研究的教授开设了 17 门创新研究课。

(4) 购买专用实验设备。为强化计算机系统能力培养,针对拔尖班学生设计创新研究项目,计算机学科共采购物联网系统开发套件 2 套,zrobot - Ⅲ 开发套件 10 套,Nexy5 - DDR 设备 15 套,无人机、机器人若干,建立超级计算创新实验平台、无人机创新实验环境等。

(5) 专用教室和科研讨论室。学校在格物楼 7 楼专门建设了面向拔尖学生的研讨室和创新工作室,目前建设了 6 个研讨室、2 个社团活动室、1 个自习室,总面积约 1 000 平方米;建立了超级计算创新实验环境,支持学生参加 ASC16 世界超算大赛;建设了数据智能俱乐部,建设了供多学科学生使用的无人机、机器人、数据科学创新实验环境,培养学生的跨学科合作与创新能力。

(6) 学习专用书籍的购买。为拓展拔尖学生的知识面,培养学生学习的兴趣和创新愿望,历年来,计算机学科为拔尖学生采购一批高水平、高质量、计算机领域的知名著作,发放给学生学习与研究,以开阔学生视野,提高其知识水平,丰富其学习生活;每年所购买图书 10 余种,涉及大数据、人工智能、机器人、操作系统、人文社科等多个领域。

(7) 拔尖学生创新基金支持。为了提高拔尖学生的创新意识和创新能力,哈尔滨工业大学持续面向拔尖学生设立创新研究项目,每个项目的经费为 2 万~3 万元,根据项目实施的效果和进展情况,对优秀项目追加经费投入;同时开展学术会议,让获得资助的学生在会议上汇报项目中的创新研究成果,从中选择优秀的成果推荐到图灵大会上向全世界进行展示。

(8) 校企联合创新、企业导师指导。为提高学生们的科技创新实践能力,学院依托高端企业建立了 9 个企业俱乐部、17 个科技创新俱乐部,并开启了"高企之旅"校企学术交流

5. 加强拔尖人才的素质教育

以创新创业、社会实践、校园文化为主线,与第一课堂有机结合,引导拔尖学生积极主动参与课外科技文化活动,营造拔尖学生的学术氛围,培养其从事科学研究的兴趣,并锻炼其沟通交流能力、团队协作能力等。

(1)对课外科技创新活动进行项目化管理,组织拔尖学生参加全国"互联网+"大学生创新创业大赛、"英特尔杯"大学生课外学术科技作品竞赛、"全国大学生物理学术竞赛""祖光杯大赛"等国内外以及校内科技竞赛。

(2)制定了《哈尔滨工业大学科技创新俱乐部活力计划》,为拔尖学生提供了良好的科技创新环境与平台,每年开展学生科技创新表彰大会,树立优秀典型,增强学生创新意识,激发学生科技创新活动热情。

(3)通过科技创新立项,鼓励学生勇于创新、热爱科学研究。学校搭建本科生学术论坛,为学生提供交流、展示平台,全方位地服务于拔尖学生的科技创新实践能力的提升。哈尔滨工业大学本科生学术论坛已举办11届,共收投稿近千余篇,录用论文525篇。学校还举办科技创新推广周12期,科技创新竞赛推广Compass沙龙21期,受益人数近400人。

(4)社团文化建设方面,以提升国际化交流能力为目标开展英语辩论赛、趣味英语竞赛、GRE单词PK赛、模拟联合国、暑期英语夏令营等活动,为广大学生创造了实践锻炼的机会。英才学院音乐剧社、冰壶俱乐部的建设,为学生综合素质提升提供了全方位的发展舞台。

三、实施成效

1. 阶段性成效

(1)择优选拔,动态进出,综合考评的学生遴选机制,值得推广。

(2)通识+大类+专业的培养方案,专业核心课程重组,值得借鉴。

(3)知名教师授课、知名学者引领,致力于基础学科研究的榜样力量是无穷的。

(4)小班化、研讨式教学,质疑精神、批判思维养成,对拔尖学生培养至关重要。

(5)创新学分推动、导师制为依托的科技创新体系:知新讲坛的思想引领、荣誉导师领航计划的引导、学术导师的因材施教、科技创新立项支持、本科生学术论坛的交流展示平台的建设,值得深入研究。

(6)"走出去、请进来"的国际化氛围营造和国际交流能力提升有待加强。

(7)综合素质提升、领导力拓展训练、社会公益服务的要求,值得坚持。

(8)学生培养情况。据不完全统计,自2011年"拔尖计划"执行以来,计算机学科和物理学科拔尖学生累计发表论文10余篇,参与创新研究项目20余项,参与各种学科竞赛获得一等奖70余次。物理拔尖班学生连续4年获得"全国大学生物理学术竞赛"特等奖。近三年,计算机拔尖班学生参与创新创业立项共计18项,涉及领域包括大数据、云计算、数据挖掘、机器学习等,其中大规模知识图谱的扩展研究为国家级的创新训练项目,且其中部分项目已经结题。

2. 不足之处

（1）以英才学院和专业学院联合管理的院系协同育人机制，在项目管理、资源调配上优势明显，但是对于学生的追踪调查方面存在明显不足。

（2）由于工作人员有限且忙于日常业务性工作，最重要的还在于岗位更换频繁，缺乏有效的毕业生跟踪机制。

四、持续改进

1. 质量监控机制

学校采取基于PDCA循环的计划、执行、检查、评价、反馈、改进等六环节闭环保障模式，将常态监控与定期评估有机结合起来实施六维度的教学质量评价，包括学生评教评学、毕业生调查、教学督导、领导听课等，构建拔尖学生教学质量监督评价体系。

2. 加强思想引领

在倡导四个回归的背景下，学校要始终高度重视思想政治工作，注重立德树人，始终将家国情怀作为学生思想政治教育的"龙头"，引领学生要以国家利益、实现中华民族伟大复兴为己任，开展思想引领活动。

3. 助力学生成长

学校要继续选拔最合适的学生，根据教育教学规律及学生成长成才规律，进行心理健康筛查，给予一定的职业发展指导与服务，继续强化学生批判精神、科学素养的培养，让拔尖学生全方位成长。

4. 注重培养特色

哈尔滨工业大学将秉承国防名校的办学特色，依托项目驱动，办出拔尖学生培养特色；加强校企合作，多维度与一流大学知名教授合作，鼓励知名教授走进学生，为学生创造更多的国际一流大学顶尖专业交流学习的机会，提升专业核心课程的质量和水平；继续强化学生批判精神、科学素养的培养。

5. 辐射示范作用

哈尔滨工业大学将做好现有学科拔尖学生培养工作，深入加强导师制，吸引更多的优秀青年教师参与拔尖学生的培养，让"拔尖计划"不断补充新鲜血液，保持活力；组织物理、数学、化学、生物、力学等学科申报"拔尖计划"2.0，以促进和提高哈尔滨工业大学基础学科的整体快速发展。

撰稿人：姜永远

中国科学院大学自评报告

为回应"钱学森之问",为国家培养杰出人才,2013年中国科学院大学(以下简称"国科大")经过认真研究论证之后,向教育部提出开展小规模本科生拔尖创新教育试点的申请,本着"小而精、特而强"的基本原则,推行导师制、小班化、个性化、国际化的"一制三化"的办学举措,积极深化完善科教融合的人才培养模式,积极参与高等教育改革创新和科技领域拔尖创新人才培养的探索实践。经教育部批准,国科大从2014年起开始招收本科生。2015年国科大向教育部申请加入"基础学科拔尖学生培养试验计划"(以下简称"拔尖计划"),包括6个专业:数学与应用数学、物理学、化学、生物科学、材料科学与工程、计算机科学与技术,2016年初获得教育部批准。

一、"拔尖计划"实施的目标定位

1. 目标定位

自1978年建校以来,国科大始终坚持走高水平科技创新带动高层次创新人才培养的道路,形成了同中国科学院(以下简称"中科院")下辖100余个研究所"共有、共治、共享"的"一校多所"高等教育体系。充分发挥科教融合的优势,国科大为本科生教育投入最优质的教育资源,在优势学科开展小规模精英教育,致力于培养未来科技领军和骨干人才,使他们具有深厚的理论基础、宽广的专业知识、高远的国际视野、丰富的人文情怀,追求科学梦想、献身科学事业、立志报效国家,有创新创业潜力,德智体全面发展。

2. 毕业要求

国科大要求各专业毕业生毕业时的总学分在160学分左右。学生应完成公共基础课、专业课及实践环节的修读。

各专业公共必修课最低要求为75~83学分,公共选修课最低要求为16学分,公共课最低要求为91~99学分,约占各专业总学分的60%。国科大要求学生通过公共课程的学习,具备坚实的数理基础,了解各专业及其前沿进展,提升和充实情怀与气质。

专业课一般要求为40学分左右。学生重点学习本专业中的基础性课程和交叉学科课程。专业基础课设置强调基础性,学生应了解本专业知识体系和框架。

学生在读期间必须完成实习实践与毕业论文等不少于29学分的实践环节,包括军事训练2学分、社会实践4学分、科研实习实践8学分、毕业论文15学分。通过实践环节的训练,学生既对社会发展有一定的了解和思考,也锻炼了科研思维、科研能力。

二、"拔尖计划"具体实施过程

（一）组织机构与配套政策

1. 组织机构

（1）国科大成立了本科教学委员会，以加强学校对本科教学工作的督查和指导，保证本科教学过程和各环节按规范进行，强化本科教学检查与评估力度，保证本科教学质量。席南华院士任本科教学委员会主任，国科大副校长苏刚教授、杨国强教授任副主任，各学院主办研究所分管本科教育副院长、校本部副院长任委员。

（2）国科大设立本科生出国访学管理办公室。该办公室挂靠本科部，负责推动与境外高校建立合作关系，组织本科生出国访学交流工作。

（3）各学院通过科教融合机制体制建设，充分利用承办研究所在国内相关领域的优势地位，将研究所科研资源转化为优质教育资源，实现与国科大校部在人力、空间、设施和平台方面的深度融合。各学院成立了由校部和承办研究所领导及专家组成的教学委员会、学术委员会和教学督导委员会，下设多个教研室，实现对学院发展和日常教学培养工作进行规范化、专业化的管理。

2. 配套政策

（1）为贯彻"通过科教融合途径，遴选国科大优质教育资源，适当引入外部资源，提供给学生，以达到高质量人才培养之目的"的办学指导思想，制定了《中国科学院大学本科生课程授课教师遴选的指导意见》，规范教师遴选标准和程序，保障为本科教育投入学校最优质的师资。

（2）导师配备上，要求各学院遴选中科院各相关研究所等高水平专家学者，以充分发挥导师对未来优秀科技人才在学术传承及个性化培养方面的重要作用。

（3）调动中科院卓越的科研条件，包括国家实验室、国家重点实验室、中科院重点实验室等在内的大批实验室面向本科生开放，为学生科研创新活动提供支持。

（4）支持学生个性发展，专业确认工作中所有专业面向学生全部开放。同时，国科大在选课、实践环节、学生管理等方面提供给学生尽可能大的自由度。

（5）引导、鼓励学生尽早参与科学研究，将科研实践训练贯穿本科教育全过程。

（6）积极开展访学交流工作，鼓励学生安排一个学期到境外高校、研究机构访学交流，并对访学学生予以适当资助。

（二）选拔优秀学生

国科大招收本科生的目的，是集全校之力开展小规模精英化本科教育，为国家培养"拔尖人才"，因此自首届本科生开始，国科大即为本科生培养提供了全校最优质的资源，面向全体本科生实行"一制三化"，探索科教融合的有效方式以及如何通过科教融合培养拔尖人才。

国科大于2016年初被纳入"拔尖计划",2016年国科大首届本科生处于二年级下学期到三年级上学期的阶段,在国科大三段式培养过程中,是从公共基础课到专业基础课过渡的阶段。通过高强度的数理基础课,本科生中拔尖学生已经崭露头角,初步圈出拔尖学生名单。为了进一步将拔尖学生筛选出来,国科大通过科研实践的组织和国际访学项目的推进,考察学生的学习能力、科研能力、综合素质等,选拔出了各专业的拔尖学生。

目前,国科大拔尖学生共4个年级6个专业317人,其中2014级83人,其他年级均为78人。

(三) 创新培养模式

1. 结合培养目标,构建"三段式"培养模式

国科大本科教育采取"三段式"培养模式。第一阶段为公共基础课学习,重点学习数学、物理、语言文化类、人文社科类以及素质教育类(包括前沿讲座)课程。在此期间学生完成专业选择。第二阶段为一年半左右的专业基础课学习加少量专业方向课,留给学生充裕的时间选修其他学科课程。第三阶段为第四学年的专业学习和毕业论文撰写。在确定专业方向和学业导师后,学生一边继续学习,一边在学业导师所在研究团队及实验室做本科毕业论文。

2. 深入调研,构建一流课程体系

为构建注重通识教育与专业教育相结合的课程体系,国科大调研了国际上相关专业若干大学的本科教育体系,结合国家相关要求,制定了自己的课程体系。

各专业的课程学习总学分(不含实践环节)要求在134学分左右,在公共必修课中数学、物理和计算机类课程要求40~45学分,培养学生数理基础,其中数学类课程均为4学分,共20个学分;物理类共计17~22学分,除实验外,一般课程为4学分;计算机类课程均为3学分,共计6学分。

在公共必修课中设置两个系列讲座类课程,共5学分。一个是"科学前沿进展名家系列讲座",帮助学生了解不同学科的科研方向和主要进展,拓宽学术视野。另一个是"艺术与人文系列讲座",主题包括文学、历史、艺术和哲学等,以提升和充实学生的情怀与修养。

在公共必修课中设置2学分"大学写作"课,通过文本阅读与写作实践的结合,教授学生有效地构思、撰写和修改文本,提升学生的批判性思考和分析能力。

国科大鼓励各专业在专业课中设置"任意专业选修课",允许学生从国科大开设的其他专业本科及研究生理工类课程中选择修读。数学与应用数学专业设置了9~10学分的"任意专业选修课"要求;物理学专业设置了至少3学分的"任意专业选修课"要求。

3. 充分尊重学生兴趣,开展个性化培养

(1) 开放的专业管理。国科大实行开放宽松的专业管理,通过专业确认工作,为学生提供两次换专业的机会。各专业对学生人数不做限制,同时在学生转专业的资格方面,有的专业不设条件,设条件的专业一般要求申请转入学生的已修课程成绩合格即可。

(2) 鼓励跨学科学习。国科大鼓励学科交叉,鼓励学有余力的学生在修读主修专业的同时辅修其他专业课程。学生主修专业确认后,即可申请辅修其他专业。各辅修专业对学

生的申请资格也采取了宽松的政策,学生主修专业必修课程全部合格即可申请。各辅修专业对修读人数不做限制。

（3）个性化的培养体系。国科大采取开放的管理模式,既为学生各类活动提供平台,又给学生自主选择的权利。在自主选择专业的基础上,学生根据自己的兴趣和实际情况进行选课,开展社会实践、科研实践活动,撰写毕业论文。

4. 创设课程召集人制度,统筹多班次授课课程

对于需开设多个班次的公共基础课、专业基础课,国科大实行著名科学家领衔的课程召集人负责制。课程召集人统筹课程总体教学,从课程的系统性以及与其他课程的衔接出发,组织由主讲教师和助课教师组成的教学团队集体设计课程教学计划,确定教学大纲和课程核心内容,选择或编写教材讲义,完善同一课程由教学团队分工合作的教学机制。

以2017年课程为例,微积分课程的课程召集人是周向宇院士,线性代数课程的课程召集人是席南华院士,力学课程的课程召集人是邢志忠研究员（国家杰出青年科学基金获得者）,原子物理课程的课程召集人是郑阳恒教授（国家杰出青年科学基金获得者）,化学原理课程的课程召集人是李永舫院士,普通生物学实验课程的课程召集人是景海春研究员,材料科学基础课程的课程召集人是中科院过程工程研究所副所长陈运法研究员,计算机科学导论课程的课程召集人是徐志伟研究员（国家杰出青年科学基金获得者）。

5. 创新教学内容与方法,推动研讨式教学

在教学内容上,国科大要求将最新科研成果适当引入教学过程,鼓励理论与实践相结合,保证教学内容充实、新颖、精炼。比如,生命科学学院陈大华教授执教的发育遗传学课程既包括理论教学,又包括研讨、实验和文献阅读。由王志珍院士及两名一线科学家执教的生命科技经典文献深度研读课程,针对不同的专业领域引导学生进行经典文献的深度研读。计算材料学课程在学生掌握计算材料学中常用的基本概念、基本理论和基本方法后专门安排一定课时的上机课,让学生学习使用计算材料常用软件,并做一些简单的计算实例,为学生今后在科研或工程中利用计算模拟工具从微观、介观到宏观对材料进行研究奠定基础。

在教学方法上,要求主讲教师运用灵活的教学方法,激发学生的主观能动性,鼓励主讲教师开展课堂研讨,鼓励由学生主持研讨课。各学院不同程度地设置了研讨课或课程中安排研讨环节。比如,数学专业、化学专业、计算机专业均设专门研讨课。纳米材料与纳米器件、能源材料、传感材料与器件、材料制备与加工等课程均要求学生在学完基础知识并听取前沿系列讲座后就感兴趣的课题开展调研,形成报告,并在课堂上展示、讨论。

在教学手段上,国科大鼓励采用先进、多样、有效的方式,保证教学效果。负责"计算机组成原理"课程的教师们充分利用中科院计算所的科研资源,研制了一款基于多核片上系统可编程芯片（MPSoC FPGA）的科研教学FPGA云平台（ZyForce）。该平台支持学生随时随地互联网接入,并为其动态分配云平台内部可用的FPGA硬件资源,与传统的实验教学方案FPGA平台相比,极大方便了学生们的实验工作。

6. 认真组织科学与人文系列讲座,拓展学术视野,陶冶情操

优秀科技创新人才的培养,除需要精深的专业知识外,广博的学问也非常重要。秉承这个理念,国科大把各类高水平讲座作为本科生教育培养的一个重要组成部分,专门在公共必修课中设置两个系列讲座类课程。

以2017年为例,该年度本科生科学和人文两个系列讲座共计87场,包括"科学前沿进

展名家系列讲座"Ⅰ和Ⅱ共16场,"科学前沿进展名家系列讲座"Ⅲ和Ⅳ共53场,"艺术与人文修养系列讲座"18场。其中,"科学前沿进展名家系列讲座"Ⅰ和Ⅱ的讲座专家中有14位院士和2位国外来访教授;"科学前沿进展名家系列讲座"Ⅲ和Ⅳ的讲座专家中有6位院士、27位国家杰出青年科学基金获得者等优秀科学家。"艺术与人文修养系列讲座"专家中有12位教授或研究员,有国家一级美术师,还有长沙市文联副主席等相关领域资深专家、学者。

7. 采取多种形式,营造学术氛围

除了组织讲座类课程,国科大通过鼓励学生参与学业导师课题组讨论,参加学院或研究所组织的学术会议、走进研究所、实验室开放日等活动,营造良好的学术氛围。

各相关研究所组织的学术会议面向本科生开放,如物理研究所各重点实验室系列学术报告、"表面科学论坛"等,化学研究所举行的"分子科学论坛"及"分子科学前沿讲座"等。生命科学学院组织学生参加研究所科学开放日、"走进研究所"等活动。学生通过参观生物物理研究所、动物研究所、植物研究所、遗传与发育生物学研究所、北京基因组研究所、心理研究所等京区各生命科学研究所,听学术报告,到感兴趣的实验室进行学术交流,与科研一线的科学家碰撞思想火花。材料科学与光电技术学院组织"有机光电北京雁栖湖国际会议",由美国西北大学 Tobin J. Marks 院士担任会议学术委员会主席,为学生提供近距离与国际著名的专家、学者面对面交流的机会。材料科学与光电技术学院所辖的专业实验室每月最后一个周五为实验室开放日,向本科学生开放,满足不同需求层次的本科学生的需要。

(四)配备一流师资

1. 明确遴选标准,保障教学质量

国科大明确规定了本科各类课程授课教师的遴选标准。其中,公共基础课、专业基础课的主讲教师应是相关领域优秀专家,原则上要求具有正高级职称;专业选修课、人文社科类课程的主讲教师原则上要求具有高级职称;外语类、文体类课程的授课教师一般应具有中级以上职称。

以2017年为例,国科大2017年(自然年)春季、秋季学期共开设各类课程715门次,授课教师(不含讲座类课程)共有457人,其中具有正高级职称的306人(含院士18人),具有副高级职称的111人,具有中级职称的40人。高级职称授课教师占比91.2%。授课教师主要来自国科大各学院和31个中科院科研院所,部分来自其他高校及研究机构。

2. 选拔高水平人才,全程导师制

国科大精心遴选出年富力强的两院院士、国家杰出青年科学基金获得者等高水平专家学者,组成了一支本科生学业导师队伍。目前国科大共有本科生学业导师1 084位。其中具有正高级职称的1 019人,具有副高级职称的65人。导师队伍中院士71人,国家杰出青年科学基金获得者295人。

其中,数学与应用数学专业学业导师156位,物理学专业学业导师154位,化学专业学业导师137位,生物科学专业学业导师124位,材料科学与工程专业学业导师127位,计算机科学与技术专业学业导师134位。

国科大学业导师的配置,采取学生导师双选的办法。学生根据自己的研究兴趣选择导师,导师根据学生申请情况开展遴选。师生双选与三段式培养相结合,在学生入学后第1～

3学期为导师制的第一阶段,此阶段每名学生配备一名导师,学生可以在所有专业范围内选择导师。第4~6学期作为导师制的第二阶段,在学生确定主修专业后,学生在主修专业导师队伍中选择导师;第7~8学期作为导师制的第三阶段,学生经过专业基础课的学习和科研实践的锻炼,确定了具体的专业方向后,结合毕业设计(论文)方向选择本专业的指导教师。

国科大拔尖学生共317人,经师生双选确定导师197位。学业导师来自28个研究所和国科大3个学院,来自研究所学业导师189人,占比95.94%。学业导师中具有正高职称的188人,占比95.43%,副高级职称9人,占比4.57%。197位学业导师中,院士28人,国家杰出青年科学基金获得者89人。

(五)做好教学管理

国科大本科培养起步晚,为了做好教学管理,在大量调研国内高校教学管理方面规章制度的基础上,先后与清华大学、中国人民大学、北京师范大学、上海交通大学、中国社会科学院大学、中国科学技术大学等高校教务管理部门、学生管理部门开展交流学习活动。

1. 双班主任与辅导员体系,关注学生成长

每班配备两个班主任,其中一个资深班主任为科学家班主任,另一个为有博士学位的青年班主任。资深班主任会定期与学生交流,解答学生们的疑惑,组织学生参观了解中科院的相关研究所。比如,徐涛院士任2014级生物专业科学家班主任,王贻芳院士任2016级物理专业科学家班主任。青年班主任与每个学生交朋友,做学生的大哥哥、大姐姐。专职辅导员从思想、学习、生活、课外活动等方面关注学生,并帮助学生解决各种生活上的困难。

2. 选课与免听制度,提供适度的自由空间

每学期开学1~2周是选课试听阶段。学生可以对本人感兴趣的各门课程进行试听,了解相关课程的教学内容和教学要求,根据本人的专业兴趣和学习计划,在开学初的两周完成选课。每学期第8周,学生可以提交中期退课申请。对所选课程已有一定基础、通过自学能达到该课程教学要求的学生,可提出免听或部分免听申请。

3. 学生考评,注重学生能力的锻炼与考察

为保障教学质量,国科大鼓励加强过程考评,建议课程的总评成绩由平时成绩、期中成绩和期末成绩构成;鼓励采取灵活的考核方式,设立一部分"非标准答案"的题目,加强对学生能力的考察与锻炼。

数学、物理类公共基础课均须安排期中考试;专业课由授课教师根据课程性质安排考核环节。数学专业研讨课以课上学生讲为主,教师点评为辅,教师结合学生课上表现和最终提交的读书报告,给学生做出最终综合评价。"发育遗传学"考试成绩包括实验(20%)、平时作业(20%)、上课考勤(10%)、文献综述(50%)的成绩。"生物统计学"要求"设计一个实验,检查三种食物配方和两种光照节律对朱鹮幼鸟生长(重量增加)的影响""设计一个实验,检查三种化肥和两种作物品系对小麦产量的影响"。"材料力学"除了期末的闭卷考试还有大作业,大作业的题目很开放,要求学生对所列文献的公式、数据进行深入分析或推导,并细致探讨相关力学内容。"材料制备与加工""能源材料""纳米材料与纳米器件"采取课程报告的形式考察,主要是由学生根据教师上课的内容,通过互联网,结合教材、参考书,制

作多媒体课件,通过课程报告演示检查学生对课堂知识点的掌握程度。

4. 支持采用不同教材、参考书,鼓励编写教材

国科大支持教材、参考书采用的多样化,不仅支持多班次授课的课程采用不同教材,也鼓励同一门课程采用多本教材;鼓励教师采用国外教材;鼓励教师编写、出版教材。

数学专业的研讨课一般采用多本参考书目。材料专业大多数专业课程均至少采用中英文两本参考教材,同时很多课程采用双语教学以便提高学生的专业英语能力。

授课教师已出版的教材有《基础代数》(第一卷、第二卷)(席南华著,科学出版社出版)、《力学讲义》(赵亚溥著,科学出版社出版)、《计算机体系结构基础》(胡伟武等著,机械工业出版社出版)和《计算机科学导论》(徐志伟、孙晓明著,清华大学出版社出版)。

(六)重视科研训练

1. 科研实习实践贯穿本科教育全过程

除在教学实验室中开设的各种实验性课程外,国科大的科研实习实践环节主要包括一年级的科研体验活动,二、三年级的科研实践(一般8学分)和四年级毕业论文(15学分)。

三个部分既相互独立,又互相依托。一年级的科研体验活动帮助学生了解相关学科前沿,为学生选择专业提供参考。每年暑期组织大一学生到中科院京内外研究所进行科研体验活动。二、三年级的科研实践主要为了让学生尽早进入科研环境,培养学生科研思维,学习科研方法,增强学生探索和创新能力,为大四毕业论文研究方向的选择提供指引,为毕业论文的撰写打好基础。各专业根据自身特点确定科研实践的形式与时间安排。比如,数学与应用数学专业、计算机科学与技术专业的科研实践采取研讨课的形式。物理学专业科研实践包括"综合物理实验"和"前沿物理研究"两部分。化学专业科研实践内容包括科研实践训练、专题研讨课和实习实践三部分。生物科学专业科研实践包括科研实践Ⅰ和科研实践Ⅱ。材料科学与工程专业科研实践内容包含金工实习、材料科学与工程讲座、主题实践三部分。非研讨课性质的科研实践活动主要集中在相关领域科研水平较高的相关研究所完成,实践学生可自行联系指导教师。大四毕业论文工作进一步强化学生科研能力的锻炼。2018届本科生毕业论文在中科院29个研究所和国科大5个学院完成,其中研究所导师占2018届本科生毕业论文导师总数的95.3%。

2. 先进的实践环境面向本科生开放

中科院相关专业研究所实验室,包括国家实验室、国家重点实验室、中科院重点实验室等,面向本科生开放。汇总已经完成的科研实践和毕业论文实践情况,六大专业学生实践训练的实验室情况如下。

数学专业本科生主要在国家数学与交叉科学中心、科学与工程计算国家重点实验室、中科院系统控制重点实验室、中科院数学机械化重点实验室、中科院随机复杂结构与数据科学重点实验室等实验室课题组开展毕业论文工作。

物理专业本科生科研训练基地主要包括2个国家实验室(北京同步辐射实验室、北京凝聚态国家实验室)、6个国家重点实验室(超导国家重点实验室、表面物理国家重点实验室、磁学国家重点实验室、核探测与核电子学国家重点实验室、半导体超晶格国家重点实验

室、声场声信息国家重点实验室)、12个省部级重点实验室、16个省部级实验室以及各研究所/校部相关院系设置的实验室、研究组。

化学领域已有9个国家重点实验室(分子动态与稳态结构国家重点实验室、环境化学与生态毒理学国家重点实验室、高分子物理与化学国家重点实验室、分子反应动力学国家重点实验室、生化工程国家重点实验室、生命有机化学国家重点实验室、湿法冶金清洁生产技术国家工程实验室、稀土资源利用国家重点实验室、多相复杂系统国家重点实验室)和13个中科院重点实验室等投入到本科生科研实践和毕业论文工作,涉及中科院化学研究所、理化技术研究所、过程工程研究所、国家纳米科学中心、长春应用化学研究所、深圳先进技术研究院等单位。

生物专业已开展的科研实践和毕业论文环节涉及动物研究所、生物物理研究所、微生物研究所、遗传与发育生物学研究所、北京基因组研究所、心理研究所、古脊椎与古人类研究所、国家纳米科学中心、植物研究所、生物化学与细胞生物学研究所、自动化研究所等11个国家重点实验室、9个省部级重点实验室等。

材料专业本科生科研训练基地涉及中科院半导体研究所、物理研究所、化学研究所、国家纳米科学中心、理化技术研究所、深圳先进技术研究院等研究所拥有的各类实验室。已有半导体照明研发中心、纳米生物效应与安全性国家重点实验室、半导体超晶格国家重点实验室、风能利用重点实验室、中国科学院清洁能源前沿重点实验室、极端条件物理重点实验室、仿生材料与界面科学重点实验室、纳米标准与检测重点实验室、光化学转换与功能材料重点实验室、北京凝聚态物理国家实验室、纳米系统与多级次制造重点实验室、绿色印刷重点实验室等国家重点实验室、省部级重点实验室投入到本科生科研实践和毕业论文教学。

计算机专业学生实践基地包括5个国家重点实验室与工程中心(计算机体系结构国家重点实验室、计算机科学国家重点实验室、基础软件国家工程中心、大数据分析系统国家工程实验室、高档数控国家工程研究中心)、3个中科院重点实验室(中科院智能信息处理重点实验室、中科院网络数据重点实验室、中科院复杂航天系统电子信息技术重点实验室)及各相关研究所、计算机与控制学院其他实验室等。

(七) 推进国际交流

1. 积极联络国际一流院校开展本科访学合作

在国科大本科生培养体系设计中,本科生赴境外学习交流半年(安排在大三下学期或大四上学期)作为其"三段式"培养环节中的重要环节,旨在培养本科生的跨文化交流能力,使学生亲身体验西方文化和思维方式,拓宽视野,增强创新意识和提高综合素质。

为做好本科生访学工作,国科大积极推进与国际名校的合作,截至目前开展本科生访学的合作院校共18所,包括麻省理工学院、加州大学伯克利分校、牛津大学、哥伦比亚大学、加州理工学院、芝加哥大学、慕尼黑工业大学、范德堡大学、南加州大学、布里斯托大学、洛桑联邦理工学院、卡耐基·梅隆大学、加州大学戴维斯分校、新加坡国立大学、澳大利亚国立大学、瑞典皇家理工学院等高校。

2. 妥善组织本科生访学交流工作

国科大本科生访学以注册学籍修读境外高校课程为主。访学学生的选拔,主要采取学生申报、学校选拔推荐、境外高校遴选的方式。截至目前,2014 级学生访学工作已完成,2015 级访学工作正在开展中。

以 2014 级为例,2014 级参加访学项目的总人数为 186 人,占 2014 级在学人数的 58.4%(表1)。186 名学生分别于 2017 年春季学期和秋季学期两个学期派出。168 名学生进入世界排名前 100 高校,占比 90.3%,其中 46 名学生进入世界排名前 10 高校交流,占比 24.7%。国科大负责支付的 2014 级学生境外访学学费与保险费用共计约 1 761 万元。

表1 2014 级各专业访学情况统计表

专业	数学	物理	化学	生物	材料	计算机
访学人数	26	43	19	31	32	37
访学比例	60.5%	54.4%	59.4%	63.3%	62.7%	54.4%

注:访学比例是指 2014 级学生各专业访学人数占各专业在学人数的比例。

2014 级拔尖学生共 83 人,其中 66 人参加访学项目,占比 79.5%。该 83 人访学高校全部为世界排名前 100 高校,其中 38 人进入世界排名前 10 高校交流,占比 45.8%。

3. 鼓励引进国际学者参与人才培养

国科大鼓励学院邀请国际学者参与授课或进行学术活动,拓宽学生国际视野,带动促进、增强学生参与国际学术活动的积极性和自信心。

物理科学学院特邀美国威斯康星大学麦迪逊分校 Robert J. Joynt 教授为本科生讲授"量子计算"课程;特邀 Jure Dobnika 教授连续两年为三年级本科生讲授"计算物理学"课程;特邀路易斯安那州立大学的 Jiandi Zhang 在 2016—2017 学年秋季学期讲授"量子力学"课程;邀请哈佛大学 David R. Nelson 教授等为本科生开设讲座。

生命科学学院邀请诺贝尔奖得主 Erwin Neher 教授、美国科学院院士 Dinshaw J. Patel 教授、德国马普学会生物物理研究所所长 Hartmut Michel 院士等为本科生做讲座;邀请英国邓迪大学教授、英国皇家学院院士和国际 RNA 学会终身成就奖获得者 David Lilley 来校授课;邀请美国得克萨斯西南医学中心傅阳心教授在华期间担任 2014 级本科生指导教师,指导学生高质量地完成了论文工作。

材料科学与光电技术学院邀请美国工程院院士、西北大学 Tobin J. Marks 教授,美国工程院院士 Kam W Leong 教授,瑞典皇家理工学院技术转移经理 Johannes Heljelid,加州大学伯克利分校 Junqiao Wu 教授,阿尔伯塔大学化学系教授 Rik Tykwinski 等来国科大进行学术交流的国外科学家为本科生开设讲座。

"引进来"不仅包括优秀师资的引进,也包括外国留学生的引进。2018 年 4 月国科大接待剑桥大学圣约翰学院本科生访学活动,组织国科大本科生与剑桥大学圣约翰学院学生开展交流活动。国科大与慕尼黑工业大学签署了交换生协议,协议规定两校每年可以互派学生到对方学校进行注册学习一学期至一学年,学费互免。

三、"拔尖计划"实施成效

（一）毕业生去向

国科大首届本科生于 2018 年 6 月毕业，共毕业 290 人，全部是国科大"拔尖计划"内 6 个专业的学生，243 名学生继续深造，攻读硕士或直接攻读博士学位。深造学生中 84 人到境外留学（56 人出国深造，28 人赴香港高校深造），占毕业人数的 28.9%；159 人在国内读研究生，占毕业人数的 54.8%。境外留学的毕业生中，11 人进入全球前 10 高校深造；52 人进入全球前 100 高校（含前 10）深造，占毕业人数的 17.9%。

首届毕业拔尖学生共 83 人，82 人继续深造。继续深造学生中 46 人到境外留学（44 人出国深造，2 人赴香港高校深造），占毕业拔尖学生人数的 56.1%。国内读研的毕业生中，33 人选择在国科大读研，其余 3 人分别选读清华大学、北京大学、上海交通大学。进入世界排名前 10 高校深造的 11 人全部为拔尖学生，占拔尖毕业生的 13.3%；41 人进入世界排名前 100 高校（含前 10）深造，占拔尖毕业生的 49.4%。

（二）经验和不足

虽然国科大每年招收的本科生不超过 400 人，但是国科大从国家人才强国战略认识大学本科教育的重要性，在政策上、组织上给予保障。在借鉴国际一流高校本科培养体系基础上，国科大整体吸纳了"拔尖计划"的先进思想和具体措施，为学生提供了可以自由发挥个人潜力的相对宽松的平台；在资源配置上，为本科生教育提供了高级别的授课教师、学业导师和中科院一流的科研平台。

本科教学注重专业经典课程与学科前沿相结合、传统教学与翻转课堂相结合，通过聘任科研一线的知名科学家为授课教师，提高了课程中前沿知识内容的比重；注重基础理论与实践技能训练课程的有机衔接，利用研究所的先进平台，建设教学实践基地。

本科生早期参与科学研究，是培养创新人才的重要途径。本科生尽早参与科研不仅有助于培养学生科研思维，学习科研方法，增强学生思辨、探索和创新能力，提高学生的综合素质，也为教师带来启示和反思，有助于促进教师科研和教学水平的提升。

虽然国科大在本科教育上倾其所有，但回顾过往，仍存在一些问题和不足。由于课程难度整体偏高，"拔尖学生"和普通学生在课程体系要求上没有区分对待，学习中等以下的学生课业压力偏重，某些表现突出的"拔尖学生"有"吃不饱"的情况。另外，人文社科类课程相对单薄，需要进一步丰富相关课程。学生管理上相对宽松，学生从高三进入大学，从一个相对程式化的生活，切换到一个选课、选专业、选导师等方面都具有很大自由度的环境，有些学生在众多自由和选择面前乱了手脚，需要进一步加强引导。

四、持续改进

1. 质量监控机制

国科大本科教学委员会下设本科教学工作督导组。督导组设组长1名,副组长1~2名,聘请督导专家若干名。各学院设立教学督导委员会。督导组与教学督导委员会配合,对本科教学培养各环节进行质量检查和评价。

除了学生网上教学评估外,各学院通过学生座谈会、调查问卷等方式,建设信息池,询问、收集学生对课程的意见和建议,捕捉学生的学习状态,跟踪学生的学习进展。在对学生全方位了解的基础上,相对客观地评估任课教师的工作质量。

国科大还将开展教育教学专家评审工作。物理科学学院于2017年开展了教学国际评估工作。国际评估专家组(由加州大学伯克利分校 Yuen-Ron Shen 教授、北京大学陈佳洱教授、哈佛大学 Venkatesh Narayanamurti 教授、路易斯安那州立大学 Ward Plummer 教授、明尼苏达大学 Ronald A. Poling 教授和田纳西大学 Hanno H. Weitering 教授组成)对物理科学学院"科教融合"特色的人才培养体系、教学科研平台、行政支撑体系等方面工作发展情况进行了全方位的评估。国际评估专家组在课程设置、学生课程考试考核标准等方面给出了建设性意见。国科大拟进一步将专家评估工作推广至本科教育其他专业。

2. 未来发展规划

国科大坚持"小规模、强化基础、文理交融、促进交叉、因材施教、注重科研、培养精英"的培养思路,进一步完善、丰富本科课程体系,拓展与兄弟高校合作,加强质量监督,以高水平科研带动人才培养。主要措施如下。

(1)进一步开展调研,完善课程体系。国科大探索荣誉课程体系,将多班次授课课程难度较大的公共基础课、挑战性更高的专业课设为荣誉课程;对于某些热门课程,分为面向本专业学生的"专业课"(A类)和非本专业学生的"普及课"(B类);在现有专业课基础上,增设一些交叉学科课程供学生选择。

(2)积极推进校际合作。国科大积极推进与中国社会科学院大学等高校合作,为国科大思政类、人文社科类课程补充优秀的授课教师资源。除了积极参与"拔尖计划"相关交流活动外,在总结与上海交通大学、中国科学技术大学合作的基础上,国科大推进与参与"拔尖计划"兄弟高校开展交流合作,充分利用国内优势资源,为学生提供更广阔的眼界、更优质的资源。

(3)总结2017年物理学院国际评估的经验和教训,有计划地开展各相关本科专业评估工作。评估可以采取国际评估或国内评估,对学院建设、师资队伍、本科课程设置、授课情况等进行全方位的评估与诊断。

(4)学校、学院以及教研室定期开展对人才培养思路、体系和教学方法的研讨和交流,不断提高教学水平。授课教师要站在国际前沿的角度,引导学生多去发现问题、解决问题,对学科要有更深入的了解;多为学生提供表达和展示的机会,调动学习积极性,挖掘学生潜能。

（5）切实贯彻落实教育部《新时代高校思想政治理论课教学工作基本要求》和教育部《关于加强新时代高校"形势与政策"课建设的若干意见》，积极推进思政课改革，提升国科大思想政治教育的亲和力和针对性。

（6）加强学生生涯观教育，促进学生自我成长。针对学生情况，国科大在不同年级开展形式多样的生涯观教育活动，通过开设专题课程、主题活动等形式，让学生能够更早地清楚自己的发展路径，能够增强应对挫折和困难的能力，实现健康发展。

撰稿人：丁云云、燕敦颜、王燕芳、徐婷、顾盼、杜爱宇

前沿研究:"拔尖计划"研究成果汇编

清华大学钱学森力学班本科荣誉学位项目的探索

成果报告作者：清华大学　郑泉水，白峰杉，苏芃，徐芦平，陈常青

摘要："清华学堂人才培养计划"作为国家"拔尖计划"的组成部分，经历了7年的改革与实践，"领跑者"的理念初见成效，但同时也需要探索进一步上升和提高的空间，激励和引导学生追求卓越、超越自我。本文在简要分析国际上高水平大学荣誉学位项目经验要点的基础上，对清华大学荣誉学位的定位与钱学森力学班荣誉学位项目构建的指导原则、荣誉学位的方案设计和实施等，进行了较为详细的阐述。荣誉学位是对"领跑者"理念的深化。

本文要讨论的荣誉学位是指一类学术水准很高的本科培养项目，英文是 honors program，达到标准的学生会授予 honors degree，它是大学为满足优秀学生的需求而设计的，也是给予本科学生的最高学术认可，旨在因材施教，发挥优秀学生的潜力，使他们得到更好的发展。另外一个非常容易引起混淆的概念是在中文里也被简称为荣誉学位的，其英文是 honorary degree，确切的中文表述应当是"荣誉性的学位"，是指学位授予单位颁发给对人类、社会或本单位作出杰出贡献者的荣誉性高级学位，不一定表明获得者学术水平，主要目的在于表彰被授予人的某种功绩。

一、高水平大学已有的实践

早在20世纪20年代，美国高校就开始探索为杰出的本科学生提供特殊设计的培养方案，即"荣誉教育项目"（honors program），经过90多年的发展，美国的众多高校积累了丰富的拔尖人才选拔及培养经验。调研现有国际一流大学荣誉学位设立的情况，尽管侧重和特点各有不同，大多数国际一流大学在学生的课程学习成绩（GPA）、荣誉课程学习和科学研究工作等几方面有一定的要求。

美国大学的荣誉学位一般分为校级和院系级两个级别。如哈佛大学是在获得院系级荣

---

① 郑泉水,白峰杉,苏芃,徐芦平,陈常青. 清华大学钱学森力学班本科荣誉学位项目的探索[J]. 中国大学教学，2016(08):50-54.

誉学位后可以申请校级的,加州大学伯克利分校在一些院系设立荣誉学位,更多学校是直接在学校设立,其性质又有专业类的和通识教育类的两种。对于学生获得荣誉学位的要求,可以分类归纳为三个主要方面。

1. 对成绩(GPA)的要求

如斯坦福大学的电子工程专业,要求 GPA 要大于 3.5。加州大学伯克利分校经济学院的荣誉学位要求专业 GPA 高于 3.5,所有的课程成绩 GPA 高于 3.3。荣誉学位对成绩的要求通常并不高,例如,在哈佛大学,院系级荣誉学位只要求 128 个毕业学分中的 96 个学分达到 C 等以上即可。

2. 除了成绩之外,很多高校提出了挑战性课程的要求(通过设置荣誉课程)

如哈佛大学校级荣誉的最高等,对专业课程成绩、课程的水平和挑战度或可以显示对该领域已经掌握的其他指标有要求;威斯康星大学麦迪逊分校的通识荣誉项目要求修满 24 个荣誉学分,其中至少有 15 个学分必须来自荣誉课程。

3. 在美国的一流高校中,荣誉学位另外一个对学生比较普遍的要求是研究工作

如哈佛大学的校级荣誉最优等,学生在证明自己对本专业的掌握程度中可以展示的有论文或与论文有可比性的独立工作。斯坦福大学电子工程荣誉学位要求至少完成 10 学分的独立研究课程 EE191,参加荣誉学位报告会,要张贴海报或作口头报告,向学校提交指导教师签字的荣誉论文复印件。哥伦比亚大学荣誉学位的标准不只是考虑 GPA,而且还要考虑学生参与学术项目的宽度、深度和挑战性,学生申请学校的荣誉学位需要有突出的学术经历。加州大学伯克利分校的化学学院要求学生除了 GPA 高于 3.4 以外,还需要在一个特定的研究小组从事研究工作至少三个学期以上,并在大四完成一篇荣誉学位论文。

综上所述,高水平大学的荣誉学位除了对基本的课程学业有一个基本要求外,都对研究经历提出了期望,荣誉学位鼓励了在学术之路上有兴趣的学生的进一步前进。国际很多著名大学都有运行多年的荣誉学位项目,它们各具特色,运行多年也各有得失,值得我们在项目设计与优化过程中参照。

二、清华大学荣誉学位的定位与钱学森力学班

人才培养始终是大学的根本任务。百年来,清华大学逐步形成了"中西融会、古今贯通、文理渗透"的办学特色,强调"厚基础、重实践、求创新",致力于造就一批学术大师、兴业英才和治国栋梁。从大学发展出发,要想成为国际一流大学,就必须汇聚起那些有志于攀登世界科学高峰的优秀学生,通过因材施教,把他们培养成为拔尖人才和领军人才。

根据党和国家的人才总体战略以及清华大学的发展定位,为努力满足国家和社会发展对拔尖创新人才的迫切需要,2009 年清华大学推出了"清华学堂人才培养计划"(以下简称"学堂计划"),2010 年被批准开展国家教育体制改革试点项目"基础学科拔尖学生培养试验计划"(以下简称"拔尖计划")。"拔尖计划"的目的是在高水平研究型大学的优势基础学科建设一批国家青年英才培养基地,建立拔尖人才重点培养机制,吸引优秀的学生投身基础科学研究,形成拔尖创新人才培养的良好氛围,努力使受计划支持的学生成长为相关基础学

科领域的领军人才,并逐步跻身国际一流科学家队伍。在中共中央组织部和教育部的指导和支持下,清华大学精心组织、积极开展"拔尖计划",建立"清华学堂班",创立并实践"领跑者"理念,从理念创新、氛围营造、机制改革等方面,深入推进计划实施,努力探索拔尖创新人才培养模式。

2016 年,学校为了积极探索优秀学生的多样化成长路径,提升学生学习的挑战性、自主性和开放性,在多年积累和探索的基础上积极探索建立高年级本科荣誉学生的个性化培养制度,设立本科荣誉学位项目。清华大学的本科荣誉学位鼓励对科研、学术有兴趣的学生进行高挑战度课程的学习,并在导师指导下,进行科研训练,开展卓有成效的科研或创新项目,从而激发学术志趣,树立学术信心。通过荣誉学位的实施,希望能够引导学生挑战极限、挑战自我,在知识、能力和综合素质方面得到根本性的提升,从而对学校整体的教育教学改革起到引领的作用。

钱学森力学班隶属国家"拔尖计划"和清华学堂人才培养计划,定位于工科基础教育,有多年的探索和积累。钱学森力学班率先启动试点清华大学荣誉学位项目,致力于构建一个开放性的创新教育模式,将学生培养成为工程技术领域具有社会责任、专业伦理、人文关怀、领导力、国际视野和突出创新研究和发明能力的人才。

三、荣誉学位项目构建的指导原则

大学学习的目的,不是知识的简单积累,更不是知识的无序堆砌,而是对知识的融会贯通的能力的培养,更是人格的养成和塑造。因此荣誉学位并不是学习成绩的简单排序,优良的课程学习成绩只是必要条件,更为重要的则体现在如下方面。

1. 挑战性课程的精深学习(deliberate learning)

本项目设置少而精的荣誉课程,引导学生挑战性地学习这些课程。这里值得强调的是,课程的挑战性高并不等价于课程难度高,更不同于内容多或者全面。最重要的是突出思维方式的培养,同时落脚在可迁移的能力,而且在学习方法上提倡批判性学习(提倡学生要有自己的看法)、主动学习(而不是被动地接受知识灌输)、"做中学"(learning by doing),特别是通过研究性学习,真正触及开放和未知的问题,达到深植基础、融会贯通的目的。

2. 因材施教(individualized)、多元评价(multi-evaluation)

本项目整体结构强调根深、枝壮、叶茂,学生主动选择、出口多。通过学生参与制定自己个性化的培养方案和学习计划,鼓励学生个性化发展,提倡并激励学生理想远大、抱负宏伟、富于责任感。构建和完善高水准、多元化的学生评价机制和方式,也是实现本项目实施的保障。

3. 要突出研究性学习(learning through research)

荣誉学位项目构建了由浅入深的研究实践性学习平台,汇聚全校及国际科研培训资源,为学生提供多元化、跨学科交叉研究指导与支持。研究是学习方式,不是目的。

4. 朋辈学习(peer learning)

一百多年前,纽曼在他的著名著作《大学的理想》中指出:"年轻人敏锐、开放、富有同情心、观察力强;当他们走到一起、自由交往的时候,即使没有人教他们,肯定也会相互学习的。"之所以优秀的高中生要进入顶尖的大学,最重要的理由是,在那里他们会与最优秀的年轻人成为同学。美国耶鲁大学教授 J. Pelikan 则进一步勾画了大学本科学生学习的基本形态。他指出:"学生对学生的教导占本科教育的 1/3,教授对学生的教育占另外 1/3,学生独自在图书馆、实验室和宿舍的学习占最后一个 1/3;如果这三个部分之中的任何一个严重偏离规范接近 1/2,就造成不健康的失衡"。这里的三种学习方式我们分别称之为"朋辈学习""传授和引导式学习"和"自主学习"。大学的培养过程,应当通过构建"朋辈学习"的平台和环境,帮助学生逐渐远离他们习惯的"传授式学习"方式,最终养成"自主学习"的习惯。

四、荣誉学位的方案设计

本项目突破现行的培养计划框架,从第 1 到第 6 学期,每学期设置挑战性荣誉课程 3 门。将 18 门荣誉课程划分为 6 个系列(每个系列 3 门课程),分别是数学、自然科学(简称科学)、工科基础(简称工科)、专业与研究(简称研究)、人文艺术与社会科学(简称人文)、综合贯通(简称综合)。第 7 和第 8 学期,在高质量完成"高年级学生研究员计划"(SURF)、荣誉学位论文和其他教学环节之外,要承担低年级荣誉课程助教工作(learn by teaching),也使得整个体系形成一个具有正反馈的闭环结构。荣誉课程基本结构如表 1 所示。

表 1 挑战性荣誉课程与环节

第 1 学期	第 2 学期	第 3 学期	第 4 学期	第 5 学期	第 6 学期	第 7 学期	第 8 学期
数学 1	数学 2	科学 2	工科 2	科学 3	研究 2	—	荣誉学位论文
数学 3	科学 1	工科 1	工科 3	研究 1	研究 3	SURF	
人文 1	综合 1	综合 2	人文 2	综合 3	人文 3	—	项目助教

荣誉学位项目突出"挑战式"学习的重要性,理念就是,课程不在多,而在精深,突出思维方式的培养。这 6 个系列 18 门荣誉课程无疑不是学生要学习课程的全部,但它们是核心骨架,能给学生以清晰的导向。很多荣誉课程都有多个选择(特别是高年级),学生可在荣誉课程导师的指导下,根据自己的兴趣和特长做出自己的选择。

1. 数学与自然科学

清华大学以工程学科见长,多年办学形成了"数理基础扎实"的培养特色,这也是本项目坚持发扬的。指导思想上的进化是值得关注的,即今天的"数理基础扎实"要超越为后续工程学科培养服务,是理性和批判性思维的培养和训练,是世界观和方法论的基石,也是累积创新能力的智慧。

2. 工科基础

现有的课程体系中,这部分课程的数量很大,我们生怕哪块的知识缺了,而且课程也是相对比较零碎的。能够梳理出三门课程作为核心,是很有难度的,实现的关键点就是对"基础"这两个字的把握。

3. 研究实践

通过研究实践来学习,是实现对知识融会贯通、培养创新思维和能力的最有效的途径。为此,项目设计了如下 4 个台阶,凸显了荣誉课程体系对研究实践的高度重视。

入门:实验室探究(1 学分),鼓励学生运用好学校文化素质教育的课程平台,目的是感性的认识和接触科学研究。

低阶:ESRT(3 学分),目的是通过 144 小时(3 学分课程的课内外学时量)扎扎实实地在实验室参与工作,"体会"和"感悟"科学研究,属于"蚕"的阶段。

中阶:ORIC(open research for innovation challenge),8 学分,目的是通过 388 小时自主(同时也是指导教授感兴趣的)研究,真正进入研究状态,属于"蚕出蛹、初成蝶"阶段;系统性学习体验科学研究的规范、技巧等,并产生基本上可发表的学术成果。

高阶:SURF(senior undergraduate research fellowship),必修,第 7 个学期到可能的继续深造或工作的国内外一流的学术机构或创新企业等,做 6 个月全力以赴、真枪实干的研究,达到很高的学术水平,进入"蝴蝶飞起来了"的阶段;这既是一个职业引导,又是为下一步的发展做铺垫,也是一个初步展示学生综合能力与潜力的重要阶段。

研究实践的体系已经经过了几年的实践,是本项目的支柱。通过研究实践的训练环节,钱学森力学班学生的能力和素质都获得广泛认可,毕业生口碑越来越好,去向越来越好。

4. 人文和综合贯通

这是本项目的突出特色,也体现了培养理念的进化。人文课程的设置继承了多年来文化素质教育的积累,同时突出课程的挑战和学生的自主选择,原则是课程在精而不在多,培养学生的听、说、读、写基本能力,读书的习惯则是终生学习所必需的。如清华大学梅贻琦老校长所说:"大学教育应当是'通识为本,专识为末'。"通识的"通"不是普通,它的核心是贯通。贯通是需要设计的,而且贯通是一个过程。在整个培养方案设计中,我们突出的是 6 个系列(共计 18 门)课程,其中"贯通"是一个系列,也与培养方案的整体优化密切关联。我们重点构建两门贯通型课程,它们可以是持续 2~3 学期的课程。

如果我们用"少林寺拜师习武"做比喻,对这 6 个系列(共计 18 门)课程的目标和定位做一个通俗的说明,那么"数学与自然科学"就是"扎马步"的基本功,"工程基础"就是"初习拳脚"的入门,"研究实践"是"下山除暴安良"的初试身手,"人文"则是"诵读佛经"的禅修,而"贯通"大概是"闭关悟道"以成为"得道高僧"的参悟。

五、结语

荣誉学位项目的设计,始终坚持继承和发扬清华大学"数理基础扎实"的育人特色与优良传统,提炼并精心优化其中核心的课程系列,同时根据时代的要求创新设计人文和综合贯通环节,并按科学研究与创新能力发展规律,设计大学四年循序渐进的学习成长过程。参与本项目的每位学生,将依据本人的学业发展意愿和培养计划规定的基本原则,在项目导师团队的指导和协调下,制定个性化的培养方案,提高学生的自主性和主动性。

清华大学通过荣誉学位的实施,引导学生挑战和超越自我,在知识、能力和综合素质方面得到极大的提升;聚合清华大学科研创新人才培养资源,引导提升教师的创新人才培养意念、投入和水平;引领学校整体教学改革的目标指向,起到试验、示范和导向作用。钱学森力学班荣誉学位项目,力图构建一个开放包容的平台,除了钱学森力学班的学生外,其他院系的学生经过个人申请、所在院系同意并推荐、项目导师团队认证,都有机会进入这个平台。

钱学森力学班荣誉学位项目是一个具有相当普遍意义的草案,与具体的专业并没有很大关系。项目建构的基本原则与特色,首先是知识、能力、价值三位一体,协调统一发展;其次是突出少量但是对师生要求很高的基础核心课程和项目(简称荣誉课程或荣誉项目),根深且叶茂。荣誉学位具体要求则体现为,在清华大学通常学士学位要求之上,对学生的基础知识深度(特别是融会贯通方面)、自主学习能力,对批判性思维、解决问题的能力和创新研究能力,对创新精神、交流能力、国际视野、团队合作和领导力、社会责任心和价值观等方面,提出更高的目标和要求。

特别值得指出的是,整个荣誉课程体系的梳理构建过程中,主导的元素并不是围绕我们熟悉的"专业"(major)概念展开的,我们使用的主线更接近"分布"(distribution)和"主修"(concentration)。这两个概念也是美国著名大学(如哈佛大学等常青藤大学)规划他们本科培养的主线。我国的高等教育讨论"拓宽专业"或者"淡化专业"大概也有 20 年的时间了,没有取得显著成效。其中道理非常简单。以专业出口为目标,为保证知识体系的完整性,课程只会变得越来越多;而学时有限,课程就会越来越碎片化。假如同样是每学期修 20 个学分,10 门 2 学分的课程分散了学生的精力,而且还增加了学生的管理成本,与 5 门 4 学分的课程的效果相去甚远。因此"一门课都不能少"的必然结果就是"哪门课都没学好"。今天必须跳开专业的概念,才能理解美国常青藤大学每学期 4 门课(每门课相当于我们 4~5 学分的负荷)培养出高质量的学生,才能支撑中国高等教育的观念转变。

参考文献

扫码查看

创新型化学本科拔尖人才培养模式探索

成果报告作者： 南开大学　王佰全

摘要： 南开大学围绕创新意识和创新能力培养这一核心，针对化学本科拔尖人才，从培养计划、科研兴趣和科研能力培养、国际交流、开展学术活动等方面进行改革，对于创新型化学本科拔尖人才的培养模式做了有益的探索与实践。

创新型本科人才的培养，特别是本科生创新意识和创新能力的培养，一直是中国高等教育面临的一大挑战。为此，国家出台了"基础学科拔尖学生培养试验计划"（以下简称"拔尖计划"），在全国十多所高校进行试点。各高校也相继出台了系列改革计划，全面探索基础学科拔尖人才的培养。"拔尖计划"本着百花齐放、百家争鸣的思路，极大地促进了本科教学的改革和本科生人才的培养。南开大学于2009年成立了伯苓学院，开始在数学、物理、化学和生物4个基础学科开展拔尖人才培养探索，已经取得了显著的效果。但是，目前对拔尖人才的培养还存在一些不足，特别是在如何培养学生的创新意识和创新能力，如何激发学生上进心和主动性方面，仍然面临挑战。部分学生个人眼界和学术视野较窄，考虑问题也比较功利，缺乏长远的人生规划和远大目标。在总结前期已经取得的成绩和不足基础上，南开大学化学学院针对这些问题，特别是创新意识和创新能力培养的问题，深入改革，进行了创新型化学拔尖人才的培养模式的探索与实践。

围绕创新意识和创新能力培养这一核心，学院对制约创新意识和创新能力培养的教学计划进行修订，实行梯度实验和科研能力的系列培养计划，鼓励资助学生到国际或国内一流大学或研究机构进行科研训练和交流，开展系统的教学改革研究和开设常规性系列性的学术活动。通过这些措施，培养学生的科研兴趣、创新意识和能力，开阔学生的个人眼界和学术视野，使学生树立更高的人生目标并为之努力。具体包括以下几个方面。

一、改革教学计划、教学内容和教学方法

经过详细的调研和论证，针对本科生培养中存在的问题，学校在教学计划、教学内容和教学方法等方面都进行了有针对性的改革。针对化学伯苓班学生高中化学基础良好，许多学生都有参加化学奥赛的经历，正常进度上课学习清闲，集中科研训练时间又不足的问题，学校专门为化学伯苓班学生设置了两年学完专业必修课的教学计划；同时扩大选拔范围，在学生入学后选拔50人参加培养，实行动态进出机制，两年学完专业课后再进行最后分流。

这就为学生在大三以后集中参加科研训练和国际交流奠定坚实的基础。这种两年学完专业必修课的教学计划,应该是国内化学本科教学的先例。

针对课程知识陈旧,更新较慢,学生兴趣不高的问题,学校组织各领域杰出教授精心设计打造"当代化学前沿2-1""当代化学前沿2-2"和"改变世界的化学"等前沿课程,同时鼓励教师在专业课程教学中引入最新学科前沿内容,使学生在入学一开始的教学环节中就能够领略化学学科前沿最新进展,并通过学习,逐步培养学生的创新意识。

针对教学与科研脱节的问题,学校改进教学方法,在教学中增加文献检索、课下文献习题或作业、教学论文写作和PPT展讲等环节,培养学生的科研素养和能力。

为了探索如何培养学生的创新意识和创新能力,化学学院鼓励教师开展教学改革和教学研究。2012—2018年化学学院教师承担教育部教改项目25项,天津市教改重点项目1项,南开大学教改项目31项。2013—2017年化学学院教师在 Journal of Chemical Education、《大学化学》和《化学教育》等国际国内顶级化学教育期刊上发表教学论文29篇。孙宏伟、陈兰、段文勇、沈荣欣、赖城明完成的"基于现代技术的'结构化学'精品课程的建设与实践"项目于2013年获得天津市教学成果奖一等奖。学院已经形成良好的教学改革和教学研究氛围。

二、搭建创新化学实验教学平台,培养学生的实验能力和解决问题能力

针对本科生动手和实验能力不足的问题,学校依托国家级化学实验教学示范中心,建设多层次实验教学平台,加强实验教学;改革实验教学内容,引入最新科研成果,出版了《创新化学实验》一书用于实验教学,使基础实验教学与科研接轨。例如,在基础有机化学的一个合成实验中,学校组织化学学院20多名学生同时开展不同实验条件下的合成比较,让学生理解反应条件对反应效率的重要影响。同时,学校针对学生对化学实验兴趣不高,缺乏协作和团队意识的问题,每年举行南开大学化学实验竞赛,鼓励学生参加天津市和全国大学生化学实验竞赛,激发学生对化学实验的兴趣,提高实验动手能力,培养学生创新意识和团队精神。

三、实施逐级深入的系列课外科研与创新能力培养计划

针对本科生科研与创新能力不足的问题,学校除了加强理论课程和实验课程教学外,实施逐级深入的系列课外科研与创新能力培养计划,具体包括以下几个方面。

大一上学期,学校组织"我爱实验室"科研体验活动,要求学生走进科研实验室,切实感受科研氛围,每人至少在多个课题组体验5个半天;活动结束填写并提交"我爱实验室"活动日志,专业班导师进行审阅评优,然后开班会对科研体验活动进行总结,同时介绍化学学院设定的完整的本科生科研与创新能力培养计划。通过这一活动,让学生加深对化学科研的认识,思考和制订本科4年或更长的规划。

大一暑期,学校开展为期一个月的本科生暑期科研训练,重点培养学生的基本科研素质、基本科学常识和基本实验训练。在这一个月里,学生参加学院组织的实验室安全等暑期科研系列讲座,并在导师指导下,参照科研训练指南,进行各种科研训练,结题时提交结题报告书。

大二下学期,学校鼓励、组织学生申请"国家大学生创新创业训练计划""天津市大学生创新实验计划"和南开大学"百项工程"创新项目,利用课余时间参与科研创新活动。通过项目的立项、实施、中期考核和结题,全面培养学生的科研与创新能力。

大三开始,学校对于完成分流后留下的化学伯苓班学生,设立50万元科研训练基金,按研究生模式配备指导教师,进行为期一年的科研训练。在学期末,学生提交书面科研训练报告,在学年末,学生还要参加学院组织的PPT展讲汇报和考评。

大三结束,学校鼓励学生提前开始毕业论文工作。毕业论文可以在本校、国内其他大学、中国科学院研究所等单位进行,也可以在国外进行。部分在国外做毕业论文的学生还可以通过视频方式进行论文答辩。

同时,针对本科生创新意识和创新思维的培养,学校开设"创新科研与训练"等课程,并定期开设针对本科生的系列学术讲座活动;从2013年开始,每月末的最后一个周五晚上,都为化学伯苓班学生开设伯苓讲座,聘请国内外著名的化学家为本科生做学术报告、分享科研体会,解读如何产生创新性思想以及在科研工作中如何实现创新;2016年开始,在每月中旬的周五晚上又增加一次讲座,聘请国内著名的青年化学家为化学伯苓班学生做学术报告、分享成长经历,帮助学生更好地规划人生;或者请已经毕业或高年级的化学伯苓班学生分享成长经历以及参加国内、国际交流的体会。

同时,化学学院出台政策,对于指导本科生完成科研训练或创新项目的教师,给予一定的工作量和经费奖励,对于指导本科生发表学术论文的导师也给予不同程度的经费奖励。

通过系列的科研创新能力培养计划,学生的科研能力得到很大提升。化学伯苓班学生在校期间署名发表学术论文33篇,授权中国发明专利1项。

四、国际化和全国化培养本科生创新意识和创新能力

为开阔学生的视野,提高综合素质,加强本科教学国际化,培养一流的化学本科人才,从2013年起,化学学院每年夏季学期都聘请3~4位外籍教授给学生进行全英文授课,每年都资助本科生到国际一流大学参加暑期学校、暑期项目和进课题组参加3个月以上的科研训练。2012—2014级化学伯苓班学生共有56人次出国交流,其中36人次到国际一流大学课题组参加2~8个月的科研训练(表1)。

表1　2012—2014级化学伯苓班学生在校期间出国参加科研训练名单

序号	学号/姓名	国家	大学或研究机构	停留时间(月)
1	1210702 邸正傲	英国	剑桥大学	6
2	1210810 李晓彤	美国	加州大学洛杉矶分校	7
3	1213214 李浏博	美国	加州大学洛杉矶分校	2

续表

序号	学号/姓名	国家	大学或研究机构	停留时间(月)
4	1210847 李任和	加拿大	多伦多大学	6
5	1210849 李哲夫	美国	西北大学	6
6	1210770 徐哲	加拿大	英属哥伦比亚大学	5
7	1210774 杨洋	德国	柏林洪堡大学	3
8	1210737 李日尧	美国	印第安纳大学伯明顿分校	6
9	1210741 刘洛言	加拿大	康考迪亚大学	3
10	1310835 卢佳	美国	麻省理工学院	6
11	1310785 王梓琛	美国	斯克里普斯研究所	6
12	1311219 孙明康	美国	耶鲁大学	6
13	1310734 何鹏	美国	耶鲁大学	9
14	1313051 郭富城	美国	密歇根大学	6
15	1310894 郑子琪	加拿大	多伦多大学	7
16	1310847 王怿冉	美国	西北大学	7
17	1310745 李亮	美国	西北大学	7
18	1210752 秦修轶	美国	伊利诺伊大学香槟分校	6
19	1310215 牧一江	美国	伊利诺伊大学香槟分校	2
20	1310754 刘畅	新加坡	新加坡国立大学	6
21	1310774 王坤梁	新加坡	新加坡国立大学	2
22	1310896 朱传州	美国	普渡大学	6
23	1410906 宁佳鑫	美国	哈佛大学	6
24	1410743 毕成	美国	斯克里普斯研究所	7
25	1413095 李子奇	美国	斯克里普斯研究所	6
26	1410975 肖旖杨	美国	斯克里普斯研究所	6
27	1410807 王杭	美国	耶鲁大学	7
28	1410191 宫旭	美国	芝加哥大学	3
29	140868 常雪莹	美国	加州大学洛杉矶分校	6
30	1411137 王焜昱	美国	西北大学	6
31	1410944 赵子仪	美国	西北大学	6
32	1410823 肖奎	美国	西北大学	6
33	1410811 王瑞祥	美国	约翰斯·霍普金斯大学	8
34	1413095 李子奇	美国	加州大学伯克利分校	2
35	140868 常雪莹	美国	加州大学伯克利分校	2
36	1411137 王焜昱	美国	加州大学伯克利分校	2

同时,为了扩大学生的学术视野和眼界,学院每年都资助化学伯苓班本科生参加国内大型学术会议,参观国内高校和科研院所。

通过国际化和全国化的交流和科研训练,极大地拓宽了学生的学术视野。通过不同国家、不同学校和不同课题组的科研氛围和科研文化的交流、学习和训练,促进了学生的创新意识和创新能力的提高,为学生进一步深造,攻读研究生学位奠定基础。

五、成果的国内外影响

本科教学和人才培养,一般周期较长,仅仅几年还不能全面评估取得的成果。但通过几年的实践检验,也取得了显著的成效。2009—2017级化学伯苓班学生在市级以上各类竞赛中共获奖87次,署名发表学术论文33篇,授权中国发明专利1项。

随着学生创新意识和能力的提高,南开大学化学伯苓班学生出国参加科研训练,国外导师在反馈信里对学生的表现都给予了高度评价。南开大学化学学科的声誉也逐步提高,几乎所有国际顶级大学包括哈佛大学、麻省理工学院、加州大学伯克利分校、加州理工学院、剑桥大学、牛津大学等都认可并接收南开大学化学学科优秀的本科生。美国的斯克里普斯研究所每年都接受8~10名南开大学化学学科本科生去接受科研训练,成为南开大学化学学科本科生的海外科研实习基地之一。

化学伯苓班毕业生出国深造的高校也在逐步提升,在2016—2018届化学伯苓班毕业生中,有15人进入国际综合排名或化学学科排名前50名的大学或研究机构(表2)。

表2 2016—2018届化学伯苓班毕业生到国际综合排名或
化学学科排名前50名的大学或研究机构读博名单

学号	姓名	国家	大学或研究机构
1210702	邸正傲	英国	剑桥大学
1213214	李浏博	美国	加州大学洛杉矶分校
1210847	李任和	美国	芝加哥大学
1210849	李哲夫	美国	芝加哥大学
1210741	刘洛言	美国	斯克里普斯研究所
1210774	杨洋	美国	康奈尔大学
1210810	李晓彤	美国	西北大学
1210770	徐哲	美国	纽约大学
1210752	秦修轶	美国	伊利诺伊大学香槟分校
1310847	王怿冉	美国	西北大学
1413095	李子奇	美国	斯克里普斯研究所
1410743	毕成	美国	斯克里普斯研究所

续表

学号	姓名	国家	大学或研究机构
1410868	常雪莹	美国	加州大学洛杉矶分校
1410807	王杭	美国	纽约大学
1410906	宁佳鑫	美国	明尼苏达大学双城分校

南开大学化学学科本科生科研与创新能力培养的探索与实践,在国内产生了很好的影响。2010年,化学实验系列课程教学团队被评为国家级教学团队。化学实验教学中心教学改革成果也受到了国内同行的关注。许多国内著名高校(如北京大学、清华大学等)和一些欧美大学教学团队曾来中心参观和交流。2016年7月8日,中心主任李一峻教授在第十届全国大学生化学实验邀请赛暨实验教学研讨会上应邀作了题为"实验教学团队的建设经验"的报告。2015年10月24日,王佰全教授应邀在庆祝浙江大学化学系建系100周年系列活动·化学教育教学论坛上做了题为"创新型化学人才培养模式的探索与实践"的邀请报告。2016年7月4日,王佰全教授应邀在中国化学会第30届学术年会上做了题为"创新型化学人才培养模式的探索与实践"的邀请报告。王佰全教授主持的"创新型化学拔尖人才培养模式探索"、韩杰副教授主持的"研究型有机化学试验教学内容体系与教学模式改革与实践"项目入选教育部2017年"基础学科拔尖学生培养试验计划"研究课题。王佰全教授主持的"化学类本科人才培养模式研究与实践"项目入选2017年天津市教改重点项目。

以上成果只是经过短短几年所取得的。尽管全面地评估本科人才培养需要更长的时间,但几年的实践检验已经取得了显著的成效。南开大学化学伯苓班本科生培养模式探索与实践,不仅提高了南开大学化学本科人才的培养质量,对推动全国化学类专业建设和人才培养的教学改革,也发挥了积极的辐射和示范作用。

生物伯苓班开设科研训练课程的思考与实践

成果报告作者：南开大学　陈德富

摘要：本科生参与科研训练的意义已被教育界普遍认同。为实施教育部"基础学科拔尖学生培养试验计划"（以下简称"拔尖计划"），构建生物专业优秀课程体系，本文对"科研训练"共性问题进行了认真思考，在此基础上制定了生物伯苓班"科研训练"课程的基本要求及实施措施。实践证明，全程化与多元化的监管与指导是提高本科生科研兴趣与科研能力的关键，客观、公开、公正、公平的考评评价体系是课程成功的基础。

本科生参与科研训练的意义已被教育界普遍认同。本科生通过参与科研训练，可充分地锻炼他们的实践和实验能力，特别是动手能力和独立思考能力，使他们的思维更加严谨，有利于提高他们继续学习或者从事工作的能力。为此，教育部在《关于全面提高高等教育质量的若干意见》（教高[2012]4号）中明确指出，"支持本科生参与科研活动，早进课题、早进实验室、早进团队"。因此，各高校针对本科生科研训练陆续开展了一些活动，有些高校甚至将其列为必修课程（如清华大学、南开大学），极大地激发了学生的科研兴趣，提高了学生的科研能力。

然而新生事物的完善总有一个过程，加上部分学生、指导教师或管理层方面的认识不足，使得科研训练过程中的问题仍不少。总结起来，有以下几个共性问题。

（1）学生：知识面狭窄，理论跟不上实践；选题盲从、跟风，追求"时髦"或"高大上"；急躁冒进，功利心强，一味追求成果，忽视科研训练过程，独立思考能力得不到充分的训练。

（2）科研平台导师：未认识到科研训练对本科生的重要性，与学生交流不足，对科研训练共性问题（如规范的科研记录、诚信、文献检索方法、科学史教育等）缺乏指导，甚至不理不睬；把进入实验室的本科生当成"廉价劳动力"，让其替硕士生或博士生干杂活，缺乏创新能力培养过程，浇灭了部分本科生刚燃烧起来的科研热情。

（3）管理层：重两头（申报和结题），轻过程，未跳出"课外活动"这个怪圈，加剧了学生的功利性，扭曲了科研训练的本质；缺乏本科生科研训练进程的监管，未形成系统化的考评体系。

上述三方面的问题归纳为一点，即科研训练的过程缺乏监管与指导。虽然学术界已普遍意识到这一问题的严重性，但由于全程监管与指导存在一定的难度，使得该问题至今未能得到圆满解决，严重地扼杀了本科生的科研兴趣，对科研能力的培养也是非常不利的，随着中国学术水平的普遍提高，这种局面必须加以改变。为此，我们针对本科生科研训练过程中的问题制定了相应措施，并在生物伯苓班中进行了实践，以期建立一套提高本科生科研兴趣与能力的优秀课程体系。

一、本科生科研训练课程的基本要求

既然本科生参与科研训练的意义已被教育界普遍认同,那么构建一门可操作的、优质的科研训练课程体系是任课教师必须首要解决的问题,其中明确课程的"基本要求"是解决此问题的前提。

2010年我国颁布了《国家中长期教育改革和发展规划纲要(2010—2020年)》,这是我国近期教育总纲。总纲明确指出,本科生教育的任务是"着力培养信念执着、品德优良、知识丰富、本领过硬的高素质专门人才和拔尖创新人才""着力提高学生的学习能力、实践能力、创新能力"。2012年,南开大学据此总纲制定了与学校特色相符合的《南开大学素质教育实施纲要》,强调"公能"素质教育,即"以德为先、能力为重、全面发展、勇于创新",在专业层面上要求"优良的职业道德和专业素养,知识深厚,具有突出的创新和实践能力"。2016年,南开大学生命科学学院根据《南开大学素质教育实施纲要》精神,将本科生教育目标确定为"培养德、智、体、美全面发展,具有敬畏、探索、严谨、慎独精神的'公能兼备'人才"。由此可以看出,本科生人才培养的核心是"素质""专业"和"创新",即本科生教育强调基础性、学术性和专业性。

本科生开设"科研训练"课程,目的是培养学生的学术素养,提升科研能力,强调教育属性中的"学术性"和"专业性",即在公共基础教育之上,通过科研训练提升本科生的科研素养和能力,发展我国本科生的科研事业。为实施教育部的"拔尖计划",南开大学依托强大的办学实力开设了"伯苓班",其中生物专业的班级叫生物伯苓班,目的是培养"具有国际一流水平的生物学基础学科拔尖人才"。为此,我们针对生物专业的特点提出本科生"科研训练"课程的基本要求是:在科研平台导师指导下,了解课题学术背景;根据学术背景,提出新的科学问题,并制定出行之有效的解决方案;根据解决方案进行独立科学实践,并对科研数据进行科学总结。

二、生物伯苓班如何开好科研训练课程

生物学是一门实验科学,实验是科学探究的基础,一切生物学知识都来源于对大自然的观察和实验,因此,对生物学专业学生进行科研训练的意义尤为重要。生物伯苓班为小规模单独建班,每届招收20~30名对生物学科有浓厚兴趣的优秀学生实施导师制和小班教学,低年级注重通识基础教育和双语教学,高年级注重专业教育、科研训练和国际交流,造就基础好、创新能力强、综合素质高的生物学基础学科拔尖学生。科研训练是生物伯苓班的必修课程,经过6年的探索,其课程体系已基本建立并将逐渐成熟,具体有以下几方面。

(1)科研训练课程共计2个学分,分为Ⅰ和Ⅱ,分别在第6和第7学期完成,每学期1学分,32学时。随着课程效果的日益显现,学校从2017级开始,实施科研训练系列课程改革

方案,适时增加课程学分、延长实践时间,以进一步提高学生的科研能力。

(2)科研训练全程分为"开题""中期检查""结题"三个阶段,分别在科研平台导师指导下按序进行,目的是让学生"了解"科学背景,"提出"科学问题,"制定"解决方案,在实践中"发现"内在规律,并"总结"出新成果。为保证科研平台导师有足够的精力指导本科生的科研训练,防止学生选题盲从、跟风,追求"时髦"或"高大上",学校规定每位导师指导的学生不超过2名,每位学生必须独立选题。

(3)为防止学生"轻过程",避免平台导师对科研训练共性问题指导(如规范的科研记录、诚信、文献检索方法、科学史教育等)的缺失,生物伯苓班设置班导师为其"科研训练"课程的负责人。课程负责人不仅全程监管与指导全班的科研训练,还定期组织不同领域的专家对全班的科研训练进程进行指导与评审,避免科研平台导师不了解其他实验室学生课题项目而盲目评价,从而达到客观、公开、公正、公平地评价每个学生的科研能力。共性问题的指导包括利用互联网资源营造交互式学习氛围,探讨生物学新进展和新热点,创建创新科研思维环境;定期聘请专家科学指导科研训练的每个环节,定期组织班级的学术沙龙,确保"指导"与"监管"全程化与多元化。

(4)课程负责人对"开题报告""中期检查报告""结题报告"的格式进行规范,并定期与平台导师联系以了解学生在科研训练过程中的表现,对学生递交的报告书进行网络查重。若发现学生有弄虚作假、抄袭等学术不端的问题,课程负责人有权将其课程成绩记为0分。

(5)课程负责人定期组织专家组听取汇报、评阅报告、审查原始记录,并当场评分、当面指出存在的问题及提出整改意见。在评分过程中,专家组评委的打分有区分性和有效性,成绩优秀率(成绩大于90分的比例)不超过30%。学生出勤的连续性和总时间也是课程成绩的重要参考。

(6)建立标准化、全程化、多元化、可操作的考评体系。标准化,即将科研训练的过程细化为多个环节,对每个环节制定出可操作的监管与指导体系。全程化,即指从选题到结题的每一个环节进行科学指导,对每一个环节进行必要的监管,监管结果计入最终成绩。多元化,即指监管与指导的形式多样化,增强学生的参与度,降低传统的科研平台导师的评价权重。

三、生物伯苓班科研训练课程考评体系的实践

科研训练课程的学生被分配到不同的科研平台,并要求独立选题,因此学生成绩的评定是一项非常困难的工作。而成绩又是学生非常关心的,不科学、不公正的评定将严重影响学生的科研热情。如何做到科学、公正地评价每位学生是课程负责人面临的重大考验。根据生物专业的特点,我们制定了如下标准化、全程化、多元化、可操作的考评体系,并在2014级生物伯苓班课程中进行了实践。

(1)针对"开题""中期检查""结题"三个阶段,分别制定了与之培养目标相适应的报告书模板,冀望规范学生们的科研过程,培养其科研素养。

每个模板均包括封面、基本信息、正文三大部分,全面反映其科研训练进展。"封面"和

"基本信息"为必填项,表格式,不允许发挥或遗漏;"正文"为"标题式",允许学生根据具体情况在一定程度上自由发挥,但总字数有要求,不能少于5 000字。

"封面"的内容有课题名称、所属领域、报告人、学号、联系电话、撰写日期、指导教师等关键信息。

① "基本信息"的内容有报告人信息、指导教师信息(含导师签名)、合作研究信息(要明确合作的必要性及本人承担的内容)、课题信息、中文关键词、英文关键词、中文摘要(限400字)、英文摘要。

② 开题、中期检查、结题报告书的"正文"有较大差异,目的是反映不同阶段训练情况,其内容及培养目标见表1。

表1 报告书"正文"内容及学习目标

环节	内容与要求	目标
开题	(一)立项依据与研究内容 1. 课题的立项依据 2. 课题的研究内容、研究目标以及拟解决的关键科学问题 3. 拟采取的研究方案及可行性分析 4. 本课题的特色与创新之处 5. 研究计划及预期研究结果 (二)研究基础与工作条件 1. 工作基础 2. 工作条件 3. 正在承担的与本课题相关的科研项目情况 (三)其他需要说明的问题	1. 文献阅读与分析 2. 科学问题的提炼 3. 研究方案的制定 4. 科研申请书的撰写
中期检查	(一)立项依据、预期目标及拟解决的关键问题(字数不超过1 000字) (二)课题取得的主要研究结果及分析(尽量用图表展示,字数不少于2 000字) (三)课题存在的问题及对策(字数不少于1 000字) (四)下学期研究的规划及预期研究目标(字数不少于1 000字) (五)需要说明的其他问题	1. 数据的获取、分析与总结 2. 图表的制作 3. 研究方案的完善 4. 新问题的应对策略 5. 中期报告的撰写
结题	(一)立项依据、预期目标及拟解决的关键问题(字数不超过1 000字) (二)课题取得的主要研究结果及分析(尽量用图表展示,字数不少于3 000字) (三)课题存在的问题(字数不少于1 000字) (四)需要说明的其他问题	1. 数据的获取、分析与总结 2. 科研成果的发表 3. 问题的分析与讨论 4. 结题报告的撰写

(2) 定期组织汇报,并提前告知汇报要求与成绩组成,冀望引导学生们掌握科研各环节的基本要素及各要素的因果关系。

各环节的成绩组成见表2,可以看出每个环节的报告书占50分,汇报会占50分。报告书由科研平台导师签字、任课老师评阅。汇报会由评审组专家提问,其中"开题"环节的汇报会由学生之间相互评分,其他环节的汇报会由评审组评分。为防止分数的集中,要求每位评分人的分数呈正态分布、最高与最低分数的差值不能少于10分。分析各环节分数变化,可以发现,"开题"环节强调科研申请书的撰写,目的是培养学生对课题的理解及科研方案的思考。到了"中期""结题"环节,则突出"研究内容的创新性或完成性""研究成果的创新性""汇报书的完整性"及"出勤情况",即强调科研训练过程规范性的养成及成果创新性的培养,"结题"环节尤其注重"研究成果的创新性"。在"开题"环节,让学生相互评分,目的既是为了他们相互学习、拓宽视野、发现不足,也是为了让他们感受一下科研评价过程及当"专家"所必需的才能。

表2 科研训练课程各环节的成绩组成

环节 (分数)	类别[a] (分数)	报告书的完整性	研究内容的创新性或完成性	研究方案的可行性	回答问题的准确性	研究成果的创新性	出勤情况	评分人	其他[b]
开题 (100)	书(50)	20	15	15				任课教师	导师评价
	会(50)		15	15	20			学生	
中期 (100)	书(50)	15	15			10	10	任课教师	查重、导师评价
	会(50)		20		20	10		评审组	记录本审查
结题 (100)	书(50)	5	15			20	10	任课教师	查重、导师评价
	会(50)		20		15	15		评审组	记录本审查

注:(a)"书"指递交的本人及导师签名的书面材料;"会"指定期组织的汇报会,包括PPT材料、汇报与质疑。(b)导师评价、查重、记录本审查等环节实行"一票否决"制,即一旦发现弄虚作假、抄袭等学术不端问题,课程成绩计为0分。

(3)实践成效。尽管科研训练课程在生物伯苓班已经开展了多届,但上述思考与措施目前仅在2014级学生中进行了完整的实践,虽效果尚难肯定,但也有初步成效,主要为以下几个方面。

① 加强了科研过程的监管与指导。全程化与多元化的监管与指导,让学生真正了解了科研的本质,全面提高了本科生的科研兴趣与科研能力。统计显示,参加科研训练的28人,在科研训练的一年内已发表论文4篇,其中3篇为SCI期刊论文,1篇为国家核心期刊论文,6人曾是2016年度iGEM国际大赛金奖团队的主力,1人组建了2017年度iGEM团队并赴波士顿参赛。全班学生均以继续深造为自己的毕业选项。

② 解决了部分科研平台导师的不作为问题,改变了本科生替研究生干杂活的弊端,学生真正掌握了科研技能。统计显示,科研训练的28人,全部掌握了生物学基本技能,个别学生掌握的一些技能甚至是实验室的"王牌",由其来指导研究生进行相关实验。

③ 建立了标准化、全程化、多元化、可操作的考评体系,客观、公开、公正、公平地评价了每个学生的科研能力,为学生扬长避短、日后选择研究方向提供了参考,为使受训学生成长为生物学科领军人才奠定了基础。

参考文献

扫码查看

"拔尖学生积极心理品质提升研究"成果报告[①]

成果报告作者：吉林大学 何思彤

"拔尖学生积极心理品质提升研究"自立项以来，经过课题组两年的共同努力，已经完成了研究任务。现将课题的研究过程情况与研究成果做全面的总结。

一、课题的研究过程

课题研究从实践教学入手，在认真解读教育部"基础学科拔尖学生培养试验计划"（以下简称"拔尖计划"）核心要义的基础上，依据《吉林大学实施"基础学科拔尖学生培养试验计划"的若干意见》，全面了解吉林大学基础学科拔尖学生试验班唐敖庆班的管理机制、分流制度等内容，结合问卷调查、授课教师访谈等方法，掌握和了解唐敖庆班学生的心理状态特点，分析其发展变化趋势，确定研究的侧重点。课题组成员组织唐敖庆班学生进行了"压力知觉量表""大学生心理韧性量表"和"大学生积极心理品质自评问卷"的调查分析，并对多年参与唐敖庆班学生授课和教学管理的教师进行访谈，对他们的心理素质发展状况、学生的自我评价机制与方法、对心理健康教育的关注程度和汲取方法途径等问题有了比较清晰的了解和认识，确定课题研究的切入点和主要内容，保证研究工作集中兵力、重点突出、保质保量。这些调查主要采用了问卷调查、案例分析、访谈等方式进行。对调查的结果进行筛选，将问题进行归类梳理，理清思路。调查的结果让我们认识到，唐敖庆班学生普遍具有较高的自主学习能力，同时也承载着国家和社会赋予的更多社会责任，与其他学生相比较而言，他们有更多的学习和成长压力，多数学生更重视专业知识的学习。对于基础学科学生而言，心理知识的理解和掌握，仅靠讲授很难有感性的认识和领悟，他们不理解、甚至不知道除了专业知识学习之外，自己还应当具备哪些能力，提升哪方面心理素质，如何为自己现在和将来的学习与工作、生活与科研做好心理能力素质储备。因此，我们的研究将重点落在非智力因素上，放在积极心理品质的提升和培养上，而不是对心理问题或心理障碍的解说和咨询

[①] 该项目主要论文成果：赵山，李焰. 构建大学生心理健康主渠道教育中国化模式[J]. 中国高等教育，2017（19）：61-62.（CSSCI）
本文作者参与发表的成果：赵山，王瑞，何思彤，林晶. 教学改革试验班学生积极心理品质提升的探索与实践——以吉林大学唐敖庆班为例[J]. 吉林广播电视大学学报，2016（02）：49-51.

上。课程设计也从"内容掌握"为中心转变为"品质提升"为中心,将培养的着眼点放在提升拔尖学生非智力因素上,兼顾多元文化视野,以有用、有效、有趣为原则,设计超走心的互动体验模式。课题研究主要内容包括三个方面:① 编制"大学生积极心理品质自评问卷",进行信效度分析,研究起草《拔尖学生积极心理品质培养方案》,为后续课题研究做好铺垫;② 设计研发"积极心理品质提升"课程,对体验式、启发式、沉浸式的教学方式进行深入探讨;③ 利用新型教学技术,整合国内各高校优质心理健康教育资源,研究筹建心理健康通识教育跨校联合大课——"大学生心理健康"慕课。经过两年的努力,课题组已经完成了预期的研究任务。

二、课题的研究成果

"拔尖学生积极心理品质提升研究"课题的研究成果主要有四个部分。

1. 体验式教学研究

学生心理健康指导中心研发设计了积极心理品质提升培养课程,该课程的主要任务是让学生们在教学中不仅有认知体验和知识接收的过程,还包括身体力行的感官体验的体证、体察和体悟的过程,加深学生们提炼、感知、巩固、提升自身积极心理品质的能力和素养。

根据唐敖庆班从选拔组建到实施培养的特殊性,学生心理健康指导中心与教务处协商,将基础学科拔尖学生的心理素质培养作为创新服务的重点,进行试点项目研究,逐步完善、逐步推广。在进行走访调研、试点讲座、试点团体辅导等多种形式调查研究的基础上,课题组查阅大量文献资料,将基础学科拔尖学生的心理健康教育课程定位在以中国本土心理学思想与积极心理学理论相结合作为研究的理论背景,重点围绕积极心理学的"一个中心、三个支撑点"("一个中心"是主观幸福感,"三个支撑点"是积极体验、积极人格、积极社会组织系统)来设计课程,汲取后现代主义教育思想和课程观,将多元性、开放性、流动性等元素引入到课程中,形成了具有吉林大学特色的基础学科拔尖人才培养方法和模式。课程注重互动、体验、体悟与提升,主要从学生的协作领导、思辨创新、战略执行、应变抗压、自塑规划5个核心能力的提升培养入手,让学生具有深刻的心理体验,助力学生以优促优、优上加优,以全优的心理助力学生成才、成功。课题组从2013年开始以活动项目的方式进行试点运行,2014年起草制定了《基础学科拔尖学生优秀心理品质培养提升计划》,使唐敖庆班学生心理素质培养进入优化发展阶段;2015年进入实践研究阶段,对2014级唐敖庆班学生进行心理素质提升培养指导,并申请了校级教改课题。2016年初,学生心理健康指导中心向教务处申请设置了"积极心理品质提升培养"课程,并系统组织实施。截至2018年6月,已为3届唐敖庆班学生开设该课程,取到良好效果,并将学生对课程的心得体会反馈结集成册,作为本课题结题的佐证材料之一。

"积极心理品质提升培养"体验式课程的主要特点是,它不同于传统的以讲述心理及心理健康的知识为主的课程,它是针对正常的、学业特别优秀的学生,从他们成长成才的需要出发,侧重于积极心理品质发展、多元文化融合共生的体验式教育和引导,研发出了6大心理品质成长模块,分别针对积极心理品质的6个维度,建构了课程理论结构、课程设计结构和目标维度结构(图1)。该课程将心理学与生活方面的知识融入每个模块课程中,让学生在有效互动中客观认识自身的意志、性格、抱负、信念等非智力因素,从而调整自身在成长发展中需要历练的方向和方式方法,达到提升积极心理品质的目的。经过近两年的实践,从学生反馈、教师评价、兄弟院校观摩调研反馈情况来看,他们都建议增加课时、扩大推广授课范围。该课程具有较好的复制性,可在其他学院或高校推广使用。

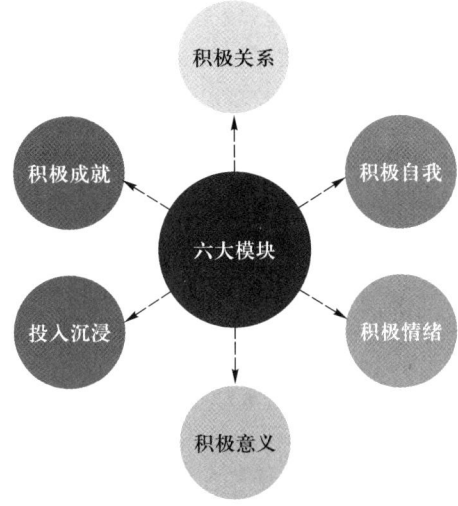

图1 课程理论结构图

2. 通识教育推广研究

课题组成员编制"大学生心理健康"慕课方案,由吉林大学牵头,联合清华大学、北京大学、中山大学、北京师范大学、南京大学、厦门大学共同打造了通识教育跨校联合大课——"大学生心理健康"慕课。该课程联合全国心理教育专家学术资源,邀请名师名家走进课堂,利用新型教学技术,整合国内各高校优质心理健康教育资源,实现了教育优质资源共享。课程模式的创新,提高了课程质量,优化了主渠道教育,为全国高校创造可推广、可复制和可共享的优质平台课程。"大学生心理健康"慕课采取混合式教学,依托网络授课平台进行在线授课,授课方式包含线上视频课程16讲(28学时)与跨校直播互动课程4讲(8学时)。在线学习分为四部分,包括绪论、认知与探索、调试与应对、发展与提升,聚焦80个知识点,时长793分钟。跨校直播互动课程邀请国内知名专家就大学生广泛关注的4个主题在线直播讲授和互动。课程总策划是吉林大学校党委书记杨振斌教授,北京师范大学林崇德教授担任学术总顾问。授课专家有北京师范大学林崇德教授、清华大学樊富珉教授、南京大学桑志芹教授、清华大学李焰教授、中山大学李桦教授、北京大学徐凯文副教授和吉林大学胡远超博士。

3. 基础工具编制研究

编制"大学生积极心理品质自评问卷"时,课题组首先在综合已有文献的基础上编制了初始问卷,再经过项目分析及验证性因子分析对题目进行筛选,形成最终问卷。课题组在问卷设计过程中主要参照了Seligman与Peterson(2004)的VIA成熟量表和孟万金(2009)的量表,前者包括6个维度24个积极品质,后者包括6个维度20个积极品质。为了保证积极心理品质调查的全面性和实用性,结合访谈结果和现实中大学生心理发展的特点,课题组将问卷设置为6个维度和24个积极心理品质,分别是:① 认知维度,包括创造力、好奇心、开放性、求知欲和洞察力;② 人际维度,包括真诚、勇敢、坚持和热情;③ 情感维度,包括友善、爱和社会智慧;④ 公正维度,包括公平正义、领导能力和团队精神;⑤ 节制维度,包括宽容、谦虚、审慎和自律;⑥ 超越维度,包括审美、感恩、希望、幽默和信念。课题组使用SPSS 19.0进行测量分析,显示问卷信度、效度良好。因子分析显示同源方差问题不存在。与其他同类问卷相比较,该问卷的综合性体现得较为明显,较全面地测评了大学生积极心理品质状况,可以作为研究大学生积极心理品质状况的实用工具,具有一定的创新性和可推广性。

4. 形成了研究论文、研究报告和培养方案

课题组最终形成近2万字的研究报告,公开发表研究论文3篇,其中《构建大学生心理健康主渠道教育中国化模式》论文发表在CSSCI来源期刊《中国高等教育》杂志上,并获得吉林省第七届社会科学学术年会优秀论文奖。经过课题研究总结,课题组提炼形成了操作性较强的拔尖人才培养方案——《基础学科拔尖学生优秀心理品质培养提升计划》。培养方案中将拔尖学生心理品质培养的理论和实践定位分别设定为积极心理学导向下的理论引领模式和团体情境下的情境互动模式。在培养方式方法上,按照学校基础学科拔尖学生培养计划,实行分层次、分阶段培养方式,分为适应期培养、成长期培养和出国前后期培养,并对每个培养阶段实行持续动态评估。《基础学科拔尖学生优秀心理品质培养提升计划》(也称"优尖行动计划")获得2016年中国高等教育学会大学生素质教育优秀品牌活动评比铜奖。

三、课题成果价值和效益

1. 学术价值

"积极"取代"消极"成为当代心理学界关注的核心,积极心理学对"积极"的关注和追求,促使众多心理学家开始寻找能够促进个体积极品质发展的各种内在因素和心理机制。因此,人自身的"品质"或者说潜能,再次成为积极心理学关注的对象。拔尖人才的选拔机制决定了相关入选学生的智力素质优于平均水平。研究这个群体学生的积极心理品质与其他学生的差异,研究他们在高强度学业压力下个体积极心理品质的作用机制,将有助于进一步推动国家对基础学科拔尖人才的培养模式研究,加深研究者对积极心理品质的理解和关注,这构成了本研究的学术价值。

2. 应用价值

基础学科拔尖学生培养建设旨在以构建创新型国家和满足社会需求为导向,整合优质教学资源,培养一批基础理论扎实的复合型、创新型、国际化专业领军人才,在培养的环节中更新教学内容、改进教学方法是重要而必要的,其积极心理品质的培养也不例外。以往,心理品质培养往往仅限于大范围科普宣传教育,很难让平日忙碌学业的拔尖学生有切身的体验与成长,因此,本研究从拔尖学生特点入手,探索新型培养方案以提升拔尖学生积极心理品质,对于推进教学创新改革和卓越人才培养具有较强实践意义。本研究将调研与实践相结合,科学论证积极心理品质提升的方法与途径。研究不仅着眼于探索积极心理品质培养

方案,也通过在研究各阶段进行有针对性的调研,综合探究创新教育模式在提升拔尖学生心理品质方面的效果,以便该模式能够应用于类似群体学生的积极心理品质提升,另外,本研究不仅着眼于研发新教学模式,还将研究视角扩大到建设可共享的跨校大课,使得研究具备了更广泛的实践意义和应用价值。

3. 社会影响和效益

大学生心理健康慕课已经于2016年9月通过智慧树网在全国上线运行,截至2017年12月,全国共有379校次选课,选课人数达45万人,通过第三方测评,86.89%的学生认为教学内容能够满足学生的学习需要,91.79%的学生认为教师在课程中给出了解决生活中遇到的心理问题的方法与策略。该课程被教育部评定为2017年国家首批精品在线开放课程,形成了良好的社会影响和社会效益。

生物学拔尖学生自主科研创新能力的培养

成果报告作者：中国科学技术大学　臧建业

摘要： 本课题研究本科生科研兴趣和科研能力培养的创新机制，拟通过相关课程设计和学生自主科研课题研究创新项目的设计，充分发挥学生的主体作用和自主意识，激发学生的科研兴趣和创新潜质，锻炼学生的科研素养和研究能力。

为了培养具有国际一流水平的基础学科领域拔尖创新人才，2009年教育部启动实施了"基础学科拔尖学生培养试验计划"（以下简称"拔尖计划"）。"拔尖计划"的目标之一是建立拔尖人才重点培养体制机制，吸引最优秀的学生投身基础科学研究，形成拔尖创新人才培养的良好氛围，努力使受计划支持的学生成长为相关基础学科领域的领军人才，并逐步跻身国际一流科学家队伍。

在拔尖创新人才培养的实践中，如何鼓励学生自主学习和自由探索，提高大学生的创新能力，提高大学生在学习及研究中的独立性和创造性，是我们创新教育培养模式的一个重要部分。作为中国科学院所属的大学，中国科学技术大学依托"全院办校、所系结合"的独特办学优势，长期坚持"科教结合"、践行"协同创新"，在本科生科研创新能力培养方面具有自身的特色。2009年，中国科学技术大学生命科学学院与中国科学院北京生物物理研究所、中国科学院上海生命科学研究院联合创建了"贝时璋生物科技英才班"，这为我们积极推进"拔尖计划"，继承学校的办学特色和优良传统，强化本科生科研训练，提高科研能力，推进科教结合，培养创新人才，创造了良好的条件。围绕"拔尖计划"实施要求，学校以面向科学前沿和国家重大战略需求、利用多学科交叉优势培养生物学高层次创新人才为目标，以创新能力培养为导向，将研究型教学和自主科研实践的理念融入教学，通过对课堂教学、实践教学和自主科研实践的改革，探索和构建生物科学类本科生科研创新能力培养机制，有力地促进了拔尖创新人才的培养。

科研创新能力的培养是创新人才培养的重要环节，本科阶段是培养学生科研创新能力的重要阶段。本科生的科研创新活动已受到广泛重视，从教育部到高校等不同层次的部门均采取了许多措施来加强学生的科研训练和能力培养，例如，国家大学生创新创业训练计划、大学生研究计划等。这些计划和项目以本科学生为主体，在调动学生的主动性、积极性和创造性，激发学生的创新思维和创新意识，使学生逐渐掌握思考问题、解决问题的方法，提高其创新实践的能力等方面起到了重要作用。但是这些项目往往对指导教师的实验室条件及课题依赖很重，由于教师也担心学生因设计缺陷导致项目不能完成，不仅浪费资源，而且对所承担课题的进展造成不利影响，因此，学生所从事的工作往往是导师课题的一部分，而学生只是为教师干活的技术员而已。虽然在这个过程中，学生也受到了科研方法的学习和训练，但常常有所限制，不利于激发学生对研究工作的兴趣，也不利于学生批判性思维和创新潜能的开发。

为了解决本科生参与科学研究项目时存在的上述问题，中国科学技术大学生命科学学院在拔尖学生培养的实践中，根据自身的实际情况，积极探索培养本科生的创新思维、创新研究能力、独立工作能力的方法，做出了很多有益的尝试。学校通过设立相关专门课程和设立学生自主科研创新项目，由本科生独立自主地完成一个科研项目的选题、申请立项、项目实施并结题，尊重学生的自由探索和兴趣，真正实现以本科生为主体的科研训练，达到培养学生掌握提出问题、思考问题、解决问题的方法，提高其创新实践能力的目标，探索和形成学生创新能力和科研能力培养的新机制。

一、自主科研创新能力培养的内容与实践

按照创新人才培养的目标需求，结合学校的办学特色，参考国际知名高校本科生科研创新能力培养的实践，充分发挥课堂教学、实践教学和科研实践在创新人才培养中的作用，通过课堂教学的主动引导、实践教学的规范训练、科研实践的兴趣驱动的有机结合，中国科学技术大学构建形成新的本科生科研创新能力培养机制。

中国科学技术大学通过设立专门课程和学生自主科研创新项目等方式，完成本科生自主科研创新能力的培养。首先是通过设立生物学前沿讲座课程，引导学生思考前沿科学问题、解决途径和社会价值，引发学生对科研创新的兴趣，激发创新的内在动力。2009年贝时璋班建立时，经共建三方的研究，中国科学技术大学每年聘请中国科学院所专家开设了"生命科学前沿"课程。该课程采取了全新的教学模式介绍生命科学的前沿课题，每次课程均设置课内讨论，激发学生的兴趣和探究能力，传递科学研究的方法。课后作业也以开放性的选题为主，学生可通过文献的查阅和对科学问题的思考，提出自己的设想和解决方案。首先，中国科学技术大学通过聘请海外专家开设讲座、开设"生命科学大讲堂"等课程，为学生讲述生命科学各领域的研究进展、前沿成果和最新方法以及该领域的发展展望。这样的前沿课程和讲座有效地引导了学生对生命科学前沿问题的思考和探究，激发了学生的兴趣。其次，通过科教结合的课堂教学和实践教学，培养学生掌握科学研究的方法，训练和规范学生的科学研究实践。在理论教学模式上，更多地引进研究型学习的教学法，注重学生对所学知识的应用能力培养；在实验实践教学中，结合模拟科研过程的综合实验和自主探究性实验，帮助学生了解开展创新性科学研究的实际过程，掌握开展科研的最新技术和方法。在此基础上，通过专门设置的生命科学文献阅读课程，指导学生解读和讲解生命科学研究的最新文献资料，引领学生了解科学研究的严谨性，掌握对研究结果的展示方法，学会提出科学问题的方法和批判精神，并以此为基础，选择感兴趣的课题进行集中文献调研，提交自主科研训练项目的申请报告。最后，通过设置和完成学生的自主科研项目，使本科生接受良好的科研能力训练和创新能力训练，培养本科生的创新意识和创新思维，以及独立开展生命科学研究工作的能力。"拔尖计划"学生根据个人兴趣和爱好，由3~5名学生组队（鼓励队伍中包括非生物专业的学生），在相关教师的指导下，独立自主地进行文献调研、选题、课题立项申

请并完成课题研究的全过程,得到科学思维和科研工作的实际训练,激发创新思维和能力。根据中国科学技术大学生命科学教学和科研的实际情况,学校设立了生物化学与分子生物学、细胞生物学、神经生物学、合成生物学等4个主要研究方向,学生的具体研究内容为学生通过文献调研自主确定的研究课题。项目由学院直接负责组织和实施,每个方向由若干名教师组成指导小组,负责具体指导学生的文献阅读、选题、提出立项申请和完成课题研究。学院组织专门的委员会,负责学生创新项目的立项经费和结题管理。

学生创新能力和科研能力训练的具体安排是,"拔尖计划"学生在一年级和二年级上学期了解生命科学各领域的前沿进展和研究动态,学习相关的基础知识和技能;学生在二年级下学期的生命科技文献阅读课程中,根据自己的兴趣,自主选择课题,集中完成所需的文献调研工作,并组织研究队伍,准备和提出创新科研课题的申请。从二年级夏季学期开始,学院通过学生的课题立项申请后,研究团队即可获得科研能力训练项目的经费支持,通过一到两年的时间完成课题的研究,并向学院汇报研究成果和项目结题。

在项目的具体管理和实际操作中,学生创新课题的立项、过程指导和结题由学院成立专门的委员会完成,生命科学实验教学中心提供了学生完成创新课题的全部设备和条件,解除了学生对教师科研实验室的依附。在生物化学与分子生物学、细胞生物学、神经生物学、合成生物学等4个主要研究方向上,由若干名教师组成指导小组,主要负责指导学生解决在选题、立项和课题实施中遇到的问题,在项目可行性、实验方案设计等方面提供具体指导。

自2011年起,学校就在第一届贝时璋班中开始探索实施本科生自主科研训练项目,但仅限于学生自由申请,没有形成完整的、规范的制度和措施。通过几年的探索实践,从2017年起,该项目已推广成为全体贝时璋班学生的必修环节。

二、自主科研创新能力培养体系的特色

本项目通过组织学生参与创新性科研项目研究的训练,通过学生自主完成选题、课题立项、课题研究等完整的科研过程,激发了本科生探索生命科学未知领域的兴趣,培养学生提出问题和解决问题的能力,培养学生创新思维及独立工作能力。

学生自主科研创新能力培养体系的最大特点是通过对学生科研训练管理模式和指导模式的创新,摆脱了学生完成科研课题对指导教师的过度依赖,极大地激发了学生参加科研训练的动力,提高了学生在科研训练中的独立性和创造性。本项目通过本科生自由组队,在教师的指导下,通过文献阅读,独立自主地选择感兴趣的研究课题;选题后,学生向学院提出课题立项申请以获得研究经费的支持。课题立项后,学生在教师指导下独立自主地完成课题研究,最后向学院汇报研究成果,项目结题。在这个过程中,课题研究可以在学校的公共实验教学中心完成,课题研究经费由学院支持,与科研实验室无直接关系,教师只起指导作用。从根本上避免了创新项目成为科研实验室的小课题,学生变成为指导教师干活的技术员等问题。

学生自主科研创新能力培养体系的建立,不仅促进了学生创新能力的培养,而且促进了学生全面素质的提高。在学生的自主科研活动中,学生必须通过不断学习新知识来解决遇

到的问题,有时还需要融合其他学科的知识和技术,有助于培养学生独立解决实际问题的能力、坚韧不拔克服困难的精神。同时,项目特点决定了不可能由1~2名未受过系统训练的本科生完成,而是需要一个团队共同协作才能完成。在项目完成过程中,学生们要相互配合、取长补短,在实验中既有分工也有合作。通过与人协作,提高学生的社会交往能力,培养其良好的团队精神。

通过构建本科生自主科研创新能力培养体系,探索拔尖创新人才的培养模式和科研与教学相结合的有效途径,对学生进行自主科研能力的培养与训练,使学生在掌握生物学研究的基本知识和技能的同时,具备从事生物学研究和创新的基本素养和能力,将会有力地促进学生知识、能力和素质的全面协调发展,为拔尖创新人才的培养提供优良的土壤。该项目目前仍处于不断完善阶段,在实际实施过程中仍有一些具体问题,如与课程学习和国际交流等的时间协调,参与项目的学分认定等,需要逐步解决。但实践证明,学生自主科研项目训练的组织模式是成功的,在激发学生对生物学研究的兴趣,培养学生的创新思维意识和创新研究能力、独立工作能力及团队合作精神方面都取得了明显的成效。

华罗庚数学科技英才班代数系列课程改革和教材建设[①]

成果报告作者：中国科学技术大学　欧阳毅

摘要： 围绕华罗庚班学生代数知识的培养，报告人主导中国科学技术大学数学学院代数系列课程的改革；在总结7年来的教学实践基础上，在高等教育出版社出版（接收）代数学系列教材三部；总结代数课程改革的具体措施、实施情况、成效和不足，在《大学数学》刊出相关论文。

此次汇报的成果，是"拔尖计划"课题"数学精英人才培养模式研究"第二部分"荣誉课程、小班教学和教材建设研究"相关成果。从2011年开始，围绕华罗庚班学生代数知识的培养，课题负责人主导中国科学技术大学数学科学学院代数系列课程的改革，将代数学课程优化整合为代数学基础、近世代数和代数学3门课程，分别在华罗庚班第1学期、第4学期和第5学期授课。改革后的代数课程教学从2012年秋季学期开始，已经有6年时间。本课题一个重要任务就是总结经过6年时间的教学实践后代数系列课程改革成效。这里汇报两个主要成果。

第一个成果是完成教材三部：《代数学Ⅰ：代数学基础》，欧阳毅、申伊塃编；《代数学Ⅱ：近世代数》，欧阳毅、叶郁、陈洪佳编；《代数学Ⅲ：代数学进阶》），欧阳毅编。三部教材中的前两部已经由高等教育出版社于2016年和2017年出版，最后一部教材已经交稿。

《代数学Ⅰ:代数学基础》是代数系列教材三部曲的第一部。我们参考冯克勤教授和余红兵教授编著的《整数与多项式》和Artin、Lang、Hungerford、Dummit-Foote等著名英文教材，对群、环、域的定义和基本性质，循环群和对称群，整数理论，多项式理论等进行介绍，目的是为后续的线性代数、近世代数和数论（包括数论的应用）等众多课程提供基础和例子。在保留原来初等数论课程整数理论和多项式理论的基础上，教材增加了复数、韦达定理等高中忽视的内容，强调了等价关系这个大学数学教学难点，增加了群、环、域的基础知识，特别是循环群的知识，对线性代数教学急需的置换的概念进行讨论。这里的目的，首先是让学生较早接触到群、环、域等抽象概念，尽早锻炼学生的抽象思维能力，为后续的近世代数课程降低难度。其次，教材统一使用代数的思想介绍整数和多项式的理论，希望学生们能够了解初等数论不是数学竞赛中高不可攀的一道道山峰，而是在统一逻辑框架下的优美理论，它不仅在今后数学各方面学习中有很多用处，而且是数学在实际生活中应用的重要理论基石。

[①] 形成论文：欧阳毅. 基于代数类课程教学改革的探索与实践[J]. 大学数学,2018,34(04):24-30.

《代数学Ⅱ：近世代数》紧接《代数学Ⅰ：代数学基础》，是近世代数课程的教材。我们重点参考了已经使用近 30 年的老教材《近世代数引论》，并参考了 Artin、Lang、Hungerford、Dummit – Foote 等著名英文教材，讲述了群、环、域的基本理论和伽罗瓦理论。在保留原《近世代数引论》核心内容的基础上，除文字叙述方面有所改变外，着重在本课程与线性代数等前置、后续课程的衔接，并对当今数学研究出现的群、环、域的实例进行介绍。该书增添了很多例子，特别是矩阵和线性变换等来自线性代数的例子，减少了有限群的篇幅，但增加了对矩阵群的讨论。这样更能体现代数方法在现代数学研究中最核心的应用。教材特别强调群在集合上的作用，并从这一观点引出群论核心内容。在伽罗瓦理论方面，该教材更强调它的计算和应用。除此之外，我们对习题进行了大量更新，增加了大量来自线性代数、解析几何甚至数学分析的习题。

《代数学Ⅲ：代数学进阶》是代数系列教材三部曲的最后一部，是研究生和高年级本科生数学核心课程代数学的教材。我们重点参考了 Artin、Lang、Hungerford、Dummit – Foote 等著名英文教材，特别是 Rotman 的 *Advanced Modern Algebra*，介绍模论、交换代数初步和有限群表示理论基本知识，为学生的研究生学习奠定扎实的代数基础。该教材内容与代数学课程的教学内容一致，共分三章：模论、交换代数初步、半单代数和有限群表示论。教材紧密联系三部曲的前两部教材，论述严谨，并精心配备了大量习题。中国科学技术大学陈小伍教授在《代数学Ⅲ：代数学进阶》的评审意见中如此说："笔者相信，这本教材将在很大程度上满足代数学这门课程的需要，也填补了本科生代数学课程与研究生代数学课程之间的空白。《代数学Ⅲ：代数学进阶》既可以作为高年级本科生选修课教材，也可以作为研究生的必须课程教材……我相信《代数学Ⅲ：代数学进阶》将受到很多同学和老师的热烈欢迎……某种意义上来说，《代数学Ⅲ：代数学进阶》为研究生阶段的代数学学习开了一扇窗，有一定的先导性意义。"

第二个成果是完成教学论文《基于代数类课程教学改革的探索与实践》，介绍中国科学技术大学数学科学学院从 2011 年来对代数系列进行课程改革的背景和具体做法，对 6 年来代数课程改革的执行情况，包括课程体系和教材建设等方面进行回顾与总结。文章的第一个部分介绍 2011 年左右中国科学技术大学代数课程教学面临的困难情况，阐明课程改革的重要性和必要性。第二个部分则详细介绍了中国科学技术大学代数课程改革纲要，对涉及的 6 门课程：初等数论、解析几何、线性代数 A1、线性代数 A2、近世代数和代数学均仔细介绍了教学内容、教学目的、调整情况和改革的必要性。第三个部分则是纲要执行和教材建设的教学实践情况，包括前面所述的"代数学三部曲"以及解析几何和线性代数课程目前正在进行的教材建设情况。最后我们总结了代数系列课程改革的成效和不足。成效主要有：课程设置方面的改革得到落实，我们已经建成一整套完整的从大学新生到研究生的代数课程教学体系，为培养具备坚实代数基础的数学人才提供体系保证。华罗庚班学生在代数和数论领域表现出色，在国内外顶尖高校进行研究生阶段学习。不足主要有：我们提出了对目前国内高校学生代数思维训练普遍不足的担心，和对高校教师教学地位不高造成的学生积极性不足的担心。

拔尖学生本科阶段交叉学科领域科研兴趣和科研能力培养研究

成果报告作者：中国科学技术大学　安虹

摘要： 本课题本着"创新型人才必须在创新实践中培养"的教育理念，创建相适应的实践教育支撑环境和平台，以研究型学习与高水平科研相结合为内涵，以参与高水平学科竞赛为牵引，以充足有效的资源配给为保障，探索高性能计算交叉学科创新人才的培养之路。

一、交叉学科领域拔尖创新人才培养的挑战与机遇

培养拔尖创新人才，交叉学科建设是不可或缺的途径。然而在实践层面，大多数高校无论是交叉学科建设还是拔尖创新人才培养，都还没有形成有效的运行机制，更没有形成两者之间的协同和互动，中国大学面临交叉学科建设与拔尖创新人才培养的双重困境。一方面，交叉学科建设与发展面临着传统的障碍，另一方面，交叉学科建设成果难以转化为创新人才培养的资源。目前，交叉学科建设主要局限于学术研究或问题研究领域，相关资源、设备以及研究人员的调配更多的是为了项目研究的需要，交叉学科建设成果没有转化为创新人才培养的资源和优势，课堂教学中没有体现交叉科学研究的新成果，没有成功地让学生掌握处理跨学科的复杂问题、复杂情形所需的整合技巧；大学内部组织机构的变革更没有体现学科建设与人才培养间的渗透与联系，科学研究与教学活动之间的体制性断裂依然难以弥合。在这种背景下，培养创新人才有时只是"纸上谈兵"。实践中，大学交叉学科人才培养还存在不少障碍，无论是本科生教育还是研究生教育，大学的资源配置、教师编制、课程安排、考核评价等，都以相对固化的学科专业或自我封闭的院系为组织单位，学科以及不同学科学者之间壁垒森严、沟通交流困难，小型、分散的单学科组织模式把学生限制在狭窄的学科专业范围内，难以吸收多学科的学术营养，学生创新性思维的发展受到很大限制。在跨学科、跨专业培养拔尖学生方面的现状是，大部分的交叉学科研究中心（或研究所、实验室等）主要以科学研究为主，人才培养为辅；以研究生培养为主，本科生培养为辅；以二级学科内部交叉为主，一级学科间的交叉为辅；对如何在拔尖学生的本科阶段培养科研兴趣和创新能力缺少全方位支持和深入的研究。

中国科学院作为国家知识创新工程的主要力量，围绕知识创新工程搭建起来的教育和

研究平台,为优秀人才的成长提供了不可多得的培养条件。中国科学技术大学计算机学科是全校工科中唯一得到"中科院科技英才班计划""拔尖计划""卓越工程师教育培养计划""2011计划"四大人才培养计划支持的学科。借此发展机遇,我们形成了以下研究思路:将计算机专业人才的培养目标定位在培养具有国际视野的计算机高级人才,重视与中国科学技术大学的许多走在世界前列的科学和工程领域的学科交叉,发挥中国科学技术大学在计算机系统结构与高性能并行计算方向上的传统教育和科研优势,与其他学科一起,为学生奠定坚实的人文、数理基础和先进技术知识体系。

在国家新一轮"双一流"建设项目的支持下,围绕"世界一流、特色鲜明"的计算机学科发展目标,中国科学技术大学本着"创新型人才必须在创新实践中培养"的教育理念,借鉴国外计算机学科拔尖创新人才培养的有益经验,在高性能计算(HPC)这一交叉学科领域探索拔尖人才培养模式,创建相适应的实践教育支撑环境和平台,以研究型学习与高水平科研相结合为内涵,以参与高水平学科竞赛为牵引,以充足有效的资源配给为保障,探索高性能计算交叉学科创新人才的培养之路。

二、寻找交叉学科领域拔尖创新人才培养的新途径

拔尖创新人才具有两个最基本的特征:一是宽阔的学术视野,二是创新的思维品质。其中,宽阔的学术视野是创新的思维品质形成的基础,没有宽阔的学术视野,创新的思维品质的形成就没有根基。宽阔的学术视野源自广博的知识结构。只有掌握了宽广而深厚的基础理论知识、广泛的相关学科知识和精深的专业知识,具备了融会贯通的能力,才能在科学技术上有所创新。背景知识的交叉成为科学家打破习惯思维、扩大创新思维广度、取得原创性成果的源泉。尤其是20世纪以来,学科知识的交叉与融合,既孕育了精彩纷呈的原创性成果,又造就了善于打破学科壁垒,把不同学科理论与方法有机融合的创新性人才。这反映了现代科学发展的趋势和人才成长的基本规律。

但是,如果拓宽基础只是注重学生在知识量上的增加,单纯地增加课程学时,不注重知识的交叉复合,不克服传统教育中重知识轻能力的弊端,那么只会增加学生的负担,最后培养出来的也是不会很好运用知识和缺乏创造性的人。引导拔尖学生在交叉学科领域参加科学研究是培养他们创造能力的一个重要途径。让拔尖学生在本科阶段尽早接触科学研究,投入交叉学科领域的科研实践,不仅能深化掌握课堂讲授的理论知识,提高学习兴趣,而且能激发强烈的自主学习的意识,理解基础宽、厚、实的重要性,从而主动将基础课程学习与科研工作结合起来,训练创造性思维能力及动手能力。

那么,如何培养具有多学科知识素质的创新型人才?现代大学不仅进行知识创新、科学研究和学科建设,而且更要用科学研究和学科建设的新成果、新方法培养人才,通过人才培养进一步推动知识创新与学科发展。因此,科学研究与人才培养应该是一体的,人才培养必须通过科学研究或学科建设来进行,跨学科、复合型的创新人才必须通过交叉学科或跨学科来培养。

三、大学生超算①竞赛为交叉学科人才培养提供的契机

在每年两次发布 TOP 500 的两大国际超算大会——欧洲的国际超算竞赛(International Supercomputing Conference, ISC)和美国的超算竞赛(Supercomputing Conference, SC)上,与 TOP 500 同样受到关注的事件是国际大学生超算竞赛(Student Cluster Competition, SCC)。

SCC 要求每支参赛队伍由 6 名本科学生和 1 名指导教师组成,参赛队伍要在超算厂商的支持下,自行设计、搭建总功率不超过 3kW 的小规模机群系统,并在该平台上完成针对系统性能优化的 Linpack、HPCG 和 HPCC 测试,3 个事先给定的并行应用软件优化测试,1~2 个现场给定的神秘应用优化测试。在竞赛过程中,队员们还要接受组委员安排的现场答辩,以考察参赛学生对高性能计算技术的全面理解。SC16 - SCC 开始,还要求学生参加若干场技术报告会,制作技术展示海报。近年来,每年的竞赛规则不断创新,全面检验了参赛队员的 HPC 技术水平和应变能力,是一场挑战大学生临场智力发挥和心理承受极限水平的世界顶级赛事。

中国科学技术大学自 2012 年组建了超算鸿雁队以来,先后组织了 23 支队伍,130 人次参加了国内外高性能计算相关竞赛,获得一等奖、金奖或第一名 8 次,二等奖、银奖或第二名 5 次,三等奖、铜奖或第三名 3 次,其他特别奖 4 次。特别是在 SC16 大会上举办的大学生超算竞赛中,中国科学技术大学代表队包揽了总分和最高 Linpack 性能两项冠军,成为 SC 大学生超算竞赛自 2007 年举办 10 年以来首个双料冠军队,在国际超算舞台上充分展示了我国的高性能计算教育水平,获得了国内外同行的高度评价。由英才班参赛队员主持完成的国家大学生创新创业训练计划项目被推荐到全国大学生创新创业年会发表,多名英才班参赛队员的本科毕业论文获校优秀毕业论文,有的队员参加了多个国内外竞赛,经历了各种类型竞赛挑战问题的锻炼。迄今为止,中国科学技术大学超算鸿雁队已有计算机科技英才班的王元戎(2013 届)、兰武伟(2014 届)、贺松涛(2015 届)、张智帅(2016 届)、阮震元(2017 届)获得了由国务院批准设立的中国科学技术大学本科生学业成就最高奖——郭沫若奖学金,17 人次获得了国家奖学金,5 名队员荣获中国计算机学会优秀大学生奖,30 多人次获得了优秀毕业生称号或其他各类学生奖。

参加 ISC - SCC、SC - SCC 和 ASC 这样的国际竞赛,从组队、设计方案到最终比赛,参赛队伍前后大概需要一年的时间。在这个过程中,参赛学生与厂商一起设计和组装一套小规模的超算系统,通过对参赛系统方案的设计与优化,在超算应用领域科学家的指导下,在自建的参赛系统上根据参赛指定应用的特征优化软件性能,然后带到国际舞台上去,与来自世界各地著名大学的参赛选手过招,这是一段很有趣且值得自豪的人生经历。参加竞赛并力图取胜,这个过程对学生的综合能力提出了挑战,他们需要承受巨大的心理压力,并在半年时间内快速学习并行计算以及物理、化学、生物、力学、天文学、地学、金融、社会学等交叉学科领域的知识,投身研究型学习和创新性实践,比赛现场需要经历几天加班加点甚至通宵达旦的紧张工作,这些会让学生的综合能力在短时间内得到快速提升。在竞赛过程中,学生们

---

① 超级计算机竞赛简称为超赛。

经历了解决工程实际问题面临的种种困难。看到工程师面对出现的问题,马上就能找出问题所在,让大学生们体会到了动手实践的重要性。

通过比赛训练,学生们不仅可以学到最新的高性能计算技术,还能根据比赛要求做一些系统软硬件的设计和开发,为大学生的创新能力培养提供强大的驱动力,可以很好地引导学生对高性能计算这一交叉学科的专业学习兴趣,激发出他们的学习和创造热情,以及对未来职业理想的重新思考,培养学生创新最需要的素质,如跨领域、多元化思维,自我表达,沟通合作等方面的能力。

通过参加比赛,教师也能从中体悟到在高性能计算这一交叉学科领域国际同行新的教学思路和创新的教育方法,并应用到今后的实践教学中,还可以发现一些计算机系统设计新的研究课题,开辟新的研究方向。

图 1 展示了 SC&ISC 大学生超算竞赛活动中大学生完成的来自不同学科的应用课题,图 2 展示了在国际大学生超算竞赛中中国科学技术大学参赛队设计的液冷参赛系统。

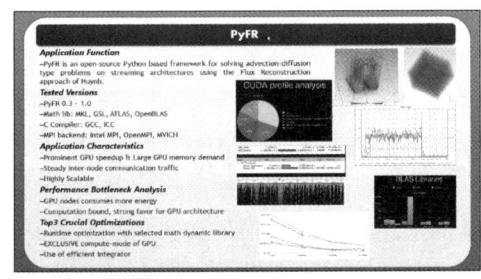
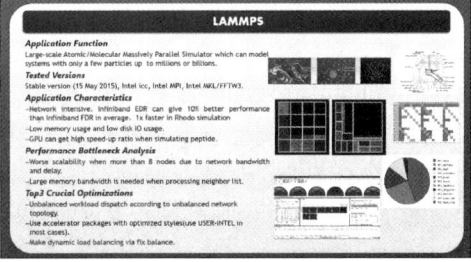
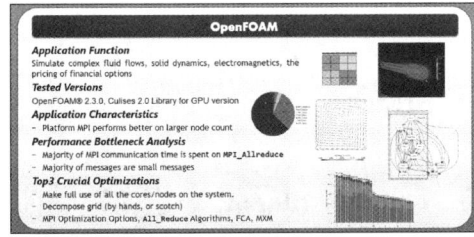
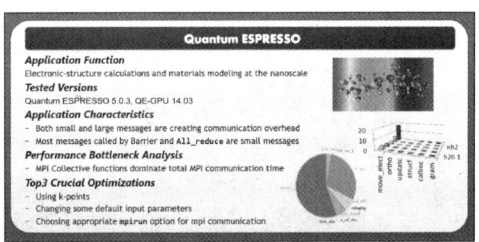

图 1 来自不同学科的应用课题

图 2 中国科学技术大学参赛队的液冷参赛系统

四、营造引导大学生在交叉学科领域参加科学研究的教育环境

高性能计算教育涉及众多交叉学科知识,也涉及计算机系统设计与实现方法的工程实践内容,需要不同学科的教师和工程师共同参与,才能打破学科壁垒,提供广泛的学科知识和精深的专业知识,满足交叉学科人才培养的需要。但是,国内高校普遍缺乏交叉学科教育环境和师资队伍。为此,我们借助中国科学技术大学"全院办校,所系结合"的办学优势,聘请中国科学院各相关院所的优秀计算科学家担任兼职教授,在中国科学技术大学组建了内外结合、跨学科的高性能计算实践教学团队,与校内导师合作,共同指导本科生和研究生的研究性学习。学校通过"龙星计划"开放课程、"HPC 走进高校""PAC 走进高校""HPC 教育论坛"等教学和研讨活动,面向全国高校培训能够在交叉学科领域从事 HPC 教育和人才培养的师资,实现了一流教师和一流教学方法的全国分享。此外,中国科学技术大学还常年邀请国内外不同学科领域的专家教授和工程技术人员来校参与课堂教学活动,举办专题讲座,联合指导大学生参加高性能计算相关国家创新实践研究项目和竞赛活动。这些举措营造了引导大学生在交叉学科领域参加科学研究,培养具有多学科知识素养的创新型人才的教育环境,破解了全国高校普遍存在的 HPC 师资不足的难题。图 3 展示了在这样的教育环境下中国科学技术大学得以开展的各项高性能计算教育活动和部分提供高性能计算创新实践教育的合作机构。

(a) 各项高性能计算教育活动

(b) 部分提供高性能计算创新实践教育的合作机构

图 3　内外结合、多学科交叉的创新型人才的教育环境

大多数 HPC 系统的使用方式,都不允许用户重建和改配系统的软硬件,只能在其上运行程序。高性能计算机系统及其应用教育的实践性、工程性很强,要让学生深刻理解现代高性能计算机系统设计的指导思想,真正掌握核心设计技术,还要让他们有机会"折腾"系统。为此,学校提出了构建允许学生"破坏"的创新实践教育平台的创新思路,破解高校普遍存在的 HPC 实践教学条件缺乏的难题。中国科学技术大学面向理论课、各类大学生 HPC 创新研究计划和竞赛项目,构建了实验室—校超算中心—中科院/国家超算中心三层资源结构的虚拟 HPC 实践教育环境,利用企业捐赠的高端实验设备,构建了允许学生"破坏"的高性能计算创新实践教育平台,开发了高性能计算应用与并行算法、编程、系统全线贯通的系

能力培养实践教学手段和资源。该环境允许学生反复地重建和恢复硬件和软件,为学生提供能够洞察并行软件与系统硬件协同设计本质的创新实践条件(图4)。

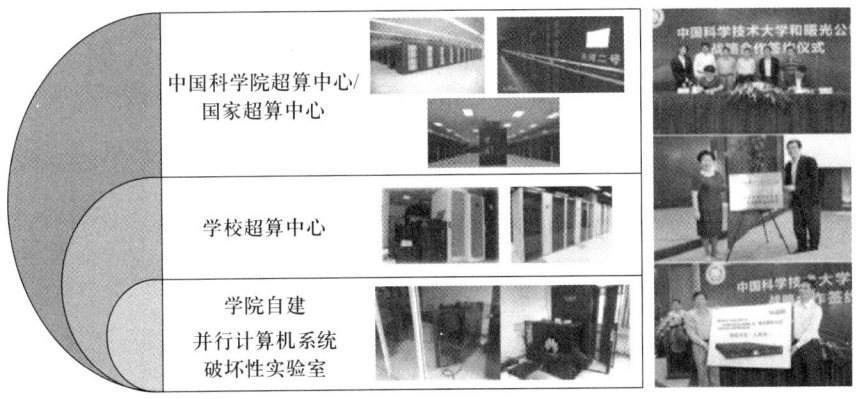

图4　允许学生"破坏"的三层资源结构的高性能计算创新实践教育平台

五、结语

进入21世纪,制造工艺技术的进步和计算机应用的变化不断丰富计算机的内涵和外延,各种计算机理论、技术和应用层出不穷。计算机学科在与其他学科交叉时,不但获得自身发展,而且不断拓宽应用领域,开创了一大批充满活力的新兴交叉研究领域。未来,计算机科学最重要的发展是它在各学科和工程中的应用。例如,医学的重大突破很可能是在生物学家、物理学家、化学家和计算机科学家等跨领域的合作研究下取得。因此,未来计算机学科、科学和工程学科的发展,需要在高性能计算领域培养大量与计算机交叉的创新人才。

本课题的初步研究成果表明,"创新型人才必须在创新实践中培养",将一流教学与一流科研相结合,是在高性能计算这一交叉学科培养创新性人才培养的最佳途径。

素质和能力培养导向的"探究式—小班化"教学改革成果总结报告

成果报告作者：四川大学　张红伟

摘要： 四川大学"探究式—小班化"教学改革已在全校范围内全面开展实施，成为推动四川大学教学水平和人才培养质量提升的有力抓手。学校从理念、方法、技术、效果方面持续推进"探究式—小班化"教学改革，开展了"课堂教学革命"，形成了一整套行之有效的教学改革创新体系。

"一制三化"，即导师制、个性化、小班化、国际化，这是"基础学科拔尖学生培养试验计划"（以下简称"拔尖计划"）的重要举措，而其中的"小班化"是一个特别关键、特别重要的环节，它决定了课堂教学的质量和成效，这一举措的建立和完善对整个高校的教育教学改革具有特别重大的价值、特别广泛的指导意义。2016年，四川大学"素质和能力导向的'探究式—小班化'教学改革"课题获得"拔尖计划"研究课题立项。项目组总结了自2009年以来，四川大学开展"探究式—小班化"课堂教学改革的经验，分析了不同高校、不同学科、不同课程开展"探究式—小班化"课堂教学改革的具体做法、成效，进一步凝练出以"启发式讲授、互动式交流、探究式讨论、全过程学业评价及非标准化考试"为主要特征的"探究式—小班化"教学模式，同时配合以智慧教学环境及相关软硬件条件的辅助支持，形成了一整套行之有效的教学改革创新体系。目前，该模式已在全校范围内进行推广，取得了初步成效，得到上级领导和同行的广泛认可。

一、成果研究内容及方法的突出特色

1. 在人才培养主阵地——课堂上实施"以学为中心"的变革

课堂是学生学习、成长的主阵地、主渠道。对课堂教学实施改革，重心低、涉及面广，有非常大的难度。"探究式—小班化"教学改革的关键在于"探究式"，在于以学生的学习为中心，以学生的学习成效为导向，从激发学生的学习积极性、拨动学生学习最根本的需求（即对知识的渴望、满足战胜困难的欲求）出发，通过尊重理解、营造和谐氛围、创设交流与合作机制来探究问题的本质及来龙去脉，要求将"教师的主导作用"和"学生的主体作用"都加以充分调动和发挥，以使学生学习主动性和创造力得到最佳的发挥。

2. 理念与方法并重、软件与硬件建设相结合的方法创新

四川大学以理论结合实践的方式进行了项目研究,通过收集、调研"拔尖计划"相关学科及"探究式—小班化"课堂教学优秀案例,重点分析、了解学生的学习方式和需求;以理论研究作为支撑,从教学管理、教学理念推广、教师教学能力提升、软硬件环境配套等多角度完善了四川大学提升本科生素质和能力的"探究式—小班化"具体方案,引导教师转变教学方式,充分发挥学生的主导作用,逐渐形成探究式课堂教学的典型模式。

3. 更加广泛地发挥了教师"教书"又"育人"的作用

"探究式—小班化"教学的重点是基于"以学为中心"的理念,鼓励教师推行启发式讲授、批判式讨论,鼓励教师以问题为导向带领学生分析问题、解决问题,从"讲授者"转变为"引导者",更加强调师生互动,教师与学生的关系更加亲密、更加紧密,教师在"教书"的同时,更能发挥"育人"作用。

二、资料收集和数据采集情况

(1) 项目组深入研究了国内外"探究式—小班化"教学改革的内涵,分析、总结了我国开展"探究式—小班化"研究的历史进程、经验及利弊,为项目提供理论支撑。"探究式—小班化"教学是国内外高校的教学趋势,在欧美国家的大学本科教学中,多以这种方式展开。在我国,1979年美国教育家、哈佛大学教授兰本达女士应邀访问中国,1984年开班讲学,传授"探究—研讨"教学法,为我国"探究式教学"的理论和实践研究拉开序幕。就课堂教学来说,传统的"以教师为中心"的单向灌输式教学方式和功利性的应试化教育,不仅不能活跃课堂氛围,提升课堂教学的灵活性与艺术性,更不能满足人才对知识的渴求。为适应新时代的要求,国内高校开始倡导"探究式"小班化教学方式,还原大学教育的本质,"以学生为中心",从满足学生最根本的需求出发,通过尊重和启发学生、营造和谐的氛围来探究问题的本质及来龙去脉,达到学习主动性和创造力的最佳发挥。

(2) 项目重点参考"拔尖计划"小班化实施经验,为此项目组收集、调研了兄弟高校及四川大学"拔尖计划"开展"小班化"教学的理念和做法。"拔尖计划"实施高校率先在全国高校中探索小班化教学改革,提出了以启发式、讨论式、探究式教学方法促进学生学习。具体做法包括配备顶尖学者、教师以满足"探究式—小班化"教学对教师教学水平的更高要求;通过开设讨论班、专题研讨班、专属课程、前沿讲座、学术交流等方式加强学生学习兴趣,强化"探究式—小班化"教学,让学生能与教师进行深入沟通与互动;通过教师教学能力提升培训、建立高质量的教师教学发展支持与服务体系等方式促进教师教学能力提升等。分析、探究以上举措的内涵即为"以学生为中心",改变传统的教学方法,以"探究式—小班化"课堂教学促进学生自主、自发学习,全方位提升学生的素质和能力。为总结分析四川大学"拔尖计划"开展"探究式—小班化"教学的现状和取得的成绩,项目组组织召开了四川大学"拔尖计划""探究式—小班化"教学研讨交流会,重点分享了各学科在开展"探究式—小班化"教学中的典型经验做法,探讨了进一步推进"拔尖计划"的工作思路。从各高校的实施经验不难发现,"探究式—小班化"教学是高校课堂教学的发展趋势,更有利于提升学生的

学习能力、激发学习动力、挖掘创新潜质。目前存在的问题是如何深入推进"探究式—小班化"教学改革,不仅满足于"神似",更要让"探究式—小班化"课堂教学作为提升人才培养质量的重要方法。

(3)研究、分析了项目开展期间"探究式—小班化"教学改革所涉及的教师教学技能培训、全过程—非标准答案考试情况、"探究式—小班化"课堂教学优秀案例、教学环境建设等内容。例如,项目依托四川大学国家级教师教学发展中心,开展了多层次多类型教学研讨活动,让教师深入理解"探究式—小班化"教学方法,提升"探究式—小班化"教学技能。教师教学发展中心开展了包括"新教师教学能力系列培训""教师教学策略"系列研讨培训、本科创新大讲堂、午餐沙龙等各类品牌活动,累计培训教师 11 000 多人次。通过活动后的反馈调查显示,活动满意度基本达100%,有效性达99.8%。同时,四川大学近年来在全校范围内推进以"启发式讲授、互动式交流、探究式讨论"为特征的高水平"探究式—小班化"课堂教学改革。目前,四川大学已开设互动式、小班化课程 9 024 门次,占比达 70.5%,建成了"探究式—小班化"示范课程 64 门。

三、项目研究及实践情况

(1)积极推广"探究式—小班化"教学改革理念。为深入推进"探究式—小班化"教学改革,项目组对其内涵和实质进行了全面研究,弄清了"探究式—小班化"教学改革的要义即是要"以学为中心"的实质,改变传统的"以讲授为中心""以教师为中心"的教学模式,在教育教学理念、教学方法、学生学习评价手段等方面体现"以学为中心"。项目依托四川大学国家级教师教学发展中心,开展多层次多类型教学研讨活动,让教师深入理解"探究式—小班化"教学方法,提升"探究式—小班化"教学技能。每年召开"以学为中心的教育"国际研讨会,举办"本科教育创新大讲堂"、教师教学能力发展月等活动,有效地推广了"以学为中心"的教育教学理念、"探究式—小班化"互动教学方法和非标准答案考试方法,推动教师教学观念的转变,为教师理解"探究式—小班化"教学打下基础。

(2)助力教师"探究式—小班化"课堂教学技能提升。围绕"探究式—小班化"教学理念,教师教学中心开展的"教学策略进学院""基层教学组织活动""教师教学能力发展月"等活动有效地促进了教师理念更新、学习"探究式—小班化"教学方法、掌握"探究式—小班化"教学技巧。同时,以"探究式—小班化"教学竞赛推动教学改革,激励教师主动思考教学、投入教学,有效提升教师教学能力。

(3)配套激励机制,鼓励教师积极参与课堂教学改革。借鉴"拔尖计划"积极配套鼓励并支持教师开展"探究式—小班化"教学的经验,学校在已有的本科教学优秀奖、课堂教学质量优秀奖等奖项的基础上,专门设立了"探究式—小班化"课堂教学质量优秀奖,并在年度教学工作会上给予专门表彰。

(4)研究并深度推动不同学科、不同课程对"探究式—小班化"教学改革的实践。按照"拔尖计划"的实施理念,"小班化"作为关键环节和要求,首先即在量上要求控制课程人数,这样的改革经验在学科门类齐全(覆盖文、理、工、医、经、管、法、史、哲、农、教、艺 12 个学科门类)和招生规模较大(每年本科招生规模在9 000人以上)的四川大学,"探究式—小班化教学"如何推广和应用是摆在项目组面前的一项挑战。基于教改成果推广和"拔尖计划"示范引领学校教学改革的思考,通过学校的积极引导和学院、教师层面的创新探索,"探究式—小班化"在四川大学不同学科、不同课程中都达成了共识,也积累了改革的经验。

对于物理小班(即班级容量较小的班级),教师积极开展形神兼备的"探究式—小班化教学"。以拔尖班通识课程——时事热点话题分析与讨论课程为例,该课程授课教师每堂课依托一件国际国内发生的大事或热点话题开展研讨。教师在课前确定主题后通过QQ、微信等与学生分享,让学生分组开展学习、研究;课上,引导学生围绕主题交流、审视、探讨;课后,学生阅读文献和撰写英文报告,教师及时批阅、反馈。这样,既提升了学生思维的广度、深度,增强了学生的口语和文字表达能力,又培养了学生的创新思维和团队精神。

而对于全校的公共基础课程,由于此类课程量大面广,在无法实现物理空间小班的前提下,学校着手推广"观念小班"即"大班授课,小班研讨",配备研究生助教,辅助教师开展课堂分组研讨,有效增加师生互动次数,提升研讨实效。以大学数学课程为例,数学学院在狠抓大班主讲课堂教学质量的同时,大力开展小班助教习题研讨;学院创新性地开展工作,设立研究生助教督导委,通过校院、主讲教师、学生助教督导委共同分层管理,严格教学质量过程管理。学校教务处、数学学院共同拟定颁布研究生助教管理相关规定、细则,进行宏观管理;主讲教师对助教听课、习题研讨课、作业评阅及辅导答疑进行指导和管理;学生督导委对助教习题研讨课及答疑进行全覆盖督查,实行助教自我监督与管理。此项措施有力保障了"大班授课,小班研讨"的效果。

在专业课方面,教师依托学校课程中心、各类慕课平台等,通过翻转课堂,开展"探究式—小班化"教学。生物拔尖试验班的细胞生物学是一门重要的专业基础课,课程主讲教师依托国家精品在线开放课程这一优质MOOC资源,让学生在课前开展个性化学习,在课堂上则针对重点、难点问题进行深度研讨和学习效果的检测。这样的翻转课堂,让学生"忙"了起来,学生说课上1小时,课下需要的时间大约是2~3小时,收获更大,学到的东西也更扎实,起到了让学生深入探究的目的。

(5) 推行"全过程学业评价—非标准答案考试"改革。"拔尖计划"在学生学习评价方面做出了有益的探索与实践,重点考察学生的科学素质、学术兴趣、悟性和发展潜质,课堂教学及考核,注重为学生提供思考问题、探索问题、争辩问题、解决问题的空间和可能。例如,化学学院设置科研学分,制定了《四川大学化学学院"拔尖创新人才"科学研究活动实施细则》,学生在学校期间所发表的论文、发明、专利、比赛获奖等科研成果,可折算成学分,直接计入学生所修的学分中。物理学院对研讨类课程以课程论文、书面综合报告、口头答辩等形式进行考核,克服高分低能的培养弊端。近年来,学校为配合"探究式—小班化"教学,开展了从试题命题到成绩的全方位改革,推行了非标准答案考试改革和全过程学业评价,教师可根据不同学科特点、课堂教学需求,制定相适应的课程考核内容、形式,同时加强对学生学习过程的考核。课程考核内容注重与时代、学科前沿接轨,避免死记硬背,多为学生提供诠释和运用知识点的机会;考核形式多样化,如小论文、小设计、文献综述、读书报告、调查报告、实际操作等;平时成绩由课堂参与情况、团队合作项目、课堂练习与问答、学生上台讲课、小组讨论、课程知识小品设计与表演、课外作业与实践活动、小论文、文献查阅等多种方式构成。这样的全过程—非标准答案考试更有利于启发学生思维、激发学生智慧,利于培养学生创新能力。

（6）配套智慧互动型教学环境以成就"探究式—小班化"教学改革。可移动、可拼接、多类型的智慧教室满足了不同学科研讨教学的需要；利用信息技术与课堂表决器等教育设备，提高学生的学习专注度和教学参与度；教师休息室和公共服务平台（设置无线网络、书写白板、信息发布系统、可移动座椅等设施），使教师休息室和教学楼走廊及学生宿舍等公共场所成为学生课后互动交流、师生思维碰撞的空间，使教与学的互动延伸到课堂外。

四、成果的学术价值和应用价值，以及社会影响和效益

（1）深化"探究式—小班化"教育教学理念，以课堂教学不断提升学生的素质和能力。近年来，借鉴国内外"探究式—小班化"教学的先进理念，四川大学持续推行"探究式—小班化"课堂教学改革，探索"全过程学业考核—非标准答案考试"，创设智慧教学环境等，从教师的"教"到学生的"学"，从激励机制软环境到教学空间硬环境等诸多方面，开展了全方位、系统性改革实践；实现了教学理念从"以教为中心"向"以学为中心"转变，促进学生学习从被动向主动转变，重点关注学生的整个学习过程和学习成效，重视激发学生的创造性，帮助学生养成批判性思维和自主学习习惯。通过一系列的举措和做法，四川大学在推进"探究式—小班化"教学改革的过程中，逐步摸索出了一套可复制、可推广的四川大学"探究式—小班化"教学改革经验。

（2）学生主动学习能力、创新思维不断增强。通过实施"探究式—小班化"教学改革，教师改变了传统的讲授为主的教学方式，将教学的重心转移到调动学生的学习积极性、培养学生的主动学习能力上来，学生创新意识与创新能力得到大幅提升。近年来，全校本科生平均每年发表论文600余篇，其中SCI、EI、CSSCI论文近600篇，本科生参与申请专利近100项。每年参加学科竞赛和各类创新创业竞赛200余项，参与学生近15 000人次，获得省级及以上奖项2 000余项。在近三届中国"互联网+"大学生创新创业大赛中，四川大学学生获得了7金、3银、1铜的优异成绩，学生素质、学习及创新能力显著提升。

（3）改革吸引了主流媒体的报道。2017年1月1日，CCTV-10科教频道《开局之年》"教育篇"展示了四川大学在高水平"互动式—小班化"课堂教学改革中的努力和取得的成就。

创新支持是否改变了在校大学生的创新行为?[①]

成果报告作者：西安交通大学　梅红，任之光，冯国娟，杨森，胡寿平[②]

摘要：培养大学生的创新创造力不仅是高等教育改革的重要任务，更是实现创新驱动发展的人才战略、建设创新型国家的重要基础。本文即在此基础上展开，在实践调研的基础上，构建了创新支持、创新自我效能感和大学生创造行为的关系模型。我们通过面向五校进行调研，分析了934份有效问卷后发现：入选"拔尖计划"的学生在个人创新行为方面的表现更佳；工具性支持对个体创新行为的影响不显著；精神支持和人际支持对个体创新行为方面发挥显著的影响作用；创新自我效能感发挥了明显的中介作用。

一、背景与问题

实施创新驱动发展战略，核心就是聚集创新人才，实质就是创新人才驱动。大学作为人才培养的重要基地，如何适应时代需求，培养一批国家发展建设急需的创新人才，成为当前时代背景下的高等教育改革创新的重要问题。

在这一背景下，近年来，高等学校通过增加基础科研设施投入、鼓励和支持师生国际交流、加大海外创新人才引进、改革学校教育教学模式等多种手段进行了积极的尝试。为了加快创新人才培养改革，2007年，教育部批准实施了"国家大学生创新性实验计划"；2009年，教育部推行的"研究生教育创新计划"；同年，教育部联合中共中央组织部、财政部实施"基础学科拔尖学生培养试验计划"；2012年，国家开始启动了"高等学校创新能力提升计划"等。除了上述国家层面的各类高等教育创新计划外，各学校也积极尝试开展教育改革、探索创新人才培养的新途径，例如中国科学技术大学、西安交通大学等校针对早慧少年开办的少年班，北京大学开设的元培实验班，复旦大学的"望道计划"等。可以看出，创新人才培养活动已经受到从国家层面到学校层面的高度重视，通过创新环境营建、加大教育投入、改进教

[①] 国家自然科学基金项目(71550001)，国家基础学科拔尖学生培养专项委托研究项目。

[②] 梅红，西安交通大学公共政策与管理学院副教授；任之光，国家自然科学基金委办公室副研究员；冯国娟，西安交通大学拔尖人才培养办公室职员；杨森，西安交通大学理学院教授，拔尖人才培养办公室主任；胡寿平，佛罗里达州立大学教育学院教授，大学生学习成功研究中心主任。

育教学方法等途径培养学生创新意识、提升学生的创新创造力的做法已经逐渐成为高等教育工作者的普遍共识。

本文即在这一背景下开展研究,将结合学生访谈及文献梳理构建理论模型,进一步明确以下问题,并从创新支持到个体创新自我效能感,以及个体创新行为产生的影响路径,检验以下变量构成与变量关系,明确这些疑问将有助于科学评估在校大学生创新创造力发展情况,改善我国创新人才培养实践。

(1) 在校大学生对各种创新支持行为的感知,如何分类描述?

(2) 学生感知到的创新支持和个体创新行为之间的关系是什么?大学生的创新自我效能感如何,是否在其关系中发挥了中介效应?

(3) 不同类型的学生是否存在差异?主要有哪些差异?

二、理论探讨

1. 创新支持

"创新支持"是指大学生对学校创新环境和各种有利于创新的举措、做法的主观认知和体验。20世纪90年代,西方管理学、心理学研究者开始关注组织氛围对个体发展的影响,并衍生出组织学习氛围、组织创新氛围等概念,随着创新在当代社会中地位的凸显,创新氛围逐渐成为更受关注的概念。西格尔等研究者围绕创新氛围研究提出了创新支持量表(Siegel Scale of Support for Innovation),通过"对创新的支持、对个体创新的支持、上层的支持力度"等题项来刻画组织的创新氛围。此外,在阿玛比尔、韦斯特等涉及创新氛围的相关研究中都对创新支持进行了测量。2004年开始,以蒂尔尼和法默为代表的一批研究者从创新氛围研究中剥离出创新支持(Support for Innovation)的概念,并专门编制了创新支持行为量表(Creativity Supportive Behavior Scale,CSBS),通过实证研究方法探索了企业组织中管理者行为对员工创造力的影响关系。当前发展不同行为主体的创造力都成为社会关注的话题,青少年时期更是创造力形成和发展的关键时期,但目前针对在校大学生的相关研究还很匮乏,本文将借鉴上述研究,依据对当前高校创新支持活动的调研分析及对学生调研,改编量表并抽取和验证当前高校创新支持的具体纬度。

2. 个体创新行为

"个体创新行为"是指将有益的新想法、新知识、新观点运用于学习和现实生活中的所有个人行动和意愿。一般来说,创新可以分为个体、群体、组织三个层次,其中个体层次的创新是其他创新的最终来源。Zhou(周)和乔治认为个体创新行为不仅仅指创新构想产生,还包括创新内容、创新的推广以及发展出执行方案。过去几十年中,西方研究者从不同视角探究了个体创新的影响因素,它们包含:个体的抽象思维能力、认知能力、积极情感、创造性人格、领导者的个人特质、领导者的认知风格、领导者与下属的关系、领导者的支持行为、组织文化、时间压力、任务的挑战性、任务的复杂性等。斯科特和布鲁斯指出,个体创新行为从识别问题开始,进一步产生创新构想或解决方案,并为创新想法寻找支持,最后将创新想法"产品化"及"制度化",这个过程可以概括为三个阶段,即问题的确立以及构想或解决方式的产生;寻求对其构想的支持;由此产生创新的标准或模式,使其可被扩散和使用,完成并实现创新的构想,这三个阶段构成个体创新行为的基本过程。在此基础上,国外学者克莱森和斯特里特以及台湾学者黄致凯进一步发展并通过量表验证了个体创新行为的维度。本文将在上述研究基础上,借鉴斯科特等编制的个体创新行为量表并进行适当改编,该量表也是目前较受认可的量表之一。

3. 创新自我效能感

创新自我效能感(Creative self – efficacy)是自我效能感理论与创造力理论相结合而产生的概念,指个体对自己从事特定活动时,是否具有产生创造性成果能力的评价。当代著名心理学家阿尔伯特·班杜拉于20世纪70年代提出自我效能感的概念,他认为自我效能感是个体对自己成功完成某项特定任务或工作所持有的信心。自我效能感所涉及的并不是能力本身,而是个体对自己能否整合利用所有的知识、技能以及资本去完成某项特定任务的自信程度,是个体认为自己"能不能"完成任务和工作的主观判断,个体对自身能力的感知存在高感知和低感知的差异,高感知即个体的自我效能感高,反之,则自我效能感低。研究已发现,那些自我效能感高的人能够在相应领域中会表现得更好,而个体在低自我效能感的任务领域中往往表现欠佳,自我效能感高的个体,在解决特定领域的特定问题时,还更能够持之以恒。但与此同时,自我效能感还具有动态性和可变性,会受到个人成就、替代经验、言语说服、心理与情绪激励等内外部因素的影响。研究者福特在其创造力模型中,将自我效能感视为激发个体创新创造力的一个重要的动机成分,认为自我效能感会影响个体未来的创造行为与表现。在不同的领域和情境下,个体的自我效能感会发生相应的变化,例如,在强调创新与创造力培养的环境下,个体的自我效能感会受到情景、领域等特定因素的影响,个体会随之学习不同领域的知识和技能,并发展出不同的能力来做出相应的回应,创新自我效能感(Creative self – efficacy)的概念和研究因此诞生。这一概念自2002年提出以来,已经在企业管理、护理、公务员等领域中开始应用,针对我国大学生的相关实证研究还基本空白。

4. 理论框架与假设

组织支持理论和三元交互论为本研究框架的构建和假设形成提供了理论基础。艾森伯格等研究者在社会交换理论的基础上提出了组织支持理论(Organizational Support Theory)和组织支持感知(Perceived Organizational Support)的概念,他们认为组织支持感知是增强个体对组织的情感依恋,努力工作以获得组织奖励的重要基础。个体感受到更多的组织支持,就会对组织产生更多的依恋,从而更加认同组织文化、继而做出更多符合组织导向的行为。组织支持理论弥补了以往侧重个体对组织承诺而忽略组织对个体承诺的缺失,更加突出了外部环境、软硬件支持、上级鼓励等因素的作用,在实践中得到了广泛的应用。麦克米伦等研究者在此基础上进一步指出,组织的支持还包含其他多种类型,例如工具性支持、行为支持、情感支持和信息支持等。20世纪80年代中期,班杜拉等研究者从个体心理机能发展的视角提出三元交互理论,指出个体行为是外部环境、内部主体性因素以及过去与现在行为三者之间的动态交互的产物,人们不只是由外部事件塑造的有反应性的机体,他们的行为还具有自我组织、自我调节、自我反思的特点,这一理论将反映个体能力信念的自我效能感与外部环境、个体行为紧密地连接在一起,成为分析个人行为选择、外部行为环境与个体因素的重要理论。

结合"组织支持理论"和"三元交互理论"的观点,本研究关注了学生如何感知学校各种创新支持举措,它对学生个体创新行为的影响关系。回顾国内外研究文献可以发现,贝尼特和班杜拉在创伤性恢复研究中发现,社会支持正向影响自我效能感,而资源缺失则会负向影响自我效能感;蒂尔尼和法默在皮格马利翁效应和员工创造力关系的研究中指出,管理者创新支持直接影响个体对创造力期望的看法,进而影响个体创新自我效能感,同时还发现层级关系、教育水平、专业知识等外部因素都能直接、正向影响员工创新自我效能感;加富尔和马苏德在研究中也发现,变革型领导和绩效取向等外部因素都能正向影响个体的创新自我效能感。近年来国内学者也面向儿童、企业员工等对象尝试探索了家庭环境、领导的预期与支持、组织氛围等外部因素对员工创新自我效能感的影响,并陆续验证了上述外部环境因素对创新自我效能感的正向影响。综上所述,我们提出了如下的假设:

假设 H1:大学生感知到的创新支持将正向影响创新自我效能感。

创新支持是创新氛围研究的重要组成部分,是影响团队创新的重要因素,斯科特和布鲁斯通过个体创新行为模型探索了创新支持与个体创新行为之间的正相关关系,阿玛比尔等提出创新的内在动机原理,指出创新支持对创新有着积极的影响;吉尔森和沙利也发现,团队成员感知到支持创新的氛围将有利于创新行为投入。国内学者顾远东、彭纪生、隋杨、陈云云、王辉也探索了支持创新的氛围对个体创新和创新绩效的积极影响。综上所述,我们提出了如下的假设:

假设 H2:大学生感知到的创新支持将正向影响学生的个体创新行为。

近年来,学者围绕创新自我效能感和创造力的关系,开展了大量研究。法默发现积极的创新自我效能感是形成创造力的主要影响因素之一。卡尔梅利和朔布洛克研究指出,高创新自我效能感的个体能够更积极地投入创新工作并促进其创新行为的发生。贝格托以中学生为样本发现,拥有高创新自我效能感的学生,课后参与学术活动和学校活动的概率更高。蒂尔尼和法默基于时间序列的研究发现,随着创新自我效能感增长,个体的创造性表现也会随之提升。Seo(徐)、Lee(李)等人则在构建的个人创造力模型中指出,创新自我效能感通过影响个人资本,进而影响个人创造力。研究者还发现创新自我效能感在外部因素变量(变革型领导、学习取向、组织创新氛围、教师创新支持)与个体创新创造力发展方面起到了中介作用。综上所述,我们提出了如下的假设:

假设 H3:创新自我效能感正向影响个体创新行为,并在创新支持和个体创新行为间起中介作用。

综合以上分析,研究的理论框架和变量关系如图 1 所示。

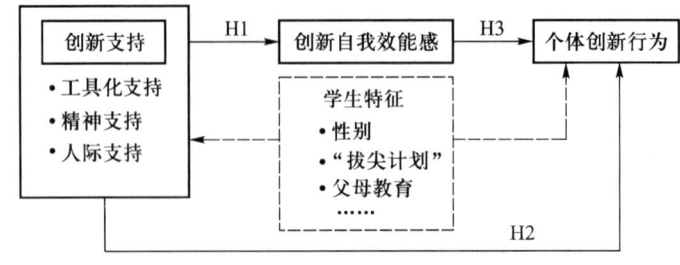

图 1 理论模型

三、研究方法

调查问卷包括两个部分:基本情况介绍和正式问卷。基本情况部分由学生性别、所属学校、所在学科等控制变量组成。正式问卷包含三个子量表,第一部分是创新支持量表,该量表借鉴蒂尔尼和法默针对企业管理者的创新支持量表进行改编,题项和内容表述更加符合中国大学管理实践,并在此基础上进行了预测问卷发放以保证问卷的信效度,这一部分主要测量了学生感知到的国家和学校层面的各类创新支持,共计16个题项;第二部分是创新自我效能感量表,主要借鉴贝格托开发的创新自我效能感量表并结合中国国情进行了改编,共3个题项,主要测量学生对待自己进行创新的自信程度;第三部分是个体创新行为量表,主要借鉴斯科特编制的个体创新行为量表并结合中国国情进行了改编,用于测量学生创新行为产生和执行情况,共6个题项。三个量表均采用李克特五点量表,具体变量描述及编码见表1。

表1 变量描述及编码

测量变量	变量描述及编码
性别	虚拟变量(男性=1,女性=0)
"拔尖计划"	虚拟变量(是=1,否=0)
STEM专业	虚拟变量(科学、科技、工程、技术专业(STEM)=1,其他=0)
研究型大学	虚拟变量(是=1,否=0)
低收入家庭	虚拟变量(是=1,否=0)
低父母教育	虚拟变量(是=1,否=0)
低学业成绩	虚拟变量(是=1,否=0)
中学业成绩	虚拟变量(是=1,否=0)
高学业成绩	参照组
创新支持	根据对创新支持的感知做出从1(完全不符合)至5(完全符合)的选择: (1)试图为学生提供必要的学习设施;(2)努力确保学生从事创造性工作所需资源;(3)为培养创造力树立好的榜样;(4)对创新工作给予值得的回报;(5)公开的认可创新努力;(6)鼓励制定创新目标;(7)赞扬创新工作;(8)支持创造与革新;(9)赞扬创新努力,甚至是在结果不太成功时;(10)以我们的努力和成就为荣;(11)让我们更加坚信自己有创新潜能;(12)鼓励我们与他人合作;(13)强调要与他人分享知识的重要性;(14)积极寻求与外部成员的交流;(15)努力获取促进发展的相关信息;(16)鼓励我们与其他系所、学校、国家的学生沟通
创新自我效能感	根据对自己的评判做出从1(完全不符合)至5(完全符合)选择: (1)善于提出新想法;(2)有许多好的想法;(3)很自信

续表

测量变量	变量描述及编码
个体创新行为	根据对自己行为的认知做出从1(完全不符合)至5(完全符合)选择： (1)学习中会尝试运用新的技巧或方法；(2)会产生一些创新的主意或想法；(3)会与他人沟通自己的想法并力争获得支持与认可；(4)会争取所需的资源以实现自己的新想法；(5)会制定适合的计划与日程以落实新想法；(6)具备创新意识

研究运用随机抽样的方法面向五所学校的全日制在校学生进行了调查。选取陕西省五所高等院校为抽样单位，主要考虑到陕西省为我国高等教育大省，各级各类学校分布均匀，且调研者熟悉陕西高校情况，有利于保证问卷质量和回收率。问卷还选取西安交通大学"拔尖计划"的学生作为调研对象。该计划自2009年实施，西安交通大学作为首批入选单位之一，已连续六年在数学、物理两个基础学科进行人才培养，是当前国家支持力度最大、影响力最大的创新人才培养计划之一。

2013年12月至2015年7月，本研究共发放调查问卷965份，回收有效问卷934份，问卷有效率为96.8%。其中研究型大学(西安交通大学、陕西科技大学)学生占总样本的68.2%；其他学校(西安建筑科技大学华清学院、西安培华学院、西安外事学院)学生占总样本的31.8%；女生占总样本48.9%，男生为51.1%；STEM专业学生占51.7%，其他专业学生占48.3%；普通在校大学生占83.9%，"拔尖计划"学生占16.1%。

问卷调研包括预测试和正式测试两个步骤，在对预测问卷中信效度不理想的题项进行删除、调整后，开始发放正式问卷。回收正式问卷数据后，首先验证了所有量表的信效度，进行了数据的描述统计分析；第二步，分析并检验了创新支持的维度构成，运用因子分析方法，提取并命名了三个因子；第三步，进行了变量的相关分析；第四步，检验了拔尖班学生和其他学生在个体创新行为方面的差异；第五步，进行回归分析，检验了创新支持和创新自我效能感对学生个体创新行为的影响。

四、数据结果

运用SPSS对数据的信度效度分析结果显示，创新支持量表信度检验的α系数为0.934，创新自我效能感量表的α系数为0.783，个人创新行为量表的α系数为0.843，说明问卷具有很好的内部一致性，符合问卷设计要求。

采用探索性因子分析方法(主成分分析法抽取因子，并进行最大正交旋转)对创新支持维度进行分析，KMO值为0.945，Bartlett球形检验的X^2为10286.651(自由度为120)，伴随概率值为0.000<0.01，说明适合进行因子分析。分析创新支持变量的因子旋转载荷可以发现，它可以分为三个维度，根据题项内容和前期调研情况，分别对三个因子进行命名，称为工具化支持、精神支持、人际支持，具体结果见表2。

表 2 创新支持的旋转载荷（因子构成分析）

维度	因子 1	因子 2	因子 3
因子 1：工具化支持			
题项 1	0.731		
题项 2	0.823		
题项 3	0.730		
题项 4	0.581		
因子 2：精神支持			
题项 5		0.786	
题项 6		0.807	
题项 7		0.849	
题项 8		0.800	
题项 9		0.563	
题项 10		0.539	
因子 3：人际支持			
题项 11			0.638
题项 12			0.695
题项 13			0.780
题项 14			0.772
题项 15			0.748
题项 16			0.773
Eigenvalue（特征值）	8.598	1.325	1.138
Variance（方差）	53.736%	8.283%	7.115%
Cumulative variance（累计方差）	53.736%	62.019%	69.135%

变量描述统计的均值和标准差显示（表 3），当前高校的创新支持较为明显，其中精神支持得分比人际支持、工具化支持略高。

表 3 变量均值与标准差

变量	均值	标准差
性别	0.510	0.500
"拔尖计划"	0.160	0.367
STEM 专业	0.518	0.500
研究型大学	0.682	0.466
低收入家庭	0.336	0.473

续表

变量	均值	标准差
低父母教育	0.759	0.428
低学业成绩	0.391	0.488
中学业成绩	0.405	0.491
工具化支持	3.331	0.864
精神支持	3.698	0.841
人际支持	3.578	0.869
创新自我效能	3.498	0.801
个体创新行为	3.589	0.704

从学科分组的组别统计可知,自然科学类学生创新行为的得分均值最高($M = 47.30$),其次是工程与科学技术类学科的学生($M = 43.30$),学生个体创新行为倾向得分最低的是人文社会科学类学科的学生($M = 41.11$),各学科学生在个体创新行为倾向上的均值都在均值的95%置信区间上下限之间。方差同质性检验结果显示,$F = 12.258$,$p = 0.000 < 0.001$,已经达到0.001上的显著水平,说明学科不同,个体创新行为倾向存在显著差异。

从"拔尖计划"的组别统计可见(表4),入选"拔尖计划"的学生,在个体创新行为方面的得分更高,方差齐性检验结果显示,$F = 16.945$,达到0.001上的显著水平,说明对于是否进入"拔尖计划"的学生而言,其创新行为存在显著差异。

表4 "拔尖计划"分组下个体创新行为的方差分析

组别统计			方差分析		
是否进入"拔尖计划"	样本量	均值	均值的95%置信区间		F 值
			下限	上限	
否	784	3.547	3.498	3.597	6.945***
是	150	3.803	3.702	3.905	
总数	934	3.586	3.543	3.634	

注:*** $p < 0.001$。

对变量的多重共线性诊断结果显示(表5),变量之间的容差介于0.407至0.888之间,均大于0。方差的膨胀因子(VIF)介于1.126至2.454之间,平均VIF值为1.782,可以认为回归模型的不存在多重共线性问题,降低回归模型估计失真的可能。

表5 创新支持与个体创新行为的回归分析

变量	个体创新行为						
	整体样本			普通学生		"拔尖计划"学生	
	模型1	模型2	模型3	模型4	模型5	模型6	模型7
性别	0.069	0.112*	−0.023	0.133**	−0.006	−0.036	−0.132

续表

变量	个体创新行为						
	整体样本			普通学生		"拔尖计划"学生	
	模型1	模型2	模型3	模型4	模型5	模型6	模型7
"拔尖计划"	0.200**	0.109	0.067	—	—	—	—
STEM专业	-0.122	-0.123*	-0.050	-0.126	-0.058	0.087	0.145
研究型大学	0.049	-0.018	0.046	-0.043	0.034	—	—
低收入家庭	0.017	-0.008	0.022	0.012	0.032	-0.097	-0.013
低父母教育	-0.144*	-0.164**	-0.058	-0.205***	-0.076	-0.013	0.026
低学业成绩	-0.171**	-0.180**	-0.076	-0.144*	-0.064	-0.251	-0.063
中学业成绩	-0.080	-0.104	-0.044	-0.065	-0.021	-0.187	-0.127
工具化支持		0.039	0.031	0.071	0.049	-0.149	-0.086
精神支持		0.118**	0.084**	0.122**	0.086**	0.144	0.104
人际支持		0.231***	0.074	0.208***	0.064*	0.304**	0.097
创新自我效能			0.531***		0.530***		0.514***
R2	0.032***	0.213***	0.510***	0.229***	0.519***	0.145**	0.466***

注：*** $p<0.001$，** $p<0.01$，* $p<0.05$。

对变量的多元回归分析结果见表5，模型1显示，对于整体样本而言，入选"拔尖计划"对大学生创新行为具有显著的影响，此外的低父母教育程度、低学业成绩均对个体创新行为具有显著的负向影响，也就是说，高父母教育程度、高学业成绩的学生个体创新行为更显著。

模型2、3显示，对于整体样本而言，加入创新支持维度后，性别、精神支持、人际支持均对个体创新行为具有显著的正向影响，STEM专业、低父母教育程度、低学业成绩对个体创新行为具有显著的负向影响，模型的解释程度提高了18.1%，说明创新支持是影响个体创新行为的重要因素。进一步加入创新自我效能感后，精神支持、人际支持以及创新自我效能感均是个体创新行为的显著影响因素，模型的解释程度提高了19.7%，说明创新支持和创新自我效能感是影响个体创新行为的重要因素。

模型4、5显示，对于普通大学生而言，加入创新支持后，性别、精神支持、人际支持正向影响个体创新行为，低父母教育和低学业成绩负向影响个体创新行为。加入创新自我效能感后，性别、低父母教育、低学业成绩的影响不再显著，但精神支持、人际支持、创新自我效能感都是影响个体创新行为的显著因素，模型解释程度提高了29%，且创新自我效能感在其中发挥了中介作用。

模型6、7显示，对于"拔尖计划"学生而言，加入创新支持后，仅人际支持正向影响个体创新行为，模型解释程度为14.5%。进一步加入创新自我效能感后，仅创新自我效能感是影响个体创新行为的显著因素，模型解释程度提高32.1%。

综上所述，提出的研究假设部分得到验证，对与普通大学生而言，精神支持与人际支持维度对个体创新行为有正向影响，创新自我效能感正向影响个体创新行为，且在创新支持和个体创新行为间发挥中介作用。对于"拔尖计划"学生而言,人际支持和创新自我效能感均对个体创新行为有正向影响作用,其他影响个体创新行为的因素还有待进一步探索。

五、结论与展望

第一,我国高等院校的创新支持可以分为工具化支持、精神支持、人际支持三个维度,但实证结果现实,目前工具化支持对学生的创新行为影响不显著。导致这一结果的原因可能和在读本科生对高校硬件设施、一流科研设施、尖端实验平台的接触有限有关,也可能是工具化支持确实不是影响创新的最根本原因。屠呦呦团队在科研条件有限的情况下取得了青蒿素提取的重大成就,也是一个例证。未来还可以在增加师生交流、互动、国际合作等方面继续增加投入,并将精神支持和人际支持方面的成功经验不断推广。

第二,方差分析结果显示,入选"拔尖计划"的学生,在个体创新行为与普通大学生存在显著的差异。但是,多元回归结果又显示,入选"拔尖计划"的学生并不认可创新支持是导致个体创新行为更高的主要因素。导致这一结果的原因,可能与这一计划的宣传、定位较高,学生视野更宽,学生从选报这一计划之初,就有名师指导、享受一流师资、具有多样化的国际化培养渠道等因素有关,这些因素可能导致学生对创新支持的期望更高,但感知水平较低。因此,在未来,一方面可以增加"拔尖计划"入选学生,另一方面,也可适当关注学生的预期,让学生更加客观地面对创新能力形成与发展过程。

第三,对于所有调研学生而言,创新自我效能感都在个体创新行为发展中占据了重要作用,对于普通大学生而言,它是创新支持与个体创新行为的中介变量,而对于"拔尖计划"学生而言,它也对个体创新行为具有显著的正向影响。未来学校可以进一步关注学生创新能力发展的心理因素,增强大学生对投入创新的自信,能更好地使创新投入发挥事半功倍的作用。

本研究只是开始创新支持与创新力发展的初步探索,研究还具有一定局限性,可以看出,在本研究涉及的变量中,入选"拔尖计划"的学生与普通大学生存在显著的差异,但本研究计划仅揭示出有限的规律,受到调研条件的局限,选择的"拔尖计划"学生样本也相对有限,未来还可进一步研究。

参考文献

扫码查看

目标定向、多样性经历对个体创新行为的影响[①]
——基于陕西省8所高校的实证研究

成果报告作者：西安交通大学　梅红，任之光，王静静，杨森，胡寿平[②]

摘要：研究检验了目标定向和多样性经历对个体创新行为的影响关系，依据陕西省西安市8所不同类型高校中1 060名在校大学生的数据分析可见：学习目标定向对其多样性经历和创新行为有显著正向影响；绩效目标定向对其多样性经历和创新行为影响不显著；多样性学术经历和多样性社交经历都对其创新行为产生显著正向影响，多样性经历在学习目标定向与个体创新行为间发挥了中介作用；"拔尖计划"的实施，更好地优化了大学生的学术多样性经历并有效地促进了个体创新行为的产生。

一、背景与问题

2015年10月，国务院印发《统筹推进世界一流大学和一流学科建设总体方案》，明确提出要通过具体落实"培养拔尖创新人才"等重点任务，实现"加快建成一批世界一流大学和一流学科"的目标。2017年全国教育工作会议进一步指出，要加快建立以学习者为中心的人才培养模式，通过多样化的学习，因材施教，促进学习者释放潜能，让拔尖创新人才脱颖而出。但目前我国的学校教育还存在过多关注毕业率、签约率、考研率，学习形式相对单调，学生的综合素养、特别是批判性思维能力发展受到局限等问题，影响甚至制约了学生个体创新行为的产生。

近年来，研究者开始对学校教育进行了更多的深度反思，伴随着"国家鼓励科技创新、大力扶植大学生创新创业"的政策背景与社会需求变化，以及马云等一批创富明星"惨淡"的学业经历和"卓越"的社会贡献的反衬与烘托，深化大学教育改革，转变教育理念与育人方式，加强学生批判性思维和创造力培养，已经逐渐成为当代社会的共识。2009年，教育部联合中共中央组织部、财政部启动"基础学科拔尖学生培养试验计划"（以下简称"拔尖计

[①] 教育部基础学科拔尖学生培养试验计划重点研究项目（20150901）。
[②] 梅红，西安交通大学公共政策与管理学院副教授；任之光，国家自然科学基金委办公室副研究员；王静静，西安交通大学公共政策与管理学院硕士研究生；杨森，西安交通大学钱学森学院教授、常务副院长；胡寿平，佛罗里达州立大学教育学院教授，大学生学习成功研究中心主任。

划"),西安交通大学等首批高校开始创新人才培养方面大胆尝试,本文即是在此背景下开展的探索,通过观察教育改革中"目标→过程→结果"三个重要环节,发掘并提炼出"目标定向、多样性经历、个体创新行为"三个关键变量,参考学生访谈明确以下研究问题,结合文献梳理、模型构建、假设验证等步骤,深度分析当前高等教育中人才培养出现的问题和可能的改革路径。这一探索不仅有助于改善大学生的学习绩效,推动高校教育教学改革,还对总结并推广"拔尖计划"人才培养经验,促进国家高层次创新人才培养和人才竞争力提升具有积极作用。

(1)高校人才培养的核心目标是什么?如何进行科学分类与描述?
(2)在校大学生的学习生活经历具有哪些特点?如何科学分类和描述?
(3)学生对学校教育目标理解是否会影响他们的学习生活经历?上述因素对个体创新行为的产生有什么影响?

二、理论与研究假设

1. 目标定向

目标定向是一种有计划的认知过程,它是对目标任务的表征,体现了个体对工作、学业成就和成功意义的内在知觉。20世纪80年代末期,德威克及其同事结合社会认知的最新研究,将目标定向的概念引入成就动机领域,解释了个体在成就情境中的差异是由于个体追求的目标不同而造成的。随后,组织行为领域的研究者进一步发现,目标定向是帮助个体取得创造突破和成功的关键因素,能促使个体在面临"创造"困难时保持自我效能,有利于个体创造力的改善。

目前,组织学习领域对目标定向有二维、三维、四维等多种不同的解释与划分,结合当前大学教育中的两类常见现象,本研究选取二维度划分与测量方法。一个维度是"绩效目标定向"(performance goal orientation),指个体将学习视为一种手段,最终通过成绩来表现自己的能力,他们会选择极力回避那些可能失败或表现出低能力的情景,在完成容易任务时有积极的情感体验,在行为过程中较少利用高效率的社会认知策略。这与当前大学教育中"60分万岁""唯分数论"的现象比较吻合,一些大学生将考试及格、顺利毕业作为大学期间的短期目标,他们仅关注考试成绩,大多对与考试无关的知识、技能、学习训练漠不关心,面对创新挑战抱有畏难情绪,甚至惧怕、退缩。另一个维度是"学习目标定向"(learning goal orientation),指学生将学习本身视为一种目的,关注自身能力发展,注重对任务的理解和掌握,这类个体更易对活动本身产生兴趣,因此更易发自内心地寻求参与到创造性的活动中,这一维度与大学教育中强调"综合能力"提升,特别是当前提倡的创新创业精神培养相吻合。因此,研究采用博曼的目标定向量表,结合当前中国高等教育的办学特点进行了适当完善与改编,用于分析当前我国大学生对高校人才培养中两类不同的教育倾向的理解与认知。

2. 多样性经历

借鉴吉林和博曼等学者的界定,本研究中大学生的多样性经历(Diversity Experiences)是指通过课程、研讨会以及各类社会交往活动,让个体有机会展现在一个相对较新的、有挑战的情境,面对与原有认知存在差异的挑战并尝试解决,实现个人与团队发展、促进智能提升的过程。20世纪90年代开始,国外大量研究开始关注认知发展,特别是多样性经历对学业成就的影响,指出学生的认知发展是他们先前经验、与教师和同伴同学的交往,以及个人的努力程度影响的结果,大学教育并不会直接影响学生认知发展,而是通过校园环境、师生关系、学生的各种经历和个体努力等因素间接地影响学生的发展。因此,衡量大学教育的核心是观察学生的参与程度,这些多样化的认知经历不仅会对学生的批判性思维有正向影响,还会影响学生的智力投入和学习动机。吉林等在此基础上将多样性经历分为结构多样性(structural diversity)、交流多样性(informal interactional diversity)、课堂多样性(classroom diversity)三个维度。考虑到在中国文化情境中,人口构成中汉族占了绝大多数,校园里国际交流生、交换生,以及其他民族种族的学习者虽然明显增加,但所占比例也相对较小,因此,研究参考国外学者对多样性经历的结构划分和题项设置,结合当代中国大学文化情境的实际特点进行了修正与改编,从学术多样性经历与社交多样性经历两个维度来概括大学生面临的多样性学业生活与挑战。

3. 个体创新行为

个体创新行为是指将有益的新想法、新知识、新观点运用于学习和现实生活的所有个人行动总和。它是一种自发性的主动行为,其中个体的内在特质是产生创新行为的最根本动力源泉,研究者在过去几十年已经发现:开放性的人格特征、抽象思维能力、认知能力、情绪洞察力、自我效能感、角色认同等个体特质对创新行为产生具有重要影响。此外,任务或工作的挑战性与复杂性、团队成员的多样性、开放性、组织创新氛围、团队支持、领导风格、父母受教育程度、家庭教养方式、亲子互动等一些其他因素,也会从不同层面对个体创新行为产生影响。在围绕个体创新行为的研究中,斯科特和布鲁斯认为可从三个阶段进行揭示和描述:第一阶段指问题确立和构想产生阶段;第二阶段是个体努力寻求外部支持的阶段;第三阶段为创新构想的实现阶段。在此研究基础上,克莱森、顾远东等学者进一步探索并验证了不同情境下个体创新行为的维度构成。本研究基于以上研究,结合中国大学生创新实践特点,借鉴斯科特等的分类,改编并形成了包含6个题项的单维度测量量表。

4. 理论框架与假设

研究者在分析个体在成就情景中的动机和行为过程中提出了目标定向理论(the theory of goal orientation)。该理论认为,个体参与活动的目标定向不同时,他们对活动目的、对自己努力的理由、对个体能力的认知、对评判成败的标准,以及行为表现都会表现出明显的不同。尽管围绕目标定向理论,研究者提出了多种不同维度的划分方法,但已发现绩效目标定向与内在动机存在负相关关系,且学习者如果选择回避对自身不利的评价,往往会导致在成就活动中焦虑水平较高,同时,过度关注学业成绩的学生,遇到消极评价后,更倾向于选择回避对自身不利的评价。研究还发现学生个体目标达成情况与他们大学阶段的参与、投入和互动经历紧密相关,也是降低辍学率的重要因素。因此,本研究认为,持有学习目标定向的个体,更乐于关注学校的各项学术与社交活动,并期待从中获得能力的提升,而持有绩效目标定向的个体,对影响学习成绩的学术类活动会积极关注,但对不能直接影响成绩提升的各

类社交活动则缺乏兴趣与参与动机。基于此,提出以下假设:

假设 H1a:学习目标定向正向影响大学生学术多样性经历。

假设 H1b:学习目标定向正向影响大学生社交多样性经历。

假设 H1c:绩效目标定向正向影响大学生学术多样性经历。

假设 H1d:绩效目标定向对大学生社交多样性经历没有显著影响。

研究发现,持有学习目标定向的个体更易适应相对新颖的任务和动态的外部环境,挑战性的任务情境能更好地激发他们的创造力,促进创新行为的产生。此外,在模拟的商业决策情境中,持有学习目标定向的个体会表现出更多的责任心和自信心,更勇于尝试突破,寻求更佳的决策结果。国内研究者进一步印证,持有学习目标定向的员工会表现出更多的创新行为,而持有绩效目标定向的员工则不具有这种特征,与前者相比,他们的学习动力较低。但研究也发现,随着组织承诺增强,个体绩效目标定向的消极作用会削弱甚至可能发生转变。其他一些面向企业情境的研究,进一步对绩效目标定向进行了细分,指出绩效趋近目标定向对创新行为没有显著影响,绩效回避目标定向对创新行为有负向影响。结合当前大学教育活动来看,学校的学术类学习活动一般都有严格的教育设计与组织管理,同时也有明确的考核、成绩要求,而各类社交类的活动,大多没有纳入正规教学设计中,以学生自愿参加为主。因此,本研究认为,持有绩效目标定向的个体,更倾向于选择有学分认定的、有利于分数提高的学习活动,通常会回避需要运用较高社会认知策略的其他活动,在当前,在创新能力培养还有待提升的高等教育体系中,绩效目标定向对个体创新行为产生还不能发挥显著的影响作用。基于此,提出以下假设:

假设 H2a:学习目标定向正向影响大学生个体创新行为。

假设 H2b:绩效目标定向对大学生个体创新行为没有显著影响。

研究发现,那些与多样性相关联的认知活动对学生批判性思维培养、自信心树立、智力发展等都会产生积极效果,例如,多样性的课堂经历、学生参与到有关种族民族的课程经历、与同伴或教师的交流互动经历、课外活动的参与经历、学术项目中的学习经历、人际交往经历等。大学生越多地参与到这些多样化学习经历中,就更容易在这一过程中产生并培养出坚持的学习特质,其中多样性的互动交流经历可以对学生的学术成就及个体发展产生积极的促进作用,进一步促进个体创新行为的产生。而赫斯特等人的研究也发现,目标定向对个体创新行为的影响并不是直接的,个体创新行为的产生不仅取决于个体自身的特质,还与个体所在团队的学习氛围,以及他们的互动经历有很大关系,詹森也发现领导与下属的互动交流质量在目标定向与个体创新绩效之间发挥了中介效应。基于此,提出以下假设,并构建了图 1 所示的理论模型。

假设 H3a:学术多样性经历正向影响大学生创新行为的产生。

假设 H3b:社交多样性经历正向影响大学生创新行为的产生。

假设 H4:多样性经历在目标定向与个体创新行为之间发挥中介作用。

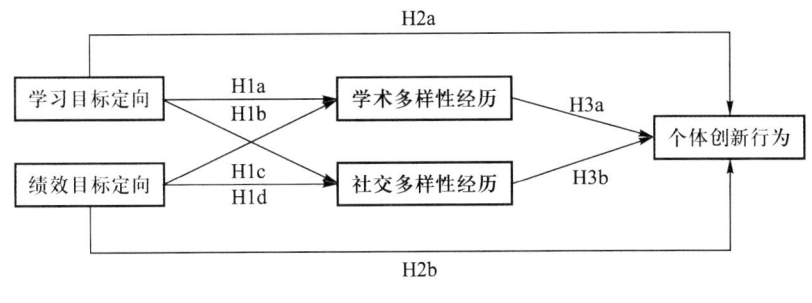

图 1 理论模型

三、研究设计

调查问卷包含基本信息和正式问卷两个部分,基本信息包含学生性别、所在学校、学科类型等,正式问卷共包含三个子量表,分别为:目标定向量表,借鉴巴顿、徐方忠等编制的题项,结合中国高校实际情境进行了修订,共包含"我乐意承担不会出差错的任务"等16个题项;多样性经历量表,主要结合 NSSE 量表中涉及学习经历的题项,以及博曼等的量表进行了改编,结合中国大学生学业经历的特点,分为学术多样性经历和社交多样性经历两个维度,共计13个题项,如"我会主动学习本专业以外的相关知识"等;个体创新行为量表,主要参考斯科特及作者前期研究,共包含"学习中我会尝试运用新的技巧或方法"等6个题项。上述三个量表均采用李克特五点量表,具体测量题项见表1。

表1 变量构成与测量

变量	测量题项
目标定向	根据对学习或做事的看法,做出从1(完全不符合)至5(完全符合)的选择: (1)我乐意承担不会出差错的任务;(2)我最喜爱的事就是我能做得最好的事;(3)他人关于我能否做好某事的评价很重要;(4)如果我做事不出任何差错,我会觉得自己聪明;(5)我喜欢做那些我以前做得好的事;(6)如果在某些事上比多数人做得更好,我会觉得自己很聪明;(7)我更愿意做有把握、能做的事;(8)在做某事前,我就有足够的信心做好它;(9)有机会承担挑战性任务很重要;(10)有难度的任务更能激起我的斗志;(11)我更乐意做能学到新知识的任务;(12)学习新东西的机会对我很重要;(13)面临有难度的任务,我会尽力去做;(14)在以前经验的基础上,我会尽可能提高自己;(15)拓展能力的机会很重要;(16)我喜欢尝试不同方法解决困难
多样性经历	根据大学经历做出从1(极少这样)至5(经常如此)的选择: (1)我会主动学习本专业以外的相关知识;(2)我会主动、积极地参与课堂讨论;(3)我会投入时间撰写论文;(4)我会参与课程报告或演讲活动;(5)我会阅读课外书籍;(6)我会参与课题研究;(7)我喜欢跟老师沟通;(8)我喜欢和同学合作学习;(9)我会参与各种课外实习、实践和社会调研活动;(10)我乐意参与志愿服务;(11)我常参加社团活动;(12)我爱和不同背景、民族、国家的人交往并试图了解他们;(13)我常和不同背景、民族、国家的人一起参与活动

续表

变量	测量题项
个体创新行为	根据对自己行为的判断做出从1(完全不符合)至5(完全符合)的选择:(1)学习中我会尝试运用新的技巧或方法;(2)我会产生一些创新主意或想法;(3)我会与他人沟通自己的想法并力争获得支持;(4)我会争取所需资源实现自己的新想法;(5)我会制订计划落实新想法;(6)我具备创新意识

研究采用整群抽样的方法并以陕西省西安市8所不同类型和不同层次的高校大学生作为调查对象,于2015年8月至2016年8月期间经过预调研、正式调研两个步骤后,共发放正式问卷1 098份,回收有效问卷1 060份,问卷有效率为96.54%。8所调研高校的样本情况如表2所示。

表2 调研样本基本分布情况

学校类型	学校名称	学生数(人)		合计(人)
		男生	女生	
"985工程"高校	西安交通大学	195	50	245
"211工程"高校	西安电子科技大学	8	19	27
普通高校	西安建筑科技大学	98	46	144
	西安理工大学	58	28	86
	陕西科技大学	65	92	157
	西安邮电大学	98	33	131
独立学院	西安建筑科技大学华清学院	131	42	173
民办高校	西安外事学院	16	81	97
合计		669	391	1 060
占样本百分比(%)		63.1	36.9	100.0

本研究采用SPSS和AMOS对数据进行分析,首先使用SPSS对量表的信效度进行检验并对相关变量进行描述性和差异性分析;其次利用AMOS对模型进行拟合优度检验和路径分析;最后进行中介效应检验,验证多样性经历在目标定向与个体创新行为之间的中介作用。

四、数据分析结果

1. 信效度检验

运用SPSS进行信度、效度分析显示:目标定向量表的克隆巴赫系数为0.897,多样性经历量表、个体创新行为量表的克隆巴赫系数分别为0.864和0.821,量表具有较好的内部一致性,信度较高。目标定向的两个维度:学习目标定向和绩效目标定向的因子载荷都大于0.5,克隆巴赫系数分别为0.877、0.731,累计解释方差分别为54.13%、43.42%,量表结构效度较好。个体创新行为量表的因子载荷介于 0.69 至 0.76 之间,累计解释方差 52.99%,结构效度也满足研究需要。

运用探索性因子分析方法对多样性经历进行分析发现,题项 9"我会参与各种课外实习、实践和社会调研活动"、题项 5"我会阅读课外书籍"的因子归属不明,删除上述题项后,多样性经历量表共 11 题,KMO 值为 0.858,说明适合进行因子分析,且因子载荷介于 0.498 至 0.793 之间,累计解释方差为 56.13%,结构效度较好。分析多样性经历变量的因子旋转载荷发现,多样性经历分为两个维度,与前期访谈调研基本一致,分别命名为"学术多样性经历"和"社交多样性经历"。

2. 描述及差异性检验

从学校类型差异出发,对核心变量进行描述分析及 T 检验(表 3)可见:"211 工程""985 工程"高校大学生感知到学习目标定向明显高于普通高校学生;"211 工程""985 工程"高校大学生参与学术多样性经历显著高于普通高校大学生;不同类型学校中,大学生个体创新行为存在显著差异,"211 工程""985 工程"高校的大学生创新行为更高;而两类高校中大学生的绩效目标定向以及社交多样性经历不存在显著差异。

表 3 核心变量描述及 T 检验

观测变量	"211 工程""985 工程"高校($n=272$)		普通高校($n=788$)		T 值	"拔尖计划"学生($n=118$)		普通大学生($n=942$)		T 值
	均值	标准差	均值	标准差		均值	标准差	均值	标准差	
学习目标定向	4.07	0.63	3.90	0.71	3.43**	4.25	0.60	3.90	0.70	5.86***
绩效目标定向	3.53	0.69	3.50	0.70	0.68	3.55	0.68	3.50	0.70	0.67
学术多样性经历	3.42	0.76	3.27	0.76	2.76**	3.51	0.80	3.28	0.79	2.96**
社交多样性经历	3.48	0.82	3.55	0.81	1.16	3.29	0.91	3.56	0.80	-2.93**
个体创新行为	3.72	0.62	3.59	0.69	2.83**	3.81	0.64	3.59	0.67	3.23**

注:** $p<0.01$,*** $p<0.001$。

从学生类型差异出发,对核心变量进行描述分析及 T 检验可见:"拔尖计划"学生的学习目标定向明显高于非"拔尖计划"的学生,"拔尖计划"学生的学术多样性经历、个体创新行为也明显更高于非"拔尖计划"的大学生,社交多样性经历地低于非"拔尖计划"的大学生,说明该计划对学习目标、过程及结果均产生了显著影响。

3. 模型结果分析

采用 AMOS 对模型进行拟合优度检验及路径分析可见,该模型的拟合指数为:$X^2=1\ 578$

($df = 423$, $p < 0.001$), RMSEA = 0.051, GFI = 0.909, AGFI = 0.893, NFI = 0.874, CFI = 0.904,模型整体的拟合度较好。

进一步对模型进行路径检验可见,多数研究假设均得到有效验证(表4)。数据显示:学习目标定向对多样性经历具有直接的显著正向影响,假设H1a和H1b成立,标准化路径系数分别为0.367和0.422,可知学习目标定向对社交多样性经历的直接影响更大;绩效目标定向对学术多样性经历和社交多样性经历直接影响不显著,假设H1c不成立,H1d得到验证;学习目标定向对个体创新行为具有直接的显著正向影响,假设H2a成立;绩效目标定向对个体创新行为影响不显著,假设H2b成立;学术多样性经历和社交多样性经历对个体创新行为都具有直接的显著正向影响,假设H3a和H3b成立,说明大学生的多样性经历对创新行为产生具有重要影响,在当前的教育情境下,学术多样性经历对个体创新行为影响更明显。

表4 假设检验结果

假设	路径关系	路径系数	假设是否得到验证
H1a	学习目标定向→学术多样性经历	0.367***	验证
H1b	学习目标定向→社交多样性经历	0.422***	验证
H1c	绩效目标定向→学术多样性经历	0.057	未验证
H1d	绩效目标定向→社交多样性经历	0.006	验证
H2a	学习目标定向→个体创新行为	0.370***	验证
H2b	绩效目标定向→个体创新行为	0.070	验证
H3a	学术多样性经历→个体创新行为	0.317***	验证
H3b	社交多样性经历→个体创新行为	0.179***	验证

注:*** $p < 0.001$。

验证后的结构方程模型如图2所示,图中实线表示有显著影响关系,虚线表示没有显著影响关系。结果显示,学习目标定向通过影响学术多样性经历对大学生创新行为产生间接的显著正向影响,间接效应为0.116,且间接效应占总效应的比例为31.44%;学习目标定向通过影响社交多样性经历对大学生创新行为产生间接的显著正向影响,间接效应为0.075,且间接效应占总效应的比例为20.41%。验证结果说明多样性经历在学习目标定向与个体创新行为之间发挥了部分中介效应。此外,由于绩效目标定向对个体创新行为的影响不显著,多样性经历在绩效目标定向与个体创新行为之间不存在中介作用,因此假设4部分成立。

4. 对"拔尖计划"的进一步探索

从变量的描述统计和T检验结果可见,"拔尖计划"学生与普通大学生之间存在显著差异,特别是学习目标定向对"拔尖计划"学生的影响更突出。因此,研究针对"学习目标定向→多样性经历→个体创新行为"的影响路径,分别采用结构方程模型进行了普通大学生和"拔尖计划"学生的模型检验。结果显示,针对普通大学生的模型结果与图2一致,仅路径系数存在数值差异,限于篇幅原因,文中不再展开。聚焦于"拔尖计划"的模型拟合指数

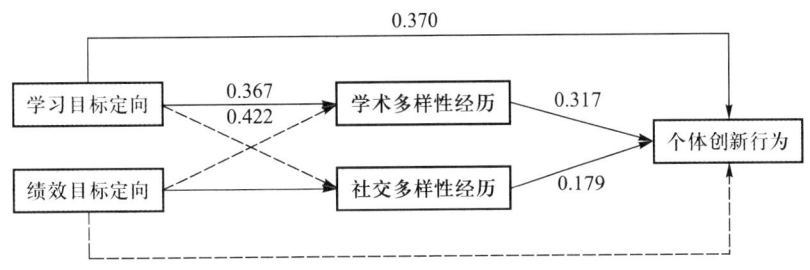

图 2　整体模型验证

为：$X^2 = 394.28$ ($df = 224$, $p < 0.001$)，RMSEA = 0.079，GFI = 0.776，AGFI = 0.723，NFI = 0.707，CFI = 0.843，模型可接受。路径分析可见，如图 3 所示，"拔尖计划"学生的学习目标定向显著影响学术多样性经历；学术多样性经历显著影响个体创新行为产生；学习目标定向显著影响个体创新行为产生；与普通大学生不同的是，社交多样性经历的影响关系没有在"拔尖计划"学生中得到验证。

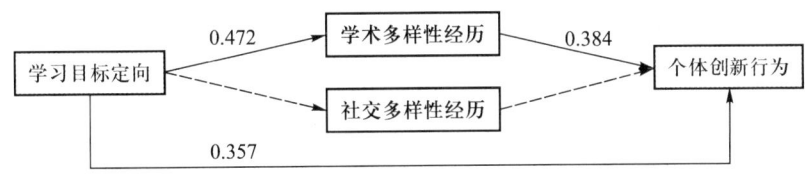

图 3　"拔尖计划"模型验证

结合表 3 的 T 检验结果进一步回顾分析可见，"拔尖计划"学生与普通大学生在社交多样性经历方面存在显著负向差异，但前者的个体创新行为更高，说明"拔尖计划"在优化学生的学术经历、促进创新方面发挥了积极作用。对于整体样本和普通大学生而言，社交多样性经历也对创新行为产生具有积极作用，未来，"拔尖计划"同样可以在此方面深入改革。

五、结论与展望

第一，我国高校的人才培养活动，有两类明显的目标定向，一种是"关注综合能力提升"的学习目标定向，另一种是以"分数论成败"的绩效目标定向。在提倡拔尖创新人才培养，积极实施创新创业教育的时代背景下，前者更有利于个体积极投入到各类创造性活动之中，假设检验发现学习目标定向正向显著影响学生的多样性经历，并对个体创新行为产生积极的影响，而绩效目标定向却不存在上述影响关系。因此，建议高校在人才培养目标设定中，更加强调学生的能力训练，在学校教学活动的组织实施过程中，注重对学习过程的考核、对学习能力的考核，逐渐以等级评价、选优评价等方式取代，淡化当前盛行的分数评价。

第二，针对中国的文化情境和高等教育特点，大学生的多样性经历可以进一步分为学术多样性经历、社交多样性经历两种类型。数据结果显示，学术多样性经历和社交多样性经历均对大学生创新行为产生积极的影响，并在学习目标定向和个体创新行为之间发挥了中介效应。基于以上发现，建议高等院校不断丰富大学教育的形式，在传统课堂教学、"师传生授"的主要形式基础上,探索、增设、完善团队协作、小组研学、社会实践、体验学习等多样化的教学方式;发掘、鼓励、科学评价课外人际交流、志愿服务、社团活动等的积极作用和效果,通过多样化的形式和手段促进人才创新创造力的提升。

第三,针对本文的研究问题,不同类型学校之间存在显著差异,入选"拔尖计划"的学生与其他大学生之间存在显著差异。通过表3和图3的数据结果可见,"211工程""985工程"高校的被调查者在学习目标定向、学术多样性经历、个体创新行为方面明显优于其他学校。入选"拔尖计划"的学生在学习目标定向、学术多样性经历、个体创新行为方面明显优于普通学生,在社交多样性经历方面,"拔尖计划"学生明显低于普通大学生。数据结果一方面说明:一方面,"拔尖计划"通过定制培养方案、深化教学改革等手段,明显优化了学生的学术多样性经历,促进了个体创新的产生;另一方面,"拔尖计划"未来也可在优化大学生社交多样性经历方面先行先试,深入探索,开拓创新。

虽然研究以剖析高校人才培养的若干关键环节,探寻科学有效的创新人才培养路径为初衷,进行了8所高校的调研,但受各种因素所限,未来还需继续扩大样本范围进行检验。研究将目标定向、多样性经历两个重要变量纳入高等教育实证分析,得到了一些有益的结论,同时也发现,未来还可对部分构成维度进一步深入挖掘并继续细分,更加精准、全面地涵盖并反映高校人才培养现状。

参考文献

扫码查看

大学生多样性经历与批判性思维倾向的关系研究[①]

成果报告作者：西安交通大学　梅红[②]，司如雨，王娟

摘要：依据陕西省西安市8所学校调研及1 060份有效样本数据，探索并验证了中国高等教育情境下大学生多样性经历及批判性思维倾向的构成，检验了多样性经历对批判性思维倾向发展的影响关系。分析可见：学术多样性经历、社交多样性经历均对批判性思维倾向发展产生显著正向影响，两者在对认知成熟度、认知推理、求知欲发展上的影响程度不同；性别、学科类型、学业水平等因素影响批判性思维倾向发展；与普通在校生相比，入选"拔尖计划"的学生在批判性思维倾向及各维度上均表现出显著差异。

一、背景与问题

创新是经济发展的强大动力，是国家竞争力的核心体现，是民族进步的灵魂。但目前，众多数据都显示，我国的创新能力还较弱。例如在技术经济领域，我国的科技进步贡献率仅25%，美国已达80%，我国的对外技术依存度达60%左右，而美国却低于5%以下。习近平主席、李克强总理等国家领导人曾多次在重要场合指出，人才是科技创新的最关键因素，我国要实现从人力大国、教育大国到人才强国、教育强国的转变，就必须坚定不移地贯彻科教兴国战略和创新驱动发展战略。2017年全国教育工作会议明确提出要优化人才培养机制，深化人才培养改革，其中，加快建立以学习者为中心的人才培养模式成为未来教育领域的一项重要改革任务；会议要求，学校教育要通过多样化的学习，因材施教，促进学习者释放潜能，让拔尖创新人才脱颖而出。但目前，我国高校还面临着教学方式相对单一、学习安排不够灵活、大学生创新潜能激发不足、创新型人才匮乏的困境。

高校是创新人才培养的重要场所，大量的实践经历与相关研究都说明，大学生在校期间的各类学习、实践、社交活动会对他们的综合素养及创新能力发展产生重要影响。与传统采用讲授法实施教学的课堂活动相比，鼓励学生参与小组合作、研讨交流、实习实践、志愿服

[①] 教育部基础学科拔尖学生培养试验计划重点研究项目(20150901)。
[②] 梅红，西安交通大学副教授，硕士生导师，主要从事高等教育、公共政策评估研究。

务、自由探索等灵活丰富的活动,是延伸社交空间、激发学习兴趣、激励探究学习、提升创新能力的重要途径。正因如此,近年来,高等教育机构更加关注调整、改变学校单一的教育模式,希望通过多样化的教学活动提高学生的综合素养和创新创造力。当前,国内高校已经开始广泛采用增强校企合作、建立校外实践教育基地、开展各种创新创业大赛、增设假期实践调研等方式将学生的传统学习活动和社会实践活动相结合,达到以知促行、以行促知的目的。例如,清华大学举办一年一度的学生社会实践年会;武汉大学通过规划和建立学生社会实践基地,推动校企合作;四川大学利用"实践及国际课程周"广邀国际学者,推动学生参加国际交流实践;西安交通大学实施小学期改革,推动大学生广泛参与各类社会实践活动等。上述教育改革不仅拓展了学习场所、丰富了教育形式,更对促进学生潜能释放,激励学生开拓创新发挥了积极作用。

结合上述背景,如何让"循规蹈矩"的中国学生更好地焕发创造性,教育者如何在关注传统、课内教学改革的同时,不断探索、发掘课堂以外其他形式的教育活动,促进拔尖创新人才的产生,成为本文探索的初衷。文章将重点从学生感知的视角科学描述中国大学生在校期间的多样性经历及其维度,探索学习生活经历对创新创造力发展产生的影响,分析国家级教改实践对在校学生多样性经历及创新思维培养带来的影响与改变。深入探索这些问题,对明确高等教育现状、准确把握当代人才成长特点、顺应时代需求、深化教育改革具有重要理论与实践意义。

二、理论探讨

1. 多样性经历

多样性经历(diversity experiences)是指通过课程、研讨会以及各类社会交往活动,让个体有机会展现在一个相对较新的、有挑战的、与原有认知存在差异的情境,实现个人与团队发展、促进智能提升的过程。这一概念最早由研究者古林提出并区分为多维结构,包括人口多样性(structural diversity)、非正式交流多样性(informal interactional diversity)和课堂多样性(classroom diversity)三个维度。其中,人口多样性指校园中学生在人口特征方面的多样性特性;非正式交流多样性指学生在学校中与不同背景的同学、教师、工作人员等进行非正式交流的频次和质量;课堂多样性指学生在课堂中学习、了解的关于多样性群体的知识等学习经历。此后,洛斯等研究者借鉴古林的维度划分,提出并验证了大学生的多样性经历可分为课堂多样性和交流多样性(interactional diversity)两个维度。纳尔逊则提出用课堂多样性经历和非正式交流多样性经历两个维度可以更好地涵盖大学生的多样性体验,并发现多样性经历,尤其是积极的非正式交流多样性经历对学生的批判性思维发展有显著促进作用。综上所述,国外学者较多使用人口多样性、交流多样性、课堂多样性、非正式交流多样性等表述进一步阐释多样性经历的具体过程。

与国外学者研究情境不同的是,我国尽管民族众多,但多数地区汉族人口占90%以上,在校大学生中少数民族与国外留学生总量仍偏低,因此本文主要借鉴并关注国外非正式交流多样性和课堂多样性的成果,提出两维的结构划分:一类是主要涵盖论文撰写、课题研究等形式的学术多样性经历,另一类是主要涵盖社团活动、志愿者服务等形式的社交多样性经历,结合中国高校文化情境发展并形成适用于我国在校大学生的多样性经历量表。

2. 批判性思维倾向

批判性思维(critical thinking)被认为是个体成长与成功的最重要特质之一。恩尼斯将批判性思维定义为决定信什么或做什么而进行的合理的、反省的思维。研究者进一步认为这种"反省思维"可以促进知识创新的形成并更好地理解事物的意义与价值。我国学者认为它是思维活动中独立分析与批判的程度,并指出批判性思维是问题解决和创造性思维的一个重要组成部分。

批判性思维由认知技能和情感意向构成。认知技能又称批判性思维技能(critical thinking skills),包括解释、分析、评估、推理、说明和自我调控。情感意向又被称为批判性思维倾向(critical thinking disposition),包括探索真理、思想开放、分析性、系统性、自信和好奇。范西昂认为批判性思维倾向是个体运用批判性思维技能进行解决问题和决策运用所需的内部动机,批判性思维倾向的发展与个性特征有紧密的联系,依赖于个体的自我纠正,是个体有效使用批判性思维技能的催化剂,因此,批判性思维倾向是批判性思维形成与发展的基础。研究者编制了加利福尼亚批判性思维倾向量表(California Critical Thinking Disposition Inventory,CCTDI)并开展了一系列的实证研究。伊拉尼、罗宾等学者在 CCTDI 的基础上进行维度检验并降维得到包含参与度(engagement)、认知成熟(cognitive maturity)、创新性(innovativeness)在内的三维量表(Cognitive Maturity and Innovativeness Assessment,UF-EMI),用以更好地评估批判性思维倾向。

3. 理论框架

1984 年,阿斯汀提出了学生参与理论(theory of involvement),该理论认为学生积极参与到学校各项活动中可以在更大程度上促进自身的发展。学生参与不仅能促进自己的知识学习、思维发展,还能提高自己的学习兴趣,形成积极态度,增强学业满意。1993 年,阿斯汀进一步发展形成 IEO(Input-Environment-Outcome)模型。该模型的核心思想是:产出变量应通过输入变量和环境变量来共同评估,具体应用于教育情境时,IEO 模型揭示了大学生的成长和收获是由起始阶段的输入变量和学校教育环境变量共同影响并决定的。输入变量体现为个体特征,环境变量是指学生经历的特定教育阶段或特定教育过程,产出变量指的是经过系列的教育活动后学生的发展成果,该理论将学生的多样性经历和与批判性思维倾向紧密连接起来。基于参与理论的核心思想,学者们围绕多样性经历与批判性思维倾向的影响关系进行了陆续探索,探讨了学生参与多样性活动、与不同类型朋友交流频次等因素对批判性思维倾向的影响。研究发现在美国高等教育情境下,那些更多参与民族、种族交流活动的大学生,批判性思维倾向发展也更好,此外,也有学者围绕大学生的课内外学习经历差异,分析了它们对批判性思维提升的影响。

本文将在前期学者研究成果的基础上,进一步描述中国大学生多样性经历特点,探索不同类型多样性经历对批判性思维倾向发展的影响,分析专业、学校、父母受教育程度、学业水平等因素对上述过程的影响。此外,2009 年,教育部联合中共中央组织部、财政部启动"基础学科拔尖学生培养试验计划"(以下简称"拔尖计划")。西安交通大学等多所学校作为首批入选高校,在基础学科拔尖创新人才培养方面已经开展了大量的创新改革。本文还将探讨入选"拔尖计划"是否会对学生批判性思维发展产生影响。

三、研究方法

研究采用数据来源于 2015 年 7 月至 2016 年 12 月实施的"中国大学生认知与创造力发展测评问卷"。本文采用数据包括基本信息和正式问卷两个部分。基本信息包含学生是否入选"拔尖计划"、学生性别、学校类型、学科类型、父母受教育程度、学业水平等控制变量。其中学校类型区分为"985 工程"和"211 工程"高校与其他高校两类；学科门类区分理、工、农、医类与其他学科门类；父母受教育程度分为两类，包括文盲及小学、初中程度，高中及中专以上程度；学业水平来源于学生的主观自评，其中自评学业水平处于中等偏上分为一类，自评为中等、中等偏下等归为另一类。

正式问卷包含大学生多样性经历量表和批判性思维倾向量表。多样性经历量表主要结合 NSSE 量表中涉及学习经历的题项以及博曼等研究者的测量进行了改编，根据我国在校大学生学业特点，分为学术多样性经历和社交多样性经历两个维度，共计 13 个题项，如"我会主动学习本专业以外的相关知识"等。批判性思维倾向测量借鉴 UF-EMI 量表及罗宾的研究，根据我国在校大学生学习特点和行为习惯进行改编，包括"我思路开阔"等共计 26 个题项。上述测量均采用李克特五点量表，具体变量编码及描述见表 1。

表 1 变量编码及描述

变量	测量题项及编码
入选"拔尖计划"	虚拟变量(是 = 1, 否 = 0)
性别	虚拟变量(男生 = 1, 女生 = 0)
学校类型	虚拟变量("985 工程""211 工程"高校 = 1, 其他高校 = 0)
学科类型	虚拟变量(理、工、农、医类 = 1, 其他学科 = 0)
父亲受教育程度高	虚拟变量(含高中及中专以上学历 = 1, 否 = 0)
母亲受教育程度高	虚拟变量(含高中及中专以上学历 = 1, 否 = 0)
学业水平高	虚拟变量(学业水平偏上 = 1, 其他 = 0)
多样性经历	根据自身经历做出从 1(极少这样)至 5(经常如此)的判断：我会主动学习本专业以外的相关知识；我会主动、积极地参与课堂讨论；我会投入时间撰写论文；我会参与课程报告或演讲活动；我会阅读课外书籍；我会参与课题研究；我喜欢跟老师沟通；我喜欢和同学合作学习；我会参与各种课外实习、实践和社会调研活动；我乐意参与志愿服务；我常参加社团活动；我爱和不同背景、民族、国家的人交往并试图了解他们；我常和不同背景、民族、国家的人一起参与活动

续表

变量	测量题项及编码
批判性思维倾向	根据自身经历做出从1(极少这样)至5(经常如此)的判断:即使别人的观点和我不一致,我也会认真听取;我尽力寻求机会解决问题;我兴趣广泛;我乐于广泛学习;我思路开阔;我很爱在学习中提问题;我乐于挑战有难度的问题;我是解决问题的高手;我相信我能找出合理的答案;我力求见多识广;获得的新信息不支持我的观点时,我会及时转变;我乐于解决问题;我尽量依据事实而不是固有偏见做出决策;我能广泛运用所学知识;即使不在学校,我也很乐意学习;我能和不认同我观点的人友好相处;我能清晰地阐述事情;分析解决方案时,我能提出好问题;我能清晰、精确地表述问题;我会考虑偏见对自己观点的影响;即使过程不太舒服,我也要坚持找到真相;不找到正确答案,我绝不罢休;我会想各种办法找到正确答案;我试图找到多种解决问题的方法;决策时我会提出很多问题;我相信多数问题的解决办法都不止一种

研究采用整群抽样的方法以陕西省西安市8所不同类型和不同层次的高校大学生作为调查对象,包括"985工程"和"211工程"高校:西安交通大学、西安电子科技大学;普通高校:陕西科技大学、西安理工大学、西安建筑科技大学、西安邮电大学;民办院校:西安外事学院;独立学院:西安建筑科技大学华清学院。问卷经过预调研、正式调研两个步骤后共发放1 098份,收回有效问卷1 060份,问卷有效率96.54%。调研样本中,入选"拔尖计划"的学生与未入选学生分别占11.13%和88.87%;男生和女生分别占63.11%和36.89%;"985工程""211工程"高校与其他高校学生分别占25.66%和74.34%;理、工、农、医类及其他学科学生分别占84.06%和15.94%。

样本数据采用SPSS进行统计分析。首先,验证了量表的信效度;其次,分析并检验了多样性经历和批判性思维倾向的维度构成,运用因子分析方法,对多维变量进行了因子提取和命名;最后,分析了不同分组下学生多样性经历及批判性思维倾向的差异,检验了多样性经历对学生批判性思维倾向的影响。

四、数据分析

1. 大学生多样性经历构成检验

数据信度和效度分析结果显示,大学生多样性经历量表信度系数为0.864,批判性思维倾向量表信度系数为0.936,说明问卷具有很好的内部一致性,符合问卷设计要求。

进一步运用探索性因子分析方法对多样性经历(表2)进行分析发现,"我会阅读课外书籍"和"我会参与各种课外实习、实践和社会调研活动"因子归属不明,删除上述两题后,量表共包含11个题项,KMO值为0.858,降维分析后两个因素的解释方差分别为33.230%、22.903%,累计解释方差56.133%,说明萃取两个因子较为合理。结合前文分析与题项特征,两个因子符合研究设计中提出的两维结构划分。

表2 多样性经历因子构成分析

维度	因子1	因子2
因子1:学术多样性经历		
(1)我会主动学习本专业以外的相关知识	0.498	
(2)我会主动、积极地参与课堂讨论	0.752	
(3)我会投入时间撰写论文	0.793	
(4)我会参与课程报告或演讲活动	0.772	
(5)我会参与课题研究	0.727	
(6)我喜欢跟老师沟通	0.788	
(7)我喜欢和同学合作学习	0.608	
因子2:社交多样性经历		
(8)我乐意参与志愿服务		0.743
(9)我常参加社团活动		0.656
(10)我爱和不同背景、民族、国家的人交往并试图了解他们		0.803
(11)我常和不同背景、民族、国家的人一起参与活动		0.802
Variance(方差)	33.230%	22.903%
Cumulative Variance(累计方差)	33.230%	56.133%

2. 批判性思维倾向构成检验

运用探索性因子分析方法对批判性思维倾向分析(表3)发现,"我兴趣广泛""我乐于挑战有难度的问题""我相信我能找出合理的答案"等共计8个题项存在因子荷载小于0.400或因子归属不明的情况。删除上述8个题项后,新的大学生批判性思维倾向量表共18题,KMO值为0.938,降维后所得三个因素的解释方差分别为19.863%、19.141%和15.393%,累计解释方差54.397%,新的维度划分和题项归属与Robin等学者的研究既有一定差异也表现出一致性,结合中国情境和具体题目,三个因子分别被命名为认知成熟度、认知推理、求知欲。其中,认知成熟度是指当个体意识到问题的复杂性后,尽可能广泛、客观的思考、解决问题的倾向;认知推理是指对需要推理的问题进行探索和预测的倾向;求知欲指追求新知识、寻求真理的倾向。

表3 批判性思维倾向因子构成分析

维度	因子1	因子2	因子3
因子1:认知成熟度			
(1)即使别人的观点和我不一致,我也会认真听取	0.766		
(2)我尽力寻求机会解决问题	0.755		
(3)我力求见多识广	0.628		
(4)我尽量依据事实而不是固有偏见做出决策	0.590		

续表

维度	因子1	因子2	因子3
（5）我相信多数问题的解决办法都不止一种	0.576		
（6）我乐于广泛学习	0.575		
（7）我能和不认同我观点的人友好相处	0.560		
因子2：认知推理			
（8）我能清晰地阐述事情		0.730	
（9）我能清晰、精确地表述问题		0.721	
（10）我是解决问题的高手		0.651	
（11）我思路开阔		0.605	
（12）我能广泛运用所学知识		0.590	
（13）我很爱在学习中提问		0.551	
（14）我乐于解决问题		0.510	
因子3：求知欲			
（15）不找到正确答案，我绝不罢休			0.787
（16）我会想各种办法找到正确答案			0.765
（17）即使过程不太舒服，我也要坚持找到真相			0.680
（18）我试图找到多种解决问题的方法			0.566
Variance（方差）	19.863%	19.141%	15.393%
Cumulative Variance（累计方差）	19.863%	39.004%	54.397%

3. 多样性经历对批判性思维倾向的影响分析

如表4所示，模型1、模型3和模型5分别验证了是否"拔尖计划"、性别、学校类型、学科类型、父母受教育程度、学业水平等控制因素对学生批判性思维倾向各构成维度的影响。模型1显示各控制变量对认知成熟度的解释变异量为5.7%，其中入选"拔尖计划""985工程""211工程"高校，理、工、农、医类学科，学业水平均对学生的认知成熟度产生显著正向影响；模型3显示各控制变量对认知推理的解释变异量为4.9%，其中入选"拔尖计划"、男性、学业水平3个因素对认知推理产生显著正向影响；模型5显示各控制变量对求知欲的解释变异量为2.1%，其中学业水平对求知欲产生显著正向影响。

模型2、模型4和模型6分别验证了加入学术多样性经历、社交多样性经历后，各因素对学生批判性思维倾向三个维度的影响。结果显示，加入两类多样性经历后，各模型的解释变异量均显著提高20%以上，学术多样性经历、社交多样性经历分别对认知成熟度、认识推理、求知欲产生显著的正向影响。进一步对比可见，学生的社交多样性经历对认知成熟度发展具有更强的正向影响，而学术多样性经历则对个体的认知推理和求知欲产生更强的正向影响。此外，模型2显示，入选"拔尖计划""985工程""211工程"高校，理、工、农、医类学科，学业水平，这几个因素仍对认知成熟度产生显著正向影响；模型4显示入选"拔尖计划"、

表 4 多样性经历对批判性思维倾向的回归分析

变量	认知成熟度		认知推理		求知欲		批判性思维倾向	
	模型 1	模型 2	模型 3	模型 4	模型 5	模型 6	模型 7	模型 8
是否入选"拔尖计划"(是=1)	0.124***	0.159***	0.084*	0.089**	0.069	0.069*	0.109**	0.127***
性别(男性=1)	-0.029	0.028	0.093**	0.122***	0.024	0.047	0.034	0.078**
学校类型("985工程""211工程"高校=1)	0.100**	0.070*	0.026	-0.002	0.018	-0.007	0.060	0.028
学科类型(理、工、农、医学科=1)	0.077*	0.074**	0.046	0.042	0.062	0.058*	0.071*	0.066*
父亲受教育程度(是=1)	0.020	-0.007	0.076	0.039	0.068	0.034	0.060	0.023
母亲受教育程度(是=1)	-0.031	-0.034	0.044	0.036	-0.067	-0.075*	-0.013	-0.021
学业水平高(是=1)	0.125***	0.073**	0.112***	0.042	0.109***	0.044	0.133***	0.062*
学术多样性经历		0.225***		0.413***		0.389***		0.383***
社交多样性经历		0.387***		0.218***		0.176***		0.311***
R^2(%)	5.7	31.8	4.9	32.9	2.1	25.0	5.1	38.0
ΔR^2(%)	5.7***	26.1***	4.9***	28.0***	2.1***	22.9***	5.1***	32.9***

注：* $p<0.05$，** $p<0.01$，*** $p<0.001$。

男性对认知推理产生显著正向影响;模型6显示,入选"拔尖计划"和理、工、农、医类学科这两个因素对学生求知欲发展产生显著正向影响,而当母亲受教育程度较高时,则对学生求知欲产生一定负向显著影响。

模型7、8分别验证了各变量对学生批判性思维倾向的影响。模型7、8结果均显示入选"拔尖计划",理、工、农、医类学科,学业水平这3个因素对批判性思维倾向产生显著正向影响。模型8显示加入学术多样性经历、社交多样性经历后,变量解释量增加了32.9%,表明两类多样性经历均对批判性思维倾向发展具有积极促进作用,且当前教育情境下,学生的学术多样性经历影响更大。此外,模型8还显示,加入学生多样性经历后,性别因素对学生批判性思维倾向发展产生一定影响。

五、结论与展望

第一,发展形成符合我国高校情景的"多样性经历"量表,明确并验证具体构成维度。通过对8所高校1 060份样本数据的调研分析发现,中国大学生的多样性经历可区分为"学术多样性经历"和"社交多样性经历"两类,分别涵盖以师传生授为主的传统课堂教育、计入学分计划和考核要求的学习活动,以及高校中其他各种非正式的、形式多样的交流、互动活动。在传统的教学设计和实践活动中,管理者往往较为重视纳入教学计划的学习活动,而相对忽略学校其他形式交流互动活动对个体发展,特别是创新创造力发展的影响。因此,建议学校在积极论证、组织、考核传统教育环节的同时,关注学生社团活动、志愿者服务及多样文化交流活动,考虑将其纳入学分计划或进行专门引导,探索以创新创业实践教育等为载体丰富学生社交多样性经历。

第二,探索并检验了符合我国大学生特点的批判性思维倾向量表及其构成维度,分析了多样性经历对不同维度的影响。批判性思维倾向是批判性思维的核心,是衡量学生创新创造力的重要指标,国内学者在测量时,仍较多沿用加利福尼亚批判性思维倾向量表,但又无法完全验证七维度构成,近年来深入的实证探索较为匮乏。本研究通过对8所学校的数据进行分析后发现,我国在校大学生的批判性思维倾向由认知成熟度、认知推理和求知欲三个维度构成,学生的多样性经历对三者均有显著正向影响,相比较而言,社交多样性经历对认知成熟度的影响更强,学术多样性经历对认知推理和求知欲发展影响更强。研究结果说明,在校大学生的不同多样性经历对批判性思维倾向发展各有影响,学校在教学设计和活动组织过程中应均衡考虑。

第三,大学生的学术多样性经历、社交多样性经历均对批判性思维倾向发展产生显著的正向影响。在我国高校教育当前情境下,大学生的学术多样性经历对批判性思维倾向发展的影响作用更强,一方面说明学术活动仍是学校教育中最重要的内容,另一方面也说明大学生活中社交多样性经历对学生的影响低于学术多样性经历。此外,性别为男性,学科为理、工、农、医类学科,学业水平高,也对批判性思维倾向发展产生积极影响。因此,在我国高校教育实践中,应尽量克服"刻板规训"为主的教育方式,淡化分数导向,鼓励团队合作、科教融合,探索产学研用协同创新,针对性别、学科和学业水平差异设计不同类型的教学实践,促进学生创新精神的培养。

第四,与普通在校大学生相比,入选"拔尖计划"的学生在批判性思维倾向及各个维度上均表现出显著差异。当前国内实施"拔尖计划"的高校均对学生培养方案进行再论证、再设计,新的培养计划更加优化了课程学习、实习实践与国际交流,数据结果也显示,入学"拔尖计划"的学生创新思维发展更好。因此,高校一方面可以进一步加大入选"拔尖计划"学生比例,使更多的学生有机会参与到新的培养计划中,接受更加灵活多样的培养模式;另一方面,可总结推广"拔尖计划"成功教育经验,促进大学生创新能力普遍提升。

参考文献

扫码查看

基础学科拔尖学生培养模式对其创造性的影响[①]
——基于北京师范大学拔尖学生的调查

成果报告作者： 北京师范大学　王磊，蒋莹，明桦，田园，黄四林

摘要： 为调查高校拔尖学生培养模式对其创造性发展的影响，该研究基于北京师范大学拔尖学生和普通学生的调查，探讨了拔尖学生培养模式对其创造性的影响，以及心理因素在此过程中的作用。结果发现：① 拔尖学生在小班教学、科研项目、导师指导和出国交流等方面的参与程度和创造性水平均显著高于普通学生；② 小班教学对拔尖学生的创造性思维有显著的预测作用，科研项目和导师指导对其创造性人格有显著的预测作用；③ 心理因素在培养模式对拔尖学生创造性水平的影响过程中起中间桥梁作用，并且存在明显的文理差异。

一、前言

当今世界，国家的未来发展关键在于持续不竭的创新，而创新的源头是人才。因此，对学生创新能力的培养是国家长期发展战略。2009 年，为回应"钱学森之问"，国家相关部门启动了"基础学科拔尖学生培养试验计划"（简称"拔尖计划"），目的是培养在基础学科领域具有创新能力的一流人才，为我国建设创新型国家，在世界科学领域争取领先地位培养后备力量。在"拔尖计划"实施10周年之际，研究拔尖学生培养模式对其创造性水平培养的效果，对我国"拔尖计划"实施的深化与推进具有借鉴意义。

针对"拔尖计划"的研究，以往文献集中讨论了高校拔尖人才的培养理论、培养模式和实施效果评价等问题。在培养理论上，主要关注拔尖学生"志趣"及"志趣养成"等内容，并提出现代科技精英教育所期待的学习动力应当源自学生个人，"志趣"是大学拔尖创新人才培养的基础。在培养模式上，重点是综合比较了不同院校"拔尖计划"培养方案，例如，清华大学设置清华学堂，对学生进行相对集中的培养；复旦大学将学生分布到相关院系，在校一级设置管理平台进行培养。通过分析人才培养方案来总结我国高校本科拔尖创新人才培养

[①] "基础学科拔尖学生培养试验计划"研究课题重点项目（201633）。该项目已发表成论文：王磊. 基础学科拔尖学生培养模式对其创造性的影响——基于北京师范大学拔尖学生的调查[A]. 中国心理学会. 第二十一届全国心理学学术会议摘要集[C]. 中国心理学会，2018：2.

的模式。在实施效果上,主要是跟踪拔尖学生毕业后的去向,并用继续深造大学的知名度或排名来衡量拔尖学生培养的质量。这些研究为我国拔尖学生培养积累了宝贵的资料,有效地总结与反映了我国"拔尖计划"实施的模式与效果。

然而,以往研究总体上以经验总结较多,鲜有探讨拔尖学生培养模式对其创造性水平的影响及其形成机制的实证研究。"拔尖计划"的最终目标是要培养出有创新能力的人才,在基础学科领域成为拔尖创新的主力。因此,考察拔尖学生培养模式对其创造性水平的影响,可以有效地反映与评估"拔尖计划"实施的有效性,并且可以准确揭示其影响背后的机制与过程。

综合已有文献发现,我国各高校对"拔尖计划"学生培养模式集中体现在科研项目、小班教学、导师制和出国交流四个方面。首先是科研项目。参与科研项目是培养拔尖学生创新素质和能力的重要途径,各个重点高校都尽可能在科研资金、设置研讨课、开放实验室资源等方面提供支持,促进学生开展科研活动。通过科研训练,学生可以加深对科学现象的认识,培养崇尚科学的品质,尽可能地挖掘自己的创新潜能。其次是小班教学。国内高校大规模扩招以后,随处可见100人以上的大课堂。随着课程人数的上升,教师和学生的交流明显减少,难以保证教学质量。各高校成立拔尖创新实验班时,严格控制每个实验班学生的数量,确保每位学生可以选到高质量的小班课程,从而让学生对基础知识掌握得更加牢固,解决问题时可以厚积薄发。再次是导师制。用各个领域拔尖人才培养拔尖学生已成为各院校人才培养的共识,聘请各个领域内优秀的、拔尖的成功学者作为导师,对拔尖学生来说,这既是榜样激励,又为其提供了专业学习的优质指导。最后是出国交流。各个重点高校精选国外高端教育资源,为拔尖学生提供了广泛的国际合作和交流机会,让拔尖学生接触到国际上科研和思想的前沿,开阔了国际视野。总的来说,这四种培养方式在当前高校"拔尖计划"中已经成为普遍性的、具有共识的模式。然而,鲜有实证研究检验这些培养模式对拔尖学生创造性水平的影响,对"拔尖计划"的推广缺乏有力的实证依据。

创造性构建要素理论(componential theory of creativity)认为,人的创造性是情景因素和个体因素相互作用产生的结果,情景因素对创造性的影响是通过个体因素而产生的。据此理论,我们认为"拔尖计划"中的四种培养模式是情景因素,而个体因素最为重要的是心理因素,主要包括内部动机、自信心和认知灵活性。首先,Amabile认为个体因素包含三个部分:领域专业知识,创新相关技能和任务动机。其中,创新相关技能主要指能够采用新的方法解决问题的个性特征和认知风格。自信心和认知灵活性正是对应创新相关技能的心理因素。自信心可以优化其他个性特征,使各种个性特征可以更好地相互作用以促进创造性的发展。认知灵活性指的是个体可以适当地改变认知以符合新环境要求的能力,它体现了个体灵活的认知风格。此外,任务动机是人们完成任务的内部动机,当人们认为任务本身是有趣、好玩、令人满意并具挑战性时,人们才会更加具有创造性。其次,已有研究表明,自信心、认知灵活性和内部动机对学生的创造性均有正向影响。因此,我们认为各种培养模式可能是通过影响学生心理因素(内部动机、自信心和认知灵活性)进而提升了其创造性水平。

对创造性的评价虽然存在众多观点与方式,但是从创造性思维与人格来评价创造性是研究者比较普遍接受的一种方式。创造性思维是一种具有主动性、独创性的思维活动过程。创造性人格指个体可以保证创造活动顺利进行和创造目标实现的统合而稳定的人格特征,包含冒险性、好奇性、想象力和挑战性四个方面。因此,我们从创造性思维和创造性人格两方面评估拔尖学生的创造性水平。

综上所述,本研究从创造性构建要素理论出发,认为情景因素和个体因素是影响创造性的重要因素,并进一步探究自信心、认知灵活性和内部动机三个心理因素在培养模式和拔尖人才创造性之间的内部作用机制。基于以上分析,提出以下三个假设:① 拔尖学生培养模式对其创造性产生正向作用;② 自信心、认知灵活性和内部动机在培养模式和拔尖人才创造性之间起中介作用;③ 拔尖学生培养模式对其创造性的影响存在文科和理科的学科差异。

二、研究方法

1. 被试

以北京师范大学励耘学院实验班和常规教学班在读大学生为调查对象,共发放 1 212 份问卷,剔除无效问卷,共回收有效问卷 1 063 份,回收率为 87.71%。北京师范大学励耘学院就理科(数学、物理学、化学、生物学)组建了"基础理科拔尖学生培养实验班",就文科(文学、历史学、哲学)组建了"人文学科拔尖学生培养实验班"。有效被试学生的平均年龄为 19.24 岁(SD = 1.24),男生 27.2%;理科 67.3%,文科 32.7%;大一、大二、大三学生占比分别为 38.0%、38.8%、23.2%;拔尖学生 364 人(为总人数的 34.2%;其中理科占比 62.4%,文科占比 37.6%),普通学生 699 人(65.8%)。

2. 研究工具

(1) 大学生培养模式调查问卷。根据相关文献、拔尖学生课程设置的调查和对参与拔尖项目师生访谈,自编培养模式评价问卷。主要调查在校大学生在科研项目、出国交流、小班教学和导师指导的参与情况及评价。其中科研项目方面包括参与情况、最早参与时间和是否有帮助评价;出国交流方面包括参与情况、参与时长和是否有帮助评价;小班教学方面包括参加小班课的数目、小班课类型和是否有帮助评价;导师指导包括是否遇到对自己影响极大并建立密切联系的导师,导师类别和与导师交流的月平均次数。

(2) 创造性思维测验。根据托兰斯创造性思维(Torrance test of creative thinking,TTCT)测验编制了 4 个问题,同时考察学生的言语创造思维和图形创造思维。前者包括对两个言语问题的思考:矿泉水瓶的用途(非常规用途)和对新星球的科研探索(非常规问题);后者为两个具体的图形操作:要求学生以椭圆为基础构造图形和对正方形进行四等分。创造性思维的评价主要包括三个测量指标:流畅性、灵活性、独创性,分别根据被试在测验中的答案数、答案类别数、被试回答在总人数中的百分比(比例在 2% 以下计 2 分,在 1%~5% 计 1 分,5% 以上计 0 分)进行评分。该类任务被广泛地应用于创造性思维的测量,且以往的研究表明具有良好的信效度。

(3) 创造性人格测验。采用林幸台和王木荣依据 Williams 的"创造力组合测验"修订的威廉姆斯创造性倾向量表(Williams creativity scale,WCS),包括冒险性、好奇心、想象力和挑战性四个维度,共计 50 个项目。每个项目采用李克特 5 点量表计分,1 表示"完全不符合",5表示"完全符合"。维度总分为各维度内所有项目的均分。本研究中,总量表和四个维度的Cronbach α系数分别为0.88、0.60、0.70、0.70、0.69。

(4)自信心测验。采用季益富和于欣翻译的由Shrauger等人编制的个人评价问卷(personal evaluation inventory,PEI),该测验被广泛应用于大学生自信心的测量,具有良好的信效度。本研究从学业表现和同他人交谈两个维度中挑选具有代表性的8个项目作为自信心的测量指标,每个项目采用李克特5点量表计分,1表示"完全不符合",5表示"完全符合"。本研究中该量表的Cronbach α系数为0.83。

(5)认知灵活性量表。采用Martin和Rubin编制的认知灵活性量表(cognitive flexibility scale,CFS),每个项目采用李克特5点量表计分,1表示"完全不符合",5表示"完全符合"。该问卷被广泛应用于认知灵活性的测量,以往的研究表明具有良好的信效度。本研究中该量表的Cronbach α系数为0.76。

(6)内部动机测验。采用Cacioppo和Petty编制的认知需求量表(need for cognition scale,NCS),该问卷被广泛应用于内部动机的测量,具有良好的信效度。本研究挑选了具有代表性的5个项目作为内部动机测验,每个项目采用李克特5点量表计分,1表示"完全不符合",5表示"完全符合"。本研究中该量表的Cronbach α系数为0.81。

3. 程序及数据处理

以班级为单位进行集体施测。首先,由心理学专业的硕士生向参与者宣读标准化的指导语,以阐明测验目的、答题方式、自愿填写及匿名原则等;然后,要求被试者按照自己的实际情况独立完成问卷调查,问卷完成后当场回收,时长大约为40分钟;最后,剔除空白问卷及规律性作答问卷,得到本次研究的数据。所有数据采用SPSS 20.0以及Mplus 7.0处理。

4. 共同方法偏差的检验

由于本研究采用自我报告法收集数据,可能会出现共同方法偏差效应。数据收集完成后,使用Harman单因子检验对共同方法偏差进行诊断。诊断结果显示,共有3个因子的特征值大于1,并且第一个因子解释的变异量为31.30%,小于40%的临界标准,表明本项研究的共同方法偏差问题不明显。

三、研究结果

1. 拔尖学生与普通学生在各类培养模式上的差异

研究结果发现,拔尖学生在导师指导($\chi^2(1)=40.08, p<0.000, \phi=0.19$)、出国交流($\chi^2(1)=72.62, p<0.000, \phi=0.26$)和科研项目($\chi^2(1)=141.29, p<0.000, \phi=0.37$)三个方面的参与比例显著高于普通学生,其中50%左右的拔尖学生都参与过科研项目和接受过导师指导(图1)。拔尖学生中有87%参与过小班教学,普通学生中有72%参与过小班教学,前者明显高于后者($\chi^2(1)=28.41, p<0.000, \phi=0.16$)(图2)。26%的拔尖学生参与出国交流,且参与出国交流的大多数学生的时间都在1个月之内(图3)。由此可见,在各类培养方式上学校向拔尖学生倾斜和投入程度更加明显。

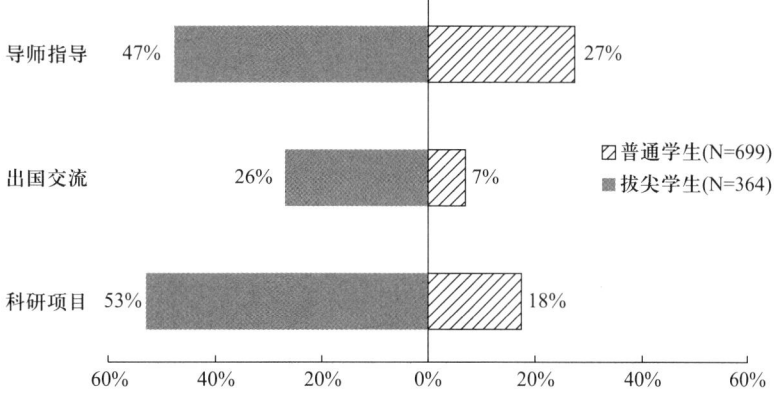

图 1 拔尖学生和普通学生在科研项目、出国交流和导师指导的参与情况

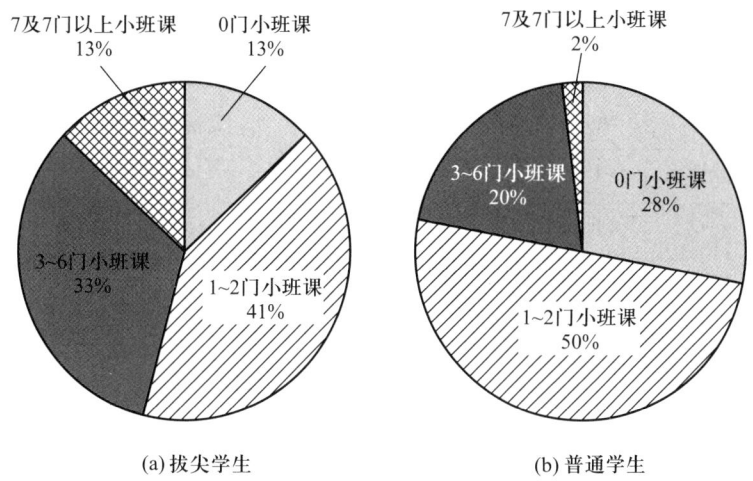

图 2 拔尖学生和普通学生的小班教学授课情况

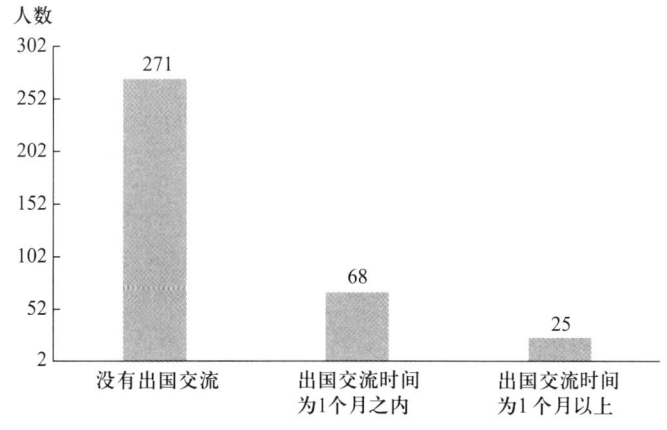

图 3 拔尖学生出国交流情况

2. 拔尖学生与普通学生在心理因素和创造性水平上的比较

两类学生各观测指标的平均数和标准差见表1。首先,以性别、年龄、父母受教育程度和与调档线分数差(高考分数与高校调档线的分数差)作为控制变量,考查了拔尖学生和普

通学生在创造性思维、创造性人格和心理因素上的差异。结果如图4所示,拔尖学生在流畅性($F(1,1\,056) = 25.23, p < 0.01$)、灵活性($F(1,1\,056) = 48.77, p < 0.01$)、独创性($F(1,1\,056) = 5.47, p < 0.05$)和创造性人格($F(1,1\,056) = 28.08, p < 0.01$)上均显著高于普通学生。对拔尖学生来说,理科生在创造性思维中的独创性得分显著高于文科生($F(1,357) = 4.84, p < 0.05$),在流畅性、灵活性和创造性人格上无显著差别。如表2所示,拔尖学生中,不同年级的拔尖学生在流畅性($F(2,356) = 6.14, p < 0.01$)、灵活性($F(2,356) = 4.92, p < 0.01$)和独创性($F(2,356) = 3.43, p < 0.05$)上存在显著差异,在创造性人格上无显著差异。事后检验(LSD)表明,在流畅性上,大三学生的得分显著高于大一($MD = 1.69, p < 0.01$)和大二学生($MD = 1.09, p < 0.05$);在灵活性上,大三学生的得分显著高于大一($MD = 0.73, p < 0.01$)和大二学生($MD = 0.52, p < 0.05$);在独创性上,大三学生的得分显著高于大一学生($MD = 0.99, p < 0.01$)。

表1 总体学生的心理因素、创造性思维和创造性人格的描述性统计结果(M ± SD)

变量	自信心	认知灵活性	内部动机	创造性思维			创造性人格
				流畅性	灵活性	独创性	
拔尖学生	3.27	3.53	3.76	8.66	4.73	3.25	3.62
普通学生	3.10	3.30	3.41	7.53	4.07	2.81	3.46
男学生	3.30	3.47	3.76	7.76	4.21	3.01	3.55
女学生	3.11	3.35	3.44	7.98	4.34	2.94	3.50
理科学生	3.17	3.37	3.56	7.93	4.28	3.00	3.52
文科学生	3.14	3.40	3.47	7.89	4.35	2.87	3.50
大一学生	3.21	3.44	3.65	8.28	4.50	3.15	3.57
大二学生	3.08	3.30	3.37	7.56	4.06	2.72	3.45
大三学生	3.23	3.42	3.59	7.92	4.36	3.04	3.53
总计	3.16	3.38	3.53	7.92	4.30	2.96	3.51

表2 拔尖学生的创造性思维和创造性人格的描述性统计结果(M ± SD)

变量	创造性思维			创造性人格
	流畅性	灵活性	独创性	
理科学生	8.68(2.51)	4.80(1.24)	3.39(1.89)	3.62(0.37)
文科学生	8.64(2.39)	4.63(1.12)	3.02(1.75)	3.61(0.37)
大一学生	8.61(2.27)	4.76(1.17)	3.18(1.72)	3.63(0.37)
大二学生	8.35(2.77)	4.53(1.25)	3.21(1.92)	3.59(0.39)
大三学生	8.95(2.61)	4.81(1.23)	3.40(2.04)	3.63(0.34)

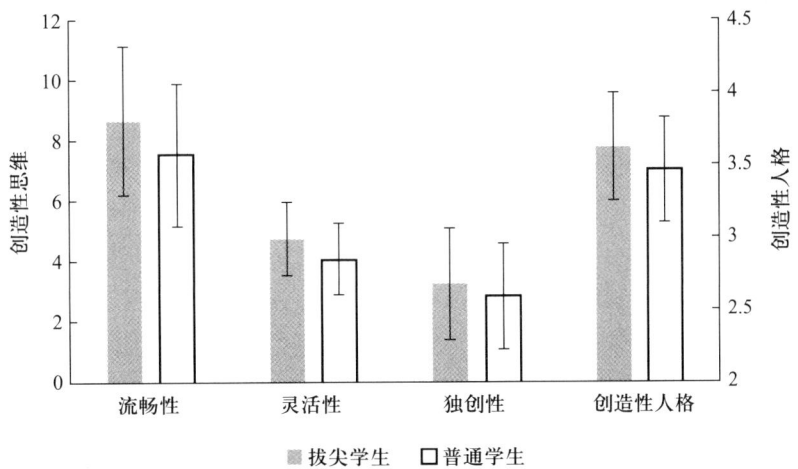

图 4 拔尖学生和普通学生的创造性思维和创造性人格得分

在心理因素方面,结果如图 5 所示,拔尖学生在自信心($F(1,1\,056) = 4.42, p < 0.05$)、认知灵活性($F(1,1\,056) = 33.11, p < 0.01$)和内部动机($F(1,1\,056) = 41.39, p < 0.01$)上得分显著高于普通学生。

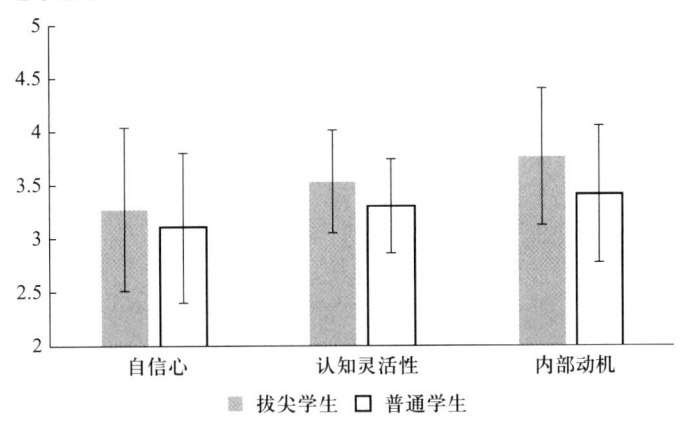

图 5 拔尖学生和普通学生的自信心、认知灵活性和内部动机得分

3. 不同培养模式对拔尖学生和普通学生创造性的影响

为了考查拔尖学生和普通学生创造性培养的影响因素,将性别、年龄、父母受教育程度和与调档线分数差作为控制变量,将科研项目、出国交流、小班教学和导师指导的参与情况(0,1 计分)这 4 种培养模式作为预测变量,分别以创造性思维和创造性人格为结果变量,进行分层回归分析。结果如表 3 所示,对于拔尖学生来说,培养模式中仅有参与小班教学可以正向预测其创造性思维的三个指标,而科研项目和导师指导可以正向预测其创造性人格。对于普通学生来说,科研项目、出国交流均能正向预测其创造性思维的流畅性和独创性,且出国交流还能正向预测其创造性思维的灵活性,小班教学和导师指导可以正向预测其创造性人格。

表 3 两类学生在创造性思维和创造性人格的回归分析

变量	拔尖学生								普通学生							
	流畅性		灵活性		独创性		创造性人格		流畅性		灵活性		独创性		创造性人格	
	B(SE)	β	B(SE)	β	B(SE)	β	B(SE)	β	B(SE)	β	B(SE)	β	B(SE)	β	B(SE)	β
Step1																
性别	0.78 (0.28)	0.15**	0.15 (0.14)	0.06	0.30 (0.21)	0.08	-0.03 (0.04)	-0.04	0.05 (0.20)	0.01	0.21 (0.10)	0.07*	-0.24 (0.15)	-0.06	-0.03 (0.03)	-0.04
年龄	-0.10 (0.11)	-0.05	-0.10 (0.06)	-0.1	-0.05 (0.09)	-0.03	-0.01 (0.02)	-0.02	-0.21 (0.09)	-0.09*	-0.07 (0.05)	-0.06	-0.13 (0.07)	-0.08	-0.00 (0.01)	-0.01
父亲受教育程度	0.52 (0.21)	0.19*	0.18 (0.10)	0.13	0.22 (0.16)	0.11	0.05 (0.03)	0.11	0.08 (0.13)	0.03	-0.01 (0.07)	-0.01	-0.00 (0.10)	0.00	-0.02 (0.02)	-0.04
母亲受教育程度	-0.11 (0.18)	-0.05	0.01 (0.09)	0.01	0.04 (0.14)	0.02	0.05 (0.03)	0.14	0.26 (0.13)	0.11	0.10 (0.07)	0.08	0.19 (0.10)	0.11	0.05 (0.02)	0.13*
与调档线分数差	-0.08 (0.27)	-0.02	-0.04 (0.13)	-0.01	0.05 (0.21)	0.01	-0.09 (0.04)	-0.12**	0.41 (0.09)	0.17***	0.014 (0.05)	0.12**	0.11 (0.07)	0.06	0.01 (0.01)	0.02
ΔR²	0.05**		0.03*		0.02		0.07***		0.07***		0.03***		0.03**		0.01	
Step2																
科研项目	0.02 (0.33)	0.00	-0.04 (0.16)	-0.02	-0.15 (0.25)	-0.04	0.05 (0.05)	0.06*	0.60 (0.24)	0.10*	0.20 (0.12)	0.07	0.51 (0.18)	0.11**	-0.01 (0.04)	-0.01
出国交流	0.62 (0.34)	0.11	0.25 (0.17)	0.09	0.19 (0.26)	0.05	-0.04 (0.05)	-0.05	0.89 (0.35)	0.10*	0.40 (0.18)	0.09*	0.79 (0.26)	0.11**	0.22 (0.06)	0.02
小班课教学	0.61 (0.17)	0.22***	0.33 (0.08)	0.24***	0.44 (0.13)	0.21*	0.03 (0.03)	0.06	0.07 (0.09)	0.03	0.01 (0.05)	0.01	0.07 (0.07)	0.04	0.03 (0.01)	0.09*
导师指导	-0.21 (0.26)	-0.04	-0.04 (0.13)	-0.02	-0.18 (0.20)	-0.05	0.10 (0.04)	0.14*	0.10 (0.20)	0.02	0.03 (0.10)	0.01	0.25 (0.15)	0.06	0.09 (0.03)	0.11**
ΔR²	0.05***		0.05*		0.04*		0.03*		0.02**		0.01		0.04***		0.02**	

注：**$p < 0.05$，**$p < 0.01$，***$p < 0.001$。

4. 拔尖学生创造性的形成机制

为揭示心理因素在培养模式对创造性影响的作用机制,我们采用结构方程建模的方法进行检验。以拔尖学生的相关数据作为模型输入,对图6假设模型进行评估,将父亲、母亲受教育程度和与调档线分数差作为控制变量,结果发现模型各项拟合指数较好(χ^2 = 188.64, df = 101, p < 0.000, IFI = 0.92, CFI = 0.92, TLI = 0.90, RESEA = 0.049)。进一步分析,该模型存在2条不显著的路径,因此,根据节俭原则对模型进行简化,去掉2条不显著的路径得到备择模型。对图7备择模型进行评估,采用和假设模型相同的控制变量,结果发现备择模型的拟合指数(χ^2 = 178.49, df = 103, p < 0.000, IFI = 0.93, CFI = 0.93, TLI = 0.91, RESEA = 0.045)与原模型之间差异不显著($\Delta\chi^2$ = 10.15, df = 2, p > 0.05),但是前者拟合略优于后者,且其路径设定更加简洁,由此确定简化后的备择模型为最佳模型。备择模型的参数估计如图7,所有的标准化路径系数均达到显著性水平(p < 0.05)。培养模式通过心理因素变量作用于创造性思维的中介效应值0.03,心理因素变量在培养模式与创造性思维关系中起完全中介作用;培养模式通过心理因素变量作用于创造性人格的中介效应值0.13,心理因素变量在培养模式与创造性人格关系中起完全中介作用。

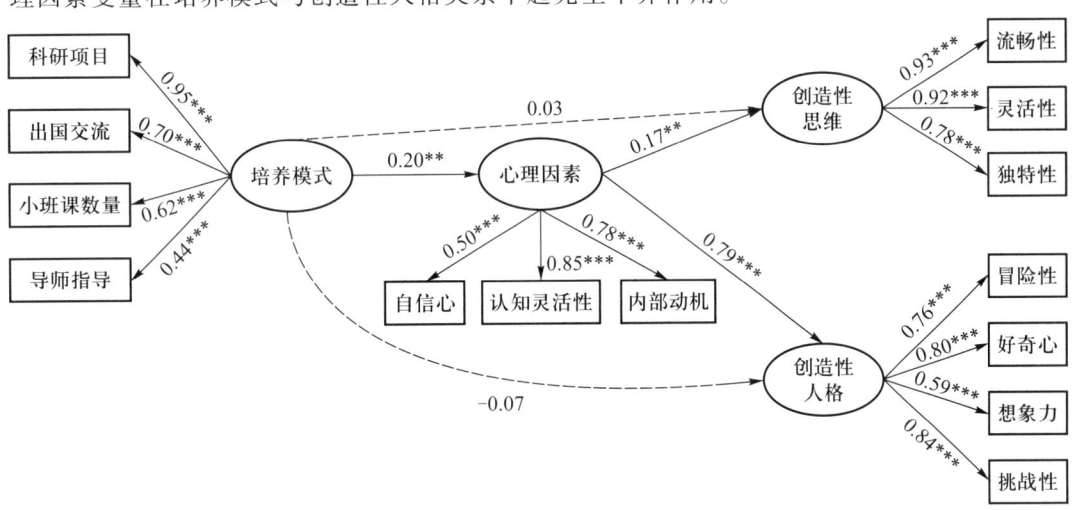

图6 培养模式对拔尖学生创造性影响的假设模型

注:虚线为不显著路径。

为检验理科和文科拔尖学生的创造性形成机制是否存在差异,我们分别探究培养模式影响理科和文科拔尖学生创造性的中介模型。结果发现,对于理科拔尖学生,去除不显著的路径得到如图8所示的模型,图中所有标准化路径系数均达到显著性水平(p < 0.05),模型的各项拟合指数均达到了可接受的范围,表明模型拟合较好(χ^2 = 147.59, df = 103, p < 0.05, IFI = 0.94, CFI = 0.93, TLI = 0.91, RESEA = 0.044)。理科拔尖学生中,培养模式通过心理因素变量作用于创造性思维的中介效应值0.05,心理因素变量在培养模式与创造性思维关系中起完全中介作用。培养模式通过心理因素变量作用于创造性人格的中介效应值0.14,心理因素变量在培养模式与创造性人格关系中起完全中介作用。

对于文科拔尖学生,去除不显著的路径得到如图9所示的模型,图中所有标准化路径系数均达到显著性水平(p < 0.05),模型的各项拟合参数如下:χ^2 = 132.44, df = 107, p < 0.05,

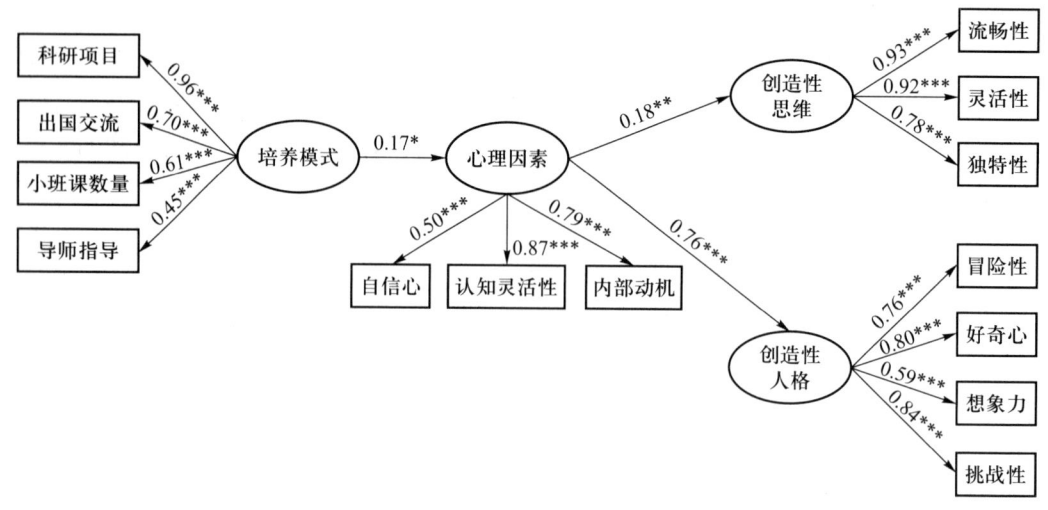

图 7　培养模式对拔尖学生创造性影响的备择模型

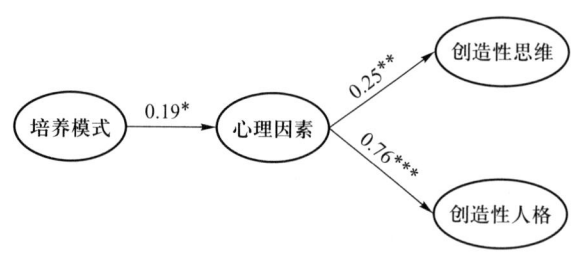

图 8　培养模式对理科拔尖学生影响的模型

IFI＝0.94，CFI＝0.94，TLI＝0.93，RESEA＝0.042，各项指数均达到了可接受的范围，表明模型拟合较好。结果发现，培养模式可以通过心理因素进而影响创造性人格，但是对创造性人格却具有直接的负向预测作用，即存在遮掩效应。

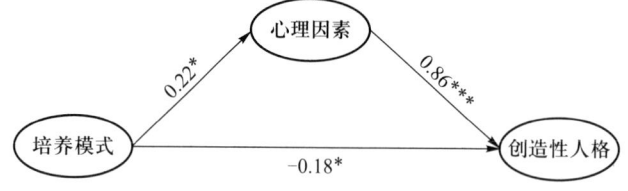

图 9　培养模式对文科拔尖学生影响的模型

四、讨论

1. 拔尖学生培养模式与创造性水平的现状

拔尖学生和普通学生在 4 种培养模式参与情况上的差异，反映了学校投入资源的倾斜。在导师指导、出国交流、科研项目和小班教学 4 种培养模式上，拔尖学生的参与情况显著高于普通学生。这反映了在拔尖学生培养上,学校在教育改革和投入资源方面给予了支持,"拔尖计划"在教学上得到实现与落地。

研究结果显示,拔尖学生的创造性思维和创造性人格得分均显著高于普通学生。拔尖学生创造性水平存在年级差异,大三学生创造性思维的三个指标均显著高于大一学生。这在一定程度上说明拔尖学生创造性水平在学校学习期间得到了发展与提升。此外,值得注意的是,拔尖学生在创造性人格上年级差异并不显著。这可能是因为创造性人格具有相对的稳定性,其形成需要更长时间。

在心理因素方面,拔尖学生在自信心、认知灵活性和内部动机三个方面得分均显著高于普通学生。这既有可能是"拔尖计划"更好地塑造了他们的心理因素,也有可能是拔尖学生本身就是大学生群体中的佼佼者,他们在长期的学习生涯中,形成了较高的自信心、认知灵活性和内部动机。

2. 拔尖学生培养模式对其创造性水平的影响

对于拔尖学生而言,小班教学对拔尖学生的流畅性、灵活性和独创性有显著的预测作用,这凸显了小班教学对大学生创造性水平提升的重要性。首先,现代教学理论观点认为,多渠道的知识来源有利于创造性思维的形成,学生的个人经验是有巨大价值的知识来源渠道之一。小班教学中,学生之间以及学生与教师之间可以充分交流,充分地激发了学生的思维火花。其次,对清华大学两院院士的调查发现,学习过程中的积极性和自觉性是培养创新精神和能力的关键。因此,在小班教学中,通过研讨会、问题预设和主动探索等教学活动充分激发学生学习的主体性精神,可以提升学生的创新品性。

科研项目和导师指导对于拔尖学生的创造性人格有显著预测作用。拔尖学生的科研项目,一般持续周期较长,易遇到很多新问题。解决问题的过程中,拔尖学生需要进行长时间的思考和投入,并充分发挥自己创造性解决问题的能力,在这样一种长时间的训练中,逐渐培养自己的创造性人格。在导师指导方面,学校为拔尖学生配备具有创新精神、学术造诣深厚的导师。导师以身作则,活跃在学科发展的前沿,用自己的学术地位和创新热情感染拔尖学生,在长期接触指导中对学生的创造性人格产生正向影响。

研究结果显示,科研项目、出国交流和导师指导对创造性思维的作用不显著,小班教学和出国交流对拔尖学生创造性人格的作用不显著。本研究中,参与调查研究的大一(55.2%)和大二(16.5%)拔尖学生占总体大多数。意味着大多数参与调查的拔尖学生进入科研项目不久,接触的导师指导较少,这可能是这些培养模式对创造性思维预测作用不够突出的原因。拔尖学生中只有26%的学生参与过出国交流,且大多数拔尖学生(73.1%)参与国际交流的时间在一个月之内。有限的机会和较短的时间可能是出国交流难以在短时间内对学生创造性思维和人格的影响发挥有效作用的两个原因。拔尖学生参与小班教学的过程中,更多的是思维的碰撞,对创造性人格的影响有待进一步探索。

3. 心理因素有效地解释了拔尖学生培养模式对其创造性水平的影响

研究结果显示,学生心理因素在培养模式对创造性影响过程中起完全中介作用,这说明培养模式是通过学生心理因素影响其创造性。该结果支持了创造性构成要素理论,反映了学生自信心、认知灵活性和内部动机在拔尖学生创造性形成中的重要作用。自信心在个体的创新活动中起着基础、关键和核心的作用;认知灵活性有助于个体打破常规,用新颖的方式完成常规任务;内部动机可促进个体集中精力于当前任务,促使其产生更多的新想法。

更为重要的是,我们发现拔尖学生创造性形成机制具有明显的文、理学科差异。创造性领域特殊性的观点认为不同领域个体所具有的创造性是不同的。理科生学习过程中遵循逻辑规则,重视抽象思维,其创造性强调适用性;文科生创造性较之理科,带有更强的模糊性,重视形象思维,并更加重视新颖性。本研究结果支持了创造性领域特殊性的观点:对于理科拔尖学生,培养模式可以通过心理因素对学生的创造性起正向作用;对于文科拔尖学生,一方面,培养模式可以通过心理因素间接对文科拔尖学生的创造性人格产生正向影响,另一方面,遮掩效应的存在反映了现行培养模式对文科拔尖学生的创造性培养并不完全都是发挥积极作用的。总体上,在理科和文科学生创造性培养过程中,心理因素同样起着重要作用。但是,需要注意的是,由于文科生更加强调形象思维且更加重视新颖性,当前的培养模式对其创造性培养的有效性还有待进一步检验和考虑。

4. 教育启示

基于我们的研究结果,我们认为在"拔尖计划"新一阶段实施需要考虑以下内容:① 落实拔尖学生培养模式,定期对拔尖学生进行访谈,了解政策的实行情况。好的培养模式应向全体本科生推广,促进本科教育质量的提升。② 进一步提高科研项目、出国交流和导师指导三种培养模式的质量,低效的培养模式并不能满足提高拔尖学生创造性的需求。我们不仅在"拔尖计划"之初设置合适的培养模式,而且要在后期实行过程中更好地做好评估和监测,根据实际情况适时调整培养措施或设置新的规定,确保其行之有效。③ 提高小班教学在"拔尖计划"培养模式中的比重,可以既设置讲授课程的小班教学,又设置基于某一研究主题的小班研讨课。④ 设置培养模式时,需要考虑其对自信心、认知灵活性和内部动机的作用,这为评价培养模式有效性增加新的指标,可以帮助决策者更加有效地制定政策和设置培养模式。⑤ 根据创造性领域性特点,分别为理科拔尖学生和文科拔尖学生设置科学合理的培养模式。教育部等相关部门正在启动"拔尖计划"2.0,试图实现全面覆盖文、理基础学科。因此,分别探讨文科和理科拔尖学生创造性形成机制将对"拔尖计划"进一步推广具有重要的借鉴意义。本研究结果也启示我们在"拔尖计划"2.0实施过程中,要充分考虑拔尖学生文理差异,分别制定具有针对性的有效培养方案,而不是采用"一刀切"的模式。

参考文献

扫码查看

"拔尖计划"学生科研兴趣培养研究

成果报告作者：中山大学　陈敏

摘要： 基础科学研究是推动科学发展、技术进步的强大动力。基础科学研究的发展，关键是人才。如何培养造就一批具有国际水平的战略科技人才、服务国家创新体系建设是高校的一项长期任务。兴趣是最好的老师，是奠定之后长足发展的基石，兴趣可以进一步升华为志趣、志向，对学术的敬畏与不断地追求，使学生们甘愿投身于基础科学研究。本报告探索建立以"兴趣—志趣—志向—影响力"4个阶段为导向的科研兴趣培养系统，建立起科学规范的本科生科研兴趣培养体系。

根据教育部《基础学科拔尖学生培养试验计划实施办法》，围绕"导师制""小班化教学""个性化培养""国际化办学""动态管理机制"等方面，秉承着"基础学科拔尖学生培养试验计划"（以下简称"拔尖计划"）旨在培养志在长期从事基础科学研究的学术型人才，进而提升我国原始创新能力的目标，各入选高校对科研训练愈加重视，积极探索适合本校学生发展的培养模式，也获得了丰硕的成果。

然而，在探索和实践中也存在一定的问题。例如，兰州大学教务处副处长、高等教育研究所所长李硕豪教授就曾带领硕士研究生，对"拔尖计划"首届500名毕业生的去向进行了定量研究。从整体上分析"拔尖计划"首届毕业生群体可发现，已有近4成首届毕业生的去向偏离了基础学科方向。曾任清华大学副校长袁驷坦言："学基础学科的学生真正搞研究的不多，学数学的大多从事金融证券，学物理的爱进外企。"当然，"拔尖计划"首届毕业生去向调查属于短期统计分析。很难仅凭这种研究，就全面评价"拔尖计划"的实施效果。

正值"拔尖计划"2.0推出之际，如何吸引优秀人才选择基础学科，并保持投身学术的定力，不过多转向应用学科，成为考验该计划的重要问题。那么，如何选拔、培养优秀的学生，并且能够促使他们始终保持对基础科学研究的热情呢？在"拔尖计划"1.0实施方案中，在选拔优秀学生方面提到：注重考察学生的综合能力、学术兴趣和发展潜质；在创新培养模式方面提到：强化基础、分流培养，学生根据自己的兴趣和特长自主选择专业学习。因此，本科学生科研兴趣的培养研究势在必行。本报告探索建立以"兴趣—志趣—志向—影响力"4个阶段为导向的科研兴趣培养系统，建立起科学规范的本科生科研兴趣培养体系，希望在全国高校形成引领示范模式，推动人才培养模式纵深发展。

一、其他入选"拔尖计划"高校在科研兴趣培养方面的措施

各入选高校在创新培养模式上都有着自己独特的做法,科研兴趣培养都融入具体的培养实施方案中。部分高校在兴趣激发与培养方面的措施简要概括如下。

1. 选拔招生方面

兰州大学萃英学院秉承"十化"人才培养理念,"一制三化"为核心的培养模式。兰州大学萃英学院招生分为两部分,一部分是通过自主招生,从高中生中选拔,另一部分是从每年的新生中选拔,选拔过程更加注重志向、兴趣和能力。从报名条件到初试、面试都注重考察学生的专业兴趣,如初试时通过心理咨询中心组织对学生进行兴趣与能力测试。

南开大学的"伯苓班"以"选""鉴"结合探索拔尖学生选拔方式,2018年开始对本科新生参加遴选的资格不设任何门槛,由院士领衔的专家组对学生的科研兴趣、创新潜质、精神面貌等方面进行全面评估。南京大学在选拔过程中也把专业兴趣作为重要的衡量指标。

北京大学元培学院提出在学生的选拔中一定要对学生的学术兴趣、创新精神和发展潜质等方面进行综合考察,并实行动态的选拔机制,即每年根据学生的学习兴趣与表现以及学术发展潜力等方面综合因素进行适当调整。尊重学生的兴趣与选择,尊重学生个体化差异,是元培学院的重要特色。招生只按文理两大类招生,学生入学不分专业,在低年级进行基础教育和通识教育,在高年级进行宽口径的专业教育,逐步实行在教学计划和导师指导下根据自己的能力和志趣自由选课学分制和自主选择专业制度。据了解,"元培计划"的这些改革措施主要针对学生过早进入专业学习导致知识面偏窄、大多数中学生在还没有真正了解专业情况之前就盲目选择专业导致学习兴趣降低等弊端。

浙江大学竺可桢学院求是科学班以学生的科学素养、志向为选拔原则,致力于选拔对数学、物理、化学、生物、计算机科学5个基础学科中某一学科有浓厚学习兴趣、具有较强培养潜力并有志于深入学习的优秀学生。

中国科学技术大学文理复合英才班在招生简章中明确列出合作意向院校及实习基地,如英国曼彻斯特大学、美国麻省理工学院、联合国教科文组织、国际科学理事会等,大大激发了学生的兴趣。

四川大学、同济大学、复旦大学、厦门大学均在实施"拔尖计划"过程中的选拔阶段注重考查学生的综合能力、学术兴趣和发展潜质。北京师范大学励耕学院通过直接招生和入校后在相关专业二次遴选,组建基础理科和人文学科拔尖学生培养实验班。清华大学的清华学堂人才培养计划提出领跑者理念,希望招收有兴趣、有天赋、肯投入、有志于攀登世界科学高峰的最优秀的学生。上海交通大学致远学院一方面严格选拔标准,另一方面采取多种选拔形式,着重考查学生从事科学研究的兴趣与创新潜质。

2. 个性化培养方面

兰州大学萃英学院在培养过程中,也采取多种手段培养学生的兴趣。学院尊重学生的个性发展,在课程设置中努力扩大学生自主选择的空间,包容学生的多元志趣。学生根据自身的特点和兴趣,选择专业、导师,进行个性化分流培养。学院为每名学生配备国内、国外导

师,采取学生选择导师和导师选择学生双向选择的方式,导师针对学生的具体情况,根据学生自身的能力特点、研究兴趣,在学院"拔尖计划"专家小组指导下,制定学生培养方案,指导学生的学习、科研工作。

清华大学的清华学堂人才培养计划,根据学生专业兴趣、学习特点及其个性和特长协助找到合适的指导教师,指导其专业课程的学习和毕业论文工作,设立首席教授,以培养未来的拔尖人才。

南开大学的"伯苓班"在理念上更加注重为学生自主发展创造条件,关注学生不同特点和个性差异,发展学生的优势潜能,激发学生的好奇心,培养学生的兴趣爱好。南京大学在培养过程中探索实施了"三三制"本科教学改革新方案,即把本科培养分成"大类培养、专业培养、多元培养"三个阶段,并给学生提供"学术专业类、交叉复合类、就业创业类"三条个性化发展路径,发掘并培养学生的专业兴趣。

武汉大学的弘毅学堂推广大理科模式,按大理科招生,低年级不分专业,二年级开始根据自己的兴趣和能力以及对相关学科的逐步了解,在数学、物理、化学、生命科学以及计算机科学5个学科中自主选择专业。

北京大学元培学院认为在本科学习阶段要打好基础,培养兴趣,要根据学生的特点因材施教,开展个性化培养。山东大学泰山学堂中每个学生有两个不同专业的导师,采取跨专业学习;学生在学习期间可变换专业取向,最后根据自己稳定的兴趣,确定最终专业取向。北京师范大学励耕学院的学生可在导师指导下,针对自己所选择的兴趣专业,制定个性化学习方案,自主跨学校、跨院系、跨专业、跨年级修读课程以及修读高级研修课程等。哈尔滨工业大学英才学院执行独立的培养方案,按照"大类培养+专业教育+通识教育"相结合的模块化方式设置基础平台课,注重学生扎实基础理论、宽厚知识结构、浓厚科学兴趣和执着研究信念的培养。

3. 课程体系与教学方面

兰州大学萃英学院采取"3+1"(3年国内1年国外)国际化培养模式,在大学二至四年级,根据学生的特点和导师的要求,选择适当的时间,进入国际一流大学学习一年。北京大学通过"北京大学海外名家讲学计划"和"北京大学'大学堂顶尖学者讲学计划'",组织一批国际知名的专家学者为项目组学生开设课程和讨论班。北京大学专业课程建设以A、B、C级,初级、中级、高级,实验班,讨论班,英文班,英文实验班等多种形式,建立起多层次课程体系,以满足"计划"项目学生自身发展的需求。北京师范大学励耕学院重构课程体系,强化相关学科基础,核心课程聘请高水平师资单独开设,积极引进选用国际一流教材,开设学科前沿和研究方法课程,拓展学生学术视野,激发学生学术兴趣。

吉林大学唐敖庆班优化课程体系,将通识教育、基础教育与专业教育相结合,在培养方案中设置了多层次的课程平台以及专业性的特色课程群落,大大激发了学生的学习兴趣;开设新生研讨课,了解专业相关交叉学科的发展情况及地位和作用,培养学生对相关学科的学习和研究兴趣;在培养过程中,本着情商与智商并重的原则,通过引导学生自觉参与学术活动和科学研究活动,从科普到专业,从宏观到微观逐级渗透,以达到培养学生的专业兴趣和科学精神的目的;利用产学研合作方式,将所学的知识真正付诸实践,激励学生对更多知识的渴求和学习。

清华大学的清华学堂人才培养计划,建立学习者"社区"和科学研究"乐园",激发学生的学术兴趣和学术理想;通过开展联合培养、交换生项目、实验室研究等方式,增强学生学术自信,培养学术兴趣。清华大学邀请院士等一大批名师深入教学一线,注重营造活跃的课堂互动氛围,激发学生们的科研兴趣。复旦大学培养过程中通过6个平台的建设,激发学生参与科学研究的兴趣和热情。

西安交通大学的钱学森学院在教学培养中会外聘优秀的老教师给学生们上课。老先生们对教学的热爱和坚持,常常激励和告诫着学生在浮躁的社会中不为各种诱惑所动,专心于自己所热爱的事业。试验班广泛采用"课堂授课+讨论课(习题课)+口头报告"的方式安排教学,以便更有效地激发学生学习兴趣,活跃课堂气氛,促进学生自主探索与钻研。上海交通大学致远学院在人才培养方面进行了一系列系统深刻的改革创新,如所有方向的学生必修统一开设的基础课程,并且至少选修一个其他专业的导论性课程,领略学科全貌,引导专业兴趣。

4. 其他方面

南开大学的伯苓班教师自主研发设计了基于小班授课、服务于伯苓班的中国大陆首家TEAL教室,大大提高了学生的学习兴趣和效率。山东大学泰山学堂探索实行住宿学院制、游学制和导师制,学生与专业教师同住一栋宿舍楼,便于有问题时随时交流;开辟教授接待室,每天下午安排一名博士生导师接受学生访谈,主要解答学生学习和学术上的疑问。北京大学设置网上预约系统,帮助学生与导师预约沟通时间,促进交流。清华大学每周固定举办学堂班会,首席教授、专家学者、学生自己都可以成为主角。

二、"逸仙模式"下的本科生科研兴趣培养体系

秉承"博学、审问、慎思、明辨、笃行"的校训和中山先生毕业训词中的"学海汪洋,毓仁作圣;为社会福,为邦家光"的人才培养定位,中山大学自1991年起在数、理、化、生国家理科基地的平台上开始创新型人才培养的尝试,努力培养具有创新精神、有社会责任感和使命感的高素质学术型人才。在此基础上,学校又于2006年启动了跨学科培养的"逸仙计划",一系列的教学改革开启了基础学科拔尖创新人才培养"逸仙模式"的探索。2012年,根据国家发展战略,结合中山大学实际情况,在总结"逸仙计划"成功经验的基础上,学校成立逸仙学院,以"给天才留空间"为指导思想,旨在让有潜质的拔尖学生能更好地"冒"出来。这些年来的实践,人才培养成果斐然,中山大学拔尖创新人才培养的"逸仙模式"已初步形成,逐渐摸索出一套适应本科学生发展的科研兴趣培养体系。

"逸仙模式"面向基础科学领域,目标是培养具备交叉学科知识结构、有较强的创新精神与创新潜能,有望成为相关领域领军人物的研究型人才。通过不断地探索,逐渐建立起从选拔到以"兴趣—志趣—志向—影响力"4个阶段为导向的全方位、多角度的科研兴趣培养系统。

(一)优化选拔指标,挖掘真正热爱科研的优秀人才

优质生源是选拔优秀学生、培养拔尖创新人才的基本条件。中山大学逸仙学院在选拔学生的过程中,注重选拔真正热爱基础科学研究,有志于从事科学研究工作的优秀学生;突出强调学生需具有对基础学科的浓厚兴趣和发展潜质、立志深造和深入学习的决心。

通过梳理国内外拔尖人才遴选与评价方法,分析当代大学生特点,联合学校相关部门研制了包括价值导向、人格品质、心理素质、兴趣志向、自主学习能力、创新潜能、批判性思维、沟通与团队合作能力8个维度的遴选标准。遴选方式从以入学高考成绩为主,转变为以一年后学生学习的能力及其对基础学科研究兴趣为主,避免了以高考成绩作为唯一选拔标准,学生在还未接触最基本的原理之前,也无法判断自己对此学科有无志趣和能力,学生经过大学一年的学习训练,科研兴趣与志向更清晰。学校将选拔指标与兴趣衡量指标相结合,从初选到复试都注重科研兴趣的考察,如报名条件要求对相关学科、专业有浓厚的兴趣,面试环节专家测评主要考查项则包括专业兴趣等。

为了验证选拔模式的可靠性,2012年,逸仙学院对2011级刚遴选出来的61名实验班学生进行了卡特尔16种人格测试。61名学生表现出了成功者的特征:天资聪敏、好强坚韧、独立积极,具备想象能力和创新精神;同时表现出了高分者的共性:自视甚高、团队合作性不强,缺乏冒险敢为的干劲。这个测试验证了选拔模式的可靠性,有利于发现拔尖苗子,同时也为人才培养模式提供数据支持,更有利于实施个性化培养。

(二)探索科研兴趣培养体系,推进拔尖人才培养计划

人才的选拔和培养是一个持续、变化的过程。如何让更多原本有兴趣的学生可以继续保持浓厚的兴趣与学习的动力并能够坚持从事基础学科的研究,需要不断地激励、引导。逸仙学院人才培养以"兴趣—志趣—志向—影响力"为导向,最大限度调动起学生对科研的兴趣,并把兴趣转化成学习研究的动力,在参与科研训练过程中将兴趣发展为志向,建立起从事基础科学研究的信心与能力,并对其他学生形成积极的辐射与影响力。

第一阶段:科研兴趣的激发。通过让学生接触了解国家重点发展战略、本学科发展前沿,鼓励学生探索未知的领域,激发学生的好奇心和想象力。第二阶段:科研兴趣的提升,重视知识积累与能力培养,将学生的科研兴趣转化为对科学不懈的追求与动力,形成科研志趣。第三阶段:科研兴趣的促进与加深,通过参与一系列交叉课题等科研实践,将科研志趣发展为从事基础科学研究的科研志向。第四阶段:科研兴趣的养成,通过前面循序渐进的科研兴趣培养体系,鼓励"拔尖计划"学生继续深造,成长为相关基础科学领域的领军人物并逐步跻身国际一流科学家队伍,对其他学生形成辐射影响力,带动项目的可持续发展。

1. 第一阶段:科研兴趣的激发,引导为主

低年级学生刚刚开始接触基础课程,对科研还没有一定的了解。学校通过举办系列讲座、通识课程等,引导学生多看、多听,让学生了解国家重点战略需求,知道自己可以做什么、需要做什么,激发学生把学术志向与服务国家战略需求结合在一起;还能使学生了解基础科学发展及其在高技术和实际生产中应用的前沿与总体趋势,以适应科学技术的发展和将来

从事基础科学研究工作或应用研发工作的需要,知道前人已经做了什么,自己还可以朝着哪些方向去发展,对哪些方面比较感兴趣,激发学生的学习热情。

2. 第二阶段:科研兴趣的提升,并转化成科研志趣

通过第一阶段的体验,学生对哪些研究方向感兴趣有了初步的认知,第二阶段主要根据学生产生的兴趣,进一步对学生加以培养,注重对其知识的积累与能力的培养,使其科研兴趣转化为科研志趣。

(1) 实行个性化培养,每名学生拥有自己的个性化培养方案。逸仙学院对学生实行个性化培养,为每名学生设置"四个一":一人一培养方案,"一对一"导师制,一年一评价,提供一次国际交流的机会。每名学生拥有自己的个性化培养方案,导师根据学生的专业兴趣、发展潜能及综合能力,指导学生度身定制个性化的培养方案,并根据其学习情况对培养方案进行动态的调整,引导学生发展专业志趣和创新思维能力。

(2) 全程导师制,一对一配备导师。在实行个性化培养方案的过程中,学生们会遇到各种各样的问题,遇到困难如果没有及时引导,有的人可能就退缩了,刚刚产生的兴趣也有可能渐渐地被削弱,这个时候就非常需要有经验的教师的帮助。

逸仙学院实行全程导师制,引导学生学术发展。逸仙学院遴选102位资深教师,为学生一对一配备导师。导师强化对拔尖学生的学术熏陶,关心学生的全面发展,加强对学生专业学习和发展规划的引导。逸仙学院通过进课题、进团队,尽早介入科研训练,引导学生投身基础科学研究;举办学术午餐会,师生齐聚一起畅谈学术理想。

(3) 依托课程体系与教学内容、方法。逸仙学院在课程设计和教学方法方面重视调动学生的主观能动性,使学生最大限度地参与到课堂中,养成独立思考的能力。只有参与其中,学生才能体验到其中的乐趣,思想的碰撞也可以使学生更加坚定自己的兴趣。

课程采用启发式、讨论式、探究式等研究性教学方法,教学方面实施两个"1/3"特色的小班化教学,促进学生探究性学习。两个"1/3"做法,即非互动教学时间不超过1/3,每门课程跨学科选修人数不低于1/3。教师与学生互动研讨,能够充分发挥学生主体作用,引导学生自主思考课程的基本问题和核心概念,培养学生专题调研、表述和学术讨论的能力;每门课程1/3选课学生为跨学科选修学生,能够鼓励本科生接触不同学科,形成实质性的学科交叉互动。

逸仙学院部分专属课程也聘请国外一流专家学者短期授课,拓宽学生的国际化视野。逸仙学院还开设理论物理国际班与基础数学国际班,引进法国巴黎高等师范学院的教育理念,聘请相关领域顶尖科学家驻校授课。6年来,逸仙学院聘请国际知名教授驻校授课共68人次。名师授课对学生科研兴趣的培养起着非常重要的作用,各个学术领军人物本身可以激励学生坚定自己的科研兴趣,使其形成科研志趣。

(4) 营造浓厚的学术氛围。人是环境的产物,浓厚的学术氛围无疑可以培养学生的学术兴趣。逸仙学院于每年五月开展学术交流周,让参加过国内外高校课程学习、暑期学校、科研实习、竞赛、会议和社会实践的学生参照正式国际学术会议标准,以PPT口头报告和POST海报展示形式,开展经验的分享、知识的交流、智慧的碰撞,通过"分享"让更多的学生开阔视野,促进不同学科学生之间的交流,感受研究的乐趣。

3. 第三阶段:科研兴趣的促进与加深,发展为科研志向

第三阶段以科研实践为主,鼓励学生参与导师研究课题或申请国家科研项目,同时注重

国际化培养,努力使学生树立科学研究志向。

学生在科研兴趣转化为科研志趣后,能否坚持自己的兴趣,在基础科学研究的道路上走得更远,还需要更多的亲身实践,真正做过了、试过了才知道是否合适,能不能继续做下去。

(1) 科研实践。学院向学生开放国家重点实验室、教育部重点实验室、开放实验室、国家实验教学示范中心等,鼓励学生早进课题、早进实验室、早进团队,注重学科交叉,为学生的实验实践教学、科研训练和创新活动提供有力的支持。

(2) 国际化培养。逸仙学院搭建多元化的国际学术交流平台,为进一步深造做准备。逸仙学院分期分批将学生送到国外一流大学学习或实训,进入一流实验室接触科研前沿,如欧洲核子中心等科研机构,拓展学生学术视野;积极组织学生参与各类暑期学校,如非线性偏微分方程暑期讲习班、粒子物理、核物理与天体物理"拔尖计划"暑期学校等。近6年,学生境内外交流达275人次。

4. 科研兴趣的养成,形成积极的辐射和影响力

前面递进式的兴趣培养模式,学生的兴趣已经基本养成,这促使学生拥有明确目标,基本会选择继续深造,而走进名校,接近更高端、更前沿的科研领域所形成的成就感又会反过来促使其对科研有更加浓厚的兴趣,同时还能对其他学生形成辐射影响,带动项目的可持续发展。

逸仙学院的学生毕业深造率高,成绩优异。目前,逸仙学院三届共138名毕业生的继续深造率为100%,其中25人选择中山大学继续深造,44人就读于境内其他高校,如北京大学、清华大学、中国科学院大学等;69人就读于境外高校,如耶鲁大学、加州大学伯克利分校、京都灵长类动物研究所、哥伦比亚大学、约翰斯·霍普金斯大学等世界名校和院所。毕业生中也涌现了一批交叉学科人才。

三、总结

本报告通过对本科生科研兴趣培养的研究,在总结其他高校科研兴趣培养方法和经验的基础上,探索本科生科研兴趣培养规律,建立了一套本科生科研兴趣培养与科研能力探索的示范模式,即以"兴趣—志趣—志向—影响力"4个阶段为导向的科研兴趣培养系统。经过系统培养的学生,其科研思维与创新实践能力、学科知识的竞技水平、国际学术交流能力与综合素质等显著增强。该体系有望对全国高校人才培养起引领示范作用,影响带动人才培养模式纵深发展,逐步清晰当今时代的优秀人才培养质量的动态指标,推动全国人才培养质量的进一步提高。

化学拔尖人才科研能力培养研究

成果报告作者: 武汉大学　黄驰,赵发琼,刘欲文,丁琼,庄林,程功臻

摘要: 从培养目标出发,考虑学科融合,设计"基础实验(化学实验方法和'三基'能力)—综合实验(化学科研全过程)—科研能力训练实验(学科前沿探索)"三层次的实验课程体系,探索教学方法,取得较好科研能力培养效果。

国家"基础学科拔尖人才培养试验计划"(以下简称"拔尖计划")的实施对我国培养优秀专业人才发挥了重要作用。武汉大学化学专业通过多年的实践,在化学拔尖人才培养实践中取得一定成绩。

一、武汉大学化学拔尖人才培养计划实践历程

为重点培养优秀化学专业人才,武汉大学化学专业在1991年开设化学试验班,1993年被国家批准为国家基础科学研究和教学人才培养基地,2009年成立星拱化学拔尖人才培养试验班,2010年开设弘毅学堂拔尖人才培养化学班。为实现培养化学拔尖人才的目标,武汉大学化学与分子科学学院根据学生的特点和学科的发展状况,积极凝练人才培养理念,探索人才培养模式,改革教学内容和教学方法。在实验实践教学方面,武汉大学一直进行改革与探索,取得一定效果。

二、化学拔尖人才培养实验教学理念

在学科不断交叉融合、信息技术革命推动"互联网+"和物联网技术快速发展、新一代工业技术革命带来的科技膨胀发展时代,武汉大学通过教育思想大讨论,认为新时代化学拔尖人才应具备以下能力:具有坚定民族精神和开阔国际视野、强烈社会责任感和使命感,人格健全,自我学习能力强,知识宽厚,能力全面,综合应用知识能力和交叉意识强,具有团队意识,能够进行"创新、创造、创业"。

21世纪初,武汉大学提出并实践化学专业本科生的化学实验创新教学理念:"以教师为主导,以学生为中心,以激发学生学习积极性为出发点,以培养学生创新能力为目的,狠抓基

本技能训练,以科学研究的规律、思维、方法为主线索组织实验教学,促进学生自我选择学术发展方向,自我设计知识结构,自我完善科研技能"。对化学拔尖人才的培养,该教学理念仍然适用。

三、化学拔尖人才科研能力训练实践

从课堂内到课堂外,从校内到校外,从引导学生学习到学生主动学习等方面推动化学拔尖人才班学生的培养,具体可以分为如下四个方面。

1. 在校内构建课堂内的实验课程体系,培养扎实的动手能力基本功

武汉大学设计了"基本实验—综合实验—科研能力训练实验"三个层次的实验课程体系。

基本实验——从实验方法角度设计实验,教会学生做好化学实验,即让学生学会化学实验的基本动手能力。在这个阶段,主要教会学生"三基能力",重点要让学生从物理学和方法学角度考虑为什么有这些实验方法和技术,这些方法与技术的出现和使用一般来说是和化学物质的物理化学特性关联的,而和这些物质具体属于哪个二级学科则没有关系,即强调其方法的原理往往是物理化学基础知识,而应用则是无机化学、分析化学和有机化学等二级学科。比如,蒸馏和精馏基本操作,在传统的教学中,学生们往往认为是有机化学实验的物质分离手段,我们通过优化实验内容,让学生明白蒸馏和精馏的原理是物理化学中的相平衡和相图,而应用则在无机化学、分析化学和有机高分子化学实验、化工实验中,并且还会明白化工实验中的精馏操作和有机化学中的精馏操作是多么的相似,只是块头大小不同而已,这样就将理科实验内容和工科实验内容统一起来。又如萃取,通过优化实验内容,可以将物理化学基本原理、无机实验中的萃取、有机实验中的萃取、分析实验中的萃取富集及固相微萃取、化工实验中的萃取操作统一起来,让学生从方法学上统一认识了各个化学实验方法的核心内容。

通过该阶段学习,让学生掌握最基本的化学实验技能。内容涵盖化学专业规范中规定的基本操作,如固体与液体的转移与计量、搅拌、过滤、干燥、萃取、蒸发、蒸馏、回流、加热与冷却、容量分析、沉淀分析等。

综合实验——从实验过程角度设计实验内容体系:指的是从科学研究的整个过程设计实验内容。完成相应的实验内容必然会让学生了解科学研究的基本过程,包括方案设计、化合物合成、结构表征与鉴定、性质与应用、总结交流等部分。实验内容设计分别以无机化合物、有机化合物或高分子化合物合成为主线进行组织,并且涵盖分析化学、分子模拟与化工实验。

科研能力训练实验——从创新角度设计实验内容体系,培养学生创新意识。该阶段的实验内容必须紧密结合学科前沿,不仅是化学学科各二级学科之间的交叉,更要考虑化学与生物学、物理学、环境学等其他学科之间的交叉融合,让学生在完成基本能力训练和综合化学实验课程的基础上,通过实验内容的设计和优化,吸引学生积极进入实验室,不断提升创新意识,提高学生的科学研究能力。

2. 在校内教育中,探索教学方法,提高教学效果

(1) 在课堂内采取讨论式实验教学方法,增加师生互动,促进学生主动思考,提高了教学效果。

(2) 充分利用现代信息技术,让学生通过微信、微助教等手段进行实验预习,通过微信检测预习效果,考查学生实验效果等。

(3) 全面开放实验室,配备了专门的弘毅班实验室,在保证安全的情况下学生随时可以进入实验室进行实验。

3. 丰富实践经历,加强国内外交流

(1) 通过学校和学院的各类讲座等活动,让学生全面接触学科前沿。

(2) 积极推动学生到国内各高校、科研院所进行交流。

(3) 积极推动学生到国外知名高等学校进行交流和学习。

(4) 积极推动学生参加武汉大学化学学院本科生创立的"清泉计划"团队,旨在运用专业知识改善边远地区学校学生水源水质糟糕、饮水工具匮乏和热水资源稀少的现状。"清泉计划"团队荣获全国大学生社会实践优秀团队奖和第五届大学生社会实践全国二等奖。化学拔尖人才班的学生积极参加了水样分析、净水膜材料的研制、净水传感器的研制和相关的各类公益活动。

4. 积极引导科学研究

积极引导学生到各课题组参加课外科学研究,部分学生从大一下学期开始就进入实验室进行课题研究,到大学二年级大部分学生在不同的课题组找到自己进行科学研究的位置,大部分学生获批大学生创新创业训练计划项目。通过大学生创新创业训练计划项目的实施和在课题组的科研经历,学生们的科研能力得到进一步提升。

四、化学拔尖人才培养成效

1. 拔尖人才班学生科研能力得到提高

通过本项目 2016—2018 年的实施,武汉大学化学拔尖人才班学生的科研能力得到较大提升,学生参与科学研究的积极性高涨,学生们在此期间发表了多篇科研论文。

2012 级弘毅学堂化学班学生发表 SCI 论文 10 篇。

2013 级弘毅学堂化学班学生发表 SCI 论文 16 篇。

2014 级弘毅学堂化学班学生发表 SCI 论文 22 篇。

2015 级弘毅学堂化学班学生发表 SCI 论文 12 篇。

化学拔尖人才班的学生积极参加大学生课外科技作品竞赛,在"挑战杯""创青春"和"互联网+"等各类科技竞赛中取得优异成绩。

2016 年,弘毅学堂化学班学生获得"创青春"中航工业全国大学生创业大赛第十届"挑战杯"大学生创业计划竞赛银奖。

2017 年,弘毅学堂化学班学生获得第十五届"挑战杯"全国大学生课外学术科技作品竞赛决赛特等奖、一等奖和二等奖各一项。

2018年,弘毅学堂化学班学生获得"创青春·汇得行"湖北省大学生创业大赛金奖一项,并顺利晋级全国决赛。一个项目入围"创响中国武汉大学站"第四届"互联网+"大学生创新创业大赛校级复赛。

2. 拔尖人才班学生深造率高

近两年来,武汉大学化学拔尖人才班的学生出国深造率在40%以上,国内读研率在50%以上。

五、化学拔尖人才培养实践成果与思考

通过2016—2018年两年的实施,项目团队设计的实验教学课程体系已经推广到整个化学基地班,列入武汉大学化学专业2018年版培养方案中。在此期间,项目团队成员发表各类教学论文10篇。

通过两年的实践,我们认为在如下方面需要进一步探索和思考。

(1) 对学校和学院:应考虑如何健全优秀学生的遴选机制和评价机制。

(2) 对教师:应考虑如何吸引优秀教师投入更多精力参与拔尖人才的培养中来。

(3) 对学生:应考虑如何协调好两个关系——"成人"与"成才"的关系,"成绩"与"能力"的关系。

参考文献

扫码查看

生物学拔尖创新人才培养模式改革研究与实践

成果报告作者：武汉大学　谢志雄，王建波，贾洋洋，石竞

武汉大学生命科学学院一直在不断进行生物学创新人才培养模式的改革与实践，1993年获准建立国家理科基础科学研究与教学人才培养基地；2002年获准建立国家生命科学与技术人才培养基地；2005年开始，每年从生物学基地班中选拔20~30名学生进入国际班学习，专业课实行全英文授课；2010年入选"基础学科拔尖学生培养试验计划"（以下简称"拔尖计划"），借鉴国际班的办学经验开始开办"弘毅学堂生物学班"（以下简称"弘毅班"）。本课题主要通过比较分析实施"拔尖计划"以来，弘毅班、国际班和生物学及生物科学与技术基地班2010—2014级5届学生基本培养情况，结合国内兄弟院校拔尖人才培养经验，为不断优化生物学拔尖人才培养模式提供参考。

一、拔尖创新人才培养模式

弘毅学堂生物学班学生培养目标是，充分利用学院学科、科研、人才培养等优势，吸引热爱生命科学的优秀本科生，参与生命科学学习与研究，能通过在国内外一流实验室的继续深造，逐步成长为生命科学及相关领域的领军人物。为此，在学生培养方案和教学计划中，充分借鉴了国际班和基地班办学经验。

（一）培养模式比较分析

1. 遴选滚动培养

2010—2014级弘毅班学生是从全校当年录取的高考理科大类各专业新生中选拔出来的，每年不超过20名。报名学生必须在高考成绩优秀或在全国高中数学联赛、全国中学生物理竞赛、全国高中学生化学竞赛、全国中学生生物学联赛等四项比赛中获奖。

遴选方式为笔试和面试的结合。笔试主要考核学生在生命科学方面的学科特长；面试为全英文面试，主要考核学生综合素质和英语应用能力两个方面，着重考查学生科学思维能力、对生命科学理论与技术的认识、分析问题和解决问题的能力，以及学生的英语听、说能力。由于学科特长笔试在总成绩中权重较大，通过此方式遴选的学生，60%~70%为参加全国中学生生物竞赛获奖的学生。

国际班从生命科学学院当年录取的生物学及生命科学与技术基地班新生中遴选,只进行全英文面试。

弘毅班和国际班学生在一、二年级学习过程中,如累计学分未达到11分,则转入基地班学习;空出的名额可从基地班学生中择优遴选补充。

2. 培养模式比较

弘毅班、国际班和上海交通大学致远学院、南开大学伯苓班以及浙江大学求是班的培养模式相差不大,均注重通过开设各种小班研讨课,培养学生的批判性思维;通过暑期短期出国访学、中长期境外毕业设计等形式开拓学生国际视野;通过各种文化活动进行情操熏陶,等等,全方位育人。

弘毅班和国际班办学资源相通,差别较小,即便为弘毅班设立的科学研究训练、专业文献研读等弘毅荣誉课程,国际班和基地班学生也有参加学习的机会。如由弘毅班学术导师开设的生物文献研读是弘毅班指定选修的小班研读课程,限20人以内,而国际班为专业任选,人数稍多,20~30人;国际班没有以班级为单位的国内外知名科研院所、高校的访问交流计划和文化陶冶活动,但是提供了各类交流活动供学生自由申请、遴选。整体而言,两个班教学资源没有显著差异,弘毅班部分资源为统一安排,而国际班学生为自由选择申请。

(二)课程体系和教学计划比较

弘毅班课程设置和教学计划借鉴了国际班的教学方案和计划,专业核心课程动物生物学、植物生物学、微生物学、生物化学、遗传学、细胞生物学、分子生物学等选用优秀国际原版教材,采取全英文教学。弘毅班采取小班上课,加强讨论式教学,注重培养学生独立自主学习能力和独立思考能力,提升学生英语表达水平。为给学生提供更多发展规划的空间,在不减少教学内容和要求的前提下整合了部分政治理论课程,整体学分压缩,但选择性地增加专业课程及实验教学内容,如专业文献研读、多层次的科研训练等。

通过比较弘毅班和兄弟院校拔尖人才班课程学分设置(表1),可以发现弘毅班和国际班学位学分总分130学分,比兄弟院校拔尖人才班145~150学分的要求低10.34%~13.33%;与致远学院和求是班比较,主要在专业基础和专业必修方面学分要求低14.5~22.5学分;与伯苓班相比,主要在专业必修和选修课程方面要求较低。

弘毅班和国际班除通识必修和专业选修课程相差2学分外,其他基本一致,与基地班相比,主要是通识基础课和专业选修课程学分有差别。与兄弟院校拔尖人才班课程设置相比,通识必修大致相当,弘毅班和国际班英语要求9学分,高于其他班;专业基础课程,弘毅班和国际班主要是高等数学和物理课程的学分和难度要求远低于兄弟院校,但是开设了其他学校不开设的物理化学课程;对于专业必修和选修课程,伯苓班要求最高,除了动物学、植物学、微生物学、生物化学、细胞学、遗传学和分子生物学及实验7门基础课外,对专业导读课和动植物生理学等课程也做了要求。除致远学院外,其他院校都明确开设了学分不等的科学研究训练课程,并有学分要求;求是班还有5个学分的个性化课程,不做任何修读的限定(详见表1)。

表 1 学院不同班级和兄弟学校拔尖班学分要求比较

课程类别	弘毅班 学分	弘毅班 比例	国际班 学分	国际班 比例	基地班 学分	基地班 比例	致远学院 学分	致远学院 比例	伯苓班 学分	伯苓班 比例	求是班 学分	求是班 比例
通识必修	22	16.92%	20	15.38%	26	17.33%	25	17.24%	25	16.67%	23	15.33%
通识选修	12	9.23%	12	9.23%	12	8.00%	2	1.38%	19	12.67%	8	5.33%
专业基础	31.5	24.23%	31.5	24.23%	31.5	21.00%	46	31.72%	35	23.33%	43	28.67%
专业必修	34	26.15%	34	26.15%	34	22.67%	42	28.97%	38	25.33%	37	24.67%
专业选修	19.5	15.00%	21.5	16.54%	35.5	23.67%	24	16.55%	25	16.67%	20	13.33%
实践	11	8.46%	11	8.46%	11	7.33%	6	4.14%	8	5.33%	14	9.33%
个性化课程											5	3.33%
学分合计	130	—	130	—	150	—	145	—	150	—	150	—

注:课程分类基于自身的理解,和原学院分类不完全一致。

(三)强化科研训练

由于有"拔尖计划"的经费支持,弘毅班学生有条件在实践教学方面获得更多资源。在强化基本实验技能训练基础上,强调培养学生科学思维能力和研究式学习,将专业实验课、专业基础实验课、科学研究训练课有效结合,建立多层次、开放式实验教学模式。为培养拔尖人才创新能力,学院充分发掘自身特色和优势,科研支持教学,科研融入教学,引导学生将"学"与"研"相结合,构建一体化科研创新能力训练的体系。

(四)国内外交流学习

1. 名家讲座

为了使学生了解现代生命科学与技术的发展动态与趋势,明确专业发展规划,弘毅学院先后邀请美国科学院院士 Baker 教授、美国科学院院士王晓东教授、首届国家级教学名师中山大学王金发教授、学院校友中国科学院水生生物研究所桂建芳院士、杜克大学中国科学院外籍院士王小凡教授以及本院舒红兵院士、卢欣教授等国内外知名专家学者为弘毅班学生做专题讲座或座谈,就生命科学不同领域、生物技术的应用、杰出学者的成长历程、如何上好大学等专题进行交流,激发了学生学习热情,稳定了学生的专业思想,帮助学生明确了专业发展方向。

2. 访学交流

在"拔尖计划"的资助下,学院组织丰富多彩的国内外交流、学习活动,组织学生参加全国和湖北省等各级大学生实验技能竞赛、iGEM 大赛等竞赛活动;定期组织弘毅班学生赴北京、上海等地中国科学院院所及北京大学、清华大学等高校参观学习,实地参观考察华大基因研究院、东阳光集团生物药业研究院、阳普医疗器械有限公司等生物产业研发基地,了解生物产业现状和发展趋势;安排部分弘毅班学生以随堂听课、师生座谈等形式在香港大学、香港中文大学和香港理工大学等亚洲知名学府进行了访学交流。

国际班和基地班由于没有专项经费支持,主要通过个人申请学校、学院等国际交流奖学金的形式,以个人或小规模的形式出访交流。

此外,为了缓解弘毅班学生学习压力,陶冶艺术情操,学院不定期组织弘毅班学生观看音乐会等活动。

二、培养成效比较

1. 学业课程学习

弘毅班是从全校新生中,按学生学科特长和综合素质进行遴选、组建而成,学生整体综合素质高、学习能力强、专业发展规划较为明确,因此,在校期间学业成绩整体上好于其他班学生(表2)。

表2　学院不同班级GPA比较

班级	年级					平均值	SD
	2010	2011	2012	2013	2014		
弘毅班	3.49	3.59	3.60	3.44	3.53	3.53	0.06
国际班	3.39	3.53	3.30	2.89	3.37	3.30	0.22
基地班	3.27	3.34	3.29	3.34	3.28	3.30	0.03
均值	3.38	3.49	3.40	3.22	3.39	—	—

在已评出的近4届湖北省优秀学士学位论文中(每学院每年限报5或6篇),弘毅班学生所占比例逐年升高(表3)。

表3　学院不同班级湖北省优秀学士学位论文数据比较

班级	年级				
	2010	2011	2012	2013	2014
弘毅班	0	1	2	3	未评
国际班	1	1	0	0	未评
基地班	4	4	3	2	未评
小计	5	6	5	5	—

2. 科研创新能力

在一体化科研创新能力培养方案中,弘毅学院为曾在高中阶段就在全国生物学联赛决赛中获奖的大一新生指定一对一学术导师,并开放科研实验室,提供科研实践机会;在大二时,组织部分科研实验室设立实验室开放项目,供学生自由选择,在此基础上,组织学生申报国家和学校设立的大学生创新创业项目;在大三时,系统进行"四段式"科学研究训练,提升学生科学思维、研究创新能力;在大四时,依托国家留学基金管理委员会优秀本科生国际交流项目,优先选派和资助弘毅班学生赴国外知名大学进行8个月的科研实习,近年学院平均每年派出的10名学生中,5~8名为弘毅班学生。2017年,赴美国德州西南医学中心学习的4名学生全为弘毅班学生。

良好的科研训练环境,为弘毅班学生进行科研训练提供了便利,弘毅班学生参与度要高于其他班学生,弘毅班学生在主持业余科研项目和科学研究训练成绩方面明显好于基地班学生(表4、表5)。

表4　2010—2014级本科生主持业余科研项目情况比较

班级	年级									
	2010		2011		2012		2013		2014	
	人数	占班级人数比例	人数	占班级人数比例	人数	占班级人数比例	人数	占班级人数比例	人数	占班级人数比例
弘毅班	11	55.00%	9	47.37%	11	57.89%	11	55.00%	11	55.00%
国际班	12	44.44%	10	40.00%	9	36.00%	14	53.85%	15	50.00%
基地班	33	28.70%	22	23.16%	36	34.62%	38	40.00%	27	27.00%
小计	56	34.57%	41	29.50%	56	37.83%	63	44.68%	53	35.33%

5届弘毅班学生一半以上主持过大学生业余科研项目,比例较基地班学生高50%左右。

表5　2010—2014级本科生科学研究训练成绩比较

班级	年级					平均值	SD
	2010	2011	2012	2013	2014		
弘毅班	87.20	89.11	88.42	84.15	86.25	87.03	1.74
国际班	87.15	86.92	86.09	84.52	86.30	86.20	0.92
基地班	88.10	86.49	86.38	84.87	83.26	85.82	1.64
均值	87.48	87.51	86.96	84.51	85.27	—	—

除2013级少数弘毅班学生科研训练推迟外,整体上,2010—2014级5届弘毅班学生科学研究训练成绩好于国际班学生,国际班学生好于基地班学生。本科生参与发表学术论文,弘毅班学生占25%以上(学生人数占比约13%),学院在近三届湖北省大学生生物实验技能大赛一等奖中的1/3由弘毅班学生获得。

3. 参与国际交流能力

国内外交流学习机会多,国际视野养成好。弘毅班专业核心课程及部分专业基础课与专业选修课程,选用国外同类高校的原版教材,主讲教师为在国外长期学习工作的回国教师或外籍教师,因此,弘毅班学生英语交流能力好。此外,弘毅班遴选出的学生多数在全国中学生生物联赛获奖,生物学专业基础好,有能力和机会较早参与科研训练和出访交流。2014级高国铭等学生大一期间即开始参加iGEM竞赛,大二、大三时参加短期访学交流,大四时获得优本项目资助,赴美国进行8个月的实习,2018年毕业时获得10所美国高校全奖资助,最后选择赴美国密歇根大学安娜堡分校继续深造。

4. 毕业生去向

弘毅学堂生物学班从2010年开始招生,现有5届学生完成学业,2010—2014级5届国际班、弘毅班、基地班毕业生,以及各年级毕业生的去向统计数据见表6、表7、表8、表9。

表6 2010—2014级弘毅班毕业生去向统计表

年级	境外深造人数	比例	境内深造人数	比例	深造比例	就业人数	比例	总人数
2010	5	25.00%	12	60.00%	85.00%	3	15.00%	20
2011	10	52.64%	9	47.36%	100.00%	0	0.00%	19
2012	10	52.63%	7	36.84%	89.47%	2	10.63%	19
2013	8	40.00%	8	40.00%	80.00%	4	20.00%	20
2014	8	40.00%	9	45.00%	85.00%	3	15.00%	20
小计	41	42.05%	45	45.84%	87.89%	12	12.13%	98

表7 2010—2014级国际班毕业生去向统计表

年级	境外深造人数	比例	境内深造人数	比例	深造比例	就业人数	比例	总人数
2010	18	66.67%	7	25.93%	92.60%	2	7.40%	27
2011	11	44.00%	10	40.00%	84.00%	4	16.00%	25
2012	14	56.00%	5	20.00%	76.00%	6	24.00%	25
2013	5	19.23%	13	50.00%	69.23%	8	30.77%	26
2014	11	36.67%	19	63.33%	100.00%	0	0.00%	30
小计	59	44.51%	54	39.85%	84.37%	20	15.63%	133

表8 2010—2014级基地班毕业生去向统计表

年级	境外深造人数	比例	境内深造人数	比例	深造比例	就业人数	比例	总人数
2010	22	19.13%	62	53.91%	73.04%	31	26.96%	115
2011	28	29.47%	53	55.79%	85.26%	14	14.74%	95
2012	20	19.23%	66	63.46%	82.69%	18	17.31%	104
2013	19	20.00%	58	61.05%	81.05%	18	18.95%	95
2014	24	24.00%	60	60.00%	84.00%	16	16.00%	100
小计	113	22.37%	299	58.84%	81.21%	97	18.79%	509

表9 2010—2014级各年级毕业生去向统计表

年级	境外深造人数	比例	境内深造人数	比例	深造比例	就业人数	比例	总人数
2010	45	27.78%	81	50.00%	77.78%	36	22.22%	162
2011	49	35.25%	72	51.80%	87.05%	18	12.95%	139
2012	44	29.73%	78	52.70%	82.43%	26	17.57%	148
2013	32	22.70%	79	56.03%	78.73%	30	21.28%	141
2014	43	28.67%	88	58.67%	87.34%	19	12.67%	150
小计	213	28.83%	398	53.84%	82.67%	129	17.34%	740

从2010—2014级5届弘毅班、国际班和基地班毕业去向数据比较分析可以发现,弘毅班整体深造率最高,国际班次之,而基地班学生境内深造人数比例最高,因此,整体深造率差距主要是在出境学生比例上,基地班要远低于弘毅班和国际班,符合对三者培养目标的定位。

与兄弟院校相比较,如致远学院,弘毅班境外深造率比例稍低、境内深造比例稍高,整体深造率相当,但致远学院学生具有扎实的数理基础,对部分学生从事经济方向就业或交叉学科领域发展有利。

三、拔尖创新人才培养的关键要素分析

1. 人才培养环境条件是第一要素

国际班是2005年开始从基地班中选拔学生编班的,其专业基础课和部分选修课实行全英文授课,以便与国际接轨,有利于学生顺利出国深造;2010年开始在武汉大学弘毅学院内开设生物学班。这两个班培养目标较多相重,在弘毅班培养方案制订时,主要借鉴了国际班的课程体系,同时参考了其他兄弟院校拔尖人才培养的管理模式。通过5届学生的数据初步比较分析,可以发现弘毅班与国际班相差不大,但相关数据明显高于基地班学生。

总体上,弘毅班和国际班的定位、培养目标和培养模式基本一致,但是由于弘毅班得到更多的教学资源投入,在一流师资聘请、国内外交流、科学研究训练资源和人文素养培养等方面得到更多支持,所以在学业水平、科研创新能力和毕业生境外深造率等方面,弘毅班好于国际班,两者更明显好于基地班。说明拔尖创新人才培养,人才培养环境条件是第一要素。

2. 合理的课程体系有助于拔尖人才培养

通识教育课程的有机整合和专业选修课程的大幅度压缩,为学生自主学习、自我规划和国内外交流学习提供了时间。生物学7门核心课程要求使用最新的原版教材,施行全英文授课,少数选修课通过聘请外教等形式进行全英文授课,通过各类短期访学、竞赛或长期实习等各类项目,弘毅班学生在校期间有机会至少赴境外交流一次,有效培养了学生国际化视

野。弘毅班学生出境深造率高,得益于此。

3. 一体化科研训练体系有助于创新能力培养

弘毅班学生的遴选方式,使得弘毅班中大多数学生较同年级学生生物学科特长明显,学科特长过于明显有时是一把双刃剑。2013级弘毅班数据较其他年级差的主要原因是,该班有少数在全国生物学竞赛决赛获奖学生,在进入大学学习期间缺乏"新鲜感",学习动力不足,影响了后续专业发展。基于2013级的经验教训,从2014级起,从大一开始针对不同学生安排合适的学术导师,依据学生自身能力适时进行科学研究训练,2014级弘毅班即有了明显改观。

四、问题与思考

通过弘毅班、国际班和基地班人才培养情况的比较分析,可以发现,在现有评价体系下,对拔尖创新人才培养起关键作用的是优秀的师资、良好的科研训练条件和国际交流条件。

1. 如何有效评价拔尖人才培养质量

在GPA、深造率、出国率、科研成果之外,还有什么是拔尖创新人才培养的必要评价参数?在专业能力以外,家国情怀、社会责任等也是必须要考量的素养。20年后,培养的拔尖创新人才应该能挑起国家、社会寄予的厚望,不辜负国家的大量资源投入。

拔尖创新人才成长需要时间,如何建立当下有效的评价指标体系,不断完善拔尖创新人才培养模式,需建立长期跟踪与及时反馈机制。

2. 建立更完善的遴选流动机制

从多方面评价看,弘毅班、国际班学生之间差异没有达到极显著水平,两者培养方案差异不大,但是各方面投入差异显著,而且这两个班与基地班学生的培养情况相比,也没有达到全方位显著提升的预期,究其原因,主要有以下两方面的问题。

(1) 学生专业意愿或者规划不明确,学习动力不足。在新生参与弘毅班和国际班遴选时,有一些学生对两个班的培养目标并没有深入的认识,不乏"为了遴选而遴选,以证明自己优秀"的学生。

(2) 课程设置与其他专业相差较大,不易流动。由于大一、大二课程设置与其他专业相差较大,学生如果不能在前两学期及时流动出来,大三时再流动,需要补的通识教育课程以及增加的20学分专业选修课程就为这些学生的流动设置了很高的门槛。

针对以上问题,学院和学校连续进行了遴选流动机制的试点改革。针对2015级学生,弘毅班和国际班实行混合编班制并动态调整,即每学年结束时,依据学生学习情况和规划动态调整弘毅班人员;针对2016级、2017级学生,弘毅学院实行数理化生大理科招生,学生在大二后再分专业方向;针对2018级学生,弘毅学院将弘毅班和国际班混合编班模式,纳入弘毅学院大理科招生培养试点。这些改革举措,尝试在保证退出学生顺利完成学业的前提下,完善滚动机制,为有意愿、有能力在基础学科发展的学生提供更好的发展环境。

3. 培养方案的优化,强化数理基础

通过比较弘毅学院和其他院校拔尖创新人才培养方案发现,弘毅学院最大的短板是数理基础要求太低,更多强调专业的能力训练和生命科学方向的科学研究能力。致远学院提出需要坚实的数理基础,数学分析和线性代数课程与数学方向相同,物理学引论与物理学方向相同,化学原理与化学方向相同,整体理科基础教学内容和难度远高于弘毅班和国际班的要求,为学生更长远的发展打下了基础、拓展了空间。

从用人单位对学生的评价和毕业学生的反馈中可以了解到,原有弘毅班培养方案使学生在研究生阶段学习早期很容易"上手",但数理基础薄弱,不仅阻碍了学生在交叉学科领域的发展,对其更深入地思考科学问题也是一大限制。2016年开始实施的大理科招生,"1+3"培养模式,即对大一学生进行大理科大类培养,学生进入大二后再进行分专业培养,这种情况会得到显著改善。

"化学学科拔尖学生培养试验计划"强化实验课程平台建设与实施研究进展报告

成果报告作者：厦门大学　任艳平

摘要： 本成果报告主要介绍厦门大学专门为"化学学科拔尖学生培养试验计划"学生个性化培养量身定制的强化实验课程平台建设与实施的研究背景和研究意义，主要研究内容和研究进展，研究成果及其创新性，以及成果的交流与辐射等内容，以期更好地为高校化学实验教学改革提供适应面广、操作性强的可借鉴经验。

一、研究背景和研究意义

我国高校经过40多年的改革和发展，硬件设施基本完善，如今已步入以提高教学质量为核心、以培养拔尖创新人才为目标的内涵式发展阶段。2009年教育部等部委联合启动的"基础学科拔尖学生培养试验计划"的实施就是这一目标的体现，这也是我国高等教育强国建设的重大战略任务。

化学实验教学在本科化学教育和化学人才培养中起着基础性的关键作用，实验教学过程对学生的创新思想、创新意识的形成至关重要。现国内各高校给化学类本科生开设的基础实验课有无机化学及化学分析实验、有机化学实验、物理化学实验、仪器分析实验或类似课程以及综合实验。由于学时及教学方式等限制，使得基础实验课主要培养学生基本操作技能以及基础理论知识的应用等，但实验课与理论课基本是同行不同步，实验课大多超前理论课，而实验教材在原理部分却经常忽略对实验项目理论背景的介绍，造成少有学生会利用所学的理论知识来解释实验现象和分析实验结果。有些理论知识在实验过程中无法得到正确的理解和应用。在实验教学过程中也经常发现，尽管很多学生可以顺利地完成实验，但并不清楚所测物理量与化学性质之间的内在关系，缺乏独立思考，没有自己的理解和思辨，这也是各高校学生普遍存在的问题。而这些正是一个人是否具有创新能力的最重要基础。

多年来，许多报道都谈到中国本科毕业生的动手能力相对比较差，深究其原因，动手能力差，不单是不会做，而是不知如何做，缺乏理论指导，同时还缺乏科学精神与批判性思维，这些已经成为培养创新性人才的桎梏。

厦门大学"化学学科拔尖学生培养试验计划"（以下简称"化学拔尖计划"）自2010年启动之时，就针对"化学拔尖计划"学生个性化培养理念，首次提出并建立了强化实验课程平台,包括如图1所示的3门独立的强化实验课:基础化学实验(一)强化实验、基础化学实验(二)强化实验、基础化学实验(三)强化实验(物理化学),以及仪器分析拓展性实验课,并于2014年正式列入厦门大学"化学拔尖计划"学生培养教学计划。这是厦门大学深入实施"化学拔尖计划"、探索化学拔尖创新人才培养机制的重要举措之一,也是厦门大学化学实验教学内涵建设的体现。

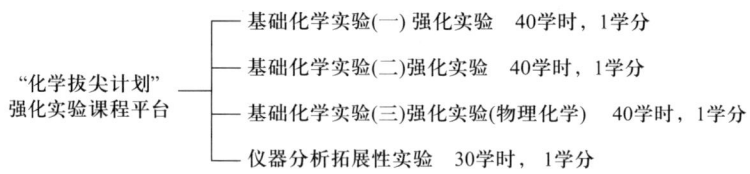

图1 强化实验课程及其学时、学分情况

强化实验课是在"化学拔尖计划"班学生完整修完各门基础理论课及相应基础实验课的基础上开设的,是让学生更深入、系统地对基础理论知识、基本实验操作技能巩固、拓展、感悟、发展的研究型实验教学课程。这犹如在基础实验课与基础理论课之间架起的一座高架桥。强化不是简单、机械地重复,也不是无限、任意地拔高,而是理论与实验的深度融合和感性认识到理性认识的高度升华过程。这也使学生能够充分地发挥主观能动性,把所学的理论知识加以综合运用解决实际问题,培养学生由"印证理论型"向"创新能力和素质提高型"转变,在更高层次上培养学生会想、会做、会表达的能力,承载了能力、素质的全方位培养。

随着强化实验课程平台的创立,也由此形成了以学生为本的基础→强化→综合→科研训练等多层级、多层次,不同层级、不同层次间纵向交错的一体化实验实践教学体系,学生的社会服务和课外实践贯通于从入学到毕业全过程(如图2)。同时,将安全教育及德才兼备、家国情怀的人才培养目标也贯穿于实验实践教学始终,达到教书育人的目的。这就是厦门大学特色的化学学科拔尖学生培养的实验实践教学体系,如图2所示。

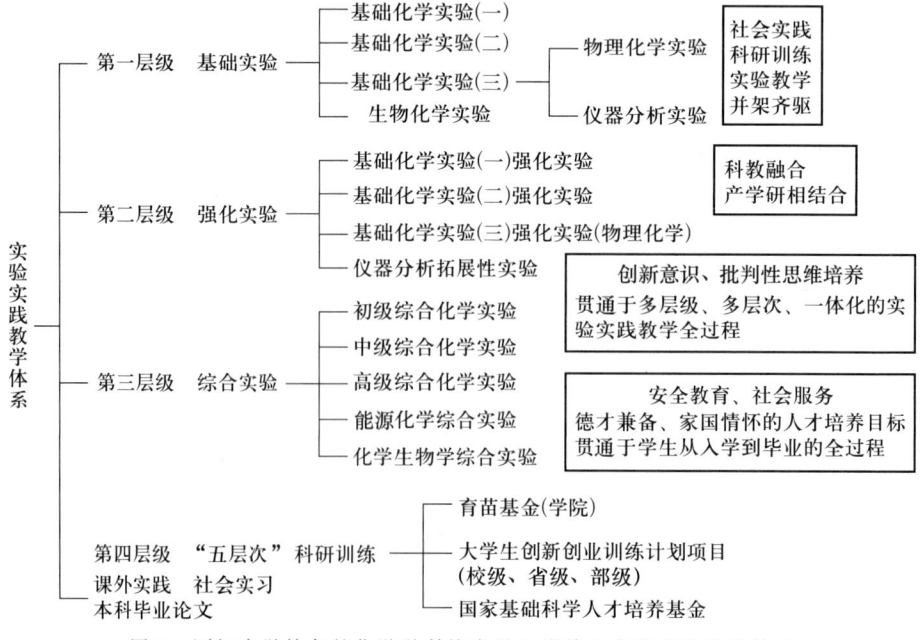

图2 厦门大学特色的化学学科拔尖学生培养的实验实践教学体系

如何设计"引人入胜"的实验项目和实验内容,如何在实验教学过程中引导学生对实验项目的理论背景知识深入"挖掘",如何启发学生对实验过程进行探究,如何培养学生发现、分析和解决问题的兴趣和能力,理论与实验的有机融合以及创新意识等,是我们要深入研究和探索的问题。

二、研究内容

1. 强化实验平台课程内容设计及其探索研究

强化实验教学内容的设计、研究和开发是第一位的。强化实验教学内容是教学的核心要素,教学内容的设计是教学的灵魂。

厦门大学依据上述化学学科拔尖学生培养的实验实践教学体系以及化学一级学科的整体性对基础化学实验教学内容进行了梳理,并在调研和对比国内著名高校有关化学实验项目和实验内容的基础上,针对"化学拔尖计划"学生个性化培养理念,设计了与基础化学实验既有衔接与联系又能独立且蕴涵着很多可引导学生深层次思考的问题的实验内容。如基础化学实验(一)中有两个实验(分光光度法测定磺基水杨酸合铜(Ⅱ)配合物稳定常数、分光光度法测定碘酸铜溶度积常数)是有关分光光度法在测定热力学常数方面的应用,而在基础化学实验(一)强化实验中设计了分光光度法在水解反应动力学常数测定方面的应用,即"$trans-[Co(en)_2Cl_2]Cl$ 配合物的制备及其酸水解反应动力学常数测定",目的是让学生通过实验对照分析该实验与相关实验所包含的不同思想与方法,在对比中学习与提高。在设计强化实验内容时,也尽可能以经典有趣的实验项目来负载艰涩难懂的化学概念或原理。如学生在无机化学理论课中对配合物中心离子 d 轨道的分裂及分裂能的概念有所认识,但总体感觉还是非常抽象、模糊,所以,我们专门在基础化学实验(一)强化实验中设计了"系列 Cr(Ⅲ)配合物的合成及其光化学序列测定"实验,该实验先从合成系列 Cr(Ⅲ)配合物入手,让学生看到自己所合成的不同颜色 Cr(Ⅲ)配合物以及先前合成的同一配体不同颜色 Co(Ⅲ)配合物。在此过程中,学生不禁会问,中心离子相同,尽管配位体不同,但配位体均为无色,为什么形成的配合物有颜色,且颜色不同? 这是我们亲眼所看到的实验情况,需要学生自己做出解释,或者说给个"说法"。达尔文说:"科学就是整理事实,以便从中得出普遍的规律或结论。"这规律或结论也许就是理论或理论的前身,这也就是科研中常讲的基础研究的创新所在。

配合物中心离子 d 轨道的分裂及分裂能是人们基于对同一中心离子的不同配位体配合物颜色不同的这样一个实验事实的"说法",而颜色与光的吸收有关,使学生进一步清楚了分裂能与 λ_{max} 的关系。实验也告诉学生配合物分裂能大小与金属离子以及配位体都有关,引导学生从实验现象入手去考虑、分析和研究问题,使学生不仅能够切身去体会和了解以往抽象的化学概念在实验中如何具体化、形象化,也进一步体会到理论与实验的关系,以及认识理论与实验关系的科学思想和方法。

每门强化实验课的设计思路一样,但设计理念不完全相同,如基础化学实验(二)强化实验课程则以不断动态完善的模块化方式引入有机合成的前沿研究课题,如已开展的模块化实验有"路易斯酸催化汉斯酯参与的还原反应"和"α-氨基酸催化的不对称曼尼希反应",拟开展的模块化实验包括"过渡金属催化的偶联反应""金属催化的自由基偶联反应"及以"可见光催化的自由基反应"。这些模块化的形式,让学生体验真实的有机化学实验方法学研究过程,体会真实科研中的"喜怒哀乐",并认识自身的科研兴趣和能力,也可吸引更多有机专业的教师根据自身科研特色参与"化学拔尖计划"学生的实验教学,真正实现教学相长和教研相长。基础化学实验(三)强化实验(物理化学)以物理化学基本原理和物理化学实验研究方法为载体,贯穿了拓展性和研究性实验内容,重点培养学生文献查阅和实验设计等方面的能力。

在遵循教学规律的前提下,以经典有趣或学科发展的新成果为载体来负载艰涩难懂的化学概念或原理,使强化实验内容"有血有肉"。通过强化实验的问、教、学、思、感、悟,即通过实验现象和实验过程感悟和体会化学理论的同时,也让学生切身体会到化学是有用的、化学是活的,进一步激发学生的实验兴趣。

2. 强化实验动态教材建设

在强化实验课程建设的同时独立组编了 2 本动态实验教材,如图 3 所示。

①《基础化学实验(一)强化实验》动态教材,2011 年第 1 版,2018 年第 6 版。
②《基础化学实验(二)强化实验》动态教材,2015 年第 1 版,2019 年第 4 版。

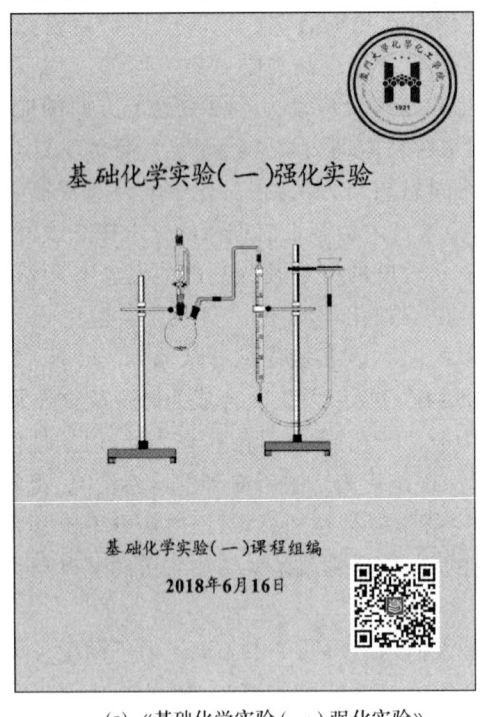

(a)《基础化学实验(一)强化实验》

(b)《基础化学实验(二)强化实验》

图 3 2 本动态教材

用于大学一年级"化学拔尖计划"学生的《基础化学实验(一)强化实验》动态教材中所给出的每个实验项目的内容风格也不完全一样,部分实验项目只有引导性内容,需要学生自行设计和查找资料完善操作步骤而去实施。《基础化学实验(一)强化实验》动态教材特别列出了与本实验内容相关的、基础实验做过的实验项目名称,以培养学生的分析辨别能力,让学生在对比中学习与提高。而《基础化学实验(二)强化实验》动态教材中没有提供具体实验内容和实验步骤,只列出实验指南和参考文献,让学生根据自己的理解来完成特定的实验,激发学生的探索热情,培养学生的综合能力。相关强化实验动态教材在教学实践的基础上多次拓展修改而再版,实现了教材建设与课程建设同步发展。

动态实验教材是我们在强化实验课程教材建设过程中提出的一个有关实验教材建设的新思路。

所谓动态实验教材,就是将编写好的每一个实验项目转换成一个二维码,如图4所示,也可以将所有实验项目转换成一个总码,这样"一本书"就变成"一总码"(或"一页码")。学生通过动态下载或扫码,定向获取所需内容,扫取总码,获取整本,单个扫码,获取单项,可随时进行预习或在实验时参考,以及实验后的复习巩固等。

动态实验教材也方便教师随时修改和更新内容,以保持内容与时俱进,进而保持教材的活力,使教材建设与课程建设协同发展。

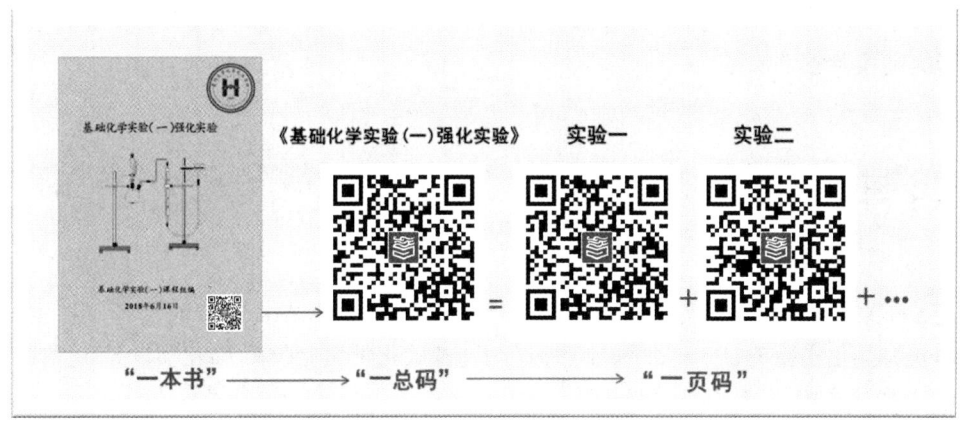

图4 《基础化学实验(一)强化实验》动态教材

3. 强化实验平台课程教学方式的探索研究

众所周知,实验教学的效果主要取决于学生的参与程度,如何提高学生的实验兴趣是实验教学最重要的问题。厦门大学在深入探讨强化实验课程体系及实验内容改革过程中,同时也对强化实验教学方式、方法进行了深刻研讨。

针对"化学拔尖计划"班学生个性化培养理念量身定制的强化实验系列课程主要是引导学生感悟、拓展的研究型实验教学课程。因此,在具体的强化实验教学过程中,除涉及安全问题和基本实验技能规范必须由教师向学生在课前讲解外,教师不做课前实验原理、具体实验步骤的讲解,而将重点放在实验中实验技能规范的指导和整个实验过程的引导性分析、讨论环节等,以学生自主研究设计实验方案、学生自主进行实验操作;学生以个人、分组或数据共享的多样性模式探索完成实验和递交报告,允许客观的"负面"结果,激发学生的探索热情;学生在真实科研中体会喜、怒、哀、乐,并从中认识自身的科研兴趣和能力;强化课前的问题式、课中启发式等灵活多样的互动式实验教学模式,重点实践"先做后教、以做定教"实验教学的"翻转课堂"模式,即学生每做完一个实验后根据具体情况安排专门时间进行讨论、总结和反思,提高分析、推理、归纳、总结和探索规律的能力。

强化实验平台课程教学以小班化实验教学、多媒体网络辅助教学模式,以及现代教育技术在实验教学中的应用为基础,突破一贯的预习、讲解、实验、写报告的实验教学四部曲,创新灵活应用"先做后教、以做定教"的实验教学"翻转课堂"模式,即学生先做实验,具有亲身经历和切身体会后,以问题为导向,通过师生相互讨论(有时伴随着实验演示)以及指导教师画龙点睛式总结等方式使学生对整个实验原理、条件和过程等进行再思考、感悟,实现理论与实验的相互融合及其横向拓展和纵向深入,并使学生能"内化于心——会想、外化于行——做好",从而达到实验教学的最高境界。

强化实验平台课程教学以具体的实验项目为案例的问题式教学使学生在真实的、具体的、典型案例化的实验教学过程中看到、感觉到和摸到问题的存在,让学生体会到实验教学过程就是一个发现问题、提出问题、分析问题和解决问题的过程,要具备问题意识。问题意识就是创新意识的前提和基础。

实践证明,整个实验教学过程在指导教师的精心参与下,应用问题式、启发式和讨论式等灵活多样的互动式教学方式就实验内容、实验实施过程等进行纵横对比分析、讨论,使学生领会每个实验的设计思想和目的、融会贯通所学理论与实验的内在联系的实验教学方法,有助于提高实验教学质量。

三、研究成果

近5年来,厦门大学在强化实验课程平台内容设计、教学方式等方面进行了探索研究,完善和新编强化实验项目30多个,独立编写了《基础化学实验(一)强化实验》和《基础化学实验(二)强化实验》2本动态教材。

可扫描查阅相关论文

在强化实验课程建设以及教学实施过程中,厦门大学及时对有关课程建设的基本思路、实验内容设计、动态教材建设与教学方式等方面的体会、感想等进行总结,并以论文形式在《大学化学》杂志发表。其中,1篇论文被《大学化学》杂志评为"本期亮点文章",1篇论文的内容被百度百科收录。相关的实验教学研究论文如下。

①《"化学拔尖计划""强化实验"课程平台建设与实践》,作者:任艳平,郑啸,等;2019年发表于《大学化学》。

②《仪器分析实验课程对拔尖人才培养的探讨与思考》,作者:杨利民,等;2019年发表于《大学化学》。

③《"基础学科拔尖学生培养试验计划"中的有机模块化实验探索》,作者:郑啸,林敏,等;2019年发表于《大学化学》。

④《研究型计算化学实验改革与实施》,作者:袁汝明;2020年发表于《大学化学》。

⑤《对"Co^{2+}鉴定"实验的再认识——批判性思维教育的最好案例之一》,作者:任艳平等;2019年发表于《大学化学》。

⑥《对"硫酸亚铁铵制备"实验的再认识——批判性思维教育的最好案例之一》,作者:任艳平,等;2018年发表于《大学化学》。

⑦《在基础化学实验教学过程中如何培养学生"想"的意识——以经典合成实验教学

为例》,作者:任艳平,等;2018年发表于《大学化学》。

⑧《"化学学科拔尖学生培养试验计划"课程平台——基础化学实验一强化实验课程设计与实践》,作者:任艳平;2017年发表于《大学化学》。

⑨《"基础学科拔尖学生培养试验计划"中的基础有机化学实验进阶培养模式探索》,作者:郑啸,林敏;2017年发表于《大学化学》,该文被评为"本期亮点文章"。

⑩《量气法的改进及应用》,作者:任艳平,等;2016年发表于《大学化学》。该文被收入百度百科。

⑪《如何在基础化学实验教学中培养学生"想"的意识——以量气法实验教学为例》,作者:任艳平,等;2015年发表于《大学化学》。

⑫《应用理论化学方法预测有机分子的标准摩尔生成焓》,作者:袁汝明,等;2014年发表于《大学化学》。

在该项目的实施研究过程中,厦门大学加强了各门实验课的师资力量及对年轻教师的培养。如仪器分析实验课程组吴川六教授积极投身于仪器分析实验课程内容的优化和整合。他在针对"化学拔尖计划"学生量身定制的仪器分析拓展性实验中融合了自己的科研背景,因而对实验内容有了更深刻的理解及拓展,更能自如地应对实验教学并取得了良好的效果。他因此获得了2016年厦门大学青年教师教学技能竞赛一等奖,如图5所示。这是实验教学与科研有机融合、教研相长的典型案例,也应验了"教而不研则浅,研而不教则空;教而又研则活,研而又教则精"的道理。

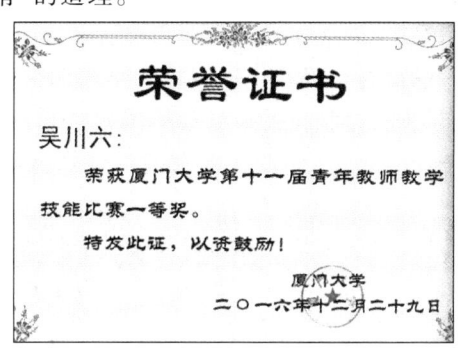

图5 吴川六教授获奖证书

针对"化学拔尖计划"班学生个性化培养理念专门量身定制的强化实验课程内容及其教学实施过程,对普通班的基础化学实验教学具有示范和引领作用。经过"化学拔尖计划"班学生探讨、讨论、实践而成熟的实验项目可有选择性地、逐步地引入、充实到基础化学实验教学中。

四、研究成果的创新性

1. 创立"强化实验"课程平台,构建厦门大学特色的实验实践教学体系

厦门大学针对"化学拔尖计划"学生个性化培养理念,专门设计和量身定制了强化实验

课程内容,首次提出并建立强化实验课程平台,包括基础化学实验(一)强化实验、基础化学实验(二)强化实验、基础化学实验(三)强化实验(物理化学)及仪器分析拓展性实验;主要培养学生由"印证理论型"向"创新能力和素质提高型"转变,在更高层次上培养学生创新思想、创新意识及批判性思维能力。

2. 提出动态实验教材建设的新思路

动态实验教材是厦门大学在强化实验课程教材建设过程中提出的一个有关实验教材建设的新思路。《大学化学》杂志的审稿专家在评审有关论文时指出,"特别是动态实验教材建设很有特色,具有很好的指导、借鉴意义。"

3. 灵活应用"先做后教、以做定教"的实验教学"翻转课堂"模式

学生通过先做实验,具有亲身经历和切身体会后,再以问题为导向,通过师生相互讨论等,以实现理论与实验的相互融合及其横向拓展和纵向深入,并使学生能内化于心——会想、外化于行——做好,从而达到实验教学的最高境界。

五、研究成果的交流与辐射

近几年来,厦门大学通过"走出去"和"引进来"的方式与国内高校同行就有关强化实验课程建设、教学方式等内容进行了深入交流。如项目组成员多人次"走出去"参加全国大学生化学实验邀请赛暨实验教学研讨会以及全国高校实验技术交流会等,并多次应邀做大会报告,通过实例阐述在实施该项目过程中的体会和感悟等,并把厦门大学有关动态实验教材建设的新思路和具体做法进行了推广,引起了与会者的强烈认同。项目组成员主要的"走出去"活动如下。

① 任艳平应第九届全国大学生化学实验邀请赛暨全国大学化学实验教学研讨会组委会之邀,于2014年7月13日在兰州大学做了题为"实验教学过程中如何培养学生'想'的意识——以'量气法'实验教学为例"的大会报告。

② 任艳平应第十届全国大学生化学实验邀请赛暨全国大学化学实验教学研讨会组委会之邀,于2016年7月8日在南京大学做了题为"对基础实验教学的理解与思考"的大会报告,如图6所示。

③ 任艳平应第十一届全国大学生化学实验邀请赛暨全国大学化学实验教学研讨会组委会之邀,于2018年7月7日在福州大学做了题为"对基础化学实验教学改革的认识与思考"的大会报告。

课题组成员任艳平教授还先后应忻州师范学院、中山大学、四川省第三届大学生化学实验竞赛暨实验教学研讨会组委会、北京理工大学等之邀分别做了有关实验教学方面的报告,为中西部高校化学实验教学改革提供了帮助。

近年来,厦门大学先后接待了中国科学技术大学、北京化工大学、福州大学等30多所高校教师共计300多人次前来交流学习。厦门大学针对"化学拔尖计划"学生个性化培养理念专门量身定制的强化实验平台课程内容及其教学方式探索研究成果,在全国高校产生了积极的示范、辐射效应。

图 6　2016 年 7 月 8 日任艳平教授在南京大学做报告

"书院模式的拔尖人才培养体系的探索"成果报告[①]

成果报告作者：厦门大学　周大旺

摘要：本项目通过构建博伊特勒书院拔尖人才培养体系，整合了各方面的资源和优势，具有高起点，办学理念国际化，人才知识体系高度交叉，海峡两岸交流与合作频繁，成果辐射范围广等显著特色，是一个多层次、多平台、多学科交叉、符合人才成长规律、高效运转的拔尖人才培养体系。

一、项目建设意义

厦门大学生命科学学院拔尖人才的培养在经历了探索和发展两个阶段的实践后，仍存在师资水平不够高，教学资源分散，国际化视野不足，没有发挥区位优势和辐射带动作用等突出问题。针对这些问题，厦门大学生命科学学院经缜密的构思酝酿，借鉴国外及其他兄弟院校的书院及拔尖人才培养的成果经验，在学校、学部、学院三级党政领导的大力支持下建立了博伊特勒书院（以下简称"书院"）拔尖人才培养体系。该体系整合了各方面的资源和优势，具有高起点（国际顶尖的师资和一流的教学资源平台），办学理念国际化，人才知识体系高度交叉（生、医、药、卫），海峡两岸交流与合作频繁，成果辐射范围广等显著特色，是一个多层次、多平台、多学科交叉、符合人才成长规律、高效运转的拔尖人才培养体系。

书院以2011年诺贝尔生理学或医学奖得主、厦门大学兼职教授布鲁斯·博伊特勒先生的名字命名设立。其宗旨是"提高生命医学领域本科生教育水平，培养视野开阔、开拓创新的高素质人才"。

书院实行院长负责制，下设院长和执行院长各1名，同时设立教学指导委员会、思政指导委员会和书院学生联合会。在日常管理中，书院充分发挥学生管理的自主权。

[①] 形成论文：陈林姣,石艳,李勤喜,周大旺,左正宏. 国家级实验教学示范中心综合育人功能[J]. 实验技术与管理,2018,35(06):222-225.

书院采取"普适计划"与"拔尖计划"并行的人才培养模式(图1)。"普适计划"每年从校内4个生命科学相关学院遴选150名新生进行培养,促进学科交叉,注重培养学生的人文情怀与科学素养。"拔尖计划"每年由博伊特勒先生从海峡两岸9所高校亲自遴选约20名优秀大三学生进入书院拔尖班,由博伊特勒本人及其邀请的来自世界各地的顶尖科学家为拔尖班学生全英文授课,着力培养未来生命科学研究领域的领军人才。两种培养计划相结合,对学生因材施教,符合人才成长的规律。

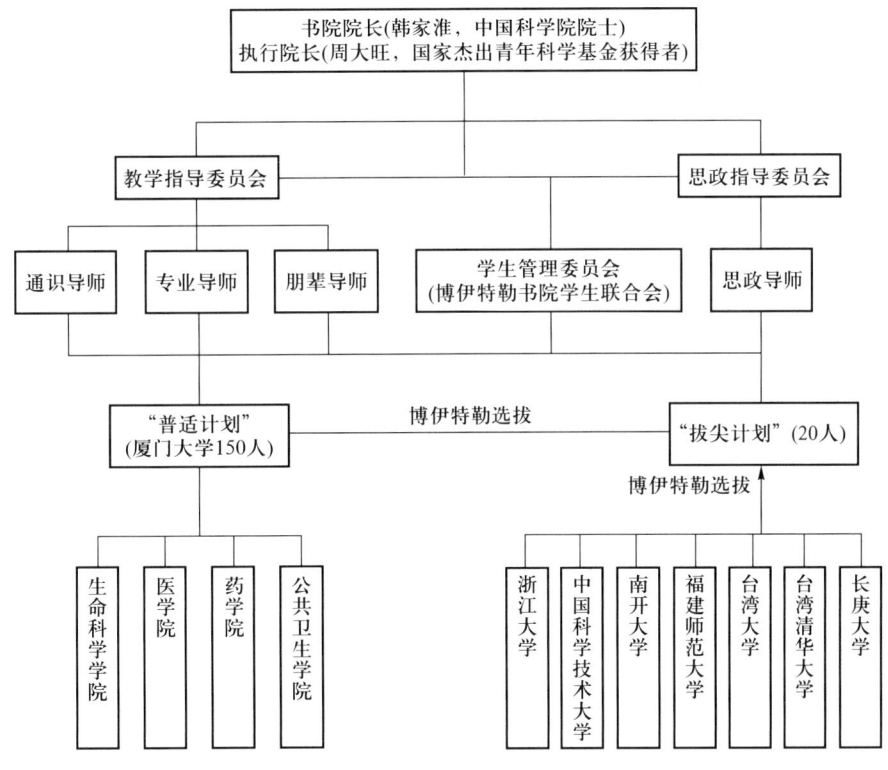

图1 书院的组织形式

书院整合"四个平台"的资源优势,构建了符合人才成长规律的"四层次"培养体系(图2)。通识教育中心负责学生通识教育、博雅教育;两个人才基地为学生的专业知识打牢基础;国家级实验教学示范中心及实习实训基地强化了学生的实践动手能力;协同创新中心、国家重点实验室为学生科创能力的提高提供了有力支撑。

实践证明,本项目在培养具有浓厚专业兴趣与科学使命感,知识架构合理、视野开阔、科学素养高、科研能力强的创新型人才方面取得了突出成绩,明显缩小了厦门大学生命科学学院与世界一流大学本科教育水平之间的差距,并且发挥了区位优势,促进了海峡两岸的交流与合作,辐射带动了其他兄弟院校拔尖人才的培养。

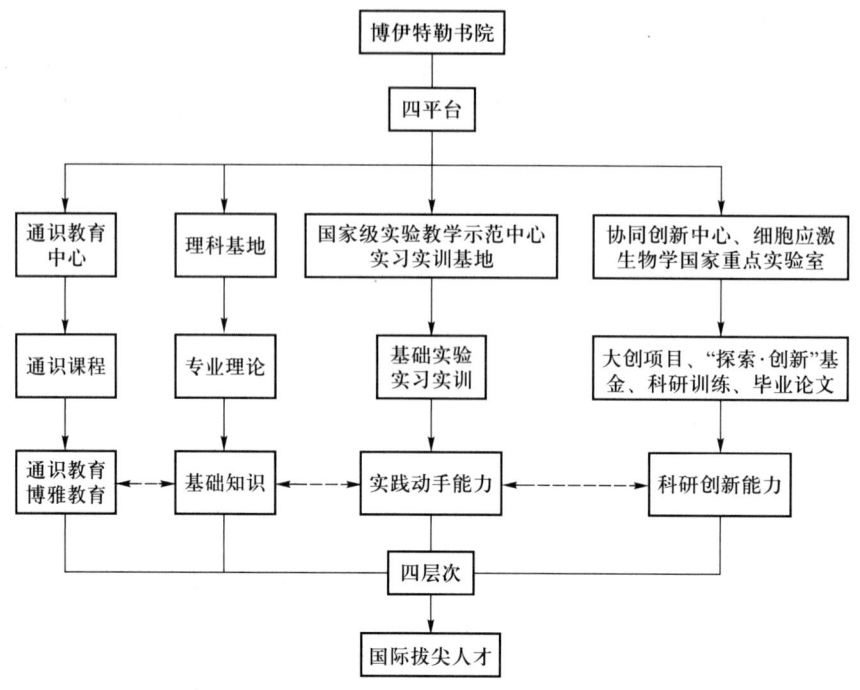

图 2　书院的培养体系

二、项目建设内容

（一）项目建设的背景

1. 培养一流的创新人才是我们目前最迫切的历史使命

科技是第一生产力,而科技的载体是一流的创新型人才,因此如何培养热爱祖国、崇尚科学、具有科学使命感和良好科学文化素养的生命科学研究领域的国际领军人才是我们目前最迫切的历史使命。

2. 厦门大学生命科学学院对培养拔尖人才进行了长期探索

厦门大学生命科学学院的拔尖人才培养经历了探索、发展和提升三个阶段。

探索阶段:1994年创建的"国家理科基础科学生物学人才培养基地"和2002年创建的"国家生命科学与技术人才培养基地"为拔尖人才培养的探索阶段。基地班50%的保研指标能促进优秀学生继续深造,但相关配套不能满足我们对拔尖人才培养的要求。

发展阶段:2009年教育部启动"基础学科拔尖学生培养试验计划"(以下简称"拔尖计划"),厦门大学于2010年成功入选。经过3年的立项、调研及试行,厦门大学制定了"生物学科拔尖学生培养试验计划"实施方案,进行了以下改革和建设:① 优化课程体系,必修课和核心选修课均使用国外一流大学的英文教材,实行双语教学;开设"科学与人生""生命科学系列讲座"等特色课程;加强实验实践课教学,为创新创业奠定基础。② 改革教学模式,探索小班翻转教学,加强 MOOC(慕课)建设。③ 加强师资建设,科研名师担任导师和班主任。④ 强化教学管理和制度建设,出台一系列规定和文件确保教学规范化。通过几年的实践,厦门大学生命科学学院的拔尖人才培养得到了很大发展,逐步实现了科学化、体系化、制度化。

提升阶段:"拔尖计划"专项经费的投入,能够资助少数学生到国外知名大学学习交流,开阔了学生的国际化视野,但仍然不能让更多学生受益。针对这一问题,厦门大学生命科学学院根据国情,决定在国内创造国际一流的办学条件,由此建立了多层次、多平台、多学科交叉的博伊特勒书院拔尖人才培养体系,迈入了拔尖人才培养的全面提升阶段。

(二)项目建设内容

1. 打造国际一流的办学条件,让学生不出国门即可接受国际一流的教育

(1)打造国际顶尖的师资队伍。由诺贝尔奖获得者博伊特勒亲自设计培养方案和招募世界各地的顶尖教师,组建了一支包括7名来自美国、英国等国的科学院院士及1名欧洲分子生物学组织会士在内的国际顶尖的师资队伍。该队伍还包括51位来自美国国立卫生研究院(NIH)、牛津大学及海峡两岸的院士和著名教授。以书院院长韩家淮院士为首的团队获得"黄大年式教学团队"称号。

(2)采用国际一流大学教材开展全英文及双语授课。书院拔尖班的4门核心课高级遗传学、免疫学、细胞信号传导与疾病及英文写作与报告由博伊特勒及其邀请的科学家全英文授课。生物化学、细胞生物学等11门核心课程采用世界一流大学教材开展双语及小班授课。

(3)整合一流的教学科研资源。通过整合"四个平台"的资源优势,循序渐进地培养学生的专业素养、动手能力、科研创新能力、科学精神和人文情怀,全面塑造卓越领军人才的素质和气质。

(4)建立健全教学质量保障体系,改革教学模式。制定了一系列本科教学工作规范性文件,建立了学院、教学部、课程组三级教学管理体制;大力推进小班化教学、慕课和微课建设,建设了4门国家级、7门省级及多门校级精品课程,形成了完善、科学的课程体系。通过课程观摩,提升学院教师的授课水平,多位教师教学比赛获学校特等奖、一等奖,并在全国微课教学比赛中获多个奖项。

2. 拓宽国际化视野,提升科创能力

通过"引进来"和"送出去"的方式,拓宽学生国际化视野,提升其科研创新能力。

(1)"引进来"。由诺贝尔奖得主、院士等国际著名大师在国内开设与国际名校接轨的全英文课程,让学生不出国门即可掌握学科国际前沿动态,拓宽国际视野。同时邀请国内外著名大师和行业领军人才等开设科学与人生、生命科学系列讲座,多角度启迪学生的创新思维。

(2)"送出去"。学院定期选派学生到世界各地一流高校交流学习,拓宽其国际视野,提升科研创新能力。近6年,厦门大学生命科学学院本科生到国内兄弟院校、境外交流访学人数共计247人,其中派往世界著名高校交流54人,港澳台高校交流144人。拔尖班学生到国内外高校参加科研训练128人次,到剑桥大学、耶鲁大学等世界名校开展毕业论文24

人次,实现了本科生到世界一流大学做毕业论文的零突破。

3. 发挥区位优势,增强书院的辐射带动效应

(1) 强化校内辐射。"普适计划"覆盖校内生命科学相关的4个学院,实行住宿书院制,学生共同学习、生活和进行文娱活动,也可以跨学院修课并进行科研活动,起到很好的辐射交流作用。

(2) 扩大校外辐射。"拔尖计划"覆盖海峡两岸9所兄弟高校。通过生命科学暑期学校、开放实验教学示范中心和野外实习基地,加强各高校之间在学生培养、师资交流、平台共享上的辐射效应。近6年,到厦门大学生命科学学院交流访学的本科生共计74人,其中海外交流生1人、港澳台交流生15人。

(3) 促进海峡两岸辐射。从2012年起,厦门大学生命科学学院陆续与长庚大学、台湾大学、台湾清华大学等学校签订合作协议,互派本科生学习交流137人次,互派教师讲学40人次,并举办海峡两岸大学生生物知识竞赛等,有力地促进了两岸人才培养的交流与合作。

三、项目建设成果

(一) "拔尖计划"显著提升了学生的科创能力、科学素养

1. 学生的深造率显著提高

目前已有4届学生共86人顺利完成"拔尖计划"培养方案毕业,98%毕业生选择继续深造,2人因家庭原因最终选择就业。6年间,在"拔尖计划"的带动下,厦门大学生命科学学院培养本科生攻读本院研究生共计198人,到清华大学、北京大学、中国科学院等高校和科研院所攻读研究生共计202人,出国读研学生共计115人,平均读研率高于60%,为生命学科输送大量优秀的储备人才。

2. 学生的科创能力大幅度提高

2012年起,本科生共主持大学生创新创业计划国家级项目78项、省级项目19项、校级项目163项、院级项目212项,稳居全校前列。学生在国际性和全国性大赛中获得多个奖项。

3. 学生的科研成果明显增加

近6年,有382人次本科生参与发表SCI论文208篇,其中影响因子(IF)大于5.0的论文95篇,影响因子大于10.0的论文40篇。拔尖班毕业学生以第一、共一或第二作者参与发表影响因子大于5.0论文12篇,其中影响因子大于10.0论文10篇。

4. 学生的国际竞争力显著提升

书院2015届、2016届两届拔尖班学生中有24人获得前往美国西南医学中心、剑桥大学、耶鲁大学、加州大学等世界顶尖高校做毕业论文的机会(图3),并获得到境内外名校继续深造的机会。学生特别感激书院为他们插上了腾飞的翅膀。

学生进入世界排名前40名名校读研的人数显著增加,培养了李阳、张宸崧、吴甜甜、刘清许、范婧雯等一批优秀的青年创新人才。范婧雯同学被剑桥大学医学院录取为博士学生,

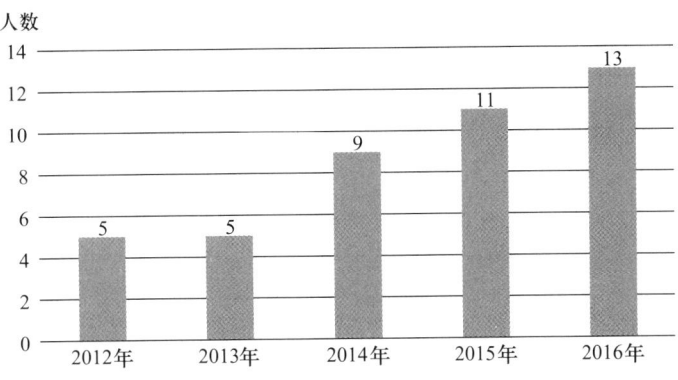

图 3 本科生到世界著名高校深造人数

并获得代表剑桥大学学生至高荣誉的盖茨奖学金,成为厦门大学历史上首位盖茨学者,也是 2017 年唯一毕业于国内高校的盖茨学者。

(二)有力促进了海峡两岸师生交流与合作

厦门大学生命科学学院发挥地理优势,与台湾地区高校开展了密切的合作。近 6 年互派短期交流及科研交换学生 123 人次。互派教师授课、研讨等学术访问 40 余人次。台湾地区各高校对于到访的厦门大学生命科学学院本科生,普遍给予较高评价,认为这些学生科研基础扎实、动手能力强、学习积极主动,与导师沟通良好。

厦门大学生命科学学院主办的"首届两岸大学生生物知识竞赛",邀请到来自海峡两岸著名高校代表团参赛,促进了海峡两岸高校大学生生物学领域的交流。

(三)辐射带动作用明显

书院"普适计划"辐射到校内生命科学相关的 4 个学院,"拔尖计划"整合了海峡两岸兄弟院校的优势资源,开展师资互派、课程互选、学分互认、学生互换、开放共享实验室和教学基地等领域的深度合作,共建教学资源,在人才培养机制上进行了全方位的改革与创新。书院"拔尖计划"已培养了 22 位来自海峡两岸 9 所兄弟高校的优秀本科生。

此外,厦门大学生命科学学院于 2013 年起每年举办"生命科学暑期学校",聘请国外教授和留学归国教师就目前国际前沿领域开展授课,并安排了野外实习、短期课程、学术报告会等内容,每年都吸引近 200 名来自国内"985 工程"高校的优秀本科生参加,受到了学生的一致好评。

学院的国家级实验教学示范中心、野外实习、实训基地接受外校学生的实习实践,共享优质教学资源,起到了很好的辐射效应。2013—2016 年间,生物学野外实习活动接收了来自 29 所兄弟高校的 254 名师生。

2015 年厦门大学生命科学学院举办了全国生物学科"拔尖计划"研讨会,在会上分享了书院的办学理念,大会高度肯定了这一人才培养体系,部分兄弟院校表现了浓厚的兴趣,并开始选派学生到书院学习。2017年澳门大学张昆仑书院师生来访博伊特勒书院,双方进行了深入的探讨和交流。书院的人才培养模式引起了媒体的广泛关注,2017年《中国教育报》对此进行了报道。

(四)促进学科建设入选"双一流"

以书院为契机,学院大力改革人才培养模式,取得了很好的效果,在全国第四轮学科评估中,厦门大学生命科学学院生物学科的评估结果为A类。同时,2017年厦门大学生命科学学院生物学成功入选国家"双一流"建设学科名单。

(五)教学成果突出,屡获嘉奖

书院承担多项教改项目,连续4次获得国家级教学成果奖,出版国家级规划教材两本。多位教师先后被评为国家级教学名师、福建省教学名师、宝钢优秀教师,并在全国性大赛中获奖。书院院长韩家淮院士率先垂范,坚持教学相长、科教融合,积极探索创新人才培养模式。2017年,以韩家淮院士为首的书院团队获得"黄大年式教学团队"称号。

综上所述,博伊特勒书院是符合时代发展需求和中国国情,并且独具特色的生命科学拔尖人才培养的试验田,相信随着书院人才培养体系的不断优化和完善,这块试验田将发挥更大的辐射带动作用,成为中国乃至世界生命科学领军人才培养的摇篮。

化学学科拔尖学生培养试验计划
——"学生科研能力培养探索"进展报告

成果报告作者：厦门大学　朱亚先

摘要： 科研训练是提高拔尖学生科研能力、创新意识、创新能力及综合素质的重要途径之一，是创新人才培养的重要组成部分，本课题拟科学构建"拔尖试验班学生"科研训练系列平台，在此基础上，结合问卷调查，通过分析，寻找问题，探究如何培养"拔尖试验班学生"科研兴趣、能力、素养。

一、本科生科研训练平台构建

厦门大学发挥化学学科的科研优势，结合学科特色，构建了初级—中级—高级三个层次、循序渐进的科研训练平台，形成系统的科研训练体系(图1)，从而起到引导学生科研兴趣、发现学生科研潜质、培育学生科研能力的作用。

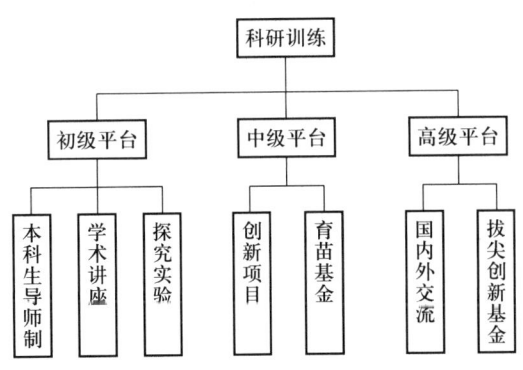

图 1　科研训练体系

初级平台主要使学生初步接触科学研究过程，使其有初步的探究体验，培养学生对化学的兴趣和参与科学研究的热情。

中级平台以教师的科研课题为依托，培养学生立项申请、文献检索、实验设计、实验操作、仪器使用、论文写作、结题报告、成果展示、学术交流与表达等基本的科研方法与科研能力。

高级平台学生可结合教师的研究方向自行提出研究课题，也可以根据兴趣自主提出研究课题,独立开展研究工作,独立完成课题。

二、拔尖学生科研能力的培育与训练

学校依托学院优势,以"启发创新意识、注重训练过程、提高综合素质"为原则,制定了系统的科研训练方案,包括科研素养、文献检索、项目申请、实验方案设计、科研能力、论文撰写、化学交流表达能力的训练等。

1. 氛围营造、科研素养的培育

为营造浓厚的学术氛围,厦门大学设立了"学术报告"学分,对低年级学生开设了系列前沿讲座课程、"杰青"讲坛,同时要求高年级学生参加学院组织的"诺贝尔获奖者系列讲座""南强系列讲座""卢嘉锡系列讲座"等学术活动。

为了使学生在科研训练的初期就建立正确的科研道德观,了解科学研究的基本方法,学院开设了"化学科研素养与方法"课程。该课程分为"如何树立正确的科研道德观和价值观""如何培养批判性思维和创新思维""如何有效地在科研中发现问题""如何建立科学的研究方法"4个部分,由院士、国家杰出青年科学基金获得者等优秀教师主讲。他们结合科研案例,从追求真理、实事求是、团结协作、探究质疑、自主创新等方面培养学生的科学精神。

科研训练项目指导教师在实验中也十分注重学生科研素养的培养,引导学生做到学术道德规范、原始记录规范、学术引文规范、成果署名规范、论文写作规范等科研学术规范要求。

2. 文献阅读与提出问题训练

结合课程为拔尖班学生设置研讨课,该类课程要求学生查阅文献,提出问题,讲授并讨论。讨论题目由教师或学生提出,以课程核心知识为基点,向学科前沿、实践应用、交叉学科发散,通过文献阅读、报告、讨论、辩论等环节,着力引导学生独立思考,启发其开放性思维,引导学生主动学习。同时,要求学生们进入课题组听组会,有针对性地阅读文献,并在组会上汇报。

3. 项目申请与过程训练

拔尖试验班学生需经过循环参加2~3个课题组后选定科研训练导师,然后进入导师课题组展开科研活动,化学"拔尖计划"学生的导师均为院士、国家杰出青年科学基金获得者等,科研能力强,责任心强。拔尖试验班学生根据自身情况,可申请"育苗基金""拔尖创新基金"等各类科研训练项目。在导师的指导下,学习查找文献资料、选题、设计研究路线、使用大型仪器、实验操作、分析数据、归纳总结、撰写论文。本科生经过项目预研立项、申请、评审、签订项目责任书、过程检查、阶段报告、结题汇报答辩等,受到系统完整的科研训练,综合素质得到提高。

4. 文章写作训练

学校通过指导学生进行循序渐进的论文写作练习,培养和提高拔尖试验班学生的表达能力。

(1) 引导大一学生进行化学科普写作。通过科普文章写作,使学生用清新、流畅、简洁、拟人化的文字表达元素和化合物的性质、用途,提高学生书面表达能力。在本项目支持和项目组教师指导下,2016级拔尖试验班有2位学生3篇科普论文、2017级拔尖班有3位学生3篇科普论文已经被《大学化学》杂志录用,并已经在杂志网络版发表,预计在2018年第7期《科普特刊》刊出。

(2) 引导大二学生进行综述写作。通过"查阅大量相关文献—阅读文献—讨论—归纳—确定写作思路—提出写作提纲—写作—修改"等环节,培养学生文献查阅和阅读的能力、提取信息和归纳信息的能力,为今后科技论文写作打下基础。在本项目支持和项目组教师指导下,2017年、2018年拔尖试验班本科生分别在《大学化学》杂志"未来科学家"栏目以第一作者和通讯作者发表2篇综述性文章。

(3) 化学论文写作。学生申请到科研训练课题,如"育苗基金"或"拔尖创新基金"即进入科研课题组进行科研训练,在其导师的指导下进行实验和科技论文写作训练。

5. 强化"拔尖计划"科研训练的过程管理

我们对"拔尖计划"培养模式、运行管理进行整合、优化,对二年级及以上的"拔尖计划"学员强化科研部分的过程管理和考核。

(1) 制定"'拔尖计划'学期科研训练过程管理情况表",每学期定期发予每位导师对"拔尖计划"学生进行评价,对学生在科研训练过程中出现的问题及时进行纠正。

(2) 调整"拔尖计划"学年报表:"科研活动"栏增加"实验室情况自查表",二年级及以上学生根据各学期在实验室表现进行自查,并在学年汇报会之前提交相应的实验室记录本,在报告会上由评委教师进行检查,以此作为学年考核重要评价依据内容。

(3) 对"拔尖计划"过程管理办法进行调整,增加科研过程管理办法,对未达到科研训练要求的学生提出警示或动态处理等。

通过广泛科研项目的训练,锻炼和培养了学生的各项科研能力,近三年化学学科拔尖班学生参与的科研项目在国内外学术刊物上共发表49篇学术论文,获得省、部级以上科创竞赛奖励18项。

三、科研训练效果问卷调查

(一) 问卷调查题目设计

为了解拔尖班学生参加科研训练的状况,我们设计了调查问卷,并进行分析。问卷共21个调查项目,81个选项,具体如表1所示。

表1 调查项目

1. 你所在年级
2. 你所在专业
3. 你在本科期间参加了哪些科研训练项目
4. 你参加科研训练项目主要出于哪些方面的目的

续表

5. 你的科研训练项目课题的来源
6. 在科研训练中你参与了哪些工作
7. 在科研训练过程中,你认为最困难的环节是什么
8. 在科研项目训练中遇到困难时,你首先选择如何求助
9. 在科研项目训练中,指导老师在哪些方面给予你的帮助最多
10. 你参加科研训练项目获得了哪些成果
11. 你认为参加科研训练是否会影响学习成绩
12. 你参加科研训练后学习成绩是否受到了影响
13. 你参加科研训练项目期间,是否参加过境内(外)交流活动
14. 你参加了哪些交流活动
15. 参加科研训练项目,对文献检索、发现问题、解决问题和科研的方法与手段有怎样的提升
16. 参加科研训练项目,对基础知识的理解、知识体系构建、基础和前沿结合等的影响
17. 参加科研训练项目,对自我认知能力、自主学习、时间管理能力与未来发展规划能力的影响
18. 参加科研训练项目,对克服困难、承担责任和心理承受能力、抗压能力的影响
19. 参加科研训练项目最大的收获是什么
20. 参加交流活动的主要收获是什么
21. 对大学生科研训练有哪些意见和建议

(二)问卷调查统计情况及分析

1. 2016年9月问卷调研情况

为了解拔尖班学生参加科研训练的状况,2016年9月,我们对已毕业和在学的拔尖班学生进行了调研,调查问卷发放136份,回收85份,回收率为62.5%。

(1) 本次问卷调查统计情况如下。图2至图19所示为前18项调查统计情况。

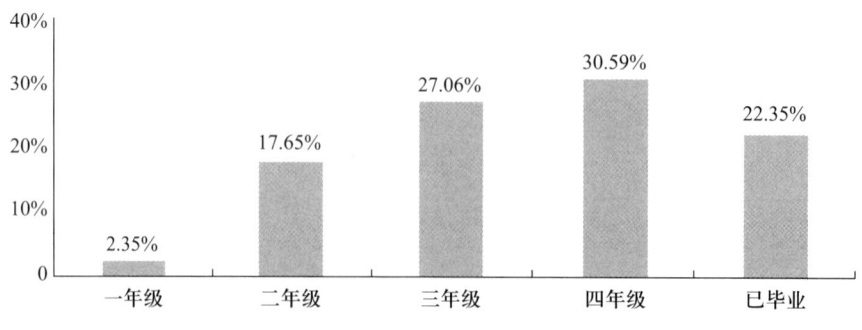

图2 "你所在年级[单选题]"调查情况

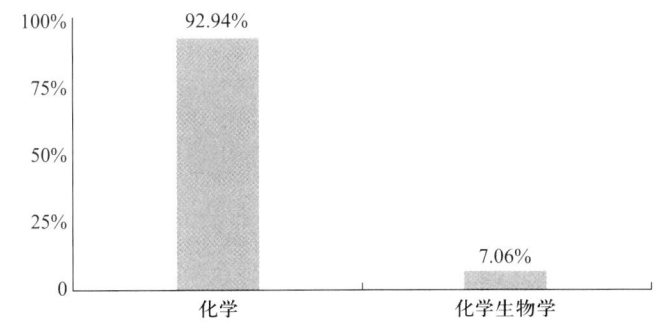

图 3 "你所在专业[单选题]"调查情况

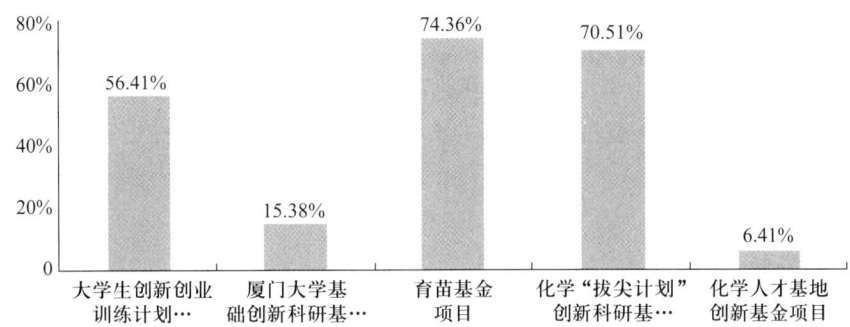

图 4 "你在本科期间参加了哪些科研训练项目[多选题]"调查情况

注:图中"…"原应为"……",但此为截屏图,软件显时为"…"。特此说明,下同。

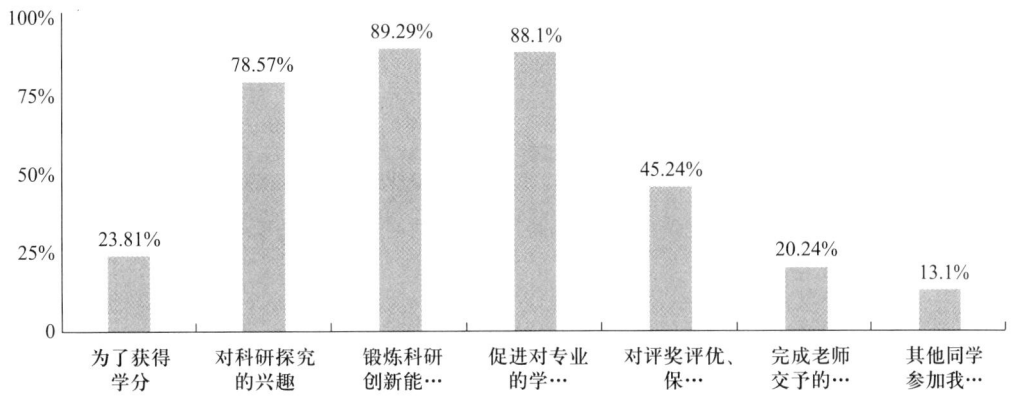

图 5 "你参加科研训练项目主要出于哪些方面的目的[多选题]"调查情况

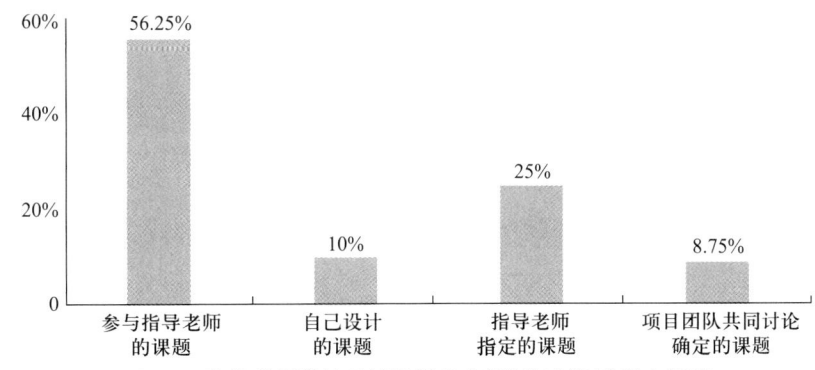

图 6 "你的科研训练项目课题的来源[单选题]"调查情况

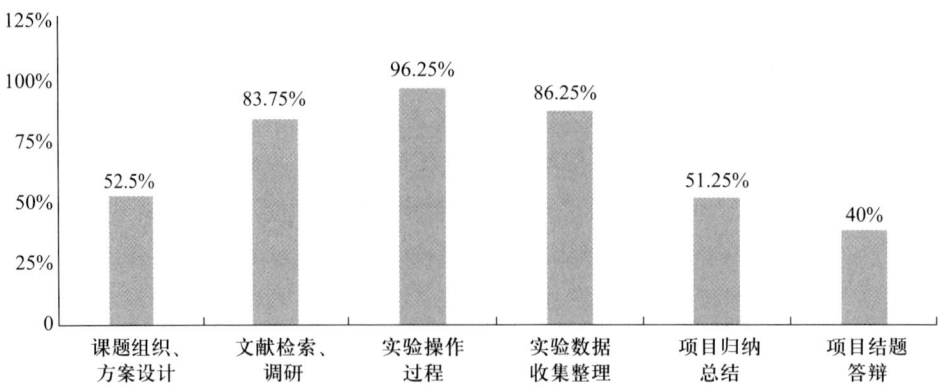

图 7 "在科研训练中你参与了哪些工作[多选题]"调查情况

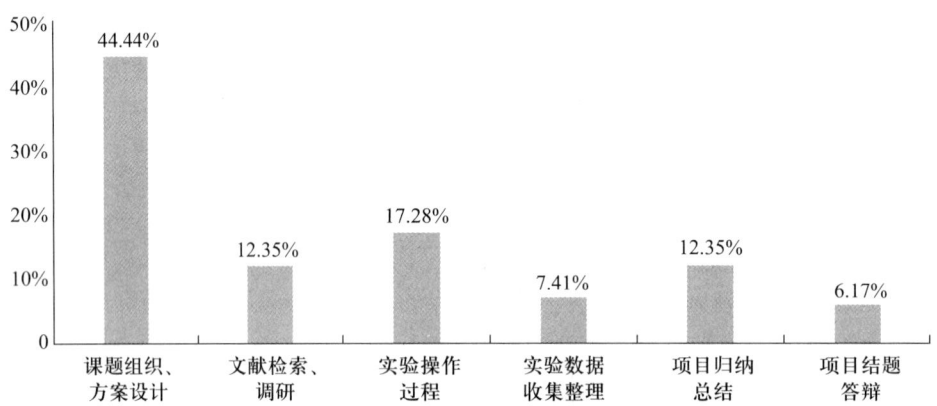

图 8 "在科研训练过程中,你认为最困难的环节是什么[单选题]"调查情况

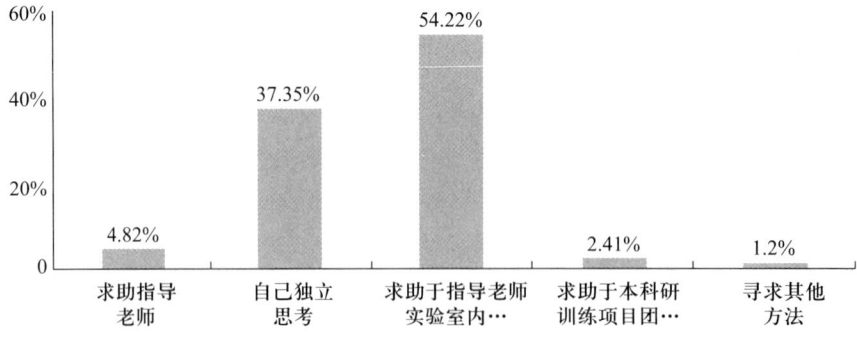

图 9 "在科研项目训练中遇到困难时,你首先选择如何求助[单选题]"调查情况

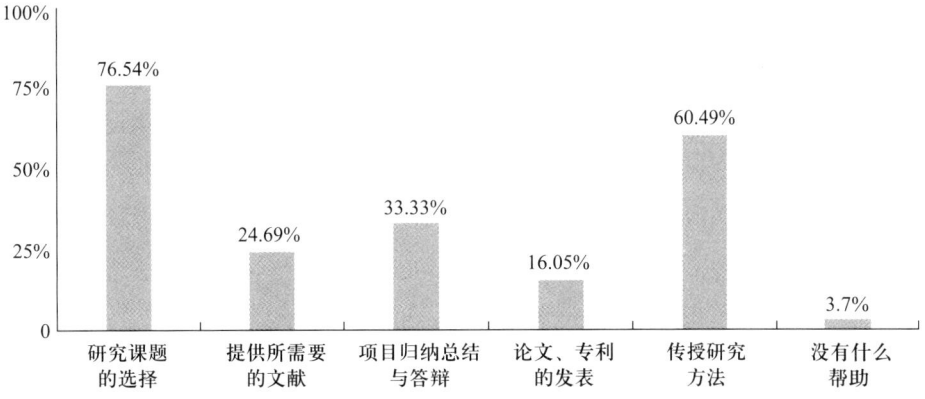

图 10 "在科研项目训练中,指导老师在哪些方面给予你的帮助最多[多选题]"调查情况

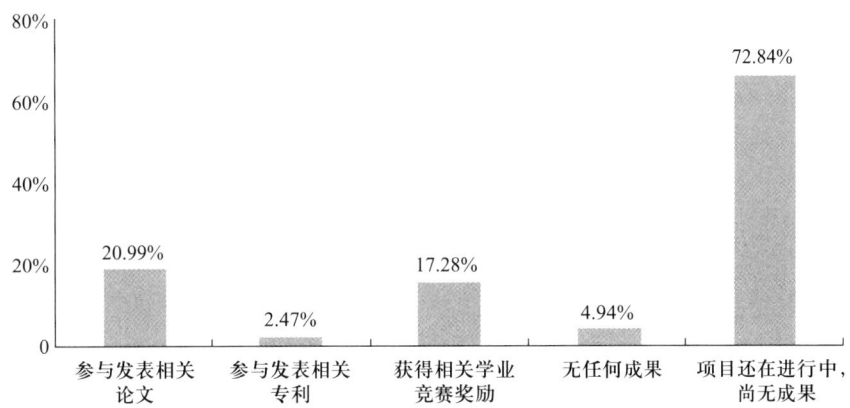

图 11 "你参加科研训练项目获得了哪些成果[多选题]"调查情况

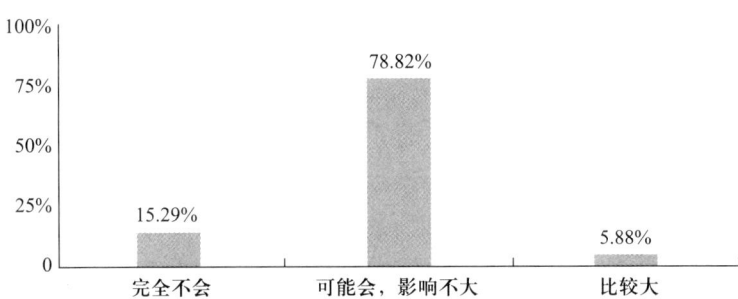

图 12 "你认为参加科研训练是否会影响学习成绩[单选题]"调查情况

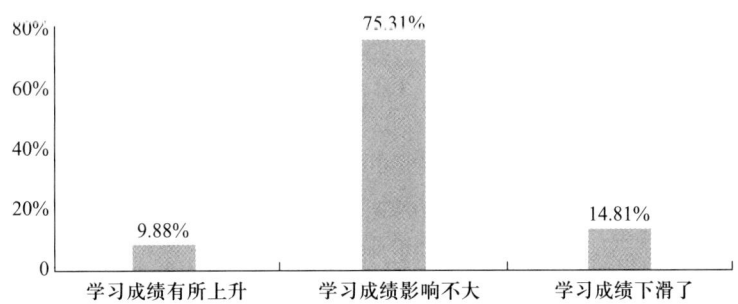

图 13 "你参加科研训练后学习成绩是否受到了影响[单选题]"调查情况

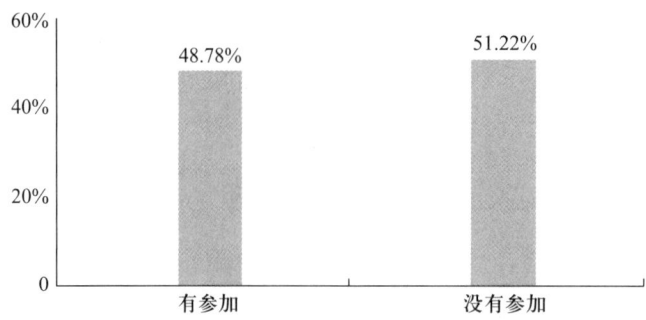

图 14 "你参加科研训练项目期间,是否参加过境内(外)交流活动[单选题]"调查情况

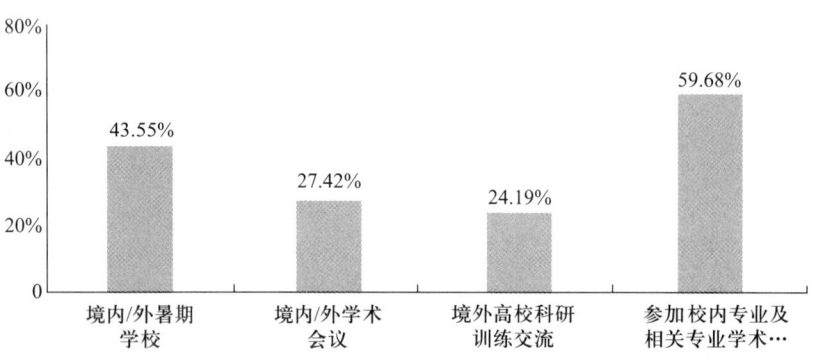

图 15 "你参加了哪些交流活动[多选题]"调查情况

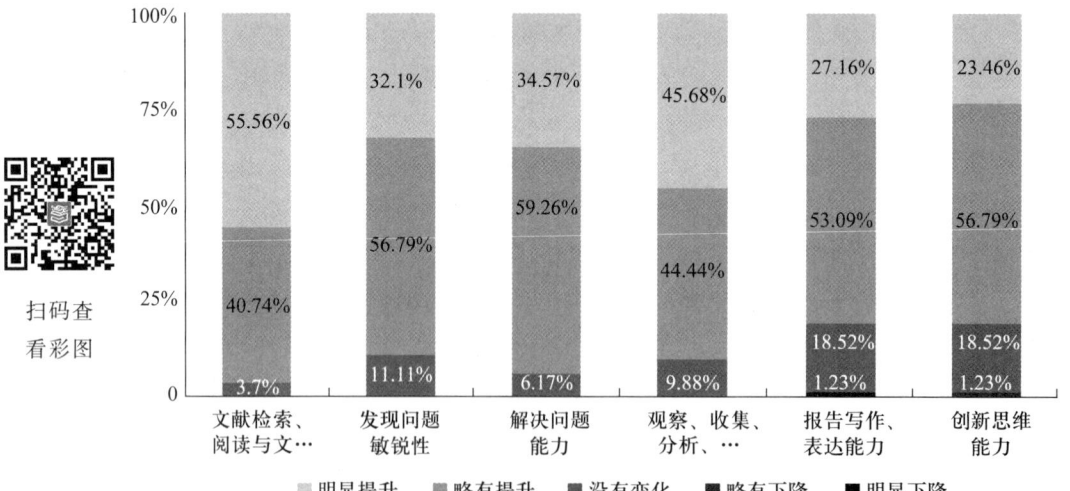

图 16 "参加科研训练项目,对文献检索、发现问题、解决问题和科研的方法与手段有怎样的提升[矩阵单选题]"调查情况

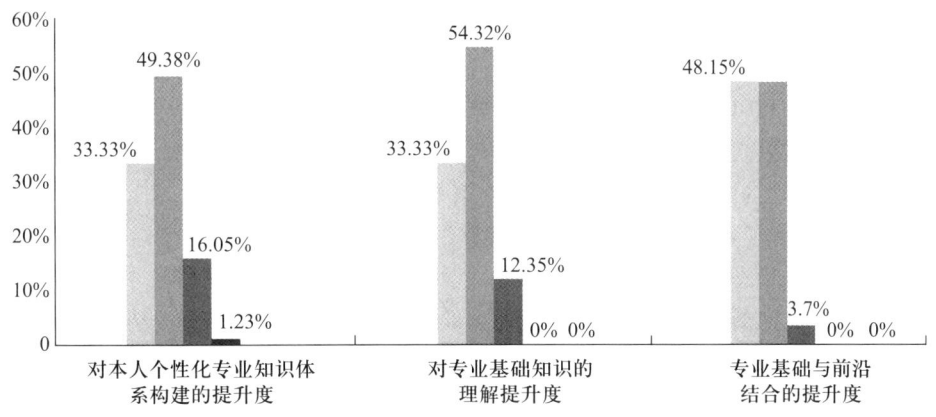

图 17 "参加科研训练项目,对基础知识的理解、知识体系构建、基础和前沿结合等的影响[矩阵单选题]"调查情况

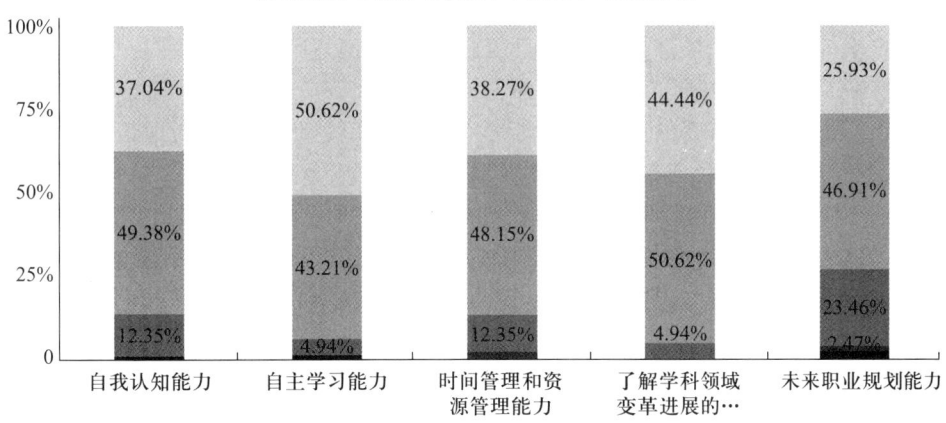

图 18 "参加科研训练项目,对自我认知能力、自主学习、时间管理能力与未来发展规划能力的影响[矩阵单选题]"调查情况

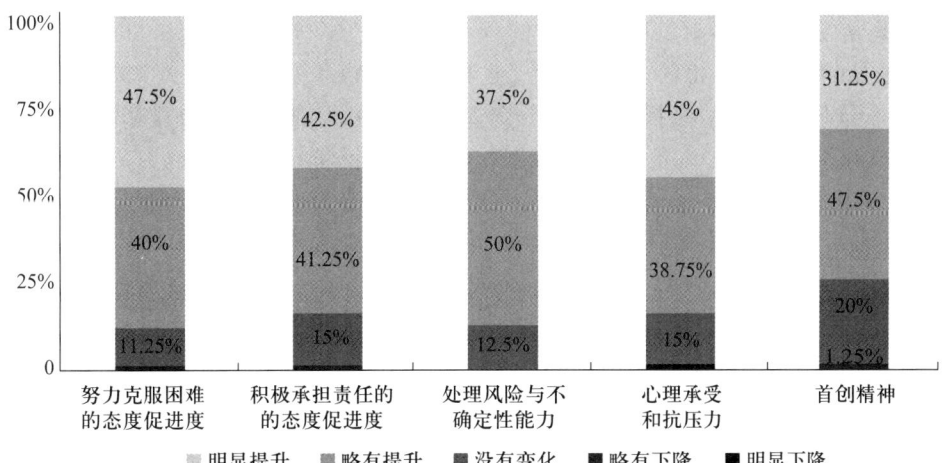

图 19 "参加科研训练项目,对克服困难、承担责任和心理承受能力、抗压能力的影响[矩阵单选题]"调查情况

"参加科研训练项目最大的收获是什么"调查情况为:学生通过科研训练,对科研有了较为全面的认识,开阔了视野,锻炼了发现问题能力、实验动手能力、数据处理能力、文献阅读能力等,培养了创新思维、科研素养、自主学习能力以及克服困难的意志,并对以后的职业规划有了初步的认识。

"参加交流活动的主要收获是什么"调查情况为:学生通过参加交流活动,拓宽了视野,扩宽了知识面,提高了英语水平,提高了自我解决问题的能力以及独立生活的能力。了解了国外同龄人的学习状态,感受到国外教师的教学态度,了解到和其他高校学生的差距,也认识到不同高校在学生的培养方式的不同,锻炼了表达和交流能力。

"对大学生科研训练有哪些意见和建议"调查情况为:学生建议大学一、二年级以学习知识为主,夯实基础,在条件允许的情况下,也可以适当地鼓励低年级的学生参加科研训练;希望指导教师能在训练中多给予引导和指导,注意培养学生的科研思路与能力,学院在制度上也要给予加强管理;希望能加强不同年级学生之间的科研训练经验的交流和分享;建议多在科研训练过程中给予检验。

(2) 本次问卷分析。根据调查结果,我们从五个方面进行分析,分别为"关于大学生参加科研训练项目的动机分析""关于学生参与科研项目训练的自主选择性分析""关于学生参与科研项目过程中参与度的分析""关于学生参与科研过程中师生沟通情况的分析",以及"关于大学生如何处理科研与专业学习之间关系的分析"。

① 关于大学生参加科研训练项目的动机分析。在大学生的培养和教育过程中,通过激励来引发个体的内部动机,促使学生学习力更足,这是经常用到的一种手段。就内外部动机对于学生的驱动力影响程度而言,内部动机的影响强度大小、程度深浅、时间久暂等明显强于外部动机。

本问卷第4道问题为"你参加科研训练项目主要出于哪些方面的目的",这属于对大学生参加科研动机的调查。其中选项2"对科研探究的兴趣"、选项3"锻炼科研创新能力与思维"和选项4"促进对专业的学习、提高专业素养"可归为内部动机,选项1"为了获得学分"、选项5"对评奖评优、保研有帮助"、选项6"完成老师交予的任务"和选项7"其他同学参加我也参加"可归为外部动机。

从调查情况看,内部动机的选项比例分别为78.57%(选项2)、89.29%(选项3)和88.1%(选项4)。外部动机的选项中,除了选项5比例略高为45.24%外,其他三项的比例在20%左右或低于20%。结果显示,参与调查的学生中,对科研训练项目都比较感兴趣,驱动力主要来源于内部动机。可见,参与调查的学生具有较好的科研精神。

② 关于学生参与科研项目训练的自主选择性分析。当前,随着全球化、信息化时代的深入发展,社会对大学生提出了具备终身学习的理念和自主学习的能力的要求。在新的学习观的指导下,学生的主体性需要被充分发挥,学生的独立性、主动性和创造性等都需要被充分调动起来。因而,学生的自主选择权在教学和科研活动中需要被重视。自主学习的核心在于学生积极主动地控制调节自己的学习。

本问卷第5道问题为"你的科研训练项目课题的来源",这属于大学生科研活动内容的自主选择性的问题。其中选项2"自己设计的课题"和选项4"项目团队共同讨论确定的课题"可归为科研活动内容自主性较高的选项,选项1"参与指导导师的课题"和选项3"指导老师指定的课题"可归为科研活动内容自主性较低的选项。结果显示,参与调查的学生中,学生倾向于由导师来确定自己的科研活动内容,学生在科研活动中的自主选择权尚未得到充分的使用。

③ 关于学生参与科研项目过程中参与度的分析。科研参与对大学生而言,是一项独特而又十分重要的活动形式,其本质上是一种高层次的学习形式。大学生积极参与科研活动,深入到科研活动的各个环节,这对于提升其发现问题、分析问题和解决问题的能力,从而促进其自身思维水平和整体认知水平的提高十分有益。

本问卷第 6 道题为"在科研训练中你参与了哪些工作",这属于大学生科研项目参与度的问题。其中,选项 1"课题组织、方案设计"、选项 2"文献检索、调研"属于课题前期调研、顶层设计阶段,选项 3"实验操作过程"、选项 4"实验数据收集整理"属于技术操作、规范培养阶段,选项 5"项目归纳总结"、项目 6"项目结题答辩"属于课题检验和总结阶段。结果显示,选项 2、选项 3 和选项 4 上的选择比例达到了 80% 以上,选项 1 和选项 5 达到了 50% 以上,选项 6 略低,但是也达到了 40%。可见,参与调查的学生在项目的各个环节都有较高的参与度。

本问卷第 7 道题为"在科研训练过程中,你认为最困难的环节是什么",这属于大学生对科研难易度的认知问题。结果显示,参与科研项目的学生认为,选项 1"课题组织、方案设计"的难度最大,其次为技术层面的选项 3"实验操作过程"。

作为验证题,第 7 道题从难易程度上验证了大学生参与科研的主动性情况。一般情况下,人们对于心理上觉得困难、有所畏惧的事情,都会采取回避的态度。因此,第 7 道题和第 6 道题的选项情况基本上成负相关,即第 7 道题中选择比例较高的选项,其在第 6 道题对应的选项中属于选择比例较低的选项。例如,从第 7 题的选项情况看,学生对于课题顶层设计的选项 1 存在一定的畏难情绪,所以在第 6 道题的选项 1 中,学生的选择比例较低。

因此,在实施大学生科研项目时,学院需要加强大学生的参与度,给予大学生参与课题前期顶层设计、过程管理和项目总结的全过程的机会。通过在每个环节的参与,有目的、有重点地全面发展大学生的科研能力。

④ 关于学生参与科研过程中师生沟通情况的分析。大学生参与科研是师生之间、同辈之间有效互动从而获得个人成长的重要模式。大学生参与科研活动,一方面是为了锻炼和培养自身的探索精神,不应过分依赖教师或其他人员的指导,从而在独立操作、独立思考中不断提升自己的科研水平,另一方面,要与导师建立好畅通有效的沟通机制,从而集中更多的精力解决问题。

本问卷第 8 道题为"在科研项目训练中遇到困难时,你首先选择如何求助",这道题反映了学生参与科研过程中的师生之间、同辈之间的沟通交流情况。选项 1 为"求助指导老师"显示的是学生观念中师生关系的认可程度,选项 3"求助于指导老师实验室内师兄师姐"反映的是学生观念中同辈互助关系的认可程度。调查结果显示,学生在科研过程中遇到困难时,更倾向于选择同辈互助和自己独立解决,两种比例分别为 54.22% 和 37.35%,而对于寻求指导老师的帮助选择比例非常小,仅为 4.82%。可见,在科研活动中师生之间的互动、交流沟通机制仍有待提高。

本问卷第 9 道题为"在科研项目训练中,指导老师在哪些方面给予你的帮助最多",这道题的选择情况从一个侧面验证了第 8 道题的结果。第 9 道题的选项中,教师对大学生的指导主要集中在两个方面,分别为选项1"研究课题的选择"和选项5"传授研究方法",各自比例分别为76.54%和60.49%。结合第5道题的选择情况,教师对学生的课题选择之所以沟通较多,通常是因为学生的课题基本上由教师直接确定。因此,从学生选项结果反映出来的情况是,师生之间的沟通机制不健全。

⑤ 关于大学生如何处理科研与专业学习之间关系的分析。本问卷第11道题为"你认为参加科研训练是否会影响学习成绩",第12道题为"你参加科研训练后学习成绩是否受到了影响",这两道题反映的都是大学生如何处理科研与专业学习之间关系的问题。从科研项目实施初衷来看,学院希望通过实施科研项目,帮助大学生实现专业知识与实践能力相结合,让书面上静止的知识内容在科研活动的应用中变活起来。相关研究结果显示,科研活动对于学生专业学习的影响不大,对学习成绩的影响也不大。

就结果而言,科研活动需要分散学生一部分学习精力,然而参与调研的学生均表示未受影响,这确实表明,学生能够较好地平衡科研活动和专业学习的时间和精力的分配。从另一个角度反映出的是,在当前大学生科研活动中,科研与学习仍然是两张皮,两者之间鲜有相互促进的作用。学生未能将参与科研、获得实践经验的这个优势发挥出来,不能对其学习成绩提升提供帮助,这表明,当前学院所实行的科研活动是一种脱离了学生专业学习、专业培养环节的活动,是一种只具备了大学生科研活动的"形"而缺乏大学生科研活动的"神"的活动,距离"形神兼备"仍有一定的空间。

2. 2017届普通毕业生与拔尖班毕业生问卷统计部分题目比较

如图20所示,拔尖试验班学生较育苗基金项目学生参加科研训练项目更主要以锻炼自我、发展提升自我为目的,功利性的想法相对较少。

如图21所示,拔尖班学生较育苗基金项目学生更积极、主动参与科研训练各项活动。

如图22所示,拔尖班学生较育苗基金项目学生更倾向于自己独立思考。

如图23所示,拔尖班学生与育苗基金项目学生都认为指导老师在研究课题的选择、传授研究方法上给予的帮助最多,除此,拔尖班学生还认为在项目归纳总结与答辩上得到的帮助也比较多。

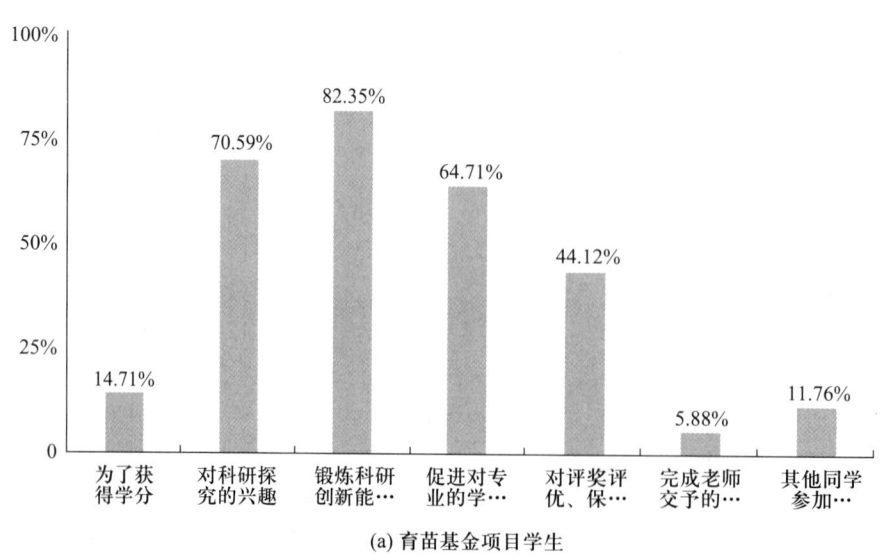

(a) 育苗基金项目学生

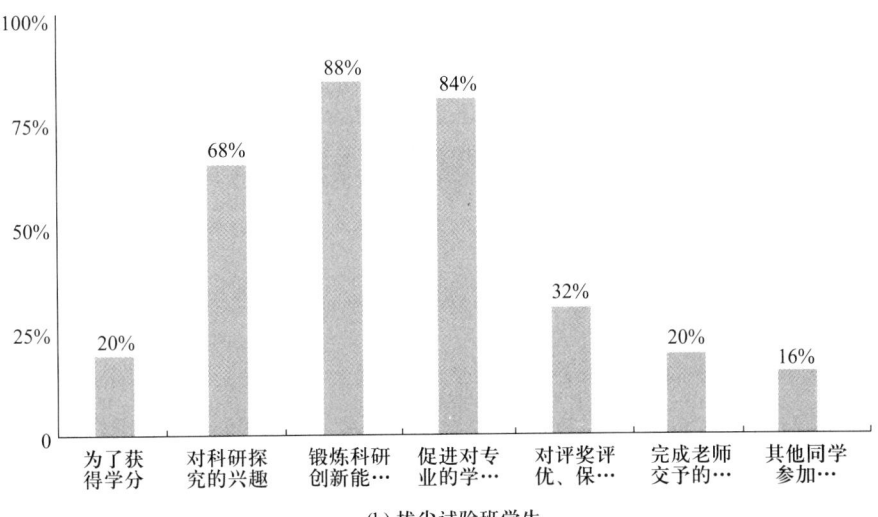

(b) 拔尖试验班学生

图20 "你参加科研训练项目主要出于哪些方面的目的"调查情况

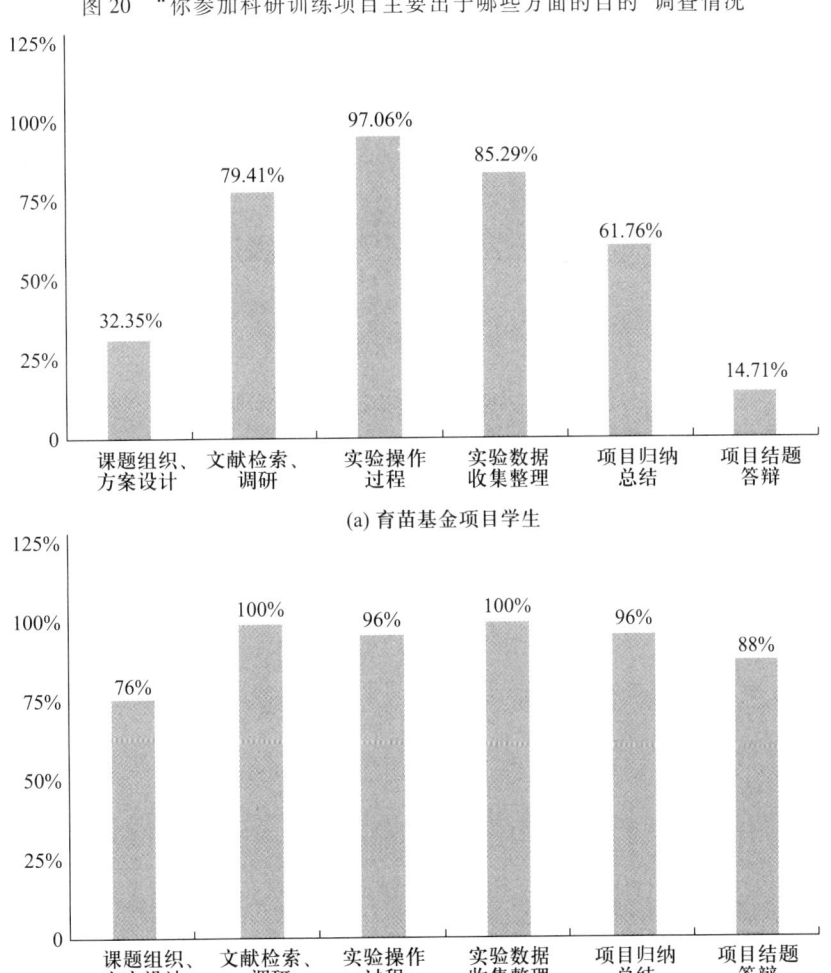

(a) 育苗基金项目学生

(b) 拔尖试验班学生

图21 "在科研训练中你参与了哪些工作"调查情况

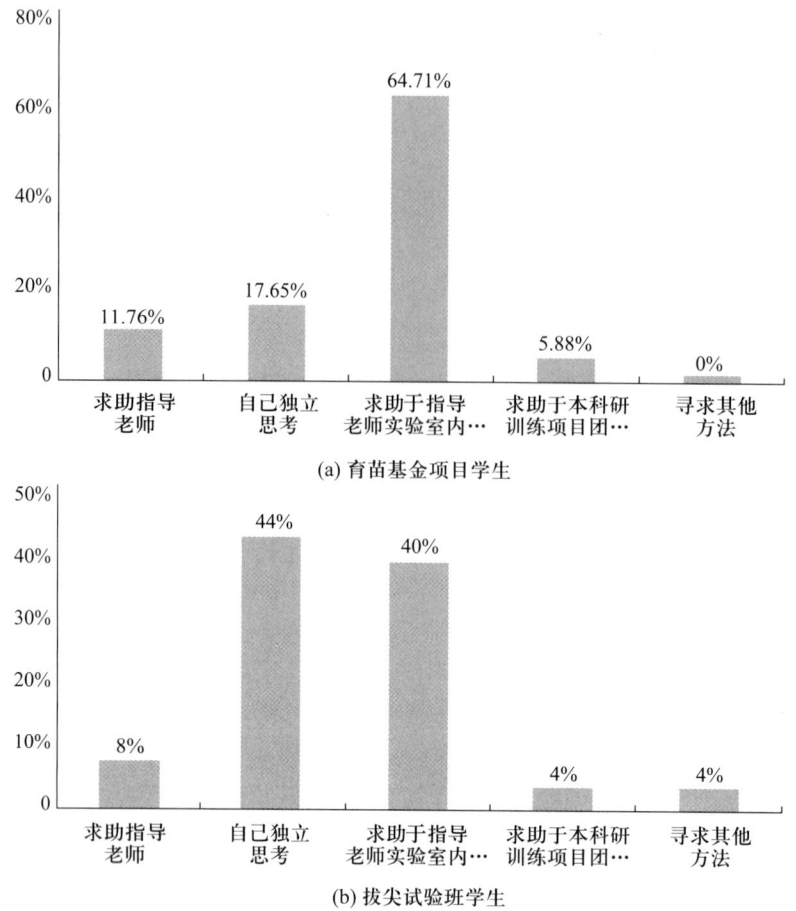

图 22 "在科研项目训练中遇到困难时,你首先选择如何求助"调查情况

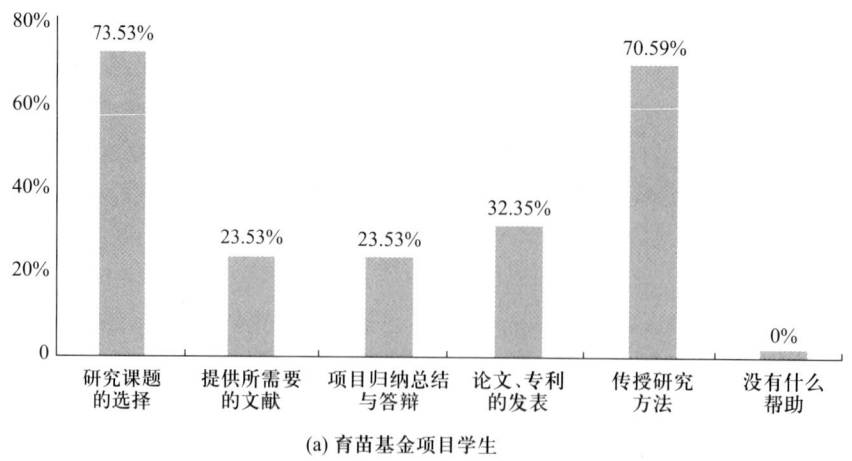

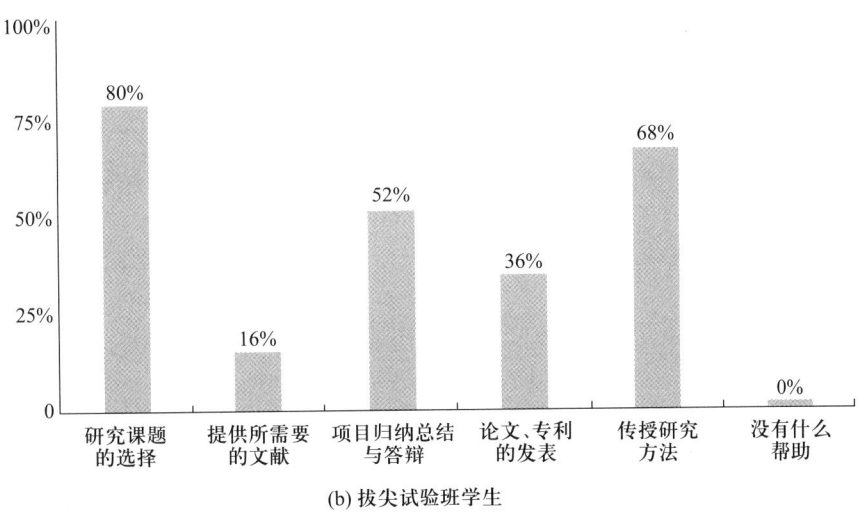

(b) 拔尖试验班学生

图 23 "在科研项目训练中,指导老师在哪些方面给予你的帮助最多"调查情况

如图 24 所示,拔尖试验班与育苗基金项目学生都集中课题组织和方案设计,但拔尖试验班学生更集中于此,相比育苗基金项目学生,其他环节更能应对,说明他们基础扎实、动手能力强。

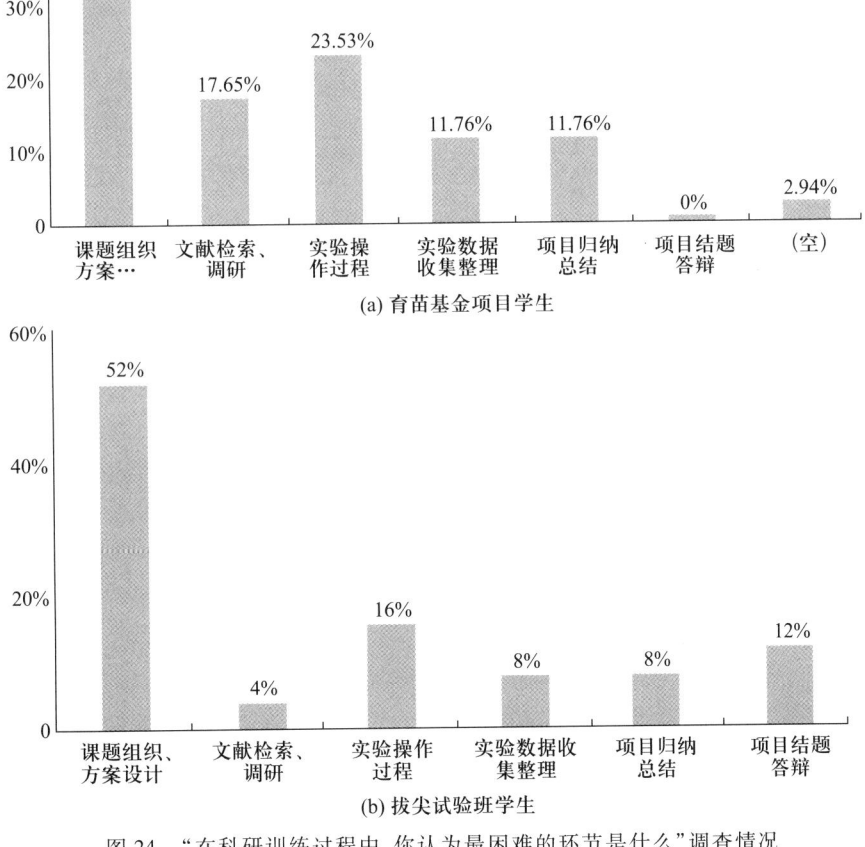

图 24 "在科研训练过程中,你认为最困难的环节是什么"调查情况

如图 25 所示,拔尖试验班学生较育苗基金项目学生有更多的成果,主要为发表论文和获学业竞赛奖励。

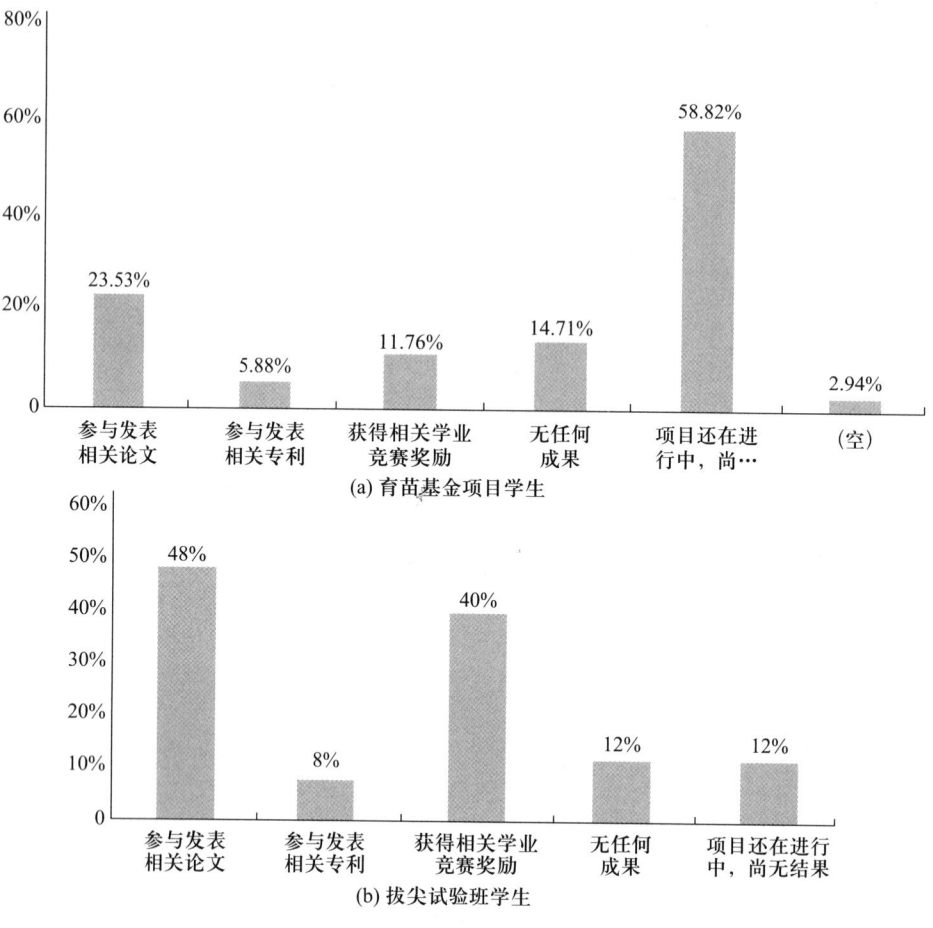

图 25 "你参加科研训练项目获得了哪些成果"调查情况

如图 26 所示,拔尖试验班学生较育苗基金项目学生有更多的交流机会,并且交流活动的种类也更多,视野更开阔。

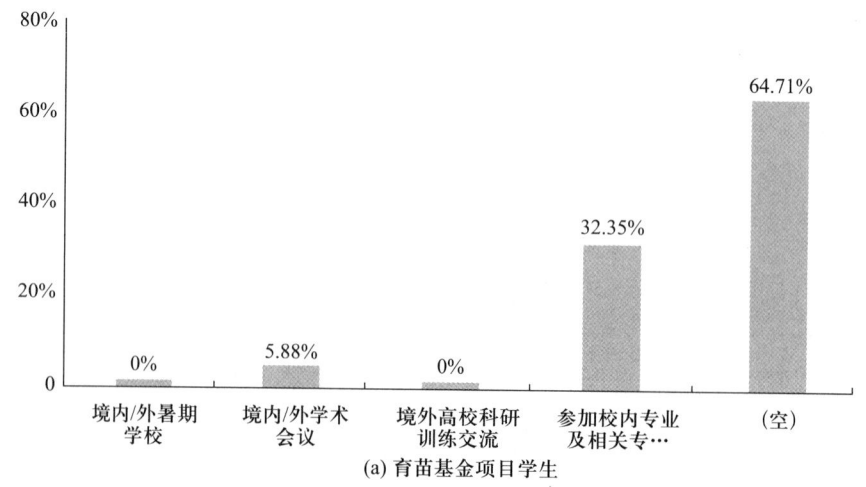

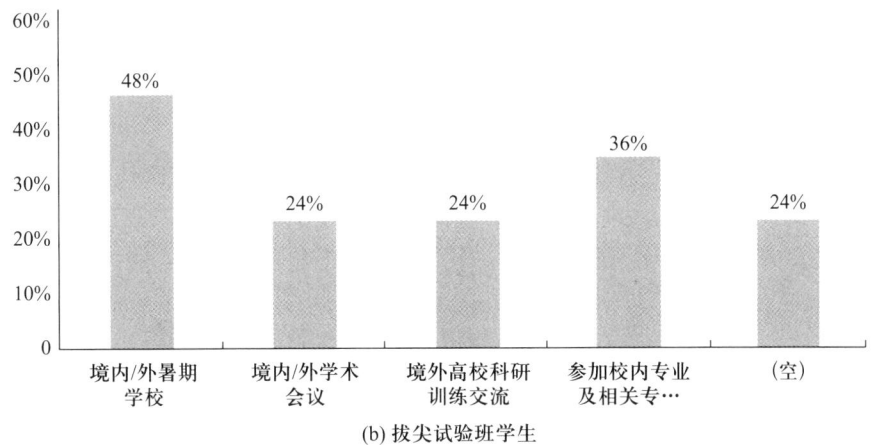

(b) 拔尖试验班学生

图26 "你参加的交流活动有哪些"调查情况

如图27所示,拔尖试验班学生较育苗基金项目学生选择"明显提升"比例更高,有更显著的提升。

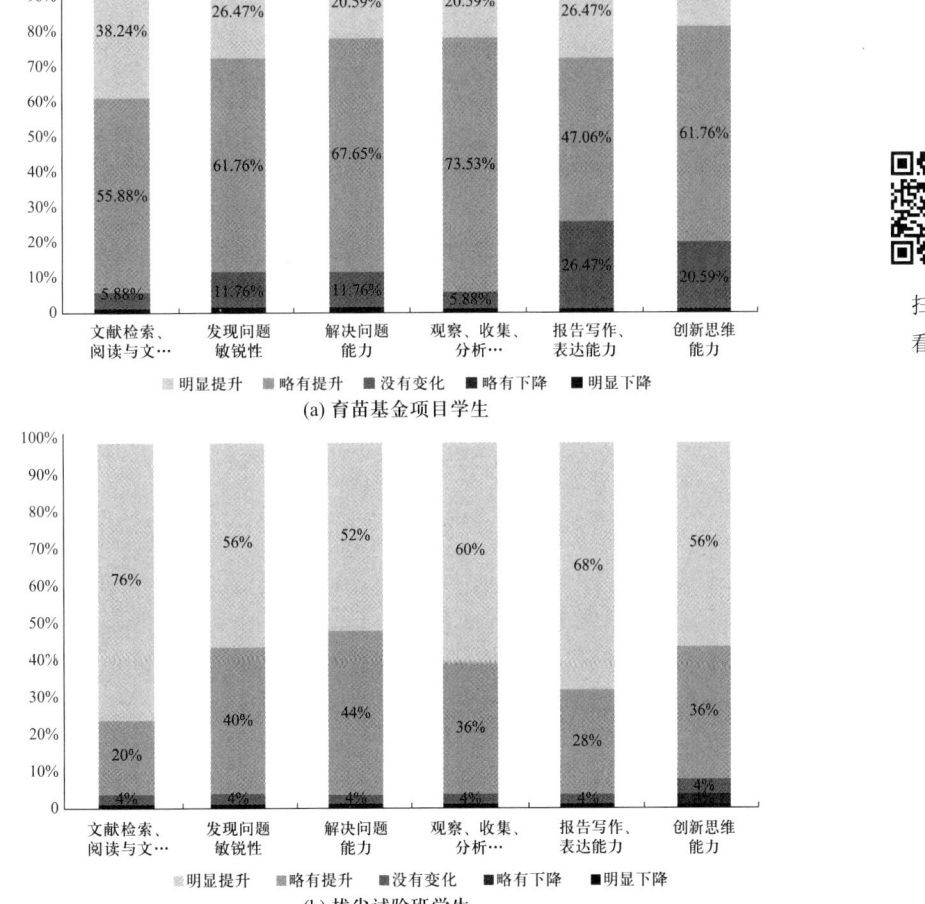

图27 "参加科研训练项目,对文献检索、发现问题、解决问题和科研的方法与手段有怎样的提升"调查情况

如图 28 所示,拔尖试验班学生较育苗基金项目学生选择"明显提升"项比例更高。

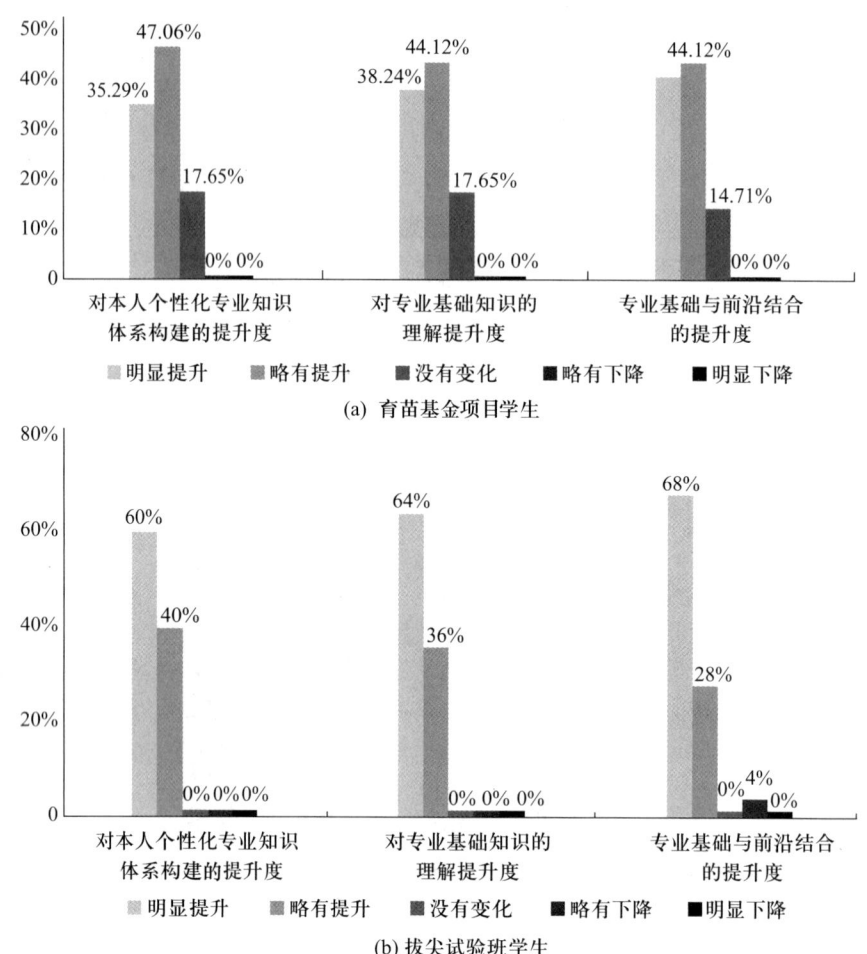

图 28　"参加科研训练项目,对基础知识的理解、知识体系构建、基础和前沿结合等的影响"调查情况

如图 29 所示,拔尖试验班学生较育苗基金项目学生选择"明显提升"项比例更高。
如图 30 所示,拔尖试验班学生较育苗基金项目学生选择"明显提升"项比例更高。

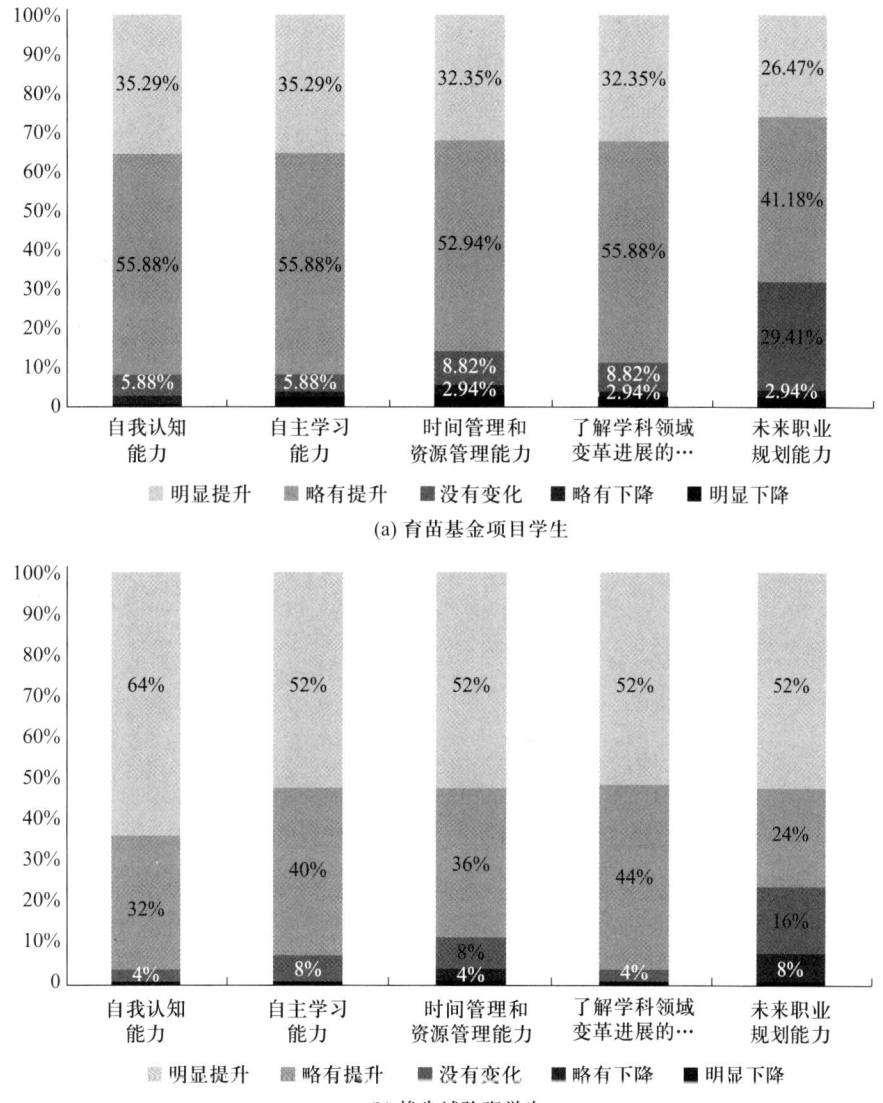

(a) 育苗基金项目学生

(b) 拔尖试验班学生

图 29 "参加科研训练项目,对自我认知能力、自主学习、时间管理能力与未来发展规划能力的影响"调查情况

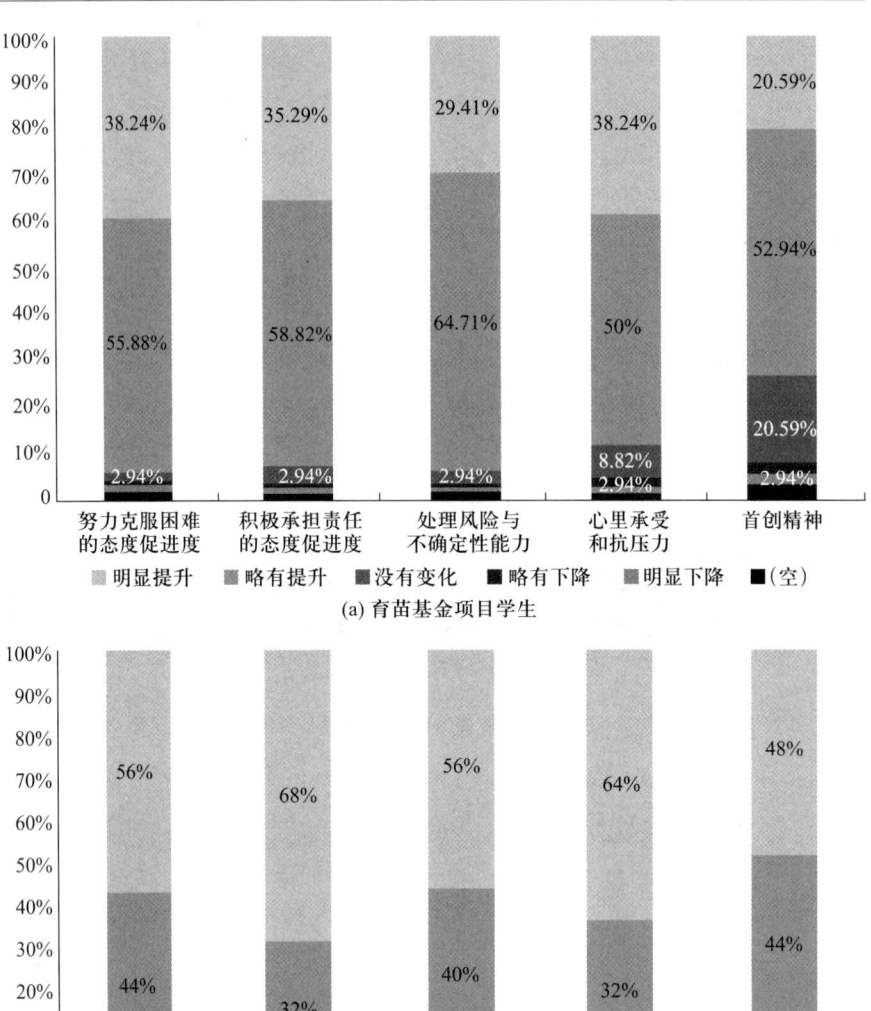

图 30 "参加科研训练项目,对克服困难、承担责任和心理承受能力、抗压能力的影响"调查情况

四、需要进一步加强的方面

1. 加强引导学生科研兴趣

拔尖试验班学生较积极参加科研训练项目,并且出发点比较积极,多源于内在动力,主要以锻炼自我、发展自我为目的,功利性的想法较少,但在对科研兴趣上还需要加强引导。

以兴趣为导向能激发学生更大的潜力,同时要保持学生长久的兴趣,因此要鼓励学生多关注和参与前沿性、实用性等科研项目,指导教师应多注意引导,并合理制定阶段性目标。

2. 提升学生自主选题的主动性和参与度

由于本科生专业知识及基础技能较缺乏,其课题的选择几乎是一边倒,即由指导教师指定或参与导师的课题,导师在课题的选择上给予的帮助也最多,学生自己设计或团队设计、参与度的比例很低。指导教师可提升学生对课题设计的参与度,加入学生的兴趣点,鼓励学生改变固有的学习科研习惯,在调研的基础上能大胆提出自己的想法、创意,并鼓励他们充分利用科研项目中优秀师资和实验室资源,选择自己的研究主题和方向。

3. 加强师生在科研训练中的互动与沟通

由于学生在科研训练过程中与指导教师沟通较少,指导教师可鼓励学生克服畏难情绪,积极主动与指导教师建立联系,定期沟通,反馈问题。除了学生的指导教师外,另为拔尖试验班配备班级科研导师,由博士研究生、博士后担任,对科研训练课题的申请、课题方案制定、实验报告书写、科研规范、学生的思想困惑等方面进行具体指导,并且定期组织拔尖试验班学生进行科研学术方面的交流,进行过程考核。

4. 继续完善科研训练管理制度

为提升学生在科研训练中的主动性与参与度,继续强化对参与科研项目学生的项目执行过程管理,除每学期的实验室情况导师检查和学生自查外,还引入考核机制,如期中考核、期中评比、循环淘汰等。对参与科研训练积极性高和主动性强的学生,在"拔尖计划"优秀奖学金评定、学术活动资助上给予一定的倾斜。

典制集:"拔尖计划"规章制度建设

"拔尖计划"培养方案

一、北京大学

根据《国家中长期教育改革和发展规划纲要(2010—2020年)》精神,结合教育部关于实施"基础学科拔尖学生培养试验计划",北京大学决定开展"基础学科专业人才培养试验计划"(简称"计划"),具体如下。

(一)指导思想

北京大学人才培养的总体目标是为国家和民族培养具有国际视野、在各行业起引领作用、具有创新精神和实践能力的高素质人才。在创建世界一流大学的进程中,为国家和人类在基础学科培养优秀的专业学术创新人才是我们的历史使命与责任。要努力使受"计划"支持的学生能够成长为相关科学领域的领军人物,并逐步跻身国际一流科学家及人文与社会科学家队伍。

本计划是北京大学多样性与全方位创新人才培养体系建设与元培教学改革深化的一个重要部分。要进一步解放思想、努力实践、大胆创新,通过"计划"的实施来探索一条适应国情、适应校情、面向世界、面向未来、面向现代化的基础学科专业创新人才培养的新途径与新模式,进而带动全校各学科优秀学术人才的培养与教学质量的全面提高。

(二)基本原则

在基础学科领域选拔优秀本科生,通过创新培养方式和营造一流的学术环境与氛围,探索与构筑基础学科专业人才培养的新途径是学校本科基础学科专业人才培养模式的创新,在"计划"的实施中我们要坚持以下几条基本原则。

(1)传承北京大学"思想自由、兼容并包"的优良学术传统,认真总结北京大学在学科建设与人才培养中的历史经验与教训,根据学科特点和国际发展前沿,遵循学科人才培养的规律来确定我们的培养目标与开展人才培养工作。

(2)坚持学科综合,通过院系的密切合作充分发挥北京大学的学科综合优势,加强交叉学科拔尖人才培养;坚持本科与研究生培养的结合,要把受"计划"支持的学生培养与将来的研究生教育结合起来进行总体规划与考虑。在本科学习阶段要打好基础,培养兴趣,要根据学生的特点因材施教,开展个性化培养。

(3) 要学习和借鉴国际一流大学基础学科拔尖创新人才培养的先进理念与经验,结合中国国情与北京大学校情开展工作。要加强与国际一流大学的交流与合作,充分利用国际优质教育资源与条件开展国际化培养。

(4) 要注重学生的思想品德与心理健康,培养和树立他们热爱祖国、勤奋努力、追求真理、献身科学的人生目标与奋斗精神;要发挥北京大学校园文化的传统优势与特色,积极营造宽松自由的学术氛围与环境,通过"第二课堂"等多种途径实行全方位育人。

(三) 重点工作

根据教育部试验计划要求,本工作首先在数学、物理、化学、生物学、计算机科学以及环境科学6个领域进行,同时也在基础文科院系开展"古典语文学"专业人才培养的试验工作。学校其他基础学科可参照教育部文件精神积极开展学科创新人才培养的探索与实践,在条件成熟的时候纳入学校或国家计划。

1. 学生工作

学校和院系的学工部门以及各级领导与教师都要关心学生的全面发展,重视学生的思想品德教育与心理健康。学生的"两课"、社会实习与实践、校园文化建设和学生管理等都要开展新的工作模式与机制的探索与实践。

2. 条件支持

① 学校各教学实验室,特别是国家级实验教学示范中心以及教育部人文社会科学重点研究基地等要全面对项目学生开放,并努力创造条件为学生的学习与科学研究提供有力的支持。② 学校与院系的图书馆与资料室,学校的计算中心及院系的计算机房要积极面向学生开放,提供良好的信息平台与网络化教学与科研资源。③ 加强基础条件建设和后勤保障工作,改善学习与工作环境,为师生提供优质服务;通过为学生提供一定的奖学金与研究经费等方式改善学生学习与生活条件。

3. 机制创新

要在拔尖学生个性化培养机制、高水平多学科综合培养机制、国际化交流与培养机制、教学管理与评价机制、条件保障机制等方面进行全面的探索与稳妥的改革创新,在实践中逐步形成北京大学创新人才培养的完善机制。

(四) 组织管理

(1) 成立"北京大学基础学科专业人才培养试验计划"领导小组、专家委员和工作委员会,分别负责"计划"的总体设计与领导、学术规划与把关、组织实施与协调等工作;相关院系成立领导小组与学术指导委员会,负责各个"计划"项目的具体执行。

(2) 教务长办公室牵头负责协调学校教务部、研究生院、人事部、财务部、国际合作部、实验室设备部、学工部、团委、图书馆、计算中心、现代教育技术中心以及后勤系统等职能部门,做好项目的管理与服务工作。

(3) 在教务部设立"北京大学基础学科专业人才培养试验计划"工作办公室,主要承担"计划"工作委员会事务性工作以及与院系的联络沟通等。

（五）经费使用与管理

（1）经费主要来源由教育部"基础学科拔尖学生培养试验计划"拨款,学校将根据项目建设的实际情况通过多种方式加强对于项目经费的配套支持。

（2）经费主要用于聘请国内外知名教授和学者授课以及学业指导、学生国际交流、科研训练、奖学金以及开展学术活动和校际交流等。

（3）相关院系在经费管理与使用方面要严格按照教育部、财政部相关文件执行。

二、清华大学

以钱学森力学班培养方案为例。

（一）培养目标

钱学森力学班隶属教育部"基础学科拔尖学生培养试验计划"和清华学堂人才培养计划,定位于工科基础,致力于构建一个开放性的创新教育模式,以有利于学生成长为工程技术领域具有社会责任、专业伦理、人文关怀、领导力、国际视野和突出创新研究和发明能力的人才。

（二）培养成效

本科毕业生应达到如下知识、能力与素质的要求（表1）。

a. 掌握自然科学基础知识和工科专业基础知识,具有终身学习的意识和自学能力。
b. 具备提出、分析和解决多学科交叉工程技术问题的能力。
c. 具有全球化视野和勇于挑战未知、未来的创新品质。
d. 了解专业和社会的责任,具备高效交流能力、团队合作能力和领导能力。

表1 学生培养成效

	创新研究尖端人才	行业领军人才	公共服务领导人才
学生培养成效 a	√	√	√
学生培养成效 b	√	√	√
学生培养成效 c	√	√	√
学生培养成效 d	√	√	√

（三）学制与学位授予

本/硕/博课程统筹设置，本科阶段学制4年，按学分制管理，前两年实行动态流动机制，高年级学生安排到国际著名大学研学3~6个月。授予学位：工学学士学位。

（四）基本学分学时

本科培养总学分154，其中春、秋季学期课程总学分138，夏季学期实践教学环节12学分，荣誉学位论文4学分。

（五）课程设置与学分分布

1. 通识教育　47学分
（1）思想政治理论课　14学分

10610183	思想道德修养与法律基础	3学分
10610193	中国近现代史纲要	3学分
10610204	马克思主义基本原理	4学分
10610224	毛泽东思想和中国特色社会主义理论体系概论	4学分

（2）体育　4学分

第1—4学期的体育(1)—(4)为必修，每学期1学分；第5—8学期的体育专项不设学分，其中第5—6学期为限选，第7—8学期为任选。学生大三结束申请推荐免试攻读研究生需完成第1—4学期的体育必修课程并取得学分。

体育课的选课、退课及境外交换学生的体育课程认定等详见2016级学生手册《清华大学本科体育课程的有关规定及要求》。

（3）外语（一外英语 必修8+2学分，一外小语种 必修6学分）

一外英语学生大学英语课程要求8学分，英语实践环节2学分（学分计入实践学分）。英语分级为1、2级的学生需在大二结束前修满8学分的公共英语和英语通识课程（每学期2学分）；英语分级为3、4级的学生在大二结束前修满8学分的英语通识课程或外文系英语专业课程（每学期2学分）。选修4门外文系认定、其他院系开设的英文授课课程，可申请4学分大学英语课程免课。外语课程开课目录请参考每学期选课手册。设清华大学英语水平考试，必修，不设学分，学生进入大三后报名参加。一外日语、德语、法语、俄语等小语种学生入学后直接进入课程学习，必修6学分。

关于免课、英语水平考试免考、实践环节认定等详细规定详见《清华大学外语课程设置及教学管理办法（试行）》（教学门户）。

注：Summer Intensive Courses满足了学校另外规定的实践环节2学分要求。

（4）文化素质课　18学分（荣誉课程）

包含人文、艺术与社科系列及综合贯通系列，在以下推荐课程中限选6门。

① 人文、艺术与社科类推荐课程。

人文 1：基础读写（R&W）认证课

11030013	大学精神之源流	3 学分
11510023	工业系统基础	3 学分
10691163	民族文化与民族命运	3 学分

人文 2 和人文 3：

中国断代史

40690143	先秦史	3 学分
40690093	秦汉史	3 学分
40690043	魏晋南北朝史	3 学分
40690053	隋唐五代史	3 学分

国别史

40690793	日本史	3 学分
40690693	俄国史	3 学分
40690763	德意志史	3 学分

哲学史

30690103	中国哲学史（1）	3 学分
30690113	中国哲学史（2）	3 学分
30690123	西方哲学史（1）	3 学分
30690133	西方哲学史（2）	3 学分

新雅课程

10691093	《史记》研读	3 学分
10800163	艺术的启示	3 学分
11510033	超越学科的认知基础	3 学分
10691133	隋唐五代史	3 学分

② 综合贯通系列推荐课程。

综合 1：10690013　　学术之道　　　　　　3 学分

综合 2：下列推荐课程中选 1 门

　　　　10160013　　超越学科的认知基础

　　　　10310073　　数学、科学与哲学沉思

综合 3：团队项目

特点：团队（3～4 人）、竞赛性或市场性（外部认可）、开放认证、规范化（需要设立项目管理员）。

选择：数学建模（国赛、美赛），机器人项目（国际机器人竞赛）等。

（5）军事理论与技能训练　3 学分

2. 专业教育　103 学分

（1）自然科学基础课模块≥40 学分

数学课≥21 学分

30420095	高等微积分（1）	5 学分	荣誉课程
30420105	高等微积分（2）	5 学分	必修

30420124	高等代数与几何(1)	4学分	荣誉课程
20420112	高等代数(2)	2学分	选修
10310054	数学物理方法	4学分	必修
10420803	概率论与数理统计	3学分	荣誉课程

物理、化学、生物课≥19学分

10431064	大学物理1	4学分	荣誉课程
20310485	热力学与统计物理	5学分	荣誉课程
20430154	量子力学(1)	4学分	荣誉课程 ⎫ 二选一、
20430064	量子力学	4学分	荣誉课程 ⎭ 必修
10440174	大学化学H	4学分	荣誉课程
生物(由导师制定具体课程)		4学分	荣誉课程
10430782	物理实验A(1)	2学分	必修
10430792	物理实验A(2)	2学分	选修
10440103	大学化学A	3学分	必修
10440111	大学化学实验B	1学分	必修

(2) 专业主修课程≥52学分

① 工科基础课模块≥30学分

30310765	动力学与控制基础	5学分	荣誉课程
20310274	流体力学	4学分	荣誉课程
30310815	固体力学基础	5学分	荣誉课程
20120163	机械设计基础(1)	3学分	必修
20220044	电工与电子技术	4学分	必修

工科实验技术(下面选一门):

	基础力学创新实验	3学分 ⎫	
30310703	航空宇航与力学实验科学及设计	3学分 ⎬	多选一、必修
	微纳米实验技术	3学分 ⎭	
10310013	程序设计基础	3学分 ⎫	
30310663	科学与工程计算基础	3学分 ⎭	二选一、必修
30310674	有限元法基础	4学分 ⎫	
30310683	计算流体力学基础	3学分 ⎭	二选一、必修
20120103	工程材料	3学分	选修

② 专业与研究课程模块≥12学分

| 30310788 | 开放创新挑战研究(ORIC) | 8学分 | 荣誉课程 |
| 自主选择一门学分4或以上有挑战性的、感兴趣的专业核心课 | | | 荣誉课程 |

③ 引导类课程 10学分

21510082	金工与现代加工技术实习	2学分	
	力学与现代工程概论	1学分	
	钱学森工程科学前沿系列讲座	1学分	
30310641	系统科学概论	1学分	

| | 生物科学技术导论及实验 | 2学分 |
| SRT | | 3学分 |

(3) 夏季学期和实践训练　4学分

| 40310864 | 国际学者暑期课程 | 4学分 |

(4) 出国研学、综合论文训练要求　7学分

| | 荣誉学位论文 | 4学分 |

注:可提前到第7学期中开始进入导师课题组,进行"综合论文训练"的有关工作。

| 40310843 | 出国研学 | 3学分 |

注:如选出国研学3个月,需在国外期间完成"荣誉学位论文"部分内容;如出国研学6个月,需在国外期间完成"荣誉学位论文"全部内容。

课程与培养成效矩阵如表2所示。

表2　课程与培养成效矩阵

	培养成效a	培养成效b	培养成效c	培养成效d
自然科学基础课模块	AE	E	C	C
工科基础课模块	C	AE	E	C
专业引导类课程	C	C	E	AE
专业发展课程	AE	C	E	C
专业与研究课程	C	AE	E	E
夏季学期和出国研学	C	E	AE	C
综合论文训练	C	E	AE	C

注:课程与培养成效的关系有三类:C—Covered,课程内容涉及该能力的培养;E—Emphasized,课程内容强调了该项能力的培养;AE—Assessed & Evaluated,课程要参与对该项能力的评价。

3. 学生自主发展课程 ≥4学分

专业课包括力学、航天航空、机械、精密仪器、热能工程、汽车工程、土木工程、水利工程等模块。要求从中选择一个模块,至少学习该模块1门专业课程,总学分不少于4学分,且与工科基础课模块不重叠。有关模块和课程的选择,建议与导师商定后,根据今后拟从事专业方向的必修课和选修课要求来确定。专业必修课和选修课要求,可查询相关专业的培养计划,并不限于以下推荐课程。

(1) 力学专业方向

30310262	塑性力学	2学分
30310282	复合材料力学	2学分
30310603	力学实验技术	3学分
30310473	空气动力学	3学分
40310103	黏性流体力学	3学分
70310143	冲击动力学	3学分
60330053	断裂力学	3学分
70330084	计算固体力学	4学分

（2）航天航空工程方向

30310513	航天器动力学	3学分
40310533	航天器总体设计	3学分
40310422	飞行力学基础	2学分
40310592	航天器姿态控制系统	2学分
80310052	运动稳定性	2学分
80310313	飞机部件空气动力学	3学分

（3）能源方向

20140083	传热学	3学分
40310063	燃烧学	3学分
30140314	热力设备传热与流体动力学	4学分
30140135	叶轮机械原理	5学分
30140264	流体机械原理	4学分

（4）机械方向

40120383	材料加工原理	3学分
20120103	工程材料	3学分
00120112	生物材料工程与器件	2学分
80120612	计算机辅助组织工程（英文）	2学分

（5）汽车方向

30150213	汽车理论	3学分
30150153	汽车发动机原理	3学分
40150353	汽车电子与控制	3学分
40150582	智能交通系统	2学分
70150104	动态测试与分析	4学分

（6）土木水利水电方向

40030352	建筑材料	2学分
20030044	结构力学（1）	4学分
20030153	混凝土结构（1）	3学分
30040154	土力学	4学分
30030113	钢结构（1）	3学分

三、南开大学

以生物伯苓班培养方案为例。

（一）培养目标

培养的学生对基础学科研究有浓厚兴趣,励志于科学研究探索,具有深厚的人文底蕴、宽厚的自然科学基础、扎实的现代生物学基础知识,系统掌握生命科学及其重要分支学科的基本理论、基本知识和基本技能,具有强烈的创新意识和宽广的国际视野,受到科学研究的系统训练,了解生物科学的前沿领域,具有良好科学素质和一定的独立科学研究能力,为进一步深造奠定基础,并在完成整个高等教育后成为具有国际竞争力的优秀人才。

（二）培养特色

生物伯苓班属于教育部"基础学科拔尖学生培养试验计划",以小规模单独建班(每届10～15人次),按照新的办学模式和培养方案,通过小班授课加强师生互动,全方位激发学生"主动学习"能力,加强国际交流和科研训练,造就基础好、创新能力强、素质高的生物学基础学科拔尖学生。培养过程中,采用动态进出机制,进行多次考察和选拔,以达到切实遴选出优秀学生的目的。

生物伯苓班以"领跑者"的理念探索拔尖人才培养模式,在计划实施中坚持将素质教育放在突出的位置,转变观念,落实"公能"特色的素质教育,为"拔尖计划"注入新的内涵,在素质教育中体现特色。

实施有效的平台化运作管理模式,不仅避免了"孤岛效应",而且形成了"外溢效应",遵循教育规律和学生身心发展规律,以学生为主体、以教师为主导,使"尖"冒出来,而不是"拔"出来。

以"选""鉴"结合探索拔尖学生选拔方式,以"一制三化"(导师制、个性化、小班化、国际化)探索因材施教模式,形成了一套培养体系和有效机制,带动本科教育教学改革和质量提升。

（三）培养要求

本科毕业生应达到如下知识、能力和素质的要求。

1. **知识结构要求**

能熟练地运用外语阅读专业期刊和进行文献检索,有扎实的外语交流和写作能力;广泛了解人文社会科学知识;掌握比较扎实的数学和物理、化学方面的基础理论知识,具有计算机及信息科学等方面的基础知识;掌握扎实的生物科学的基础理论、基本知识和基本技能,通过必修和选修课受到较系统的专业理论和专业技能训练。

2. **能力结构要求**

具有主动获取知识的能力;具有综合运用所掌握的理论知识和技能,从事生物科学、生物技术及其相关领域科学研究的能力;具有浓厚的科学兴趣及批判性思维能力。

3. **素质结构要求**

具备较高的思想道德素质和文化素质;具有强烈的社会责任感、健全的人格和较强的团队意识;具有宽广的国际视野;具备良好的专业素质,受到严格的科学思维训练,掌握扎实的生物科学基础理论和研究方法,有求实创新的意识和精神,励志于科学研究;具有健康的体魄和良好的心理素质。

4. 基本修业年限及学位授予门类

生物伯苓,4年,理学学位。

5. 毕业学分要求

通识必修课:59学分。

通识选修课:14学分。

大类基础课:14学分。

专业课:62学分(必修课模块16学分,必选课模块20学分,选修课模块26学分)。

总学分:149学分。

6. 课程体系及学分要求

(1) 通识必修课(表1) 59学分

表1 通识必修课学分、学期信息

分类及总学分	课程名称	课程学分	开课学期
思想政治理论及体育 22学分	思想道德修养与法律基础专题	3	1
	马克思主义基本原理专题	4	2
	中国近现代史纲要专题	3	3
	毛泽东思想和中国特色社会主义理论体系概论专题	4	4
	军事理论	2	春、秋
	军训	1	1
	公能素质实践	1	1~6
	体育,任意选择4门体育课,每学期最多选修1门	4	春、秋
外语 10学分	英语综合技能2-1	1	1
	语言、文化及交流2-1	2	1
	英语综合技能2-2	1	2
	语言、文化及交流2-2	2	2
	高级英语综合技能2-1	2	3
	高级英语综合技能2-2	2	4
大学语文 2学分	大学语文	2	春、秋
高等数学 9学分	一元函数微分	2.5	1
	一元函数积分	2	1
	多元函数微积分	2	2
	场论与无穷级数	2.5	2

续表

分类及总学分	课程名称	课程学分	开课学期
计算机 6学分	计算机基础(理)	3	1
	数据结构与算法	3	2
物理 10学分	大学物理学基础 Ⅰ	2	2
	大学物理学基础 Ⅱ	2	2
	大学物理学基础 Ⅲ	2	3
	大学物理学基础 Ⅳ	2	3
	大学基础物理实验	2	3

（2）通识选修课 14学分

通识选修课要求在本科学习阶段修满14学分。所有课程划分为4个课组：自然科学与技术、人文科学、社会科学和艺术、体育与实践。

（3）大类基础课(表2) 14学分

表2 大类基础课学分、学期信息

课程序号	课程名称	课程学分	开课学期
LIFE0072	普通生物学	4	1
LIFE0093	无机及分析化学	3.5	1
LIFE0092	无机及分析化学实验	1.5	1
LIFE0064	有机化学	3.5	2
LIFE0087	有机化学实验	1.5	2

（4）专业课(表3) 62学分

表3 专业课学分、学期信息

模块	课程序号	课程名称	课程学分	开课学期	备注
必修课 模块	LIFE0017	生物化学实验	2	3	该模块课程 须全部修读， 共16学分
	LIFE0082	生物化学2-1	2.5	3	
	LIFE0046	创新研究与训练	1	4	
	LIFE0083	生物化学2-2	2.5	4	
	LIFE0123	科研训练3-1	2	5	
	LIFE0124	科研训练3-2	3	6	
	LIFE0125	科研训练3-3	3	7	
必选课 模块	LIFE0103	植物学	2	2	从8个课程 组中任选不少 于6个，修满不 少于20学分
	LIFE0085	植物学实验	1	2	
	LIFE0109	动物学	2	3	

续表

模块	课程序号	课程名称	课程学分	开课学期	备注
必选课模块	LIFE0108	动物学实验	1.5	3	毕业资格审核时,多修课程学分可替代为选修课模块学分
	LIFE0071	细胞生物学	2.5	4	
	LIFE0075	细胞生物学实验	1	4	
	LIFE0080	植物生理学	2	4	
	LIFE0090	植物生理学实验	1	4	
	LIFE0079	动物生理学	2	4	
	LIFE0078	动物生理学实验	1.5	4	
	LIFE0062	微生物学	2.5	5	
	LIFE0073	微生物学实验	1	5	
	LIFE0069	遗传学	2.5	5	
	LIFE0063	遗传学实验	1	5	
	LIFE0081	分子生物学	2	4、6	
	LIFE0105	分子生物学实验	2	4、6	
选修课模块	LIFE0066	生命科学概要	1	1	该模块修满不少于26学分
	LIFE0106	生物技术概论	1	1	
	LIFE0135	植物学基础研讨	1	2	
	LIFE0122	生物学科职业生涯发展与规划	1	2	
	LIFE0065	生物学专题讲座	1	1夏	
	LIFE0096	实践教学I	1	1夏	
	LIFE0115	生命科学基本实验仪器原理与操作	0.5	1夏	
	LIFE0111	动物组织学及实验	3	3	
	LIFE0016	普通生态学	2	3	
	LIFE0051	植物生态学实验	1	3	
	LIFE0098	创新与创业实践	2	5	
	LIFE0068	高级英文生物化学	3	5	
	LIFE0009	微生物发酵工程	2	5	
	LIFE0134	材料科学与工程	2	4	
	LIFE0133	纳米生物学	2	5	
	LIFE0128	植物生理学基础研讨	1	4	
	LIFE0127	微生物学基础研讨	1	5	
	LIFE0130	遗传学基础研讨	1	5	

续表

模块	课程序号	课程名称	课程学分	开课学期	备注
选修课模块	LIFE0086	物理化学	2	5	该模块修满不少于26学分
	LIFE0089	生物统计学	2	5	
	LIFE0011	核酸生化	2	5	
	LIFE0010	免疫学	2	5	
	LIFE0059	植物分子生物学	2	5	
	LIFE0129	蛋白质工程	2	6	
	LIFE0136	生命科学前沿研讨	1	6、7、3夏	
	LIFE0132	组织工程	2	6	
	LIFE0055	动物行为学	2	6	
	LIFE0013	蛋白质与酶学	2	6	
	LIFE0126	生物制药基础	2	6	
	LIFE0002	药用植物分类学	2	4	
	LIFE0110	生物系统中的计算科学和技术	1	3夏	
	LIFE0031	生物医用材料	2	6	
	LIFE0001	细胞信号转导专题	2	6	
	LIFE0097	微生物发酵工程实验	1.5	5	
	LIFE0012	普通昆虫学	2	6	
	LIFE0053	发育生物学	2	6	
	LIFE0054	进化生物学	2	6	
	LIFE0024	真菌学	2	6	
	LIFE0025	病毒学	2	6	
	LIFE0057	应用微生物学	2	6	
	LIFE0020	微生物生理学	2	6	
	LIFE0004	微生物遗传学	2	6	
	LIFE0023	细胞工程	2	6	
	LIFE0026	细菌学	2	6	
	LIFE0107	生物信息学导论	1	3夏	
	LIFE0112	现代生物技术与应用	2	5	
	LIFE0118	英语科技论文写作	1	5	
	LIFE0099	蛋白质功能与研究技术	2	6	
	LIFE0021	免疫学实验	1	7	

续表

模块	课程序号	课程名称	课程学分	开课学期	备注
选修课模块	LIFE0008	神经生物学	2	7	该模块修满不少于26学分
	LIFE0076	生物工程下游技术	2	7	
	LIFE0060	化工原理	2	7	
	LIFE0032	保护生物学	2	7	
	LIFE0022	结构生物学	2	7	

四、吉林大学

（一）实施范围

根据吉林大学目前的学科优势，拟以两个国家一级重点学科——数学和化学学科为主体，同时包括物理学和生物学两大学科，实行"基础学科拔尖学生培养试验计划"。将已有三年办学经验的理科教学改革试验班纳入该计划，按照两个试验班培养，即唐敖庆理科试验班Ⅰ和唐敖庆理科试验班Ⅱ，其中，唐敖庆Ⅰ班突出化学与生物技术专业方向，唐敖庆Ⅱ班突出数学与物理学专业方向。

（二）教师配备

实行项目主任负责制，分别在数学和化学两个学科领域聘请学术领域造诣深厚、教学经验丰富、具有国际影响力的著名科学家担任项目主任，对项目实施给予指导。

为拔尖学生培养项目集中配备数学、物理、化学、生命科学等学科的一流师资。由学科推荐院士、国家杰出青年科学基金获得者、国家级教学名师奖获得者及部分教授等高水平教师，学校从中选拔主讲教师，并成立教学组，组织实施适合拔尖学生的教学方案，并定期向学校拔尖学生培养领导小组汇报教学情况。在班级管理上，配备专职辅导员和心理教师，对学生进行单独管理和心理辅导。

（三）教材和培养模式

（1）教材选用。全部选用国内外一流大学的高水平教材，努力推进课程国际化进程。教材选用至少有1/3以上应为国外优秀原版教材，通过教材引用促进教材的国际化，优化教学内容和课程体系，在大学一、二年级时1/3专业课程由高水平的外籍专家授课。

（2）在现有试验班学生培养经验的基础上，学校按照教育部"基础学科拔尖学生培养试验计划"的要求，将进行多种形式的培养模式探索。

① 培养目标。培养适应现代化建设和未来社会与科技发展需要的，德、智、体等全面和

谐发展与健康个性相统一的富有创新精神和实践能力,具有宽厚的学科基础、宽广的国际视野和长远发展潜力的理科大师级学科型后备人才。

② 创新培养模式。充分借鉴国外一流高校的人才培养理念、培养模式和培养方法,大学一年级按照数理和化生两大类理科课程平台进行培养;按照学生专业取向进行个性化分流,突出数学、物理、化学和生物技术4个专业方向。优化课程体系,拓宽学科基础,强化科学研究训练,培养学生自主学习的能力和创新研究的学术潜力;推进学科综合环境下的拔尖人才培养,拓宽学生的学术视野和发展空间。

③ 改革教学方式,创造学生自主学习的空间。针对拔尖学生培养计划学生规模小的特点,全面开展教学方法改革试点,通过研讨式教学、探究式学习、自学小组、科研小组等形式,创新教学方式,鼓励学生自主学习和研究性学习。同时,改革考核方法,考查学生的综合素质和实践能力。

④ 改变传统英语教学模式。为使学生具备在二年级后能够接受全英语授课的能力,改变传统的四级外语教学模式,集中使用常规外语教学和部分免修、缓修课的学时,第一学年强化英语听、说、读、写能力,第二学年强化专业外语的学习和应用训练,通过集中课时进行强化和提高外语听、说水平,适应外教授课和海外学习。

(四)条件支持

创造研究环境下的拔尖人才培养条件,为学生提供一流的学习条件保证。

(1) 建立国家重点实验室、开放实验室、国家基础实验教学示范中心、图书馆等向参与计划的学生开放的制度,尽最大可能为学生提供开展科学研究和创新实践的各种条件和机会。

(2) 为学生创新活动提供专门支持。设立"拔尖人才培养计划"专项资金,为人才培养模式改革提供物质保障。鼓励学生尽早参加科学研究,在试验班中设学生研究课题。学生在指导教师的指导下自由申报,学校针对每个项目两年组织一次立项,每个项目给予一定的资助经费。

(3) 不断完善有利于调动各方面积极性的政策,建立鼓励学生卓越学习的激励机制。在优秀学生奖学金、科研机会、保送研究生等方面制定特殊政策,为学生成长提供良好环境和制度保证。

(五)质量保障体系

(1) 修订并进一步实施《吉林大学教师本科教学工作规范》,对教师与学生的交流方式和渠道做出明确规定,促进师生交流,提高育人质量。

(2) 全面实行《吉林大学教师教学质量评价办法》,健全教师教学质量全员评价体系,推进学生民主参与本科教学管理,使之成为教师业绩评价和职务评聘的重要依据。

(3) 完善教师职务聘任条件,制定有利于鼓励高水平教师承担本科教学的条例和办法;明确高级职务教师承担本科教学的相关制度要求,推进名师上讲台;增加青年教师科学研究经历、海外学习经历和社会实践能力,提高教学素养和水平培训力度。

(4) 发挥学院、学部和学校教学委员会的作用,加强对"基础学科拔尖学生培养试验计划"的组织过程、培养目标、培养模式、培养规格和各环节质量标准的审核和评价。

(六) 学校的保障措施

1. 依托单位

以学校为主导,将该计划纳入吉林大学"创新人才培养模式改革试验区"的相关政策范围,成立"唐敖庆学院"统筹试验计划的政策保障和资源调配,相关职能部门保证项目的科学规划和条件支持,发挥理科相关学院在实施人才培养具体过程中的主体作用,充分利用国内外大学及研究院所的优质资源,实现学校与科研院所、国内与国外合作培养。

2. 组织保障

成立以展涛校长为组长,主管副校长为副组长,教务处、研究生院、财务处、科技处、国际交流处、人事处、学生处等相关职能部门领导为成员的"基础学科拔尖学生培养试验计划"领导小组,负责对计划项目的办学模式、运行机制等重大问题进行协调、指导和决策,以确保拔尖学生培养的顺利进行。成立以数学、物理、化学、生命科学等学院教学委员会委员、学科专家等代表组成的专家组,负责对人才培养模式、人才培养方案、教学计划的制定等进行指导。成立由教务处及相关学院负责人参与的项目工作小组,负责项目的具体实施工作。发挥各级教学委员会的作用,对各专业的培养目标、专业标准、培养方案、教学计划等进行审定。

3. 政策保障

满足学生培养要求,聘任同一学科领域的高水平外国专家学者为专任教师为学生授课;实施每生一个导师的全过程培养的导师制度,保证学生能够在导师的指导下确定研究方向,参与科学研究;国家重点实验室、图书馆等学校的优质资源向学生开放,尽最大可能为学生提供开展科学研究和创新实践的各种条件和机会;鼓励学生尽早参加科学研究,设学生专项研究课题,教务处每两年组织一次立项,每项给予不低于10 000元经费支持;学校按照学生数的比例单独划拨名额进行奖学金评定等。

4. 经费保障

增加实验教学经费和实践活动经费。学校按照教育部下拨拔尖学生培养计划的经费额度,给予1∶1的经费配套,并专款专用。

五、复旦大学

复旦大学本科"荣誉项目"实施总则如下。

第一条 本科"荣誉项目"的目标是汇聚能力卓越、志存高远的优秀本科生,激发其学术兴趣和潜能,使之具备深厚的专业基础,具有前沿的学术视野和持久的学术竞争力。

第二条 教务处负责本科"荣誉项目"的组织、实施和推进。教务处设立工作组,依托于"拔尖计划"管理办公室,主要工作如下:① 定期总结项目进展;② 定期组织召开工作会议;③ 协调各院系、学校各部处有关本项目的事宜。

第三条 学校成立本科"荣誉项目"专家组,主要工作如下:① 审核并认定院系"荣誉项目"实施方案;② 评估院系的项目执行情况;③ 就项目执行过程中的问题提出解决方案;④ 审核院系的项目年度预算、决算方案。

第四条 院系是"荣誉项目"建设的主体。院系设立工作组,在院系本科教学指导委员会指导下,结合专业特点和实际情况制定本院系"荣誉项目"实施方案,受理并审核本院系学生申请荣誉证书等事宜。工作组由主管教学副院长(副系主任)担任组长,配备1~2名具有教学科研背景的教师和行政人员。

"荣誉项目"实施方案应包括如下内容:①"荣誉项目"相关专业的培养方案,其中必须包括指定或选修至少5门荣誉课程,且不低于24个荣誉课程学分,并制定荣誉课程与普通课程的替代方案;② 本专业学生获得荣誉证书的标准。

第五条 "荣誉项目"培养方案,允许院系对培养方案中通识教育部分的课程做适当调整:① 通识教育专项课程中大学外语课程必修学分调整为4~8个学分;② 专项教育课程中计算机应用基础课程调整为0~2个学分;③ 通识教育选修课程调整为0~6个学分;④ 任意选修学分调整为0~6个学分。调整幅度由院系决定。

第六条 "荣誉项目"实施院系应按学校关于荣誉课程的指导性意见建设一定数量的荣誉课程以满足学生选课需要。荣誉课程为加强专业深度、拓宽专业广度的课程。荣誉课程的设立依托于"荣誉项目"培养方案,课程必须具有详细的大纲,配备稳定的优秀教师队伍及相应的优质教学资源。原则上荣誉课程必须有先修课程。所修荣誉课程学分可替代专业教学培养方案中相应课程及调整的通识教育课程学分。

第七条 获得荣誉证书的标准必须包含以下内容:① 符合复旦大学学士学位授予标准,德才兼备;② 完成相关专业"荣誉项目"培养方案内容;③ 按质完成一定量的学术研究活动。获得荣誉证书的学生一般不超过当届该专业毕业生的10%。

第八条 每年本科毕业资格审核结束前,院系工作组需将审核通过的同意荣获荣誉证书的学生名单报校工作组复审,经批准后由学校统一颁发荣誉证书。

第九条 参加"荣誉项目"且表现优秀的学生,可向教务处申请短期出国访学专项资助。获得荣誉证书的学生,若直升本校研究生,可与导师共同制定个性化的培养方案,经研究生院审核批准后生效。学生和导师可根据个性化培养方案向教务处申请出国访学的专项资助。

第十条 本实施总则经学校审核通过后生效,由教务处负责解释和执行。

六、上海交通大学

以上海交通大学致远荣誉计划数学与应用数学培养方案为例。

(一) 培养目标

数学与应用数学(致远荣誉计划)(简称数学方向)旨在培养具有坚实数学基础又有很

好交叉学科知识,科研能力强、应用能力强、创新思维强的学科领袖型人才。

该方向的毕业生应具有以下知识、能力和素质。

(1) 坚实的数学理论基础。

(2) 很强的科研能力、应用能力与创新思维。

(3) 国际化科技视野,锲而不舍精神,人文历史情怀。

(4) 合作性沟通对话的能力。

毕业生能够适应广泛的专业领域。

(1) 数学、自然科学、工程技术、金融与经管、生命科学等学科相关的更高学位学习。

(2) 发现新问题,寻找与分析新方法、积累知识的开发领域,各类应用新方法、新技术的高科技领域的研发与创新。

(二) 培养原则

(1) 落实"价值引领、知识探究、能力建设、人格养成"四位一体的育人理念。

(2) 适应社会对创新拔尖人才的需求。

(3) 彰显学科精英教育。

(4) 继承上海交通大学的教学传统和文化,发扬上海交通大学的理科教育优势。

(5) 强调扎实的数学基础和学科交叉能力。

(6) 符合教学本身的教学规律和认知规律,强调个性化培养模式。

(7) 开展问题牵引研究型教学,通过讨论课等形式,着重培养批判思维能力和创新能力。

(三) 规范与要求(作为选择课程和教育教学活动的依据)

1. 知识探究

(1) 文学、历史、哲学、艺术等的基本知识——要求学生在基础教育所达到的知识水平上实现进一步的提升。

(2) 社会科学学科的研究方法入门知识——借助于某一个学科的某些片段,通过短暂的学术探索,让学生接触到这个学科的研究方法,而不是要学生学习经过简化的、较为完整的学科概论或常识。

(3) 自然科学与工程技术的基础知识和前沿知识——这些知识应与社会和个人生活紧密联系,有助于学生提高科学素养和工程意识。

(4) 数学或逻辑学的基础知识——在基础教育水平之上,进一步培养学生的定量分析和逻辑思维能力。

(5) 数学与应用数学专业领域内系统的核心知识——体现宽口径专业教育的知识,这些知识应组织到基础教学课程和专业必修课程之中。

2. 能力建设

(1) 清晰思考和用语言文字准确表达的能力。

(2) 发现、分析和解决问题的能力。

（3）批判性思考和创造性工作的能力。
（4）与不同类型的人合作共事的能力。
（5）对文学艺术作品的初步审美能力。
（6）至少一种外语的应用能力。
（7）终生学习的能力。
（8）组织管理能力。

3. 人格养成

（1）志存高远、意志坚强——以传承文明、探求真理、振兴中华、造福人类为己任,矢志不渝。

（2）刻苦务实、精勤进取——脚踏实地,不慕虚名;勤奋努力,追求卓越。

（3）身心和谐、视野开阔——具有良好的身体和心理素质,具有对多元文化的包容心态和宽阔的国际化视野。

（4）思维敏捷、乐于创新——勤于思考,善于钻研,对于推陈出新怀有浓厚的兴趣,富有探索精神并渴望解决问题。

（四）课程体系构成

按照课程的专业相关程度,数学方向的全部课程分为通识教育课程、专业教育课程、专业实践类课程以及个性化教育课程。课程按照教学形式分为理论教学、实践教学和研究体验式教学。

每个类别的课程具有不同的自主选择程度,一般分为必修课程、限制性选修课程和任意选修课程三类。

数学方向要求的总学分至少为137学分(表1)。

表1 数学方向各类课程学分设置简表

课程分类		学分
通识教育课程		27
专业教育课程	基础类课程	35
	专业核心课程	35
	专业选修课程	18
专业实践类课程	实验课程	3
	军事技能训练	3
	专业综合训练	6
个性化教育课程		10

1. 通识教育课程说明

致远学院数学方向的通识教育课程按要求统一安排执行,共计27学分,包含思想道德修养与法律基础、中国近现代史纲要、毛泽东思想和中国特色社会主义理论体系概论、马克思主义基本原理、军事理论、体育、大学基础英语等课程。

大学基础英语(1)和大学基础英语(2)为所有学生的必修课,大学基础英语(3)和大学基础英语(4)将根据"大学英语水平考试"是否通过进行修读。学校从每届的第2学期起每学期举行一次"大学英语水平考试",通过"水平考试"的学生,可自行决定是否选修"大学基础英语"下一学期的课程;而未通过"水平考试"的学生,则必须继续选修下一学期的"大学基础英语"直至通过"水平考试"或修完全部4个学期的课程。

2. 专业教育课程说明

致远学院数学方向的专业教育课程主要分为基础类课程、专业核心课程和专业选修课程。

(1) 基础类课程包括"数学分析""线性代数""物理学引论""计算机科学导论""生物学导论"和"化学原理"等课程,共计35学分。其中"数学分析""线性代数""物理学引论"是必修课,"计算机科学导论""生物学导论"和"化学原理"3门课至少选1门课。

(2) 专业核心课程主要包括"复分析""傅立叶分析与实分析""概率论""偏微分方程"等课程,以及跨度5个学期的专业研讨课系列等,共计35学分。

(3) 数学方向专业选修课程要求全部修业期间须选满18学分。

(4) 课程设置将根据课程建设的实际情况适当地调整和补充。

3. 专业实践类课程说明

致远学院数学方向的专业实践类课程主要分为实验课程、各类实习、实践、军事技能训练和专业综合训练。

(1) 物理学实验3学分。

(2) 第2学期期末暑期修满军训3学分。

(3) 专业综合训练:数学方向的学生必须在第7个学期期末通过计划中规定的全部课程,才能参加毕业设计(论文)答辩,毕业设计(论文)阶段覆盖第7、8学期,共计6学分。

(4) 鼓励学生根据自己的兴趣、爱好、特长参加各种课外科技活动,如学校组织的PRP研究项目和各种团体组织的科技发明创造或竞赛活动。鼓励学生参加"两课"的社会调查与社会实践。

4. 个性化教育课程说明

个性化教育课程共计10学分,学生可以选修各类学校认可的各种理论教学或实践教学课程,包括通识或专业选修课程、大学基础英语(3)和大学基础英语(4)、PRP等课外科技活动、学科竞赛和实践创新项目。

(五) 资格、学制、学分和学位

(1) 在第2学期、第4学期初组织资格考察,没有通过资格考察的学生转出致远荣誉计划。

(2) 基本学制为4年。因各种原因延期最多不超过6年。

(3) 第一专业总学分不少于137学分。其中必修课程和限制性选修课程至少127学分,其余的至少10个学分为任意选修。

(4) 第二专业学分要求,专业必修课"常微分方程与动力系统"和剩下7门课程(不包括专业研讨课)的任意 3 门课程(≥14 学分),专业选修课模块学分数不少于 10 学分,详见表 2。

(5)符合条件者授予理学学士学位。

表 2 数学与应用数学(致远荣誉计划)专业课程设置一览表

课程代码	课程名称	总学分	总学时	排课学时	学时分配				推荐学期	备注
					理论教学	实验	实习	其他		
通识教育课程										
公共课程类										
必修课										
须修满全部										
TH000	思想道德修养与法律基础	3	48	32	32			16	1	
TH021	中国近现代史纲要	2	32	32	32				2	
TH012	毛泽东思想和中国特色社会主义理论体系概论	6	96	48	48			48	3	
TH007	马克思主义基本原理	3	48	32	32			16	4	
TH004	军事理论	1	16	16	16				2	
EN025	大学基础英语(1)	3	64	64	64				1	
EN026	大学基础英语(2)	3	64	64	64				2	
PE001	体育(1)	1	32	32				32	1	
PE002	体育(2)	1	32	32				32	2	
PE003	体育(3)	1	32	32				32	3	
PE004	体育(4)	1	32	32				32	4	
	总计	25	496	416	288			208		
通识教育实践										
必修课										
须修满全部										
XP000	通识教育实践活动	2	32	32	4			28	2	
	总计	2	32	32	4			28		
专业教育课程										
基础类										
必修课										
须修满全部										

续表

课程代码	课程名称	总学分	总学时	排课学时	学时分配				推荐学期	备注
					理论教学	实验	实习	其他		
MA146	数学分析（A 类）（1）	5	112	112	80			32	1	
MA123	数学分析（A 类）（2）	5	112	112	80			32	2	
MA220	数学分析（A 类）（3）	4	80	80	64			16	3	
MA236	线性代数	5	80	80	80				1	
MA177	高等线性代数	3	48	48	48				2	
PH114	物理学引论（A 类）（1）	5	96	96	64			32	1	
PH116	物理学引论（A 类）（2）	5	96	96	64			32	2	
	总计	32	624	624	480			144		

选修课

"生物学导论（微观生物学）""化学原理""计算机科学导论"至少三选一

课程代码	课程名称	总学分	总学时	排课学时	理论教学	实验	实习	其他	推荐学期	备注
BI129	生物学导论（微观生物学）	4	64	64	64				1	
CA127	化学原理	4	64	64	64				1	
CS101	计算机科学导论	3	48	48	48				1	
	总计	11	176	176	176					

专业类

必修课

须修满全部

课程代码	课程名称	总学分	总学时	排课学时	理论教学	实验	实习	其他	推荐学期	备注
MA179	数值分析与程序设计	3	48	48	48				2	
MA214	复分析	4	64	64	64				3	
MS114	常微分方程与动力系统	3	48	48	48				3	
MA204	抽象代数	4	64	64	64				4	
MA206	概率论	4	64	64	64				4	
MA216	傅立叶分析与实分析	4	64	64	64				4	
MA302	偏微分方程	4	64	64	64				5	
MA303	微分几何	4	64	64	64				5	
MA351	专业研讨课（1）	1	32	32	32				3	
MA352	专业研讨课（2）	1	32	32	32				4	
MA353	专业研讨课（3）	1	32	32	32				5	
MA354	专业研讨课（4）	1	32	32	32				6	

续表

课程代码	课程名称	总学分	总学时	排课学时	学时分配				推荐学期	备注
					理论教学	实验	实习	其他		
MA355	专业研讨课(5)	1	32	32	32				7	
	总计	35	640	640	640					
选修课										
全部修业期间须选满18学分,其中"随机过程""泛函分析""常微分方程和偏微分方程的数值方法""拓扑学基础"4门限选课中任选至少3门由致远学院开设的课程,其他专业选修课可从数学科学学院数学与应用数学专业类课程模块中选										
MA193	夏季数学讲座	2	32	32	32				2	
MA322	数学规划	3	48	48	48				5	
MA356	随机过程	3	48	48	48				5	
MA413	图与网络	3	48	48	48				5	
MA313	动力系统	3	48	48	48				6	
MA323	群与代数表示论	3	48	48	48				6	
MA345	泛函分析	3	48	48	48				6	
MA357	数理统计	3	48	48	48				6	
MA358	常微分方程和偏微分方程的数值方法	3	48	48	48				6	
MA359	渐近分析	3	48	48	48				6	
MA360	拓扑学基础	3	48	48	48				6	
MA401	微分流形	3	48	48	48				7	
MA403	数理金融	3	48	48	48				7	
MA411	时间序列分析	3	48	48	48				7	
MA417	代数数论	2	32	32	32				7	
MA421	广义函数	2	32	32	32				7	
MA428	非线性数学物理方法	2	32	32	32				7	
MA429	编码与密码	2	32	32	32				7	
MA430	科学计算选讲	2	32	32	32				7	
MA329	常微分方程续论(A)	2	32	32	32				8	
MA330	偏微分方程续论(A)	2	32	32	32				8	
MA333	代数拓扑	3	48	48	48				8	
MA414	组合数学	3	48	48	48				8	

续表

课程代码	课程名称	总学分	总学时	排课学时	学时分配				推荐学期	备注
					理论教学	实验	实习	其他		
MA418	李群与李代数	3	48	48	48				8	
	总计	64	1 024	1 024	1 024					
专业实践类课程										
实验课程										
必修课										
须修满全部										
PH111	物理学实验(1)	1.5	24	24		24			2	
PH117	物理学实验(2)	1.5	24	24		24			3	
	总计	3	48	48		48				
军事技能训练										
必修课										
须修满全部										
TH010	军训	3	48	48				48	2	
	总计	3	48	48				48		
专业综合训练										
必修课										
须修满全部										
BS064	毕业设计(论文)(数学与应用数学)(A类)	6	96	96				96	8	
	总计	6	96	96				96		
个性化教育课程										
个性化教育课程										
学生根据自身情况修读不少于10学分,建议选大学科研训练(如PRP和大学生科学创新项目,建议在第3学年前完成)和人文类通识核心课程										
必修课										
须修满全部										
MS401	致远学术报告	1	16	16				16	8	
	总计	1	16	16				16		
选修课										
EN027	大学基础英语(3)	3	64	64	64				3	
EN028	大学基础英语(4)	3	64	64	64				4	
	总计	6	128	128	128					

七、南京大学

(一) 指导思想

根据《国家中长期教育改革和发展规划纲要(2010—2020年)》对基础学科拔尖人才培养的基本要求,结合南京大学在基础学科人才培养方面的学科优势和经验积累,积极创新基础学科拔尖人才培养模式,敢于突破陈规,解放思想,改革创新,深化教育教学体制改革,构筑基础学科拔尖人才培养的绿色通道,争取在未来一个合理的人才培养周期内,在基础学科相关领域培养一批具有国际一流水平的未来领军人物和拔尖创新人才。

(二) 南京大学基础学科及师资基本情况

1. 基础学科重点学科基本情况

南京大学向来重视基础学科的建设和发展,基础学科门类齐全,整体实力雄厚。目前,我校在基础学科(理工科领域)有物理学、化学、数学、生物学、天文学、地质学、计算机科学与技术7个一级学科国家重点学科,拥有自然地理学、气象学、材料物理与化学、微电子学与固体电子学、环境科学5个二级学科国家重点学科。

我校在基础学科研究领域有丰富的积累和突出的优势,各学科水平位居全国高校前列。有些学科如物理学、化学、天文学、地质学等,不仅在国内处于一流水平,在国际学术界也颇有影响,处在前沿领域。据美国科学信息研究所(ISI)开发的"基本科学指标"(ESI)数据库,对全球11年来(1995年1月初至2005年12月底)科研机构发表论文的被引用总次数进行统计,南京大学的化学、物理学两门学科发表论文数在世界大学排名中分别列第20位和第27位。

我校在基础学科领域承担了一大批国家重大科研项目。"985工程"二期建设期间,学校承担了国家重大科学研究计划、国家重点基础研究发展计划(973计划)、国家自然科学基金重大项目、国家高技术研究发展计划(863计划)重点项目和重大应用工程项目等一批国家重大任务,在若干重要科学问题的研究方面取得重要进展,在Science、Nature等国际一流学术刊物发表了一系列学术论文,研究成果得到高度肯定。例如,天文学科的《关于银河系英仙旋臂距离的研究》作为Science封面文章入选2006年度"中国高等学校十大科技进展"和"中国基础研究十大新闻";物理学科的《在声子晶体中实现声波的双负折射》研究成果入选2007年度"中国基础研究十大新闻"。"985工程"二期期间,我校还获得了1项国家自然科学一等奖,7项国家自然科学二等奖,1项国家科技进步二等奖,1项国家技术发明二等奖等一批标志性成果,在国家创新体系建设中发挥了重要作用。

2. 理科基地基本情况

南京大学充分依托学科优势,国家级人才培养基地取得了突出成绩。目前共有国家级人才培养基地13个,其中理科基础学科人才培养基地9个,包括物理学、化学、生物学、数学、大理科强化班(多学科综合点)、天文学、地理学、地质学、大气科学等,理科基地数量位居全国高校第二。

在我校的理科基地中,强化部(大理科班)作为国家理科基础科学研究和教学人才培养基地中唯一的多学科综合点,在基础学科人才培养方面做出了突出贡献。作为匡亚明学院的前身,强化部于1989年成立,1993年成为国家理科人才培养基地,2006年正式改名为"匡亚明学院"。20年来,匡亚明学院一直坚持探索高层次高质量基础性人才培养的新路子,摸索出了"以重点学科为依托,按学科群打基础,以一级学科方向分流,贯通本科和研究生教育"的人才培养模式,培养出来的学生具有"基础扎实,科研能力强,科研成果突出"等群体性特征。匡亚明学院的基础学科人才培养改革与探索,获得了广泛关注和充分肯定,曾两次荣获国家级优秀教学成果一等奖(1993年"基础人才培养基地建设"、2009年"基于基础物理学课程的研究型教学模式的形成、实践和发展"),两次荣获国家级优秀教学成果二等奖(2001年《大学物理学》、2005年"大理科模式的创立与教学实践"),2007年"大理科基础平台课程教学团队"还获得国家级优秀教学团队称号。

我校十分注重基础学科拔尖人才的培养,始终积极探索基础学科拔尖人才培养的"中国模式"和"绿色通道"。我校在2009年上半年就开始具体研讨依托南京微结构国家实验室(筹),筹办"国家实验室实验班",培养拔尖人才的改革方案。该方案主要依托南京大学物理学、化学和材料学的学科优势,突出的学术成果,杰出人才的培养经验,以及学科在国内外的重要影响和地位,培养优秀的物理学学科、化学学科和材料学科从本科到硕士、博士贯通的研究型领军人才。目前,"国家实验室实验班"已经纳入学校基础学科拔尖学生培养计划,一并统筹实施。

3. 高水平、国际化师资队伍情况

南京大学拥有一支高水平的师资队伍,其中包括中国科学院院士29人,中国工程院院士4人,第三世界科学院院士4人,俄罗斯科学院外籍院士1人,973计划和国家重大科学研究计划项目首席科学家9人,国家级有突出贡献的中青年科学、技术、管理专家17人,国家杰出青年科学基金获得者76人,海外及港澳学者合作研究基金获得者26人,教育部"新世纪优秀人才支持计划"获得者96人,国家级教学名师奖获得者9人。

在师资队伍的国际化建设方面,我校积极推行人才国际化战略,形成了一支国际化程度较高的教师队伍。一方面,我校自2003年开始向海内外公开招聘教授、副教授,每年引进大批海外高层次人才。2005年至今,海外应聘教授、副教授人数达到73人,包括了世界各大名校的优秀研究人才,他们在学科建设方面发挥了巨大的作用,或提高了学科建设水平,或填补了学科建设空白。另一方面,我校鼓励教师积极参加国际学术会议,或赴国外高校进修。通过"青年骨干教师出国研究项目"、华英文教基金等形式资助了大批在校中青年骨干教师参加具有影响的国际学术会议和赴国外著名的高校和学术研究机构培训、进修,有力提升了教师队伍的层次和素质。

我校还大力开展"引智计划"。现有91位外籍教师在我校长期任教,每年超过500位外籍教师或专家到我校短期讲学、访问或合作科研。以仙林国际化校区建设为契机,我校又成立了国际学院、南京大学－纽约大学理工分校创新创业学院,预计今后每年将有80~100位的外国专家、教授赴南京大学任教,主讲各类课程,不断充实我校的师资队伍。

学校历来注重鼓励高水平教授从事人才培养工作,分别以授课、讲座、论文指导等不同的方式积极投身教学活动。尤其在各个理科人才培养基地建设过程中,高水平的教师普遍承担了本科生的教学任务。例如,在化学基地班,专业基础课和主干课的主讲教师中教授比例达到72%,江元生院士还亲自为本科生开设"结构化学"课程,游效曾院士、陈洪渊院士、程镕时院士也相继为本科生开设了"今日化学"的讲座。物理学基地也形成了一支由9位院士、4位国家级突出贡献中青年专家、16名国家杰出青年基金获得者等构成的高水平教师队伍。

(三) 主要内容

总体建设思路:充分利用南京大学在基础学科方面突出的整体优势和长期积累的实践经验,集中全校优质教学、科研资源,配备顶尖的师资,提供最优的培养条件,积极探索高层次基础学科拔尖创新人才培养的新模式、新途径,实现对拔尖学生的个性化、国际化培养,争取通过10~20年时间,在基础学科领域培养出众多攀登科学高峰、摘取世界科学王冠的一流科学家,并取得一批原创性的、具有重大国际影响的标志性成果。

1. 改革重点及措施

(1) 拔尖学生选拔机制。确立严格的选拔机制,以灵活的阶段性考核实现动态进出,确保将热爱基础学科、具有创新精神和研究潜力的优秀学生吸纳到计划中。

学校成立专门的南京大学基础学科拔尖学生培养计划领导小组、专家小组及拔尖计划工作办公室。领导小组全面负责计划制订与实施;专家小组由校内各相关领域的院士、资深教授和专家学者组成,专门负责人才培养方案的审定。办公室成员由教务处和相关院系联络协调人员组成,负责拔尖计划日常工作。

一流的生源是实现拔尖计划培养目标的前提。我校将通过自主招生和校内二次招生两条途径选拔学生:自主招生考试中为基础学科拔尖学生培养计划专门设立考试计划和考试科目;校内二次招生在全校范围内进行,以推荐和自主申请相结合的方式确定候选人。两种选拔途径均安排笔试及面试,由专家组进行考核,以学生的科研素质和创新潜力为主要依据,确定最后入选名单。入选拔尖计划的学生组成基础学科拔尖学生预备班,在班级建制上归属匡亚明学院。计划每年由相关院系(数学、物理、化学、天文、生命科学、计算机)招收和选拔优秀学生组成拔尖计划基地班,其中数学基地班、物理基地班、化学基地班、生命科学基地班各30人,信息科学基地班20人,天文基地班15人,匡亚明学院理科强化班90人共同组成拔尖人才预备班(物理学国家实验室实验班计划单列)。根据南京大学转系转专业相关规定,学校其他院系的全日制本科生于一、二年级由其他院系经过考核转入上述两班后,可纳入"拔尖班"的候选人范围。

在拔尖学生培养过程中,领导小组和专家小组将组织力量对拔尖预备班学生进行阶段性考核,严格执行动态进出机制,保证拔尖计划开展的活力。除每学年由导师和任课教师主导进行的常规考核外,专家组将在学生入选计划的第一学年末进行综合选拔(通识教育考核),第二学年末进行院系专业选拔(专业分流考核),第三学年末进行关口综合考核(研究生院介入),对拔尖学生的学习、科研情况进行科学评估。评估及考核的指标体系侧重过程性、个性化,充分强调学生在学习、研究过程中体现出来的创新性和灵活性,高度重视学生发现问题和解决问题的能力,期末考试成绩等将只作为参考指标。阶段性考核以学生陈述和专家组面试为主要形式。全程通过各年度选拔考核及"拔尖班"4年培养者最终可获得"南京大学基础学科拔尖学生"荣誉称号。

(2) 教师配备。建立以课程为主导的顶尖师资全球引进模式,确立强调全面发展的"三导师制"。

学校将设立项目主任,由校内学术造诣深厚、国际视野广阔、教学经验丰富的院士担任,负责引领本学科方向拔尖学生的培养和发展。

建立以课程为主导的顶尖师资引进模式,在全球范围内招聘授课教师。学校将根据课程体系建设的需要在全球范围内招聘优秀科学家和教授主讲课程,确保专业基础课和主干课师资队伍的高度国际化和前沿化。授课教师必须有突出的学术成果和学术魅力。每位教师都将根据授课需要配备3~5名优秀博士生助教,在全心授课的同时构建科学合理的教学团队。

按照全面发展的原则,建立拔尖人才培养的"三导师制",包括学术导师、生活导师和心灵导师。充分利用南京大学在基础学科领域内拥有的强大师资,学术导师一、二年级按照师生1:5比例进行配套,三、四年级按1:1比例进行配套,主要由校内各相关领域学术造诣深厚、学术品德高尚的院士及资深教授担任,作为"学术引路人",学术导师对学生的课程选修、学术入门及学术研究发展担负指导责任,将定期与学生见面,了解学生的学术发展状态,针对学生特点及时做出指引,充分挖掘学生的潜力;生活导师由具有丰富管理经验的资深辅导员担任,按照师生1:30比例进行配套,专门负责培养学生独立生活、社会交往和表达等方面的能力,引导学生学会学习、学会做事、学会共处、学会做人;心灵导师主要由校内心理健康教育研究中心心理咨询专家担任,按照师生1:30比例配套,针对入选学生学习、生活压力的不同情况,建立长期个性化心理档案,主动开展心理辅导,促使学生正确面对压力、合理化解压力,实现综合素质的全面发展和提升。

(3) 教材与培养模式。以匡亚明学院"大理科模式"人才培养经验为基础,革新课程体系,量身定制个性化培养方案,全面推行研究性教学,打造全新的培养模式。

凝练提升匡亚明学院"大理科模式"人才培养经验,着力在课程体系和人才培养方案上获得新的突破。

从匡亚明学院的前身"基础学科教学强化部"1989年建立算起,20多年来我校已经摸索出一条极具特色的"以重点学科为依托,按学科群打基础,以一级学科方向分流,贯通本科和研究生教育"的高层次理科基础人才培养模式,构建了一套注重宽厚基础、强调学科交叉的以数、理、化、生为核心的大理科基础平台课程体系和专业课程体系,培养出来的学生具有"基础扎实,科研能力强,科研成果突出"等群体性特征,尤其在基础学科交叉学科领域发展的优势非常明显。

南京大学基础学科拔尖学生培养计划本科阶段采取"2年匡院培养"+"2年专业培养"的培养模式,其中前2年依托南京大学匡亚明学院实施通识教育培养,后2年依托各相关院系实施专业培养。在继承、凝练匡亚明学院基础学科人才培养经验的基础上,学校将在课程体系及培养方案上开展进一步的探索与改革。在现有"大理科"课程体系的基础上,参照国外一流大学相关学科的课程体系,由专家组、校教学指导委员会、相关院系重新研究制定新的符合现代基础学科拔尖创新人才发展趋势的课程体系。同时,按照个性化的要求,根据学生的学习兴趣和发展潜力,针对每位学生打造个性化的人才培养方案,为学生学习天性的释放创造更为优良的条件。

全面推行研究性教学,将过去主要传授现成知识的教学模式,转移到以研究、探索为基础的教学上来。我校近十年来一直着力进行研究性教学的探索与实践,拥有先进的理念和丰富的经验。在拔尖学生基地班中,学校将加大研究性教学的推广力度。所有的专业课均以小班形式授课,以研讨问题为主,重点发展学生的批判性思维,特别培养他们发现问题、解决问题的能力。强化英语教学,第一学年强化英语听、说、读、写能力,第二学年强化专业英语训练,以使学生尽快适应英语授课和海外学习。专业基础课和主干课主要用英文进行授课,并选用国外相关领域最高水平的原版教材和参考用书。学校还将适时根据教材使用情况,着手组织专家编写一套符合实际需要又具有国际一流水平的教材。在科研训练上,要求学生早期就进入课题组,发展实验操作技能。学生将在大一下学期就进入实验室,在导师的带领下,实地接触科研,逐步学习、积累科学研究的方法,并要求在大二开始就实质性介入一项或几项前沿科研项目。

(4) 氛围营造。建立拔尖学生创造性思维成果化的渠道,定期开展高层次的学术报告及研讨,创设拔尖学生学术交流的多元平台。

建立拔尖学生创造性思维成果化的渠道,鼓励学生将自己的构思与设想付诸行动,获得一定的科研训练,取得具有一定显示度的成果,以获得自我实现的激励。鼓励学生积极开展"大学生创新训练计划",踊跃参与"学生创新工程基地"建设,充分利用暑期学校设立的课外科技训练平台。拔尖计划入选学生将自动获得"大学生创新训练计划"专项名额并承担重点项目,学校将为其配备国家重大科研项目主持人担任项目导师,项目开展情况将作为其学年考核的一部分;校内7个学生创新工程基地全部对学生开放,具有潜质的科技发明、科技制作、学术论文、社会调查等项目及学科交叉、融合的项目将在学生创新工程基地得到重点支持;从2002年就开始的"暑期学校"制度将继续执行,其中将按年级和学科方向专门为拔尖学生基地班开设由国内外一流学者讲授的暑期课程。

为拔尖学生基地班定期组织顶级学术座谈与高层次学术研讨,做到"月月有报告、周周有座谈"。在已有的由教务处、文化艺术教育中心、各院系每周定期邀请知名学者和教授开展各类丰富多彩的学术讲座及活动外,学校将每学期3~4次邀请世界顶级科学家到学校访问讲学,每次均专门安排与拔尖学生基地班的学生进行座谈和研讨;每月安排国内外顶尖学者、院士与学生做专场报告或举办学术沙龙;同时,建立学术导师与学生的开放交流机制,学生可随时约见导师,并要求至少每周和学术导师见面1次,探讨学术、人生等各方面问题。学生将在与大师和导师频繁的直接接触中对学科理论、治学态度、治学方法耳濡目染,及时获得有益点拨,激发创新潜力。

构建拔尖学生学术交流的平台和渠道,孕育拔尖学生学术共同体。我校自1998年创办的本科生"基础学科论坛"迄今已举办了12届,已成为南京大学甚至是南京地区高校学生广泛参与的学术盛会,学校将再着力扩大"基础学科论坛"的规模与影响,提升论坛层次,将其打造成具有一定国际影响力的本科生国际学术高峰论坛。学校也鼓励高年级拔尖学生参加国际国内各类高水平的学术研讨会。同时,建立学术午餐会制度,计划每周举行一次,由学术导师轮流带领,增进导师和学生的各方面交流。学校还将建立拔尖学生的专门网站,资助拔尖学生每学期至少出版4期本科生学术、文化刊物,向外界介绍拔尖学生的学习动态和学术研究成果,由此逐渐形成一个拔尖学生的高水平学术共同体,在共同体内培养团队合作精神、问题意识和创新能力。

（5）制度创新。在教学规章制度、学生奖励制度、教师考评制度方面突破陈规，实现学生的自主学习，激发教师的教学热情。

在教学规章制度方面，不受现行常规教学管理制度的约束，建立拔尖人才培养制度上的绿色通道，在选课、学分等各方面全面贯彻因材施教、自由灵活的原则。在导师的指导下，学生将获得全面自由选课的权利。与导师的具体指引相结合，学生可根据自己的学术个性和专业水平，在数、理、化、生、计算机等方向任意选修；同时，可以不受年级的束缚，跳级选课。本科阶段的课程和研究生阶段的课程将全面打通，学生在本科高年级阶段可以选修研究生课程，学校将予以学分认定，优化本科和研究生的学习衔接，适当缩短本、硕的总体学习年限，使学生能够尽快进入实验室开展研究工作。根据学业和科研进度发展的需要，部分课程可以免修或者缓修。

在学生奖励制度方面，本科生阶段设立专项奖学金，入选拔尖计划的学生每人每年可获得不低于2万元的奖学金，研究生阶段，每位学生可以获得每年不低于4万元的奖学金。同时，学校将进一步提供 TA（助教）、RA（助研）岗位，有意向的拔尖学生将会获得相应岗位及报酬。学校在大三时进行"直博资格考核"，通过考核的学生可获得直博资格，免除学生升学的压力和后顾之忧，使学生全身心投入学术研究中。

在教师考评机制方面，以教学为核心指标，确立科学、公正、合理的教师考评制度和薪酬制度。学校人事处、教务处等相关部门研究制定专门的评价指标体系，对于参与基础学科拔尖学生培养计划的学术导师和授课教师，将不按现行的主要以学术论文、科研项目、科研经费等为考核的标准来执行，而以其在参与拔尖计划教学和学生指导方面的投入与绩效来评估。所有的学术导师及授课教师在工资薪酬与职别待遇上均享受特殊待遇。

同时，建立教师荣誉激励制度，大力提升导师和授课教师的地位。每位教师将获得南京大学基础学科拔尖学生培养计划特聘教授、讲座教授称号。学校每年评出4位具有高度责任心和奉献精神、教书育人成绩突出的教师，由校长亲自授予"基础学科拔尖人才培养特别贡献奖"，每位获奖教师将获得专项奖教金。

（6）条件支持。以学生的学习需求为中心，创设专门的学习空间，全面开放各级各类重点实验室，提供全方位的条件保障与教学服务。

着力建设拔尖计划入选学生专门的学习空间。学校将配备专用教室、专用学术研讨室、专用会议室、专用学术报告厅、专用图书资料室、学生日常学习工作区，设立导师辅导室，为导师进行个性化的辅导提供专门场所，为学生全身心投入学习和科研营造一个良好的环境。

全面开放各级各类重点实验室。校内包括国家实验室、国家和省部级重点实验室、国家级实验教学示范中心在内的各级实验室均全部全天候对入选学生开放。在实验室资源相对紧张的情况下，优先保证拔尖计划入选学生进行科研训练和开展科研实验的时间。学校还将注重实验室仪器设备的添置和更新，由学校配套各项资金，确保实验室的仪器设备能和国外一流大学处于相近水平。

（7）国际交流与合作。充分利用国外优质教育资源，实现多渠道联合培养，紧追世界科技前沿步伐。

充分利用国外一流高校或著名科研机构的资源，要求学生利用国际高水平学术平台，开拓国际学术视野，培养国际意识和在国际交往中的能力。

由国际交流处及相关单位积极开拓联合培养渠道，与国外著名高校及研究机构建立长期稳定的交流关系。在本科阶段，分批安排每位学生到海外高层次学校和研究机构进行交换学习或联合培养，时间不少于1学期；在研究生阶段，将至少安排1~2年时间在国外一流大学或一流实验室进行科学研究。同时，在研究生阶段设立"双导师制"，研究生在国内和国外均安排一流导师，实现国内国外学术资源的快速互通。

与长期交流相结合，学校每年都将安排拔尖学生至少参加1次国际学术会议或利用寒暑假对国外大学进行短时间的学术访问与交流。

2. 拔尖计划五年规划

基础学科拔尖人才的培养对于国家和社会发展具有重要意义，对于我国整体科研水平的提升具有决定性作用，对其他学科的发展具有巨大的辐射效应。基础学科拔尖人才的培养模式现在尚处在起步和探索阶段，学校将整合各类资源，力争通过5年的实践摸索，初步建立起一个具有南京大学特色的基础学科拔尖人才培养模式。

2009年8月—2010年7月：结合"211工程"三期、"985工程"三期建设，初步制定并不断完善南京大学基础学科拔尖学生培养计划和经费预算；基本确立拔尖学生的选拔机制；开始制定个性化拔尖人才培养方案；先期在部分课程尝试全球招聘教师模式；启动大理科模式课程体系的改革；着手实践"三导师制"；相关政策框架基本出台。

2010年8月—2011年7月：修订个性化的拔尖人才培养方案；出台本科拔尖学生考核方案和教师评估机制；拟定"三导师制"的具体实施细则；全部课程实行全球招聘教师；初步制定基础学科大理科平台课程体系框架；根据需要开始着手拔尖计划教材建设。

2011年8月—2012年7月：调研、调整经费投入计划；完善个性化的拔尖人才培养方案；修订和改进本科拔尖学生考核方案和教师评估机制；建立一套科学合理的评价指标体系；进一步丰富大理科平台课程体系；拔尖计划教材建设初具规模。

2012年8月—2013年7月：拔尖学生选拔机制趋于成熟；建成一整套既具备南京大学特色又与国际接轨的基础学科拔尖学生培养课程体系；着手规划研究生考评、奖励制度；基本建立起一支国际化程度高、学术水平一流、梯队分明的拔尖计划教师队伍。

2013年8月—2014年7月：编写一套符合实际需要又具有国际一流水平的基础学科拔尖学生培养教材；着手制定研究生阶段培养方案；全面提升拔尖人才培养的国际化程度；凝练、总结出一整套中国特色的基础学科拔尖人才的培养模式、方法和途径。

3. 学校的保障措施

（1）成立专门的领导机构和专家小组。学校将成立基础学科拔尖学生培养计划领导小组及专家小组。领导小组由学校主要领导担任组长，教务处、研究生院、学科处、人事处、国际交流处、学生工作处、实验室管理与装备处、图书馆等部门负责人及相关院系教师代表参加，全面负责南京大学基础学科拔尖学生培养计划的组织与实施；专家小组由校内各相关领域的院士和资深教授组成，专门负责人才培养方案的审定，指导拔尖学生的选拔、培养及考核工作。领导小组及专家小组下设办公室，进行具体事宜的协调和相关资源的调配。

（2）拔尖计划经费配套。学校将根据国家拨款按照不低于1:1的比例进行校内拔尖计划经费配套。学校在"211工程"三期、"985工程"三期中安排专项资金，在师资配备、课程教材建设、软硬件设施改善等方面予以大力投入，确保拔尖计划的开展有充足的经费保障。

（3）改革教师考核及激励制度。学校将重新研究制定拔尖计划教师考评制度，以教学为核心指标,建立科学合理的评价指标体系。授予参加本计划的教师南京大学基础学科拔尖学生培养计划特聘教授、讲座教授称号;并设立"基础学科人才培养特别贡献奖",每年颁发专项奖教金。

(4)拔尖学生奖励制度。本科生及研究生阶段,入选拔尖计划的学生每人每年可获得高额奖、助学金;研究生还有机会申请TA(助教)、RA(助研)岗位。通过"直博资格"考核的学生可以获得直博资格。

(5)建立特别支持服务系统。创设学生专门学习空间,配备专用教室、专用学术研讨室、专用会议室、专用学术报告厅、专用图书资料室、学生日常学习工作区、导师辅导室,优先保证实验室使用时间,确保学生有较为宽松和良好的学习环境。

(6)经费管理制度。拔尖计划培养经费专款专用,每学年初由办公室做出经费预算及分配方法,年底对经费使用情况进行审核。经费将主要用于拔尖学生奖、助学金,拔尖计划课程、教材建设,师生国际学术交流,暑期实习与考察,导师、专家、辅导员及有关人员的津贴,此外也可用于聘请海外专家讲学,学生开展科研实践,学术社团等各种相关活动。

八、浙江大学

以2018级化学(求是科学班)专业培养方案为例。

(一)培养目标

培养具有扎实基础理论、娴熟实验技能、宽广学科视野的,拥有批判性思维、创新性意识、国际性竞争能力的,以天下为己任的学术领袖和行业精英。

(二)毕业要求

根据培养目标和化学学科特点,按照学校要求设置"通识课程—专业课程—个性课程"三阶段课程体系的化学专业培养计划。通过三阶段的学习和实践,毕业生应拥有以下知识(K)、能力(A)和素质(Q)。

(1)人格健全,身心健康,服务社会。
(2)恪守求是精神,具有创新意识。
(3)掌握数学、物理、计算机基础知识。
(4)能从分子视角认知世界,谙熟分子结构和性质相互关系,理解分子行为和功能。
(5)拥有分子设计、制备和组装的实验和践行能力。
(6)应用现代分析仪器和化学软件揭示分子结构、性质和反应过程。
(7)拥有自主获取知识、自主学习的能力。
(8)初步具备开展科研活动的兴趣和能力。
(9)初步拥有中、英文口头表达和撰写科学文件的能力。

(10)崇尚团队协作精神,拥有一定的团队驾驭能力。

专业主干课程:无机化学、物理化学Ⅰ、物理化学Ⅱ、物理化学Ⅲ、分析化学Ⅱ、结构与谱学Ⅰ、结构与谱学Ⅱ、结构与谱学Ⅲ、中级化学实验Ⅰ、中级化学实验Ⅱ、分析化学Ⅰ、有机化学Ⅰ、有机化学Ⅱ、有机化学Ⅲ。

推荐学制:4年。

最低毕业学分:145+6+8。

授予学位:理学学士学科专业类别化学类。

(三)课程设置与学分分布

1. 通识课程　64+6学分

(1)思政类(表1)　14+2学分

表1　思政类课程设置与学分分布

课程号	课程名称	学分	周学时(理论课学时/非理论课学时)	建议学年学期
371E0010	形势与政策Ⅰ	+1	0/2	一(秋冬)+一(春夏)
551E0010	思想道德修养与法律基础	3	2/2	一(秋冬)
551R0010	中国近现代史纲要(H)	3	3/0	一(春夏)
551E0030	马克思主义基本原理概论	3	3/0	二(秋冬)/二(春夏)
551E0040	毛泽东思想和中国特色社会主义理论体系概论	5	4/2	三(秋冬)/三(春夏)
371E0020	形势与政策Ⅱ	+1	0/2	四(春夏)

(2)军体类(表2)　6.5+2学分

表2　军体类课程设置与学分分布

课程号	课程名称	学分	周学时(理论课学时/非理论课学时)	建议学年学期
03110021	军训	+2	+2	一(秋)
031E0020	体育Ⅰ	1	0/2	一(秋冬)
031E0030	体育Ⅱ	1	0/2	一(春夏)
031E0010	军事理论	1.5	1/1	二(秋冬)/二(春夏)
031E0040	体育Ⅲ	1	0/2	二(秋冬)
031E0050	体育Ⅳ	1	0/2	二(春夏)
03110080	体质测试Ⅰ	0.5	0/1	三(秋冬)/三(春夏)
03110090	体质测试Ⅱ	0.5	0/1	四(秋冬)/四(春夏)

(3) 外语类 6+1 学分

① 必修课程(表3) +1 学分

外语类课程最低修读要求为 6+1 学分,其中 6 学分为外语类课程选修学分,+1 学分为"英语水平测试"或小语种水平测试必修学分。学校建议一年级学生的课程修读计划是"大学英语Ⅲ"和"大学英语Ⅳ",并根据新生入学分级考试或高考英语成绩预置相应级别的"大学英语"课程,学生也可根据自己的兴趣爱好修读其他外语类课程(课程号带"F"的课程);二年级起学生可申请学校"英语水平测试"或小语种水平测试。详细修读办法参见《浙江大学本科生"外语类"课程修读管理办法》(2018年4月修订)(浙大本发〔2018〕14号)。

表3 外语类必修课程设置与学分分布

课程号	课程名称	学分	周学时(理论课学时/非理论课学时)	建议学年学期
051F0600	英语水平测试	1	0/2	

② 选修课程(表4) 6 学分

选修课程为表4所列课程或其他外语类课程(课程号带"F"的课程)。

表4 外语类选修课程设置与学分分布

课程号	课程名称	学分	周学时(理论课学时/非理论课学时)	建议学年学期
051R0020	大学英语Ⅲ(H)	3	2/2	一(秋冬)
051R0030	大学英语Ⅳ(H)	3	2/2	一(春夏)

(4) 计算机类(表5) 2 学分

表5 计算机类课程设置与学分分布

课程号	课程名称	学分	周学时(理论课学时/非理论课学时)	建议学年学期
211G0230	计算机科学基础	2	2/0	一(秋冬)
211G0200	Python 程序设计	3	2/2	一(春夏)
211G0220	Java 程序设计	3	2/2	一(春夏)
211G0280	C 程序设计基础	3	2/2	一(春夏)

(5) 自然科学通识类(表6) 24.5 学分

表6 自然科学通识类课程设置与学分分布

课程号	课程名称	学分	周学时(理论课学时/非理论课学时)	建议学年学期
771T0070	普通化学(甲)	3	3/0	一(秋冬)
771T0080	普通化学实验(甲)	2	0/4	一(秋冬)
821T0170	微积分(乙)Ⅰ	5	4/2	一(秋冬)

续表

课程号	课程名称	学分	周学时(理论课学时/非理论课学时)	建议学年学期
761T0030	大学物理(乙)Ⅰ	3	3/0	一(春夏)
821T0180	微积分(乙)Ⅱ	4	3/2	一(春夏)
821T0200	线性代数(乙)	3	2/2	一(春夏)
761T0040	大学物理(乙)Ⅱ	3	3/0	二(秋冬)
761T0060	大学物理实验	1.5	0/3	二(秋冬)

(6) 创新创业类 1.5学分

在创新创业类课程中任选1门修读。

(7) 通识选修课程 10.5学分

通识选修课程下设"中华传统""世界文明""当代社会""文艺审美""科技创新""生命探索"及"博雅技艺"等6+1类。每一类均包含通识核心课程和普通通识选修课程。

通识选修课程修读要求如下。

① 至少修读1门通识核心课程。

② 至少修读1门"博雅技艺"类课程。

③ 理工农医学生在"中华传统""世界文明""当代社会""文艺审美"4类中至少修读2门;人文社科学生在"科技创新""生命探索"两类中至少修读2门。

④ 在通识选修课程中自行选择修读其余学分。

⑤ 若上述第①项所修课程同时也属于上述第②或第③项,则该课程也可同时满足第②或第③项要求。

2. 专业课程 71学分

(1) 专业必修课程(表7) 39学分

表7 专业必修课程设置与学分分布

课程号	课程名称	学分	周学时(理论课学时/非理论课学时)	建议学年学期
061Q0015	无机化学	3	3/0	一(春夏)
771Q0014	有机化学Ⅰ	2	2/0	二(秋)
77120020	基础化学实验Ⅰ	3	0/6	一(秋冬)
771Q0013	分析化学Ⅰ	2	2/0	二(秋冬)
771Q0001	结构与谱学Ⅰ	2	2/0	二(冬)
771Q0015	有机化学Ⅱ	2	2/0	二(冬)
771Q0002	结构与谱学Ⅱ	2	2/0	二(春)
771Q0016	有机化学Ⅲ	2	2/0	二(春)
061Q0026	分析化学Ⅱ	3	3/0	二(春夏)

401

续表

课程号	课程名称	学分	周学时(理论课学时/非理论课学时)	建议学年学期
77120030	基础化学实验Ⅱ	3	0/6	二(春夏)
771Q0006	中级化学实验Ⅰ	2	0/4	二(春夏)
061Q0022	物理化学Ⅰ	2	2/0	二(夏)
771Q0003	结构与谱学Ⅲ	2	2/0	二(夏)
061Q0023	物理化学Ⅱ	2	2/0	三(秋)
771Q0007	中级化学实验Ⅱ	3	0/6	三(秋冬)
061Q0024	物理化学Ⅲ	2	2/0	三(冬)
77120010	专业英语	2	2/0	三(夏)

(2) 专业选修课程 21学分

① 在表8所示课程中选修2门。 6学分

表8　专业选修课程设置与学分分布

课程号	课程名称	学分	周学时(理论课学时/非理论课学时)	建议学年学期
091C0070	过程工程原理及实验	3.5	3/1	三(秋冬)
771Q0009	有机合成实验	3	0/6	三(秋冬)
06123510	化学生物学实验	3	0/6	三(春夏)
771Q0008	综合化学实验	3	0/6	三(春夏)

② 在以下4个模块中至少选修2个模块。 15学分

a. 有机化学模块(表9)

表9　有机化学模块课程设置与学分分布

课程号	课程名称	学分	周学时(理论课学时/非理论课学时)	建议学年学期
77190110	高等有机化学——有机合成	3	3/0	三(秋)
77190120	高等有机化学——波谱分析	3	3/0	三(冬)
77190200	高等有机化学——物理有机	3	3/0	三(春)
77190130	高等有机化学——金属有机	3	3/0	三(夏)

b. 物理化学模块(表10)

表10　物理化学模块课程设置与学分分布

课程号	课程名称	学分	周学时(理论课学时/非理论课学时)	建议学年学期
77190140	高等物理化学——量子化学	3	3/0	四(秋)
77190150	高等物理化学——统计热力学	3	3/0	四(冬)

c. 分析化学模块(表11)

表11　分析化学模块课程设置与学分分布

课程号	课程名称	学分	周学时(理论课学时/非理论课学时)	建议学年学期
77190160	高等分析化学——生命分析	3	3/0	三(春)
77190170	高等分析化学——材料分析	3	3/0	三(夏)

d. 无机化学模块(表12)

表12　无机化学模块课程设置与学分分布

课程号	课程名称	学分	周学时(理论课学时/非理论课学时)	建议学年学期
77190180	高等无机化学	3	3/0	三(秋)

(3) 实践教学环节(表13)　3学分

学术讲座:至少参加18次系周学术讲座(由专任教师负责过程与结果考核)。

表13　实践教学环节课程设置与学分分布

课程号	课程名称	学分	周学时(理论课学时/非理论课学时)	建议学年学期
771Q0021	研究型课程	3	+10	四(冬)

(4) 毕业论文(设计)(表14)　8学分

表14　毕业论文(设计)课程设置与学分分布

课程号	课程名称	学分	周学时(理论课学时/非理论课学时)	建议学年学期
77189010	毕业论文	8	+10	四(春夏)

3. 个性课程　10学分

在以上专业加深课程、表15所列课程或学校其他专业必修课程中进行选择。

表15　个性课程设置与学分分布

课程号	课程名称	学分	周学时(理论课学时/非理论课学时)	建议学年学期
06195041	农药化学	2	2/0	三(秋)
06195370	现代分离分析	2	2/0	三(冬)
06195131	高分子化学	2	2/0	三(春)
77190190	电化学	3	3/0	三(春)
06123320	化学生物学导论	2	2/0	三(春夏)

续表

课程号	课程名称	学分	周学时(理论课学时/非理论课学时)	建议学年学期
06195091	催化原理与技术	2	2/0	三(夏)
77190100	超分子化学	3	3/0	三(夏)
071B0051	生物化学(甲)	4	4/0	四(秋冬)
071B0061	生物化学实验(甲)	2	0/4	四(秋冬)

4. 第二课堂　+4学分
5. 第三课堂　+2学分
6. 第四课堂　+2学分

九、中国科学技术大学

以华罗庚数学英才班培养方案为例。

(一)培养目标

华罗庚数学英才班(以下称华罗庚班)的培养目标是联合中国科学技术大学(以下称中国科大)的基础教学力量与中国科学院数学与系统科学研究院(以下称中科院数学院)的研究力量,共同培养世界级的数学精英人才。

(二)组织和管理模式

华罗庚班采取3+1的办学模式,即前三年在中国科大完成通修课程和数学核心课程的学习,后一年在中科院数学院继续学习与研究,完成毕业设计和其他毕业要求。在强调基础课程学习的同时,鼓励学生自主学习、研究性学习。

华罗庚班在中国科大和中科院数学院设立合肥和北京管理委员会。在中国科大学习期间,华罗庚班由华罗庚班合肥管理委员会管理,并知会北京管理委员会;在中科院数学院学习期间,由北京管理委员会管理,并知会合肥管理委员会。

(三)入选和滚动模式

华罗庚班按年招生,每届学生30名左右。华罗庚班的组成将使用滚动原则,其入选和滚动机制如下。

(1)每届中国科大新生入学时,根据学生自主报名的原则,综合入学新生的高考成绩、自主招生成绩、入学复试成绩和参加数学竞赛情况,由管理委员会产生候选人名单。

(2) 候选人经由中国科大和中科院数学院共同组成的专家小组面试后,根据面试成绩从高到低顺序,产生华罗庚班入选名单。

(3) 华罗庚班学生在中国科大学习期间退出自由。由于华罗庚班学生的首要要求是对数学学习和研究要有浓厚兴趣,如果学生对数学学习和研究失去兴趣,学生可以在学期末申请退出。

(4) 在中国科大学习期间,华罗庚班合肥管理委员会可以根据学生的具体学习情况,将学生调整出华罗庚班。调整名额(不包括自动退出名额)不超过总人数的1/6。

(5) 在中国科大学习期间,当华罗庚班有名额空缺时,华罗庚班管理委员会须对中国科大同年级数学方向学生发布通告,由学生自主报名,管理委员会组织专家面试,并参照学生已学数学科目成绩,按面试和学业成绩由高到低次序补录进华罗庚班。补录名额不超过退出和空缺名额。

(6) 华罗庚班在中科院数学院学习期间将不进行人员调整。

(四)专业、方向设置

专业、方向设置如表1所示。

表1 专业、方向设置

系	专业	方向
数学系	数学与应用数学	基础数学
计算与应用数学系	信息与计算科学	计算数学
	数学与应用数学	应用数学
概率统计系	数学与应用数学	概率统计

(五)学制、授予学位及毕业要求

学制:标准学制4年,弹性学习年限3~6年。
授予学位:理学学士。
毕业要求:总学分修满160学分,并通过毕业论文答辩。
课程设置分类及学分比例如表2所示。

表2 课程设置分类及学分比例

分类	学分	比例/%
通修课程	80.5	50.3
学科群基础课程	11	6.9
专业核心课程*	39	24.4
专业方向课程	8	5.0
自由选修课程**	13.5	8.4

续表

分类	学分	比例/%
毕业论文	8	5.0
合计	160	100

注：* 表示所有 H 类课程为必修课程。

** 表示此学分要求可通过修读全校各种课程或中科院研究生院研究生数学课程、研究型课程来满足。

（六）修读课程要求

1. 通修课程设置：80.5 学分（表 3）

表 3　通修课程设置

学科分类	课程名称	学时	学分	开课学期	建议年级
	军事理论		1	秋	1 年级
	新生"科学与社会"研讨课	20	1	秋、春	1 年级
	综合素质类课程		4	说明见《修订原则》	
英语类 8 学分	学生根据自己英语水平选班上课，具体情况说明见《修订原则》中通修课设置英语类部分				
数学类 25 学分	数学分析（A1）	120	6	秋	1 年级
	数学分析（A2）	120	6	春	1 年级
	数学分析（A3）	80	4	秋	2 年级
	线性代数（A1）	100	5	春	1 年级
	线性代数（A2）	80	4	秋	2 年级
物理类（乙型） 15 学分	力学与热学	80	4	春	1 年级
	电磁学（B）	80	4	秋	2 年级
	光学与原子物理	80	4	春	2 年级
	大学物理——基础实验	60	1.5	春	1 年级
	大学物理——综合实验	40	1.5	秋	2 年级
政治类 15 学分	形势与政策（讲座）		1	秋	4 年级
	中国近现代史纲要	40	2	秋	2 年级
	思想道德修养与法律基础	60	3	秋	1 年级
	马克思主义基本原理	60	3	春	1 年级
	重要思想概论	60	3	春	2 年级
	重要思想概论实践	120	3		2、3 年级

续表

学科分类	课程名称	学时	学分	开课学期	建议年级
体育类 4 学分	基础体育	40	1	秋	1 年级
	基础体育选项	40	1	春	1 年级
	体育选项（1）	40	1	春、夏、秋	2、3、4 年级
	体育选项（2）	40	1	春、夏、秋	2、3、4 年级
计算机类 7.5 学分	计算机程序设计（A/B）	60/40 60/60	4	秋	1 年级
	数据结构与数据库	60/30	3.5	春	1 年级
	通修课程学分小计		80.5		

注：数学分析 A、线性代数 A 系列课程可由数学分析 B、线性代数 B 系列课程替代。

2. 学科群基础课程设置：11 学分（表4）

表 4　学科群基础课程设置

学科分类	课程名称	学时	学分	开课学期	建议年级
数学类 11 学分	解析几何	80	4	秋	1 年级
	代数学基础	60	3	秋	1 年级
	微分方程 I	80	4	秋	2 年级
	学科群基础课程学分小计		11		

3. 专业核心课程设置：39 学分（表5）

表 5　专业核心课程设置

学科分类	课程名称	学时	学分	开课学期	建议年级
数学类 39 学分	实分析（H）	80	4	春	2 年级
	概率论	80	4	2 春、3 秋▲	
	复分析（H）	80	4	春	2 年级
	近世代数（H）	80	4	春	2 年级
	微分几何（H）	80	4	秋	3 年级
	拓扑学（H）	80	4	春	3 年级
	泛函分析（H）	80	4	秋	3 年级
	微分方程 II（H）	80	4	春	3 年级
	代数学	80	4	3 秋、4 秋■	
	华罗庚讨论班（H）	60	3	秋	3 年级
	专业核心课程学分小计		39		

注：带 H 标识的课程为华罗庚班小班开设的课程，同时是荣誉学士学位课程。
　　▲表示概率统计方向的学生必须 2 年级春季学期修概率论课程。
　　■表示建议基础数学方向的学生 3 年级秋季学期修代数学课程。

4. 专业方向课程设置：选修8学分（表6）

表6　专业方向课程设置

方向	课程名称	学时	学分	开课学期	建议年级
基础数学选修8	高等实分析*	80	4	秋	4年级
	代数拓扑*	80	4	秋	4年级
	微分流形*	80	4	秋	4年级
	代数几何引论*	80	4	秋	4年级
	交换代数*	80	4	秋	4年级
	黎曼几何*	80	4	春	3年级
	李群李代数及其表示	80	4	春	3年级
	应用随机过程	80	4	春	3年级
	自由选修学分≥13.5				
应用数学选修8	运筹学	80	4	秋	4年级
	数学实验	40	2	秋	3年级
	小波分析	60	3	春	3年级
	符号计算软件	40	2	秋	3年级
	组合学	80	4	秋	3年级
	图论*	80	4	秋	4年级
	算法基础	60	3	春	3年级
	自由选修学分≥13.5				
计算数学选修8	数值分析	60	3	春	3年级
	数值代数	60	3	秋	3年级
	偏微分方程数值解	60	3	秋	4年级
	计算机图形学	60	3	春	3年级
	算法基础	60	3	春	3年级
	符号计算软件	40	2	秋	3年级
	有限元方法*	80	4	秋	4年级
	数学实验	40	2	秋	3年级
	小波分析	60	3	春	3年级
	自由选修学分≥13.5				
概率统计选修8	数理统计	80	4	秋	3年级
	回归分析	80	4	春	3年级
	多元统计分析(A)	60/20	3.5	春	3年级

续表

方向	课程名称	学时	学分	开课学期	建议年级
概率统计选修8	组合学	80	4	秋	3年级
	时间序列分析(A)	60/20	3.5	秋	4年级
	高等概率论*	80	4	秋	4年级
	随机过程*	80	4	春	4年级
	自由选修学分≥13.5				

注：*为研究生一级学科基础课程。

十、四川大学

为更好地落实《四川大学构建研究型大学本科创新人才培养体系的方案》，探索创新人才特别是基础学科优秀学生培养的新途径，促进基础学科领域拔尖人才脱颖而出，特制定本方案。

（一）培养目标

充分发挥高水平研究型大学的优势，利用国内外优质教育教学资源，借鉴世界一流大学培养基础学科优秀人才的经验，坚持"少而精、国际化"，选拔对基础学科有浓厚兴趣和综合素质特别优秀的学生，实行以本科为重点，贯通本硕博培养和个性化教育。配备一流的师资，创新培养方式，提供一流的学习条件，创造一流的学术环境与氛围，在夯实基础、挖掘潜力、培养创新思维能力和使学生保有持久的学术兴趣上下功夫，为国家和社会培养高水平拔尖创新人才暨未来科学家和学科引领者。

（二）实施原则

"四川大学基础学科人才培养试验班"设立在吴玉章学院。"试验班"将本着"少而精""成熟一个，启动一个"的原则，在数学、物理学、化学、生物学等学科开展试点培养，每年在每个基础学科领域遴选不超过15名学生进入"试验班"学习。在试点基础上，逐步扩大到人文学科领域。

（三）培养计划

（1）实行双指导教师制。学校为进入"试验班"的学生每人配备两位指导教师，一位由国内知名科学家担任，一位由包括诺贝尔奖获得者和国家科学院院士等在内的外籍知名科学家担任，确保学生一进入"试验班"即能接受到高水平专业指导。同时安排一位有经验、负责任的教师负责日常指导,可以是返聘的退休教师。

(2)配备高水平教师队伍。在各基础学科领域分别成立一支以诺贝尔奖获得者、院士、著名科学家和国家杰出青年科学基金获得者、教育部跨(新)世纪人才、国外知名教授为核心的高水平教师队伍,负责该"试验班"学生的相关专业教学工作和学业指导;外语教学全部由外教担任;公共基础课在全校范围内聘请本领域的一流学者担任。

(3)按照基础学科拔尖人才培养目标和要求,根据学科特点、学生个人已有的科学基础和培养潜质,参照世界一流大学相关学科的培养方案,制定个性化、国际化、有利于学生成长为未来科学家的人才培养方案,选用本学科领域最高水平的经典教材。培养方案由通识教育课程、专业教育课程和定期阅读指定书目并进行考核等构成。通识教育课程着眼于"专"和"精",由导师根据学生特点"因材施教",灵活选择课程修读方式和考核方式,培养学生的专业素养和科学精神。

(4)积极拓展"请进来、走出去,以请进来为主"的国际化人才培养渠道。创造条件,鼓励学生与国内外一流大学学生之间开展交流学习;引进国际优质教育教学资源,通过与国际一流大学建立联合培养项目、联合开展学术研究、聘请世界知名科学家开设专业课程,拓宽学生的国际视野,让学生在与世界一流学术队伍的交流和氛围的熏陶中茁壮成长。

(5)为学生提供最好的科研、实验条件。"试验班"学生入学后可直接进入"985优势学科创新平台"、国家重点实验室、国家工程中心、导师的科研实验室,尽早接受指导教师对其进行的科研和创新思维训练;设立"四川大学基础学科人才培养试验班"专项创新能力培养项目;建立学习者"社区"或科学研究"乐园";鼓励学生自主参加各种科研训练,如"大学生科研训练"项目、"大学生创新性实验计划"项目、创新基金项目和挑战杯等。

(6)加强"试验班"学生的爱国主义教育和思想品德教育。教育学生不辜负国家、社会、学校的支持、关心和特殊培养,珍惜"试验班"培养机会,充分利用学校提供的优质教育教学资源和优良的学习条件,潜心于基础学科的学习和研究,尽最大努力,早日成才。

(四)条件保障

(1)制定知名科学家和学生积极参与"试验班"的激励政策。例如,指导教师由校长颁发荣誉证书,指导教师可以不按常规方式考核工作量和工作业绩,从优核定"试验班"课程教学工作量等。设立四川大学基础学科拔尖学生专项培养基金。优先推荐学生参加国家奖学金评选;图书证的借阅书籍数量享受博士生待遇等。

(2)学校将在已有的创新基金基础上,专门设置"四川大学基础学科拔尖学生培养试验班"专项基金,首批投入500万元,专项用于基础学科人才的选拔、培养、国际化教学等。

(3)学校在吴玉章学院设立特别奖教金,表彰和奖励工作表现优秀的"试验班"导师、任课教师等。

十一、西安交通大学

以"数学拔尖学生培养试验计划"培养方案为例。

(一) 培养目标

培养具有宽广扎实的数学基础与某一实际应用领域的系统专业知识,立志于数学基础理论研究和交叉学科应用,目标远大、视野宽阔、思维活跃、勇于创新,德智体美全面发展的高级数学人才。这种复合型人才能在数学及交叉学科领域的前沿系统地从事科学研究工作,对相关领域做出创造性贡献,逐步成长为数学及其应用领域的领军人才,进而跻身于国际一流应用数学家队伍。

(二) 培养思路

1. 教育理念

按照"加强数学基础,突出学科交叉,强化综合能力"的理念,采取"本、硕、博"整体设计,实行贯通培养分阶段实施,在分析、代数、几何、方程等数学核心课程基础上,开设基础数学、科学计算、生命科学、信息科学和统计金融等交叉学科基础课程;推行导师制,实行个性化培养,加强科研训练以及小课题研究实践环节;开展国际交流合作培养,选派每个学生到世界一流大学进行交流学习,着力全面培养学生综合能力。

2. 动态管理

每年选拔不超过40名学生,根据其兴趣志向、数学基础和发展潜质,通过多次选拔,逐步确定最终入选数学试验班的人选。选拔学生的首要要求是要对数学学习、研究及应用有浓厚兴趣,有远大志向和抱负,并为此不懈努力。

学生在学习期间采取重新定位、退出与吸收相结合的动态进出机制。如果学生的学习兴趣发生变化或学习有困难,可以在每学期期末时申请转入专业班级;每学期学院将根据学生具体学习情况和表现进行调整;同时,吸收少量数学专业普通班级优秀学生加入试验班。

3. 个性化培养

开设兴趣班、讨论班,加强科研训练和小课题研究等实践环节。大二开始为学生配备指导导师,进行学业指导和科研训练。在大三、大四阶段,学生可以申请其他学科的专业选修课程,允许一些优秀学生申请提前选修数学专业研究生课程等。

实行三学期制。暑期小学期主要开设讨论班,进行科研训练、学科竞赛和短期国际交流,邀请国内外专家短期授课或讲座等。

4. 国际交流

积极联系国际一流大学,每年选送部分优秀试验班学生前往国外一流大学进行一个学期的国际交流学习及科研训练,使得最终入选数学试验班的学生都有国外学习经历。

(三)总体培养方案

1. 指导思想

依据我校理工交叉应用和工科优势的特点,倡导数学基础与工程应用相结合,深化学科相互渗透、交叉融合,着力实施交叉应用型数学拔尖人才培养。同时,注重学生的人文素养教育。在培养模式方面,开辟人才培养特区,突破常规大胆改革,开辟形式多样的拔尖人才培养新途径。

2. 主干学科与相关学科方向

主干学科大类:数学。

相关学科方向:基础数学、信息科学、科学计算、生命科学、统计金融。

3. 主干课程

数学分析、高等代数与高等几何、常微分方程、近世代数、复变函数、实变函数、拓扑学、泛函分析、微分几何、偏微分方程、概率论、数理统计、数论基础、数值分析。

4. 主要实践环节

专题讨论、科研训练、小课题研究、数学建模实践、综合报告、毕业论文。

5. 学制与学位

本科学制:4年(国外学习或研究:半年到一年)。

授予学位:理学学士学位。

毕业要求:所修学分不少于培养方案规定的150学分,且满足课程设置中的模块学分要求。

(四)课程体系与结构模块

1. 公共课程　24学分

(1) 思想政治理论　8学分(2+2+2+2)

① 伦理与人生(2学分)

② 中国近代史纲要(2学分)

③ 当今中国发展理论与实践(2学分)

④ 马克思主义基本原理(2学分)

(2) 大学英语(强化2学分不计在内)　8学分(4+4)

本科毕业及获得学士学位必须通过英语水平考试。

(3) 体育　2学分(0.5+0.5+0.5+0.5)

(4) 文化素质课(基础通识类核心课程)　6学分

① 文化传承(任选2学分)

② 社会与艺术(任选2学分)

③ 文化素质MOOC(任选2学分)

2. 数学与基础科学类课程　50学分

(1) 数学　30学分

① 数学分析(18 学分)

② 高等代数与高等几何(12 学分)

(2) 物理(含实验) 12 学分

① 大学物理Ⅱ(10 学分)

② 大学物理实验Ⅱ(2 学分)

(3) 生物(含实验) 3 学分

生命科学基础Ⅰ(3 学分)

(4) 计算机+程序设计 5 学分

① 大学计算机基础Ⅰ(3 学分)

② C 程序设计(2 学分)

3. 专业基础课程 必修 42 学分

① 常微分方程(4 学分)

② 复变函数(3 学分)

③ 实变函数(4 学分)

④ 概率论(4 学分)

⑤ 数理统计(4 学分)

⑥ 偏微分方程(4 学分)

⑦ 数值分析(3 学分)

⑧ 泛函分析(4 学分)

⑨ 近世代数(4 学分)

⑩ 微分几何(3 学分)

⑪ 拓扑学(3 学分)

⑫ 数论基础(2 学分)

4. 专业选修课程 选修 13.5 学分

(1) 学科方向任选课

(A)

① 解析数论(3 学分)

② 代数数论与密码(3 学分)

③ 调和分析(2 学分)

④ 泛函分析Ⅱ(3 学分)

⑤ 黎曼几何(3 学分)

⑥ 组合与图论(3 学分)

(B)

① 流体力学基础(2 学分)

② 偏微分方程数值解法(3 学分)

③ 数值代数(2 学分)

④ 物理学与偏微分方程(2 学分)

⑤ 量子力学(4 学分)

(C)

① 信号与系统Ⅲ(3学分)

② 数字信号处理(3学分)

③ 自动控制原理Ⅱ(3学分)

④ 数字图像处理(2学分)

⑤ 机器学习(2学分)

⑥ 信息论基础(双语)(2.5学分)

(D)

① 数学建模(2学分)

② 动力系统初步(2学分)

③ 差分方程(2学分)

④ 生命科学模型与分析(2学分)

⑤ 生物统计学(1.5学分)

⑥ 生物信息学(2学分)

(E)

① 大数据分析基础(3学分)

② 数据分析与统计软件(3学分)

③ 随机过程(3学分)

④ 最优化方法(3学分)

⑤ 经济学原理(4学分)

⑥ 数理金融(2学分)

(2) 自选类任选课

在导师同意下选修一门数学专业研究生课程或理工院系开设的专业基础课程,其中数学专业研究生课程学分在本科毕业和硕士毕业时可同时计算。

5. 专题讨论课　选修4学分

(1) 数学分析讨论班　2学分

(2) 代数与几何讨论班　2学分

(3) 抽象代数讨论班　2学分

(4) 组合数学讨论班　2学分

(5) 现代分析讨论班　2学分

(6) 代数拓扑讨论班　2学分

(7) 微分流形讨论班　2学分

6. 集中实践类训练　16.5学分

(1) 科研训练类　3学分

① 学科训练(1学分)

② 科研训练(1学分)

③ 小课题研究(1学分)

(2) 集中实践环节　3.5学分

① 数学实验(1.5学分)

② 专题讲座(1学分)
③ 金工实习(1学分)
（3）综合论文训练　10学分
毕业论文(10学分)

（五）课程分类及学分比(表1)

表1　数学试验班课程设置分类及学分比例表

分类模块	必修学分	选修学分	合计	比例
公共课程	24		24	16%
数学与基础科学类课程	50		50	33%
专业基础课程	42		42	28%
专业选修课程		13.5	13.5	9%
专题讨论课		4	4	3%
集中实践类训练	16.5		16.5	11%
合计	132.5	17.5	150	

选课说明如下。
（1）选修模块中的学分为最低选修学分，可以多选。
（2）讨论课模块至少要选修4学分。
（3）专业课程选修模块中自选课程中，在导师同意下可以选修一门数学专业研究生课程或理工院系开设的专业基础课程，其中数学专业研究生课程学分在本科毕业和硕士毕业时可同时计算。
（4）在选修专业选修课程时，可以根据课程开设情况跨年级、跨学期进行选课。
（5）在国外交流学习期间，可在国外修读与模块中专业选修课程相同或相近的课程，获得学分进行折抵；所参加的科研训练或课题研究获得的成果，经学院认定后可折抵相应学分。

（六）数学拔尖学生培养试验班课程设置(表2)

表2　数学拔尖学生培养试验班课程设置

课程类型	课程编码	课程名称	学分	总学时	课内授课	课内实验	课内机时	课外实验	课外机时	必修选修	开课学期	开课单位
公共课程	MLMD190614	伦理与人生	2	36	28	8	0	0	0	必修8学分	1	马克思主义学院
	MLMD100214	中国近代史纲要	2	32	32	0	0	0	0		2	马克思主义学院

续表

课程类型	课程编码	课程名称	学分	总学时	课内授课	课内实验	课内机时	课外实验	课外机时	必修选修	开课学期	开课单位
公共课程	MLMD101114	当今中国发展理论与实践	2	32	32	0	0	0	0	必修 8学分	2	马克思主义学院
	MLMD102114	马克思主义基本原理	2	32	32	0	0	0	0		3	马克思主义学院
	ENGL101512	大学综合英语（数学试验班）	8	128	128	0	0	0	0	必修 12学分	1、2	外国语学院
	ENGL101512	英语强化	2	32	32	0	0	0	0		S1	外国语学院
	PHED100150	体育	2	128	128	0	0	0	0		1—4	体育部
基础通识类课		基础通识类核心课选修6学分，必选6学分										
公共课程小计		必修26学分										
数学与基础科学类课程	MATH230107	数学分析	18	288	288	0	0	0	0	必修 50学分	1、2、3	数学学院
	MATH230207	高等代数与高等几何	12	192	192	0	0	0	0		1、2	数学学院
	PHYS260209	大学物理Ⅱ	10	160	160	0	0	0	0		2、3	理学院
	PHYS280109	大学物理实验Ⅱ	2	64	0	0	64	0	0		2、3	理学院
	BIME200313	生命科学基础Ⅰ	3	52	44	0	8	0	0		4	生命学院
	COMP200153	大学计算机基础Ⅰ	3	56	40	0	16	0	0		1	计教中心
	COMP200653	C程序设计	2	48	24	0	24	0	0		3	计教中心
数学与基础科学类课程小计		必修50学分										
专业基础课程	MATH511807	数论基础	2	32	32	0	0	0	0	必修 42学分	1	数学学院
	MATH342207	常微分方程	4	64	64	0	0	0	0		3	数学学院
	MATH311507	近世代数	4	64	64	0	0	0	0		3	数学学院
	MATH311207	复变函数	3	48	48	0	0	0	0		4	数学学院
	MATH331107	实变函数	4	64	64	0	0	0	0		4	数学学院
	MATH413107	数值分析	3	48	48	0	0	0	12		4	数学学院
	MATH411607	拓扑学	3	48	48	0	0	0	0		4	数学学院
	MATH325107	概率论	4	64	64	0	0	0	0		4	数学学院
	MATH325207	数理统计	4	64	64	0	0	0	0		5	数学学院
	MATH311407	偏微分方程	4	64	64	0	0	0	0		5	数学学院
	MATH311307	泛函分析	4	64	64	0	0	0	0		5	数学学院
	MATH411707	微分几何	3	48	48	0	0	0	0		5	数学学院
专业基础课程小计		必修42学分										

续表

课程类型	课程编码	课程名称	学分	总学时	课内授课	课内实验	课内机时	课外实验	课外机时	必修选修	开课学期	开课单位
专业选修课程	MATH325407	最优化方法	3	48	48	0	0	0	0		4	数学学院
	MATH532007	差分方程	2	32	32	0	0	0	0		5	数学学院
	MATH414107	数字信号处理	3	48	48	0	0	0	0		5	数学学院
	MATH512107	数学建模	2	32	24	0	8	0	0		5	数学学院
	AUTO400205	自动控制原理Ⅱ	3	52	44	8	0	0	0		5	电信学院
	ECND300151	经济学原理	4	64	64	0	0	0	0		5	金禾中心
	MATH513307	数值代数	2	32	32	0	0	0	0		6	数学学院
	MATH531707	泛函分析Ⅱ	3	48	48	0	0	0	0		6	数学学院
	MATH413207	偏微分方程数值解法	3	48	48	0	0	0	0		6	数学学院
	MATH512207	动力系统初步	2	32	32	0	0	0	18		6	数学学院
	MATH514707	数字图像处理	2	32	32	0	0	0	0		6	数学学院
	BIOL411113	生物信息学	2	32	32	0	0	0	0		6	生命学院
	INFT400705	信号与系统Ⅲ	3	52	44	8	0	0	0		6	电信学院
	INFT530105	信息论基础（双语）	2.5	40	40	0	0	0	0	选修13.5学分	6	电信学院
	STAT3726	生物统计学	1.5	32	20	12	0	0	0		6	医学部
	MECH330203	流体力学基础	2	34	30	4	0	0	0		7	能动学院
	MATH531807	调和分析	2	32	32	0	0	0	0		6	数学学院
	MATH513507	数理金融	2	32	32	0	0	0	0		7	数学学院
	MATH325307	随机过程	3	48	48	0	0	0	0		7	数学学院
	MATH533107	组合与图论	3	48	48	0	0	0	0		7	数学学院
	MATH531907	解析数论	3	48	48	0	0	0	0		7	数学学院
	MATH513607	物理学与偏微分方程	2	32	32	0	0	0	0		7	数学学院
	MATH425307	大数据分析基础	3	48	48	0	0	0	0		7	数学学院
	PHYS311509	量子力学	4	64	64	0	0	0	0		7	理学院
	MATH525207	机器学习	2	32	32	0	0	0	8		8	数学学院
	MATH425407	数据分析与统计软件	3	56	46	0	10	0	0		8	数学学院
	MATH512507	生命科学模型与分析	2	32	24	0	8	0	0		8	数学学院
	MATH532107	代数数论与密码	3	48	48	0	0	0	0		8	数学学院
	MATH532207	黎曼几何	3	48	48	0	0	0	0		8	数学学院
	专业选修课程小计					选修13.5学分							

续表

课程类型	课程编码	课程名称	学分	总学时	课内授课	课内实验	课内机时	课外实验	课外机时	必修选修	开课学期	开课单位
专题讨论课	MATH531207	数学分析讨论班	2	32	32	0	0	0	0	选修4学分	S1	数学学院
	MATH531307	代数与几何讨论班	2	32	32	0	0	0	0		S1	数学学院
	MATH533207	组合数学讨论班	2	32	32	0	0	0	0		3	数学学院
	MATH531007	抽象代数讨论班	2	32	32	0	0	0	0		4	数学学院
	MATH531407	现代分析讨论班	2	32	32	0	0	0	0		5	数学学院
	MATH531507	代数拓扑讨论班	2	32	32	0	0	0	0		6	数学学院
	MATH531607	微分流形讨论班	2	32	32	0	0	0	0		7	数学学院
集中实践类训练	GRDE400107	毕业设计	10	0	0	0	0	0	0	必修16.5学分	8	数学学院
	MATH442107	数学实验	1.5	32	16	0	16	0	0		2	数学学院
	SCTR400307	学科训练	1	0	0	0	16	0	0		S2	数学学院
	MPRA300152	金工实习	1	40	10	30	0	0	0		S2	工程坊
	SCTR400407	科研训练	1	0	0	0	16	0	0		S3	数学学院
	LECT400107	专题讲座	1	16	16	0	0	0	0		S3	数学学院
	SCTR400507	小课题研究	1	0	0	0	16	0	0		7	数学学院
专题讨论课和集中实践类训练小计			必修16.5学分,选修4学分,共计20.5学分									
总计			必修132.5学分,选修17.5学分,共计150学分									

十二、北京师范大学

（一）指导思想

贯彻落实科学发展观及《国家中长期教育改革和发展规划纲要（2010—2020年）》，面向建设创新型国家、建设人力资源强国需求，遵循高等教育发展规律和人才成长规律，坚持以学生全面发展为本，紧紧围绕学校战略发展目标，转变教育思想，更新教育观念，充分发挥学校文理基础学科和教育科学以及学科综合的特色和优势，充分利用国内外优质教育资源，借鉴世界一流大学拔尖创新人才培养的成功经验，充分调动广大师生的积极性和主动性，创新人才培养与管理模式，着力培养基础学科拔尖学生。

（二）总体目标

1. 改革培养模式

实施导师指导下的开放式"宽口径、厚基础、高素质、强能力、个性化、本研衔接"拔尖学生培养模式，不断深化教育教学改革，改革完善课程体系、课程设置，改革教学内容、教学方法和手段，改革考核评价方式，实施学分制和导师制，因材施教，强调个性化培养，扩大学生自主选择权，拓展学生的国际化维度，加强学生非智力因素培养。

2. 创新管理模式

成立"励耘学院"及相关组织，改革学生管理办法、教学和学籍管理办法以及教师聘用和考核办法。每年面向全校一年级学生（部分类别除外），针对基础理科（数学、物理学、化学、生物学）和人文学科（文学、历史学、哲学），分别选拔80名优秀学生，组建"基础理科拔尖学生培养实验班"和"人文学科拔尖学生培养实验班"。

3. 培养拔尖学生

在改革培养模式、创新管理模式的基础上，配备一流的师资，提供一流的学习条件，营造一流的学术氛围和开放的交流平台，积极探索拔尖创新人才培养规律，努力把学生培养成为兴趣浓厚、志向远大、基础扎实、能力突出、德才兼备、勇于创新的拔尖学生，为他们成为相关基础学科领军人物、知名学者奠定坚实基础。同时，通过计划实施的示范和辐射作用，带动全校人才培养质量的全面提升。

（三）培养模式

实施导师指导下的开放式"宽口径、厚基础、高素质、强能力、个性化、本研衔接"拔尖学生培养模式。

1. 强化相关学科基础

鉴于相关学科基础在基础学科拔尖学生培养中的特殊重要性，在相关学科基础课程模块中设置数理基础课程、生化基础课程或哲学基础课程、文史基础课程以及学科前沿及研究方法等小学分课程，提高学生修读相关学科基础课程，尤其是数理基础课程、哲学基础课程的难度和要求，拓展学生学术视野，培养学生的知识融通与转移能力，激发学生的学术兴趣。

2. 改革教学方法手段

大力推进研究性教学和自主性学习，以启发式、讨论式、探究式等教学方法引导学生主动参与教学、自主开展学习，激发学生的学习兴趣和学习潜能；注重课堂教学与实践教学及科学研究训练的结合，培养学生科学的思维方法，着力提高学生的批判性思维和创新意识，提高学生发现问题、分析问题和解决问题的能力。

3. 加强学生非智力因素培养

充分发挥学校心理和教育学科优势，将非智力因素培养融入学生培养全过程。采取课程、讲座、活动、实践等相结合的方式，加强对学生理想、抱负、兴趣、动机、自信心、意志力、荣誉感等非智力因素的培养。进一步提高学生的成才率。

4. 坚持因材施教、扩大个性选择

在教学计划规定的基本修读要求的基础上,实验班学生可在导师指导下制定个性化培养方案,可自主跨学校、跨院系、跨专业、跨年级修读课程。另外,为学生留出足够的时间自由阅读、自由探究。

(四) 管理机制

(1) 成立领导小组。成立由校长任组长、主管本科教学的副校长任副组长的领导小组,成员包括教务处、研究生院、科技处、社科处、人事处、财经处、资产处、学生处、国际处、图书馆等部门相关负责人。负责计划实施的领导、协调等工作。

(2) 成立励耘学院。励耘学院下设专家委员会和管理委员会。励耘学院设院长1人,由校长提名并任命。每届委托文、理各一个院系负责励耘学院管理工作。

(3) 成立励耘学院专家委员会。专家委员会下设文科专家组和理科专家组,文科专家组和理科专家组各设首席专家1人,担任组长。专家委员会主任由励耘学院院长担任,副主任分别由文科专家组和理科专家组组长担任。专家委员会成员由相关学科院士、资深教授、教学名师、国家杰出青年科学基金获得者、主管本科教学院长(系主任),以及国内外相关学科知名专家学者等组成。专家委员会负责计划的总体设计,学生选拔方案、培养方案的制定,以及计划实施的指导。文科专家组和理科专家组分别负责文理科学生选拔方案、培养方案的制定,教师、导师聘任办法的制定,以及学生选拔、教师聘任、导师聘任、计划实施等的指导工作。

(4) 成立励耘学院管理委员会。管理委员会下设文科管理组和理科管理组,文科管理组和理科管理组各设组长1人,全面负责文、理科实验班的管理工作。管理委员会主任由励耘学院院长担任,副主任分别由文科管理组和理科管理组组长担任。管理委员会成员由相关院系主管本科教学院长(主任)、主管学生工作副书记、班主任等组成。每个学科3名管理委员会成员。

管理委员会负责计划的具体实施、学生管理、教学组织等;负责向专家委员会提出学生选拔计划、教师聘任计划、导师聘任计划以及专家组秘书工作;负责支付学生、教师等相关人员经费和报酬。

(五) 条件支持

1. 设立专门的教学建设与改革项目

结合拔尖学生培养要求,支持相关专家及教师开展培养方案研制、学习评价体系研究,深入开展课程体系、教学内容、教学方法和手段、考核评价方式的改革,加强课程建设,开发学科前沿及研究方法等小学分系列课程。

2. 全面开放科研与教学实验室

国家重点实验室、部市级重点实验室、国家实验教学示范中心等向实验班的学生全面开放,为学生科研、实践等各种科技创新活动提供专门支持。

3. 全面开放图书馆和信息资源平台

向实验班的学生全面开放图书馆及各种信息资源平台,使其具有和研究生相同的借阅、使用权限,聘请信息资源检索与利用专家为实验班学生开设相关讲座。

4. 创造更多的科研训练机会

除参加导师的科研项目外,实验班学生还可在学校本科生科研基金项目、北京市大学生科研与创业计划项目、国家大学生创新性实验计划项目名额分配上获得适度倾斜,保证所有学生均有参与研究项目的机会。

5. 经费保障

教育部拨款和学校配套的专项经费共同支持,主要用于聘请校内外优秀师资、学生国际交流、学生科研及实践活动、拔尖学生培养模式及课程建设与改革研究、教学条件建设等。

十三、山东大学

以泰山学堂化学取向培养方案为例。

(一)专业简介

泰山学堂化学取向于2010年创办。泰山学堂化学取向按照少而精的原则,依托山东大学化学与化工学院化学专业每年招收15名学生。化学与化工学院具有化学一级学科博士授权点和博士后流动站,拥有国家胶体材料工程技术研究中心、胶体与界面化学教育部重点实验室、特种功能聚集体材料教育部重点实验室平台基地,建立了结构测试中心,拥有9 000万元的现代大型仪器。目前,化学专业拥有92名专任教师队伍,其中教授64人,具有博士学位的教师比例为91%以上,建立了一支职称、学历、年龄、学院结构合理且高水平的师资队伍。

泰山学堂化学取向隶属于理科,目的在于培养拔尖创新人才,使之成为化学学科的领军人物,并逐步跻身国际一流科学家队伍。要求学生能够系统掌握化学基础知识、基本理论和基本技能,了解化学基础知识体系和发展趋势,并通过各个学科拓宽学生视野,启发学生创新思维,引导学生进行化学知识的应用和创新,从而培养创新能力、综合能力较高的科技型人才。泰山学堂化学取向教学条件优良,注重对学生在基础知识、基础理论中分析问题、解决问题能力的培养,注重计算机获取信息、专业外语能力的培养。

(二)培养目标

培养热爱祖国,具有高度的社会责任感、使命感和良好的科学、文化素养,富有创新意识和实践能力,具备宽厚数学、物理、生物、计算机等学科基础知识,化学基础专业理论和实验技能扎实,学科和国际视野开阔,能够追踪化学发展前沿,解决生命、材料、化工、环境等领域的化学问题的高级人才。泰山学堂化学取向主要作为化学及相关学科博士和硕士研究生的高质量生源,在世界一流科研机构、大中院校及企事业单位从事科研、教学、开发及管理工作,并逐步发展为化学领军人物,最终跻身国际一流化学家队伍。

（三）培养要求

1. 知识

（1）系统扎实地掌握化学基础知识和基本理论，了解化学的发展历史、学科前沿和发展趋势。

（2）熟练地掌握化学实验的基本技能，强化综合创新能力等方面的培养，并了解化学及相关领域最新发展趋势。

（3）掌握一门外语。

（4）掌握本专业所需的数学、物理、计算机等知识，了解化学、生命、材料、能源、环境、计算机等相关领域的基础知识。

2. 能力

（1）掌握化学研究、开发和应用等基本方法和手段，具备用理论知识分析和解决问题的能力。

（2）掌握必要的信息技术，运用计算机获取和处理科学信息的能力。

（3）掌握一门外语，具有国际视野和跨文化交流、竞争与合作能力。

（4）初步具备自主创新、自我发展的能力，能够适应科学技术和经济社会发展。

（5）具有创新素质和潜能，富有较强的创新意识和科研能力，能够通过口头和书面方式与同行、公众进行有效沟通，能够规范撰写科学论文和学术报告。

3. 素质

（1）具有较强的学习、表达、交流和协调能力、领导能力、团队合作精神。

（2）具有一定的创新意识和批判性思维，具备正确人生观、世界观。

（3）具有终身学习意识和自我管理、自主学习能力。

（四）核心课程设置

物理化学、结构化学、无机化学、有机化学、化学分析、仪器分析、高分子化学与物理、化工基础、基础化学实验、综合化学实验。

（五）主要实践性教学环节（含主要专业实验）

基础化学实验、综合化学实验、化工基础实验、认知实习、毕业设计。

（六）毕业学分　**153.5 学分**

（七）标准学制　**4 年**

允许最长修业年限为 6 年。

（八）授予学位　理学学士

（九）各类课程学时学分比例（表1）

表1　各类课程学时学分比例

课程性质	课程类别			学分	学时	占总学分百分比
必修课	通识教育必修课程			31.5	284	20.52%
	学科平台基础课程			34	715	22.15%
	专业必修课程	理论教学		46	800	29.97%
		实验教学	课内实验课程	144.5	2 599+8周	0	94.14%
			独立设置实验课程	25	800	16.29%
		实践教学	课内实践课程	0	0	0%
			独立设置实践课程	8	8周	5.21%
选修课	通识教育核心课程			9	144	5.86%
	通识教育选修课程					
	专业选修课程			9	144	5.86%
毕业要求总合计				153.5	2 743+8周	

（注：上表中"理论教学"行的0% 对应课内实验课程，144.5 为专业必修课程合计学分，2 599+8周 为学时合计，94.14% 为专业必修课程占比）

（十）化学专业课程设置及学时分配表（表2）

表2　化学专业课程设置及学时分配

课程类别	课程号/课程组	课程名称	学分	总学时	课内教学	实验教学	实践教学	考核方式	开设学期	备注
通识教育必修课程	Sd03411320	思想政治理论系列讲座（1）	1	16	16	32		考试	1	
	Sd03411330	思想政治理论系列讲座（2）	1	16	16			考试	2	
	Sd03422250	传统文学修养	2	32	32			考试	1	
	Sd03422120	科学哲学通论	2	32	32			考试	2	
		新生专业思政报告会	0	16					1	
		新生读经典交流会	0	16					2	
		马克思主义基本原理概论	3	51					1—8	

续表

课程类别	课程号/课程组	课程名称	学分	总学时	总学时分配			考核方式	开设学期	备注
					课内教学	实验教学	实践教学			
通识教育必修课程		毛泽东思想和中国特色社会主义理论体系概论	1.5	24					1—8	学校公共课或网络课程，学生自主安排学期
		形势与政策	0.5	8					1—8	
		中国近现代史纲要	2.5	40					1—8	
	00070	大学英语课组	8	240	128			考试	1—2	课外112学时
	Sd03432820	英语口语（1）	1	32	32			考查	1	
	Sd03432830	英语口语（2）	1	32	32			考查	2	
	Sd02910630	体育（1）	1	32	32			考试	1	
	Sd02910640	体育（2）	1	32	32			考试	2	
	Sd02910650	体育（3）	1	32	32			考试	3	
	Sd02910660	体育（4）	1	32	32			考试	4	
	Sd03432620	高级学术英语（1）	2	32	32			考试	3	
	Sd03432630	高级学术英语（2）	2	32	32			考试	4	
		小计	31.5	747	480	32		考试		课外112学时
学科平台基础课程	Sd03421480	微积分（1）	6	96	96			考试	1	
	Sd03421490	微积分（2）	6	96	96			考试	2	
	Sd03421710	线性代数	4	64	64			考试	3	
	Sd03430360	概率论与数理统计	4	64	64			考试	4	
	Sd03420170	大学物理B（1）	4	64	64			考试	2	
	Sd03420180	大学物理B（2）	4	64	64			考试	3	
	Sd03422130	大学物理实验B（1）	1	32		32		考试	2	
	Sd03420200	大学物理实验B（2）	1.5	48		48	16	考试	3	
	Sd03420150	程序设计基础B	3.5	64				考试	1	
		小计	34	592	448	80	16			

续表

课程类别	课程号/课程组	课程名称	学分	总学时	总学时分配			考核方式	开设学期	备注
					课内教学	实验教学	实践教学			
专业必修课程	Sd03420500	化学原理A	4	64	64			考试	1	
	Sd03431560	无机化学	4	64	64			考试	1	
	Sd03422160	分析化学	4	64	64			考试	2	
	Sd03421590	无机及分析化学实验(1)	3	96		96		考查	1	
	Sd03421610	无机及分析化学实验(2)	3	96		96		考查	2	
	Sd03431620	物理化学(1)	4	64	64			考试	4	
	Sd01131160	物理化学(2)	4	64	64			考试	5	
	Sd01130830	基础化学实验(5)	3	96		96		考查	5	
	Sd03431920	有机化学(1)	4	64	64			考试	3	
	Sd01130840	基础化学实验(6)	3	96		96		考查	6	
	Sd03432370	有机化学(2)	4	64	64			考试	4	
	Sd03431960	有机化学实验(1)	3	96		96		考查	3	
	Sd03421950	有机化学实验(2)	3	96		96		考查	4	
	Sd01130890	结构化学	4	64	64			考试	5	
	Sd03431730	仪器分析	4	64	64			考试	3	
	Sd03431740	仪器分析实验	2	64		64		考查	3	
	Sd03430490	化学信息学	2	32	32			考试	3	
	Sd01130440	化工基础	3	48	48			考试	5	
	Sd01130460	化工基础实验	2	64		64		考查	5	
	Sd01130310	高分子化学与物理	3	48	48			考试	6	
	Sd03432260	综合化学实验(1)	1.5	48		48		考查	6	
	Sd03432430	综合化学实验(2)	1.5	48		48		考查	7	
	Sd03432492	Heterogeneous Catalysis	2	32	32			考查	6	
		小计	71	1 536	736	800				
专业选修课程	Sd01130850	计算化学	2	32	32			考试	5	
	Sd01130880	胶体化学	2	32	32			考试	5	
	Sd01130370	固体化学	2	32	32			考试	5	
	Sd01130290	电化学	2	32	32			考试	5	
	Sd01130960	配位化学	2	32	32			考试	6	
	Sd01130900	结晶化学	2	32	32			考试	6	

续表

课程类别	课程号/课程组	课程名称	学分	总学时	总学时分配			考核方式	开设学期	备注
					课内教学	实验教学	实践教学			
专业选修课程	Sd01130690	化学生物学	2	32	32			考试	6	
	Sd01130990	生化分析	2	32	32			考试	6	
	Sd01130030	表面活性剂化学	2	32	32			考试	6	
	Sd01131590	金属有机化学	1	16	16			考试	5	
	Sd01131600	药物合成化学	1	16	16			考试	5	
	Sd01131610	不对称合成	1	16	16			考试	5	
	Sd01130040	催化化学	2	32	32			考试	6	
	Sd01131670	分子模拟实验	2	64		64		考试	6	
	Sd01130050	萃取化学	2	32	32			考试	7	
	Sd01131280	有机硅化学	2	32	32			考试	7	
	Sd01130950	纳米材料学	2	32	32			考试	7	
	Sd01131030	微乳液及乳状液导论	2	32	32			考试	7	
	Sd03432302	Physical characterization techniques on solid mate	1	16	16			考查	6	
	Sd03432292	X-ray crystallography and X-ray diffraction technology	1	16	16			考查	6	
		小计	9/35	144/592	144/528	64				选修课要求选够9个学分
综合性实践教学	Sd06910020	军训	0	3周						
		创新创业教育实践		2周				考查		必设
		大学生科技学术活动		2周				考查		选设
	Sd03422240	毕业论文(设计)	8	8周				考查		必设
		小计	8	15周						

（十一）课程与培养能力、素质要求对应关系表（表3）

各项指标见(三)"培养要求"。

表3 课程与培养能力、素质要求对应关系

课程名称	能力					素质		
	1	2	3	4	5	1	2	3
通识教育必修课	L	M	H	H	H	H	H	H
通识教育核心课	L	L	L	L	L	H	H	H
微积分(1)	L	L	L	L	M	L	M	H
微积分(2)	L	L	L	L	M	L	M	H
线性代数	L	L	L	L	M	M	M	H
概率论与数理统计	L	L	L	L	M	M	M	H
大学物理B(1)	M	L	L	L	L	L	M	H
大学物理B(2)	H	L	L	L	L	L	L	H
大学物理实验B(1)	H	L	L	L	L	L	L	H
大学物理实验B(2)	H	L	L	L	L	L	L	H
程序设计基础B	H	H	L	L	L	L	L	H
新生研讨课	H	M	L	L	L	L	L	H
化学原理A	H	M	L	L	L	L	L	H
普通化学	H	M	L	L	L	L	L	H
无机化学	H	M	L	L	L	L	L	H
分析化学	H	M	L	L	L	L	L	H
无机及分析化学实验(1)	H	M	L	L	L	L	L	H
无机及分析化学实验(2)	H	M	L	L	L	L	L	H
物理化学(1)	H	M	L	L	L	L	L	H
物理化学(2)	H	M	L	L	L	L	L	H
基础化学实验(5)	H	M	L	L	L	L	L	H
有机化学(1)	H	M	L	L	L	L	L	H
基础化学实验(6)	H	M	L	L	L	L	L	H
有机化学(2)	M	L	L	L	L	L	L	H
有机化学实验(1)	H	M	L	L	L	L	L	H
有机化学实验(2)	H	M	L	L	L	L	L	H
结构化学	H	M	L	L	L	H	L	H
仪器分析	H	M	L	L	L	H	L	H
仪器分析实验	H	M	L	L	L	H	L	H
化学信息学	H	M	L	L	L	L	L	H

续表

课程名称	能力					素质		
	1	2	3	4	5	1	2	3
化工基础	H	M	L	L	L	L	L	H
化工基础实验	H	M	L	L	L	L	L	H
高分子化学与物理	H	M	L	L	L	L	L	H
综合化学实验（1）	H	M	L	H	H	H	H	H
综合化学实验（2）	H	M	L	H	H	H	H	H
Physical characterization techniques on solid mate	H	L	H	H	H	H	H	H
Heterogeneous Catalysis	H	L	H	H	H	H	H	H
X-ray crystallography and X-ray diffraction technology	H	L	H	H	H	H	H	H
毕业论文（设计）	H	L	H	H	H	H	H	H

（十二）大学英语课程设置及学时分配表（表4）

表4 大学英语课程设置及学时分配

课程号	课程名称	学分数	总学时	总学时分配		开设学期	备注
				课内教学	实验教学		
Sd03110030	大学综合英语（1）	4	120	64		1	备注
Sd03110040	大学综合英语（2）	4	120	64		2	
Sd03110050	通用学术英语（1）	4	120	64		1	
Sd03110060	通用学术英语（2）	4	120	64		2	
应修小计		16	480	256			自主学习112学时

十四、武汉大学

（一）适用范围

2017级弘毅学堂理科各专业以及计算机专业。

（二）指导思想

弘毅学堂是武汉大学本科生的荣誉学院，是武汉大学遵循国家实施中华民族伟大复兴人才总体战略设立的本科拔尖人才的培养基地，按学科大类培养的试验田以及书院式学术社区建设的探路者。学堂致力于培养具有坚定民族精神、开阔的国际视野、强烈的社会责任感与使命感、人格健全、知识宽厚、能力全面、能够引领未来社会进步和文明发展的国家脊梁和领军人才。

2017级的教学方案贯彻实施国家高等教育发展计划和基础学科拔尖人才培养计划，借鉴世界一流大学拔尖创新人才培养的成功经验，深入推进体制创新与教育教学改革，积极探索博雅教育和研究型教学基础上的国际化、个性化、创新型人才培养体系。

（三）基本原则

培养方案总的精神是与世界一流大学本科教育接轨，以博雅教育（liberal-art education）为总原则，具体包括如下内容。

（1）真正贯彻"宽口径、厚基础"的方针，探索按学科大类设置课程体系。

（2）切实贯彻博雅教育中通识教育（general education）的理念，一方面注重体现自然科学基础知识的学习，另一方面注意体现人文社会科学知识的学习。

（3）教学培养方案在保持学科知识科学规范学习的同时，尊重学生的个性发展，在学分结构和课程设置上力求为学生自主选择课程与专业提供可能，特别为各学科设置了基本准出课程。

（4）考虑到博雅教育和学科大类培养的试验探索性，对教学方案的开放性和可行性予以足够的注意，为课程体系的进一步完善更新留出空间。

（四）大类培养和专业选择

1. 新生进校后第一个月进行理科与计算机方向的选择

（1）对理科学生：① 大理科1+3培养模式，即第一年不分专业，第二年开始学生可以在数学、物理、化学、生命科学4个学科方向中选择一个；② 第一学年所有学生按大理科模式统一学习大学数学、物理、化学、生命科学以及通识博雅课程，第二年开始，按选择的专业方向系统学习专业课程。

（2）对计算机类学生，在保持弘毅学堂总的办学精神下，与一般计算机专业学生有几点不同：① 强调计算机专业的核心课程，且将其控制在10门左右；② 加强数学、物理基础知识学习，增加相应学时和内容；③ 通识博雅课程和任选课程要求与理科学生一致。

2. 后续多次专业选择

（1）理科与计算机方向学生，第一学期与第一学年结束时，均有重新在学堂内5个学科间交换选择的机会。

（2）理科学生，原则上在后续第三、第四学期仍有在数学、物理、化学、生物4个学科中交换选择的机会。

(五) 基本要求

本教学培养方案课程结构由通识教育课程、大类基础课程和专业教育课程三大板块构成，另外各专业还设置了一定数量的任意选修学分，供学生自行选修。

各专业学分包括课堂教学、实验与实践教学、科学训练以及学士学位毕业论文，总学分严格控制不超过150学分。

1. 通识教育课程

通识教育课程按照育人和求知并举的理念，根据系统性和开放性的要求，强调德、智、体、美相互渗透，尽可能利用武汉大学综合性资源优势。

课程体系以中国的文明与发展和世界的文明与发展两条主线，包括通识必修课程和通识选修课程两类体系。

通识必修课程包括马克思主义中国化的理论与实践(上、下)，高级英语(一、二)，西方经典文化名著选读，西方文学作品中的中国故事，军事理论，体育，形势与政策。其中军事理论和体育课程4年不间断开设，学生可以根据自身情况选择学习时间。

通识选修课程包括中华文化与世界文明、社会科学与现代社会、科学精神与生命关怀、艺术体验与审美鉴赏等4个模块，原则上建议学生每个模块至少选择2个学分，且在中华文化与世界文明、社会科学与现代社会以及艺术体验与审美鉴赏等3个模块至少修满8个学分，总共至少修满12学分。

2. 大类基础课程

大类基础课程是在通识教育基础上的宽口径专业基础教育，按照基础性、公共性和学术性原则设置，具有完整规范的知识体系，使学生受到严格的科学基础知识的学习与训练。

大理科基础课程主要包括学科概览、数学分析、线性代数与解析几何、大学物理、化学原理、大学生物学、C语言程序设计等数学与自然科学基础课程。

计算机科学专业主要包括学科概览、微积分、线性代数、大学物理、数字逻辑、电子线路与技术等数学、物理与电子技术等基础课程。

3. 专业教育课程

专业教育课程使学生在修读过程中体会本专业精髓与风格，为学生的专业发展打下坚实基础。具体包括专业必修课程、专业选修课程两类。

专业必修课程以规范严谨、精炼优质为目标，以学科的核心传统知识为内容，其中还包括科学训练和社会实践等课程。

专业选修课程侧重专业知识的前沿性和交叉性，并带有武汉大学的学科特色；部分课程强调其前瞻性，且与研究生课程共享。

4. 专业准出课程

学堂支持学生个性化和跨学科的发展，在坚持专业学习的科学性和规范性同时，也注意其灵活性与多样性。为此各专业制定出获得专业学位相应的核心最少修学课程，称为准出课程。一般各专业准出课程控制在10门左右，约50学分。各专业具体要求如下。

(1) 数学专业：常微分方程、数值分析、抽象代数、复变函数、实变函数、拓扑学、微分几何、概率论、泛函分析、广义函数与偏微分方程、科学训练。

（2）物理专业：理论力学、热力学与统计物理学、电动力学、量子力学、数学物理方法、固体物理学、大学物理实验、现代物理实验、综合物理实验、科学训练。

（3）化学专业：化学原理与实验（一、二），有机化学与实验（一、二），物理化学与实验（一、二），结构化学与实验，科学训练。

（4）生命科学专业：生物化学与实验、微生物学与实验、细胞生物学与实验、遗传学与实验、分子生物学与实验、综合实习、科学训练。

（5）计算机科学专业：数字逻辑与实验、计算机系统基础、数据结构、离散数学、操作系统、计算机网络、编译原理、数据库原理与实现、算法分析与设计、科学训练。

十五、厦门大学

为培养国际一流基础学科领域拔尖人才，促进基础科学研究水平提升，大力推进研究型大学拔尖人才培养模式创新，带动我校人才培养质量进一步提高，根据教育部《关于实施基础学科拔尖学生培养试验计划的若干意见》，结合我校基础学科人才培养的实际，特制定本办法。

（一）总则

1. 指导思想

遵循基础学科拔尖人才成长规律，充分利用国内外优质教育资源，借鉴世界一流大学拔尖创新人才培养成功经验，在生源、师资、氛围、培养模式、条件、制度和国际合作等方面，大胆创新，深入改革，开辟基础学科拔尖人才培养专门通道，促进拔尖人才脱颖而出。

2. 主要目标

在基础科学领域选择若干学科，每年动态选拔特别优秀的学生，配备一流的师资，提供一流的学习条件，创造一流的学术环境与氛围，创新培养方式，构筑基础科学拔尖人才培养的专门通道，努力使受计划支持的学生成长为相关基础科学领域的领军人物，并逐步跻身国际一流科学家队伍。

3. 实施原则

（1）坚持"少而精"原则。拔尖计划应遴选特别优秀的苗子，进行小班教学，实施精英教育。

（2）坚持全面发展原则。拔尖计划应着重提高学生的综合素质，特别注重培养学生勇于献身科学的精神，为中华民族崛起的责任感和使命感，为人类做出贡献的伟大胸襟以及坚忍不拔的毅力等优秀品质。

（3）坚持动态开放原则。拔尖计划应坚持公平、公正、公开，面向所有学生择优选拔，动态进出。

（4）坚持因材施教原则。对进入拔尖计划的学生应针对学生不同特点，进行个性化培养、一对一指导。

（5）坚持专家管理原则。充分依托学科专家的积极性、主动性，在人才培养模式、课程体系以及教学运行机制等方面进行大胆的探索与创新。学校对人才培养实行特殊政策，给予专项经费支持。

（二）组织机构

学校成立拔尖计划领导小组。由教务处、学生工作部（处）、发展规划办公室、财务处、人事处、国际合作与交流处、研究生院、实验室与设备管理办公室等单位组成拔尖计划领导小组，由主管教学副校长担任组长，教务处处长任副组长。领导小组下设办公室，挂靠在教务处，负责项目整体规划、实施、管理和检查等工作。

各试点学科成立由国内外著名专家组成的拔尖计划专家组。专家组负责审定人才培养方案，审定教学质量标准，制订课程建设计划，遴选优秀学生，制定学生综合考评标准，制定课程教授聘任标准，选聘课程主讲教授，选聘导师等学术事宜。

各试点学科设立拔尖计划项目负责人和项目管理小组，全面负责拔尖计划的实施与日常管理，包括制订项目建设计划，组织计划实施，安排项目经费，组织完成项目年度总结报告和成果以及经验分析。

各试点学科建设内容、进度安排以及项目负责人不得随意调整，如确需调整的，须以书面形式提请拔尖计划领导小组批准。

（三）培养模式

各试点学科应聘请对拔尖计划有热心、肯投入、高水平教师担任班主任（或班级导师）。聘请国内外高水平专家、学者担任专业导师和授课教师。

各试点学科应为进入拔尖计划的学生量身定制个性化培养方案。培养方案应在本科生导师的指导下制定，经专家委员会审定后执行，培养方案将作为学生毕业资格鉴定和学位授予的依据。

学生个性化培养方案应包括课程学习、科研训练、学术交流学习等内容。除《厦门大学本科生学籍管理规定》规定的毕业要求外，试点学科对入选拔尖计划的学生原则上还应要求：① 参与导师课题研究；② 独立主持一项校级或以上大学生科研训练项目；③ 不少于一次境内外高水平大学学习交流；④ 参加相关学科要求的学术交流活动。

个性化培养方案应突出因材施教。更加突出学生的科学研究兴趣、好奇心培养，更加突出学生批判性思维、想象力和独立思考能力培养，更加突出学生自主性、研究性和探索性学习能力培养。

培养方案应遵循教育规律，强调厚积薄发、循序渐进，推进课程学习与科研活动相互渗透。低年级重在引导，激发学生对科学研究兴趣，二、三年级重在强化系统的知识学习和综合能力培养，高年级引导学生自主开展科研创新活动。

进入拔尖计划的学生原则上要单独组班上课，列入拔尖计划的专业课全部要小班教学，低年级公共基础课可适当增加上课人数，但要区别拔尖学生和普通学生的不同要求，组织小班研讨。

各试点学科着力推进"新生研讨课""科研讨论课"以及核心课程小班授课改革。要鼓励和吸引一流教师组织或参与讨论课,创新教学模式,引导学生开展自主性、研究性学习。推动小组学习、团队学习等教学方式改革。

各试点学科应针对学生个性特点、兴趣,实施更加灵活的课程免修制度,具体办法另行规定。

(四)条件支持

学校设立专项经费,支持拔尖计划实施,具体办法另行规定。

学校支持入选拔尖计划的学生参加国(境)外高水平学术会议、国(境)外高水平暑期学校、国(境)外短期科学研究或科研训练、国(境)外短期访学(课程学习)以及其他经拔尖计划管理小组认定的重要学术活动。资助办法另行规定。

学校设立拔尖计划专项奖学金,奖励在课程学习和科学研究方面表现特别优秀的学生,奖励办法另行规定。

各类国家、教育部重点实验室、教学实验中心、实践教学基地等应免费为拔尖学生开展科研创新活动提供便利。各类科研创新平台、科研团队应有意识吸引拔尖学生参与科研创新活动。

优化大型仪器设备、实验平台向拔尖学生开放制度,推进拔尖学生参与或进入重大科研攻关课题。

十六、哈尔滨工业大学

(一)指导思想

深入贯彻落实《国家中长期教育改革和发展规划纲要(2010—2020年)》,面向建设创新型国家、建设人力资源强国需求,紧紧围绕学校建设世界一流大学的战略发展目标,遵循高等教育发展规律和人才成长规律,坚持以学生全面发展为本,转变教育思想,更新教育观念,充分发挥学校学科综合的特色和优势,充分利用国内外优质教育资源,借鉴世界一流大学拔尖创新人才培养的成功经验,充分调动广大师生的积极性和主动性,创新人才培养与管理模式,着力培养拔尖学生。

(二)主要目标

哈尔滨工业大学英才学院要以拔尖创新人才培养为中心,强化立德树人的教育理念,坚持"厚基础、强实践、重能力、求创新"的办学传统特色,秉承"学术型、国际化、高素质、重创新"的培养理念,以培养具有创新能力和国际竞争力的拔尖创新人才为办学宗旨,面向国家重大战略需求、面向国际学术前沿,培养能够成为未来的"学术带头人和工程领军人"的社会主义合格建设者和可靠接班人,为建设创新型国家奠定坚实的人力资源优势,增强我国的核心竞争力和综合国力。

(三) 基本原则

遵循"集中优势资源、因材施教培养"的原则,以我校国家一级重点学科和优势专业为依托,选择具有良好办学水平和资源优势的学科专业开展拔尖学生培养计划,探索与世界接轨的拔尖创新人才培养体系。选拔最优秀的学生,集中学校的优势资源,通过特殊的培养机制,造就一批未来的学术带头人和工程领军人。

(四) 实施范围

本方案适用于进入"哈尔滨工业大学英才学院"培养的在校学生。进入英才学院的学生应当确立在中国共产党领导下走中国特色社会主义道路、实现中华民族伟大复兴的共同理想和坚定信念;应当树立爱国主义思想,具有团结统一、爱好和平、勤劳勇敢、自强不息的精神;应当遵守宪法、法律、法规,遵守公民道德规范;遵守《高等学校学生行为准则》,遵守学校管理制度,具有良好的道德品质和行为习惯;应当积极锻炼身体,具有健康体魄;应当立志投身学术研究且乐于接受挑战,刻苦学习,积极实践,有志于成为未来的学术带头人和工程领军人。

(五) 学生管理

英才学院学生的学籍归属所学专业院系。由学生所在院系负责学生的各项事务管理,英才学院学生享有全校其他学生相同的权利和义务。英才学院负责学生的资格审核、政策起草、资源调配、沟通联络、考评反馈等职能。对这些学有余力、且有志于成为未来的学术带头人或工程领军人的学生,通过设置注重数理基础和人文情怀的荣誉课程平台、注重创新思维和实践动手能力培养的科技创新平台、注重国际化视野和国际竞争力培养的国际交流平台、注重社会责任感和领导力培养的综合素质提升平台,致力培养面向国家重大战略需求、面向国际学术前沿,具有国际竞争力的拔尖创新人才。

(六) 学生培养

1. 培养特色

充分借鉴国际一流高校的人才培养理念、培养模式和培养方法,采取阶梯式培养方式,一、二年级按照大类培养,并享有两次调整专业的机会,高年级按照专业培养,注重专业技能和创新精神训练。全面实行导师制,进行个性化指导,指导学生选课及制定未来专业发展方向规划,并协助学生开展实践环节及科技活动。优化课程体系,强化师资配备,拓宽学科基础,强化科学研究训练,培养学生自主学习的能力和创新研究的学术潜力;推进学科综合环境下的拔尖人才培养,拓宽学生的学术视野和发展空间。

2. 课程特色

学校专门为英才学院的学生设置重基础、宽口径的通识教育课程体系和个性化、强实践的专业教育课程体系,着重加强学生的数理基础、人文通识、外语能力和科研实践能力的培养。学生一、二年级以研修荣誉课程为主,强化基础;三、四年级以研修专业课程为主,强化科研实践能力。

3. 改革教学方式

针对英才学院学生规模小的特点,实行小班独立教学,通过研讨式学习、探究式学习、自学研讨小组、Journal Club、科创俱乐部、科研小组等形式,创新教学方式,鼓励学生自主学习和研究性学习,创造学生自主学习的空间。

4. 组织实施

英才学院学生的培养是在指导委员会的指导下,由院系和英才学院共同负责实施。学生所在院系负责学生个性化培养方案的制定,专业课程优秀师资、导师的选配等工作。英才学院负责学生课程建设的经费支持,荣誉课程效果考评,荣誉课程师资评聘等工作。

(七) 综合素质教育

1. 理想信念教育

秉持立德树人的教育理念,注重对学生思想先进性和社会责任感的引导,提高学生服务国家、人民的社会责任感,引导学生形成正确的世界观、人生观、价值观,培养德智体美全面发展的社会主义合格建设者和可靠接班人。专业院系以各级党组织、群团组织为载体,将理想信念教育与爱国教育、国防教育、航天精神教育、爱校爱院教育等工作紧密结合,利用深厚的专业底蕴和感人的人物事迹影响感染英才学院学生立志成才、争做楷模。英才学院从全校范围着眼,挖掘典型事例,宣传科研进展,利用报告会、主题展等形式在学生心中播撒投身科研、勇攀高峰的种子。

2. 国际化教育

建立开放环境下的拔尖学生培养机制,发挥国内、国外两种资源的优势,对学生进行国际化培养。聘请国内外专家来校开设特色课程,加强第二课堂建设,选送优秀学生赴国(境)外一流高校交换学习、短期科学合作研究、短期交流访问或参加学术会议、到国际知名企业和研究机构实习等,力争实现每位学生在本科就读期间都有一次国际学习交流经历。英才学院利用政策引导英语授课形式与内容改革,增加听说能力训练及对托福、雅思等考试的指导,设立专项资金支持英才学院学生参加国际交流、联合培养、国际竞赛等。鼓励专业院系将更多的国际化资源向英才学院学生倾斜,在氛围营造、能力提升、政策激励、项目体验等方面加强建设,切实提高学生的国际化视野、跨文化背景和国际竞争能力。

3. 创新实践教育

突出创新思维和动手能力的培养,鼓励学生独立自主解决问题。培养学生的学术兴趣,提升学生的科研能力,激发学生的创新精神,倡导学生在本科阶段参与科学研究。

鼓励学生依托院系已有科技创新平台投身创新实践。英才学院利用校内与拔尖学生水平相适应的科技创新资源,以社团或协会为载体,聘请实践经验丰富的指导教师,设立多学科交叉的复合型研究项目,吸引多专业学生协同攻关、共同学习。在能力培养过程中,将各种资源相对固化下来,形成有体系、有梯队的创新实体,建成全校性、高水准的科技创新平台。

4. 综合素质教育

在专业院系广泛开展自主品牌活动的同时,英才学院通过重点指导和扶持各类社团、活动的自主开展,增强英才学院学生的社会责任感与核心竞争力。通过领导力培训和科创团队等组织形式,提高学生的团队合作能力和领导能力。坚持综合素质全面提升,服务于人才培养的根本任务。

(八)条件支持与保障

1. 教学保障

创造条件为英才学院学生安排高水平教师,实行单独授课,切实提高拔尖学生培养的教学质量。完善调动高水平教师积极参与的相关政策。

2. 国际化教育支持与保障

学校优先考虑并提供单独面向英才学院学生的国际交流名额,优先支持荣誉课程的青年骨干教师出国研修。

3. 荣誉计划专项资金

学校将多渠道筹措经费,设立专项资金,加大对英才学院的经费投入,资助教学改革、课程建设、教材建设、实践教学平台建设、科技创新立项、师资培训、国际化交流等项目。单独设立面向英才学院学生的奖助学金,鼓励学生刻苦学习,奋发向上,促进学生德智体美全面发展。

学务管理制度

一、北京大学

(一) 学生选拔制度

(1) 在数学、物理、化学、生命科学、计算机科学、环境科学6个领域设立6个项目组,每个项目组学生约为20人;设立由中文系、历史系、哲学系、考古文博学院和外语学院跨院系的基础文科项目组开展"古典语文学"专业人才培养试验。

(2) 项目组学生主要在相关学科院系和"元培"学院一年级优秀学生中遴选,依照学科特点,一般在低年级进入项目组开始培养。在学生的选拔中一定要对学生的学术兴趣、创新精神和发展潜质等方面进行综合考察,并实行动态的选拔机制,即每年根据学生的学习兴趣与表现以及学术发展潜力等方面综合因素进行适当调整。

(3) 在本科招生方面实行改革,根据学科特点,对于特别优秀的高中生争取通过学校自主招生的方式招收入校进行培养。

(二) 导师制规章制度

建立全程本科生导师制度。按照"全程覆盖,阶段定位"的基本原则,分别建立面向大一、大二阶段的新生导师组制度,以及面向大三、大四阶段的科研导师制度;两者之间有机衔接,并进行过程质量控制。目前,我国环境学科本科培养主要采用一对一导师制度。环境科学与工程学院根据学科特点,创新性地建立三对三新生导师组制度,此制度为国内首创。

1. 新生三对三导师组制度

为促使本科生更好更快地适应大学生活,快捷地接触到学科发展前沿,依托学院强大的师资力量,开展"3+3"特色导师组制度,以"三对三"的分组形式实施。将担任本科生导师的教师和本科生分成若干组,每组包括三名教师和三名学生。建立包含环境科学、环境工程、环境管理三个方向的老中青教师导师组,每组选派一名教师作为负责人,充分解决学生学习与生活中的困惑。在分组过程中注意老中青年龄段的有机组合,除日常交流之外,学院规定相应指导活动每月不少于一次,通过午餐会的形式,由三位导师联合对新生的各种问题进行引导、答疑解惑,培养新生们对环境问题的兴趣,对本科生在大一和大二阶段的生活和学习进行指导。学院组织对每次活动进行详细记录,活动后进行梳理总结,对学生进行有针对性的指导。学院申请教育部研究性课题《我国环境学科本科生全程导师制研究》,继续探索本科生导师制的开展,完善了《环境科学与工程学院本科生导师制实施方案》,建立了相应保障机制。

2. 科研导师制度

作为研究型大学的学院,通过高水平的科研带动实践教学改革、促进创新型人才的培养是我们的重要任务。依托学院学科门类全、师资水平高、科研实力强等优势,通过拔尖人才计划以及学校设立的校长基金、莙政基金等途径,加大对本科生课外科研训练的指导和投入。与此相匹配,学院在学生的大三、大四阶段设立科研导师制度,组织学生与教师进行双向选择,充分利用学院教师主持多个重大课题的机会,强化学生的自主选题,引导学生进入实验室,在教师的指导下,积极参加科研训练。同时,加强实验课教学与课外科研实践活动的衔接和协调,吸引本科生参与多层次的课外科研实践活动,更多的本科生通过参与科研受到系统的基本技能训练。

在此过程中,形成了一整套关于立项遴选、中期检查、结题验收答辩、成绩评定、成果奖励等机制,在学生培养方面取得了良好效果,使本科生参与课外科研实践活动的规模和质量有了很大的提高。项目结题时除要求每个项目提交论文形式的项目总结报告以及指导教师的评议表外,还由学院统一组织进行结题汇报。

目前,学院90%左右的本科生在二年级开始自主提出选题计划,学院为每一位本科生安排导师,强化过程培养,为学生的科研工作进行个性化的指导,本科生部分研究成果获得国家及校级优秀奖励。

二、清华大学

(一)学生选拔制度

优质生源是选拔优秀学生、培养拔尖人才最基本的条件。清华大学一直保持优异的生源质量,保送生和自主招生制度为学校考查学生综合素质和能力提供了空间。"清华学堂人才培养计划"要建立科学的遴选机制,注重考察学生的综合能力、学术兴趣和发展潜质,即"有兴趣、有天赋、肯投入",将有志于攀登世界科学高峰的最优秀学生选入计划进行培养。入选的学生享受专项奖学金。

根据学科特点探索多样化的学生遴选方式,进行多次选拔、逐步到位,实行开放式动态进出机制和自由选择机制,不拘一格吸纳选拔优秀学生。邀请相关学科领域的国际一流学者和国内知名学者参与学生选拔过程。

(1)对具有特殊潜质和潜能的优秀中学生,可以通过自主招生或高考录取方式选入计划。

(2)学生入学后,经学生自愿申请,综合学习成绩、科研活动和面试表现,及早发现和培养优秀学生。

(3)探索学生综合评价体系,建立动态流动机制。学生管理实行学生所在班级、学堂计划双下标管理。每学期或学年结束对学生进行综合评价,对其中不适于计划学习和要求的学生,引导其及时退出计划,返回原所在院系继续学业。对以前未入选计划但经严格考核后确属优秀的学生,补充到计划中进行培养。

(4) 建立计划入选学生数据库,长期跟踪学生发展。

(二) 学风管理制度

通过与世界级科学家交流研讨、举办经常性的高水平学术报告等形式,鼓励学生参加或组织研讨班、学术报告、学术沙龙等学术活动,搭建高端开放式交流平台,营造浓厚的学术氛围,建立学习者"社区"或科学研究"乐园",激发学生的学术兴趣和学术理想,并内化为勤奋学习、奋发进取的自觉行动。

学校将为计划实施提供专门的物理空间,专门辟出清华大学校内历史最为悠久的建筑——清华学堂作为特色人才培养基地,使其成为名副其实的"清华学堂人才培养计划"。根据教学活动的需要,将设置各类实验班、特色班的教室,举办学术报告、专题讲座、讨论课等的报告厅和讨论室,还将设置教师办公室和展示厅等,建立集中的教、学、研一体化的教学空间,建立学校层面交流平台,营造学术氛围,促进学科交叉、学术交流。

清华学堂本身是清华大学最早的建筑,同时也是清华大学建校之初的校名,作为特色人才培养基地有着深厚的历史渊源。早期清华学堂曾经作为高等科学生的宿舍和教室,20世纪20年代清华大学开始建立国学院,包括当时著名的四大导师梁启超等人教学传道授业的场所也是在清华学堂,很多学生当年都曾经在清华学堂学习过,包括两弹一星元勋王淦昌先生在回忆清华学堂的经历时专门写道:清华学堂在我的心目中实际上是清华天堂。将清华学堂"还给"学生,恢复其直接的教学和育人功能,体现了学校以学生为主体,以人才培养为根本的办学思想,有利于充分发挥清华学堂本身所蕴含的深厚的历史底蕴和文化内涵,使学生更加深切地感受清华大学传统,增强其使命感和责任感,激励学生成长成才。

三、南开大学

(一) 学生选拔制度

选拔面向全体在校学生,学生依据专业兴趣自愿报名。相关学院通过包括笔试、面试在内的综合考核和培养目标的要求,确定学科伯苓班学生,每班人数控制在20人以内。根据我校自主招生政策,在自主招生考试中,特别优秀者可直接入选伯苓班。伯苓班在培养过程中,实行双向选择、动态进出机制。一、二年级每学年末,可由学生本人提出申请,经所在学院专家组综合考核,学院批准,伯苓学院备案,即可转入伯苓班学习。出现下列情况之一者,将退出伯苓班学习。

(1) 经学院专家组综合考核,不适合继续在伯苓班就读者。

(2) 本人自愿申请退出伯苓班学习者。自愿退出者不可再次申请转入伯苓班学习。

(3) 其他原因不适合在伯苓班继续学习者。

退出伯苓班的学生,原则上转回到所在学院相应专业继续学习。转入或退出的学生,经批准可以免修相对应或对等的课程。

以生物伯苓班的选拔制度为例。

(1) 生物伯苓班专业方向为生物科学专业,生物伯苓班学生的选拔以及培养管理严格遵循南开大学、教务处和伯苓学院的相关规定。

对生物科学专业有浓厚兴趣,立志从事生命科学基础研究的新生均可自愿报名申请参加生物伯苓班预备班选拔考试。

申请人应填写《生物伯苓班预备班报名申请表》,签字后在规定时间内提交学院。学院通过包括笔试、面试在内的综合考核和落实培养目标的要求,确定生物伯苓班预备班学生人选。

(2) 生物伯苓班实施小规模单独建班,实行双向选择与进出机制管理。

(3) 第一学年第二学期结束后,学院组织专家组对生物伯苓班人选进行统一选拔综合考核,从德、智、体、美、心理、实践等全方位考察学生的"公能"素质、创新性和发展潜力。通过考核者可在生物伯苓班学习。

① 学生实行自愿报名,统一面试。综合考核成绩中,必修课学分绩占60%,综合素质面试考核成绩占40%。申请者应填写《生物伯苓班报名申请表》,在规定的时间内提交学院教学办公室。

② 报名资格:原则上必修课(A、B、C类课程)没有重修记录。生物伯苓班预备班的全体学生和生物大类 A、B、C 类必修课程的平均学分绩排名专业前50%的学生均有资格报名申请参加综合考核。

③ 面试资格:生物伯苓班预备班 A、B、C 类必修课程的平均学分绩排名前50%的学生可以申请免面试;学院根据报名学生 A、B、C 类必修课程学分绩排序,选取排名前 30 名的学生参加面试。

(4) 第二学年第四学期结束后,生物科学和生物技术专业 A、B、C 类必修课程的平均学分绩排名专业前10%的学生有资格提出转入申请。申请者应亲自填写《生物伯苓班报名申请表》,在规定的时间内提交学院教学办公室。

(5) 学院组织专家组对申请转入的学生进行统一选拔综合考核,从德、智、体、美、心理、实践等全方位考察学生的"公能"素质、创新性和发展潜力。通过考核者可转入生物伯苓班学习,未通过者继续留在原专业学习。

(6) 生物伯苓班(含预备班)学生按照正常的教学计划,在学习过程中出现必修课(A、B、C类课程)不及格者,下一学期自动转出生物伯苓班(含预备班)。

(7) 生物伯苓班(含预备班)学生自愿转出者,应在每学期末及时向学院提出申请,并办理相关手续,下一学期转出伯苓班(含预备班)。自愿提出转出者不可再次申请转入伯苓班(含预备)学习。

(8) 转入转出学生可以免修相对应的课程,免修课程按照教务处要求统一执行。

(二)学业评价制度

对伯苓班学生实施"柔性评估"与"奖励优秀"相结合的考核机制,考核侧重过程性和个性化,充分强调学生在自主学习和实践研究过程中的创新性和发展潜力。鼓励考核形式多元化。

(三) 导师制规章制度

实行全程导师制。学院推荐综合素质高、业务能力强的教师担任伯苓班学业导师,由伯苓学院聘任。学业导师在学生学业设计、思想认知、科学研究、综合素养等方面给予指导,定期与学生进行面对面沟通与交流。

四、吉林大学

(一) 学生选拔制度

2009年首批试验计划生源,已通过自主招生、提前批次录取等多种渠道选拔唐敖庆Ⅰ班30名,又通过在校生综合考试、面试选拔唐敖庆Ⅱ班30名。2010年通过自主招生、接收重点推荐、提前批次录取等多种渠道选拔优异生60名。学生进入试验计划后,通过分流机制,按照"以学业成绩为基础、以综合素质和学术潜质为核心"的原则,对进入拔尖学生培养计划的学生实行多次选拔,包括在校内相近学科专业动态择优选拔一定数量的优异生,两个实验班学生人数控制在60人左右。

(二) 学风管理制度

重视氛围营造,为拔尖学生培养创造一流的学术环境与氛围。
1. 精神文化氛围
充分挖掘和利用我校优良的办学传统和大学精神文化,增强学生自我荣誉感和使命感,分别将文科试验班、理科试验班(包括基础学科拔尖学生培养计划)、信息科学试验班、地学试验班和医学试验班命名为匡亚明班、唐敖庆班、李四光班和白求恩医学班,使之成为人才培养链条中的重要文化和历史传承,增强学生的荣誉感和使命感。
2. 学术氛围
通过世界级科学家访问、高水平学术报告等形式,营造浓厚的学术氛围和开放的交流平台,激发学生的学术兴趣和学术理想,引导学生自觉参与学术活动和科学研究活动。建立各种课外学习小组和科学研究小组,激发学生的求知欲和创新潜能。

(三) 导师制规章制度

实行全程导师制。项目学生的培养过程实行全程导师制,导师配备采取学生选择导师和导师选择学生双向选择的方式进行,每1~2名学生配备1名导师。项目学生的导师需为院士、国家杰出青年科学基金获得者和其他知名教授,项目导师要针对学生的具体情况,制订培养学生创新能力的计划,定期指导学生的学习,每学期末对学生指导情况进行总结;组织并带领学生开展多种形式的科研训练,培养学生的研究能力。导师由学校相关管理部门进行管理,并根据导师职责,通过查阅导师指导记录、召开学生座谈会、问卷调查等多种形式对导师工作进行考核,建立导师学年考核档案。

五、复旦大学

学业评价制度如下。

复旦大学生命科学学院通过成立"本科生科研质量评估委员会"(Undergraduate Research Quality Evaluation Committee,URQEC)负责全校生物学拔尖计划学生的遴选和考核。URQEC由热心于本科生培养的学院教授组成,大部分URQEC成员获得各项国家级人才项目的支持。

学院鼓励刚进实验室的学生,在了解实验室的研究思路和研究方法后,围绕自己感兴趣的一个生物学问题,提出申请;获得资助后,开展有深度的研究。禁止直接借用他人的在研项目来提交申请,一经发现勒令退出。

由URQEC负责学生的考核,1年2次。按照开展自主科研的时长(而不是入校时间)分组考核。每期考核成绩分为A、B、C三个档次,各占每组参与人数的1/3。每期通过考核后,按照考核成绩,学生将获得不同额度的奖学金;如有需要,考核成绩靠前的毕业班的学生,可获得由学院院长开具的中英文证明材料。定期的考核和1/3的C档确保了学生间良性的竞争,在实践中被证明有效地督促了学生积极主动地推动自主科研。

六、上海交通大学

(一)学生选拔制度

致远学院旨在培养具有扎实基础、全局眼光、人文情怀和创新思维的未来科技领袖。因此,致远荣誉计划学生应该具有热爱科学的激情,能够在本科阶段就展现出良好的从事科学研究的潜质。为保证上述目标的实现,致远荣誉计划学生将实行滚动选拔机制,特制定如下关于学生转出的规定。

1. 总则

本规定适用于上海交通大学致远理科荣誉计划学生。

2. 转出对象

有下列情况之一,必须转出致远荣誉计划:① 受到学校纪律处分的和退学警告以上(含退学警告)学籍处理的学生;② 没有通过资格考察的学生;③ 资格考察后需留院察看,但学业成绩未通过终审的学生。

其他申请转出致远荣誉计划的情况：① 自主申请转院系（专业）的学生；② 因特殊原因无法在致远荣誉计划继续学业的学生。

3. 办理时间

如符合学校自主选择专业的有关要求，按《上海交通大学本科生自主选择专业实施办法》规定时间申请转院系（专业）。

其他类别转院系（专业）或转学手续应在春、秋季学期开学前完成所有手续的办理。

4. 办理流程

所有转出学生提交《致远理科荣誉计划学生转出申请表》，由项目主任、主管教学的副院长审批，并报学生培养办公室备案。

符合学校自主选择专业的有关要求的学生，还须按《上海交通大学本科生自主选择专业实施办法》办理流程执行。自主选择专业未被录取者，必须转入相近专业继续学习。

其他类别校内转院系（专业）学生，原则上转入相近专业继续学习。学生也可以申请转入其他院系（专业），但需通过转入院系的考核和学校审批。学生还须按学校规定提交转专业申请，经转入及转出院系（专业）、学生处同意，报学校教务处审批。

5. 学分转换

转入相近专业继续学习的学生，实行培养方案分段制度。转入相近专业前，必须完成致远荣誉计划培养方案中相应学期的所有课程，如有不及格课程，必须重修，具体重修课程的性质和类别等由转入院系（专业）决定。转入相近专业后，按要求完成转入院系（专业）培养方案中后续学期的课程，而对于转入之前相应学期的必修课程，转入院系（专业）可采取口试等方式评估学生是否掌握此类课程内容，未通过评估的学生，转入院系（专业）可要求转入学生以自学、旁听等方式掌握知识内容，原则上不要求其正式修读。

转入其他院系（专业）的学生，可申请学分转换，具体办法依据《上海交通大学本科生学分转换管理办法实施细则》执行。

6. 附则

本规定自2017年1月1日起施行，由上海交通大学致远学院负责解释。

（二）学业评价制度

为了全面落实致远理科荣誉计划培养目标，保证致远理科荣誉计划的教育质量，严格执行学籍管理规定，按照"公平竞争、择优录取"的原则，特制定本办法对致远理科荣誉计划的学生实施资格考察工作。

1. 总则

本管理办法适用于上海交通大学致远理科荣誉计划一年级和二年级在读学生。

2. 考察原则

通过组织专家面谈的形式，考察学生的学习态度与激情，研判其课程学习情况。根据面谈结果综合考虑，由专家小组评审决定每位学生是否有资格在致远荣誉计划继续学习。

3. 考察人员

专业核心课程和英语课程总GPA班级排名后50%者，或者专业核心课程一门及以上不及格者需参加资格考察。

致远理科荣誉计划化学方向二年级学生专业核心课程和英语课程总学积分低于83分（含）者，或者专业核心课程一门及以上不及格者需参加资格考察。

4. 考察形式

一年级学生采用"笔试和面谈"的考察形式。

二年级学生采用"面谈"的考察形式。

5. 考察时间

笔试时间为春季学期第0周周日，面谈时间为春季学期第1周周三下午或晚上。

6. 其他

对于不具有在致远理科荣誉计划学习资格的学生，会被要求退出致远理科荣誉计划，转至学籍所在院系普通班级就读，具体转出流程参照《致远荣誉计划关于学生转出的规定》执行。

对于无法判定其是否具有在致远理科荣誉计划学习资格的学生，需签署"院系警告"告知书，通过观察其一学期的修业表现评定其资格。

本办法修订于2016年12月1日，原办法相应废止。本办法由上海交通大学致远学院组织实施并负责解释。

七、南京大学

为贯彻教育部"基础学科拔尖学生培养试验计划"精神，南京大学全面实施"基础学科拔尖学生培养英才培育计划"（以下简称"英才培育计划"）。为保障"英才培育计划"的顺利实施，特制定本管理办法。

（一）总体原则

人才培养模式上突破陈规，解放思想，改革创新，在管理体制、运行机制上构筑基础学科拔尖人才培养的绿色通道，为选拔和培养基础学科相关领域的未来拔尖创新人才提供制度保障。

南京大学基础学科拔尖学生培养"英才培育计划"，目前首先在数学、物理、化学、生命科学与计算机科学等学科方向实施。

（二）管理机制

南京大学"英才培育计划"实施二级管理：学校负责计划总体设计、政策保障。相关院系与单位负责各学科方向的教学、管理等具体工作。

学校设立南京大学基础学科拔尖学生培养"英才培育计划"领导小组、专家小组、工作小组、办公室等管理机构。

"英才培育计划"设立数学、物理、化学、生命科学、计算机科学、天文学、大理科7个拔尖英才班,分别由数学系、物理学院、化学化工学院、生命科学学院、计算机科学与技术系、天文学系、匡亚明学院管理。

拔尖英才班一、二年级的"大理科模式"培养方案和教学计划由匡亚明学院与各相关院系共同制定。匡亚明学院负责实施英才班一、二年级教学,三、四年级教学由各相关院系负责实施。

"英才培育计划"研究生阶段培养计划与管理办法,由研究生院与相关院系另行协商制定。

(三)具体办法

1. 学生选拔

通过提前招生和二次招生相结合的方式录取拔尖英才班学生;二年级末通过综合考核吸收部分计划外优秀学生进入"英才培育计划";三年级末通过"关口选拔"确定基础学科英才人选。以"动态进出机制"保障"英才培育计划"的适度张力和竞争态势。

2. 学生培养

拔尖英才班学生可按照"英才培育计划"培养方案,依据各院系、各学科方向拔尖人才培养规律,在学术导师指导下制定个性化人才培养方案。拔尖英才班学生在导师的指导下可自主跨学科、跨年级选修课程和开展科学研究训练,在高年级阶段可自主选修部分研究生课程,进入实验室进行科学研究。进入"英才培育计划"的学生可优先享受海外学习、境外实践、学术会议等国际交流机会。

3. 学生考核与奖励制度

学校对拔尖英才班学生实施"柔性评估"与"奖励优秀"相结合的考核机制,考核侧重过程性、个性化,充分强调学生在学习、研究过程中体现出来的创新性和发展潜力,高度重视学生发现问题和解决问题的能力,提倡快乐学习,灵活考核。考核内容以实验考核、科研课题考核为主,考核形式鼓励多样化。

建立健全"英才培育计划"学生奖励机制,设立"基础学科拔尖英才助学金""基础学科拔尖英才奖学金""基础学科拔尖英才创造力专项奖",构建基础学科拔尖英才成长的绿色通道。

4. 导师配备与激励机制

拔尖英才班在本科4年内按照科学的牛师比,实行学术导师、生涯导师"双导师制",确保拔尖英才班学生的全面发展和个性化培养。

建立健全"英才培育计划"教师激励机制,设立"英才培育计划"教师课时津贴、导师特殊津贴、"英才培育计划"特聘教授、优秀导师、优秀课程、"英才培育计划特别贡献奖"等,全方位鼓励优秀师资投入基础学科拔尖人才培养事业。

(四)附则

本办法自颁布之日起正式施行,各相关院系可根据本办法补充制定院系"英才培育计划"选拔、培养、奖励等实施细则。本办法未尽事宜,由南京大学基础学科拔尖学生培养"英才培育计划"办公室负责解释。

八、浙江大学

(一)学生选拔制度

以浙江大学数学科学学院求是班为例。

(1)新入学的求是班学生的遴选工作由学校统一组织。

(2)求是班学生中期的遴选工作在竺可桢学院组织下由数学学院负责,分两次进行:分别是大一和大二秋冬学期学习结束后进行。选拔的对象是有志于投身数学理论研究的同年级的学生。选拔范围:大一在全校范围进行,大二仅限在数学与应用数学专业选拔。大二之后无特殊情况一般不再调入,但对于不适合在求是班学习的学生仍可以调整出求是班。调整后各级数学求是班人数严格控制在25名以内。

(3)竺可桢学院和数学学院在学校和数学学院网上公布遴选消息。在秋冬学期结束前,所有报名的学生,参加由数学学院组织的"数学分析"与"高等代数"课程笔试,结合所在专业的相应的数学课程成绩,择优进入面试环节。面试时间安排在春学期开学前一周进行。通过面试后,工作组在一周内审核全部资料,投票确定新增学生名单后上报竺可桢学院。

(4)对于已在求是班的学生,调出标准为课程绩点低于3.0。对于课程绩点低于3.5的学生实行黄牌警告。调出学生如果没有特别要求,将自动转至数学学院的数学与应用数学专业学习。

(5)遴选工作面试小组将由4位教授和1位思政教师组成。面试学生每人做10分钟个人陈述,再有15分钟左右时间的提问和答辩过程。答辩结束后,面试组讨论确定面试成绩。

(6)遴选工作是由数学学院求是班工作组统一组织,工作组依据笔试成绩、面试成绩,结合学校相关资料确定最后调整人员。

(7)学籍调动:对于通过遴选的学生,将由数学学院上报竺可桢学院后,由学校本科生院负责将该生的学籍调入竺可桢学院。对于调整出求是班学生的学籍也将同时调出竺可桢学院。

(8)培养方案、补退选课程、课程免修:调整进入数学求是班的学生的培养方案按照求是班学生执行。在春学期开学后两周内办理补退选课程手续。一年级学生可以由第一学期的"微积分"代替第一学期的"数学分析",第一学期的"线性代数"代替第一学期的"高等代数",第一学期的"几何学"代替"一般几何学"(求是班"几何学"),不足学分由其他数学专业课代替。二年级进入求是班的学生,可以用"微积分"+"分析基础"代替三个学期的"数学分析",不足学分由其他数学专业课代替。通识课程和大类课程(除数学课程外)按照求是科学班的培养方案执行,其他专业的通识课程和大类课程中学分高的课程可以覆盖求是班培养方案中学分低的同类课程。满足数学求是班全部学分要求的,准予毕业。

（9）思政管理：学生进入求是班学习后，其思政管理工作由数学学院配合竺可桢学院负责。

（10）未尽事宜由数学学院求是科学班委员会解释。

（二）导师制规章制度

以浙江大学化学系求是班为例。

导师制是化学系求是班培养机制中的一个重要环节，是我系全面落实求是科学班培养方案的具体举措和重要保证。通过导师制使得重基础的前期培养和后期化学专业知识学习及科研能力的培养有机地结合，有利于在本科学生培养阶段中发挥高水平教师的指导作用和学生的主体作用，有利于更好地实现求是班人才培养的目标和个性化培养的要求。

根据化学系求是班培养计划的安排，求是科学班二年级学生在了解本系各学科及教师研究方向的基础上，于每年10月11日—11月30日进行导师制双向选择工作。化学系求是班导师制实施方案如下。

1. 导师制实施原则

（1）导师制是化学系求是班学生本科阶段的一个重要环节，为培养优秀学生提供了优良的条件。导师的选择涉及学生在本科阶段的学习与科学研究方向，学生应认真对待。学生在对本系学科导师情况及相关学科、专业等充分了解的基础上，根据本人的特长与爱好，通过学生与导师的双向选择，确定导师。

（2）导师类型含学业导师与科研导师。每位学生在不同的学习阶段，均应选择学业导师与科研导师，两类导师并非必须是同一教师。如无特别说明，本方案特别针对学业导师的实施。

（3）该工作具体由各年级项目负责人负责，班主任协助进行。

（4）根据本系师生的实际情况，每位学生只可选择1名导师，暂定每位导师每年最多只能指导1位求是班学生。

（5）师生双向选择：学生在10月11—31日期间，根据本人的志愿与有意向的教师见面，双向交流，了解情况。每个学生开始可预选多个导师见面交流，导师可根据学生申请与交流情况确定指导学生。最后由学生填写《化学系求是班学生选学业导师申请表》，再由导师签字确认。项目负责人在11月10日前对师生双向选择结果进行及时审核，并在申请表上签字同意，确定本系师生名单，报本系"求是科学班培养工作委员会"备案。

导师一经确认，原则上不得更改。特殊情况需要更改，需经导师、学生双方同意后，再由项目负责人审定。

（6）教学计划制订：11月11—30日，根据化学系求是班培养方案，实施导师指导下的培养计划。学生确认导师后，在导师的指导下制订个性化的培养计划。导师应认真负责，在充分尊重学生的兴趣、专长与未来的学习规划的基础上，适当结合自身的发展经历和专业特长，指导学生制订培养计划。原则上要求学生必须修读确认主修专业的核心课程。

根据化学系教学委员会和求是科学班培养工作委员会对求是班教学计划制订提出的意见，在具体制订教学计划中要求如下。

① 学生前一年半的培养方案由班主任协助学生进行，并经班主任确认。学生后两年半

的培养方案实施导师指导下的培养计划,由导师确认。

② 应在学校规定最低169学分的基础上,适当增加与学生未来研究兴趣有关的个性课程(参阅《求是科学班培养方案》)。

③ 二年级春夏学期结束前学生要通过英语六级考试。

④ 研究型课程应在学生4年的个性化培养方案中体现。建议学生的SRTP在二年级秋冬学期和三年级春夏学期间完成。

⑤ 学生个性培养计划确定后,学生打印签字(一式两份),交导师确认签字,再由项目负责人审核通过。一份交系"求是科学班培养工作委员会"备案。

培养计划将是学生毕业资格审核的一个重要依据。计划确定后,学生必须按计划修读课程。若需更改修读课程计划,必须说明变更原因,经导师同意签字后,再由项目负责人核定。更改修读课程计划必须在每年5月底以前或11月底以前提出。

2. 导师制有关规定

(1) 导师的任职应满足以下条件。

① 关心热爱学生,工作认真负责,富有创新精神。

② 具有指导博士研究生资格。

③ 今后作为科研导师的,在上述基础上,应具有在研国家级或省部级重点以上的研究项目。

(2) 导师的权利与职责如下。

① 选择学生。根据学生的学业成绩、综合素质和面试结果,择优录取学生。

② 对学生进行人格塑造上的指导。关心学生的进步,教育学生树立正确的人生观和价值观;引导学生明确学习目的和成才目标,培养学生科学精神与创新精神;促进学生知识、能力、素质协调发展。

③ 对学生进行学业上的指导。了解求是班培养的方针、政策与要求及培养方案。在此基础上,指导学生制订后期个性化的培养计划与各学期选课计划。定期听取学生汇报学习情况,并对其指导。求是班实行滚动淘汰制,导师需关心该学生的学习在全班同学中所处的位置。

④ 作为科研导师负责对学生科研能力的培养。组织并指导学生开展多种形式的科研训练,培养学生的研究能力;安排学生参加学术活动、研讨班活动、参加实验室项目或课题等。为拓宽学生的视野,原则上学生参加的SRTP不能与其毕业论文属于同一研究方向。拟定学生出国学习交流的计划(包括时间、地点、内容、经费要求等),学生出国学习交流的计划必须包含在该学生的培养计划中,具体事项与项目负责人联系。

⑤ 根据学生的学业和科研等综合表现,享有优先推荐所指导学生进一步深造的权力。根据学校有关规定,对特别优秀的学生可推荐提前攻读高一级学位。

⑥ 对学生进行发展方向及就业方向的指导。通过对学生的接触和了解,针对各个学生的不同特点,对其发展方向和就业方向提出恰当的建议。

⑦ 作为学业导师或(和)科研导师指导学生的工作,化学系将从相关经费中给予一定补贴和资助。

(3) 学生享受的权利与义务如下。

① 在全系范围内,按照一定的程序,通过双向选择确定导师。导师一经确认,原则上不

得更改。如有特殊情况需要更改,需经导师、学生双方同意后,再由项目负责人审定。

② 进行个性化的培养。学生在导师指导下制订培养计划、课程学习计划和科研训练计划。计划制订并经导师和项目负责人审核后,学生必须按计划修读,原则上不得变更。若需更改修读课程计划,必须说明变更原因,经导师同意签字后,再由项目负责人核定。更改修读课程计划必须在每年5月底以前或11月底以前提出。

③ 二年级下学期结束前学生要通过英语六级考试。

④ 参与科研工作。要求学生在科研导师的指导下从二年级下学期开始参加SRTP。三年级起,积极参与导师的研讨班和课题组工作,以便较早接触、了解和掌握学科的动态,培养科研能力。

⑤ 学生应定期向导师汇报学习工作情况,听取导师的意见与建议,按时完成导师交给的工作。

⑥ 为了鼓励学生积极探索基于研究的学习,系将为学生提供出国学习的机会,具体由导师指导进行。对科研工作或研究论文取得优异成绩的学生,系给予表彰与奖励。

⑦ 对于提前完成求是科学班培养方案的学生,可向系提出攻读高一级学位的申请,经导师和系审核,报学校有关部门批准,允许特别优秀的学生提前攻读高一级学位。

⑧ 学生在毕业前须向系"求是科学班培养工作委员会"提交参加学业导师制总结材料。学生和导师在本页签字意味着认可此方案并承担相应的义务和责任。

九、中国科学技术大学

学生选拔制度如下。

(1) 选拔时间:基础科学类英才班的学生原则上从一年级新生中选拔,高技术类英才班的学生在三年级秋季学期结束之前完成选拔,不晚于三年级春季学期进入英才班培养。

(2) 选拔方式:英才班学生可通过高考、自主招生和从当年录取新生中择优等方式选拔。新生择优选拔由学校统一组织发布信息,具体选拔条件和要求由各英才班自行制定,可通过笔试、专家面试等形式综合考察。英才班学生也可面向相关学科其他年级学生分流选拔,由学生自愿申报、专家面试等方式遴选。

(3) 英才班采取动态管理模式,各英才班应建立学生流动机制,制定学生流动管理办法。不适应英才培养模式的学生允许退出,特别优秀的学生可经任课教师推荐和相应的选拔机制进入英才班。

5个基础学科(数学、物理、化学、生物、计算机)英才班及信息、力学英才班的首次动态调整学期为二年级秋季学期,二年级春季学期至四年级秋季学期,每学期调整一次。从三年级春季学期开始,严格执行只出不进的规则。动态调整标准:GPA大于等于3.5的学生可以申请加入;GPA低于3.2的学生需退出英才班。

十、四川大学

（一）学生选拔制度

（1）"试验班"的学生选拔要高度重视并考察学生的科学素质、学术兴趣、悟性和发展潜质。通过自主招生、保送和从当年高考进入四川大学的学生中公开选拔。

（2）首批学生从2009级吴玉章学院和国家基础学科人才培养基地班学生中选拔，在数学、物理、化学、生物4个基础学科领域通过笔试、面试等方式遴选学生进入"试验班"，2009年秋季学期完成选拔工作，2010年春季学期开始"试验班"培养。

2010级，学校将通过自主招生、保送和从2010年新入学的学生中选拔等方式遴选符合"试验班"条件的学生在2010年秋季学期直接进入"试验班"学习。

从2011级起，学校将进一步扩大遴选渠道，与特定级别的示范中学签订联合培养协议，根据学生的学科基础、兴趣和志向，有意识地发现和培养数学、生物、物理、计算机和中文、历史等基础学科苗子，通过中学推荐、自主招生、保送等方式优先或破格录入四川大学"试验班"学习。条件成熟后，再尝试从高二和高三学生中遴选在基础学科领域有培养潜质的优秀学生进入四川大学，先按基础学科预科培养一年，待第二年正式入学后，再转入"试验班"学习。

（3）高中阶段获得数学、物理、化学、生物、计算机等学科竞赛全国赛区一等奖以上者，通过我校组织的综合测试后，在国家招生政策许可的前提下，直接录入"试验班"学习。对于在某一领域特别优秀的学生，可探索国内外大师面试考察予以破格录取。从2010年起，各基础学科领域委派专家到本领域学科竞赛的全国决赛现场考察、招生，选拔优秀学生破格录入四川大学"试验班"学习。

（二）学业评价制度

为了更好地促进基础学科领域拔尖人才脱颖而出，确保将真正热爱基础学科、具有创新精神和研究潜力的优秀学生吸纳到该计划中，学院特制定《"生物学拔尖人才培养试验班"学生动态管理运行办法（试行）》，期望通过灵活的阶段性考核以及严格的筛选机制以实现试验班学生的滚动选拔与淘汰，以形成良好的学习氛围和竞争机制。

1. 学生阶段考核的主要指标

（1）学习兴趣。入选该计划的学生应对生物学保有浓厚兴趣，若中途发生兴趣转移，可以退出该计划。

（2）学业成绩。已修课程成绩须达到优秀，凡不能达到规定学习要求的学生应退出该计划。

（3）科研潜质。已配备科研导师的学生由科研导师对学生的科研潜质出具阶段性评价意见，未配备科研导师的低年级学生由负责科研轮训的教师出具该意见。科研潜质考核强调的是学生在科研过程中表现出来的创新性和灵活性,特别应注重学生发现问题和提出问题的能力。凡是对科学研究兴趣不高,对科学问题缺乏探究精神,缺乏基本科研素养的学生应退出该计划。

(4)综合素质。由班主任、辅导员和任课教师等对学生进行综合素质评价,凡思想素质、身体素质、心理素质、人文科学素养等较差的学生不适宜留在该计划中。

2. 阶段考核实施办法

(1)学生提交个人学业成绩、阶段总结及未来规划并进行现场答辩。

(2)学院组织专家按照学习兴趣、学业成绩、科研潜质、综合素质4个指标对学生进行阶段考核,真正将成绩优异、发展潜力大、综合素质高,有志于献身科学研究的特别优秀的学生留在该计划中。

阶段考核通过者,方可进入下一阶段培养。

3. 滚动选拔实施办法

阶段考核未通过的学生退出基础学科生物学优秀人才培养计划后,将有同样数量的优秀学生选拔补充进该计划。补充选拔实施培养的具体办法如下。

(1)从在校相应年级的吴玉章学院生物类学生和生命科学学院优秀学生中公开选拔。每年根据具体情况,候选范围大致如下:二、三年级吴玉章学院生物类学生、各专业学生学业成绩排名前5名可以自愿报名申请参与选拔;一年级吴玉章学院生物类学生、生物科学大类学生学业成绩排名前10名可以自愿报名申请参与选拔。选拔的学生在校期间无任何违纪记录,具有较高的外语水平和运用能力。

(2)在科学研究方面特别优秀的学生可以由知名专家、教授直接推荐参与选拔。

(3)由学院组织专家按照四川大学"生物学拔尖人才培养试验班"学生遴选办法对报名学生进行选拔。

(三)导师制规章制度

按照四川大学生命科学学院"基础学科拔尖学生培养试验计划"的实施方案要求,将在高年级阶段为每位学生配备科研指导教师,对学生进行专业化、个性化培养,着重培养学生判断、分析和解决问题的能力、创新能力和自主学习研究的能力。

担任"试验班"学生科研指导教师的要求是院士、国家杰出青年科学基金获得者、国家级教学名师以及资深教授(原则上必须是博导)。为保证指导成效,首先要求指导教师主观上有参与计划的意愿,其次必须有稳定而深入的科研发展方向,目前承担了国家重大重点科研项目的研究工作。

"试验班"学生科研导师的配备采取双向选择的方式,由生命科学学院基础学科拔尖人才培养工作小组负责实施。首先在全院范围内公开报名,对于相关交叉学科也可以打破学院界限。为避免学生在选择学科方向或科研实验室时的盲目性,学院将结合《技能轮训》为学生提供充分了解各级重点实验室、各学科方向主要研究内容的机会。学生对于自己感兴趣的研究方向,可以进一步与相关导师交流、沟通,此过程也是导师对学生的考察与选拔过程,在双方达成一致的情况下,最终确定每一位"试验班"学生的科研导师。

承担了"试验班"学生科研指导工作的导师应严格按照《四川大学生命科学学院拔尖人

才试验班导读和科研训练指导意见》的要求开展工作,在科研训练过程中要注重创新性思维和批判性思维的灌输,注重学生三大基本能力(收集获取信息、加工处理信息以及交流发表信息)的培养,特别注重对学生科研创新能力的培养。

学院每半年对科研指导教师的指导情况进行考察,对于积极投入拔尖人才培养工作,人才培养成效良好的指导教师给予一定的奖励。对于连续两届有学生反映对指导工作不热心、不负责的指导教师,学院将取消其拔尖人才指导教师的资格。

十一、西安交通大学

(一) 学生选拔制度

根据新版少年班培养方案内容,按照"分类培养,因材施教,优中拔尖"的原则,2016级少年班学生均可报考钱学森班(H)、数学试验班(H)、物理试验班(H)、化生试验班(H)、计算机试验班(H)、人工智能试验班(H),各试验班为少年班单独预留选拔指标。各类试验班选拔人数的上限如下:钱学森班(H)20人、数学试验班(H)10人、物理试验班(H)10人、化生试验班(H)10人、计算机试验班(H)10人、人工智能试验班(H)10人。共计上限70人。

学生可在以上6类试验班中,任意选择两类进行报名,将采取非平行志愿进行录取,如学生同时被两个志愿拟录取,优先录取第一志愿。钱学森学院将统一组织选拔并公布结果。少年班学生预科结束后选拔进入各类试验班的实施细则如下。

1. 钱学森班(H)选拔实施细则

(1) 选拔方式。根据报名学生预科二两个学期期末数学、物理、英语三类课程的学分绩排名确定面试资格,排名前30名学生取得面试资格;根据学生在预科二期间的数学、物理、英语成绩结合面试的方式进行选拔。

(2) 面试内容。面试主要考查学生对工科类专业的兴趣和志向、对工程和工程师的认识、思维逻辑、综合分析能力、交流表达能力(包括英语表达)、心理素质、课外实践与其他社会活动等。

(3) 录取原则。综合成绩 = 预科二两个学期期末数学、物理、英语三类课程学分绩 × 50% + 面试成绩 × 50%,按照综合成绩由高向低录取,录取人数不超过20名。

2. 数学试验班(H)选拔实施细则

(1) 选拔方式。报名学生须参加数学附加考试,根据预科二两个学期期末的数学、英语成绩及附加考试成绩进行总评,排名前20名的学生取得面试资格。

(2) 根据总评成绩和面试成绩加权排序的方式进行选拔。

(3) 附加考试。测试安排:在预科二第二学期"工科数学分析2"期末考试中针对报名学生单独增加30分钟的附加考试,其得分不计入"工科数学分析2"的期末成绩。测试范围:附加测试范围为当年普通高等学校招生全国统一考试大纲(理科数学)所涵盖的内容以及预科二数学课程全部内容。

(4) 总评成绩。总评成绩 = 预科二两个学期期末数学、英语课程的学分绩 × 80% + 附加考试成绩×20%。

（5）面试考察。面试考查学生逻辑思维、空间想象、语言表述、综合分析以及交互理解等能力，考查学生的志向、对数学的兴趣以及与数学相关的课外阅读、学习、讨论、研究和数学竞赛等活动。

（6）录取原则。综合成绩＝总评成绩×50%＋面试成绩×50%。按照综合成绩由高向低录取，录取人数不超过10名。

3. 物理试验班（H）选拔实施细则

（1）选拔方式。报名学生须参加物理附加考试，成绩前20名学生取得面试资格。

（2）根据物理附加考试和面试成绩加权排序的方式进行选拔。

（3）附加考试。物理附加考试时间为2小时，考试范围以我校本科大面积专业"大学物理"课程内容为主要依据，着重考查学生基本物理知识的理解和应用深度。

（4）面试内容。面试主要进行物理知识、物理思维考查以及英语问答等，着重考查学生物理知识的广度。

（5）录取原则。综合成绩＝物理附加考试成绩×50%＋面试成绩×50%，按综合成绩由高向低录取，录取人数不超过10名。

4. 化生试验班（H）选拔实施细则

（1）选拔方式。根据预科二两个学期期末英语、化学、生物三类课程学分绩及附加考试成绩进行总评，前20名学生取得面试资格。

（2）根据总评成绩和面试成绩加权排序的方式进行选拔。

（3）附加考试。考试安排：在预科二第二学期化学期末考试中针对报名学生单独增加30分钟的附加考试（化学与生物）。考试范围：无机与分析化学、生物技术。

（4）总评成绩。总评成绩＝预科二两个学期期末英语、化学、生物三类课程的学分绩×80%＋附加考试成绩×20%。

（5）面试内容。面试考查学生逻辑思维、空间想象、语言表述、综合分析、团队合作以及交互理解等能力，考查学生的志向、兴趣、课外拓展、竞赛等活动。

（6）录取原则。综合成绩＝总评成绩×60%＋面试成绩×40%，按综合成绩由高向低录取，录取人数不超过10名。

5. 计算机试验班（H）选拔实施细则

（1）选拔方式。报名学生须参加计算机机试附加考试，附加考试成绩前25名学生取得面试资格；根据附加考试成绩和面试成绩加权排序的方式进行选拔。

（2）附加考试。考试形式为机试，包括上机编程和在线学习能力测试两部分：上机编程使用C语言编程，考核方式为黑盒测试，以通过测试用例为准；在线学习能力测试，内容为计算机领域相关知识的应用，形式为先介绍计算机领域的某特定知识和技术，然后在线解答相关题目。机试总时间为120分钟，英文出题。

（3）考试范围。上机编程范围包括逻辑与数学运算、分支循环、数组、函数调用、字符串操作和指针等；在线学习能力测试范围包括计算机领域数据结构、算法以及相关专业课程。

（4）面试内容。面试考查学生逻辑思维、空间想象、语言表述（包括英语听说能力）、综合分析以及交互理解等能力，考查学生的志向、对计算机方向的兴趣以及与计算机相关的课外阅读、学习、讨论、研究和编程竞赛等活动。

(5) 录取原则。综合成绩=附加考试成绩×50%+面试成绩×50%,按综合成绩由高向低录取,录取人数不超过10名。

6. 人工智能试验班(H)学生选拔方案

(1) 选拔方式。报名学生须参加计算机附加考试,附加考试排名前30名学生取得面试资格;根据附加考试和面试成绩加权排序的方式进行选拔。

(2) 附加考试。考试形式为机试,包括上机编程和在线学习能力测试两部分。上机编程使用C语言编程,考核方式为黑盒测试,以通过测试用例为准;在线学习能力测试内容为计算机领域相关知识的应用,形式为先介绍计算机领域的某特定知识和技术,然后在线解答相关题目。机试总时间为120分钟,英文出题。

(3) 考试范围。上机编程范围包括逻辑与数学运算、分支循环、数组、函数调用、字符串操作和指针等;在线学习能力测试范围包括计算机领域数据结构、算法以及相关专业课程。

(4) 面试内容。主要考查学生对人工智能学科的兴趣和志向、数理基础、外语水平、思维能力、综合分析能力、交流合作能力、心理素质、课外实践与其他社会活动等。

(5) 录取原则。综合成绩=附加考试成绩×50%+面试成绩×50%,按综合成绩由高向低录取,录取人数不超过10名。

(二) 导师制规章制度

为了深化教育教学改革,创新人才培养机制,提高人才培养质量,学校决定实施本科生学业导师制。本科生学业导师制是高等学校对现行人才培养模式的一种尝试性改革,旨在充分发挥教师在本科生思想道德、学业指导、科研实践、学业和职业规划中的作用,实现"教书"与"育人"的有机结合。

1. 导师的任职资格

承担本科生学业导师应是具有副高及以上职称,有一定工作经历的在职教师;具有较高的政治素质、道德品格和奉献精神;具有较高水平的专业知识和一定的学术影响力;爱岗敬业,为人师表,责任心强,尊重、热爱、关心学生,有能力、有精力指导学生,致力于学生培养与教育工作。

2. 学业导师的聘任

(1) 学业导师分别在通识教育阶段和专业教育阶段对本科生进行指导。

(2) 通识教育阶段,各学院学业导师人数由教务处确定;专业教育阶段,各学院根据培养要求和师生比自行确定学业导师数量。原则上1名学业导师指导学生不得多于30人。

(3) 钱学森学院学生的学业导师在通识教育阶段由钱学森学院选派,专业教育阶段的学业导师由学生所选专业对应的学院进行选派。原则上1名学业导师指导学生不多于15人。

(4) 学业导师由所在学院选聘与培训,报教务处备案。在通识教育阶段,学业导师的聘期为1年;在专业教育阶段,学业导师的聘期为3年(五年制专业为4年)。

3. 学业导师的职责

学业导师主要给予学生思想品德、专业规划、学业指导、科研与实践活动、职业规划与职业素养等方面的引导和指导。

(1) 立德树人,加强学生的思想品德修养和综合素质的培养;激发学生学习热情,教育学生端正学习态度,培养学生良好的学习习惯,树立严谨求实的良好学风。

(2)通识教育阶段的学业导师应参与新生养成教育活动,帮助学生较快地适应大学生活,完成从"高中生"到"大学生"的转变;专业教育阶段的学业导师应给予学生学业规划、学术研究等指导,培养其专业研究能力和创新实践能力。

(3)指导学生进行专业选择和人生规划,根据不同学生的专业兴趣和特长,指导学生制订个性化的修读计划,及时掌握学生的学业状况。

(4)激发并培养学生的科研兴趣与意识、科学精神和探索精神,指导学生参加科研工作和掌握科研方法。鼓励和指导学生积极参加学科与科技竞赛、社会实践、创业创新等活动,培养学生的创新意识和实践能力。

(5)指导学生的职业生涯规划,帮助学生确立未来深造或就业的方向。

4. 学业导师工作方式

(1)教务处在课表中设置学业导师与学生面对面交流的工作时间段,具体时间和地点由学业导师确定,教务处汇总后向全校公布。除了面对面交流,学业导师还可通过座谈会、电话、电子邮件、QQ、微信、小组会等方式与学生保持沟通与交流。

(2)学业导师应对不同年级、不同需要的学生进行分类指导,大胆尝试和创新指导方式方法,取得指导的最佳效果。

(3)学业导师应建立导师指导工作表,完整记录对学生的指导情况,客观分析与评价学生的学习和成长,并于每学期期末提交学院。

(4)学业导师应和学院及书院保持联系,及时反馈学生在心理、思想状态、学习等方面出现的情况。

5. 学业导师的考核与激励

学业导师指导工作视作学校每学期开设的一门16学时的课程,学院应将学业导师的考核纳入学院的教师考核办法中,并计入学院的教师绩效津贴分配中。

学院应制定学业导师选聘与考核办法,会同书院每年对学业导师进行考核。学生满意度是学业导师工作的主要考核依据,学院应不定期地与学业导师和学生沟通,了解导师的指导情况,每年组织学生对学业导师的指导工作进行评议。各学院的学业导师工作情况将纳入学校对学院的年度考核中。

学校教务处会同学生处、学院、书院每年组织评选优秀学业导师,学校予以表彰奖励。优秀学业导师在职务、岗位评聘、研究生录取等同等情况下优先。

本科生学业导师工作由教务处负责组织,学生处、人力资源部、教师教学发展中心给予政策支持和导师培训。学生处和书院应积极主动配合学业导师工作、落实学业导师反馈的问题。

十二、北京师范大学

(一)学生选拔制度

每年面向全校一年级学生(部分类别除外),分别选拔80名优秀学生,针对基础理科

（数学、物理学、化学、生物学）和人文学科（文学、历史学、哲学），分别组建"基础理科拔尖学生培养实验班"和"人文学科拔尖学生培养实验班"。选拔方式采取学生自愿申请，采用能力倾向测试、组织专家面试、参考高考成绩及在校成绩等多种方式对学生进行考察选拔。着重考查学生的综合能力、学术兴趣、创新精神、发展潜质以及意志品质等方面。同时要为那些具有特殊才能的"偏才怪才"开辟特殊的通道。建立动态的进出机制，即第二学年末根据学生的综合表现进行适度调整。

（二）学生选专业制度

实行专业分流机制。在中期考核基础上，基础理科和人文学科拔尖学生培养实验班学生可在导师指导下，结合本人意愿，分别在数学、物理学、化学、生物学以及汉语言文学、历史学、哲学等专业自主选择修读专业。

（三）学业评价制度

改革考核评价方式。对学生的考核要突出能力和创新的目标，克服应试考核的弊端，采取平时与期末、笔试与口试、考试与考查、理论与实践、开卷与闭卷、过程性与终结性等多种考核方法并用的评价方式。尤其应采取多种手段加强对学生平时学习情况的考核，提高平时成绩在课程成绩中的权重和实效，把加强平时考核作为进一步提高教学质量、改善学风的重要手段。平时成绩可综合考虑学生的课堂讨论、作业、调查报告、课程论文、读书报告、随堂测验、期中考试等多方面情况。

（四）学风管理制度

1. 营造学生身心和谐发展的氛围

通过组织学生参加社会实践、党团组织活动、体育活动、学科竞赛，举办人生理想、追求讲座，促进学生树立远大的理想，保持平和的心态，达到身心和谐、全面发展。

2. 营造浓厚的学习、学术氛围

通过由学生自己组建学习小组、兴趣小组、科研小组，举办高水平的学术报告会和讨论会、学生学术沙龙等形式，营造浓厚的学习、学术氛围和开放的交流平台，激发学生的求知欲和创新潜能，锻炼学生的自我管理和组织能力。

（五）导师制规章制度

全面实施导师制。为每3~5名学生配备1名导师，负责学生学业指导，帮助学生深入了解学科特点、学习要求以及自身发展潜质，指导学生制订个性化学习计划，指导学生科研训练等；鼓励导师将高年级学生纳入其科研活动之中，实行"随学制"。除此之外，导师还要加强学生的人生和思想引导，充分发挥导师的启迪与濡染作用，引导学生树立远大的理想，激发学生对基础学科的浓厚兴趣以及为基础学科献身的精神。

十三、山东大学

(一) 学生选拔制度

为了给泰山学堂的人才培养提供一流的生源支持,在学堂形成良好的学习氛围和成长环境,落实"控制规模、适度流动"的学生管理机制,特制定本办法。

1. 学生退出方式

学生退出泰山学堂分为自主退出和教授小组认定学生无法适应学堂学习,要求学生退出两种方式。

2. 退出手续办理

由各取向教授小组根据学生的学习成绩和日常表现,通过集体讨论,提出学生退出的意见,由教授小组组长签字,报泰山学堂负责教学工作的副院长签字确认,由教务秘书通知学生到本科生院办理相关手续。学生自主退出时,由学生提出退出申请,经教授小组审议通过后,按上述程序办理。

3. 接收专业和年级

在一年级退出的学生,原则上退回原学院、原专业、同年级学习;二年级以后退出的,原则上转回取向所在学院同年级基地班学习。如学院认为必要,也可安排降一级学习。对于学生提出转专业学习申请,经教授小组审议通过,由学堂根据学生的意愿并征得相关学院同意后,报请本科生院批准,可转入其他专业学习。转专业的学生原则上需降一级学习。

(二) 学业评价制度

1. 组织实施

学生综合素质测评以学堂为单位组织实施。成立以分管教学院长为组长,各取向特聘教师指导小组组长为副组长,辅导员、各取向班主任、任课教师、学生代表为成员的学堂综合素质测评工作领导小组,负责学堂的综合素质测评工作。学堂综合素质测评工作领导小组组长全面负责测评工作。特聘教授指导小组、辅导员、班主任指导各年级、各取向做好测评日常材料的记录及测评工作的组织实施。各取向成立由班长、团支部书记、学习委员和学生代表(3~5人)组成的测评小组,开展本取向综合素质测评工作,其中学生代表由学生投票产生。测评小组成员应实事求是、严谨仔细,对本取向综合素质测评工作的准确性、公正性负责。综合素质测评每学年进行一次,一般于新学年开学后两周内完成。

2. 测评流程

测评工作分取向测评、取向排名、学堂审核和学校终审4个步骤。

(1) 取向测评。根据每名学生的日常表现和相关证明,取向测评小组按照测评办法进行测评。基础性素质成绩根据记实和评议得出,发展性素质成绩根据学生实际参与各类活动情况(包括相关考核成绩、活动证明等)及所获得的荣誉、奖励由特聘教授指导小组考评得出。辅导员、班主任对基础性素质测评和发展性素质测评结果的真实性负责,审核相关证明材料,发现问题,进行修正。

(2)取向排名。由各取向测评小组,结合学业成绩,计算得出综合素质测评成绩,并根据测评成绩进行取向排名。

(3)学堂审核。班主任将综合素质测评结果报送学堂综合素质测评工作领导小组审核并公示3天。公示无异议后,学堂将结果报学生工作处,同时将原始材料整理归档,妥善保存。

(4)学校终审。由学校对学堂上交材料进行最终审核。

3. 测评内容

综合素质测评成绩由学习成绩、基础性素质测评成绩和发展性素质测评成绩按下式计算:综合素质测评成绩 = 学习成绩×80% + 基础性素质测评成绩×5% + 发展性素质测评成绩×15%。

(1)学习成绩按教务处计算出的平均学分绩点计算。

(2)基础性素质。基础性素质主要包括思想道德素质、身体素质、心理素质、日常行为规范等测评指标,测评成绩由记实分值与评议分值加和组成,满分为100分,分为"优""良""中""差"4个等级。成绩90分(含90分)以上评定等级为"优";成绩80分(含80分)以上评定等级为"良";成绩60分(不含60分)以下评定等级为"差",其他成绩评定等级为"中"。"记实"是指对学生在日常学习和生活过程的"课堂纪律""宿舍表现""集体活动""体育达标"等方面的行为进行记录,并根据此记录得出记实分值。需记实的主要行为包括"课堂纪律""宿舍表现""集体活动""体育达标"等方面,最高分计60分。课堂纪律是对学生上课情况的考察,主要从学生是否迟到、早退、旷课及遵守课堂秩序等方面进行认定。任课教师提供学生到课信息,班委成员进行课堂秩序情况记录,辅导员定期听课了解学生上课情况。宿舍表现是对学生宿舍情况的考察,主要从学生宿舍卫生、遵守校规校纪等方面进行认定。宿管中心提供学生宿舍卫生成绩;班委、舍长记录学生宿舍表现情况,对使用违章电器、留宿外校人员等违纪行为进行上报和记录;辅导员定期到宿舍检查,掌握学生宿舍表现信息。集体活动是对学生参与各项活动情况的考察,主要从学生参与组织活动、团体活动表现等方面进行认定。班委针对各项集体活动对学生进行考勤,记录学生参与情况。体育达标是对学生身体素质情况的考察,主要以体育学院的体育达标测试成绩为准。由体育学院将学生体育测试成绩反馈给学堂,由学堂进行打分。对未达到要求或有其他违纪违规行为的,予以减分:受学堂和学校职能部门通报批评的,每次扣$5 \times 2^{(n-1)}$分;受学校警告、严重警告、记过、留校察看处分的,每次分别减18、24、30、60分。各项减分可以累计,减完为止。"评议"是指学年末,依据"思想道德""身体素质""心理素质""日常行为规范"等方面内容,对学生的现实表现做出的评议。着重体现学生的世界观、人生观和价值观,体现学生的爱国主义、集体主义精神以及团结协作精神和诚实守信品质。评议最高分计40分,由学生根据《高等学校学生行为准则》及学生日常表现进行评议。

(3)发展性素质。发展性素质主要包括学术与创新、实践与服务、社会工作和文体活动4类测评指标,以学生实际参与各类活动情况(包括相关考核成绩、活动证明)及所获得的荣誉、奖励作为主要测评依据,由特聘教授指导小组负责根据学校相关规定进行测评。学生将相关证明材料提交各取向教学指导教授小组,满分为100分。

十四、中山大学

(一) 学生选拔制度

为培养具有国际一流水平的基础学科领域拔尖创新人才,根据教育部《基础学科拔尖学生培养试验计划实施办法》,结合我校实际,特制定本办法。为了贯彻实施人才强国战略,培养具有国际一流水平的基础学科领域拔尖人才,促进国家基础科学研究水平的提升,并为其他学科的发展提供源泉和动力,同时为大力推进国家研究型大学拔尖创新人才培养模式和机制的全方位创新,带动整个高等教育人才培养质量的进一步提高,教育部从2009年开始在国内一流研究型大学实施"基础学科拔尖学生培养试验计划"(以下简称"拔尖计划"),中山大学是入选该计划的20所高校之一。

2012年,中山大学成立逸仙学院,决定在数学、物理学、化学、生命科学4个基础学科中启动实施"拔尖计划",从上述学科的二年级本科生中选拔优秀学生组建"基础学科拔尖学生培养实验班"(以下简称"实验班")。2017年起,新增计算机学科培养计划。遵循基础学科拔尖创新人才成长规律,秉承开放务实的办学宗旨,选拔部分对基础学科具有浓厚兴趣和发展潜质、立志深造和深入学习的学生,为基础学科拔尖创新人才的培养提供优质生源保障。

1. 选拔目标

每年动态选拔特别优秀的学生,配备一流师资,提供一流学习条件,营造一流学术氛围,构筑"拔尖人才"培养平台,创新培养模式,努力使这些优秀学生成长为相关基础学科领域的领军人物,并逐步跻身国际一流科学家队伍。

2. 选拔数额

坚持少而精、开放式、控制规模、动态进出的原则。在数学、物理、化学、生命科学和数据科学与计算机5个学院二年级本科生中各选拔15名学生,共75名学生。

3. 选拔原则

坚持公开、公正、公平的原则,按照学生自愿申报、专家组考核、学校审定的方式遴选。

4. 选拔程序

由逸仙学院统一组织,按学科进行选拔。选拔程序原则上分初选和复试两个环节。

(1) 初选。学生报名:学生符合以下条件,可向所在学院提交申请,填写《"中山大学基础学科拔尖学生培养实验班"申请表》,并提交相应证明材料。报名条件如下:① 身心健康,具有正确的世界观、人生观、价值观;② 对相关学科、专业有浓厚的兴趣,具备较强的专业学习能力、实践动手能力和表达能力;③ 第一学年的成绩优良,无不及格科目,学业成绩排名为所在专业的前15%;或高考成绩为该专业在其生源地录取分数的第一名,且第一学年的学业成绩排名达该专业的前25%;④ 成绩达不到报名要求但有特殊潜质的学生可单独申请,但必须获得三位以上本学科教授的联名推荐。学院初审:初审工作由逸仙学院组织各学院进行,综合考虑报名学生的学分绩点排名、高考成绩等,原则上按不超过1∶2的比例确定面试人选。

（2）复试。由数学、物理、化学、生命科学和数据科学与计算机5个学院分管本科教学的副院长为联系人召集本学科专家组成专家组进行面试,采取现场独立、实名打分制,通过面试确定最终人选。面试小组成员原则上由各学科工作委员会成员组成。另外配备一名工作人员,负责计分计时及成绩登录等工作。面试形式采用专家组和单个学生面对面直接交流方式,每个学生的面试总时间不少于15分钟。① 学生自述:介绍自己的特点及今后发展的计划和目标;② 专家测评:专家提问,主要考察学生的综合能力,包括专业兴趣、英语能力、心理素质、思维能力、沟通能力等;③ 专家打分:每位专家根据考察内容独立评分;④ 专家组总评议:面试结束后对学生进行总体评议并排序;⑤ 原则上根据面试的综合评分排序并决定拟录取名单。

5. 其他

各学科可根据实际情况另外安排笔试考核环节。总成绩由笔试成绩与面试成绩合成,原则上,笔试成绩所占比例不超过50%。

6. 录取程序

（1）"拔尖计划"工作委员会审定名单。

（2）逸仙学院公示拟录取名单。

（3）逸仙学院及相关院系公布录取名单。

7. 选拔时间安排

学生报名:春季学期末。初选及复试:春季学期末。名单公布:秋季学期开学之前。

8. 补优选拔

"实验班"实行动态进出机制。根据工作委员会对学生的年度考评,将不适应"实验班"培养模式的学生分流出去,并补充选拔部分优秀学生进来。补优选拔与新生选拔工作同时进行。参加补优选拔的学生除了满足报名条件外,还必须持有本学科教师推荐信。每学年"实验班"补优与分流名额由工作委员会最终决定。

（二）学业评价制度

为了更好地推进实施"拔尖计划",改革学生考核评价方法,促进学生的全面和谐发展,逸仙学院决定对"拔尖计划"学生进行学年考核。为使考核评价工作规范、有序进行,特制定本实施细则。

1. 考核工作的领导与管理

各学科工作委员会负责本学科学生考核评价工作的领导和组织实施,并对考核结果负责。考核小组原则上由各学科工作委员会委员组成。面试小组应对考核学生给出综合考核意见。考核小组配备1名工作人员,负责记录、计分计时等工作。

2. 考核原则和方法

（1）面试形式采用专家组和单个学生面对面直接交流的方式。

（2）每个学生面试时间不少于15分钟。面试过程应做详细记录,如实填写评语和考核意见。

（3）课程成绩不合格者原则上分流出"实验班"。

3. 考核程序

(1) 学生自述。学生以 PPT 形式介绍学习、科研训练等综合情况。
(2) 导师介绍。导师简单介绍学生的综合情况。
(3) 专家评价。每位专家根据学生的情况,做出综合评价及考核意见,决定该生是否继续留在"实验班"培养。
(4) 专家组总评议,每位学生考核结束后,专家小组对学生进行总体评议,工作人员将考核小组意见汇总填写进《学生评价表》,并请考核组长签字确认。

(三) 导师制规章制度

为了加强基础学科拔尖学生的教育管理,不断提高拔尖学生的培养质量,进一步调动广大教师参与拔尖学生培养工作的积极性、主动性和创造性,充分发挥导师在拔尖学生培养中的重要作用,根据教育部《基础学科拔尖学生培养试验计划实施办法》,特制定本办法。

1. 导师聘任的基本条件及程序
(1) 一般具有教授职称,在教学科研一线工作。
(2) 胜任核心课程讲授任务;学术造诣精深,在本学科领域具有较大影响力。
(3) 诚实守信、学风严谨、乐于奉献、崇尚科学精神。
(4) 导师的遴选由各学科"拔尖计划"工作委员会商定,在征得本人同意后,报教务部及逸仙学院备案。

2. 导师的职责
(1) 用科学的世界观、人生观、价值观和方法论引导、教育学生,关心学生的思想修养,引导学生明确学习目的和成才目标。
(2) 根据学生的专业兴趣、发展潜能以及综合能力为学生量身定做培养方案,指导学生选课、选择专业方向,并根据其学习情况对培养方案进行动态调整。
(3) 指导学生进入课题组或研究组进行科学研究训练,培养学生的创新精神和独立开展科学研究工作的能力。每学年末,根据指导学生科研训练情况,给出学生"科研技能训练"课程成绩。
(4) 定期与学生进行面对面交流,指导学生的课业学习和科研实践。为了保持良好的沟通氛围,原则上平均不少于每周导学 1 次。
(5) 尽可能推荐学生到境外一流大学和科研院所学习和交流,开拓其国际视野。
(6) 每学年末逸仙学院组织拔尖计划工作委员会召开学生综合评价会议,导师负责对学生的学业及科研训练情况进行综合评述。工作委员会结合导师评述根据学校的综合表现决定学生去留。

3. 导师的工作要求
(1) 了解学生的思想状况、知识结构、学习情况、性格爱好、家庭经济状况等具体情况。
(2) 以高度的责任心做好指导工作,每学期应有指导计划和指导总结。
(3) 以学术午餐会、工作例会等具体形式,定期开展指导活动。
(4) 原则上每位导师指导在校"实验班"学生不超过 3 个。

4. 导师的组织与管理

（1）各学科工作委员会负责导师制的组织实施，包括导师的选聘、指导的人数、学生的安排、考核与评优、总结交流等。

（2）导师指导学生的工作量按学期核计，每个学期6学时/学生，每学时350元。

（3）每学年末，各学科工作委员会对导师开展考核工作。考核结果将与导师工作量绩效挂钩。

十五、武汉大学

（一）学生选拔制度

为规范弘毅学堂招生选拔工作，遴选更多优质生源进入弘毅学堂，根据《武汉大学弘毅学堂管理办法》（武大教字〔2013〕61号）文件，特制定本办法。

弘毅学堂招生采取一次招生与二次选拔两种方式进行。一次招生直接通过高考录取，原则上不超过当年总招生计划的80%；二次选拔于9月份从在校全日制普通本科生中进行。

1. 招生选拔条件

报名学生应拥护党的领导、热爱祖国，道德品质优良，社会责任感强，身心健康。对相关学科知识有着强烈的求知欲、探索欲，具有创新精神，有志于从事相关学科研究。一次招生的学生文化课成绩须达到当年我校录取要求；二次选拔学生应满足以下条件。

2. 新生二次选拔条件

（1）理工类学生数学、理科综合、外语成绩达到满分80%及以上。

（2）文科学生语文、文科综合、外语成绩达到满分80%及以上；

（3）原则上具有弘毅学堂相关学科自主招生资格，对具有相关学科特长的特别优秀的学生，可单独考核。

3. 二年级学生选拔条件

相关学科特别优秀的二年级学生，在第二学年初可申请进入弘毅学堂，原则上成绩绩点须大于3.5，无不及格课程和违纪记录，经考核合格后学籍转入弘毅学堂。

4. 招生选拔方式

一次招生直接通过高考，按国家及学校相关规定录取；符合二次选拔条件的学生可在每学年开学初向弘毅学堂相关学科所属学院提出申请，填写《武汉大学弘毅学堂学生转入申请表》，相关学院组织专家考核面试，提出拟录取名单报弘毅学堂。弘毅学堂工作组集体讨论决定拟录取名单，并进行公示。

5. 招生选拔计划数

弘毅学堂招生计划总数由弘毅学堂申报，学校审定；各学科方向二次选拔计划数由弘毅学堂根据当年一次招生人数及已选择相关学科学生人数确定。

（二）学风管理制度

1. 开展学风建设的宣传教育工作

学风是大学精神的集中体现,也是教书育人的本质要求。弘毅学堂重视基础学科拔尖人才培养过程中的学风建设,并决心常抓不懈。利用新生开学报到和军训期间进行专业教育的宣传讲解;在每年 10 月举办弘毅学堂学风建设月暨大学生校园知识竞赛活动,发动全体弘毅学子参与到了解学风、认知学风、践行营造良好学风的行动中去;每年 11 月举办弘毅学堂"走进学术领域,体验科研过程"的学术交流月活动,遴选优秀学子分享科研经历和成果,激励全体弘毅学子潜心科研,追求卓越;在各类先进集体的评奖评优活动开展时向学生及时传递班级学风建设在各级评奖评优中的权重;在比较容易出问题的各类考试时间节点,提前做好学生考前动员工作;开展学业困难学生的帮扶指导工作,对个别由学业问题而引发心理问题的学生进行排查和疏导。组织班级导师召开围绕学术研究的学风建设工作研讨会,向全体班级导师分析研判当前学生学习状况、存在问题、未来学习规划、学习目标等方面情况,学工和教学协同育人做好弘毅学堂的学风建设工作。

（1）组织学习,开展宣传。以班级为单位组织全体弘毅学子开展武汉大学《学生手册》专题学习,重点学习《学生手册》中有关学籍管理、纪律管理、评奖评优等学校规章制度。充分利用新生入学教育开展学风建设的宣传活动。

（2）定期与班级干部交流传达学风建设相关精神和举措,明确各班班长和学习委员为班级学风建设的主要负责人,规定每班每周向辅导员报告本班学生学习状况,课堂出勤状况,作业上交、考试考核状况等。

2. 加强辅导员、教学管理人员对学生课堂和宿舍的巡查工作

切实落实辅导员、教学管理人员、班级学习委员检查巡查课堂和学生宿舍制度,了解课堂教学情况和学生学习状态;对学习上心不在焉或者迟到、旷课的学生,进行及时的教育引导;对在宿舍打游戏、不能自律、不会安排学习生活时间的学生在第一时间要做到严厉批评教育,将苗头扼杀在摇篮中,对屡教不改的学生,必要时应通知其家长,共同来解决学生学习的态度问题。

3. 强化学生请假制度

严格落实请假制度,按照武汉大学本科生请假制度,严格实施班主任、辅导员、分管领导签批程序。对不按时上课、缺课的学生给予严厉的批评教育,并要求学生严格履行请假制度,以加强学风建设。

4. 加强对学业困难学生的甄别和建档

做好学业困难学生的预警谈话工作,认真细致进行一对一交流,并做好建档管理;针对学业困难导致心理问题的学生,帮助其寻求心理咨询中心的辅导,安排高年级学生进行学习帮扶工作。必要时请学生家长来校沟通,共同做好学生的学业困难分析和重拾信心的引导工作。

5. 树立学习标杆,打造品牌活动,营造浓厚的学术氛围

利用弘毅学堂学术交流月活动,充分挖掘弘毅学子中的典型榜样,在全体学生中加强宣传,鼓励学生们向优秀典范学习;鼓励弘毅学子在 24 小时自主研习室开展科研讨论小组活动;成立学生发展中心,对话学者、学科和学术;成立弘毅学堂读书会,引导青年学子热爱读

书、热爱思考、热爱交流。发动学生会成立弘毅青年智库,为学风建设等关系弘毅学堂建设和发展等一系列问题建言献策。

(三)导师制规章制度

为更好地加强弘毅学堂班级建设,促进学生科学研究训练的开展,提高学校拔尖创新人才培养质量,根据《武汉大学弘毅学堂管理办法》(武大教字〔2013〕61号)文件,制定本办法。

学生导师设学术导师和学业导师,学术导师负责二年级及以上学生科研训练、学术研究;学业导师全程负责学生4年的学业指导。

1. 聘任条件

(1)身体健康,具有良好的思想政治素质和职业道德,热爱教育事业、责任心强的学校在职(原则上)教师。

(2)学业导师需责任感强、有爱心、有时间参加学生班级活动,并能对学生学习、学术规划等给予指导,原则上有三年及以上教学经验。

(3)学术导师需有较强的学术创新能力,愿意并有一定精力指导学生开展科学研究。

2. 聘任程序

弘毅学堂提出导师岗位需求,并在全校公开聘任,相关学院择优推荐,弘毅学堂审核后(其中学术导师需经学生和导师双向选择),报弘毅学堂工作组审定。

3. 导师职责

(1)学术导师须定期与所指导学生交谈,带领、指导学生进行学术研究,激发学生科学研究兴趣;并对学生申请各级各类科研立项、学习及学术规划给予指导。

(2)学业导师须参与学生班级活动(含班会、学习讨论、书院活动、第二课堂等),了解学生学习、生活情况,协助辅导员对学生学习、生活、职业发展等给予全方位指导。

4. 考核与待遇

(1)弘毅学堂按实事求是、客观公正、公平公开的原则,每学年对所有聘任导师进行考核,考核结果分优秀、合格、不合格。

(2)根据考核结果按照《武汉大学弘毅学堂教学津贴发放办法》发放导师津贴。

(3)对弘毅学堂拔尖人才培养做出突出贡献的导师,弘毅学堂将给予特别奖励,同时向学校推荐参加相关奖项、教改项目等评选。

十六、厦门大学

(一)学生选拔制度

(1)学生遴选遵循公平、公开、公正原则。

(2)学生遴选应重点综合考察学生的综合能力、学术兴趣、发展潜质,兼顾学生心理素质和身体素质。

（3）各试点学科应设立"拔尖计划"遴选委员会（成员至少包含5位本学科最高水平教授），制定遴选办法，将最优秀学生选入计划进行培养。

（4）各试点学科可以采用多次选拔、逐步到位的办法选拔学生。针对不同年级学生制定不同的遴选标准和学习要求，按照自由进出原则动态管理学生，将最优秀的学生选入"拔尖计划"培养。

（5）每个试点学科每年一般遴选一次，时间安排在新生入学的秋季学期末至次年春季学期初。入选"拔尖计划"的学生名单由各试点学科确认，公示后报教务处正式发文公布。退出"拔尖计划"的学生名单由各试点学科确认，报教务处备案。

（6）入选"拔尖计划"的学生不能申请转专业或参加辅修专业学习。

（7）完成"拔尖计划"学习、本科毕业并获得学位的学生名单由各试点学科确认后报教务处，由学校颁发荣誉学员证书。

（二）学业评价制度

（1）克服应试教育的弊端，实施多元化课程考核方式，注重学习过程考核，突出对学生综合能力的考察，突出拔尖和创新的目标。

（2）入选"拔尖计划"的学生应按照个性化培养方案要求，完成相关学科规定的各学习环节。除此之外，在学期间应发表过具有创新性的科研成果，包括在学院认可的国际或全国性专业学术刊物发表过学术论文，或在学院认可的国际或全国性专业学科竞赛获得高水平奖项，或相关科研成果获省、部级奖励，或获得相关发明专利。

（3）各试点学科应根据培养方案，制定考核标准，定期考核学生的学习情况。

（4）建立学期报告制度。定期组织学生报告在课程学习、学术活动、科研训练中的思想进步、能力提升的情况及存在的问题与建议。建立"成长档案袋"，跟踪学生成长情况。

（三）学风管理制度

（1）建立拔尖学生信息交流平台，加强各学科之间的交流与学习，组织跨学科社团活动，推动学生跨学科交流学习。

（2）通过高质量通识课程、学术讲座、交流活动等形式，鼓励学生接触不同的学校、领域、文化和教师，使学生在多元、交叉和开放的环境下成长，拓宽学术视野，提高人文素养，培养综合素质和优秀品质。

（3）每年定期组织一次拔尖计划学生学术论坛，由学生自主开展学术沙龙活动。每年定期在《厦门大学学报》组织一期刊物（增刊），出版学生学术论文。

（4）每年定期组织暑期学校、学业竞赛、社会实践等活动。每年定期开展拔尖学生课外素质拓展训练，培养学生交流沟通能力、团队合作精神。

(四)导师制规章制度

根据教育部关于实施"基础学科拔尖学生培养试验计划"的意见和《厦门大学化学学科拔尖学生培养试验计划实施方案(试行)》,现就化学拔尖计划班学生导师的遴选与导师的工作任务做如下规定。

1. 导师资格与聘任

(1)化学系、化学生物学系的院士、国家杰出青年科学基金获得者、国家级教学名师奖获得者、闽江学者、校特聘教授可担任拔尖计划学生的导师。其他教授申请担任拔尖计划班学生导师的须经导师会议集体审议通过。

(2)由学生与导师双向选择,经项目领导小组批准后聘任为入选拔尖计划的学生的导师。

(3)每个导师指导的拔尖计划的学生,原则上同年级不超过2名。

(4)导师如要解除与学生的指导关系,需导师本人提出申请,并经拔尖计划领导小组同意方可解除。

2. 导师工作职责

(1)在思想上、学业上、生活上关心指导学生,平均每周不少于一次交流指导,行使全程育人的责任。

(2)指导学生制定个性化培养方案,为拔尖学生成长提供国内外学术资源,指导学生参与学术活动。

(3)指导学生提出研究课题,指导其实施并完成相关研究。

(4)指导学生做好学期报告。按要求提交阶段性指导意见或情况汇报,对所指导的学生进行合理的评价。

(5)参加导师会议,听取项目领导小组工作的汇报,审议学生学期报告,讨论解决项目实施中的问题及其他与化学拔尖计划相关的工作。

3. 导师津贴

(1)导师在受聘期间将获得导师津贴,津贴费用由拔尖学生培养试验计划专项经费支出,按月发放,每年发放10个月。

(2)导师津贴为500元/月。

(3)因各种原因不再担任导师时,将停发导师津贴。

十七、兰州大学

(一)学生选拔制度

根据教育部《基础学科拔尖学生培养试验计划实施办法》的要求,结合我校实际,为做好"基础学科拔尖学生培养试验计划"学生选拔和管理工作,特制定本办法。

1. 学科设置与招生规模

理科设置数学、物理学、化学、生物学 4 个班,人文社会科学统设 1 个班,每年招生共 5 个班(统称"萃英班"),合计 80 人。其中,数学、物理学、化学、生物学各 15 人,人文社会科学 20 人。

2. 选拔途径及范围

部分名额通过自主招生,从高中生中选拔。部分名额在每年新生入学后,从全校新生中选拔。由于分流调整腾出的名额,原则上在 4 个学科依托的基地班同年级学生中选拔,适当吸收学业成绩优异、具有科研潜质的普通班学生。具有特殊才能的学生,经个人申请、校内外教授专家推荐,相关学科培养小组认定,专家委员会同意,亦可进入萃英班学习。积极探索其他有利于人才脱颖而出的选拔方式。

3. 选拔程序与方式

(1)坚持"公开、公平、公正"原则,每年选拔方案确定后,由学生自愿申报。

(2)萃英学院会同相关学院,按学科分别成立选拔工作小组,对申请学生进行资格审查、笔试、面试与综合考察。笔试、面试主要考察专业基础知识、总体知识积累情况、逻辑推理与综合思维能力、口头表达与写作能力等,综合考察的目标包括学习成绩、专业兴趣、学术潜质、团队精神、心理素质等。

(3)学科选拔工作小组根据综合表现确定拟录取名单,经萃英学院和教务处审核后进行公示。公示结果无异议后,学校发文公布并上报教育部备案。

4. 学生管理

(1)进入兰州大学"基础学科拔尖学生培养试验计划"的学生按照学科编入萃英班学习,在专家委员会的指导下,由萃英学院会同相关学院进行培养。学生事务管理由萃英学院与相关学院共同负责,以萃英学院为主。

(2)萃英班学生在享受兰州大学学生权利、履行兰州大学学生义务的同时,享受萃英学院按照"基础学科拔尖学生培养试验计划"培养模式提供的师资、学术科研平台、国际化交流条件、奖助学金等教育资源,接受萃英学院的管理,维护萃英学院的荣誉。

(3)萃英班学生均实行动态分流调整制度。分流调整以学习成绩为基础,以科研潜质、创新能力为重要指标,综合考虑学生兴趣、个人发展目标和综合表现等情况,实行动态管理。

经过前期学习和培养,不适应培养模式的学生退出计划,可根据自己的志愿选择专业,进入本专业基地班、普通班或其他专业学习,前期所修学分有效。相关学院根据考核情况编入相应年级学习。

5. 附则

本办法自签发之日起试行,由教务处、学生处和萃英学院负责解释。

(二)学业评价制度

为加强本院人才培养工作,促进学生相互学习、相互帮助,培养合作精神、团队意识,减少负面竞争,推动全面发展,根据教育部《基础学科拔尖学生培养试验计划实施办法》的精神,结合《兰州大学本科生综合测评办法》的要求,特制定本办法。

1. 总体原则

综合测评的总分由以下两部分组成。

（1）即学分绩，占总分的65%，为所修全部课程的加权平均数。

（2）综合素质得分，以35分为基准，计算奖励分和扣除分，奖励的总分不超过4分，扣除的总分不设限。

2. 奖励分与扣除分

（1）奖励分。① 获各类课外学术科技作品（项目）竞赛国家级前3名、一等奖加1.5分；国家级第4—6名、二等奖加1分；国家级第7—10名、三等奖加0.6分；省部级的第1名、一等奖加1分，第2名、二等奖加0.6分；第3—8名、三等奖加0.4分；校级前8名及一、二、三等奖分别加0.4、0.3和0.2分。② 在SCI或SSCI刊物公开发表文章者，发表在一区期刊第一、二作者（导师为第一作者）加3分/篇，第二至第五作者加1.5分/篇；发表在二区期刊第一、二作者（导师为第一作者）加2分/篇，第二至第五作者加1分/篇；其他期刊第一、二作者（导师为第一作者）加1分/篇，第二至第五作者加0.5分/篇；第五作者及之后不再加分。在CSSCI发表文章者，第一作者加1分/篇，参与作者加0.5分/篇（不分次序），期刊分区标准由学院进行审核。③ 参与国家级、校级、院级科研创新项目（包含"国家级大学生创新创业计划""兰州大学大学生创新创业计划""莙政基金""萃英学生创新基金项目"等）取得成果并结项的团队负责人加1分，团队其他成员加0.5分，获奖情况参照第1条执行。④ 选修课、双学位课暂定不加分。担任班级干部、党支部干部、学生会干部任期满一年的，加0.2分。⑤ 获国家级、省级、校级优秀学生、党员、团员、优秀团干部、学生干部、优秀学生会干部等称号者，分别加1分、0.6分、0.2分。⑥ 在各级文艺、体育比赛中获奖，或获得各级各类志愿服务或社会实践的先进个人、优秀团队队员等荣誉，或其他先进集体荣誉者，参照第1、4条执行。⑦ 上述同一作品（项目）不重复加分，只加最高分。

（2）扣除分。① 被学校通报批评者扣0.5分。受警告处分者，扣1分。受严重警告处分者扣1.5分。受记过处分者扣2分。受留校察看处分者扣4分。受到学院学业预警扣1分。② 在国（境）外学习期间，旷课一次扣1分。③ 在学院、班级发布各项通知后，无故拖延而造成集体或个人办事受到重大影响的，扣1分。拖欠学费者（个人已申请国家助学贷款并经学校审查合格者或者减免学费者除外）扣1分。④ 学生在校期间，应按照要求参加晨跑和学术讲座，经统计，参加晨跑和学术讲座比例低于规定次数的80%时，扣除0.5分。⑤ 破坏宿舍或班集体团结，不能正确对待的，扣1分。有擅自外出住宿行为的，扣1分。

3. 评定办法

测评学年的班长、团支部书记为当然代表，吸收经全班学生民主选举的非学生干部3人，组成5人测评小组，班长任组长。测评小组按照上述办法计算出每个学生的奖励分与扣除分，并经学业导师确认后，协助学院辅导员录入学校学生工作系统。

4. 附则

本办法由萃英学院负责解释。

本办法自颁布之日起执行。

(三) 导师制规章制度

根据教育部《基础学科拔尖学生培养试验计划实施办法》和《兰州大学"基础学科拔尖学生培养试验计划"教师聘任管理办法(试行)》(校教字〔2012〕62号)要求,结合"萃英班"运行情况和导师制的实施,为汇聚高水平师资队伍,提升基础学科拔尖学生培养质量,特制定本办法。

1. 任职条件

科研导师需具备以下条件:① 热爱教育事业,具有良好的职业道德,有较强的工作责任心,为人师表,关心学生成长成才。② 熟悉国家"基础学科拔尖学生培养试验计划"相关政策和培养要求,熟悉本专业的培养目标、教学计划、课程设置。③ 拥有较高的专业水平和合理的知识结构,有较丰富的教学经验和一定的科研能力,具有较强的专业指导能力。④ 具备博士学位,职称为教授(部分专业可以是副教授)。

2. 工作职责

科研导师的主要职责:① 指导学生进行研究性学习、课题研究、书籍文献阅读、撰写专业论文等,培养学生的专业兴趣、科研态度和创新精神。② 培养学生的创新意识和创新能力,鼓励、支持学生积极参加各种创新实践活动。③ 鼓励、指导学生参与科研课题的申报与研究工作;培养学生从事科学研究的兴趣,勤于思考、乐于动手的实践能力。

3. 遴选与聘任

(1) 学校二级(含二级)以上教授,对拔尖计划学生培养有热情,愿意担任科研导师的,萃英学院直接聘任。

(2) 学校符合条件的其他教授(或部分专业的副教授)有热情,愿意担任科研导师的,由相关学科学院酝酿产生,萃英学院聘任。

(3) 校外科研导师由萃英学院直接聘任。

4. 管理与考核

(1) 科研导师采用学生与导师双向选择的方式确定。

(2) 每名科研导师同时指导的学生不超过3名。

(3) 科研导师指导学生采取定期、不定期方式进行,指导方式应灵活多样。通过电话、邮件、短信、新媒体等加强学生科研的过程指导,每月交流指导不少于2次。

(4) 科研导师考核由学生评价、学生科研情况评定和学科组评价三部分构成,考核工作每学年末由各学科教学工作委员会组织完成。考核等级分为优秀、合格和不合格。

(5) 萃英学院设立优秀科研导师荣誉称号,对工作表现突出、成效显著的科研导师给予奖励。考核不合格者,不得再担任萃英学院科研导师。

(6) 对考核合格的科研导师,萃英学院根据《兰州大学"基础学科拔尖学生培养试验计划"教师聘任管理办法(试行)》(校教字〔2012〕62号)规定给予补贴。

(7) 科研导师指导的团队或个人,在省级(含省级)以上重大竞赛和科研项目中取得优秀成绩,萃英学院将给予奖励。指导的学生以第一作者在SCI一区、CSSCI及权威期刊发表文章的,给予一次性奖金奖励10 000元(其中发表论文学生5 000元);以第一作者在SCI二区、核心期刊发表文章的,给予一次性奖金奖励4 000元(其中发表论文学生2 000元)。以上奖金个人依法纳税。

十八、北京航空航天大学

(一)学生选拔制度

为规范华罗庚数学班学生管理机制,提高华罗庚数学班学生学习积极性和培养质量,特制定本管理细则。

1. 转入机制

(1)原则上,华罗庚班每届在读人数上限为35人。

(2)每届转入选拔4次,分别在一、二学年的每一学期按照学校部署进行。

(3)增选人数:≤35 - 当时华罗庚班在读人数。

(4)增选范围如下。

① 第一、二次选拔范围:全校一年级学生。

② 第三、四次选拔范围:数学与系统科学学院、高等工程学院。

(5)报名资格:认定课程(包括数学类必修课、限制性选修课、物理类必修课、外语类必修课)的加权平均成绩(每科成绩乘以学分,然后相加,最后除以学分之和,就是加权平均分)在致真书院其他学院排名前20%,无不及格认定课程。

(6)选拔程序如下。

① 具有报名资格且有意向的学生必须于每学期结束后一周至两周向本科教学秘书提出邮件申请,其他时间不启动转入程序。

② 学院于每学期开学前一周组织考核,决定选拔学生名单。

③ 选拔结果报学院党政联席会议审议备案。

④ 经公示无异议后,增选学生正式转入华罗庚班学习。

2. 转出机制

(1)学生可于每学年结束后自愿申请转出华罗庚班;经学院研究,按学校和学院相关规定办理转系转专业。

(2)凡达到以下条件之一者,每学年末自动退出华罗庚班。

① 每学年认定课程≥2门次不及格。

② 认定课程的加权平均分≤70分。

③ 违反国家法律、法规,学校规章、制度。

④ 经学院认定的其他情况。

3. 预警机制

当学生出现一门认定课程不及格或认定课程的加权平均分≤75分时,学院教学口与学生口将联合,在每学期开学前的第零周,发出预警邮件提醒学生注意。

4. 其他

(1)本细则涉及的学生学籍管理按照北京航空航天大学相关规定执行。

（2）本细则未尽事宜按照北京航空航天大学相关规定执行。

（3）本细则最终解释权归数学学院。

（4）本细则自 2018 年 9 月 1 日起实施，2017 级、2018 级学生严格执行。

（二）学生选专业制度

高等工程学院以培养"具有远大理想、高尚情怀、国际化视野和一流竞争力的创造型人才和学术领军人才"为目标，设计本科 4 年培养路径。一年级不分专业，学生统一在理科基础平台和通识课程体系中进行学习，高等工程学院做好渐进式专业引导，在一年级结束后学生根据意愿和能力自选专业方向。具体实施办法如下。

培养路径要求：第一年，全体学生统一进行高水平理科基础教育和通识教育；第一年暑期作为第三学期开办暑期学校（不低于 6 周），学生进行相关专业基础课程学习和训练，强化知识和能力储备，为全面开始专业学习提供支持；第二年，学生根据能力和意愿进行专业选择，部分学生经过遴选进入数学（华罗庚数学试验班）、物理、化学、生物和计算机等基础学科专业，实施相对独立的培养方案；其他学生选择各类工科专业，实施全新设计的、注重学科交叉融合能力的拔尖创新人才培养方案。分专业工作安排如下。

（1）专业接收能力确定：每年秋季学期末，高等工程学院分专业工作领导小组与各相关学院商定专业接收能力上限。

（2）专业意向摸底：每年春季学期校历第二周，一年级学生填写《高等工程学院学生专业意向调查表一》，交学院教务办公室汇总，学院初步了解学生专业选择意向分布情况。

（3）分专业政策宣讲：根据摸底情况，高等工程学院分专业工作领导小组向学生进行专业选择政策、要求的宣讲。

（4）个性化专业指导：每年春季学期校历第六周，一年级学生填写《高等工程学院学生专业意向调查表二》，交学院教务办公室，学院根据学生专业意向汇总情况，个性化指导学生理性选择专业。

（5）分专业志愿填报：每年春季学期校历第十周，一年级学生填写《高等工程学院学生专业意向表》，注明第一志愿专业和第二志愿专业，学院汇总公布志愿填报情况。学生据此进行暑期学期选课，提前规划二年级专业课程。

（6）专业志愿确认：学院根据学生大一学年综合量化课内成绩，参考综合表现进行排序（排名先后决定学生专业意向满足优先级），最终确定专业志愿，并进行公示。

（7）专业变更：在高等工程学院学习的前三年中，每学期校历第三周，学生可提出变更专业申请，个人填写《高等工程学院学生专业变更申请表》，提供支撑材料（个人成绩单、情况说明、导师意见书等），报教务办公室，由学院统一讨论确定。一经同意，学生执行新专业培养计划，需满足新专业所要求的毕业标准方可毕业、授予学位。已经达到人数上限的专业不再接收专业变更学生。

本办法由高等工程学院负责解释和实施。

(三)学业评价制度

为进一步推进高等理工学院(沈元荣誉学院)本科教学改革,加强学院级教学质量保障体系的建设,全面促进本科教学效果的提升,根据学校相关精神和学院人才培养目标,特制定本办法。

1. 评价范围

学院为本科生开设的全部课程(包括荣誉课程)及相关教学环节均在教学质量评价范围之内。

2. 评价方式

学院本科教学质量评价主要包括学生评价、教师自评、教学督导组评价和学生抽样问卷调查4个方面,并由学院根据以上情况,结合教师课程完成情况,给出教师及课程的综合评价。

(1)学生评价。学生对教师课程教学质量的评价,按教务管理系统中"网上评价"所规定的内容和时间,进行全员评价。学生评教分数满分100分,根据分数段对应5级评分A(90~100分)、B(80~89分)、C(70~79分)、D(60~69分)、E(0~59分)。

(2)教师自评。根据《高等理工学院(沈元荣誉学院)本科教学教师自评办法》规定,教师自评工作每学期进行一次,任课教师须在课程成绩提交后一周内填写《高等理工学院(沈元荣誉学院)教师教学效果自我评价表》进行自我评价,并对学院教学工作及教学管理提出意见和建议。

(3)教学督导组评价。由学院教学督导组通过现场听课等方式进行,评价结果填写在《高等理工学院(沈元荣誉学院)课程教学质量教学督导组评价表》,于学期结束前上交学院本科教学办公室。

(4)学生抽样问卷调查。学院将根据教务管理系统网上评价结果,采用《高等理工学院(沈元荣誉学院)课程教学质量学生评价调查表》在学生中进行抽样调查,以有针对性地获取更为详尽的质量评价信息。

(5)学院综合认定。每学年末,根据学生评价结果、教师自评情况、教学督导组评价结果以及抽样问卷调查数据,并结合教师课程完成情况,包括调停课次数、成绩更正次数、监考、试卷归档等方面,对任课教师的教学质量等级按优秀、良好、合格、不合格4个等级进行综合认定,结果上报学校教务处。

3. 评价流程

学院本科教学质量评价工作由学院本科教学办公室负责组织,按照各部分时间要求,发放通知,收集并统计结果,上报学院及学校。

4. 结果使用

(1)评审结果将于每学期末评审结束后反馈给任课教师,并在学院每学期的教学工作会上进行通报,以便总结经验和改进工作。

(2)对评价中发现有严重质量问题的课程,学院将采取相应措施,督促其进行整改提高。

十九、哈尔滨工业大学

（一）学生选拔制度

按照"自愿加入、择优选拔、宁缺毋滥"的原则，实行动态进出、过程分流制度。依据高考分数和所在省份成绩排名，面向全校前5%的优异学生，选拔不超过200名优秀考生进入英才学院。每学期对学生进行资格审核，对不适合特殊培养要求的学生分流出英才学院。对于入学未进入英才学院、后期学习成绩特别优秀的学生，在第一学年结束时也将有机会进入英才学院。具体选拔与分流办法见《英才学院荣誉学籍管理办法》。

（二）学业评价制度

1. 总则

（1）为落实学校拔尖学生培养模式改革工作，保障学生学习权益，强化教学管理秩序，规范学籍管理行为，依据《哈尔滨工业大学章程》《哈尔滨工业大学本科生学籍管理办法》等相关规定，制定本办法。

（2）本办法适用于英才学院对拥有荣誉学籍的拔尖学生的培养，相应规定围绕学术带头人和工程领军人的培养目标，坚持通识教育与专业教育相结合、个性化发展与柔性化管理相结合的培养模式。

（3）英才学院荣誉学籍是对学有余力、自愿接受数理基础强化训练和综合能力拓展实践的拔尖学生的身份认证，是研究基础扎实、创新思维活跃、综合素质出众的象征，是正常学籍之外的荣誉认可。

2. 学籍获得

（1）通过高考，覆盖全校理工科优势学科方向，按照高考分数和所在省份排名，面向全校前5%的优秀学生（外语语种限为英语），每年遴选不超过200名学生，向其发出加入英才学院的邀请函，考生接受邀请视为进入英才学院，获得荣誉学籍。

（2）本科第一学年课程结束后，向优势理工科专业平均学分绩排名专业前5%的学生再次发出邀请，由英才学院和专业院系共同组织考核，选拔不超过50名学生进入英才学院学习并获得荣誉学籍。

3. 过程考核

（1）获得荣誉学籍的学生执行单独的培养方案，由英才学院与专业院系共同制定并实施。采取阶梯式培养模式，其中一、二年级由英才学院主导，以数理、外语、人文通识课程为主，设置独立教学班，按照大类培养；高年级由专业院系主导，回归自然班教学，以专业课程和实践、实习环节为主，全面实行导师制。

（2）为便于横向比较学习效果，英才学院各大类的专业培养方案中，用于计算平均学分绩的考试课程的确定向专业自然班的培养方案看齐。

(3) 英才学院单独进行人民奖学金评定,通过全年级平均学分绩排序确定。平均学分绩仅用于荣誉学籍成绩考核,且排名均以所在年级总人数为基数。

(4) 保持荣誉学籍需要达到如下标准。

课业学习方面:考试(核)不及(合)格课程不多于 2 门次,且补考一次通过;大一结束前通过英语四级考试,大三结束前通过英语六级考试。

创新能力方面:大三结束前创新学分累计达到 5.0 及以上,本科期间至少参加 1 项科技创新立项并通过结题验收,或向本科生学术论坛投稿并被收录论文集。

综合素质方面:每学期(含寒、暑假)进行社会公益服务的时间不少于 10 小时;发展兴趣特长和锻炼领导能力,加入一个学生社团或组织一项院级活动。

4. 专业调整

(1) 拥有荣誉学籍的学生,在所修全部课程一次性通过的前提下,经拟转入院(系)同意,大二结束前均有自由选择专业资格(原则上不超过两次)。

(2) 专业调整一般在每学期结束后、新学期开学的第一周内完成。大二结束前仅在英才学院内部调整教学班,并报教务处备案,大二结束时确定专业并按照学校相关规定办理手续。

5. 学籍失去

(1) 培养过程中未能达到各项考核要求的学生,将失去荣誉学籍并退出英才学院,从下一个学期开始执行本专业自然班培养方案。对于之前开设的自然班课程不需要补修,但在英才学院期间未通过的课程必须通过。

(2) 大一结束时,对平均学分绩排名年级后20%的学生给予黄牌警告;大二结束时,对前两学年平均学分绩排名年级后20%(对高考直接进入英才学院的学生前两学年平均学分绩 75 学分及第一学年结束后选拔进入英才学院的学生大二学年平均学分 80 学分者,不执行该条款)的学生予以分流,取消荣誉学籍并退出英才学院。

(3) 对于不适合英才学院的课程体系和不契合英才学院培养目标的学生,允许自愿放弃荣誉学籍并回归所在专业自然班学习,实行柔性化的过程管理。

6. 学业完成

(1) 在研究生推免工作开展时,拥有荣誉学籍的英才学院学生若选择在哈尔滨工业大学继续深造,可获得推荐免试攻读研究生的资格,由专业院系接收。若不选择在哈尔滨工业大学继续深造,则回专业院系进行推免资格审核,由于修读课程不一致所带来的影响,英才学院不承担相应责任。

(2) 拥有荣誉学籍的学生,在修完培养方案规定的内容、符合学位授予条件后将正常获得所在院系的毕业证书和学位证书。同时,本科阶段平均学分绩排在同年级英才学院前80%(本科阶段平均学分绩≥80 学分者,不执行该条款)的学生,将获得哈尔滨工业大学荣誉毕业证书,作为完成高标准培养的拔尖学生之证明。

7. 附则

(1) 本办法由英才学院和专业院系共同实施。其中,英才学院负责政策制定和资源调配,专业院系负责学生管理和学业支持,包括党团建设和评奖评优,确保拥有荣誉学籍的学生享有与本专业自然班学生同等的权利和义务。

(2) 未尽事宜严格按照国家和学校有关规定执行,本科生院授权英才学院对本办法进行解释。

（3）本办法自 2015 年秋季学期开始执行。

（三）学风管理制度

1. 总则

为适应哈尔滨工业大学拔尖创新人才培养机制改革需求,实现学术带头人、工程领军人的培养目标,倡导"开放、创新、激情、自由"的文化理念,充分发挥入选英才学院的学生的自主性,打造个性化、多元化成长平台,提升拔尖学生综合素质,增强其社会责任感、领导力,特制定本办法。

2. 英才氛围营造

（1）重视氛围营造,为拔尖学生培养创造一流的学术文化氛围。将理想信念教育与爱国教育、国防教育、航天精神教育、爱校爱院教育等工作紧密结合,注重立德树人,利用深厚的专业底蕴和感人的人物事迹影响感染学生立志成才、争做楷模。充分挖掘和利用我校优良的办学传统和大学文化精神,增强学生进入英才学院后的自我荣誉感和使命感,将专业认知教育与知新讲坛结合,邀请知名学者与学生面对面交流,使之成为人才培养链条中的重要文化传承和历史传承。

（2）传播榜样力量,开展朋辈引导,打造英才文化。选取优秀学生典型,建立英才学院优秀学生榜样库。每年组织"英才学院优秀毕业生成长分享交流会",编撰《英才学院优秀学生成长历程》系列宣传册,为优秀学生提供展示的舞台,让广大学生感受青春榜样的力量。

（3）做精"知新讲坛",围绕学生成长发展中遇到的突出困难和问题,邀请校内外专家、优秀学生集体（个人）,做客"知新讲坛",与学生进行思想碰撞和精神交流,提供切实有效的引导、指导和帮助,为学生成长成才服务。

3. 助力能力提升

（1）继续推进心理健康教育与素质拓展项目。完善"大学生心理训练与潜能开发"团体辅导课程,根据学生群体的特点及需求,设计对应的团体辅导方案,引导学生强化自我认知,体验团体动力,感悟成长过程,对大学学习生活进行科学、合理的规划。

（2）坚持全人教育理念,强调系统化、全程化的生涯体验。将生涯规划理念全程贯穿于大学 4 年的学习生活,推行"体验与认知项目",鼓励学生在体验中认知成长。项目包括亲情体验、学生社团体验、营利组织体验、非营利组织体验、政府机构体验、跨文化体验、拓展训练体验。

（3）建立英才学院社会实践学分制度和志愿服务学时制度,鼓励学生积极参加社会调查、生产实习、志愿服务、公益活动、勤工助学等社会实践,提高社会实践的质量和效果,进而了解社会,在实践中促进学生成长成才。

4. 落实机制保障

（1）建立英才学院德育指导委员会,邀请校内外名师、知名校友参加,扩大英才学院德育工作队伍。

（2）以"英才传承"为主题,构建"专业纵向共建体",加强专业传承与学业支持。建立不同年级对应专业的纵向合作交流的运行机制,开展学业支持,传承英才文化,深入推动学风建设,深入解读学科培养目标,深入强化专业精神塑造。

(3)夯实英才学院学生会、学生社团联合会的建设,以这两个学生组织作为英才学院学生综合素质提升的推动者和重要载体。坚持把学生会和学生社团联合会建设成为学生之家、骨干之校、师生之桥,实现学生自我教育、自我管理和自我服务。

5. 项目平台拓展

(1)建立英才学院学生成长跟踪机制。发挥《英才学院学生成长档案》的引导作用,每学期开展学生成长跟踪,针对毕业生建立英才学院院友联络机制。

(2)推动学生参加专业院系综合素质提升平台,英才学院重点建设室内合唱团、音乐剧社、舞蹈社、冰壶俱乐部、国际交流协会、"青苗无忧"志愿服务队等社团,组织精英化的社会公益活动和高水平的文化体育活动,实现汇聚学生合力、培养精英意识的目标。通过指导扶持各类社团的自主发展,增强拔尖学生的社会责任感与核心竞争力,服务于人才培养的根本任务。

(3)每学年开展"大学生就读经验调查",通过课程学习、课外活动、个人经验与人际交往、对学校的评价和大学就读收获的评价4个维度,对学生进行问卷调查和访问调查。为教育行政部门的评估、认证工作提供可靠的依据。

本实施办法自2015年秋季学期开始执行,解释权在英才学院。

(四)导师制规章制度

全面实行导师制,进行个性化指导。为英才学院学生选配年富力强的导师,指导学生开展实践环节及科技活动,切实将导师的学术资源转化为学生培养优势。由导师指导学生选课及制定未来专业发展方向规划,将学生的学习过程有机整合进入导师的学术发展轨道。提倡根据院系实际情况,推行学业、科研双导师制或导师团队指导制等多种模式,确保指导工作卓有实效。

教务管理制度

一、北京大学

（一）课程管理

课程教学必须选用国内外精品教材，并且提供一定的国内外优秀教材为教学参考资料；对于为"基础学科专业人才培养试验计划"单独开设的课程应该注重选取学科基础、前沿和交叉领域中的经典教材；特殊课程及交叉学科课程等可以自主编写与之相适合的教材；根据学科特点可以适当选择一些学术专著与学术论文作为课程的学习内容或参考文献。

（二）教师聘任制度

（1）各项目组要有一支高水平的师资队伍开展学生的培养工作，要采取有效的措施确保一批优秀的教师和学术带头人担任课程教学与学生科研指导工作；发挥北京大学的学科综合优势，鼓励成立跨院系、跨学科的课程教学组和导师指导组，在学科的交叉与融合中加强对学生的综合性培养。

（2）聘请国际知名学者和大师主持项目或参加教学与学生的科研指导工作。聘请高水平的外籍教师，为学生开设英语授课的专业课和讨论班。形成一支规模适宜的高水平海外指导教师队伍。

（3）确保导师制的落实，项目组的每一位学生至少有一名高水平指导教师。同时，聘请有热情、责任心强的优秀年轻教师作为辅导员，保持与学生的密切接触，了解和帮助解决学生在学习、生活和其他方面的困难与问题，并及时与指导教师进行沟通。

二、清华大学

（一）课程管理

继承和发扬清华大学"厚基础、重实践、求创新"的人才培养理念，高度重视基础训练、综合素质和批判性思维培养，进行多种形式培养模式探索。

课程建设要考虑因材施教和个性化培养的要求,为学生的充分发展提供充分选择。设置核心课程体系,选用适宜的学科领域最高水平的教材,重要的核心课程独立开课。广泛开展研究型教学与学习,通过研讨式、探究式等学习形式,创新教学方式,鼓励自主学习。

学校负责研究制定公共基础类课程方案,加强综合素质培养。促进科学教育与人文教育的结合,思想政治理论教育与文化素质教育的结合,引导学生树立正确的世界观、人生观、价值观,培养崇尚科学、追求真理的志向和勇气,掌握科学方法、科学手段以及正确的思维方法,力求扎实的基础知识、多元的文化视野和敏锐的思维方式协调发展。单独开设外语课程,加强学生的英语口语和写作技能训练,提高语言综合运用能力,为其进行国际学术交流打下语言基础。

各参与项目负责研究制定本学科核心课程体系,聘请国内外优秀授课教师,组织课程教学。目前纳入计划的项目都具有培养拔尖人才的经验和成效,将开设若干有特色、高水准的核心课程,力求小班化和多样化。在项目主任和导师的指导下,针对学生的特长和发展方向制定和实施个性化培养方案,鼓励学生表现特长、发展潜质,追求卓越。

学生完成本科学业,将根据本学科实际,将学生推荐到本学科的一流大学师从国际名师攻读研究生学位,从事科学研究,或在国内最顶尖研究机构、在名师指导下开展科学研究。对其中学术志向明确、具有发展潜力的学生,提前认定本校免试推荐研究生资格。

(二) 教师聘任制度

各参与项目所在学科具有实力雄厚的师资队伍和广泛的国际联系,借助国内外两方面优质资源,为计划实施提供具有国际一流水平的高水平、国际化师资。

(1) 学校为各参与项目分别设立"清华学堂首席教授"和"清华学堂项目主任"岗位,各项目分别建立项目工作组。

(2) 聘请学术领域造诣深厚、教学经验丰富、具有国际视野的院士、杰出学者担任首席教授。首席教授负责制定本单位项目的培养方案,组织协调项目实施。

(3) 聘请教学名师、知名教授担任项目主任。项目主任配合首席教授全面负责计划的学生培养和项目管理工作,在了解掌握学生特点的基础上,切实做到因材施教。

(4) 邀请知名学者、优秀教师和社会杰出人士担任学生导师,对学生的基础知识学习、综合能力培养、创新研究训练等提供指导。

(5) 聘请相关领域具有国际影响的著名科学家对项目方案及培养过程进行指导。聘请全国以至全球范围内相关学科领域的优秀教师来校授课,参与前沿讲座、论文指导等教学活动。例如,几何分析、统计学、基础物理学原理等基础理论类课程,几何测度论、理论计算机科学、弹性力学、界面力学、固体力学等专业类课程都将聘请国际师资授课。

首席教授、项目主任、导师和授课教师享受专项津贴。参与计划的教师可以不按常规方式考核。

三、南开大学

（一）实践教学管理

伯苓学院聘请专家，组成"拔尖计划"专家组和督导组。专家组负责审定培养模式、培养方案、教学计划、课程体系；参与学生选拔工作，制定学生评价体系；参与制定教师聘任原则以及奖惩政策等。督导组负责了解教师授课效果以及学生学习情况，并及时反馈；指导和督促任课教师在课程体系、教学内容、教学方法等方面的改革与创新工作；在每学期末，提交教学督导组工作报告，总结经验，发现不足，就进一步提高教育教学质量提出意见和建议。

（二）教师聘任制度

采取项目主任负责制。试点学院成立以院长为项目负责人的领导小组，负责学科伯苓班培养方案和教学计划的制定、专业必修课程任课教师的选聘等工作。成立工作组，协助领导小组和考核督导组工作，贯彻领导小组的决策，实施日常管理。选聘成立考核督导组，对教学进行督导考核，及时向领导小组反馈发现的教学问题；对专业必修课教师给出考核意见。

四、吉林大学

（一）课程管理

1. 课程考评制

制定灵活的课程免修、缓修制度，公共基础课程60%采取免修或缓修，部分课程采取讲座与课外阅读相结合的教学方式，成绩以作业、论文进行评定，对学生的考核突出拔尖和创新的目标。

2. 单独设置通识课程

根据拔尖学生培养需要，单独设置通识课程，以提高学生多学科文化素质。课程以讲座、专题报告等形式开设。

（二）学分管理

设置科研学分。项目学生在学期间，所发表的论文、发明、专利等科研成果，根据《吉林大学"拔尖创新人才"科学研究成果管理办法》，按成果等级折算成学分，直接列入学生所修的学分中。

（三）实践教学管理

创新教学管理制度,构筑基础学科拔尖人才培养专门渠道。落实《吉林大学关于加强本科创新型拔尖人才培养的若干意见》和《吉林大学关于本科拔尖学生培养的若干规定》,调动学校各种优质教学资源,通过独特的课程设置和良好的师资和资源条件为学生打下了扎实的学科基础;通过普遍性的严格要求提供学生卓越学习的动力,通过个性化的培养方案给学生提供自主选择的空间;加强学术研究,创造学生在导师指导下早期进入自己感兴趣的科研领域的良好条件。实行动态进出机制。实行一定比例的择优选拔和淘汰。在两个试验班的框架内,学生可以在导师的指导下,按照个人的兴趣和专长,自由选择相应的学科专业领域。提供优秀学生本研贯通学习的良好渠道,使试验班80%的学生通过综合素质考评免试推荐为硕士研究生。

（四）教师聘任制度

实行项目主任负责制,分别在数学和化学两个学科领域聘请学术领域造诣深厚、教学经验丰富的具有国际影响力的著名科学家担任项目主任,给予实施的指导。

为拔尖学生培养项目集中配备数学、物理、化学、生命科学等学科的一流师资。由学科推荐院士、国家杰出青年科学基金获得者、国家级教学名师奖获得者及部分教授等高水平教师,学校从中选拔主讲教师,并成立教学组,组织实施适合拔尖学生的教学方案,并定期向学校拔尖学生培养领导小组汇报教学情况。在班级管理上,配备专职辅导员和心理教师,对学生进行单独管理和心理辅导。

五、上海交通大学

致远学院致力于培养具有批判性思维能力、知识整合能力、沟通协作能力、多元文化理解和全球化视野的创新型领袖人才。本科教学助教工作是支持学院教学改革的重要抓手,为更好地发挥本科教学助教对提高学院人才培养质量的作用,依据沪交学〔2017〕18号印发的《上海交通大学研究生助教工作管理办法》,结合我院实际,特制定本办法。

1. 总则

本管理办法适用于上海交通大学致远学院聘请的所有致远学院开设本科教学课程的助教。

2. 岗位设置与聘用原则

致远学院本科教学助教岗位主要设置在思政课程、大学英语课程、公共基础课程、专业基础课程及课外科技创新、生产实习实践课程及其他。对于荣誉课程、国家级与市级精品课程、教材建设与教改项目将予以重点倾斜。原则上课程选课人数在30人以内,可申请配备

1名助教;助教数量按照每30名学生配备1名助教的标准进行申请,依此类推。经院(系)教学主管和专业项目主任同意,可适当增加课程助教名额。

为加强致远学院高年级本科生对专业知识的理解和运用能力,培养其表达能力、交流能力与合作能力,本科教学助教岗位除设有硕士生岗和博士生岗外,针对致远学院高年级本科生设有本科生岗。

硕士生岗和博士生岗,在担任助教的学期内,应完成教学发展中心组织的助教培训并获得"上海交通大学研究生助教培训考核电子证书"。如已持有该证书的可不参加相应培训。

学院对于经过批准的岗位具有选聘和管理本院系本科教学助教的权力和责任。聘用助教体现核定岗位、公开招聘、择优录取、定期考核的原则。在聘用过程中,注意在同等条件下优先录用家庭经济困难的高年级本科生和研究生。每月20日前,学院指定专人制作本月助教津贴发放名单并上报学生处勤工助学办公室。

3. 岗位申请

本科生岗申请人需满足以下条件:① 致远学院在读高年级本科生,受聘期间学籍状态为"正常在校";② 之前修读过该门课程且成绩优秀;③ 品行端正,责任心强,善于交流,工作能力强,无违纪记录;④ 在上一学期的助教考核中无不合格记录;⑤ 服从助教管理制度,符合岗位所要求的其他特定条件。

申请应聘低年级本专业课程助教,需经课程开设方向项目主任同意,以书面形式向学院提出申请,填写《上海交通大学致远学院本科生助教岗位申请书》,经院(系)教学主管和课程主讲教师同意,签署《上海交通大学致远学院本科生助教岗位职责协议书》方可任职。每个本科生每学期最多只能担任一门课程的助教工作。

硕士生岗和博士生岗申请人需满足以下条件:① 我校在读全日制硕士研究生或博士研究生;② 在本科或研究生期间,学习过相近课程或研究过课程的相关领域,成绩优秀;③ 品行端正,责任心强,善于交流,工作能力强,无违纪记录;④ 在上一学期的助教考核中无不合格记录;⑤ 服从助教管理制度,符合岗位所要求的其他特定条件。

申请人需经导师同意,填写《上海交通大学研究生助教岗位申请书》;经课程主讲教师同意,签署《上海交通大学研究生助教岗位职责协议书》。每位研究生每学期最多只能担任一门课程的助教工作。

4. 岗位职责

本科教学助教的工作内容,包括理论课程辅导(学业辅导、答疑、组织讨论、上习题课和批改作业、监考及批改试卷等),实践课程辅导(指导生产实习实践、课程实验、批改实验报告、协助组织实习和社会调查等),教材教案准备(收集准备教学资料、协助教师编写教材和电子教案、参与教学网站建设等)三大类。全岗助教的工作量除需随堂听课外,课外工作量一般为每周8~10学时。

助教需接受主讲教师的指导,在主讲教师上课时应随堂听课,了解教学进度和内容,听从主讲教师的工作安排。助教属教学辅助岗位,未经学校批准,任何单位和个人不得安排或要求助教承担本应由主讲教师承担的工作。

5. 薪酬标准

本科生岗工资最高为550元/月,硕士生岗工资最高为880元/月,博士生岗工资最高为1 100元/月,具体以其当月工作量衡量,工资按月发放。每月工作量不足者,依据情况酌情扣发其部分月工资。

徐汇校区和卢湾校区学生担任致远学院本科教学课程助教，额外发放 100 元/月交通补贴。

6. 岗位考核

学院指定专人负责本科教学助教月度考核。

学期中，通过问卷、座谈等形式，不定期抽查助教工作，及时了解和检查助教工作情况。

学期末，由主讲教师给出考核评定意见，填写《上海交通大学研究生助教主讲教师评价表》，交到设岗单位；助教填写《上海交通大学致远学院助教工作总结》，交到设岗单位，设岗单位根据助教工作总结、主讲教师评价分数、学生评价和设岗单位评价等综合评定名次，助教的最终考核结果分为"优秀""良好""合格"和"不合格"4 种类型。

（1）优秀。工作认真负责，受到主讲教师、学生和设岗单位一致好评，综合名次居前，依据当学期课程助教整体情况，原则上优秀人数不超过学院助教岗位总数的 10%，其中前 2% 考核优秀的助教将获得研究生卓越助教奖的申请资格，优秀助教学院按照税前"1 学分课程 1 000 元，2 学分课程 1 600 元，3 学分课程 2 100 元，4 学分课程 2 600 元，5 学分课程 3 000 元，6 学分课程 3 400 元"标准发放岗位奖金和荣誉证书，并在今后的聘用中享有优先权；同时本科生获评优秀者，待遇等同于硕士生岗助教。

（2）良好。能较好地履行助教工作职责，工作完成较为出色，依据当学期课程助教整体情况，原则上良好人数不超过学院助教岗位总数的 40%，良好助教学院按照税前"1 学分课程 500 元，2 学分课程 800 元，3 学分课程 1 050 元，4 学分课程 1 300 元，5 学分课程 1 500 元，6 学分课程 1 700 元"标准发放岗位奖金和荣誉证书；同时本科生获评良好者，待遇等同于硕士生岗助教。

（3）合格。履行助教工作职责，能完成助教工作任务。

（4）不合格。工作不负责，敷衍塞责，对培养学生有不良影响和造成教学事故者，追究其责任，情节严重者予以解聘，酌情少发或不发当月工资，并报其学籍所在院系教务办备案，下学期不再聘用。

（5）无任何反馈将取消其参评优秀和良好助教资格，反馈情况较少，将酌情扣除 20% 奖金。

助教出现无故缺岗 1 次，主讲教师和设岗单位对其进行批评教育，并酌情扣发其部分月工资，月扣除不超过月工资 20%；缺岗 2 次以上，取消其助教工作岗位。

未及时批阅作业、报告者，未按时完成主讲教师和设岗单位交代工作者，学生反映较差者，主讲教师和设岗单位对其进行批评教育，给予 1 次警告，酌情少发或不发当月工资，并报其学籍所在院系教务办备案；如仍旧不改变其工作状态，由任课教师和设岗单位发放解聘通知书，学院主管领导签署意见，报其学籍所在院系教务办备案，报学校教务处和学生处批准，解聘其助教岗位，三年内不再聘用。

原则上，助教聘期为一学期，学生因个人原因不能担任助教岗位，需提出实质性本人不能克服的困难等理由，且至少提前 10 个工作日向学院提出书面申请，经同意，解除聘用。

全校卓越助教提名奖人数不超过助教岗位总数的 2%，可经由学院教务办公室、任课教师、学生自荐等渠道推荐，教学发展中心负责评选工作及发放相应证书，学生处发放奖金，奖金标准最高为本学期助教平均总津贴的 10%。全校卓越助教奖人数为助教岗位总数的

1%,由教学发展中心组织评选和发放相应证书,由学生处发放奖金,奖金标准最高为本学期助教平均总津贴的50%。此条解释权归学校学生处。

7. 其他

本办法自2018年3月1日起执行,原办法相应废止。本办法由上海交通大学致远学院组织实施并负责解释。

六、中国科学技术大学

(一)实践教学管理

(1)为了充分发挥中国科学技术大学基础教育扎实的优势和合作院所的科研实力,英才班采用"两段式"培养模式。前三年在中国科学技术大学完成基础课程和专业基础课程学习,第四年可在合作院所完成专业学习和毕业论文。

(2)围绕英才培养目标,结合中国科学技术大学三学期制和"三结合""两段式""长周期"的英才培养模式,统筹设计适合英才成长的培养方案,精心选择教学内容,为学生构建科学合理的知识结构。课程设置中要特别关注第一阶段与第二阶段教学的有机融合、本科培养与研究生培养的衔接,落实在院所期间的课程教学,并根据不同年级的特点安排好夏季学期学生赴院所的教学活动内容。

(3)英才班培养计划中重要基础课程和核心课程原则上应单独组班教学,选聘中国科学技术大学优秀教师和研究院所优秀研究人员、国外大学著名教授任教。合作院所应明确教学任务,组建相对稳定的教学团队承担英才班的教学,选派优秀研究人员来校开设部分专业课程和夏季学期课程,尽早介入第一阶段的教学活动,为后期培养打下基础。

(4)在英才班培养中实行学业导师制,切实推进导师指导下的个性化学习,倡导探究式学习方式,鼓励各英才班积极探索英才培养的新模式、新机制。

(5)积极推进英才班学生的国际化培养,通过多种渠道,采用"走出去""请进来"等方式,拓展学生的国际交流空间,培养学生的国际化视野。

(二)教师聘任制度

为了进一步推进我校本科教学国际化,落实"基础学科拔尖学生试验计划"英才班学生国际化培养环节,引入国际知名大学教授为英才班学生授课,特制定本办法。

1. 聘请范围及规模

进入国家"基础学科拔尖学生试验计划"的英才班,每年可在培养计划中选择3~5门课程聘请国际知名大学教授承担教学,可根据课程性质和教学计划安排在春季、夏季和秋季学期。

2. 聘请基本条件

(1)聘请的课程教授应具有国际知名大学终生教职(tenured faculty)。

(2) 在本学科专业领域具有一定的学术水平,并有承担聘请授课课程的教学经历。
(3) 身体健康状况能够承担完整讲授一门课程的教学任务。

3. 工作职责

(1) 完整讲授一门60学时或80学时的课程(夏季学期课程可为20学时或40学时)。
(2) 每周安排1~2单元与学生进行开放式学习交流。
(3) 一个月安排一次面向相关学科本科生的讲座。
(4) 参与相关课程组的教学改革与课程国际化建设工作。

原则上受聘教师工作安排以每周授课不超过6学时,授课、参与学生开放式交流、课程讨论等工作合计不少于10学时为宜。

4. 聘请与管理

(1) 各英才班根据培养方案的课程设置以及对外联系和合作渠道的情况,选择条件成熟的课程及授课教授向学校推荐。
(2) 学校以本科教学院长工作会议形式对院系推荐的拟聘请境外知名大学任课教师进行审议,并根据学校教学原则和课程性质明确教学内容和工作职责。
(3) 本科教学院长工作会议审议通过的拟聘任人员报送学校相关领导批复,并向校人力资源部和外事办公室报备。
(4) 国际知名大学课程教授聘任工作,实施学院按需聘请,择优聘用,合同管理,动态调整的原则,由学校和受聘教授在平等自愿、协商一致的基础上,通过聘请合同明确双方的权益和工作职责,合同期限原则上不少于一个月,不多于一学期。
(5) 所聘国际知名大学课程教授的日常管理由各英才班所属学院负责。

5. 薪酬与生活安排

(1) 国际知名大学课程教授的薪酬标准原则上参照其本国同等资历教授平均工资水平商定。
(2) 学校为国际知名大学课程教授提供一次往返旅费(经济舱)。
(3) 学校为国际知名大学课程教授提供合同期间免费住房。
(4) 旅行与医疗保险费用由受聘人员自行承担。

七、四川大学

(一)实践教学管理

(1) 成立由校长任组长,分管本科教学的副校长,分管学生工作的副书记,分管外事和人事工作的副校长任副组长的领导小组;成立由国内外相关学科的诺贝尔奖获得者、院士和著名科学家等组成的基础学科人才培养专家小组;成立由教务处牵头,教务处、人事处、学生工作部、国际交流与合作处、财务处、招生就业处、研究生院以及相关学院等单位组成的工作小组,不断优化方案,统一组织、协调全校优秀教学资源。
(2) 吴玉章学院具体负责学生学籍管理及教学协调工作。

(3) 相关学院负责组建师资队伍、配备指导教师,具体制定和落实培养方案,开展课程建设及校际交流、国际合作等。

(4) "试验班"对学生实行阶段评估,动态管理,能进能出。"试验班"由导师根据学生的实际情况明确学习阶段及每一阶段学习的时间长短,每一阶段的学习完成后,应由专家进行阶段性学业水平测定。经测定确实具有培养潜质的,方可进入下一阶段培养。

(二) 教师聘任制度

为更好地推动"拔尖计划"的实施,汇聚国内外高水平教师,进一步提高拔尖学生培养质量,按照《关于印发〈四川大学"基础学科拔尖学生培养试验计划"经费使用管理办法(试行)〉的通知》(川大教〔2012〕89号)的文件精神,特制定本细则。

1. 范围

"拔尖计划"聘请国(境)内外高水平教师承担拔尖学生培养过程中授课、讲座、指导、选拔、评估、后勤保障等经费开支。

鼓励各学院聘请国际知名专家为拔尖学生授课、讲学、提供学术指导,每年聘请国(境)外高水平教师的经费支出不得少于各学院"拔尖计划"专项经费的10%。聘请国(境)外高水平教师的经费开支主要包括讲课酬金、往返国际国内旅费(原则上为经济舱,商务舱按个案申请审批)、食宿补贴、保险以及助教补贴。

2. 经费使用标准

(1) 指导费

校内导师:每名"拔尖计划"指导教师的基本指导费用为1 200元/月(按照每年12个月计算)。

国(境)外导师:聘请国(境)外知名教师担任"拔尖计划"指导教师的基本指导费用根据国(境)外导师知名度由各学院自定,原则上不超过2 000元/月(按照每年12个月计算)。

(2) 授课酬金

世界顶级学者(如诺贝尔奖、菲尔兹奖、图灵奖获得者,世界学术团体的负责人)和院士等由各学院按个案处理。原则上参照《关于印发〈中央和国家机关培训费管理办法〉的通知》(财行〔2016〕540号)第三章第十条的标准执行。

长期课程,聘请国(境)外知名教师按每学期1.5万元/学分计,另付国际旅费(经济舱)及生活补贴等合计2万元/学期;聘请国内一流教师按每学期1万元/学分计,另付交通及生活补贴等合计2万元/学期;聘请校内高水平教师授课,酬金按200元/学时计,同时纳入工作量考核。

聘请国(境)外知名学者短期授课和讲座,参照"实践及国际课程周"的标准付酬;聘请国内知名学者短期授课和讲座,参照《四川大学名师课程、名家讲坛校外短期教授聘任与管理办法》(川大人〔2011〕13号)执行。

(3) 选拔、评估

专家面试按每半天500元付酬。出题按2 000元/次付酬。

聘请校外专家对基础学科拔尖学生培养方案开展评估,国(境)外专家不超过5 000元/次,国内专家不超过3 000元/次。另付旅费、住宿和生活补贴。

3. 操作流程

（1）长期课程：每学期末，课程经学院考核合格后，由学院根据选聘教授知名度、授课学时数、考核结果等情况编制教学津贴，在课程结束后提交财务处予以发放。

（2）短期课程及讲座：各学院教学院长审核签字后报财务处审核，并按实际情况报销。

（3）对于已与四川大学签订工作、合作任务的校外教师，各学院教学院长应根据合同要求确定是否给予讲课费、旅费和住宿的报销，避免重复发放。

4. 其他

（1）本标准根据实际情况，实行动态调整。

（2）以上各项为试行执行标准，未尽事项参照学校有关规定执行。

八、西安交通大学

（一）实践教学管理

（1）"拔尖班"学生在4年期间单独编班，专业主干课程独立授课。

（2）"拔尖班"学生自一年级开始实行导师制，导师的主要职责是指导学生学习方法和选课，帮助学生制订个人学习计划，引导学生的科研训练等。

（3）"拔尖班"学生实行学分制。学生在本科阶段的4年中，须获得本科培养方案规定的各类学分和总学分。

（4）"拔尖班"学生实行资格审查制。学生有下列情形之一者，将进行分流，转入理学院相关专业或原招生录取专业：① 规定的本科必修课程中有不及格者；② 转入"拔尖班"后，一年所修的专业主干课程中，有3门次以上（含3门次）的课程成绩为70分以下者；③ 第4学期末英语未通过国家四级考试者；④ 在校期间因违反校纪、校规受到记过以上（含记过）纪律处分者；⑤ 导师根据学生的思想品德、学业成绩、综合素质、身体状况等进行综合考察后，认为不适合继续培养者（需经过所在学院批准）；⑥ 因个人原因申请退出"拔尖班"者。

（5）被分流的学生应填写转专业申请表，经所在学院和转入专业所在学院审核后，报教务处批准。被批准分流的学生应持教务处下发的《西安交通大学学生学籍变动审批通知单》到转入学院报到，并按转入专业的要求修读和补修课程。"拔尖班"所在学院和学生分流后的专业所在学院应尽快做好学生学籍及成绩等有关材料的转出与接收工作。

（6）学生完成前4年培养计划所规定的全部课程和其他教学环节，符合本科毕业条件，学校可在第8学期末授予其本科毕业证书和学士学位证书。

（7）学生可在第4学年修读研究生课程。在第6学期末教务处给研究生院提供在校生库后，学生按照研究生院的安排完成网上选课和课程学习。若学生4年本科毕业后不在本校攻读硕士学位，则所获学分可以作为超额学分累计在本科总学分上，但不可取代本科要求的各类学分。如学生4年本科毕业后在本校继续攻读硕士学位，则所获学分计入硕士阶段课程学分。成绩记载按研究生院成绩管理办法执行。

（8）在本科阶段,学校将从"拔尖班"学生中选拔优秀学生赴国(境)外大学学习,所得学分将予以承认。本科毕业后,学校将选派优秀学生赴国(境)外大学攻读硕士或博士学位。

（9）在第7学期初,从学硕班转入"拔尖班"的学生若符合学校关于免试攻读硕士学位研究生的基本条件,可获得免试攻读硕士学位研究生资格;从四年制本科班转入"拔尖班"的学生按学校免试研究生推荐规定申请免试攻读硕士学位研究生,学校在分配免试研究生指标时将适当予以倾斜。学生获得免试硕士生资格后需按照研究生院相关规定重新确定导师,并完成学业。学期开学初审查一次,报教务处审批。

（二）教师聘任制度

在数学、物理学领域,2~3年内要建立一支高水平的、相对稳定的、专兼结合、以专为主的教师队伍。一方面充分利用我校已有的教师资源,给予特殊政策支持,鼓励高水平教师承担拔尖学生课程讲授和培养工作;另一方面,聘请国内外知名高水平教师上主干基础课,并为其配备1~2名我校教授担任辅导教师。立足于我校自己的教师队伍建设,帮助年轻有为的中青年教授在1~2年内尽快独立胜任"拔尖班"一些主干课程教学任务。

根据教育部文件精神,可以在数学、物理学建设"人才培养特区",理学院根据该班的具体情况,按照分层次分类型的要求,提出"拔尖班"教师队伍构架需求表。在引进教师和培训教师方面可以提出特殊政策,如改变工作量计算方法、设专门岗位聘请教师、派相关教师出外培训等,经过一定的审批程序,形成一系列有利于人才培养的特殊政策和规章制度。

实行数学班、物理班首席科学家负责制。学科首先要积极聘请,人力资源部高层办配合学科负责落实。

九、北京师范大学

（一）课程管理

构建由通识教育课程、相关学科基础课程、专业教育课程三大课程模块构成的新的课程体系;改革课程设置,改革教学内容;课程修读管理则采取必修课、限选课和任选课相结合的管理模式,其中任选课所占学分比例不低于总学分要求的1/3。核心课程聘请高水平师资开设。积极引进和选用国际一流教材。加强学生综合素养、相关学科基础、专业能力的培养,为拔尖学生成长打下坚实的基础。

（二）实践教学管理

1. 学生管理

对进入培养计划的学生配备高水平导师,实行班级管理与导师管理相结合的学生管理模式。班级管理主要负责学生的思想建设、学习纪律、生活纪律,组织各类集体活动及班级成员的综合评价等;导师管理主要负责学生的人生引导、学业规划与指导,尤其以导师的人格魅力和学术造诣给学生以启迪和濡染,促进学生全面、健康成长。实验班学生实行励耘奖学金制度。

2. 实施弹性学习制度

学生可在导师指导下制定个性化培养方案,切实增加学生对专业、课程、教师、导师、修业年限等的自主选择权,充分调动学生学习的积极性和主动性。

3. 建立动态进出机制

第二学年末由励耘学院组织专家委员会对实验班学生进行中期考核。在充分征询导师、辅导员、任课教师等方面意见的基础上,根据学生的中期考核报告、课程学习成绩、科研素质、意志品质等综合表现,结合学生的意愿,部分不适应实验班学习的学生将分流到相关专业继续学习;实验班之外的同年级学生可在学生自愿并经专家组考核同意补充到实验班。

(三) 教师聘任制度

配备一流师资。坚持校内与校外并举、水平与责任并重的教师聘用原则。建设一支相对稳定的,由本校教师及国内外专家学者组成的学术水平高、责任心强、有热情、肯投入的高水平师资队伍,共同参与课程教学、学术讲座、学业和科研指导等,保证拔尖学生的培养质量。

十、中山大学

(一) 课程管理

"拔尖计划"专属课程由数理化生各学科工作委员会讨论决定并上报逸仙学院,由学院统一开设。"拔尖计划"专属课程均为专业选修课,包括专业核心课、跨学科交叉课、科学前沿课、创新型实验课等。

每门课程必须制定教学大纲,经数理化生各学科工作委员会审核决定后提交至逸仙学院,报教务部备案。教师必须严格按照教学大纲所规定的内容认真备课、组织教学、选用或自编教材与讲义、提供教学参考书及其他教学资料。教学大纲一经审定,不得擅自更动,如需变动应报工作委员会、学院审核批准,并报教务处备案。

"拔尖计划"专属课程采取小班教学模式,每门课程选修人数不得超过15人,且每门课程的1/3学生为跨学科选修学生。

参与学院"拔尖计划"的每位学生拥有一份个性化培养方案,学生根据导师的指导以及自己的科研兴趣与科研方向选修课程。学生应当积极参加各种专题讲座、学术讨论等,以提高分析问题、解决问题的能力和学术水平。

课程的学分数是根据每门课程的授课时数及课外复习时间的多少而确定。学生在逸仙学院所修学分,可以冲抵所在学院的专业选修课学分。

学生跟随导师开展科研技能训练课程,每个学期记0.5学分,共18学时。

学生可跨学院(仅限数理化生四院)选修课程,申请人填写《中山大学全日制本科生跨院系选修课程申请表》,由所在学院审核通过,递交到逸仙学院。

学生所修课程应当进行考试或考核。考试成绩及所得学分录入教务系统,并归入学生档案。

(二)实践教学管理

教师应遵守《中山大学教师本科教学工作规范》。

教师上课时应做到衣冠整洁,仪表端庄,举止文明;语言清晰,板书清楚规范,掌握现代化教学手段。不得在课堂上使用干扰教学秩序的通信工具和电子设备。

教师必须亲自授课,坚持教学方法改革,实施启发式教学,讲授时要努力做到理论和概念阐述准确,思路清晰,条理分明,重点突出,论证严密,逻辑性强,表达生动,吸引学生听课。根据课程特点要充分利用多媒体教学手段。在教学过程中注意培养学生的科学思维能力、创新能力和综合实践能力。

教师每次授课主讲时间不超过1/3,2/3学时由教师与学生互动研讨。目的在于引导学生自主思考课程的基本问题和核心概念,培养学生专题调研、表达和学术讨论的能力,同时要引导学生正确理解和掌握课程内容。

教师要教育和督促学生遵守课堂纪律,对无故缺课的学生要及时进行批评教育,对缺课较多的学生除批评教育外,还应向学院反映。

教师要安排时间对学生进行辅导答疑,并根据课程的性质和特点,课后应布置一定量的课外作业,为学生开列必读的书目。

实验课是理论联系实际,进行科学训练,培养学生观察分析现象、激发创新思维、提高动手能力的重要环节,教师应从大学生实验技能培养的总体要求出发,拟定实验教学大纲。组织实施时要遵循学生的认知规律,多开设设计性、研究性、综合性实验,全面系统地培养学生的实验技能及创新能力。

指导实验应严格要求,加强检查。要做好实验准备工作,实验进行时,教师必须在场巡视指导,处理实验中出现的问题;实验完成后,教师应仔细批改实验报告,对不符合要求或数据不全的报告,应退还学生重做。

十一、武汉大学

(一)课程管理

弘毅学堂学生课程体系由博雅教育课程、大类基础课程、专业核心课程和专业选修课程四大板块组成,总学分控制在150学分左右(包括课堂教学、实验与实践教学、科学训练以及学士学位毕业论文)。

1. 博雅教育课程

博雅教育课程按照"育人"和"求知"并举的理念,充分利用武汉大学综合性资源优势,强调德、智、体、美相互渗透。课程体系以中国的文明与发展和世界的文明与发展两条主线,包括部分公共必修课程和通识教育课程。

(1) 公共必修课程包括马克思主义中国化的理论与实践(上、下)、高级英语(a、b)、西方文化名著选读、英语文本中的中国、军事理论、体育、形势与政策共26学分。

(2) 通识教育课程含人文社科经典导引、自然科学经典导引两门4学分必修课和8学分选修课。选修课程分为"中华文化与世界文明""科学精神与生命关怀""社会科学与现代社会""艺术体验与审美鉴赏"四大模块,通识课程选修至少跨三个模块,所有学生必须选修"中华文化与世界文明"和"艺术体验与审美鉴赏"模块课程,人文社科类学生必须选修"科学精神与生命关怀"模块课程,理工医类学生必须选修"社会科学与现代社会"模块课程。

2. 大类基础课程

大类基础课程是在通识教育基础上的宽口径专业基础教育,按照基础性、公共性和学术性原则设置,具有完整规范的知识体系,使学生得到严格的科学基础知识的培养与训练。

3. 专业核心课程

专业核心课程以规范严谨、精炼优质为目标,以学科的核心传统知识为内容,其中还包括科学训练和社会实践等课程,使学生在修读过程中领略到本专业的精髓与风格,为学生的专业发展打下坚实基础。

弘毅学堂在坚持专业学习的科学性和规范性的同时,也注意其灵活性与多样性,支持学生个性化和跨学科的发展。为此,各专业制定出与获得专业学位相应的最少核心修读课程,称为准出课程(即专业核心课程)。一般各专业准出课程控制在12门左右,约50学分。

4. 专业选修课程

专业选修课程侧重专业知识的前沿性和交叉性,并带有武汉大学的学科特色;部分课程强调其前瞻性,且与研究生课程共享。

(二) 实践教学管理

弘毅学堂发挥武汉大学多学科的优势,体现培养国际一流学科领军人物的宗旨和特色,制定各学科班专门的培养方案和教学计划,聘请相关领域具有国际影响力的著名科学家对培养方案及培养全过程进行指导。

弘毅学堂实行多样化教学模式,因材施教,突出个性化培养,积极开展教学模式、内容和方法改革;强化基础、分流培养,学生根据自己的兴趣和特长自主选择专业学习;让学生有自由探索的时间,鼓励自主学习,参与科研项目训练。

弘毅学堂借鉴国外知名大学的课程体系,实现与国外大学课程的对接,开展广泛的国际交流,通过联合培养、暑期学校、短期访学等方式,分期、分批将学生送到国外一流大学学习和交流,为他们提供融入国际一流研究群体的机会。

弘毅学堂实行导师制,导师分学术导师和学业导师,学术导师负责指导二年级及以上学生学术研究,学业导师负责指导学生大学4年的学习和生活。导师由院士、国家杰出青年科学基金获得者、青年拔尖人才、优秀青年科学基金项目获得者以及各学科优秀教师担任。

弘毅学堂聘请学术造诣深厚、教学经验丰富、具有国际视野和影响力的学者担任各学科首席教授,负责拔尖学生培养的学术指导。

弘毅学堂设置"荣誉课程",鼓励教师开设科学前沿、高难度的课程,"荣誉课程"由弘毅学堂专家分委员会负责遴选。

弘毅学堂整合学校优质教学资源,强化思想政治理论课程,将素质教育贯穿人才培养的全过程,着力培养学生的社会责任感和良好的道德品质。

弘毅学堂单独设置外语课程和外教课程,全面提升学生语言综合运用能力,为学生专业学习和研究提供语言支持。

学校设立弘毅学堂特别奖教金,奖励为弘毅学堂做出突出贡献的教师及管理人员。

学校将通过弘毅学堂拔尖学生培养的逐步试验与探索,进一步扩大学生受益范围,带动教育观念和教学模式的转变,带动本科人才培养模式的整体改革,创造有利于拔尖人才的成长环境。

(三) 教师聘任制度

为聘请校内外高水平师资,提升课堂教学质量,提高学校拔尖创新人才培养质量,根据《武汉大学弘毅学堂管理办法》(武大教字〔2013〕61号),制定本办法。

1. 聘任条件

(1) 身体健康,能正常从事教学及学生辅导工作,保障正常备课、教学和辅导学生的时间。

(2) 具有良好的思想政治素质和职业道德,热爱教育事业、责任心强;认同弘毅学堂人才培养目标、模式,并愿意为弘毅学堂教学服务。

(3) 从事相关学科研究,学术造诣高,掌握相关学科前沿动态,具有丰富的教学经验,教学效果好。

2. 聘用程序

(1) 弘毅学堂根据人才培养方案及课程设置提出每学期教学岗位需求。

(2) 相关学院根据教学岗位需求择优推荐任课教师,弘毅学堂工作组专家也可直接从校内外推荐任课教师。

(3) 弘毅学堂工作组及专家委员会对推荐教师进行审定,择优聘任。

3. 教师职责

(1) 任课教师须熟悉弘毅学堂相关学科人才培养目标、培养理念、培养方案以及相应课程教学大纲,并按要求认真做好授课计划。

(2) 严格执行教学计划,每节课都须有教案,认真备课,认真上课(包括实验课、实践课、习题课、辅导答疑等),保证教学质量。

(3) 熟悉国家"拔尖计划"相关精神及学生基本情况,积极参加相关教学研究活动,指导学生进行启发式、研究型学习。

(4) 遵守学校相关规章制度及弘毅学堂教学安排,认真履行职责,圆满完成各个教学环节的基本任务。因特殊情况变动教学安排,应事先提出申请并备案。

4. 考核与待遇

（1）弘毅学堂本着实事求是、客观公正、公平公开的原则，每学年对所有聘任教师进行考核。考核方式采取教师、学生评价相结合的方式，考核内容主要涉及教师职业道德、教学技能、教学纪律、教学业绩4个方面。

（2）考核合格的校内任课教师，弘毅学堂按照《武汉大学弘毅学堂教学津贴发放办法》发放课酬；考核合格的校外教师，按照学校财务相关规定给予课酬；考核不合格的任课教师根据实际情况核发课酬。

（3）对弘毅学堂人才培养做出突出贡献的教师，弘毅学堂将设立奖教金给予特别奖励，同时向学校推荐参加相关奖项、教改项目等评选。

十二、厦门大学

（一）课程管理

以化学专业为例，个性化课程计划包含四部分（152学分）。

1. 公共基础课（33学分）

按学校的要求修读课程（见教学计划）。修课学期可自主设计。其中计算机与大学英语类课程可以申请免修。

2. 通识课程（11学分，其中校选6学分）

建议修读文史哲艺等专业的学科通修课程或者专门为拔尖班开设的课程。有关课程信息可从教务处课程信息库查询，也可向教学秘书提出向教务处提取。

3. 学科通修课程（65~71学分）为必修课

学科通修课程可通过考试获许免修（不含实验课）。修课的顺序可自主设计。

4. 学科方向性课程（26~30学分）

（1）教学计划中模块4，拔尖试验班学生须按照年级、学期顺序修读。

（2）化学专业指定必选线性代数、综合化学实验（一）、综合化学实验（二），其他选修课程可任意选择。

能源化学专业：在能源模块选修12学分，指定必选能源材料基础、碳资源化学、能源化学综合实验；其他选修课程可任意选择。

化学生物学专业：按照培养计划选择16学分化生模块课程。

如遇特殊情况，可提交免修申请，是否同意由各系决定。

（3）其他课程可根据个人发展潜质与研究专业方向兴趣自主设计。可选修跨学科、跨年级、跨层次的课程。本科生课程信息可从教务处课程信息库查询，也可向教学秘书提出向教务处提取。研究生课程信息可上研究生院网站查询，或通过教学秘书向研究生院培养与管理办获取。

（4）为了更有效地利用时间从事科研训练或参加国内外交流活动，除各专业综合实验外，拔尖试验班课程应安排在2.5~3年修完。

(二)教师聘任制度

为确保化学拔尖计划项目顺利实施,进一步规范项目的管理,提高专项经费使用的效益,根据教育部"基础学科拔尖学生培养实验计划"专项资金管理办法、厦门大学《关于拔尖创新人才培养建设计划专项资金使用范围与使用标准的说明》等文件精神,现对化学拔尖计划聘请一流师资,包括聘用国内外高水平教师为化学拔尖计划班授课(以下统称拔尖计划课程)、课酬发放,及其他相关事项规定如下。

(1)拔尖计划课程指为化学拔尖计划班独立开设的课程。课程应有独立的计划和大纲。课程计划与大纲经课程组与拔尖计划领导小组审议批准后执行。

(2)拔尖计划课程应执行更高的目标要求。教学模式应有利于拔尖学生个性化创新潜力的培养。

(3)拔尖计划课程的任课教师应由课程组或主管教学系主任或拔尖计划领导小组成员提名推荐,经拔尖计划领导小组审核确定。

(4)每学期课程结束后,任课教师应向拔尖计划领导小组提交课程总结。

(5)课程任课教师应接受拔尖计划领导小组或学校有关部门组织的教学质量检查。对教学质量评价低于良好的或学生反映不好的任课教师,领导小组将终止其为拔尖计划课程授课的资格,并停发相关课酬。

(6)任课教师的课酬按学校相关文件执行。

(7)鼓励任课教师开展课程建设。拔尖计划课程项目由课程组或任课教师就课程建设项目的必要性、所要解决的问题与达到的目标、建设内容、经费预算等提出项目建设报告,经拔尖计划领导小组审议批准立项。课程建设项目的经费使用与管理参照《厦门大学"基础学科拔尖学生培养试验计划"经费使用管理办法》执行。

(8)此规定于2014年2月21日经化学拔尖计划领导小组会议审议通过执行。

十三、兰州大学

(一)课程管理

为进一步加强"基础学科拔尖学生培养试验计划"内涵建设,进一步构建"促进学生全面发展的学业评价体系",本着"淡化学生分数意识、倡导学生素质教育、促进学生全面发展"的目的,对部分课程评价做如下调整。

(1)适用范围:通识核心课程、实验、实践与科研创新课程、兴趣与选修课程均使用等级制评价。

(2)评价方式:采用五级评分制,即 A+、A、B、C、D。

五级评分制与百分制对应关系见表1,成绩计算GPA采用"取均值"原则给出相应的百分制成绩,见表2。

表 1　五级评分制与百分制对应关系

五级评分制成绩	A+	A	B	C	D
百分制成绩	100~90	89~80	79~70	69~60	59~0

表 2　采用"取均值"原则给出的百分制成绩

五级评分制成绩	A+	A	B	C	D
百分制成绩	95	85	75	65	55

（3）本办法自2016年9月1日起实施。

（二）教师聘任制度

根据教育部《基础学科拔尖学生培养试验计划实施办法》的要求，结合我校实际，为汇聚国内外高水平教师队伍，促进基础学科拔尖学生培养，特制定本办法。

1. 岗位及职责

兰州大学"基础学科拔尖学生培养试验计划"教师包括授课教师、科研导师、学业导师、讲座教授4个类别，面向校内外进行聘任。

（1）授课教师。授课教师按照培养方案，以课程为单位进行聘任，按课程组或方向组成教学团队，由教授、副教授、讲师共同组成。负责课程教学、实习、答疑和相应课程的科研训练，以及选定教材、推荐参考书目等。

（2）科研导师。科研导师按照学科专业方向成立导师小组，每个导师小组由2~4名国内外知名教授、副教授组成，每2~4名学生组成一个学生小组，每个学生小组配备一个导师小组。导师小组负责学生的学术引导、兴趣培养、科研训练，推荐参加学术会议、出国交流等。文科可采取较为灵活的"导师+学生"制度。

（3）学业导师（班主任）。学业导师一般按班级聘任。主要负责学生的综合素质培养，指导学生课外能力建设（每周2课时），指导学生班级日常工作，指导学生社会实践活动，向学院提出学生培养和管理方面的建议等。

（4）讲座教授。讲座教授根据需要，围绕学科和主题邀请，负责开展学术讲座或座谈交流，为学生的学科导读、生涯规划、素质拓展、出国留学等提供帮助。

2. 聘任条件

（1）授课教师团队的公共基础课、专业基础课主讲教师必须具有高级职称，专业课主讲教师必须是知名教授或学者，承担过该课程的系统讲授工作，能够积极采用启发式教学、批判式讨论、非标准答案考试，传授知识与智慧于学生。

（2）科研导师组成员要能够针对学生的具体情况和学生自身的能力特点、研究兴趣，制定学生个性培养方案，指导学生的学习、科研工作，推荐并协助联系在国外学习深造。有师资条件的，应由国内的院士、国家杰出青年科学基金获得者，具有博士生指导资格并承担国家重点（重大）研究计划的教授、副教授和国外知名院校（高水平学科）的教授、副教授组成。

（3）学业导师（班主任）应是具有一年以上出国留学经历的青年教师，拥有博士学位，思想上积极上进，有充足的时间和精力（不担任学院领导），能够与学生一起交流、一起探讨,能够有效指导学生学业,促进学生全面发展。

(4)讲座教授应是国内外知名学者、优秀教师和社会杰出人士,能够围绕学科或主题开设学术讲座或开展主题交流。

3. 工作待遇

(1)教师工作量计算和酬金补贴办法。校内教师承担萃英班人才培养任务,均按照学校有关办法计算教育教学工作量(讲座亦可计为公共服务工作量)。根据萃英学院人才培养的特殊要求,萃英学院给予校内教师额外的补贴;校外教师由萃英学院参照国际惯例及兄弟院校做法,承担来往交通费,提供住宿,按照工作量给予酬金。标准由萃英学院结合实际具体制定,并建立动态增长机制。

(2)为萃英学院授课的校内教师,赴国际一流大学本科生课堂听课、商谈建立本科生教育交流合作关系,可由萃英学院提供资助。

(3)参加萃英学院组织的学科交叉交流沙龙、茶歇、酒会、学生实践等活动。

(4)教师开展课堂教学实践活动、课外能力建设活动、教学研究活动、小型学术讨论会等,可由萃英学院提供经费支持。

(5)凡聘请为兰州大学"基础学科拔尖学生培养试验计划"的各类岗位教师,由学校统一组织聘任,颁发聘书或荣誉证书。

4. 附则

本办法自签发之日起试行,由教务处和萃英学院负责解释。

十四、北京航空航天大学

(一)课程管理

1. 总则

(1)为落实荣誉课程建设规划,进一步搭建荣誉体系、推广荣誉制度,向更多优秀学生提供优质荣誉教育,并将其有效辐射至北京航空航天大学人才培养全局,特制定本方案。

(2)高等理工学院(沈元荣誉学院)(以下简称沈元学院)作为北京航空航天大学人才培养荣誉制度的载体,统筹荣誉课程资源的建设与管理。

(3)荣誉课程以培养优秀拔尖创新人才为目标,以名师优教为核心,以理论基础深厚、教学方法先进、知识交叉复合为导向,着重培养学生的基础知识、思维逻辑、学术兴趣与创新能力。

(4)荣誉课程分为基础荣誉课程、通识荣誉课程及专业荣誉课程三大类,内容范围涉及自然科学、工程技术、人文社科等领域。

(5)荣誉课程优先面向沈元学院的荣誉学生开放,在资源允许时也面向有意愿并有能力选修荣誉课程的北京航空航天大学本科生开放。

2. 课程认定

(1)荣誉课程由沈元学院教学指导委员会根据本办法规定组织认定。

（2）荣誉课程的主要来源包括沈元学院已开设的基础、通识或专业课程，具有前瞻性、创新性、交叉性的新课程，移植自国际一流大学的优质课程。

（3）每年3月，由沈元学院向全校发布荣誉课程认定评审通知，并组织专家对申报课程进行评审，根据专家评审意见及不记名投票结果确定荣誉课程认定结果，并报教务处备案。

（4）申报荣誉课程需确定1名课程负责人，该负责人原则上应具备教授职称，并承担该课程教学任务；应具备合理的教师队伍、具有良好的管理水平和完备的教学文档（教学大纲、授课教案、习题、实验指导、参考文献目录等）；选用的教材应为国内外先进的教材、专著或者国家、省部级、学校近三年出版的精品教材；如申报课程为现有教学课程，需学生对课堂教学反映优良。原则上，每位课程负责人负责及讲授荣誉课程不超过1门。

3. 考核管理

（1）荣誉课程由沈元学院教学指导委员会及教学督导组组织考核，进行管理。

（2）荣誉课程的考核周期为三年。课程被认定为荣誉课程后第一学年必须开课，在三年考核周期中，按《高等理工学院（沈元荣誉学院）本科教学质量评价办法（试行）》的规定进行年度考核和评价。三年中，每年考核结果均在良好及以上的课程可直接通过荣誉课程考核，继续保留荣誉课程性质；如有一年及以上考核结果为合格及以下，则取消荣誉课程性质；如三年考核结果均为合格及以下，则该课程不允许申报下一年度荣誉课程。

（3）荣誉课程在三年考核期间若有重大教学事故、教学质量下降、变更课程负责人或因培养方案修订、课程负责人及主讲教师变更等原因发生课程调整等情况，将立即取消荣誉课程性质。

4. 附则

（1）本办法自公布之日起执行。

（2）本办法由沈元学院负责解释。

（二）实践教学管理

1. 总则

（1）为了建立健全学院教学督导、检查和评价机制，充分发挥教学督导的作用，进一步促进教学及教学管理规范化，切实提高人才培养质量，根据《北京航空航天大学本科教学督导组工作条例》（北航教字〔2007〕20号），结合学院教学工作实际情况，特成立高等理工学院（沈元荣誉学院）教学督导组，并制定本条例。

（2）学院教学督导工作应遵循下列原则。

以党的教育方针为指导，把握政治方向，落实教书育人。

督导工作的目的是进一步提高师、生、管理人员投入教学工作的积极性，切实提高教学质量，因此应该遵循的原则是"从督入手，以导为主"。

学院督导工作应遵循学校督导工作的总体要求，按照《中华人民共和国教育法》中第二十四条"国家实行教育督导制度和学校及其他教育机构教育评估制度"的规定，遵照《教育部关于进一步深化本科教学改革　全面提高教学质量的若干意见》（教高〔2007〕2号）中第十七条"进一步完善高等学校的内部质量监控和评价体系"的规定，同时，应以学校及学院的一系列教学工作规章制度为依据。

（3）学院教学督导组是学院教学质量监控体系的有机组成部分，协助教学副院长对学院学风、教风、管理作风等影响本科教育教学的重要环节进行调研、检查与监督，通过对全院各级各类教学及管理工作进行监督、检查、指导、调研、评估，帮助和促进教师改进教学工作，不断提高教学水平；了解教学各环节的运行情况，反馈教学信息，监督教学质量；检查教学管理情况，分析课程建设、教风和学风等方面存在的问题。

2. 教学督导组的职责

（1）督导的内容包括"教、学、教学管理"三个方面。

（2）学院督导组的督导内容侧重每一门主要课程和每一个主要教学环节在运行过程中的规范性、在教学内容上的学术性和学院有关部门在教学管理上的规范性。督导工作的主要方式是深入教学各个环节进行系统性检查。

（3）学院教学督导组的具体工作包括但不限于：进行教学常规检查，参与教学管理；监督各类教学管理规章制度及教学计划与教学大纲的实施情况；深入教学第一线，定期或不定期召开师生座谈会，听取师生对教学管理和教学质量的意见，随时对教务处的工作与各系的教学工作提出意见和建议，进行典型调查和经验总结；对教师进行教学指导，帮助教师提高业务水平；参与学院的教学科研和课题研究；协助学院做好考试的监督和检查工作，加强考风建设；参与教学监控体系的评估指标和评估方案等文件的拟定工作，参加学院组织的教学质量评估、教学检查、教学竞赛和评教活动等。

（4）督导组还应完成学院委托的其他工作。

（5）督导组成员有权进入教室和实验室听课。有权查阅教师教学教案，调阅教材、学生作业、考试试卷、毕业设计（论文）等所有教学资料档案。有权向教师和学生了解有关教学问题，随时调阅学院有关教学管理的资料档案。督导组成员在履行其职责过程中，各办公室人员应积极配合。督导组成员应按照一定程序对查阅的结果、形成的结论进行讨论和反馈，在其他非特定场合有义务对检查情况给予保密。

（6）督导组成员应在督导组的统一管理下，主动、认真地实施督导工作，有责任及时向学院领导及有关人员提出自己的意见及建议，相关人员有义务及时对所提意见和建议做出书面反馈。

（7）督导组成员应努力提高自己的水平，研究高等教育发展动向，不定期组织研讨。

3. 教学督导组的管理与成员的聘任

（1）学院督导组成员由学院教学指导委员会聘任，具体人数及在职人员与非在职人员比例根据需要和具体情况确定。

（2）督导组成员的仟职条件应与其担负的任务相适应，由学院按月付给适当津贴。

（3）教学督导组成员任期三学年。期满视工作需要和本人意愿可以续聘，对于因健康或其他原因无法继续履行督导职责者，可以提前申请解聘。

4. 附则

（1）本条例自公布之日起执行。

（2）本条例由高等理工学院（沈元荣誉学院）负责解释。

（三）教师聘任制度

教师是保证课程教学质量，加强拔尖学生培养能力的重中之重。高等理工学院（沈元荣誉学院）（以下简称沈元学院）根据人才培养的实际需要，规划了以校内优秀师资为主体，以选聘京内高水平师资为辅助，以国际师资和社会、行业办学力量为补充的独具特色的复合型师资队伍，以期有效支撑学院的高水平、可持续发展。为加强教师的聘任考核管理，构建数量充足、质量优秀、稳定可靠的教师队伍，特制定本办法。

1. 选聘标准

（1）热爱教学，具有较强的责任心，在聘期内能够投入沈元学院的教学工作。

（2）具有丰富的教学经验和较高的教学水平，了解本课程的教学发展和改革趋势。

（3）以往的教学工作得到同行专家认可。

2. 工作职责

（1）课程教学。与所属专业责任教授共同完成课程建设规划，负责制定课程教学目标，探索适合沈元学院学生特点的教学模式，采用先进的教学方法，合理组织教学内容，编写或选用高水平教材，系统完成课程的教学任务。

（2）助教管理。协助选聘课程助教，指导其完成习题课及答疑等教学环节，并负责考核及评价助教工作情况。

（3）协助专业责任教授完成其他相关工作。

3. 考核管理

沈元学院教师聘期为三年，由所属专业责任教授负责选聘，经沈元学院同意，签署聘用合同，明确责任义务，加强聘期管理。教师的工作业绩等级认定参照《高等理工学院（沈元荣誉学院）本科教学质量评价办法（试行）》中相关规定执行，由沈元学院根据学生评价、教师自评、教学督导组评价和学生抽样问卷调查4个方面情况，结合教师课程完成情况，给出教师的综合评价。教师的工作业绩的考核等级分为优秀、称职、基本称职、不称职4档，作为教师岗位续聘和岗位津贴发放的依据。对于考核不称职的，可由沈元学院与所属专业责任教授商议解聘。

4. 相关待遇

为充分调动优秀教师参与沈元学院授课的积极性，切实保证授课质量，沈元学院给予教师特殊荣誉和待遇，并在考核评定等环节予以政策支持，具体如下。

（1）颁发荣誉教师证书。对于沈元学院教师，在通过学院的年度考核后，获得荣誉教师身份，颁发由学校认证的荣誉教师证书。

（2）待遇标准。

① 校内授课教师。对于聘任的校内各门课程授课教师，讲课费用以课时计算，根据受聘人员情况确定相应的待遇。

② 校外授课教师。对于聘请的外校优秀教师、社会师资，讲课费用以课时计算，根据受聘人员情况，通过议价确定待遇标准。

③ 国际师资。包括常规聘任的国际师资以及受聘国际交叉科学研究院、国际通用工程师学院的国外师资。讲课费用以课时计算，根据受聘人员级别及来源国家，支付不低于该教

师来华前收入级别的讲课费用。

④ 专任教师。对于沈元学院编制的专任授课教师,参照教务处教学型教师的各类标准进行考核及给予待遇。

(3) 享受优先政策。对于学校认定的荣誉教师,在职称评定、年度考核、各项教学类评优中享有优先权(相关办法另行制定)。

5. 解释执行

本办法由沈元学院制定并负责解释实施。

十五、哈尔滨工业大学

(一) 课程管理

为加速推进我校拔尖创新人才培养工作,深化教育教学改革,创新拔尖学生培养模式和管理机制,加强拔尖本科生课程建设工作,规范课程管理,提高课程教学质量保障,鼓励教师积极参与,增强教师荣誉感,结合英才学院培养模式改革的具体情况,以加强学生的数理基础、人文通识、外语能力、科研实践及综合素质为出发点,制定本办法。

1. 总则

(1) 设立荣誉课程的宗旨是通过聘请校内外一流师资,选用国际一流教材,加强研究性和研讨式教学,提高课程教学的效果和质量,提高学生的学习主动性和学习成效,实现英才学院的学术带头人、工程领军人的培养目标。

(2) 授课教师应注重学生的个性化发展需求,为学生的自主性、研究性学习提供富有成效的兴趣培养、思想引领、知识传授、技能训练、创新精神养成。做到因材施教,为有志于从事科学研究,有志于成为未来学术带头人、工程领军人的优秀学子提供发展空间和机遇。

2. 组织与管理

课程建设主要面向英才学院荣誉课程,属于哈尔滨工业大学本科教育资源,由本科生院组织课程认定与检查,进行宏观管理,考核教学效果和分配教学报酬。各专业学院负责具体的课程建设与教学组织实施,主要涉及数理、外语、人文通识、技术基础四大类课程。本着成熟一门建设一门的原则,对于涉及专业面较宽、反映学科前沿,面向基础研究或优势学科的专业课程、前沿领域专题研讨课程以及英文授课课程经论证后逐渐纳入荣誉课程范围。

3. 课程修读

(1) 每学期向全校公布荣誉课程的名称、要求和最大修读容量。具有英才学院荣誉学籍的学生优先修读,在容量允许下鼓励非英才学院学生修读荣誉课程。

(2) 非英才学院学生,修读荣誉课程比例达到 80%(含)以上,且大学 4 年平均学分绩达到 85 分(含)以上,经英才学院教学指导委员会审定,在获得专业学院毕业证、学位证的同时,将获得哈尔滨工业大学英才学院荣誉证书。

4. 相关政策

为了鼓励教师积极参与课程建设,增强任课教师荣誉感,学校为荣誉课程提供相应的政策保障。

（1）每年公开公布荣誉课程任课教师名单，不纳入常规评教机制。

（2）给予荣誉课程任课教师在常规教学津贴基础上的优质教学津贴。

（3）荣誉课程建设经费单独列入英才学院教学专项预算。

5. 课程要求及负责人

开设课程教学内容先进，具有知识体系的高度和难度，采用国际上先进的教材，在教学内容、方法、手段以及考试方法方面特色鲜明，并建设教学资源丰富、功能齐全、运行良好的课程网站，并能有效共享。课程师资队伍结构合理，教学团队教学思想活跃，教学改革有创意，教研活动应能推动教学改革，并取得明显成效。每门课程均应设置课程负责人，由课程负责人具体负责课程的教学组织、建设与管理工作。课程负责人应具备的条件如下。

（1）热心教学工作，具有较高的学术造诣和教学水平，有较强的组织管理能力和敬业精神。

（2）多年担任该课程或相关课程教学任务，教学效果好，并在该课程或相关课程的建设和改革中取得过突出成绩。在条件允许的情况下，也可以聘请哈尔滨工业大学以外的名师领衔开设课程。

（3）课程负责人原则上应具有教授职称。

课程负责人的职责如下。

（1）组织制定并主持实施课程建设规划，并报英才学院。

（2）组织制订或修订课程教学大纲、课程教学规范等教学文件。

（3）组织本课程范围内的教学改革活动和教学法研究活动。

（4）负责收集教学过程中各方面的反馈信息，以促进本课程的建设。

（5）每学年末进行课程建设工作总结，并提出下一学年工作目标和重点，报英才学院备案。

（6）负责课程档案的建立、管理和更新。

6. 国际化课程建设

建立开放环境下的拔尖学生培养机制，发挥国内、国外两种资源的优势，培养学生国际化视野和国际竞争力。鼓励并支持专业学院开拓各种渠道与方式聘请国内外专家、知名学者来校开设特色课程。对于相对稳定、效果较好的外教课程可以纳入荣誉课程管理。

本实施办法自2015年秋季学期开始执行，解释权在英才学院。

（二）学分管理

为了贯彻落实哈尔滨工业大学创新型拔尖人才培养目标的新要求，进一步促进英才学院学生的创新意识、创造能力、创业精神的培养和科学素养、综合素质的提升，鼓励本科生"进实验室、进课题组、进科研团队"，特制定本办法。

创新学分是指进入英才学院的学生在校读书期间，根据自己的兴趣、特长和爱好，参加各种科研性、竞赛性、社会实践性等活动，并取得具有一定创新意义或实用价值的智力劳动成果，经审核认定获得的学分。

授予创新学分的成果第一作者单位应署名哈尔滨工业大学。

进入英才学院的学生必须修满 5 个创新学分才能达到毕业要求。

若学生所获创新学分超出教学计划所要求的 5 个学分,超出学分可以冲抵教学计划中相关选修课的学分,原则上累计冲抵不得超过 4 学分。

创新学分的评定类别包括科研成果类、学术论文类、发明创造类、科技竞赛类、科学研究类、创业成果类、创新研修课。

1. 创新学分的评定标准

(1) 科研成果类。包括本科生获得的国家级、省部级科研成果奖。具体评分标准如下:国家级科研成果奖一等奖(排名前 10 名)12 学分,二等奖(排名前 8 名)10 学分,三等奖(排名前 5 名)8 学分;省部级科研成果奖一等奖(排名前 10 名)10 学分,二等奖(排名前 8 名)8 学分,三等奖(排名前 5 名)6 学分。

(2) 学术论文类。包括公开发表及在学术会议上交流的学术论文、会议论文、学术论坛论文,还包括具有一定影响的社会调查报告。具体评分标准如下:被科学引文索引(SCI)和社会科学引文索引(SSCI)收录的论文,第一作者(学生为第二作者时指导教师是第一作者,等同学生为第一作者,以下同)8 学分,第二作者 6 学分,第三作者 4 学分,其他 1 学分;被工程索引(EI)、国际会议录索引(ISTP)收录的论文,第一作者 6 学分,第二作者 4 学分,第三作者 2 学分,其他 0.5 学分;国内公开出版的其他核心学术期刊上发表的论文或公开出版的国际学术会议论文集收录的论文,第一作者 3 学分,第二作者 2 学分,第三作者 1 学分,其他 0.5 学分;公开出版的全国或省级学术会议论文集收录的论文,第一作者 2 学分,第二作者 1 学分,其他 0.5 学分;参加全国性或校内大学生学术论坛,同时提交的论文被收入论坛文集的获 1 学分,其他 0.5 学分;发表在国家级报刊、省级报刊或被省市领导批示的社会调查报告、理论研究报告(发表在内参上的视为公开发表),可与 SSCI 文章同等对待。

(3) 发明创造类。包括获得的发明专利、实用新型专利和软件著作权,以专利或软件著作权授权的时间及证书为准,专利或软件著作权所有权人须为哈尔滨工业大学。具体评分标准如下。发明专利:第一权利人 6 学分,第二权利人 4 学分,第三权利人 2 学分,其他 1 学分。实用新型专利、软件著作权:第一权利人 4 学分,第二权利人 2 学分,第三权利人 1 学分,其他 0.5 学分。

(4) 科技竞赛类。包括在经过学校认定的各类国际级、国家级、省部级和校院级等竞赛中获得的个人及集体竞赛奖励,如电子设计竞赛、大学生英语竞赛、工业设计大赛、机械创新设计竞赛、智能汽车大赛、广告设计大赛、数学建模竞赛、大学生物理学术竞赛等学科竞赛。具体内容参见 2012 年 12 月 19 日印发的校教发〔2012〕563 号文件《哈尔滨工业大学推荐优秀应届本科毕业生免试攻读硕士学位研究生(直博生)工作补充办法》。具体评分标准如下。个人学科竞赛部分:国际级,一等奖及以上 3.5 学分,二等奖 3 学分,三等奖 2.5 学分;国家级,一等奖及以上 3.5 学分,二等奖 3 学分,三等奖 2.5 学分;省部级,一等奖 2.5 学分,二等奖 2 学分,三等奖 1 学分;校院级,一等奖 1.5 学分,二等奖 1 学分。集体学科竞赛部分:国际级,一等奖 8 学分,二等奖 6 学分,三等奖 4 学分;国家级,一等奖 8 学分,二等奖 6 学分,三等奖 4 学分;省部级,一等奖 4 学分,二等奖 3 学分,三等奖 2 学分;校院级,一等奖 2.5 学分,二等奖 2 学分。注:每名参赛队员的得分,以 4 人组成团队为例,按排名先后,分别计 40%、30%、20% 和 10%,如团队人数有变化,可由竞赛小组负责人按上述规则适当调整确定。

(5) 科学研究类。包括个人自主参与教师科研课题研究,参与各级各类科学研究计划,参加学术报告会或学术讲座(以提交的学术报告心得为准)等活动所获得的成果。具体评分标准如下:大学生科技创新创业训练计划项目,国家级科技创新创业训练计划项目,通过结题验收4学分;校级科技创新创业训练计划项目,通过结题验收3学分;荣获校科技创新一等奖8学分,二等奖6学分,三等奖4学分。注:项目获奖与结题取得的创新学分不累计,以最高级别计。学分分配参见科技竞赛类备注说明。学生自主进入导师实验室参加科研课题研究,每学期期末写出工作总结,导师根据学生表现评定成绩,成绩记入创新学分。成绩优秀计1学分,良好计0.5学分,导师评定成绩在良好以下没有创新学分。学生参加学术报告会或学术讲座后提交学术报告心得,经专业审核、评价、存档,每个心得报告计0.25学分。学术心得报告不得少于5 000字,图表不计入文字,不接受打印稿,必须手写。

(6) 创业成果类。包括企业和社团举办的各类科技创业奖的获得者,进入工业园区、高新开发区孵化器的学生科技创业者,经工商部门批准创办一年以上正常开展经营活动的科技企业创办人,经省级相关部门鉴定具有应用价值并产生经济社会效益的技术成果,向社会转让、出售,产生较大效益的软科学成果,其他具有一定应用价值的成果。具体评分标准如下:企业和社团举办的各类科技创业奖获得者4学分,进入工业园区、高新开发区孵化器的学生科技创业者6学分,经工商部门批准创办一年以上正常开展经营活动的科技企业创办人8学分,具有应用价值并产生经济效益的科技成果所有者8学分,以与企业所签署的科技成果技术转让合约作为认定标准。

(7) 创新研修课。每选修一门创新研修课程且成绩合格,取得1学分。

2. 创新学分的申请与审核认定

(1) 学生填写《哈尔滨工业大学英才荣誉计划学生创新学分申请表》,并附上必要的申请材料一并交给学院。

(2) 学院依据本办法对学生的申请材料进行审核、认定。

(3) 同一成果累次获奖,以最高奖项计算一次,不累计奖励。创新学分不纳入学分绩计算。

(4) 学院每年对创新学分审核和认定工作进行检查和评估。如发现抄袭、剽窃他人成果的舞弊行为,查实后将根据学校有关规定进行严肃处理。

本办法自公布之日起实施。本实施办法解释权归英才学院。

(三) 实践教学管理

1. 总则

为适应哈尔滨工业大学拔尖创新人才培养机制改革需求,实现培养学术带头人、工程领军人的培养目标,秉承"开放、创新、激情、自由"的文化理念,要求入选英才学院学生在本科阶段积极参与科研实践,提升学生的学术研究兴趣,增强荣誉学生的科研实践能力,激发学生的创新创业精神,特制定本办法。

2. 制度建设

(1) 构建科学的创新实践制度保障机制。结合学校基于项目学习、大学生创新创业计划等平台,充分利用校内相关专业的科技创新基地资源,构建适用于英才学院学生创新实践体系：一年级参加基于项目学习平台，二、三年级参与大学生创新创业训练计划、科研课题立项、相关学科竞赛，四年级结合本科毕业设计开展科研实践。

（2）设立英才学院科技创新基金，要求学生在导师的指导下制订2~3年的科技创新计划，积极参加专业前沿课题研究。遵循"兴趣驱动、学生自主、注重过程"的原则，入选英才学院每位学生在本科期间至少完成一项创新性实验计划，完成从文献查阅、研究内容与方案确定、实验研究、课题总结的整个过程。要求每位学生定期与不定期地以讲座或答辩形式做科研训练进度报告、接受提问与质询，对于学生的上述创新活动提供一定学分。

3. 完善保障机制

（1）以各专业院系为主导，落实全程导师（团队）指导制度，学生在4年学习过程中均有导师指导。全程导师制分两个阶段进行：第一阶段是为一、二年级学生配备学业导师，引导学生尽快适应大学生活，转变学习方式，拓宽学生视野，激发学生对学科、专业的兴趣及认知度，对学生的研究性学习及实践提供指导和帮助。第二阶段是为三、四年级学生配备专业导师指导学生个性化学习，引导学生进入实验室参与科研实践，对科研论文撰写、专利申请等提供指导和帮助。

（2）面向一、二年级学生实施博士生学长"领航计划"制度，聘请优秀博士研究生作为朋辈开展学业支持和科研引导，帮助学生更好适应英才学院学习生活，激发学习主动性，增进专业了解，指导探究式学习和科技创新项目学习。

（3）加强科技创新成果展示与培育工作。每学年举办入选英才学院学生科技创新成果展、学术论坛Poster展，公布年度科技创新荣誉榜，建立科技创新成果库，推荐优秀成果参加"祖光杯""挑战杯"和国际、国家级、校级比赛，注重推荐优秀成果申请专利，进行创业孵化。

4. 营造创新文化

（1）建立学术讲座与研讨制度，定期开展学术讲座与研讨活动。有针对性地邀请相关领域的知名专家，为学生开展相关领域最新研究进展报告或讲座，营造学术氛围，开阔学生的学术视野。依托校内外院士、特聘教授等知名学者，开设"科研之道"系列讲座，通过知名教授讲授、分享自身学术成长的历程、生活和科研工作的感悟等，坚定学生追求科学、追求真理的志趣和理想。要求学生就讲座主题预先进行调研，做到有准备地参与，讲座过程积极提问、研讨，撰写心得体会和收获总结报告。通过定期聘请知名学者、名家举办workshop创新营，培育科研志趣，引导创新意识。

（2）定期开展"科创推广周"学术性交流活动，每月确定一个科研实践或学科竞赛主题，邀请优秀指导教师、竞赛俱乐部负责人或获奖学生开展"compass沙龙"，交流、分享参加科研实践及参赛经历与体验，向学生推广各类竞赛及科技创新活动。"科创推广周"学术性交流活动在每学年秋季学期9~12月、春季学期3~6月的最后一周举行。

5. 拓展科研实践平台

（1）开展拔尖学生科技创新基地建设。与校内相应俱乐部（如ACM俱乐部、智能车俱乐部、机器人大赛俱乐部等）加强联系，建立联络人制度，优先从英才学院选拔优秀学生参与，英才学院配备相应经费支持；基于"导师（团队）"指导制度，与导师（团队）合作，建设英才学院与专业实验室联合创新基地，打造高水平科技创新平台。

（2）每学年举办本科生学术论坛，营造开放、和谐的学习环境和浓郁的学术氛围，引领学生从事科学研究，激发学生探究式学习的意识，培养创新精神，提高学生清晰的思维、表达和写作的能力,为学生搭建展示研究成果的平台。

本实施办法自 2015 年秋季学期开始执行,解释权在英才学院。

(四)教师聘任制度

为英才学院配备一流师资。由院系推荐高水平教授担任英才学院学生的主讲教师,并成立教学组;聘请国内外专家来校开设特色课程;组织实施适合拔尖学生成长的教学方案,并定期向指导委员会汇报教学情况。

学生海外交流制度

一、北京大学

依托学校已有的,并积极开拓建设新的与国际一流大学的交流项目,把优秀的学生以联合培养、暑期学校、短期学习和考察等方式和渠道分批、分期送到国外一流大学进行学习和交流,开拓学生国际学术视野。

发挥北京大学国际合作的优势,构建高水平国际联合培养平台。通过邀请国际知名的大师和学者来学校开展学术交流与合作、开设课程与举办学术讲座、担任项目负责人或指导学生开展科学研究等方式加强对学生的培养,使学生尽早接触学科国际前沿。

鼓励学生参加国际性学术活动,如参加国际学术会议、讲习班和学科竞赛等,学校将提供积极支持。

要为在国内继续攻读研究生的优秀学生积极创造国际化培养的条件,在研学习期间争取送到国际一流大学和国际知名学者那里进行学习交流或实行联合培养。

二、清华大学

发挥国内、国外两种资源优势、开展国际化培养是拔尖人才培养的必由之路,有利于拓展学生的国际视野,增强跨文化沟通交流能力,提高人才的国际竞争力,也有利于拓展人才培养的空间,促进人才培养质量的提高。国际化培养不仅体现在聘请具有国际影响力的著名科学家给予指导、来校授课,还体现在选派学生到国外一流大学进行学习和交流。

学校将充分利用和开拓国际合作与交流的资源和优势,并转化为提高人才培养质量的优势。在本科培养阶段,通过开展联合培养、交换生项目、海外实习、暑期学校、实验室研究、国际学术会议、短期考察等方式,有计划、有目的地将学生选派到国外一流大学进行学习和交流,开拓国际视野,了解学科前沿。鼓励学生利用国外条件开展研究工作,尽快融入学科领域国际一流学术群体。

注重发挥各项目院系和教师在本学科领域的国际合作与交流资源,帮助学生联系落实国外学习和交流的大学和导师,优化教育资源配置,提高国际化培养的质量和水平,保证实效。

三、南开大学

以生物伯苓班学生海外交流制度为例。

（一）资助条件

项目类别包括伯苓学院交流项目、南开大学校际交流项目、国家留学基金委等机构组织的交流项目及学生自主申请的项目。

1. 国际竞赛

学院每年组织1~2支队伍参加国际基因工程大赛iGEM，生物伯苓班大学二年级至大学四年级的学生均可报名参加。学院资助学生参赛费用，包括签证费、注册费、国内旅费、国际旅费和住宿费等。

2. 国际交换生项目

爱尔兰国立都柏林大学每年接收5名大学三年级学生，并在大学三年级上学期进行为期半年的交流学习。学院从大学二年级学生中选拔。学院资助交流学生学费、国际旅费和按月发放的生活补助。学院认定的其他国际交流项目资助方式也参照此模式执行。

3. 学生自主申请的项目

由学生自主申请的1~6个月的短期学习或科研训练。要求：赴外高校或科研机构须为世界一流（综合排名前100名或专业排名前50名），所选课程或科研训练必须是生命科学及相关领域的。学生获得对方录取通知后，向生物伯苓班工作小组提交申请。如获批准，学院资助国际旅费和按月发放的生活补助，针对为期3个月以上的学习项目资助学费。每个学生在校期间，获得1次学院经费资助的海外交流活动（不包含国际竞赛活动），参加国际竞赛活动不受资助次数限制，但所报销费用计入资助额度中，每个学生最高资助额为12万元人民币。学生境外生活补助标准如表1所示。

表1　学生境外生活补助标准

地区	美洲	大洋洲	欧洲	亚洲
境外生活补助标准	800美元/人/月	800美元/人/月	500欧元/人/月	600美元/人/月

（二）学分认定

学生登录南开大学教务处主页，在"教学研究"—"常用表格"中下载《南开大学本科生校外学习交流课程认定申请审批表》（以下简称《课程认定申请审批表》）；学生根据本专业人才的培养计划制订个人学习计划，并按要求填写《课程认定申请审批表》，由拟认定课程任课教师审核签字（学生本人须携带外校学习课程教学内容或教学大纲前往任课教师处办理），由学校公共教学部认定校公共必修课（A类课），由学院教学办公室认定专业教学计划无对应生命科学类选修课（D 类课）或任选课（E 类课）；学生本人在《课程认定申请审批表》上签字后，送学院教学办公室报学院认定审批；学生携《课程认定申请审批表》到教务处教学研究科审批。注：《课程认定申请审批表》一式两份，离校前完成审核，教务处教学研究科和学生各留一份。学生在交流返校后 1 个月内凭《课程认定申请审批表》及各种证明材料（外校真实成绩单原件）到教务处教学研究科进行学分认定审核。学生将《课程认定申请审批表》原件交学院教学办公室。

（三）报销办法

（1）邀请函、护照复印件（含个人信息页、签证/注页）、出国（境）申请表复印件。

（2）国际差旅费。① 国际差旅费：指出国（境）往返的国际机票费用（电子客票行程单、国际机票登机牌）。② 住宿费：指国（境）外发生的住宿费（出票方应为单位）。③ 学生境外生活补助：按《生科院本科生赴外交流资助管理办法》中规定的补助标准计算发放。学生境外生活补助天数计算：以南开大学出国申请表与实际出国天数相比较低者为计算依据，实际出国天数以离境之日起至回国落地之日止为计算标准。④ 其他费用：包括出国签证费、必需的保险费、防疫费、学费、国际会议注册费等。境外费用凭原始票据及相应支付记录（刷卡小条或银行对账单）报销，境外机构出具的票据需用网银或银行卡支付，境外发票需在右下空白部位用中文清楚工整译出票面信息（含详细用途、发票载明的币种及金额）。

（3）国内差旅费。天津至北京往返乘坐高铁/动车二等座及以下等级，超出部分自行负责，其他国内城市交通费不予报销。

（四）办理流程

（1）学生填写《南开大学生命科学学院本科生赴外交流资助申请表》，并携带对方学校录取或接收证明材料，送交学院本科教学办公室审核备案。

（2）根据南开大学国际交流处规定，办理"南开大学学生出国（境）申请"（在"国际学术交流处"网站—"海外学习"中下载相关表格），学生须在离校前完成审批手续办理。

（3）涉及赴外课程认定事宜，参照"学分认定"办理，学生须在选课系统开放期间进行退课操作。

（4）返校后一个月内提交总结报告及 PPT 照片材料（5～6 张代表性照片组成的 PPT，反映学生本人在外交流学习、从事科研情况，照片中须显示本人，照片清晰、端正，并配以文字说明），并经学院考评小组考核。

（5）返校后一个月内（若在寒暑假，在开学后一个月内）办理报销业务，相关规定参照"报销办法"。

四、吉林大学

建立开放环境下的拔尖人才培养机制,发挥国内、国外两种资源的优势,对学生进行国际化培养。

通过联合培养、暑期学校、短期考察等方式,分期、分批将学生送到国外一流大学学习和交流。利用导师和学科的联系,创造机会让学生利用国外条件开展研究工作,学习国外科学研究和创新的理念。本项目每个学生4年在学期间累计有不少于6个月的国外学习交流时间。

聘请海外著名大学和研究机构的学术大师和一批专家作为学生国外学习指导教师,主持或参与教学,担任部分主干课程的主讲教师,举办相关领域的讲座。

五、上海交通大学

围绕教育部《基础学科拔尖学生培养试验计划实施办法》中"开展国际合作"的原则,致远学院特制定境外研修项目管理办法,旨在不断扩大并更加有效地运作国际教育合作项目,助力实现多元化领袖型人才的培养目标。

境外研修项目定位于学生通过自行联系或者学院协助联系导师前往国际一流院校和科研机构,从事高水平科学研究的各类活动。管理办法如下:在读期间参加境外研修累计总时长不超过12个月;返校后均需在20天内提交研修成果汇报材料,包括导师评价及个人研修陈述(此条规定适用于2018年5月1日之后返校的学生);学院设立境外研修专项奖学金提供相关资助。

(一)每年5月、9月和12月开展奖学金评审

符合以下申请条件的学生需在线提交报名申请,通过资格考察后参加现场答辩。
(1)项目时长满6周及以上。
(2)研修期间学术表现良好。
(3)无任何违反校内因公出国(境)批件所规定的行为。
(4)无任何违反校纪校规及国家法律的行为。
(5)严格遵守学院、学校规章制度,在外访问期间无违规违法活动。

（二）专项奖学金按答辩结果进行发放，分为生活补贴和旅费补贴（以人民币计算）

1. 生活补贴
（1）补贴标准：A 等 6 000 元人民币/月，B 等 4 000 元人民币/月，C 等 2 000 元人民币/月。按实际在外月数发放，不足一个月的部分按时间比例折算。
（2）在读期间所获奖学金总额不超过 5 万元人民币。
（3）若境外院校提供的资助超过 6 000 元/月，则不再参评生活补贴。

2. 旅费补贴（适用于 2018 年 5 月 1 日之后返校的学生）
（1）补贴标准：北美及欧洲国家和地区 13 000 元人民币，大洋洲 11 000 元人民币，新加坡 7 000 元人民币，亚洲其他国家和地区 4 000 元人民币，其他地区由学院进行单独认定。
（2）在读期间获得旅费补贴不超过两次。
（3）申请旅费补贴的学生，需在回国后登录"我的数字交大"进行报销申请，才算行程正式完结。无补贴需在报销申请中勾选无报销，否则将影响下一次出访。

（三）学院设立境外研修助学金以资助有困难的学生提前获得相关经费

（1）在研修项目开始前向学院国际化办公室提交"境外研修专项助学金"申请。
（2）资助金额由学院根据研修项目的内容和实际困难情况决定。
（3）返校后符合条件的学生仍可参评奖学金，获得的实际数额为评定的奖学金等级中扣除助学金及境外资助的部分。

为加强学生因公临时出国（境）的规范化管理，建立和维护学院正常的教学及管理秩序，预防和减少违纪行为，学院认定以下行为均属违纪行为。
（1）无批件出访。
（2）擅自发生绕道，临时增加出访时间/地区，延长在外停留时间，改变身份等。
（3）学生在国（境）外出现违法、违规、违纪行为以及做出其他有损国家、学校、学院形象等行为。
（4）学生办理出国（境）手续期间和在外交流期间提交虚假信息及相关证明材料等。
（5）学校认定的其他违纪行为。

学生在国（境）外学习期间，必须遵守《上海交通大学学生手册（本科生）》相关规定，对有违法、违规、违纪行为的学生，学校给予批评教育或者纪律处分，具体处理视情节严重等级按照《上海交通大学学生违纪处分规程》执行。对出现违纪行为者做出如下处理规定。
（1）取消国际旅费资助及境外研修奖学金评选资格。
（2）给予院内通报批评并取消实际在国（境）外时间段的所有奖学金评选资格及评优资格。

本管理办法修订于 2018 年 4 月，由上海交通大学致远学院组织实施并负责解释。

六、南京大学

（一）总则

第一条 为深入推进南京大学"基础学科拔尖学生培养试验计划"（简称"拔尖计划"）的实施，为学生提供更多赴海外一流大学开展多种形式的学习与学术交流的机会，学校设立"拔尖计划"本科生海外研修项目。

第二条 根据教育部《基础学科拔尖学生培养试验计划实施办法》，结合学校教学与学籍管理的有关规定，为规范"拔尖计划"经费管理、充分发挥海外研修项目在拔尖人才国际化培养中的作用，特制定本办法。

（二）资助范围

第三条 本办法适用项目为"拔尖计划"管理办公室认可并组织遴选的高水平长、短期交换学习项目（含国际化实习），科研训练项目及国际学术会议；院系或本科生自行联系的项目以及与本科生国际学术交流无关的项目不适用于本办法。

第四条 本办法适用对象为正式入选我校"拔尖计划"并在标准学制内的学生，不包括入选"拔尖计划"后办理休学、保留学籍、转学、退学、试读、延长学年的学生，亦不包括在校期间受到处分的学生。对于所在院系实行"拔尖计划"动态进出机制的学生，在其参加"拔尖计划"海外研修项目期间（自学生校内申请至完成项目返校之日）学生学籍身份管理为全日制在校本科生且仍属"拔尖计划"学生，方可按本办法获得资助。

第五条 南京大学"拔尖计划"海外研修项目资助款项可用于学生返校后报销学费、机票、杂费（如对方学校要求购买的保险费用等）和生活费，具体资助范围和金额以《南京大学"拔尖计划"本科生海外研修项目资助证明》为准。

（三）资助标准

第六条 学生交流目的地学校免除全额学费（包含以奖学金形式抵免全额学费）的"拔尖计划"海外研修项目，我校全额资助往返机票以及目的地学校预估的杂费、生活费标准的50%，目的地学校未给出生活费预估标准的项目，我校按照《财政部、教育部关于调整国家公派留学人员奖学金资助标准》（财教〔2010〕286号）中的本科生标准计算生活费；目的地学校收取学费（包含以奖学金形式抵减学费但未能抵免全额学费）的项目，每位"拔尖计划"本科生就读期间原则上只能报销一个长期项目及一个短期项目，我校资助需缴纳的学费和往返机票全额，但杂费和生活费不予资助；学生参加学校组织的本科生国际学术会议项目，我校资助会议注册费、往返机票和住宿费全额。依据本条标准得出的资助金额超出第七条所述上限金额时，实际资助以第七条上限为准，贫困生资助标准参照第八条执行。

第七条 无论有无对应专业的交流学习、暑期项目或所有科研训练项目,在外期限为3个月以下(含3个月)的资助上限为5万元人民币,在外期限为3个月以上、6个月以下(含6个月,不含3个月,一般以1学期为时限)的资助上限为10万元人民币,在外期限为6个月以上(不含6个月,全日制本科生境外交流学习时间累计不得超过1年)的资助上限为15万元人民币;交流目的地学校、目的地政府、我国政府、国家留学基金委或我校等单位给予奖学金的项目,资助时以对方奖学金与我校资助金额之和不超过相应期限的上限金额为度。国际学术会议的注册费、往返机票和住宿费全额实报实销。贫困生资助标准参照第八条执行。

第八条 凡家庭经济困难、道德品质优良、学习勤奋且成绩良好,参加"拔尖计划"海外研修项目当年为我校贫困家庭学生档案库建档学生者,可不受第七条限制并在第七条资助标准的基础上,适当申请额外补助,补助金额不超过交流项目的学费、往返机票、杂费和生活费全部金额之和。对贫困家庭学生档案库建档学生的资助可不受第七条上限金额的限制。

第九条 延期学生原则上不予资助延期阶段的费用。非科研训练项目一律不予延期资助,科研训练项目如确有延期需求,学生须在提出延期申请的同时提交后续研究计划,返校后凭科研成果申请延期阶段的资助,具体规则如下。

(1)以第一作者身份公开发表论文1篇者,资助全额学费、往返机票费用。

(2)以第一作者身份公开发表论文2篇及以上,或以第一作者身份公开发表论文1篇但发表在SCI或国内核心期刊上的,资助全额学费、全额往返机票费用和50%生活费。论文主题须与参加该海外研修项目时从事的主要研究有关,被收录日期须为学生返校之日(以入境记录时间为准)起半年以内且须在学生毕业前。

(四)资助形式

第十条 "拔尖计划"管理办公室经测算,将资助款项拨至学生所在院系"拔尖计划"专项经费卡,学生返校后从院系经费卡中报销。

第十一条 学生在外期间,其南京大学学籍不变,仍应按照当年的学费标准、住宿费标准向我校缴纳专业学费及住宿费,被我校认定计入学籍档案的境外课程学分,将参照《南京大学学分制收费管理暂行办法》收取课程学分学费,课程学分学费不予资助。

第十二条 学生自校内公示之日起,不得擅自放弃或变更项目,凡实际项目名称、性质、内容、交流时限等未经我校和对方学校共同许可而擅自变更者不予资助。

第十三条 学生报销按学校相关规定进行,除需提供有效票据外,还需持南京大学出国、赴港澳任务批件(赴台学生提供赴台批件)、《南京大学"拔尖计划"本科生境外交换项目资助证明》原件、护照(包括签证和出入境记录)复印件和其他依据财务规定需要提供的材料;报销机票须持税务局监制的《航空运输电子客票行程单》或国外航空公司机票收据、订单截图、付款记录;对方高校收取学费的,提供对方学校出具的学费正式票据;不需要报销学费的,提供对方学校生活费预估标准,并提供相关正式票据(例如,交换期间住宿费用收据、对方学校收取的杂费等学习生活合理范围内的正规票据)。对无票据或票据不符合财务规定的支出项目不予资助。

第十四条 学生须本着节约原则,尽早购买机票,机票仅限经济舱。学校仅报销一次性往返机票。

（五）资助计算方法

第十五条 参与同一时期、同一项目的不同学生,如申请资助金额不等,学费按各人提供的有效票据和付款记录分别计算,机票、生活费均以申请金额最低者为准计算后按同等金额资助。

第十六条 除国际会议实报实销外,根据前款各规定核算资助金额时,按往返机票费用和50%杂费、生活费之和(免学费项目)或需缴纳的学费和往返机票费之和(有学费项目)计算,以人民币结算,精确到千元,千位以下按截位计,即无论多少均归零。

（六）附则

第十七条 本办法自发布之日起生效。

第十八条 本办法在执行过程中涉及其他有关未尽事宜,由"拔尖计划"管理办公室负责解释。

七、浙江大学

根据浙江大学化学专业(包括求是科学班化学专业)培养方案的要求,为了更好地实施和管理本科生出国(境)交流,制定本规定。

化学系鼓励本科生通过学校和系的各级出国交流项目以及导师的科研合作项目,到国外高水平大学进行课程学习和科研训练;每位学生应根据培养计划,合理安排出国交流时间,时长一般为2周至6个月。

出国费用需从化学系对外交流专项经费支出的,遵照本科生院、外事处、计划财务处和化学系相关规定执行。

在每一次专项经费下拨前,每位学生(或导师)应将拟于当期经费执行期内出国交流计划提交化学系,明确派出人员、目的地、起始时间、交流内容和大致预算等内容,以便制定化学系出国交流预算。如果由于签证等原因未实现既定出国计划的,可以在下一预算周期重新提交申请。

派出前,学生应按以下流程办理出国手续。直接实施出国计划而未履行本流程的,经费一律不予报销。

需提交的材料:① 本人、境外导师、系内导师(或班主任)签字的交流协议英文版(注);② 与境外导师的主要通信证明;③ 境外导师的正式邀请函;④ 浙江大学因公临时出国或赴港澳台人员申请表(本科生用)(在行政服务大厅网站"本科生出国(境)任务审批"中下载填写)。

注:去境外做毕业论文,填写《化学系本科生去境外做毕业论文的协议》,经系内导师签

字确认；其他对外交流个人项目，包括国家留学基金委、学校、竺可桢学院、导师推荐、自主联系等项目，填写《化学系本科生对外交流协议》，经班主任或学业导师签字确认。

化学系审批流程如下。

（1）班主任或导师签字确认交流协议。

（2）提交化学系外事秘书确认。

（3）化学系主管本科教学副主任审核。

（4）院级党委同意。

（5）同步完成本科生院和外事处流程。

（6）学生登录教学管理信息服务平台。

（7）学生在系统中填写交流申请并生成、打印交流生申请表。

（8）学生在系统中根据要求完成派出手续办理，并提交给化学系外事秘书审核。

（9）化学系本科教学秘书处备案。

参加化学系组织的集体对外交流项目，需填写《浙江大学化学系暑期交流项目承诺书》，按集体流程办理。

出国计划完成后，在办理报销手续之前，应向化学系提交外方导师评价以及总结两份，分别为学业总结和心得体会。化学系将在每年适当时候，组织学生出国成果、经验和收获的交流活动。

报销流程如下。

（1）学生登录教学管理信息服务平台。

（2）学生在系统中填写交流申请并生成、打印交流生申请表。

（3）学生在系统中根据要求完成派出手续办理，并提交给化学系外事秘书审核（以上三步如果在出国前已经完成，回国后不需要重复办理）。

（4）学生回国后在系统中提交交流生回国手续，并提交给化学系外事秘书审核。

（5）审核通过后打印《浙江大学本科生海外交流项目经费资助审批表》。

（6）化学系主管外事、本科教学副主任审核签字。

（7）凭协议、邀请函、申请表，并提交两份总结、外方导师评价、学业总结或成绩单、报销清单和各类原始票据至化学系外事秘书审核。原始票据包括：国外航空公司机票行程单或国内航空公司税务发票（蓝色），机票付款记录，登机牌或护照出入境记录页复印件，《乘坐非国内航班或改变中转地申请表》并至办事大厅外事处、财务处窗口盖章（如乘坐国外航班，需提供此表），住宿费发票或收据（租房住宿的需提供房东签名的收条及租房合同），住宿费付款记录，签证费发票原件（如有需要），境外保险费发票原件及保单（如有需要）。

（8）化学系主管本科教学副主任审核签字。

（9）本科教学秘书处办理报销手续。

如果是"本科生海外交流专项"项目，经费报销程序遵照本科生院规定执行。详见本科生院《关于本科生海外交流专项经费报销事宜的通知》。

科研成果突出的学生，若论文被国际会议接收，化学系可酌情资助其参加国（境）外会议。须提交《化学系本科生赴海外参加国际学术会议资助申请表》至化学系外事秘书审核，其他流程同上。

本科生参加国（境）外学科竞赛的，化学系可酌情资助。必须事先提出申请并按本规定履行正常流程。

本方案的最终解释权在化学系。

八、中国科学技术大学

为了推进我校本科生国际交流活动的开展,帮助优秀学生在本科期间有机会去国际著名大学交流学习,学校通过多种渠道争取资源、筹集经费支持本科生国际化培养。目前,我校可用于国际交流的经费来源主要有基础学科拔尖学生培养计划国际交流专项经费、国家留学基金委资助项目、筹集学校本科生国际交流基金以及境外大学和研究机构资助项目。根据国际交流资源和经费的不同来源及管理要求,特制定以下使用原则和资助办法。

(1) 优秀本科生在校期间可申请一次国际交流经费资助。

(2) 学校将根据本科生国际交流互动的规模和实际需要,将各类经费和资源统筹规划,按照经费的来源和管理要求合理使用。各类经费的使用及资助方式见表1。

表1 经费的使用及资助方式

经费类别	适用范围	资助方式
基础学科拔尖学生培养计划专项经费	国家基础学科英才班学生	全额或部分资助
国家留学基金委资助项目	各类英才班学生 各院系优秀学生	一次往返国际旅费和交流期间生活津贴
学校筹集本科生国际交流基金	各类英才班学生 各院系优秀学生	主要补贴国际旅费。根据交流地区和学生学习情况分级资助
境外大学或研究机构资助项目	全校优秀学生	对方资助额度

(3) 原则上,已有资助的项目不再受理校内资助申请。资助经费与实际费用差距较大的项目,经学校研究在经费有余的前提下,可给予少量补贴。

(4) 由于目前学校国际交流基金经费来源不足,原则上仅支持学校组织的学习交流项目,语言文化类培训项目和自费交流项目暂不列入资助范围。

九、四川大学

为扎实推进四川大学"基础学科拔尖学生培养试验计划"(以下简称"拔尖计划"),培养具有国际视野的未来基础学科领军人物,学校将选派、资助对基础学科研究有浓厚兴趣的"拔尖计划"优秀学生到国(境)外一流高校、研究机构学习深造。为规范"拔尖计划"经费使用、充分发挥国(境)外学习项目在拔尖人才国际化培养中的作用,特制定本办法。

（一）资助对象

参与四川大学"拔尖计划"的在校本科生。

（二）资助要求

（1）资助对象所参与的国（境）外项目应是学校、学院"拔尖计划"管理部门认可的国（境）外高水平长、短期交流学习项目，科研训练项目及国际学术会议等。学生自行联系的与学术无关的项目不适用于本办法。

（2）资助对象在国（境）外学习和研究的内容应与其所在基础学科专业密切相关。

（3）学生在国（境）外修读课程需通过考核并取得优良成绩，若有课程考核成绩（等级成绩按学校规定折算为相应成绩）小于满分的80%或未获得学分，学校将不予资助、不予报销国（境）外学习的一切费用。

（4）项目录取结果下达之日起，学生不得擅自放弃或变更项目，凡实际项目名称、性质、内容、交流时限等未经我校和对方学校共同许可而擅自变更者不予资助。

（三）资助范围

（1）本科阶段国（境）外学习的学费。
（2）往返国际国内机票一次。
（3）杂费（包括对方学校要求购买的保险费用等）。
（4）生活补贴（含住宿费、基本生活费等）。生活补贴资助额度按照表1所示的标准执行（如有未涵盖国家或地区，则参照表1中发达程度相近的国家或地区执行）。

表1 生活补贴资助额度

国家和地区	币别	每月额度
美洲		
美国*	美元	500～700
加拿大	加元	600
墨西哥	美元	500
巴西	美元	500
欧洲		
英国	英镑	450
德国	欧元	500
法国	欧元	500
意大利	欧元	500

续表

国家和地区	币别	每月额度
亚洲		
日本	日元	60 000
韩国	美元	600
新加坡	新元	750
中国香港	港币	4 600
中国台湾	新台币	18 000

注：* 表示美国一类补贴 700 美元，美国二类补贴 600 美元，美国三类补贴 500 美元，美国城市分类参照国家留学基金委的规定。

（5）学生如从其他渠道获得了资助，可以支付其国（境）外学习期间的学费、机票、生活费、住宿费等，则学校不再为其提供相应资助。

（6）原则上每位学生享有一次获得资助出国（境）学习的机会，包括联合培养、课程修读、暑期学校、短期交流、科研训练、科研实习等高水平长、短期交流学习项目，资助期限最长不超过 1 年，如确需延长资助期限的须报学院、学校审批。已获资助的学生再次申请国（境）外学习项目资助（包括高水平长、短期交流学习项目，国际竞赛，高水平国际学术会议等）时，需在申报项目之初向学院、学校提交申请并通过审批同意。

（7）学生参加学校组织或认可的高水平国际学术会议、学科国际竞赛等产生的注册费、往返机票和住宿费全额实报实销。

（8）家庭经济困难、道德品质优良、学习勤奋且成绩优良的学生参加国（境）外学习项目可向学院申请预支部分费用，具体额度由学院酌情研究决定。

（四）资助方式

（1）已获得国（境）外项目学习资格的学生回国后应向学院提交书面学习报告以及国（境）外学习机构出具的正式成绩报告单/研究进展报告等材料。学院审核、评估学生出国学习情况，根据考核情况确定是否给予资助。

（2）学生出国（境）学习费用报销按学校相关规定，需提供有效票据、护照（包括签证和出入境记录）复印件和其他依据财务规定需要提供的材料。对无票据或票据不符合财务规定的支出项目不予报销。

（五）附则

（1）未尽事宜参照四川大学本科生国际化教育的相关规定执行。

（2）各"拔尖计划"相关学院可根据实际情况制定具体资助细则。

（3）本办法自颁布之日起实施，最终解释权归教务处。

（4）原《四川大学"基础学科拔尖学生培养试验计划"学生出国（境）学习项目资助办法》（川大教〔2013〕79号）自本通知下发之日起废止。

十、西安交通大学

为了提高基础学科拔尖学生培养试验班(以下简称拔尖班)学生的培养质量,规范拔尖班学生赴国(境)外学习的管理工作,制定本办法。

(一)拔尖学生出国学习类型

(1)长期项目指学生在国(境)外大学或研究机构学习一学期及以上的学习项目。学生第一、二学年在西安交通大学学习,第三、四学年期间赴国(境)外留学且不超过一年(或两个学期),完成经我校认定的、由对方学校或研究机构开设的课程学习内容,获得全部学分,并按时返回学校。

(2)短期项目指学生在国(境)外大学或研究机构参加三个月以下的学习项目,包括暑期学校、短期实践、科研训练。

(3)学生赴国(境)外参加国际会议,一般应有学术论文录用,并有口头发言。

(二)申请条件

申请人应具有良好的政治思想觉悟,品德优良,学风严谨,身心健康;学习成绩优良,外语水平符合出国交流的语言要求,具有良好的沟通能力;申请的国(境)外学校应当是国际一流院校、专业或研究机构,并且应当在知名教授或知名团队的指导下学习。

符合上述申请条件的学生均可以申请出国学习。学生可以在本科期间申请两次,长期项目和短期项目各一次。研究生期间可以按照学校规定再次申请,学生可以申请国家建设高水平大学公派研究生项目(CSC)到国外一流大学攻读硕士或博士学位,也可以申请学校资助到国外一流大学(学科)攻读硕士研究生,获得学位后回学校继续攻读博士研究生,还可以申请学校资助作为我校与国外一流大学联合培养的研究生。

(三)经费资助

1. 长、短期出国学习项目

学校对于经批准出国(境)学习的拔尖班学生提供不同额度的学费资助,学费资助主要用于拔尖班学生在国(境)外学习期间的学费支出,凭对方学校或研究机构的学费收据在限额内据实报销,超出部分由学生自行负担。长期项目学费资助分为两个等级,一等资助15 000美元/学期,二等资助10 000美元/学期;短期项目资助3 000美元/人。

学校对于经批准出国进行长、短期项目学习的拔尖班学生提供每人每月500美元的生活补贴,主要用于学生在境外期间的住宿费和生活费补助。不足一个月的按实际天数折算。

获得学费资助的拔尖班学生可报销一次西安或家庭所在地至国(境)外学习地的往返

旅费，其他费用由学生自理。

以上学费资助及往返旅费在学生返校并经学校考核合格后按规定予以报销，生活补贴在学生出国时予以发放。

自费出国学习学生的一切费用自行负担。

2. 参加国际会议

经学校批准赴国（境）外参加国际会议的学生可按规定报销国（境）内外的旅费、住宿费、会议注册费等相关费用。

（四）选派办法

学院、专业或教师为学生联系出国学习项目以及学生自己联系出国学习项目，经学校批准后，可纳入经费资助项目的遴选。

学校按申请学生的学习成绩、政治思想表现、科研能力和外语水平进行综合排名，择优确定经费资助的人员及额度。入选名单在理学院网站予以公示。

学生填写出国（境）留学申请表，提交学院基础学科拔尖学生培养计划工作组审核。审核通过后报学校基础学科拔尖学生培养计划工作委员会审批，将审批结果报学生处及相关书院备案。

凡未获得资助的学生，可以按自费申请出国（境）学习交流。

（五）管理及考核

（1）获得资助的学生应当在规定期限内完成学习计划中规定的学习任务，所获学分凭有效证明予以记载，登入学校教学信息管理系统。

（2）获得资助的学生在境外期间不享受公费医疗待遇，学生应自行选择医疗保险等医疗保障措施，相关费用由学生本人自理。

（3）对于参加长期出国项目的学生，出国学习期间可减免我校当年（学期）学费，并办理退宿等相关手续。

（4）获得资助的学生必须按照批准时限如期返校。若确有特殊理由需要延长者，需出具国（境）外学校和导师的相关证明，提前3个月向我校申请，如未获批准应按时回校，否则作为自动退学处理，并退还学校资助的全部费用。

（5）出国学习期间未经学校批准同意，不得擅自改变留学身份、学习期限、前往学习的国家和学校、原定专业大类等。否则视为违约，违约的学生应退还学校资助的全部费用。

（6）学生须遵守学校的规定，如有违法行为，责任自负。学生应与我国驻当地使领馆保持联系，保证学校与国（境）外高校交流工作顺利开展。

（7）学生返校后须经学校考核。考核合格的受资助者，学校按规定给予报销相关费用。考核内容应包括以下几点：① 递交赴外学习计划及在外学习的成绩单，若参加科研实践，需要提供导师的评价意见；② 在外学习总结报告；③ 其他相关的证明材料。

十一、北京师范大学

采取请进来和走出去相结合,开展多形式、多层面的国际交流与合作,为学生提供多种海外学习交流机会,通过联合培养、交换学习、暑期学校、短期学习、国际学术会议、讲习班、见习实习、学科竞赛和考察等方式,使学生有机会走进国外一流大学或研究机构、接触更多国外一流大师,得到更多一流专家学者的指导。

十二、山东大学

为了推进教育部"基础学科拔尖学生培养试验计划"海外联合培养工作的顺利进行,学校在泰山学堂专项经费中设置"泰山学堂海外学习奖学金"。为了规范奖学金的使用和管理,特制定本办法。

"泰山学堂海外学习奖学金"用于支持泰山学堂品学兼优的学生参加海外联合培养、暑期学校交流和实践活动。奖学金支持与山东大学签署正式合作协议的长期交流项目和经教授小组审核同意的海外暑期学校交流及实践活动。

"泰山学堂海外学习奖学金"分为三个等级。其中,一等奖学金和二等奖学金适用于半年以上的联合培养项目,三等奖学金适用于短期暑期学校和田野实习、合作研究等。

奖学金额度与支出范围。① 一等奖学金为全额奖学金,包含全额的学费、保险费、差旅费、食宿费用、书费以及生活补助等。一等奖学金总额原则上不超过16万元人民币。② 二等奖学金为部分奖学金,包含学费、保险费、差旅费及学校提供的食宿总费用不超过80%,总额不超过12万元人民币。③ 三等奖学金为短期奖学金,主要用于学费、指导费、旅费和食宿补助,总额不超过5万元人民币。奖励具体额度根据项目调整。由学堂各取向特聘教授小组提出初步奖学金评定方案,由泰山学堂审核批准。

对于获得国家留学基金管理委员会支持的本科生海外留学项目、学校的国际交流项目奖学金和社会奖学金资助的,学校将根据资助情况,扣除"泰山学堂海外学习奖学金"中的对应部分,并对奖学金使用范围进行相应调整。

奖学金资助数量。一等奖学金资助数量一般不超过各取向当届学生的前10%~15%,二等奖学金资助数量一般不超过当届学生的前25%~30%。对于成绩排名在前70%以内的学生,申请到世界排名前30名或专业排名前30名的世界名校交流或深造的,可以根据申请学校的学费情况及学生的在校学习表现获得不超过10万元人民币的海外奖学金。获得三等奖学金资助的学生的学习成绩排名一般应在各取向当届学生的70%以内。其中,学生在泰山学堂本科学习阶段,原则上只能获得一次"泰山学堂海外学习奖学金"资助。

对于申请到"泰山学堂海外学习奖学金"二等奖学金但家庭经济确有困难的学生,可以申请社会奖学金的贫困生奖学金,学堂并将优先考虑。

奖学金级别的评定。由学生提出奖学金资助申请,经各取向教授小组评审推荐并参与国外高校的选拔。泰山学堂将根据推荐和选拔的结果和奖学金获奖比例,确定具体的奖学金人员,经公示后,由泰山学堂报学校财务部审核批准执行。

奖学金支付办法。获得"泰山学堂海外学习奖学金"的学生必须提交海外学习计划并得到双方学校认可,方可申领奖学金。海外学习计划由取向特聘教授小组负责人签字后报学堂备案。长、短期交流项目,学校在学生出境前分别支付95%和90%的奖学金,其余部分由学生先行垫付。学生参加海外学习项目完成预期学习任务,按期返回学校并提交学习汇报,经泰山学堂确认完成学习任务并签字后,由学校支付剩余的部分。

每年的资助额度视国家和学校的拨款额度进行适当调整。

十三、中山大学

为推进逸仙学院国际化工作,扩展学生国际视野,培养国际性人才,规范学生出国(境)学习奖学项目管理工作,根据国家有关法律、法规规定及学校相关文件精神,制定本管理办法。本办法适用对象为在中山大学注册,参与逸仙学院"基础学科拔尖学生培养试验计划",具有中华人民共和国国籍,需办理因公出国(境)手续的本科生。

(一) 学生管理

为保证学生顺利完成学业,赴国(境)外开展学习的学生应具备相应的语言基础,并按照自愿、择优的原则进行选派。赴国(境)外学习的学生原则上应在本科四年制三年级及以上学生中选派。

获得奖学金项目的学生赴国(境)外学习的时间原则上不超过一个学期。如需延长学习时间,学生需递交延长国(境)外学习时间期限申请书,并递交所在院系和拔尖计划工作委员会审批。同时,按照学校相关规定办理因公出国(境)审批手续。

学生申请出国(境)学习前,应充分了解双方学校或机构同期的课程设置和科研安排,提前制订拟修读课程学习计划、研修计划及预算,报所在院系和拔尖计划工作委员会审批。

学生申请出国(境)学习项目,需告知家长并共同签订《中山大学逸仙学院学生赴国(境)外交流学习协议书》,并按中山大学学生出国(境)有关规定及办理程序办理出国手续。

赴国(境)外学习的学生必须按照批准时限如期返校,返校后应在一周内到所在院系办理报到手续,并需向逸仙学院提交一份详细的学习交流结项报告。获得奖学金项目资助并赴国(境)外学习的学生,返校后需参加由学院在每年春季学期组织的学术交流周活动,与低年级学生交流海外学习经验。

学生出国(境)逾期,即擅自超过批准出国(境)返校时限或延期未经批准未返校,学生未经学校批准或未完成审批手续而擅自出国(境),根据学校相关管理规定处理。

(二)资助范围和标准

学生出国(境)外学习奖学金资助的范围:① 赴国(境)外知名大学或科研机构修读基础学科课程,参与实验室科研训练,参加科研实习,做毕业论文等;② 赴国(境)外参加高水平学术会议、学术竞赛、夏令营、暑期学校等。原则上每位学生只能申请一次出国(境)外学习奖学金项目。

资助总金额不得超过10万元人民币。国际旅费和学分费用资助金额视具体情况定夺。住宿费、保险费、伙食费等其他所有费用,根据财务处相关规定给予包干资助。

(1)学习期限为90天以下(不含90天),资助标准按照财务处《关于临时出国人员费用开支标准》(财行〔2013〕516号),公杂费补贴不予资助。

(2)学习期限为90天以上(含90天),资助标准参照《国家外国专家局、财政部关于调整中长期出国(境)培训人员费用开支标准的通知》(外专发〔2012〕126号)。具体资助金额按实际在国外时间核定。

(三)资助申请和审核流程

1. 学生申报

由学生本人主动申请,并递交《中山大学逸仙学院出国(境)学习奖学金项目申请表》《中山大学本科生出(国)境申报表》、邀请信、学习计划和活动预算等相关材料。学习计划和活动预算必须征求导师同意。

2. 院系评审

在获得导师同意的前提下,学科工作委员会对学生出国(境)学习资助申请和资助经费进行评审。

3. 工作委员会审定

拔尖计划工作委员会审核各学院提交的资助名单和资助金额,并公布最终获得奖学金学生名单及资助金额。

评审工作遵循客观公正、饱和资助(资助费用应能覆盖游学项目的所有费用,项目实施不应增加学生的经济负担)、宁缺毋滥的原则。资助经费从"实施基础学科拔尖学生培养试验计划"专项中支出。学院将资助款项以奖学金名义通过财务系统一次性划拨给学生。

受助赴国(境)外学习的学生返校后,需提交奖学项目涉及的所有支出票据材料,备学院复核。如存在虚假情况,与申请资料有严重不符,将根据学校相关规定,取消其资助资格,返还资助金额。

(四)课程认定

对于赴国(境)外参加学习的本科生,应按照课程内容和学时等相同或相近的原则,对其在对方学校或机构修读的课程进行认定。

学生在国(境)外进修的各科成绩,应于国(境)外学校和机构每学期结束后一个月内,由该校或者导师密封寄至学院。

学生在协议学校修读的课程若成绩合格,如经认定可替代我校所学专业相应课程,按照我校课程名称和对应学分计入;如经认定不能替代我校所学专业相应课程,根据个性化培养方案,其修读的课程学分单独列入本人的教学计划和教学大纲。

在进行课程认定时,学生需填写《中山大学本科生赴国(境)外大学学习课程认定申请表》,并附上协议学校修读课程的学习成绩单、对应的中文翻译件和课程内容简介等相关资料,向所在院系进行课程认定,报教务处审批备案并录入教务管理系统。

学生在国(境)外学校或机构获准的课程学分经认定后,与在我校学习取得的课程学分一起计算作为学生毕业资格审核的依据。学分绩点的计算以学生在我校所学课程的成绩和学分为主要依据。

学生在国(境)外学校或机构所修的所有课程必须全部进行课程认定。

十四、武汉大学

为进一步提升我校弘毅学堂学生国际竞争力与国际化培养力度,学校决定对武汉大学弘毅学堂学生出国(境)交流学习予以资助,为保证资助工作顺利开展,特制定本实施办法。

(一)资助对象

资助对象为武汉大学弘毅学堂荣誉计划学生且必须符合下列基本条件:① 忠于祖国,具有正确的人生观、世界观和价值观,身心健康、品德优良,在校期间无违法违纪行为;② 学习勤奋,成绩优秀,在校期间无课程不及格现象,具有较强跨文化适应能力和交流能力,英语达到申请项目要求的英语水平,通过大学英语六级考试或雅思成绩达到6.0分以上或新托福成绩达到90分以上者优先资助;③ 在校期间学术成果突出者优先资助,包括在学科国际顶级期刊上发表论文,在国家级学科竞赛中获奖等。

(二)资助内容

资助内容为武汉大学弘毅学堂荣誉计划学生赴国际高水平大学交流学习期间的往返路费、课程学习学费及住宿费,根据交流学习时间与内容分项目予以资助,具体分为以下三类项目:① 学生出国(境)参与相关学科国际重大竞赛项目或有论文交流的国际会议(具体项目或会议由相关学院予以认定);② 学生出国(境)参与国际高水平大学或研究机构的短期学习、交流与科研项目(3个月以内);③ 学生出国(境)参与国际高水平大学或研究机构的课程学习项目以及科研训练项目(3个月以上)。

（三）资助标准

参加第 1 类项目的学生,有关费用全额资助。

参加第 2 类项目的学生,资助标准如下。

(1) 交流地区位于亚洲以外且交流时间不超过 2 周的,资助标准为每人最高 1 万元。

(2) 交流地区位于亚洲以外且交流时间在 2 周至 1 个月的,资助标准为每人最高 3 万元。

(3) 交流地区位于亚洲以外且交流时间在 1 个月至 3 个月的,资助标准为每人最高 4 万元。

(4) 交流地区位于亚洲且交流时间不超过 2 周的,资助标准为每人最高 5 000 元。

(5) 交流地区位于亚洲且交流时间在 2 周至 1 个月的,资助标准为每人最高 1.5 万元。

(6) 交流地区位于亚洲且交流时间在 1 个月至 3 个月的,资助标准为每人最高 2 万元。

参加第 3 类项目的学生,交流地区位于亚洲以外的,资助标准为每人最高 5 万元;交流地区位于亚洲的,资助标准为每人最高 3 万元。

注:第 2、3 类交流项目中若实际交流支出小于最高资助标准,则按实际交流支出资助。学生在校期间所申请资助标准总额不得超过 5 万元,优先评选首次申请者。

（四）资助方式

(1) 第 1 类项目采用实报实销资助方式,由参赛学生准备相关材料,经弘毅学堂、有关学院及学校有关部门批准审核后办理报销手续。

(2) 第 2、3 类项目采用弘毅学堂专项奖学金形式发放,由弘毅学堂直接颁发给获资助学生。

（五）资助要求

(1) 有意向参与出国(境)交流学习项目的学生应按照学校及项目要求准备各类资料,及时办理相关手续。

(2) 申请资助学生出国(境)前填写《弘毅学堂学生出国(境)交流学习说明书》,弘毅学堂及相关学院对学生出国(境)交流学习项目进行审核,同时对学生出国(境)交流学习内容进行指导,初步确定资助类别与金额。

(3) 申请资助学生出国(境)交流学习具体内容(参加比赛项目、修读课程名称、科研训练内容、毕业设计选题等)必须获得弘毅学堂及相关学院审核和批准,因交流学习内容不合格等其他原因无法通过答辩或评审的学生不予资助、未征得弘毅学堂及相关学院批准自行参与出国(境)项目的学生不予资助。

(4) 申请资助学生完成出国(境)交流学习项目后按要求提交申请材料,由弘毅学堂、有关学院及学校有关部门通过答辩会、评审会等方式根据学生交流学习成果最终确定资助学生、资助类别及资助金额。

(5）每学期资助申请工作在学生完成出国（境）交流学习项目后由弘毅学堂统一组织开展，具体时间安排与工作流程依据当年通知执行。

十五、厦门大学

为有效利用国（境）外一流的优质教育资源，增强学生的学术研究与交流能力，促进一流创新人才的培养，根据《化学学科拔尖学生培养试验计划学生学术活动资助计划管理办法》以及学校《基础学科拔尖学生培养试验计划经费使用管理办法》，对"化学学科拔尖计划"学生参加国（境）外学术活动制定相关的资助标准。

（一）资助对象

拔尖计划班学生。

（二）资助项目

（1）参加国外高水平学术会议。
（2）参加国外高水平暑期学校。
（3）国（境）外短期科学研究或科研训练。
（4）国（境）外短期访学（课程学习）。
（5）其他经拔尖计划领导小组认定的重要学术活动。

（三）资助内容

资助往返机票，参考国家留学基金委标准给予一定的生活补贴，部分学费。

（四）资助标准

（1）参加国（境）外访学、科研训练等学术活动9～12个月，资助不超过人民币10万元。
（2）参加国（境）外访学、科研训练等学术活动7～8个月，资助不超过人民币8万元。
（3）参加国（境）外访学、科研训练等学术活动5～6个月，资助不超过人民币6.5万元。
（4）参加国（境）外访学、科研训练等学术活动3～4个月，资助不超过人民币5万元。
（5）参加国（境）外高校暑期学校，资助不超过人民币4万元。
（6）参加国（境）外学术会议，资助不超过人民币2万元。
（7）参加英国牛津大学、剑桥大学，或美国高校综合排名在美国前10名或其化学、化生、材料类专业及相关专业排名在美国前5名的高校学术交流活动，按相应以上1～6档次的1.2倍进行资助。

(五) 特别说明

学校国际处或学院联系的国(境)外学术交流项目,资助办法另行制定。

十六、兰州大学

根据《基础学科拔尖学生培养试验计划实施办法》(教高司函〔2012〕2号)的要求,为实现学生个性化、国际化培养,将拔尖学生送到世界一流大学和科研院所学习、实习与交流,师从一流科学家,接触和进入学科前沿,从事高水平研究,特在萃英学院设立"基础学科拔尖学生培养试验计划"萃英海外交流奖学金(简称"萃英交流奖学金"),以资助和激励学生完成国际交流学习任务。具体内容如下。

(一) 奖学金资助原则

(1) 坚持以我为主。根据学生个性化培养的实际需要,合理设计出国(境)培养环节,确保境外学习交流与我校培养计划有机结合。

(2) 建立分担机制。珍惜国家的资源,按照总额控制、超出自负的原则,建立政府(CSC)、学校、学生本人及其家庭、社会有关机构分担费用的机制。

(3) 保证一流水准。资助一流学生,到一流大学或科研机构,师从一流科学家。优先优厚资助成绩优异学生。

(二) 资助项目、内容及申请条件

申请本奖学金资助的学生应为萃英学院选入的学生,品学兼优,遵纪守法,无违规违纪记录;身心健康,能适应海外学习生活;符合海外学习项目的具体要求。每位学生在读期间获得以下资助项目不能超过两项。同一项目不重复资助。已经获得CSC等留学机构资助的,同类别费用不重复资助。

(1) 海外访学。根据导师、专家指导意见,由学院组织或由学生自主选择时间,到海外一流大学或科研机构进行访学、语言文化学习、短期研习等,访学时间1~2个月,以开拓国际视野、培养学术兴趣、提高综合素质和能力。学院资助国际机票费、保险费、签证费及50%学费。

申请条件:学分加权平均成绩在80分以上、托福75分以上。

(2) 暑期学校。根据导师、专家指导意见,由学院组织或由学生自主选择时间,参加世界一流大学或科研机构的暑期学校(世界排名前100名或学科排名前50名),选修部分课程,增加学习经历。学院资助国际机票费、保险费、签证费及50%学费。

申请条件:学分加权平均成绩在80分以上、托福80分或雅思6.0以上。

（3）联合培养。赴世界一流大学或科研机构留学一学期至一学年,进行插班学习、毕业设计,也为学生将来在世界一流大学读研深造创造机会和条件。学院资助国际机票费、保险费、签证费及50%学费。

申请条件:学分加权平均成绩在85分以上、托福85分或雅思6.5以上。

联合培养原则上要尽量利用校际国际合作关系,要求对方减免学费或收取少量管理费;确需支付学费的,应严格控制名额,在学生、导师、学科方面坚持优中选优,且资助总额原则上不超过10万元。为鼓励学生积极争取校外资源,凡获得国家留学基金委等留学机构资助的学生,优先给予资助。

（4）国际学术会议。对已经获得国际学术会议邀请,在会议做报告或承担部分会议任务的学生,资助会议注册费、住宿费和保险费、国际机票费。

申请条件:学分加权平均成绩在80分以上、托福75分以上。

上述资助之外的其他费用,一律由学生本人负担。经济困难学生或学分加权平均成绩在90分以上,达到相应申请条件的,经申请可以适当提高资助额度及比例。

（三）评定与发放程序

（1）学生根据学校国际合作与交流处的校际交流项目安排,结合萃英学院教学计划,向学院提交海外交流奖学金申请。

（2）萃英学院组织相关专家,组成3~5人的专家委员会进行评审,根据学生成长需要,确定资助培养项目。

（3）萃英学院审核并公示资助名单,公示无异议后,颁发奖学金证书。

（4）资助费用行前预借、返校后凭票据及合格的学习成绩单报销。

（四）学生境外管理

出国(境)学生须遵守《兰州大学在读本科生出国留学管理暂行办法》(校外字〔2005〕36号),在外期间遵守所在国家和地区的法律,尊重当地文化和习俗,遵守交流所在学校的规章制度,积极维护国家和兰州大学的声誉和形象,不得从事违法和危险活动。凡违反上述规定,给学院和学校声誉造成负面影响,或在外学习成绩不合格的,停止奖学金资助,并取消其今后申请本奖学金的资格。

（五）附则

本办法由萃英学院负责解释。

十七、哈尔滨工业大学

英才学院作为学校拔尖创新型人才培养的基地,旨在培养具有扎实理论基础、良好创新能力、深厚人文情怀和宽广国际视野的高素质人才。学院大力拓展国内外交流渠道,设立国际交流专项资金,努力提升学生国际视野及交流能力,特制定本办法。

(一) 实施办法

(1) 依托国家留学基金委和学校国际交流相关资助政策支持,鼓励学生积极参与国际交流活动,拓宽国际化视野,培养国际合作交流能力。

(2) 设立国际交流专项资金,支持更多的学生参与相关国际交流项目。

(3) 对外语教学进行改革,强化外语实用能力的培养。开展外语培训专项活动,创建外语学习环境,提升学生的外语水平,为参与国际交流活动打下良好的语言基础。

(4) 以学生国际交流活动为载体,积极搭建国际交流平台,建立国际交流长效机制,充分调动学生参与国际交流的积极性,营造学院良好的国际交流氛围。

(二) 实施方案

(1) 改革外语教学模式,开展外语专项培训,提升学生外语水平,进行分级式授课和分层次强化外语应用能力。设立外语沙龙活动室,定期举行外语沙龙、英语角,开展年度英文演讲等活动,激发学生学习兴趣,提升外语水平。开展外语专项培训,鼓励学生参加语言考试,获得参与相关国际交流项目所需的语言资格证书。同时,每年举行英语演讲比赛、辩论赛、原版电影配音、朗诵等形式多样的比赛和活动,营造良好的语言学习环境和氛围,提高外语实用能力。

(2) 积极拓展国内外交流渠道,打造多维度交流平台。积极开拓国内外交流渠道,搭建多维交流平台。与国内外知名高校建立友好交流关系,为学生提供学期交换、暑期学校、海外游学等多种形式的交流机会,引入国外先进的教育理念及优秀师资团队。

(3) 依托国家留学基金委及学院资金政策支持,扩大对外交流学生的比例。依托国家留学基金委和学校的国际交流资助项目,鼓励学生积极争取和参与。同时,鼓励并支持学生参与国际交流活动,设立国际交流专项资金,鼓励更多的学生积极参与,扩大参与国内外交流的学生比例。

(4) 聘请海外专家全英文授课,拓宽学生国际视野,激发学生科学兴趣。积极推进教学改革,聘请海外专家全英文授课,探索多种教学理念和教学方法并行的模式,切实提升学生的英语听说读写水平。同时,邀请国际知名教授开设科学讲座,拓展学生国际视野,加强对前沿技术的了解,激发科学兴趣。

本实施办法自 2015 年秋季学期开始执行,解释权在英才学院。

教育教学改革方案

一、清华大学

2009—2010年:制定"基础学科拔尖人才培养试验计划"工作方案,建立学校和相关院系拔尖学生培养计划组织体系。选择已有较好基础的数理基科、钱学森力学班、计算机科学实验班作为首批实施单位,启动"清华学堂人才培养计划"。研究建立培养模式和培养计划。确立学生筛选机制,完成一年级、部分二年级项目的学生选拔。公开招聘首席教授、项目主任和学生导师。

2010—2011年:启动化学班、生命科学班。继续完善组织体系、培养模式和培养计划。通过过程考核,完成首次学生流动,建立学生动态选拔、流动进出机制。

2011—2012年:指导全体学生参加科研训练。分期、分批选派学生到国外一流大学交换学习或联合培养,参加国际学术会议,或利用寒暑假到国外大学开展研究工作。研究本科与研究生的衔接培养。

2012—2013年:完成学生推荐攻读研究生,鼓励学术志向明确、具有发展潜力的学生攻读博士学位。进行本科与研究生的衔接培养。

2013年以后:对拔尖学生培养计划和课程体系、教师、学生进行全面评估,在改进、提高的基础上,持续实施新一轮方案。

二、吉林大学

拔尖学生培养5年规划如下。

第一年,在充分调研(国内外)的基础上,组织建设拔尖学生培养过程中的培养模式、管理与运行、培养方案的制定、教师选配制度等有关制度和政策措施,组织建设满足学生培养要求的实验室等教学条件。建立国际合作关系。

第二年,经过一年的培养,阶段性总结人才培养的经验。改进和完善培养方案,通过以召开座谈会、调查问卷等多种形式了解和掌握人才培养过程中出现的各种问题并及时解决。按照考查学生综合能力、学术兴趣和发展潜质的选拔方式,在校内相近学科专业动态择优选拔10名左右学生,并按一定比例进行分流淘汰。

第三年,确定进入拔尖学生培养计划的学生后,根据国际合作协议,安排到国外一流大学的相关专业进行不少于6个月的海外学习。

第四年,根据学生的兴趣和专长调整科研导师和专业,并完成保研工作。同时,学生在导师指导下全面开展研究工作,进入撰写毕业论文阶段。

第五年,总结拔尖学生培养经验。经过一轮本科4年的培养,全面总结拔尖学生培养的经验,完善人才培养方案,及时跟踪学生在研究生阶段的学习情况,总结拔尖学生成长经验。

三、北京师范大学

(一)准备阶段(2011年3月—2011年8月)

(1)成立领导小组。
(2)成立励耘学院及专家委员会、管理委员会。
(3)制定学生培养方案。
(4)制定学生选拔方案。
(5)制定学生管理办法。
(6)制定教师、导师聘任与考核办法。
(7)制定专项经费使用与管理办法。
(8)制定学生奖学金管理办法。
(9)完成首届学生选拔工作。
(10)完成任课教师聘任工作。

(二)实施阶段(2011年9月—2014年8月)

(1)落实培养方案。
(2)完成教师、导师聘任。
(3)开展课程建设与改革。
(4)开展拔尖学生培养跟踪研究。
(5)制定中期考核办法,落实中期考核以及动态进出、专业分流。
(6)开展学生科研训练及国际交流等活动。

(三)总结完善阶段(2014年9月—2014年12月)

(1)对该计划进行认真总结与反思,形成总结报告。
(2)进一步完善培养模式。
(3)进一步完善管理机制。
(4)进一步完善培养方案。
(5)进一步完善各项管理办法。

(6) 部分试验成果向全校推广。

四、武汉大学

五年规划如下。

2010年9月—2011年8月:"弘毅学堂"开班,"弘毅学堂"专家委员会及其各分会成立,对学生进行初次选拔和二次选拔。

2011年9月—2012年8月:对"弘毅学堂"加强学习指导;对不适合继续在该班学习的学生根据其志愿进行分流;专家委员会总结第一年的工作,规划后期培养方案。

2012年9月—2014年8月:根据前两年"弘毅学堂"的运行状况,决定后三年的招生规模;学科专家委员会对三年级学生实行个性化培养,着重考察学科研究能力与创新意识,建立拔尖创新学生培养效果评价指标体系;分流三年级学生,与国内外著名大学、研究院所联合培养,使三年级后"弘毅学堂"每届每个班的人数控制在10人以内。

2014年9月—2015年8月:根据前两年"弘毅学堂"的运行情况,决定后三年的招生规模;学科专家分委员会对三年级学生实行个性化培养,着重考查学科研究能力与创新意识,建立拔尖创新学生培养效果评价指标体系;分流三年级学生,与国内外著名大学,研究院所联合培养,使三年级后"弘毅学堂"每届每个班的人数控制在10人以内。

2014年9月—2015年8月:组织、推荐学生到国外知名大学、研究团体攻读研究生;总结"弘毅学堂"第一届学生培养模式及经验教训,规划下一个五年工作方案。

五、厦门大学

为了培养数学学科拔尖创新人才,根据教育部《关于实施基础学科拔尖学生培养试验计划的若干意见》和《厦门大学"基础学科拔尖学生培养试验计划"管理办法》等有关文件的规定,数学科学学院结合本院情况制定"数学学科拔尖学生培养试验计划"(以下简称"数学拔尖计划")实施方案。

(一) 项目背景

教育部"基础学科拔尖学生培养试验计划"于2009年启动,我校数学、化学、生物三个学科于2010年入选该计划,为入选该计划的全国19所高校之一。学校每年动态选拔特别优秀的学生,配备一流的师资,提供一流的学习条件,创造一流的学术环境与氛围,创新培养方式,构筑基础科学拔尖人才培养的专门通道,促进拔尖人才脱颖而出,努力使受计划支持的学生成长为相关基础科学领域的领军人物,并逐步跻身国际一流科学家队伍。

"数学拔尖计划"选拔兴趣浓、悟性高、学习勤奋的苗子,以学生为主体,以培养优秀拔尖人才为目标,以培养学生创新能力为主线,以教学名师、专家及优秀中青年骨干教师为支撑,培养一批热爱祖国、崇尚科学、具有高度社会责任感和良好科学文化素养、致力于献身数学研究的后备人才。通过"数学拔尖计划"的实施,推动数学学科人才培养在理念、模式和机制等方面的全方位改革与创新,促进我院高层次人才培养质量的全面提高。

(二)组织管理

学院设立"数学拔尖计划"工作小组,负责本方案的实施,其工作对学院行政和党委负责。工作小组由分管本科教学副院长牵头,由数学与应用数学系主任处理日常工作,成员包括学院院长、书记、分管本科工作的副书记、分管教学的各系副主任、教学秘书、外事秘书和辅导员。

(三)培养模式

1. 动态管理

"数学拔尖计划"每年面向全校招收10~20名学生,实行动态进出机制。

2. 导师配备

二年级第一学期初开始为入选"数学拔尖计划"的学生配备导师。通过双向选择由教学名师、专家及优秀中青年骨干教师担任导师。

每学年末根据导师和学生意愿对各年级"数学拔尖计划"学生导师进行局部调整。

导师根据所指导的学生情况制定学生学年课程学习和科学研究计划,指导实施并负责学生年度考核。

聘请部分国外一流的数学家组成国际交流学习指导小组,指导学生在国外的交流学习。

3. 教学计划

遵循以现行本科教学计划为基础,以"数学拔尖计划"特设课程及其他教学形式为提高的原则,即实行"大锅"+"小灶"模式。

在现行本科教学计划内,选择若干基础课程,实行拔尖计划小班教学;在现行本科教学计划外,每学期安排若干特设课程供学生选修。

与国内外著名高校合作,共享课程资源。

鼓励学生自我组织"读书班"。

开设"景润数学""魅力数学"及"博闻"系列三大讲座。

4. 国内外交流

选拔并资助部分优秀学生赴国内外著名高校参加暑期班学习、夏令营活动、学术交流活动、学生交流活动、进行一学期或一学年的课程学习。邀请国内外著名专家来我院开设(短)课程。使学生了解数学研究前沿,具备宽广的国际视野。

5. 特色培养

执行个性化培养方案。学生不拘泥于普通本科生教学计划,实行个性化的课程设置和人才培养计划。对于公共课程,采取较为灵活有效的教学模式和考核模式;对于基础课程,推动实施拔尖计划小班教学;对于专业课程,以课堂教学与研讨相结合;对于选修课程,由导师根据每个学生的兴趣和特点会同课程教学组制定本科阶段的学习研究计划。

重点培养自主创新能力，增加科研训练学时、学分。从经费和政策上为本科生科技活动提供保证，鼓励导师指导学生科技活动，促进科研与教学相互结合。构建科研训练平台，开展文献检索、调研、立项、方案设计、科学方法训练、科研能力训练、论文撰写等训练内容。鼓励学生参与国内外高水平的学术与科技竞赛，进一步提高学生对数学学科以及科学研究的兴趣，掌握从事科学研究的基本方法与思维方式，培养学生的创新实践能力。

定期为学生组织顶级学术座谈与高层次学术研讨，让学生在与国际学术大师和著名学者的接触中感受大师的学术魅力，培养学生热爱科学研究的兴趣，迸发创新潜力。

6. 制度创新

（1）学院设立"数学拔尖计划"工作小组，具体管理"数学拔尖计划"工作，认真组织、部署"数学拔尖计划"实施方案，确保数学学科拔尖学生培养试验计划顺利实施。学生管理实行导师与班级管理相结合。"数学拔尖计划"工作小组、导师、学院团委共同对学生进行综合成绩测评，注重考察学生的综合素质、科研创新能力和发展潜质。

（2）除本实施方案，学院还配套制定了《"数学拔尖计划"导师条例》《"数学拔尖计划"学生条例》《厦门大学数学与应用数学"基地班"学生遴选条例》《"数学拔尖计划"专项奖学金评定办法》等。鼓励学生参加科技活动，鼓励导师指导学生科技活动，促进科研与教学相互结合。

（3）创新教学管理与运行机制，为具有特殊才能的学生设置"绿色通道"，采用学分制管理。依照《厦门大学国家"基础学科拔尖学生培养试验计划"课程免修试行办法》对部分课程施行免修、缓修制度。与全国入选"基础学科拔尖学生培养试验计划"的高校互认相关学分。

（四）学生遴选、考核和滚动

1. 生源遴选

着力发现兴趣浓、悟性高、学习勤奋、品德优良，有志于从事数学研究的优秀一年级本科生。学院成立遴选专家小组，遴选以个人申请及专家小组考核相结合的方式进行。

（1）学生本人提出申请，填写并提交《厦门大学"数学学科拔尖学生培养试验计划"申请表》。

（2）参加数学科学学院组织的遴选笔试和面试。

专家小组根据申请人的申请书、笔试成绩、面试成绩，结合一年级第一学期学习情况和任课教师推荐意见给出录取意见，经"数学拔尖计划"工作小组审核批准。

为保证专业学习，入选"数学拔尖计划"的学生，不允许选修第二学位。

2. 学生考核

（1）每年9月份对一、二、三年级"数学拔尖计划"学生进行学年年度考核，内容包括年度学习情况，国内国际交流、科研情况，竞赛获奖情况，导师评价意见等。

（2）每年5月份对四年级"数学拔尖计划"学生进行学年年度和四年综合考核。

3. 学生滚动

滚动包括申请退出、分流和增补。

（1）申请退出：一、二年级"数学拔尖计划"学生在年度考核时可申请退出"数学拔尖计划"，进入三年级后不得退出"数学拔尖计划"。

（2）分流：一、二年级"数学拔尖计划"学生年度考核成绩（政治课与外语除外）学分加权按专业排名未达前30%的学生将被建议退出"数学拔尖计划"。特殊情况由学生提出申请，经导师或导师组成员特别推荐、"数学拔尖计划"工作小组批准可继续留在"数学拔尖计划"。

（3）增补：在对一年级学生生源遴选的同时启动增补二年级学生。视情况7月份左右对一、二年级学生进行适当增补。

入选"数学拔尖计划"学生将自动获得保研资格，但保研将仅限数学或统计专业。毕业时，"数学拔尖计划"学生由教务处统一颁发"荣誉证书"。

（五）奖励和资助

1. 奖学金

对入选"数学拔尖计划"学生专设优秀学生奖学金（5 000元）、单科成绩优秀奖学金（1 000元）、单项奖学金（1 000元）和基本奖学金（3 000元）。新增补学生享受当学年同等奖学金待遇。

2. 日常科研经费

资助"数学拔尖计划"学生5 000元/人/年科研经费，用于日常学习和科研，其报销由导师签字按学校有关科研经费管理办法执行。

3. 国际交流

每位"数学拔尖计划"学生每学年可享受一次"数学拔尖计划"资助的国际交流活动。需由"数学拔尖计划"工作小组审批并按学校有关科研经费管理办法执行。

4. 国内交流

资助"数学拔尖计划"学生参加国内交流活动。根据不同情况，其报销由导师签字或由"数学拔尖计划"工作小组批准按学校有关科研经费管理办法执行。

"拔尖计划"大事记

（1）2009年9月23日，"基础学科拔尖学生培养试验计划"筹备会议在清华大学召开。参加会议的有教育部陈希副部长、林蕙青部长助理、相关司局的领导，"基础学科拔尖学生培养试验计划"专家组成员和工作组全体成员，以及计划参与高校主管教学工作副校长等50余人。林蕙青同志主持会议，陈希副部长发表了重要讲话，他从三个方面对实施"基础学科拔尖学生培养试验计划"做了重要指示。

在本次会议上，"基础学科拔尖学生培养试验计划"专家组专题会议由召集人清华大学朱邦芬教授主持，专家们对拔尖学生的选拔、培养模式、师资队伍、国际合作等提出了建议。"基础学科拔尖学生培养试验计划"工作组专题讨论了"基础学科拔尖学生培养试验计划"工作组章程。会议由工作组组长、清华大学顾秉林校长主持。会议一致表决通过《"基础学科拔尖学生培养试验计划"工作组章程》。

（2）2010年3月10日，陈希副部长与"基础学科拔尖学生培养试验计划"工作组组长、清华大学顾秉林校长进行了会谈。教育部林蕙青部长助理、高教司张大良司长、刘桔副司长，工作组秘书长、清华大学袁驷副校长和秘书处的同志一起参加了会谈。陈希副部长指出，当前《国家中长期人才发展规划纲要（2010—2020年）》（简称《人才规划纲要》）已经中央批准，《国家教育改革和发展规划纲要（2010—2020年）》正在向社会征求意见。两个《规划纲要》中都将"基础学科拔尖学生培养试验计划"（在《人才规划纲要》中称"基础学科'青年英才'培养计划"）列为重要内容。该计划2009年已经进行了认真的筹备，目前要按照《规划纲要》的要求，积极推进计划的实施。顾秉林校长介绍了清华大学有关工作的进展。

（3）2012年3月24日，教育部高等教育司在中国科学技术大学召开了2012年"基础学科拔尖学生培养试验计划"工作研讨会，来自全国19所实施"基础学科拔尖学生培养试验计划"（简称"大学生优选计划"）高校的教务处负责人与学科联系人近50人参加了研讨会。教育部高教司刘桔副司长、国家留学基金管理委员会曹士海副秘书长出席会议并讲话，中国科学院研究生院高随祥院长助理应邀参加了研讨会。会议由教育部高教司理工处吴爱华调研员主持。研讨会上，19所高校教务部门负责人分别就本校2012年"大学生优选计划"的重点工作计划做了汇报、交流和分享。会议讨论确定了"大学生优选计划"5个学科联系人：数学学科由北京大学柳彬担任，物理学科由南京大学吴小山担任，化学学科由吉林大学徐家宁担任，生物学科由复旦大学杨继担任，计算机学科由上海交通大学余勇担任。每届任期3年。

（4）2013年1月16日，"基础学科拔尖学生培养试验计划"秘书处工作会议在清华大学召开，秘书处成员高校的代表和教育部高等教育司刘桔副司长、理工处吴爱华处长参加了会议。会议由秘书长、清华大学副校长袁驷主持。参会代表交流了"拔尖计划"实施的经验和体会,围绕"拔尖计划"阶段性总结评价、学生本科毕业后续培养、分学科学生交流等事宜进行了深入研讨。

(5) 2014年3月31日,"基础学科拔尖学生培养试验计划"研讨会在西安交通大学召开,19所计划参与高校的教务处负责人和教育部高等教育司刘桔副司长、理工处吴爱华处长参加了会议。刘桔副司长在讲话中充分肯定了"拔尖计划"在推动高等教育综合改革方面发挥的积极作用,高度评价了计划参与高校的改革成效。参会代表分别汇报了本校2014年"拔尖计划"的重点工作计划,交流了下一阶段推进拔尖创新人才培养的主要思考。会议通过讨论,明确了专题研究和交流以及分学科交流的具体承办单位。

(6) 2014年12月5—7日,"基础学科拔尖学生培养试验计划"学生素质培养和小班教学学术研讨会在中山大学召开,教育部高等教育司理工处、19所计划参与高校和中国科学院大学的相关负责人及专家学者共80余人参加了会议。理工处处长吴爱华在讲话中详细介绍了"拔尖计划"实施的总体进展情况。研讨会上,中国科学院院士、清华大学朱邦芬教授,中山大学原校长黄达人教授,香港城市大学协理副校长程星教授,南京大学卢德馨教授等做了特邀报告。特邀报告之后,会议分别安排了"学生素质培养"和"小班教学"两个专题汇报研讨。还邀请了中国科学院大学高鸿钧副校长介绍中国科学院大学在科教结合协同育人方面所开展的工作。会议经讨论决定,由教育部高教司理工处组织学者专家,围绕"拔尖计划"实施过程中的问题,开展深入的研究。

(7) 2015年3月27日,"基础学科拔尖学生培养试验计划"年度工作研讨会在北京师范大学召开。教育部高等教育司理工处、19所计划参与高校和中国科学院大学的相关负责人及专家学者共70余人参加了会议。理工处处长吴爱华介绍了2015年"拔尖计划"的工作设想,北京师范大学、吉林大学、上海交通大学、中国科技大学、四川大学和复旦大学6所高校分别结合自身特点和阶段性评估专家意见,围绕拔尖学生培养理念、管理机制、培养模式、课程建设等方面进行了汇报交流。会议就学生交流、专题研究、分学科交流和学术研讨等明确了任务分工。

(8) 2015年12月6日,"基础学科拔尖学生培养试验计划"工作组第三次会议在复旦大学举行。会议主题为探讨"十三五"期间"拔尖计划"在建设世界一流大学进程中如何进一步推进实施,发挥人才培养模式改革的引领作用。"拔尖计划"工作组成员高校校长、专家组特邀专家共40余人参加会议。教育部高教司司长张大良、国家留学基金委相关领导出席会议并讲话。会议由清华大学副校长、"拔尖计划"工作组秘书长杨斌主持。复旦大学校长许宁生院士致欢迎辞。张大良同志在讲话中指出,党的十八届五中全会对优化高校人才培养机制、培养拔尖创新人才提出了新的更高要求。与会校长和专家就"拔尖计划"下一步实施进行了研讨交流,提出了以下主要意见建议:① 继续探索拔尖学生选拔机制;② 注重价值观教育和通识教育;③ 促进交叉学科人才培养;④ 进一步深化国际合作;⑤ 充分利用国内优质资源;⑥ 改革学生评价方式;⑦ 加强拔尖人才培养研究。与会专家还谈到本科与研究生培养衔接机制、各校之间的学生交叉推荐免试研究生机制问题。

(9) 2016年3月26日,"基础学科拔尖学生培养试验计划"工作研讨会在武汉大学召开。教育部高等教育司、20所计划参与高校的相关负责人、"拔尖计划"研究课题评审专家共80余人参加了会议。会上,教育部高教司司长张大良做重要讲话。北京大学、清华大学、吉林大学等高校就"拔尖计划"2016年工作计划进行了大会交流。复旦大学、上海交通大学、南京大学等高校就一流本科教育进行专题交流。理工处处长吴爱华介绍了2016年"拔尖计划"的工作设想,总结了"拔尖计划"实施的新变化和新发展。会议就学生交流、分学科交流、工作研讨和学术交流等明确了任务分工。"拔尖计划"工作组秘书处组织10位"拔尖计划"参与高校相关领域的专家对申报课题进行了审议,同意50个课题立项研究。

(10) 2016年11月5日,"基础学科拔尖学生培养试验计划"经验交流会在四川大学召开。教育部高等教育司、20所计划参与高校的相关负责人、项目研究专家及教师和学生代表共约200人参加了会议。会议旨在总结"基础学科拔尖学生培养试验计划"的实施成效,发挥其引领、示范和辐射作用,深度推进高等教育教学改革和"双一流"建设。会上,教育部高等教育司理工处吴爱华处长发表讲话,复旦大学、吉林大学、四川大学等高校代表做了经验报告。清华大学、浙江大学、吉林大学等高校分别对2016年度研究课题进行汇报交流。本次交流会首次采用基于网络互动直播教室实现跨地域研讨的形式。

(11) 2017年11月29日,"基础学科拔尖学生培养试验计划"工作研讨会在西安交通大学召开。教育部高等教育司、20所"拔尖计划"试点高校、其他有关高校及新华社等媒体代表共计130余人参会。会上,教育部高教司宋毅副巡视员讲话,与会代表交流了拔尖学生培养研究进展,讨论了对"拔尖计划"2.0版的考虑,并对2018年计划实施十周年成果总结进行了研讨分工。"拔尖计划"20所试点高校及其他有关高校代表围绕"拔尖计划"2.0版的实施目标、实施范围、改革举措、资源保障等议题展开交流讨论。参会单位就"拔尖计划"十周年经验成果总结事宜进行了研讨,并明确了工作任务分工。

(12) 2018年4月2日,"基础学科拔尖学生培养计划"工作研讨会在中国科学院大学召开。教育部高等教育司、"拔尖计划"20所试点高校、其他相关高校以及新华社、光明日报等媒体代表共120余人参加会议。会上,教育部高等教育司吴岩司长发表讲话。会议承办方中国科学院副院长、中国科学院大学党委书记张杰介绍了中国科学院及中国科学院大学的发展历程,中国科学院院士、中国科学院大学数学科学学院院长席南华对中国科学院大学本科拔尖人才培养情况进行了介绍。与会代表围绕"拔尖计划"2.0方案进行了深入的交流和讨论,提出了各校拔尖人才培养的思路和举措。上海交通大学副校长兼致远学院院长徐学敏回顾了上海交通大学2009—2017年拔尖创新人才培养的探索和成果。南京大学教务处处长邵进介绍了"拔尖计划"2017年进展情况以及2018年推进要点。清华大学、南京大学、上海交通大学、中国科学技术大学等相关高校围绕"拔尖计划"十周年总结工作进行了方案汇报。与会代表进行了深入讨论,并进一步明确了分工安排:① "拔尖计划"十周年总结评估工作(4—12月);② "拔尖计划"十周年纪念丛书编写工作(4—10月);③ 召开学生学术交流会(7月);④ 召开"拔尖计划"学术研讨会(11月);⑤ 各学科总结交流工作。

郑重声明

高等教育出版社依法对本书享有专有出版权。任何未经许可的复制、销售行为均违反《中华人民共和国著作权法》，其行为人将承担相应的民事责任和行政责任；构成犯罪的，将被依法追究刑事责任。为了维护市场秩序，保护读者的合法权益，避免读者误用盗版书造成不良后果，我社将配合行政执法部门和司法机关对违法犯罪的单位和个人进行严厉打击。社会各界人士如发现上述侵权行为，希望及时举报，本社将奖励举报有功人员。

反盗版举报电话　（010）58581999　58582371　58582488
反盗版举报传真　（010）82086060
反盗版举报邮箱　dd@hep.com.cn
通信地址　北京市西城区德外大街4号
　　　　　　高等教育出版社法律事务与版权管理部
邮政编码　100120

防伪查询说明

用户购书后刮开封底防伪涂层，利用手机微信等软件扫描二维码，会跳转至防伪查询网页，获得所购图书详细信息。也可将防伪二维码下的20位密码按从左到右、从上到下的顺序发送短信至106695881280，免费查询所购图书真伪。

反盗版短信举报

编辑短信"JB,图书名称,出版社,购买地点"发送至10669588128

防伪客服电话

（010）58582300